读客经管文库

长期投资自己，就看读客经管。

INTERPLAY: THE PROCESS OF INTERPERSONAL COMMUNICATION

沟通的本质

什么是沟通，为什么沟通以及如何沟通

—— 插图修订第14版 ——

[美] 罗纳德·B. 阿德勒　　劳伦斯·B. 罗森菲尔德　　拉塞尔·F. 普罗科特　著
Ronald B. Adler　　Lawrence B. Rosenfeld　　Russell F. Proctor II

黄素菲　黄成瑗　译

河南文艺出版社
· 郑州 ·

Interplay: The Process of Interpersonal Communication 14th Edition
Ronald B. Adler, Lawrence B. Rosenfeld, and Russell F. Proctor II
Copyright © 2018, 2015, 2013, 2010, 2007, 2004, 2001 by Oxford University Press
All rights reserved.
Interplay: The Process of Interpersonal Communication, Fourteenth Edition was originally published in English in 2018. This translation is published by arrangement with Oxford University Press. Dook Media Group Limited is solely responsible for this translation from the original work and Oxford University Press shall have no liability for any errors, omissions or inaccuracies or ambiguities in such translation or for any losses caused by reliance thereon.

《沟通的本质》（插图修订第14版）最早由牛津大学出版社在2018年出版，英语为原版语言。读客文化对本作品的翻译质量负全部责任，牛津大学出版社对译稿中的任何错误、遗漏、不准确或含糊之处概不负责。因本作品的翻译问题造成的任何损失亦不负责。

中文版权 © 2021 读客文化股份有限公司
经授权，读客文化股份有限公司拥有本书的中文（简体）版权
豫著许可备字-2021-A -0133

图书在版编目（CIP）数据

沟通的本质 /（美）罗纳德·B.阿德勒，（美）劳伦斯·B.罗森菲尔德，（美）拉塞尔·F.普罗科特著；黄素菲，黄成瑗译 . -- 郑州 : 河南文艺出版社，2023.5（2025.11 重印）

ISBN 978-7-5559-1418-1

Ⅰ . ①沟… Ⅱ . ①罗… ②劳… ③拉… ④黄… ⑤黄… Ⅲ . ①人际关系学—通俗读物 Ⅳ . ① C912.11-49

中国版本图书馆 CIP 数据核字（2022）第 169550 号

沟通的本质

著　　者	[美]罗纳德·B.阿德勒　劳伦斯·B.罗森菲尔德　拉塞尔·F.普罗科特
译　　者	黄素菲　黄成瑗
责任编辑	张恩丽
责任校对	丁淑芳
特约编辑	洪　刚　贾育楠
策　　划	读客文化　021-33608320
版　　权	读客文化
封面设计	吴　琪
内文设计	徐　瑾
出版发行	河南文艺出版社
印　　刷	三河市中晟雅豪印务有限公司
开　　本	787mm × 1092mm 1/16
印　　张	31.5
字　　数	554 千
版　　次	2023 年 5 月第 1 版　2025 年 11 月第 5 次印刷
定　　价	118.00 元

如有印刷、装订质量问题，请致电 010-87681002（免费更换，邮寄到付）
版权所有，侵权必究

前　言

一位聪明的编辑曾经告诉我们，对一本成功的教科书的任何修改都应该是熟悉和新鲜的。它应该包括大量更新的材料，也应该保留经过时间考验的方法的精髓。我们一直在努力确保这一版本的《沟通的本质》能够实现这些目标。

这个新版本建立在已经服务了学生和教授40多年的方法之上。通俗易懂的写作风格基于这样一种信念：即使是复杂的思想也可以用简单明了的方式表达出来。各种发人深省的照片、专栏和漫画让主题更加有趣和引人注目。就其学术基础而言，本书引用了1500多份资料，其中近三分之一是最新的研究成果。随着我们持续关注传播学领域的学术研究，这些引用的研究成果对理解沟通有着很好的帮助。研究和理论并不是为了它们本身而提出，而是为了解释人际沟通过程在日常生活中是如何运作的。

▌新增内容

整合新概念和研究成果的一个有效方法就是在专题研究中提供大量的前沿材料。审阅者告诉我们这些专题研究是本书成功的关键，所以我们对它们进行了全面更新。

- **研究焦点**：有18个案例是本版新推出的——及时涵盖了通过色拉布沟通的利弊，说话者如何道歉的文化差异，照片墙和社会比较之间的关系，标点符号在短信中的作用，使用手机导致的关系困境，父母和成年子女之间的信息表露，以及假定对方知道自己想法的负面影响。
- **伦理挑战**：解决一些常见的问题，包括"无害"标签损害人际关系，坦诚地沟通性传播疾病，高频地说"对不起"，多任务处理的危险，以及"失联"的有害影响。
- **电影电视**：以电视节目和电影为例，戏剧化地传播这些具体概念是如何在日常生活中运作的。新推出的电视剧有《喜新不厌旧》（共文化沟通）、《我们这一天》（自我概念）、《权力的游戏》（语言）、《美国谍梦》（欺骗）、《无言有爱》（非语言沟通）、《我本坚强》（情感管理）、《嘻哈帝国》（冲突）等。新的故事包括《涉足荒野》（社会需求）、《佩多先生要出嫁》（文化）、《海底总动员2》（家庭）和《月光男孩》（攻击性）。
- **在工作中**：帮助读者将学到的知识应用到他们的职业生涯中。新话题包括如何在工作中让别人听到你的声音，如何修复工作中的人际关系，如何与同事建立网络关系，以及在批评中如何保持冷静。

- **沟通能力评估**：每一章都提供了相应的评估工具，帮助大家理解和改善自己在重要关系中的沟通方式。新版的工具集中在社交媒体的使用和人际关系的维护这两个方面。

此外，我们也对文本做了很多修改，以适应最新的传播学研究成果和不断变化的传播实践。其中包括：

- 第 1 章包括两个新主题：大众个人传播——个人但公开的信息，多形态——使用多种沟通渠道的能力和意愿。
- 第 2 章对身障人士的语码转换、交叉性和沟通进行了新的讨论。
- 第 4 章加强了同理心的覆盖面，以及它在帮助沟通者理解和欣赏彼此方面所扮演的角色。
- 第 5 章对性别和语言使用进行了新的总结。
- 第 6 章增加了对我们自己的非语言行为如何影响我们感觉的研究的回顾。
- 第 8 章提供了自我内言作为一种管理情绪的新方法。
- 第 10 章更新并扩展了关于友谊的讨论，描述了单身的关系价值。
- 第 11 章上升到冲突的话题，描述了连续争论在人际沟通中的作用。
- 第 12 章以沟通氛围作为本书的结尾，更新了关于肯定信息、攻击、排斥和选择合适的措辞等内容的材料。

▎关于作者

罗纳德·B. 阿德勒（Ronald B. Adler）是圣巴巴拉城市学院名誉教授。他是《沟通要素》《了解人类沟通》《沟通的艺术》《工作中的沟通艺术》等书的作者。在他的职业生涯之外，阿德勒喜欢回馈社区。他还喜欢骑自行车、徒步旅行，和家人共度时光。

劳伦斯·B. 罗森菲尔德（Lawrence B. Rosenfeld）是北卡罗来纳大学教堂山分校传播学教授。他的论文发表在传播、教育、社会工作、运动心理学和心理学等类别学科的学术期刊上，他还著有关于小组沟通、人际沟通和非语言沟通方面的图书。他曾获得美国国家传播协会颁发的高等教育杰出教学奖，并于 2012 年获得北卡罗来纳大学教堂山分校颁发的威廉·费莱德奖。

拉塞尔·F. 普罗科特（Russell F. Proctor II）是北肯塔基大学传播学教授。1990 年他在一次学术会议上与阿德勒相遇，两人就使用案例教学达成了共识。他在 1997 年获得北肯塔基大学的杰出教授奖。他是本书的主要作者，同时也是《沟通的艺术》的共同作者。他喜欢运动、音乐、电影，和家人朋友一起旅行。

目　录

第1章

人际沟通历程

学习目标

- 1.1 认识满足沟通的需求
- 1.2 解释人际沟通过程的本质、原则和特征
- 1.3 识别有效沟通和沟通高手的特征
- 1.4 描述不同社交媒体和面对面沟通的优劣

专题研究

- 电影电视　孤独与沟通:《涉足荒野》
- 伦理挑战　孤独与网络:一个微妙的平衡
- 在工作中　沟通与职业发展
- 研究焦点　微博:渠道影响信息
- 电影电视　病态的胜任:《纸牌屋》
- 沟通能力评估　社交媒体的使用状况
- 研究焦点　回避永久性:色拉布的吸引力

每个人都需要沟通，诸如教师和学生、父母和子女、老板和员工、朋友和陌生人，甚至是敌对的关系，都需要通过沟通来建立。正因如此，沟通成为一种我们从幼童期到死亡都未曾间断的行为。

我们为什么要研究"沟通"这个每个人都要做一辈子的行为呢？

第一，研究人际关系会使你对熟悉的问题产生新的认识。举例来说，你可能没有思考过有些概念根本无法通过语言来表达，或是再多的沟通也未必能改善人际关系（在后面的内容里我们将深入分析这个问题），从某种意义上来说，探索人际关系就像解剖学或植物学一样，每一个课题、每一次进展都有新的意义。

第二，研究人际关系更具说服力的原因在于，我们每个人都可以成为更高效的沟通者。在一项全国性的调查中，发现婚姻关系破裂的主要原因是"缺乏有效的沟通"，其他原因像金钱、亲戚、性、前任伴侣和子女等问题，皆可以视为次要因素。在最近一次针对主管职位的调查中，有62%的人认为，无效沟通是职场上的重大问题。这或许可以解释为什么"沟通"会被家长们看作孩子能取得成功所需的最重要技能。

现在请你先暂停阅读，在脑海里为自己的沟通问题列一张清单，你将会发现，无论你在家庭、学校或工作环境中的人际关系多么成功，在生活中仍有许多值得努力和改进的空间。接下来的内容将帮助你与一些对你来说最重要的人进行更好的沟通。

1.1 我们为什么要沟通

人类关于沟通重要性的研究，其历史可能比你想象的还要久远。1220年到1250年，神圣罗马帝国皇帝弗里德里希二世进行了语言剥夺的实验。一位中世纪的历史学家，记载了这次残忍的实验。

> 他命令保姆和护士喂养婴孩，帮他们洗澡，但是不准跟他们说话，因为他想知道，在没有人跟婴儿说话互动的情况下，婴儿开口会先说出哪一种语言。是最古老的希伯来语，还是希腊语、拉丁语？又或者是他们亲生父母的方言？最后他徒劳无功，因为所有的婴儿都死了。缺乏养育者的拥抱、慈爱的脸孔、深情的言语，他们根本无法存活。

当代的研究者已经发现了相对不具伤害性的研究方法来佐证沟通的重要性。在一份研究"孤独"的报告中，参与者接受付费，独处于一间上锁的房间中，在五名参与者里，只有一名在房间中独自待了八天，三名待了两天，其中一名参与者还抱怨"别想再有第二次了"，而第五个人只待了两个小时。

现实生活中的经验也证明了我们对与人接触的强烈需求。前新闻记者特里·安德森（Terry Anderson）回忆起自己在黎巴嫩当人质的七年时光，直言不讳地说："我宁愿有最糟糕的同伴，也不愿意无人陪伴。"

你可能会说，独处有时是一种很好的放松方式。的确，我们每个人都需要独处，而且我们实际上需要独处的时间远远超过实际真正能够独处的时间。但是，在面对独处这件事时，每个人都有自己的临界点，一旦超过这个临界点，愉快就变成了痛苦。换句话说，我们都需要与人联结，我们都需要与人沟通。

生理需求

沟通非常重要，所以它的存在会对生理健康产生很大的影响。比起那些将负面想法隐藏起来的人，能够谈论自身负面经历的人更能获得较高的生活满意度，也更有利于提升生理和心理的健康水平。在另一项与警察工作相关的调查中显示，能够和长官或同事谈论执勤时遭遇过创伤的人，普遍拥有较佳的生理和心理健康状态。此外，一项更广泛的针对3500 名 24～96 岁人群的研究证实，仅需要短短 10 分钟面对面或电话交谈的时间，就可以达到改善记忆和强化智力的效果。

一个极端的例子显示，沟通甚至可以成为生死攸关之事。美国参议员约翰·麦凯恩（John McCain）曾经是一名海军飞行员，他在越南北部被击落后，被单独监禁了六年。他描述了战俘们借由轻轻敲击墙壁，费力拼出单词的方式创造出一套秘密的代码，以便能互相沟通和传递信息。麦凯恩描写了囚犯之间冒着风险仍然想和其他人保持沟通的情形。

> 暗地里沟通的处罚是很严重的，有一些战俘在这一过程中被发现，然后遭到一阵拷打，身体和心灵都因此遭受了极大的创伤。因为害怕再次回到惩罚室，所以回到单人囚室听到从隔墙传来轻敲墙壁的声响时，他们选择躺在牢房里一动不动。但很少有人能长时间保持这样的沉默，因为孤独比拷打或刑罚更让人难以忍受。对我们而言，断绝与其他美国人之间的联系，保持沉默与孤独……等同于死亡。

沟通的必要性不单单是针对战俘，医学研究与社会科学收集的证据都证实满意的关系对于日常生活中的我们至关重要，并且与生存、死亡都息息相关。举例来说：

- 一份包含了近 150 项研究、超过 30 万人参与的综合分析报告显示，那些与家人、朋友等社交网络拥有较强联结的人，平均寿命高出社交孤立者 3.7 年。
- 与社会融合度较低的人相比，社会融合度较高的人患冠心病、高血压和肥胖的风险明显较低。
- 曾经历离婚、分居或丧偶的人，罹患精神疾病的概率比有配偶者高出 5～10 倍，而婚姻幸福的人患肺炎、癌症或动手术的概率也比单身的人低（需要注意的是，在这些研究中，婚姻关系的质量比婚姻本身重要得多）。

这样的研究结果证明了拥有令人满意的人际关系的重要性，也解释了为什么社会科学家会认为沟通对健康来说是必不可少的。当然，每个人需要与人亲近的次数并不相同，沟通的质与量应该是同等重要的。关键的是，对于我们的健康而言，人际沟通是不可或缺的。

▲ 独自在太空度过一年后，宇航员斯科特·凯利（Scott Kelly）描述了他面临的最大挑战："我认为最困难的是在生理上与对你很重要的人长期分离。"**你对生活中个人交往的对象数量和质量满意吗？理想的数量是多少？**

▌认同需求

沟通的重要性绝不只维持生存而已，它也是我们认识自己的方法——事实上，是最主要的方法。第 3 章将会提到，自我认同源自我们和他人的互动，究竟我们是聪明的还是迟钝的，美丽的还是丑陋的，精明的还是笨拙的，这些问题的答案并不会从镜子中照出来，而是由他人对我们的回应决定的。

如果被剥夺了与人沟通的权利，我们将无从得知自己是谁。著名的"亚维农的狼孩"案例，说的是一名从未和人类接触过的男孩。1800 年 1 月，这个小男孩在法国一个村落的菜园中被发现，他当时正在偷挖蔬菜。他的行为举止完全不像人类，也不会说话，只会发出一些奇特的哭叫声。他不但缺乏人类的社交技能，而且更值得注意的是，他缺乏身为人类的自我认同。研究人员罗格·沙图克（Roger Shattuck）写道："这个男孩没有任何身为人类的自觉，他完全没有意识到，自己是个和别人有联结的人。"直到给予他慈爱的"母爱"之后，小男孩才有所转变，开始跟我们一样意识到自己是"人"的身份。

其实在现代故事中，也能体现沟通在自我认同中扮演的重要性。在某些情况下，那些很少或从未和人类接触过的孩子，即野孩子，他们的沟通模式与陪着他们长大的动物相似。在与人类接触之前，他们似乎并未发展出身为人类的自我认同感。同样的故事发生在一个名叫"丹妮"的女孩身上。她被遗弃了，但又被一个充满爱心的家庭所救，养父养母教她如何与人沟通。最终经过长时间的训练，丹妮终于能够开口说："我很漂亮。"

我们每个人来到这个世界时，几乎没有自我认同感，我们通过别人如何诠释我们而逐渐明白了自己是谁。在第 3 章将提到，我们在童年时期所接收到的他人的信息最为牢固，他人的影响会贯穿我们一生。

▌社交需求

有一些社会科学家认为，沟通除了帮助我们定义自己是谁外，同时也是我们建立人际关系的主要方式。例如，茱莉·杨林（Julie Yingling）就断言孩子们"通过沟通建立友谊"。同样的道理也适用于成人，很难想象如果没有沟通，怎么表达友谊在感情中的给予、接收、玩乐、互助与支持，并赋予我们一种自我价值感。正因为与他人的关系是如此的重要，所以许多学者甚至彼此争论，是否沟通才是人类生存的首要目标。对此，人类学家戈德施密特（Goldschmidt）便将满足社交需求的动力称为"人类的志业"。

良好的沟通质量和成功的社交关系极为相关。举例来说，根据调查，儿童若是在健谈的家庭中成长，在成年后通常都有较佳的同性友谊或异性情感。另一项研究中则提出，对女性而言，"社交活动"在提高生活满意度方面的贡献明显大于其他活动，如放松、购物、美食、运动、看电视或祈祷。

虽然我们都已经了解到沟通对社交满意度有多么重要，但研究证实，仍然有许多人没法妥善地经营人际关系。例如，一项研究发现，三分之一的美国人都说他们从未和邻居打过交道，而在几十年前，这个数据是五分之一。调查显示，美国人拥有的好友数量正在减少。在 1985 年，美国人人均拥有 2.94 名闺密或兄弟，但是 20 年后，这一数值下降到了 2.08。值得注意的是，受过高等教育的美国人通常拥有更庞大且多元的社交网络。换句话说，高等教育不仅能够提高我们的智力，同时也能拓宽我们生活中的人际关系。

谢莉尔·斯瑞德（Cheryl Strayed）努力摆脱悲痛和被个人错误所困扰的生活，沿着崎岖的太平洋屋脊步道独自踏上了上千千米的徒步旅行。

在荒野中，斯瑞德花了很多时间反思过去，思考自己对未来的选择。在自我强迫的孤独中，她发现了人际关系的价值。为了减轻孤独，满足对食物和水的实际需求，她急切地寻找与其他徒步旅行者的相遇机会，并回答有关自己身份的问题。孤独和沟通能帮助她认清自己是谁，想成为谁。

斯瑞德的旅行证明了我们需要沟通的许多原因。在冒险开始不久，她就对自己说："我喜欢和人聊天。倾听别人……这是我的一个爱好，我甚至都没有意识到我有这么个爱好。"

在她的荒野探索中，斯瑞德学到了适用于我们所有人的一课：独处和反思可以让我们为更健康的关系做好准备。

电影电视

孤独与沟通：
《涉足荒野》

实际需求

除了满足生理、认同和社交需求外，沟通也是解决许多实际问题的关键。它是重要的工具，我们可以告诉发型师我们心目中的理想发型，指引医生找到疼痛的病因，以及告诉水电维修师傅水管坏了，必须马上来修。

除了上述显而易见的需求外，一份健康研究的报告显示，沟通是每个职业成功者背后不可或缺的重要元素（请参阅第 9 页的"在工作中"）。对医生、护理师和其他医疗从业人员来说，沟通的技巧攸关生死。研究者发现，在近五年时间里，美国的医院中有超过 1700 多例死亡事件，都与医院和医生办公室的"糟糕沟通"有关。研究还表明，没有医疗事故的医生与有过医疗事故的医生相比，他们的沟通技巧存在显著差异。

职场之外的沟通也同样重要。例如，能够有效沟通的夫妻比缺乏沟通的夫妻更幸福。这一发现在不同的文化中也得到了证实，建设性的沟通对双薪家庭的冲突有缓解负面影响的功效（双薪家庭冲突是对婚姻满意度产生负面影响的常见原因）。

在学校，大学生的平均成绩和他们的沟通能力成正比。不仅如此，学校中有关校园适应、辍学率和学校整体表现都和学生是否具备良好的同学支持关系具有高度相关性。

心理学家亚伯拉罕·马斯洛（Abraham Maslow）提出人类的需求可分为五个层次，在关注更高层次的需求之前，应该先满足前一个层次的需求。当你读到每一个层次需求时，可以思考通过哪些沟通方式来满足这一层次的需求。第一层次是**生理需求**（physiological）：充足的空气、水、食物、休息和繁衍后代的能力。第二层次是**安全需求**（safety）：保护人身安全并远离威胁。第三层次是**社交需求**（social）：超越生理和安全层次，想要与人联结的需求。第四层次是**自尊需求**（self-esteem）：对自我价值和认可的渴望。最后一个层次是**自我实现需求**（self-actualization）：强调自我潜能开发，超越自我的期许，使自己成为最棒的人。

伦理挑战

孤独与网络：
一个微妙的平衡

这是一个没有计划的周五，你虽然不想独自度过这个夜晚，但又懒得外出交际，这时候，你守在计算机前开始和网络上的人互动，有些可能是朋友，有些是陌生人。你觉得这是以一个合适的方式来满足人类的社交需求吗？直觉性的答案是"偶尔，但非常态"。

关于在线交流和孤独的研究显示出一个复杂的综合议题。通过网络与他人产生联结可以帮助人们缓解孤独感，尤其是对有出门恐惧症或身体有障碍的人特别有效。另外，孤独感和社会科学家所说的在线社交偏好之间存在相关性，虽然这两者之间的因果关系并不明确。但研究表明，孤独的人更喜欢通过网络和他人互动，这可能会导致人们过度依赖网络，从而造成现实生活中人们的孤独感问题更加严重。

健康的沟通关键在于本书经常提到的原则：凡事适度。当在线交流能够补充和强化面对面关系（in-person relationship）时，可以说是满足社会需求的绝佳工具。一旦在线交流完全取代面对面交流时，就必须加以警觉。第 29 页中的"沟通能力评估"，可以帮助你确定自己的在线沟通和面对面沟通是否平衡。

研究证实，不论在哪个工作领域，经验丰富的人都知道，沟通技巧是找到一份工作并取得成功的关键。一份对商业领袖的调查发现，口语和书面的沟通能力是大学毕业生必备的重要技能。无独有偶，美国大学与雇主协会（National Association of Colleges and Employers，NACE）也指出，雇主最看重的素质是求职者的口语沟通能力，这个发现在他们的调查报告中年复一年地得到证实。NACE 的执行董事玛丽莲·麦克斯（Marilyn Mackes）曾说："雇主们一直把沟通技巧放在核心技能列表的首位。"

一旦你被录用，拥有良好的沟通技巧在任何职业中都显得非常重要。工程师花费了大把的时间在一对一或小组形式的表达和倾听上；会计专业人士在工作中 80% 的时间都用于进行个人或团队沟通；硅谷的雇主们则表示，只会程序语言还不够，口语表达和书面沟通技巧在科技产业中一样重要；一位评论家在《科学家》杂志上也强调了这个观点："如果要我提供任何建议，那就是关于沟通的整体技巧，你永远无法说自己的训练已经足够了。"

在工作中

沟通与职业发展

1.2 沟通的历程

我们一直在谈论"沟通"，就好像这个词的定义已经非常明确了。事实上，多年来学者们关于沟通的定义一直存在争论。尽管众说纷纭，大多数人对沟通的本质还是达成了共识，即沟通是使用信息来生成意义的过程。需要特别留意的是，这个基本定义适用于公众演讲、小组活动、大众媒体等各种语境。我们这一小节的目标是解释信息和意义是如何在人际沟通中产生的，并描述在这个复杂过程中所涉及的许多因素。

早期的沟通模式

俗话说："一图胜千言。"这正是科学家们在 20 世纪 50 年代开始建立沟通的历程模型时所考虑的。这些早期模型过于简单化，通常比人际关系的**多样性理论**（interpersonal variety）更适合解释**大众传播**（mass communication）。他们把沟通描述为一种单向的**线性事件**（linear event），发送者将信息编码，然后把编码后的信息传送给被动的接收者来解码。我们可以把这个过程想象成弓箭手的射箭行为：发送者犹如弓箭手，将箭射向箭靶，而箭是信息，箭靶是接收者。即便是在复杂的人际关系前提下，这种线性的思考模式仍然具有参考价值。如果你在发送一封电子邮件之前，再三地确认内文的口气是否合适，那么你所传达的信息基本上就属于单向的沟通。

后来的沟通模式则是把沟通过程比拟成一场网球比赛，发送者把信息发送给接收者，接收者再通过语言或非语言的**反馈**（feedback），来回应发送者先前的信息，特别是一来一回的短信沟通模式，很好地印证了这一描述。

然而，这些模型未能捕捉到人类沟通过程中的复杂性。随着时间的推移，研究沟通的学者持续发展出越来越复杂的沟通关系模式，试图描绘出影响人类互动的所有因素。

洞察交流沟通模式

没有任何模式可以完全展现出复杂的沟通过程，因为沟通过程不同于可以捕捉你所居住小区中一切的地图。尽管如此，图1-1反映了交流沟通中的许多重要特征，这是一种动态的过程，沟通双方通过互动共同创造意义。

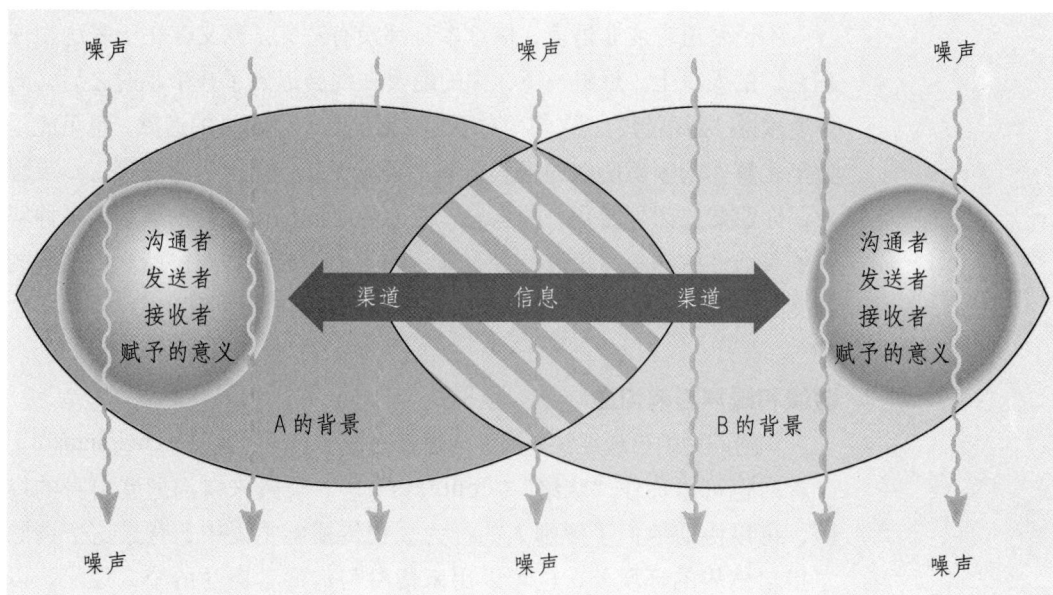

图1-1　交流沟通模式

传送和接收通常是同步的

有些沟通的形式是**异步**（asynchronous）的，如电子邮件、短信、语音信息或传统邮件，因为接收和传送之间，存在着一定的时间延迟。但是，在面对面的互动中，就很难分辨谁是发送者，谁是接收者了。请参考以下几个例子。

- 一位教师在课后向学生解释一个复杂的概念
- 一对父母正在对自己的孩子讲解家里的门禁规则
- 一位销售人员正在向顾客提供商品信息

直觉反应会告诉我们：发送者是教师、父母和销售人员，而接收者是学生、子女和顾客。现在来试着想象一下，学生脸上茫然的表情，子女防御性地打断父母说话，顾客放空的眼神看向远处，从这些语言和非语言的反应中，便可以发现即使当下有人正在传送信息，但另一个人同时也在以自己的方式传送信息。因为分辨发送者和接收者十分不易，所以我们将沟通模式中传送和接收的角色，采用更精确的**"沟通者"**（communicator）一词取代。"沟通者"至少反映出在面对面沟通的情况下，我们同时都是交换多种信息的发送者与接收者。

意义存在于人和人之间

不论是语言或非语言，信息本身都没有意义。意义存在于表达和理解它们的人身上。想象一下，你的朋友在约会迟到了几个小时之后，向你道歉说"对不起"。这句"对不起"可能是一个真诚的道歉，也可能是为了化解你的愤怒所做的虚假声明，又或者是一句挖苦的嘲笑。不难想象，你朋友的话可能是一种意思，而你却可能出现不同的理解。多种解释的可能性意味着为了进行令人满意的沟通，通常需要协商一个共同的意义（第4章中描述的知觉检核技巧可以帮助我们做到这一点）。

背景和噪声影响沟通

沟通问题的出现经常是因为沟通者占据了不同的**背景**（environment）〔有时也可以称作**"脉络"**（contexts）〕，背景来自沟通者自身的经验，可以协助他们了解别人的行为。在传播学术语中，背景这个词除了指自然界的环境外，也可以用来指参与沟通者自身的个人经验，以及文化脉络。你可以经由自己对工作、婚姻或政府政策等重要议题的看法，来发现个人背景对沟通的影响。接下来让我们想象一下，如果你的个人经验改变，有哪些信念也会随之改变？

请注意在图 1-1 的模式中，如何表示 A 和 B 背景重叠的部分，这块重叠区域显示着不同沟通者之间一定有些共同的背景，如果这块重叠的区域不存在的话，那么沟通难度将大为增加。反之，双方背景越相似，便越能促进沟通。虽然相似的环境往往有利于沟通，但不同的背景会使有效的沟通更具挑战性。让我们思考一下，哪些因素可能导致沟通背景不一致。

- 甲属于一个族群，乙属于另一个族群
- 甲家境十分富裕，乙则家境贫寒
- 甲可能急得火烧眉毛，但乙却闲得发慌
- 甲是个见多识广、经历过大风大浪的"老江湖"，而乙只是个初入社会的年轻人
- 甲可能对某些事物很热衷，乙却对它们不感兴趣

科学家提出了另一项造成沟通困难的因素："噪声"（noise）。"噪声"是指任何妨碍信息发送和接收的东西。而"噪声"阻碍沟通的形式有三种，首先是**外部噪声**（external noise），包含除了接收者以外，其他妨碍接收信息的外在因素。例如，酒吧里震耳欲聋的音乐或是街上电钻凿孔的声响，可能会让你很难把注意力放在另一个人身上。其次是**生理噪声**（physiological noise），包含破坏准确接收的生物性因素，如听力受损、疾病等。最后是**心理噪声**（psychological noise），指的是认知因素导致了沟通效能的降低。例如，一位成年女性被叫成小女孩，可能会让她觉得非常恼火，以至于很难客观倾听说话者的信息。

沟通渠道的差异

传播学学者用"**渠道**"（channel）一词来形容信息交换的媒介。除了面对面的互动外，我们还可以选择运用中介渠道，如手机、电子邮件和互联网等技术渠道来进行沟通。我们使用的"沟通渠道"会影响接收者对信息产生的反应。例如，在通信软件上短信传情和手写情书，会出现不同的效果；上班时老板郑重其事地当面告知你被开除和下班后打开电子邮件收到被开除的坏消息，还是有所不同的。

大多数人可以敏锐地察觉到，有些信息类型本身就会决定发送的渠道。在一项调查中，奥沙利文（O'Sullivan）教授要求学生找出最适合传递各种不同信息的渠道，大部分的受访者表示，面对面地传递正向信息，几乎没有什么困难，但是若要传递负面信息，大部分人会选择电子中介渠道。后文将会有更多有关社交媒体渠道的内容。

自马歇尔·麦克卢汉（Marshall McLuhan）提出"媒介即信息"这一著名论断以来，学者们一直在研究传播渠道对所传递信息的影响。你发短信、打电话或者通过社交媒体发布信息，不同渠道明显会产生不同的影响。一个研究小组调查了一个更具体的问题：在手机和在电脑上发布微博消息，有什么不同吗？

这个问题的答案是肯定的。研究人员在 6 周时间内分析了大约 2.35 亿条推文，基本能够确定这些帖子是来自手机还是电脑。他们发现，手机比电脑发出的推文更以自我为中心——文章中包含了更多的第一人称代词，如"我"和"我的"。用手机发的推文在措辞和内容上也往往更消极。换句话说，一条带有"我疯了"的推文很可能是用手机发的。研究人员推测，无论是好还是坏，手机鼓励更多的自发交流。

正如你将在第 3 章读到的，明智的沟通者在自我表露之前会权衡利弊。这项研究表明，你选择发送信息的媒介可能在沟通过程中起着重要的作用。

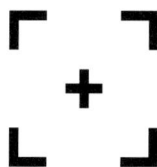

研究焦点

微博：
渠道影响信息

▎沟通的原则

除了沟通模式之外，还有几个沟通原则可以解释沟通的本质。

沟通就是互动

正如我们在交流沟通模式中所看到的，沟通者通过与他人的互动来创造意义。也许沟通的交易属性所带来的最重要结果，就是相互影响。简单来说，沟通不是一方对另一方做事，而是双方一起完成的一项活动。

沟通就像跳双人舞：无论你个人的技巧有多高超，成功与否都取决于别人和你的配合是否完美。不论是沟通还是跳舞，伙伴之间必须相互适应和配合。此外，基于关系的沟通是一种经由伙伴之间互动而形成的独特创作。考虑到与舞伴间的合作与互动，你跳舞的方式可能会因为舞伴的不同而改变。同样，你的沟通模式也会因为与不同的人互动而改变。这就是沟通高手拥有良好适应性的原因，你将在接下来的段落中继续了解。

心理学家肯尼斯·格根（Kenneth Gergen）很好地阐述了沟通的本质，他认为人们的成功取决于和他人的互动。格根说："一个人如果没有人被吸引，就不可能具有吸引力；一个人如果没有人愿意追随，就不可能成为一个领导者；一个人如果没有人欣赏，就不可能成为一个可爱的人。"

▶ 就像跳舞，沟通是一种互动过程，是你和舞伴一起传递信息，而不是单方面传达。在亲密关系中，你会如何描述沟通的本质？沟通时的对象和跳舞时的舞伴有哪些相似之处？

沟通可以是有目的或无目的行为

有些沟通行为具有明显目的性，例如，向老板要求加薪或提供一些建议之前，你肯定会谨慎地字斟句酌。有些学者主张，只有像这种带有目的性的信息传递，才能称作沟通；另一些学者则认为，即便是没有任何意图的信息传递，仍然是沟通。比如，某个朋友无意中听到你喃喃自语地抱怨他，即使你并非有意要让他听到，他仍会视之为信息。除了这种无意间泄露的言谈之外，我们还会无意地传送出许多非语言信息。你可能察觉不到自己脸上讨厌的表情、不耐烦的举止，或者感到厌烦时发出的叹息声，但别人都观察到了。

即使是没有具体表现出来的行为，仍具有沟通价值。回想一下你发送短信或留言却没有收到回复的情况。你可能给这种"无反应"赋予一些含义：对方生气了？无动于衷吗？忙得没时间回复？不论你的直觉正确与否，对方的所有行为都具有沟通价值，"没回复就是没事"的情况永远不会发生。

在本书中，我们将会探讨有目的行为和无目的行为各自存在的沟通价值。无论你做什么——是说话还是沉默，是面对还是回避，是情感流露还是面无表情——你都在向别人传达你的想法和感受。从这个意义上说，我们就像从未曾安静过的传声筒。我们认为，不沟通是不可能的。

沟通是不可逆转的

有时候我们希望可以回到过去，消除一些不当的言辞或行为，替换成更妥当的言行举止。不幸的是，这种逆转是不可能的。某些时候，进一步的解释可以澄清对方的疑虑，诚心道歉可以减轻对方的创伤。但很多时候，你说得再多，都无法改变你在他人心中留下的印象。已经挤出来的牙膏不可能再塞回去，已经说出去的话也不可能再收回来。俗话说得好，说出去的话就像泼出去的水，都是无可挽回的事实。

沟通是不可复制的

沟通是一个持续的过程，因此不可能复制出完全相同的事件。上周，一个友善的微笑拉近了你和陌生人之间的距离，但这不代表明天用在另一个人身上会同样奏效。即使是面对同一个人，也不太可能昨日重现。为什么？因为我们每天都在改变。我们都活得更久了，彼此的感觉可能已经发生了改变。就算我们说了同样的话，做了同样的事，当处于不同的时空时，它们也会不一样。

沟通同时具有内容和关系两个向度

基本上所有的信息交换都包含内容和关系两种向度，其中，**内容向度**（content dimension）是指双方明确谈论的信息，如"请把盐递给我""我好累，明天再聊好吗？"，或是"你忘记买牛奶了"。除了这些显而易见的内容之外，所有的信息也带有**关系向度**（relational dimension），用来表达你对他人的感觉。比如，你喜不喜欢对方，是主导还是被控制，是感到自在还是焦虑，等等。我们不妨试想一下，当我们只是简单地以不同方式说"非常感谢"，可能传达出多少种不同关系的信息。通过本页的图片，我们可以进一步了解沟通中关系向度的重要性。这张图片传达了两个人之间是什么关系？

有时信息中的内容向度是最重要的。例如，你只要买到了咖啡，就不必在乎咖啡师对你的感觉。然而，从定性角度来看，信息的关系向度通常比内容向度更加重要。这就可以解释为什么表面上微不足道的争论会变得如此重要。通常情况下，我们并不是真正在争论今天轮到谁去倒垃圾，该待在家里还是出门，我们争论的是这种关系的本质：谁是关系的控制者？我们对彼此究竟有多重要？在第 9 章，我们将会详细探讨这些重要的关系议题。现在，我们把焦点放到人际沟通的定义上。

▶ 除了沟通的内容外，所有语言和非语言的交流都传达了你对他人的感觉。**在沟通日常事务时，你传达了什么感受？**

人际沟通的本质

我们刚刚提到，每一次的沟通都存有关系向度，想象一下你最近和收银员的简单对话。是友善的还是冷漠的？是从容的还是匆忙的？不论是上述哪种情况，你们所交流的信息都创造并反映了某种关系。在更有意义的关系中，沟通是独特而微妙的，也可以说是更个人化的。因此，将我们与他人的沟通视为从非个人化到个人化的连续性流动是非常有帮助的（见图1-2）。

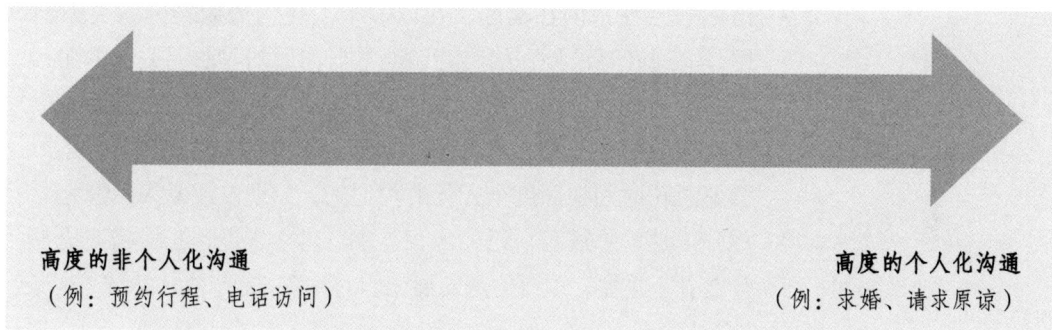

| 高度的非个人化沟通 | 高度的个人化沟通 |
| （例：预约行程、电话访问） | （例：求婚、请求原谅） |

图1-2　从非个人化到个人化的沟通过程

我们生活中的许多互动都是相对客观的，但更有意义的沟通是我们主要关系的特征。正如本书所讨论的，人际沟通是一种以独特性、相互依赖、自我表露和内在奖励为特征的互动。让我们研究一下这个定义的每个组成部分。

人际沟通的特征

以下四个特征可以帮助我们辨认个人化沟通和非个人化沟通的差异。

- 第一个特征是**独特性**。社会规则和仪式支配着非个人化沟通，而特定关系的性质和历史则塑造着个人化沟通。例如，对一个朋友你可能会善意地挖苦对方，但对另一个朋友你则必须谨言慎行，避免冒犯。思考一下你是如何与最亲近的人交流的，你就会意识到每一种关系都拥有属于它自己的特殊的语言、习俗和模式。沟通专家将其称为关系文化。

- 第二个特征是**相互依赖**。高度的个人化沟通表明，伙伴的命运是相连的。在非个人化沟通的关系中，例如，和你素昧平生的餐厅服务员，你也许可以不理会对方的愤怒、喜悦、兴奋或沮丧，但在个人化沟通中，如果他是你的密友，对方的生活就会影响你。

- 第三个特征是**自我表露**。在非个人化沟通中，我们很少透露自己的信息，但在个人化沟通中，我们会经常分享重要的想法和感受。这通常反映了我们彼此之间的舒适度。这并不意味着所有高度个人化的沟通都是充满温暖、互相关怀，或者暗示所有自我表露都是正向的，完全有可能表露负面的个人信息："我真的很讨厌你这样做！"但请注意，你可能只会对和你具有亲密关系的人说这句话。

- 第四个特征是**内在奖励**。在以非个人化沟通为特征的关系中，沟通者寻求外在的奖励，通常与沟通的对象无关。你在课堂上听教授讲课，或是跟二手车的潜在买家交谈，只是为了实现目标，不是为了跟他们经营人际关系。相比之下，你会愿意花时间在高度个人化的沟通上，如朋友或爱人，因为你知道这能够满足自己的内在需求。对你来说，在一起谈论什么并不重要，重要的是发展你们的关系。

相对而言，人与人的互动很少是高度的个人化沟通。即便关系向度的沟通非常稀缺，但它仍然在我们的人际关系中具有重要的价值与贡献。关系向度的沟通就和独一无二的艺术品一样珍贵，因为稀有而特别。甚至在亲密关系中，这种情况都是非常少见的。相比而言，我们日常的沟通就显得平淡无奇。在第 10 章中，我们将重点学习亲密关系中的人际沟通。

大众传播

阅读完刚刚概述的特征后，你可能会认为人际沟通是一种私人的而不是公开的交流。例如，许多人不愿意向大众自我表露，因为一段关系与数百人进行分享，就不会再感觉到特别。就这一点来说，我们很容易将人际沟通视为只发生在私人的、一对一关系中的事情。

但是社交媒体的出现让这种想法发生了一些变化。事实上，当你在朋友圈发布"我听说你找到新工作了，恭喜！"的消息时，这既是个人的也是公开的。这条信息是写给你朋友的，但是其他人也会看到和评论。你在发布的时候可能已经想到了这些，否则，你会发私信或电子邮件。同样，许多博主和他们的粉丝互动，创造了一种社区感。这种一对多发送的媒介信息通常被归类为"大众传播"，但这个标签并没有捕捉到针对大量受众传递个人信息的本质。

为了澄清一些公共信息的个人性质，传播学学者奥沙利文和卡尔（Carr），给我们提供了新标签。大众传播的特征是跨越大众和私人界限的互动。图 1-3 列举了一些这样的交叉及其使用的渠道。很容易看出大众传播如何增强人际关系的独特性、相互依赖、自我表露和内在奖励。

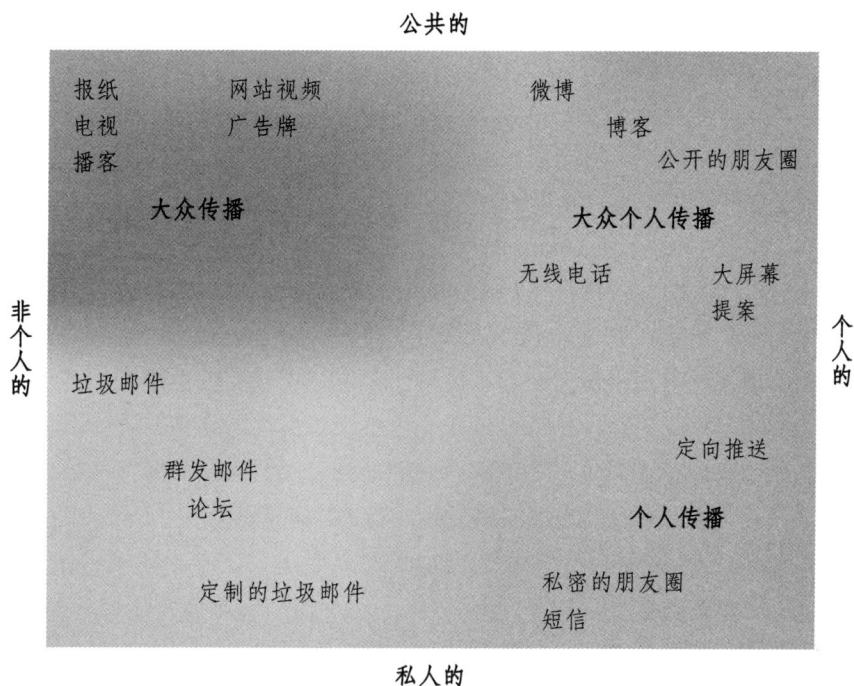

公共的

报纸　　网站视频	微博
电视　　广告牌	博客
播客	公开的朋友圈
大众传播	**大众个人传播**
	无线电话　　大屏幕
	提案
垃圾邮件	
	定向推送
群发邮件	
论坛	**个人传播**
定制的垃圾邮件	私密的朋友圈
	短信

非个人的 ← → 个人的

私人的

图1-3　大众传播、个人传播和大众个人传播的案例

沟通的迷思

现在，我们已经知道了什么是沟通，是时候辨认什么不是沟通了。避免这些常见的误解，可以帮你减少很多生活中不必要的麻烦。

不是所有的沟通都在追求理解

你可能会假设沟通的目的就是最大化地互相理解。尽管有些必要的理解有助于协调我们的互动，但是以下几种我们习以为常的沟通，并不是以理解为主要目标，例如：

- 我们每天都在上演社交仪式。当你问："最近怎么样？"就算对方今天过得很糟，他们仍会回答："我很好。"这样的交流，主要的目的是互相承认彼此的存在和价值，潜在的信息是"我认为你很重要，值得我注意"，这里面明显缺少认真交换信息的行为。在微博的案例分析中，可以发现这种"**保持联系**"的社会仪式，不仅发生在面对面的社交礼仪上，也出现在数字平台的交流中。
- 许多试图影响他人的尝试。大多数电视广告的目的，旨在说服观众购买产品，而不是帮助观众理解广告的内容。同样，我们劝说别人做事时，并没有期待他们理解，只是希望他们能够服从安排，完成任务。
- 蓄意地含糊其词和隐瞒事实。当你想要婉拒某人的邀约时，可能会用"我刚好有事"来推托。很显然，你是希望给别人留下"这个决定不受我控制"的印象（假如你的目标很清楚，也不在乎伤害对方，你可能会说"我一点也不想去，实际上，我宁愿做别的任何事，也不想接受你的邀请"）。正如我们将在第 3 章中详细说明的那样，人们沟通时经常欺骗或背离原意，因为他们想掩盖真实的想法和感受。

沟通不是越多越好

沟通不足会产生问题，沟通过度也会成为问题。当人们一次又一次地重复相同的观点，沟通就失去了效果。

有时候，说得太多反而会让问题恶化。正如麦克罗斯基（McCroskey）和威勒斯（Wheeless）所说："越来越多的负面交流只会导致越来越多的负面结果。"即便你们的关系没有问题，少交流也比多交流好。一项研究发现，那些在工作上不高度依赖彼此的同事，减少闲聊会拥有更好的工作表现。有时候，没有互动甚至是最好的办法。人在生气或难过时，可能会说一些言不由衷的话，之后就会后悔。在这种情况下，最好花时间冷静下来，仔细想想该说什么以及如何说。第 8 章中的内容将会帮助你决定何时以及如何分享自己的感受。

沟通不会解决所有问题

有时候，即使天时、地利、人和皆备，一切也都计算得很完美，仍然没有办法解决问题。试着想象一下，你去找教师问他为什么给了你很低的分数，而你自认为可以拿高分。他在听完你的抗议后，清楚地告诉你拿不到高分的原因。你觉得这样的沟通解决问题了吗？恐怕没有。

有时候，清楚明白的沟通反而会成为问题的根源。例如，朋友要求你对他新买的价值上千元的服装诚实地给予意见，然后你真的照实说了："我觉得这会让你看起来很胖。"这句话造成的伤害，远远超过它带来的好处。决定坦露心声的时机与方式，并不是一件容易的事，第 3 章中的内容将会给你一些建议。

沟通能力不是与生俱来的

很多人认为沟通就跟呼吸一样，是一件不需要训练就可以做到的事。虽然几乎每个人都能在没有太多沟通训练的情况下正常工作，但大多数人的沟通效率远低于他们的潜能。事实上，沟通能力和运动能力很像。即便是最不擅长沟通的人也可以通过练习让沟通变得更高效，而对于那些在沟通上本来就有天赋的人，后天的练习可以保证他们的沟通技巧"不走样"。请记住这一点，是时候看看如何更有效地沟通了。

1.3 沟通能力

"怎样才能更好地沟通？"这可能是你翻开本书时要问的最重要的问题。这个问题的答案也是传播学专家面临的主要挑战之一。虽然还没有最完整的答案，但专家们已经确定了大量关于沟通能力重要且有用的信息。

▌沟通能力的原则

大多数专家同意，沟通是一种以有效和恰当的方式来实现目标的能力。你可以通过思考自己是如何处理日常沟通中的挑战难题来了解这两个维度，例如，拒绝一次邀约或是要求朋友停止做出让领导讨厌的行为。在这些情境下，有效的沟通能帮助你得到想要的结果。而在大多数情况下，恰当的沟通可以增进沟通双方的关系。

你可以试想一下，只满足某一个维度的情境来理解恰当性和有效性的重要性。例如，你对餐厅服务员大喊大叫可能会让你的饭菜很快上来，但你可能不会受到他们的欢迎。同样，当情况不妙时，你对室友说"没事"可能会维持你俩的关系，但结果仍会让你感到沮丧。为了激励大家在有效性和恰当性之间找到平衡，以下内容概述了沟通能力的几个重要原则。

没有单一的"理想"或"有效"的沟通之道

你自己的经验也许就能告诉你，有效沟通的方法绝对不止一种。成功的沟通者有些会很严肃，有些则很幽默；有些外向活泼，有些沉默文静；有些讲话十分坦率，有些讲话拐弯抹角。此外，某种沟通方式可能在某种情境下发挥了积极的作用，但在另一种情境下却可能产生消极的作用；某个人的沟通能力被大家认可，但在另一个人看来他的沟通能力却大有不足。你经常和朋友开的玩笑，如果放在家庭聚会中，就可能伤害敏感的家人；你在周六晚上约会的浪漫态度，就不适合出现在周一早晨的工作中。没有任何规则和技巧能够保证你成为成功的沟通者。

当不同文化背景的成员相遇时，灵活性尤其重要。有些沟通技巧似乎是通用的，例如，每一种文化都要求演讲者举止得体。但是，在特定情况下，什么是恰当的沟通往往会因为文化的不同而产生巨大的不同。例如，饭后打嗝儿或在公共场所裸体等行为，在世界上某些地方可能是合适的，但在某些地方可能令人发指。在有效的沟通中也存在着更细微的差异。例如，自我表露和直言不讳等品质在美国可能会受到重视，但在许多亚洲文化中会被认为是咄咄逼人和冷漠无情。我们将在第 2 章探讨更多有关沟通能力在跨文化上的应用。

沟通能力依情境而定

由于沟通能力在不同情境和不同人之间差异很大，因此将沟通能力视为一种有的人拥有而有的人没有的特质是错误的想法。更确切地说，沟通能力应该以程度或范围来划分。

你可能在某些领域拥有较佳的沟通能力，但在另一些领域则不然。例如，你也许很擅长处理和同辈之间的沟通，但是在和比自己年长或年轻、富有或贫穷、更具吸引力或更缺乏吸引力的人交往时，却显得十分笨拙。事实上，即使是和同一人相处，你的沟通能力也可能会因为情境的不同而表现得不同。因此，因为一时的苦恼就下结论说"我是一个失败的沟通者"未免太以偏概全，正确的说法是："尽管我不能很好地应对这种状况，但我在其他场合能处理得很好。"

沟通能力可以后天学习

当我们谈到沟通能力时，不得不提到生物学的观点：生物因素对于沟通风格的影响是注定的。一些研究发现，某些特定的性格特质，会使人倾向于使用特定的能力技巧。比如，那些生性喜欢迁就和尽心尽责的人，会比较容易接纳别人的不同意见，但相对来说，也比较难成为一个果断和高效的人。

幸运的是，生物因素并不是决定我们沟通方式的唯一因素。沟通能力在很大程度上是一套人人可以后天习得的技巧。例如，有沟通焦虑的人可以通过人际培训课程获得改善。沟通技巧的指导也被证明可以帮助各种专业领域的沟通者高效地沟通。即使缺乏系统的训练，也可以通过观察和试错来提升沟通技巧。我们从自身成功和失败的经验中学习，同时也可以通过观察其他人的沟通行为，不论是正面还是负面的沟通形式。当然，我们希望你能够应用本书中的知识，成为一个更优秀的沟通者。

沟通高手的特质

尽管具体的沟通定义随着情境而改变，学者仍然梳理出了几种适用于大多数情境的沟通高手的共同特质。

拥有丰富的技巧

正如你已经看到的，优秀的沟通者不会在每种情况下都使用相同的沟通方法，他们深知何时该直言不讳，何时该圆滑得体；该说话时说话，该沉默时沉默。

你选择的沟通方式，会影响到你实现个人目标和关系目标的机会。例如，如果想和一个陌生人开启对话，你可以从介绍自己开始。在另一种情况下，主动寻求帮助可能会很有效："我刚搬到这里，不知道东边的居住环境如何？"还有一个策略是询问与当下情境相关的问题："我以前从没听过这个乐队，你了解他们吗？"你也可以真诚地赞美并抛出一个问题："好棒的鞋子！请问你是在哪儿买的？"

就像厨师可以利用各种各样的食材和香料烹饪出美味的菜肴一样，一个优秀的沟通者也可以从大量潜在的沟通行为中汲取灵感。

适应性

厨师必须知道什么时候使用大蒜、辣椒或糖等。同样，一个优秀的沟通者会为每一种情况和每一个信息接收者选择恰当的回应。适应性是如此的重要，以至于研究人员将其称为"人际沟通技能的标志"。一项研究表明，教授会对那些在电子邮件中随意使用语言（如用"4"代替"for"）的学生给予更多的差评。这些学生没有将他们的口语用词调整成正式的书信文字。在本章的后面，我们将讨论如何为特定的消息和接收者选择正确的渠道，因为这也是沟通适应性的一个重要组成部分。

当你面向大众进行沟通时，适应性就会变得极具挑战。例如，在社交媒体上发帖，你在编辑文章的时候就会事先考虑到有很多受众。你在发布前会因此改动原本的内容，因为你已经预测到一些关注者会如何反应，那么你已经在练习适应性以及自我展示，我们将在第3章详细阐述。

熟练执行的能力

一旦选定了合适的沟通方式，你就应该应用于实际。沟通和其他运动一样，只有通过不断的练习，才能拥有杰出的表现。本书将把最新的沟通工具介绍给你，每章最后的实例活动，也会告诉你应该如何进行练习。

同理心 / 观点采择

当我们理解并同意他人的观点时，我们就能获得最有效的信息。同理心或者说是观点采择（在第 4 章中有阐述）是一项基本技能，因为很多人可能无法清楚地表达自己的想法和感受。当然，单凭从别人的观点出发是远远不够的，能够通过语言和非语言的反应来理解他人是沟通中非常重要的技巧。

在美剧《纸牌屋》中，老谋深算的政治家弗兰克·安德伍德（Frank Underwood）和他同样野心勃勃的妻子克莱尔（Claire）对权力的追求毫不留情。他们交朋友，拍马屁，利用别人来提高自己的地位。

在沟通能力方面，安德伍德和克莱尔非常有效地实现了他们的个人目标。他们是战略性的自我监控者，能仔细辨别他们的反应并做出相应的调整。但在人际关系上，他们只把别人当作实现私人目标的工具或当作要击败的对手。毫不奇怪，安德伍德夫妇的关系并不亲密。在镜头旁，安德伍德说："对于我们这些爬到食物链顶端的人来说，绝不能手软。只有一条规则：狩猎或被猎杀。"

我们大多数人会认为安德伍德和克莱尔对权力的无限迷恋是病态的。我们意识到要想成为一个完美的沟通者和身心健康的人，沟通技巧不但要有效，还要恰当。

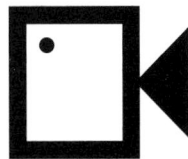

电影电视

病态的胜任：
《纸牌屋》

认知复杂度

认知复杂度（cognitive complexity）是一种构建各种不同框架来看待问题的能力。假设你的一个老朋友很久都没有回复你的消息，但你希望得到回复。一种可能的解释是，你做的某件事情冒犯到他了；另一种可能是，你朋友的生活发生了心烦意乱的事情；当然也有可能是你想太多了，其实什么事都没有发生。

研究人员发现，对他人行为拥有大量解读能力的人拥有更高的"对话敏感度"，这将增加达成令人满意的沟通机会。研究还发现认知复杂度和同理心之间存在联系：当你理解他人并解读他们行为的次数越多，你就越有可能从他们的视角来看待世界并发生沟通。

自我监控

心理学家将观察自己的行为并借此调整自己行动的过程称为"自我监控"。自我监控者能以一种超然的眼光看待自己的所作所为，总结出这样的观察结论。

> "我看起来就像一个白痴！"
> "我最好现在就说话。"
> "这种方法很有效。我会继续使用它。"

毫无疑问，自我监控通常可以提高沟通者的效率。白宫经济顾问委员会认为，学生拥有更好的"自我意识""自我监控""自我控制"能力将会帮助他们在进入职场后取得更大的成功。你可以经常问自己"我做得怎么样"，如果答案不是积极的，那就及时调整自己的行为。这对于沟通者来说将是一笔巨大的财富。

1.4 社交媒体与人际沟通

直到几十年前，面对面沟通对于建立和维持大多数人际关系仍然是最重要的。当然，电话和邮件等其他渠道也存在，但大多数的人际沟通都需要人与人之间近距离的接触。

如今的状况已经大不相同。虽然面对面沟通依然至关重要，但现代科技在建立和维持人际关系上起到了关键作用。社交媒体是指允许用户在社区内进行输入、交互、内容共享和协作的所有通信渠道。从广义上讲，当你发送短信、发布推文、交换电子邮件和即时消息，或者使用脸书（Facebook）和照片墙（Instagram）等网站时，你就是在使用社交媒体。在过去的几十年里，社交媒体的数量呈爆炸式增长，为今天的沟通者提供了大量的选择，这些选择足以让前一个时代的人感到无比惊讶。

在了解社交媒体的特征之前，请花点时间完成第 29 页的测评，帮你分析数字通信在你的生活中所扮演的角色。

▍社交媒体的特征

社交媒体和面对面沟通有许多相似之处，两者都包含了信息、渠道、噪声和交流沟通模式的其他元素，这两者都用来满足生理、认同、社交和实际需求，以及列举在第 3~8 页的其他需求。

尽管有一些相似之处，但社交媒体的沟通在某些重要方面与面对面沟通有很多不同。表 1-1 归纳了不同渠道的差异。每个渠道都有各自的优缺点，你可以根据不同情况选择适合的渠道来提高沟通的效率。当你思考是应该发短信、打电话，还是等待面谈的机会时，这需要取决于信息的性质、接收者的角色和当时的情境。

表 1-1　不同沟通渠道的特点

沟通渠道	同步性	丰富度/精简度	持久性
面对面沟通	同步	丰富	低
视频聊天	同步	一般丰富	低
电话	同步	一般精简（只有语音信息，没有视觉信息）	低
语音留言	异步	一般精简（只有语音信息，没有视觉信息）	一般（可存储，但通常被删除）
短信	异步（但可能很快）	精简	一般（可存储，但通常被删除）
电子邮件	异步	精简	高（经常被存储；经常转发给他人）
社交网站	通常为异步	精简（但可以包含照片和视频）	高（公开性强）

精简度

社会科学家用**丰富度**（richness）一词来形容丰富多样的非语言线索，这些非语言线索增加了语言信息的清晰度。与此相反，**精简度**（leanness）形容的是缺乏非语言线索的信息。正如你将在第6章中读到的那样，面对面沟通中有大量的非语言线索，这些信息提供给沟通者听懂彼此的弦外之音。相比之下，大多数社交媒体传递的信息就精简得多了（见图1-4）。

渠道	文字	声音	视频	本人
举例	电子邮件、短信、信件、网上发帖	手机电话、语音信息	视频会议、视频通话	面对面互动

精简 ⟶ 丰富

图1-4　不同沟通渠道的非语言线索

为了解信息的丰富度会随着媒介发生变化，你可以想象这样一个场景：假设你已经有好几个星期没有收到朋友的信息了，于是你决定问他："发生什么事了吗？"而你的朋友回复："没什么，我很好。"这个回应够不够具体，取决于你是通过短信、电话还是当面听到它的。

你必然会从面对面的回应中读出更多的信息，因为它包含了更丰富的线索，如面部表情、声音语调等。相比之下，文字信息就精简许多，因为它只呈现文字；声音信息介于两者之间，包含了语音信息，却没有视觉信息。

沟通能力评估：社交媒体的使用状况

请用数字1~8对下面15个描述的认可程度进行打分，1＝"完全不符合"，8＝"完全符合"。

序号	状况描述	打分
1	比起面对面沟通，我更喜欢在线互动	1 2 3 4 5 6 7 8
2	在线互动比面对面交流更舒适	1 2 3 4 5 6 7 8
3	我更喜欢在网上与人交流，而不是面对面交流	1 2 3 4 5 6 7 8
4	当我感到孤独时，我会用互联网和他人聊天	1 2 3 4 5 6 7 8
5	当我情绪低落时，我使用互联网能让自己感觉好些	1 2 3 4 5 6 7 8
6	当我感到沮丧时，我使用互联网能让自己感觉好些	1 2 3 4 5 6 7 8
7	如果有一段时间没法上网，我就会被上网的想法所占据	1 2 3 4 5 6 7 8
8	如果我不能上网，我会感到很失落	1 2 3 4 5 6 7 8
9	如果掉线了，我会很抓狂	1 2 3 4 5 6 7 8
10	我很难控制自己的上网时间	1 2 3 4 5 6 7 8
11	我很难控制使用互联网的冲动	1 2 3 4 5 6 7 8
12	离线时，我很难克制上网的冲动	1 2 3 4 5 6 7 8
13	互联网让我很难管理好我的生活	1 2 3 4 5 6 7 8
14	因为上网，我错过了社交活动	1 2 3 4 5 6 7 8
15	互联网给我的生活带来了问题	1 2 3 4 5 6 7 8

相关评分结果，请参阅第40页。

因为通过媒介传递的大部分信息都比面对面的交流更精简，所以我们很难自信地去诠释它们，特别是言谈中的讽刺与幽默很容易引起误解。因此，作为一名接收者，不要轻易下结论，而要反复确认自己的解释。而发送者可以添加"只是开玩笑了"或是微笑的表情，就可以丰富原本精简的信息。但玩笑话仍有可能被理解成讽刺，作为发送者，你必须考虑如何发送明确的信息，避免误会的产生。

社交媒体对信息的精简提出了另一个挑战。如果没有非语言线索，线上的沟通者可以为彼此创造出理想化，有时甚至是不切实际的形象。正如你将在第3章和第6章中读到的，由于没有非语言线索，沟通者可以谨慎地管理自己的身份。毕竟网络是一个没有口臭、难看的瑕疵或结巴的世界。这样的条件鼓励人们参与约瑟夫·沃尔特（Joseph Walther）所提出的**"超人际沟通"**（hyperpersonal communication），加速了个人话题的讨论和关系的发展，而不是通常发生在面对面的交流中。研究表明，与面对面的沟通相比，线上沟通者自我表露的概率更高，分享的情感也更多，往往会形成一种仓促（也许是未成熟的）的亲密关系。这种加速的信息披露可以解释为什么网上认识的人有时候很难转变为面对面的朋友关系。

重要的是记住，信息并不总是越丰富越好，在有些情况下，精简的信息反而是最佳选择。也许你不想让对方听到你颤抖的声音，看到你额头上的汗珠，或是注意到你身上穿的服饰。精简的信息可以透露较少的关于沟通者个人特征的信息。有研究表明，大多数在线留言的纯文本格式可以拉近人与人之间的距离，因为这样可以把对彼此的性别、社会阶层、种族或民族、年龄方面差异的感知降到最低。当你希望人们可以更关注你所讲的内容而非你的外表时，使用更精简的信息来沟通通常是有利的。

异步性

正如前文所述，**异步沟通**（asynchronous communication）是指消息的发送和接收之间存在时间间隔。而**同步沟通**（synchronous communication）则是双向、实时发生的。面对面的沟通是同步的，电话交谈和通过FaceTime 和 Skype 等视频工具进行的沟通也是同步的，而电子邮件和语音信息就属于异步的范畴，像是邮政信件、微博和短信也都属于异步沟通。

大多数媒介信息的异步性使它们与同步沟通有着本质上的区别。最明显的区别是异步信息给你提供了完全不用搭理的选择：你可以忽略大多数有问题的短信，不会产生太大的影响。如果想要得到答案的人打电话给你或是当面找你，这就不是一个好的选择了。

即使你想马上响应，异步媒体也给你提供了编辑回复的时间。你可以仔细地遣词造句，甚至可以寻求他人的意见。此外，延迟回复这个动作本身就在有意或无意间向对方发送了自己的信息（"他为什么没有给我回短信？"）。

永久性

面对面的对话是暂时的。相比之下，文本和视频可以永久储存并转发给他人。数字信息的永久性可能是一个加分项。例如，你可以保存和分享一生中可能只会遇见一次的名人合影。又或者，你的老板原本同意你周一早上迟点到公司，事后却抱怨你迟到，这封确认邮件将会是你最好的证明。

数字信息的持久性也有不利的一面。脱口而出个人的想法或当面指责已经够糟糕了，但至少没有你轻率行为的永久记录。相比之下，一条让人后悔的短信、电子邮件或网络文章几乎可以被永久保存。更糟糕的是，它可能以噩梦般的方式被搜索和转发。因此，最好的解决方法就是采用你与人面对面时的做法，三思而后行，避免说出让自己后悔的话。正如一位作家所说："已经发出去的电子邮件永远不会消亡。"

一些社交媒体的设计就是为了阻止信息的永久性。色拉布（Snapchat）是这些限时即时通信服务中最受欢迎的软件，阅读后的内容通常会在 10 秒内消失。在"研究焦点"中，我们详细探究了在人际交往中沟通者选择色拉布的原因。

你的大部分邮件、短信和帖子可以被永久性地存档，但一些即时通信服务却是短暂的。也就是说，它们的信息在很短时间内会消失。学者们希望更多地了解最受欢迎的"阅后即焚"软件色拉布。

约瑟夫·拜耳（Joseph Bayer）和他的研究团队对色拉布的用户进行了调查和深度访谈。他们得出的结论是，色拉布是一个与朋友和家人分享自发体验的"轻量级频道"。色拉布用户可以自由地表达自己，而不必担心信息看起来或听起来如何，因为他们知道这些信息最终会消失。因此，受访者认为色拉布比其他数字软件更让人愉快，他们的情绪也更加积极。

索尼娅·乌茨（Sonja Utz）和她的同事对"阅后即焚"的研究并不乐观。受访者表示，与他们在脸书上的发帖相比，他们更可能使用色拉布来"调情和寻找新的恋爱对象"。因此，色拉布比脸书更容易引起伴侣的嫉妒。大约有一半的受访者表示，他们曾用色拉布软件发布过醉酒照片，有 13%～20% 的人承认曾发送过色情短信或"有法律问题的活动"照片。

两项研究都揭示了一个主题：与永久的渠道相比，色拉布的短暂性沟通更少受到限制。

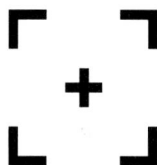

研究焦点

回避永久性：
色拉布的吸引力

▍社交媒体与关系质量

乍看之下，社交媒体似乎比不上面对面的人际互动。正如前文所述，因为社交媒体缺少了丰富的非语言线索，而这些非语言线索其实都来自面对面的互动。一位观察家这样说过："电子邮件是保持联系的一种方式，但你不能用电子邮件与某人分享咖啡或啤酒，也不能给他们一个拥抱。"研究人员发现关系满意度与丰富沟通渠道的使用之间存在某种联系，特别是与他人面对面交流的时候。

网络悲观主义者认为，沉迷社交媒体这个中介渠道的人际互动有其阴暗的一面。一些评论家描述了互联网的连接产生了近乎催眠般的吸引力，有碍于集体归属感的培养。另外有一些人主张，当今的通信工具"永远在线"的本质导致了人与人之间越来越肤浅的人际关系。一项研究发现，当你和他人面对面地谈论私人话题时，即使手机只是短暂地出现，也会对亲密感、连接感和谈话质量产生负面影响。这就是为什么有些团体在开始商务会议或社交活动前，会将手机统一寄存在门口，目的就是确保面对面交流免受干扰。

尽管存在这些合理的担忧，但研究也表明，通过社交媒体进行交流和联系可以令人满意。一项调查显示，社交网站通常不会取代线下关系，而是会加强和扩展现实中的人际关系。以下是一些支持用数字媒体来进行沟通的研究结果。

- 社交网站提供了发展和维系社交关系的机会，这种人与人之间的联结性与抑郁症、焦虑症的降低，生活满意度的提高息息相关。
- 与那些没有多少联系方式的人相比，经常与朋友面对面沟通和通过社交媒体联系的参与者，更不会感到孤独。
- 大学生使用社交媒体和智能手机来满足他们属于某个群体的需求。
- 情侣约会的调查报告显示，整天通过短信和社交媒体保持联系有助于建立亲密关系——即使谈话只是例行公事和平平无奇的话题。

有几个原因可以解释为什么媒介渠道可以增加人际沟通的数量与质量。一方面，它们让沟通变得更加容易。繁忙的日程安排和长途旅行会让面对面的接触变得异常困难，甚至不可能。对于相隔很远或是处于不同时区的人，要挤出共同的时间尤其困难。在这样的关系中，大多数社交媒体的异步性提供了一种信息分享的办法。另一方面，简洁的信息可以消除一些使人际沟通复杂化的因素。这就是为什么网络专家称社交媒体这个工具提供了"低摩擦机会"，能够帮助我们创造、维系和重新发现社交关系。

这些发现有助于解释为什么苹果电脑的创始人史蒂夫·乔布斯（Steve Jobs）曾建议将个人电脑重新命名为"**人际电脑**"（interpersonal computers）。

▌社交媒体的沟通能力

就像面对面的沟通一样，社交媒体上的沟通好像很自然又丝毫不费力，但是不管它看起来有多轻松，除非你用心去做，否则还是可能出现问题，以下的指导原则将会对你有所帮助。

小心你发布的内容

如果你快速浏览社交网站的主页就会发现，许多用户会发布关于自己的文字和照片。这些文字和照片在某些情况下可能会令人尴尬："我在酒驾被捕之前就在这里""这是我在墨西哥坎昆度假的照片"。这不是大多数人愿意向未来雇主或某些家庭成员展示的信息。

这里有一个被自己在社交媒体犯下的错误所困扰的故事。凯文·科尔文（Kevin Colvin）是波士顿一家银行的年轻实习生，他的遭遇可以起到警示作用。他给老板发邮件说"家里出了点事，因此需要请几天假"。但他的老板在脸书上搜索并发现了一张照片，显示科尔文实际上是在参加一个外地的万圣节派对。他穿着精灵服装，背后戴着翅膀，手里握着魔杖。科尔文发现自己的这个轻率举动，对他的职业生涯极为不利。

一些不谨慎的帖文，就不仅仅是有趣了。如散播不雅照，通过中介渠道分享自己或他人的露骨照片。一项研究显示，三分之一的受访者在高中时用手机发送过色情图片。在另一项研究中，接受调查的1600多名大学新生中有近三分之二的人表示，他们发送过性暗示短信或照片。更令人不安的是，31%的人将这些私人信息分享给了第三方。当下看似无伤大雅，但实际上可能会成为伴随你一辈子的梦魇。

体贴他人

"礼仪"这个词，很容易让人想起传统的规矩，但是不论你怎么想，大多数潜规则仍然维系着社会的平稳运行。通过社交媒体进行沟通需要一些规则和技能，有人称为"网络礼仪"，以下是一些例子。

尊重别人需要你的全神贯注。你可能没注意到，当你在与人面对面沟通时，却把注意力分散给社交软件的另一方，有些人会感觉被侮辱了。正如一位观察者所言："虽然快速看一下手机消息对沟通中的另一方来说只是无伤大雅的打断，但房间里的其他人却会认为这是无声的拒绝，如同宣告'我不感兴趣'。"

在第7章，我们会介绍很多关于多项任务处理时，如何完成有效倾听的挑战。即使你很有自信地认为自己可以一边回复通信软件，一边理解身边人的倾诉，但还是要小心别人对你产生误解。

保持文明有礼。如果你曾经在网络平台发表过恶意评论，回击过恶意信息或留言，或者转发过令人尴尬的邮件，你就会知道当你的目标不在你面前时，你更容易表现失控。如果你的评论是匿名发布的，那你就更容易变得粗鲁。

这种不考虑后果就传递信息的倾向被称为**脱序行为**（disinhibition）。研究表明，网络渠道比面对面接触更容易出现脱序行为。有些时候沟通者的脱序行为会达到极限，发出愤怒甚至是恶毒的邮件、短信和博客。最常用来形容这种愤怒情绪爆发的词，就是"网络论战"。在以文字为主的社交媒体中，网络论战包括飙脏话、全大写的字母、过多的惊叹号和问号。以下是一位被恶意针对的作家自白。

> 以前从来没有人对我说过这样的话，也没有人会对我说这些话。在其他任何媒介中，这些话都是说不出口的。这个人不可能在电话里跟我说这些，因为我可以直接挂掉电话不予理会；这个人也不可能当着我的面说这些，因为我不会给他把话说完的机会……我想这家伙可能会给我写一封龌龊的信，不然不会用"傻屌"这个词。当然，他可能也不会把信寄出，因为他会在寄出之前，再谨慎思考下。但电子邮件的本质可能就是不用犹豫，他写完之后就发送了。

在一些网络社区，网络论战是文化的一部分，因为这是一种纠正歪曲事实、监督滥用组织规则的方法。但在大多数情况下，我们很难替网络论战找到正当的理由。

网络论战并不是网络渠道中唯一的骚扰类型，不断升温的**网络霸凌**（cyberbullying）已经成为一种普遍现象，并且经常伴随着严重的后果。每十位青少年中就有四位曾是网络霸凌的受害者，而且这个问题还是国际性的。网络霸凌的受害者往往感到无助和恐惧，以至于他们携带器械上学的可能性是其他学生的八倍。美国已经出现了多起网络霸凌受害者自杀的案件。这是人们需要警醒的，因为有报道称，有81%的网络霸凌者承认他们霸凌的唯一理由是"好玩"。关于这个严重议题的更多讨论，请参阅第12章"伦理挑战"的内容。

在异步情况下，更好的方法就是在将内容发送、邮寄或广播之前问自己一个简单的问题："如果接收者现在正在我面前，我会发送相同的信息吗？"如果你的答案是否定的，那么在发送前请三思。

留意周围的人。有时候在公共场所使用通信设备会惹恼其他人。

例如，你可能会遇到餐厅里的顾客大声打电话干扰了你的谈话，路人因为走路低头看手机而撞到了你，又或者商店里的顾客在排队时一边结账一边打电话。如果你不会受到这些行为的干扰，那你可能就很难同情被这些行为冒犯的人。面对这类情况，非常适用的一条白金定律：己所不欲，勿施于人，也就是请用自己喜欢的方式来对待他人。

平衡社交媒体与面对面的沟通时间。一年365天全天候的网络挤占了面对面沟通的时间，研究证实了维持面对面沟通的重要性。事实上，相对于线上，面对面沟通比饮食或锻炼对长寿和幸福的贡献更大。

过度使用社交媒体的范围从轻微异常到近乎沉溺。例如，过度沉溺于角色扮演的网络游戏，可能降低婚姻关系的满意度。正如第8页"伦理挑战"所述，过度使用线上沟通（排斥面对面沟通）会导致使用者孤僻和出现其他负面症状。

那什么是折中方案呢？这个问题没有标准答案，但有几个测试需要记住。如果你的亲人曾经暗示或直接地告诉你，他们希望有更多的时间和你面对面相处，那你听他们的话就是明智的选择。如果你发现科技产品对你的人际关系是在做减法而不是加法，那是时候控制和限制自己使用社交媒体了。

拥抱多形态

我们每个人都有自己喜欢的沟通方式。有时候，年龄会在这些偏好中扮演一个重要角色。例如，年轻人通常更喜欢发短信而不是打电话。他们通常认为后者很烦人，甚至觉得是打扰。年轻的沟通者比年长的人更有可能使用社交网站，尽管现在的差距已经没有过去那么大了。

但是，依靠一种或两种沟通方式而将其他沟通方式排除在外可能会切断那些与你的渠道偏好不同的人的互动。你一定听过或说过："你为什么不回我的短信、语音或留言？"结果对方却说："哦，我很少看那个。"这就是为什么传播学学者支持多形态的沟通方式，提倡人们拥有使用多种传播渠道的能力和意愿。回到我们讨论能力时做的一个类比，多模式沟通者就像手艺精巧的厨师，他们会用各种香料而不仅仅是用盐来给菜品调味。

研究团队在一项关于大一学生沟通实践的研究中发现，受访者接受多模式沟通。接受调查的学生表示，他们经常会与朋友发短信，给家人打电话，并在同教师联系时使用电子邮件。他们还表示，他们更愿意当面和恋人说分手，而不是通过社交媒体。因为他们更喜欢面对面沟通而不是通过媒介沟通。

在沟通之前，更明智的做法是分析你的沟通目标并适应他们的渠道偏好。分析时，不仅要考虑年龄等人口统计变量，还要考虑沟通的内容。根据经验来讲，越是严肃和复杂的话题就越需要丰富的渠道，如面对面的沟通。短信和即时信息可以用来更新和制订计划，但个人和实质性的对话最好当面进行，或者至少打个电话。在工作上的大多数沟通请仍然通过电子邮件、电话和语音进行，试图通过短信或社交媒体进行专业的交流，可能不符职业礼仪。

自我检查

▼

▶ 学习目标
1.1 认识满足沟通的需求

沟通在很多方面都很重要。除了满足实际需求，有意义的沟通有助于身体健康，在定义我们的社会身份上起着重要作用，也是形成我们社会关系的基础。

> **问题：** 选择具有代表性的两天时间，确定你试图通过沟通去满足的需求。你如何通过提高沟通技巧来更好地满足这些需求？

▶ 学习目标
1.2 解释人际沟通过程的本质、原则和特征

沟通是一个复杂的过程。本章介绍的交流沟通模式显示，意义是由交换信息的人共同决定的，而不是信息本身。沟通者通常同时发送和接收信息，尤其是在面对面沟通的时候。背景和噪声影响了互动过程，使用不同渠道交换信息也会影响互动效果。

沟通要遵循几个原则，例如，沟通是互相影响的、不可逆转的和不可复制的；沟通可以是有目的的，也可以是无目的的。沟通的信息具有内容和关系两个向度。

人际关系中沟通会随着独特性、相互依赖、自我表露和内在奖励的差异而有所区别。与非个人化沟通相比，个人化沟通最容易被理解。

我们要理解沟通过程，重要的是要认识到并避免一些常见的误解。沟通不是越多越好。有时候，完全的理解并没有我们想象的那么重要。即使在最好的情况下，沟通也不是解决所有问题的灵丹妙药。有效沟通并不是与生俱来的能力，尽管有些人拥有较好的沟通天赋，但是每一个人都可以通过后天的学习来提升沟通能力。

问题：运用交流沟通模式来说明第17~18页中描述的人际沟通质量。

▶学习目标
1.3 识别有效沟通和沟通高手的特征

沟通能力是一种需要兼顾有效和恰当的本领。从来没有"一招鲜吃遍天"的沟通之道。拥有灵活性和适应性是沟通高手的特征，执行能力、同理心和换位思考、认知复杂度、自我监督能力也非常重要。好消息是，沟通能力是可以后天学习的。

问题：找出人际交往中哪些情况你能胜任沟通，哪些情况你的能力不尽如人意（可以考虑邀请熟悉你的人来帮你完成这个练习）。你可以根据这些观察结果，来提升你的人际沟通技巧。

▶学习目标
1.4 描述不同社交媒体和面对面沟通的优劣

社交媒体和面对面沟通有几个值得注意的差别，社交媒体通常是更精简、异步性和永久性的。如果我们使用得当，社交媒体能够提升人际关系。本章提供了一些谨慎使用社交媒体的准则。

问题：评估你在人际关系中使用社交媒体的最佳水平。在使用社交媒体时，有哪些方法可以提高你的沟通能力？

实践活动

▼

1. 在阅读本章后，你已经了解沟通可以满足生理、认同和社交等多种需求。请找几位同学讨论社交媒体和面对面沟通相比，在满足这些需求上有哪些优势。

2. 请选择你生命中三个重要的关系，可以是你和同事、同学、朋友和家人之间的关系。请你参考人际沟通中的四个特征（独特性、相互依赖、自我表露和内在奖励），依次给这些关系打分，评分范围是1~10（1＝低，10＝高）。然后与同学分享你的分析，并讨论这些特征对你们的人际关系有何影响。

3. 你的沟通能力如何？你可以通过采访那些非常了解你的人来回答这个问题，如家人、朋友或同事。通过不同人的反馈，你就可以知道自己的沟通是否在某些关系中或者某些情况下，能比别人做得更好。

   a. 描述本章中所概述的沟通高手的特质。确保你的受访者都能理解每一项特质。

   b. 请受访者对你的每一个可以观察到的特质进行打分（他们无法评估内在特质，如认知复杂度和自我监控），请确保这个评估反映了你在不同情境下的沟通能力，你可能不是在所有情况下都能胜任或不胜任。

   c. 你如果在一个或多个方面的评分不高，请和伙伴讨论如何帮助你提高。

4. 知道如何沟通，和能够执行有效的沟通是不一样的。通过演练这些沟通技巧，可以让你在现实生活中及时运用方法，从而提升沟通技巧。行为演练包含四个步骤。

a. 明确你的目标。从确定你想要的开始。

b. 在你自己或他人的帮助下，试着将目标拆解为目标所涉及的各种行为。大多数目标是由语言或非语言行为构成，你可以通过自己思考、观察他人、阅读沟通行为或寻求他人意见，来识别这些内容。

c. 在实际应用前，请先练习每一个沟通行为。首先，你要想象自己变得更好。其次，和他人一起演练一种新的沟通行为。

d. 在现实生活中运用这些行为。在你尝试新的沟通方式时，如果你遵循这两条建议，成功的概率就会大幅增加：一次只专注一项技能；从简单的情况开始，不要期望自己突然在最具挑战性的情况下表现得完美无缺。在你有机会成功的情况下练习你的新技能。

5. 用三天的时间记录下你使用社交媒体的情况。当你使用社交媒体（邮件、社交网站、手机、微博等）时，记录每一次的使用情况。

a. 你使用的社交媒体类型。

b. 沟通的本质（例如：在某人的朋友圈留言、发短信请室友帮忙买晚餐）。

c. 选择这个媒介来传达特定信息的原因。

　　和你的同学分享你的发现，描述你最常使用的社交媒体类型以及你为什么选择它们。如果你选择了其他的媒介，你传达的某些信息会变得更有效吗？你是一个多模式沟通者，还是倾向于选择某一种沟通媒介？

▶ 沟通能力评估（第 29 页）

　　请将第 1~15 题的分数相加，总分就是你"社交媒体使用状况"的得分——衡量社交媒体可能对你的负面影响。数值是在 15~120 分，一般人的得分在 33 分左右。你的得分更高还是更低？如果你的得分等于或高于 69 分，就可能表明互联网使用过度。当你思考自己的分数时，可以想想社交媒体在你的人际关系中所扮演的角色：比起面对面沟通，你是否更喜欢通过社交媒体与朋友互动？你上网会感觉更好吗？你是否发现使用互联网其实对其他活动有干扰？当社交媒体融入你的生活时，请努力保持平衡。

第2章

文化与人际沟通

学习目标

- 2.1 理解跨文化沟通和人际沟通之间的关系
- 2.2 描述有助于形成跨文化沟通规范的五个关键价值观
- 2.3 认识当今社会共文化的范围，以及共文化因素如何影响人际沟通
- 2.4 解释形成一种文化的语言编码和非语言编码的因素
- 2.5 辨别跨文化沟通能力所需要的态度、知识和技能

专题研究

- 电影电视　拥抱传统与改变:《佩多先生要出嫁》
- 电影电视　跨越文化:《喜新不厌旧》
- 伦理挑战　"无害"标签造成的伤害
- 在工作中　组织就是文化
- 研究焦点　日语和英语中的"对不起":不同的编码
- 沟通能力评估　你的跨文化沟通能力如何
- 研究焦点　生活在另一种文化中:适应与接纳

在半个多世纪以前，理论家马歇尔·麦克卢汉便首次把世界比喻成"地球村"（global village），通信技术可以连接每个国家的成员。麦克卢汉认为，就和传统村落中的成员一样，居住在地球上的每个人，不论好坏，所有事物和命运都是相连的，这个分析被证明越来越准确。

随着通信技术的发展，商业发生了改变，这在我们的上一代人中是无法想象的。国际长途既经济又高效。互联网允许世界各地的用户即时共享信息，国际组织的成员可以在网络空间中组建虚拟团队。

除了技术，人口结构的变化也在改变着社会。像美国这样的国家，在某种程度上讲就是地球村的缩影，因为移民使得当下的美国社会比以往任何时候都更加文化多元和民族多样（见图2-1）。在本章中，我们将探讨在网络世界的运作下，不同文化背景的成员是如何互动的。

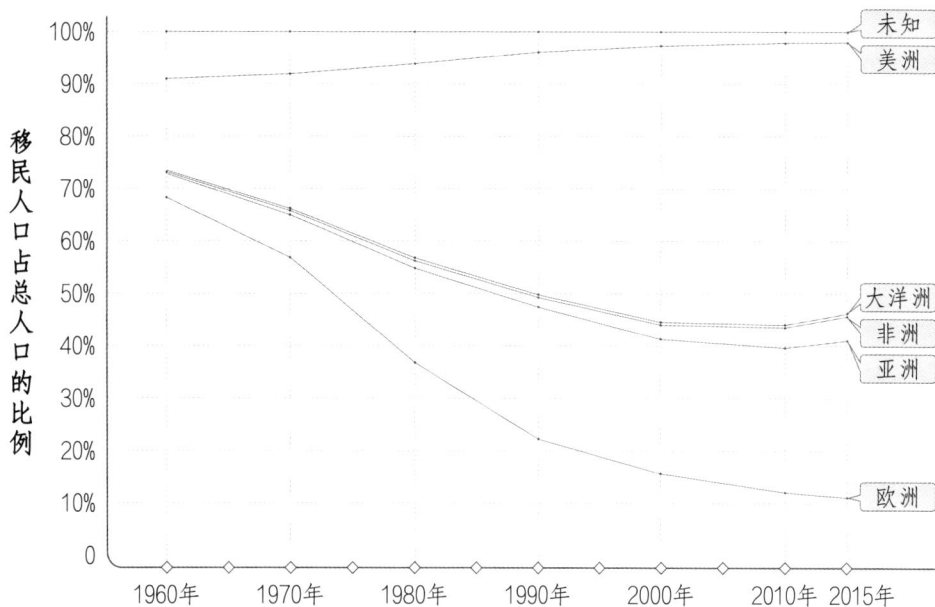

图2-1　1960～2015年按出生地划分的美国移民人口

2.1 文化与沟通

在深入探讨之前，我们需要厘清两个重要的概念：文化和跨文化沟通。我们还需要知道跨文化沟通和人际沟通是如何相互作用的。

文化与共文化

正如学者们已达成的共识，要定义"文化"并不是件容易的事。但针对本书所需要的方向，拉里·萨莫瓦尔（Larry Samovar）和他的同事为"文化"提供了一个清楚且全面的定义："我们共享和学习的语言、价值、信仰、传统和习俗。"

这个定义表明，文化在很大程度上是一个感知和定义的问题。当你将自己定位为某种文化的一员时，你必然会认可自己和他人具有某些共同特征，并将不具备这些特征的人视为不同类别的成员。例如，至少在某种情况下，眼睛的颜色似乎不是区分"我们"和"他们"的重要因素，但肤色却扮演了重要的角色。不难想象，也会有一个社会，情况可能恰恰相反（请参考艾略特著名的"蓝眼睛棕眼睛"实验[1]）。社会科学家用"**内团体**"（in-groups）来形容我们认同的团体，并用"**外团体**"（out-groups）来描述我们认为和自己不同的团体。文化归属有助于每个人的**社会认同**（social identity）——基于群体成员身份的一部分自我概念。你对"你是谁？"的回答，就可能包含了种族和国籍等社会类别。

社会科学家用"共文化"一词来形容群体内成员的身份认同，其中很重要的部分是文化包容。在北美社会中的共文化所涵盖的类别如下。

- 年龄（如青少年、老年人）
- 种族／族裔（如非裔美国人、拉丁裔）

---

[1] 美国小学教师艾略特在班上做了一个科学实验：第一天，她宣布蓝眼睛的同学比较优秀并拥有特权，棕眼睛的同学被迫戴上代表低阶生物的围巾；第二天，艾略特说自己搞错了，棕眼睛的同学才是比较优秀的，昨天嚣张跋扈的蓝眼睛同学瞬间被打入冷宫，变成了戴上围巾的低阶生物。

- 性取向（如异性恋、性少数群体[1]）
- 国籍（如来自特定国家的移民或外籍人士）
- 地理区域（如南方人、中西部人）
- 身体障碍（如轮椅使用者、盲人）
- 宗教（如穆斯林、摩门教）
- 运动（如摩托车手、游戏玩家）

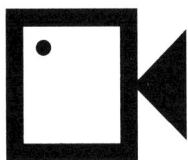

电影电视

拥抱传统与改变：
《佩多先生要出嫁》

29 岁的佩多需要结婚了，至少他的父母是这么认为的，他们在《佩多先生要出嫁》中清楚地表明了这一点。这部火爆全网的纪录片由佩多的妹妹格塔负责拍摄，记录了佩多为了取悦他的父母和家族，为自己寻找印度新娘的过程。

佩多有充分的理由去追随父母的脚步。因为他们的婚姻已经幸福地持续了 30 多年，而包办的印度婚姻对他们来说无疑是成功的。

他的父母并不知道，佩多已经和一位非印度裔的女性约会了两年。结束这段关系后，他承诺在 12 个月内遵循印度传统的相亲方式。他的行程包括参观自己家族在印度的家乡，以及一次旋风般的北美约会之旅。他的父母全程参与，提出建议，进行鼓舞人心的演讲，并审查佩多的候选伴侣。

在寻找灵魂伴侣的过程中，佩多在 21 世纪的美国过着"千禧一代"[2]的生活，但他需要努力拥抱自己家族的传统。因为健康向上的幽默感、家庭成员间的爱和相互间的尊重，他的旅程变得更容易忍受。

---

1 简称 LGBTQ，即同性恋、双性恋、跨性别者、性别酷儿群体。

2 特指出生于 20 世纪，在跨入 21 世纪（2000 年）后达到成年的一代人。

共文化的成员发展出独特的交流和联系模式。聋人文化就是一个很好的例子：共同的失聪经历可以帮助大家建立牢固的关系，手语则成为共同交流的语言。聋人学校、聋人比赛（如世界聋人小姐选举）、聋人表演艺术（如聋人喜剧演员）和其他组织把听障人士聚集在一起。当然，这种共文化成员在与群体之外的人交流时可能会出现挑战，例如听障人士和他们听力正常的父母之间的沟通。

区域型的共文化也有其独特的沟通模式，研究人员发现了美国各州之间的显著差异。

> 整个美国可以拆分成三个宏观区域：在新英格兰地区和中大西洋地区，研究人员称这两个地区为"喜怒无常和豪放不羁"，南部和中西部带有"友善和保守"的标志，在西海岸、落基山脉和阳光地带则被形容是"轻松自在且富有创造力"。

正如这些长久以来的刻板印象，来自纽约的人通常比来自中西部的人更自信。考虑到这些差异，来自爱荷华州[1]的大一学生可能会认为来自"大苹果"[2]的新室友咄咄逼人、难以捉摸，而来自美国东北地区的学生可能会觉得来自中西部的室友太过温和、缺乏冒险精神。

共文化的成员身份通常是满足感和自豪感的来源，但在认同一个群体和融入整个文化之间往往会出现紧张关系。例如，一项焦点小组的研究显示，当非裔美国学生就读以白人为主的大学时，他们在为自己的非洲文化感到自豪的同时，又要努力适应"白人学校"的文化。一方面，他们希望与白人学生分享文化见解，但另一方面又不愿引起他们对自己的关注。

此外，一些共文化群体的成员面临着与这种身份相关的排斥和歧视。例如帕特里斯·布扎内尔（Patrice Buzzanell）教授发现在由主流文化制定规则的就业面试中，群体代表性不足的成员经常处于不利地位。一项对牙买加儿童和拉丁美洲儿童的研究表明，肤色会影响自我认同和自尊心。

在其他情况下，共文化群体自愿将自己与整个社会区分开来——例如青少年创造了只有他们的群体才能理解的俚语。有些学者甚至将男性和女性归类为不同的共文化，因为他们的交流方式不同。当你阅读本章时，你可能会注意到，当来自不同文化的群体互动时，不同文化的成员之间会出现许多沟通方面的挑战。

---

1 位于美国中部。在刻板印象中，这个州的人较为传统保守。

2 美国纽约市的别称。

▶ 在当下全球互联的环境中，不同文化和共文化成员之间的交流是很普遍的。你经历过哪些跨文化交流？这样的相遇带来了什么挑战和回报？

▍跨文化沟通

在定义了文化之后，我们可以接着定义**跨文化沟通**（intercultural communication），即两个或多个文化或共文化的成员受其语言或非语言的不同文化认知和符号系统的影响，相互交换信息的过程。

因为我们所有人都归属于众多群体（如种族、经济、兴趣、年龄），所以你可能会问自己是否有任何不是跨文化的交流，或者至少是共文化的交流。这个问题的答案是肯定的，原因有二。首先，即使在一个日益多样化的世界里，仍然有许多关系中的人有着基本的共同背景。例如在圣帕特里克节游行的爱尔兰游行者，周五在郊区打扑克牌的人，以及大学的兄弟会或姐妹会，这些群体的成员可能有着基本相似的个人经历，因而具有相同的规范、习俗和价值观。其次，即使是不同文化背景的人进行沟通，这些差异可能也不那么重要。例如，一位祖先来自东欧的犹太裔美国人大卫，和父母都是虔诚基督徒的第三代日裔美国人丽莎。他们可以共同创造一种超越分歧的生活，在分歧出现时能够从容应对。

与其将某些交流归类为跨文化交流，而将其他交流归为不受文化影响的交流，不如从文化意义的程度来思考会更为正确。相遇可以符合一系列的"跨文化性"。在"最跨文化"的情况下，沟通者有高度差异的背景或信仰。举一个明显的例子，旅行者第一次去一个新的国家，对当地知之甚少。在"最不跨文化"的情况下，文化差异就不会那么显著。例如，来自洛杉矶的学生去一所中西部的文理学院上学，可能会发现那里的生活和洛杉矶有些不同，但相比国际旅行者来说，这种适应就要容易得多。在这两个极端之间是一系列的相遇，文化在其中扮演着不同的角色。

请注意，跨文化沟通并不总是发生在不同文化背景的人之间。参与者的文化背景、认知和符号系统，往往都在某种文化有所作为之前，就已经对他们产生了重大影响。社会科学家使用"显著性"（salience）一词来形容文化依附在特定的人或现象上的程度。我们来看一些文化显著性很低甚至没有的例子。

- 一群学龄前儿童在公园里一起玩耍。这些 3 岁左右的孩子不会意识到他们的父母可能来自不同的国家，甚至说的都不是同一种语言。从这一点上看，我们不会把这种情况视为正在发生的跨文化沟通。只有当文化因素变得显著时（如饮食、分享或父母管教纪律），孩子们才会开始认为彼此是不同的。
- 一支由亚洲人、非洲人、拉丁美洲人和欧洲人组成的学校篮球队。大家都决心赢得联赛冠军，在比赛中，文化差异并不显著。即使他们之间有很多沟通，但从根本上来说这并不是跨文化沟通。在比赛之外，这些球员才有可能会察觉到每个群体成员的交流方式存在一些根本差异。
- 一对在不同宗教传统的家庭中长大的夫妻。大多数情况下，他们的宗教传统影响并不大，夫妻双方都视彼此为统一完整的伴侣。然而，在一些特定的宗教节日或与彼此的家庭成员见面时，文化背景的差异才会变得显著。在这些时候，我们可以想象这对夫妻可能会明显地感觉到和对方的不同，认为彼此是不同文化的成员。

▌人际沟通与跨文化沟通

人际沟通和跨文化沟通是什么关系？威廉·盖迪金斯特（William Gudykunst）提出，我们可以在一个二乘二的矩阵上对跨人际和跨文化因素进行建模（见图 2-2）。这个模型显示，一些人际沟通实际上没有跨文化元素，例如，在同一个家庭中长大的兄妹间的对话。而一个来自塞内加尔的旅行者在纽约向来自乌克兰的出租车司机问路，就几乎完全是跨文化的，没有我们在本书中讨论的人际维度。

还有一些交流，包含了我们最感兴趣的"跨文化"和"跨人际"两种沟通元素。在地球村，这种情况发生的概率很大：来自不同背景的商人尝试达成协议；卫生保健的教育工作者在世界各地寻求有效的方法来服务患者；来自不同种族或民族背景的邻居想方设法使街道更安全、更整洁；在郊区长大的教师寻求与城市学生的共同点——这样的例子数不胜数。

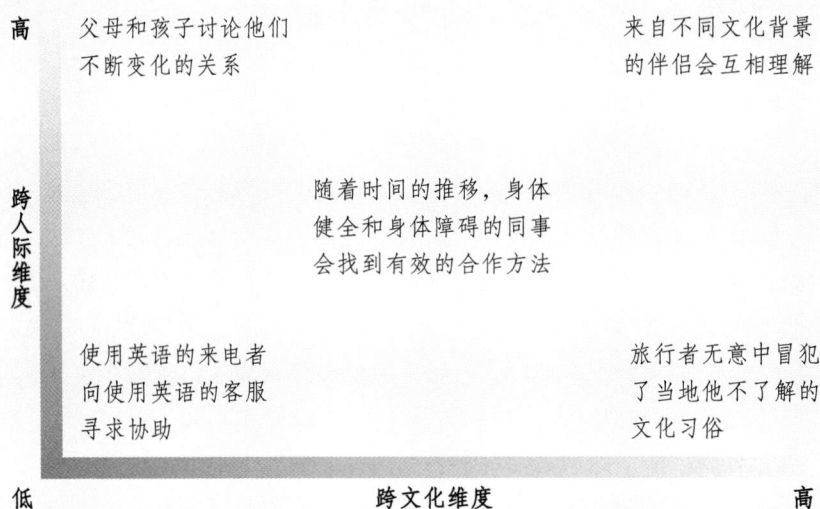

高	父母和孩子讨论他们 不断变化的关系	来自不同文化背景 的伴侣会互相理解
跨人际维度		随着时间的推移，身体 健全和身体障碍的同事 会找到有效的合作方法
	使用英语的来电者 向使用英语的客服 寻求协助	旅行者无意中冒犯 了当地他不了解的 文化习俗
低	跨文化维度	高

图2-2　人际沟通和跨文化沟通之间的互动样本

跨文化差异概述

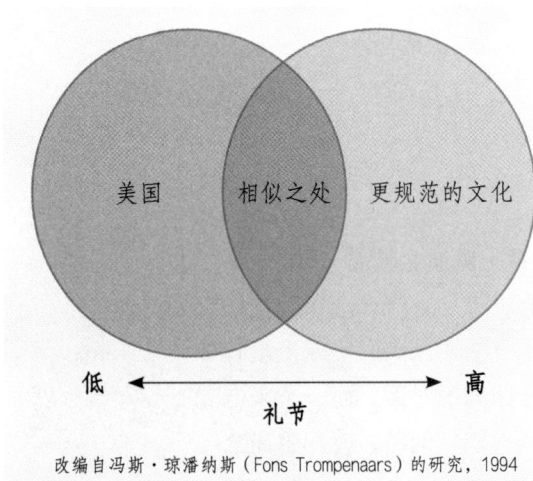

改编自冯斯·琼潘纳斯（Fons Trompenaars）的研究，1994

图2-3　跨文化礼节的异同

在接下来的内容中，我们将会阐述不同文化之间的沟通方式。尽管这些差异有时看起来很明显，但重要的是要记住，文化习俗并非完全不同，不同背景的人往往拥有足够的共同点来建立彼此的关系。

此外，有时文化内部的差异反而比文化之间的差异更为显著。以礼节为例，美国文化相比其他国家的文化要随意得多。但如图 2-3 所示，一个标准的美国人和一个来自礼节要求更高的文化中的成员之间仍然可能拥有共同之处。不仅如此，在每一种文化中，每位成员都会展现出众多的沟通风格。例如，大多数亚洲文化的成员会倾向于集体主义，但仍有部分成员会认为自己是个人主义者。基于这些原因，请务必记住，即使归纳是准确和有用的，也不一定适用于群体中的每个成员。

2.2 文化价值与规范

一些文化对沟通的影响是显而易见的。然而，一些不甚明显的价值观和规范能够塑造文化群体中每个成员的思维和行为方式。在本节中，我们将探讨五个细微却重要的文化因素。除非沟通者自己意识到这些差异的存在，否则他们可能会用异样的眼光来看待某些来自不同文化的人，甚至会导致反感。因此，我们需要明白，那些看似奇怪的行为是因为他们遵循不同的文化信念和不成文的沟通规则。

当你思考这里所描述的文化价值与规范时，你可能会意识到它们不一定会因国籍而不同。在当今日益多元化的社会中，来自不同文化背景的人很可能会在家里、在他们共同的国家里相遇。

▎高情境与低情境

人类学家爱德华·霍尔（Edward Hall）发现了不同文化成员用来传递信息的两种不同的方式。高情境文化在很大程度上依赖微妙的，通常是非语言的线索来维持社会和谐。高情境沟通者密切关注非语言行为、人际关系的历史和支配互动的社会规则。相比之下，低情境文化主要使用语言来尽可能直接地表达思想、情感和想法。对于低情境沟通者来说，陈述的内容就在所讲的字词上。表 2-1 总结了来自高情境文化和低情境文化的人们在沟通方式上的一些主要差异。

表 2-1　高情境和低情境的沟通文化

沟通文化的差异	高情境	低情境
代表国家	大多数亚洲国家，中东、拉丁美洲和南欧国家	美国、加拿大和大多数北欧国家
如何传递最重要的信息	时间、地点、关系和环境等上下文线索	明确的口语信息，较少关注情景、语境
沟通者的价值	间接地表达意见来维持关系的和谐	注重自我表达，努力说服别人接受自己的观点
沟通者喜好	模棱两可的表述和沉默的使用	清晰、直接的表达

美国、加拿大和大多数北欧国家的主流文化属于低情境文化。在这些文化中，沟通者通常重视直接对话，对暗示等间接的说话方式可能会变得不耐烦。相比之下，大多数亚洲国家和中东国家的主流文化就适合高情境文化，低情境沟通中直言不讳的风格反而会冒犯到他们。

在高情境文化和低情境文化之间沟通差异的例子还有很多。一项关于线上讨论的研究表明，印度人（高情境文化）比德国人（低情境文化）更喜欢使用表情符号，透露的个人信息也更少。另一项研究发现，在中国（高情境文化），相比口头表达，人们其实更喜欢非语言表达，而在美国（低情境文化），这两种表达方式的使用人数大致相当。其他研究表明，低情境沟通者通常会使用更具竞争性和支配性的沟通风格制造冲突，而高情境沟通者的沟通风格则会显得更加通融和乐于助人。

即使是为全球受众设计的网站也能反映出该国的沟通文化是高情境还是低情境。例如，与高情境国家的网站相比，来自低情境国家的网站会邀请建立更多的联系，并包含了更多与关系相关的内容。

▎个人主义与集体主义

某些文化崇尚个体，而某些文化则更强调群体。**个人主义文化**（individualistic culture）中的成员认为他们的首要责任是帮助自己，而**集体主义文化**（collectivistic cultures）中的沟通者会看重对内部群体（大家庭、社区甚至组织）的忠诚和义务。个人主义文化的特征还在于自力更生和竞争求胜，而集体主义文化的成员则更关心和关注他人的意见。学者们将个人主义倾向和集体主义倾向视为文化差异的最根本维度，也是造成跨文化误解的最可能原因。表2-2总结了个人主义文化和集体主义文化之间的一些差异。

个人主义文化的成员倾向于从他们所做的事情来看待自己，而集体主义文化的成员更可能从所在群体的成员身份来定义自己。例如，让不同文化背景的成员回答20次"我是谁？"。北美人可能会给出关于他们的个人信息（"我是运动员""我很矮"等）。相比之下，集体主义的社会成员，如中国人、菲律宾人、日本人和一些南美洲人，更多的是根据他们和其他人的关系来回答（"我是一名父亲""我是某某公司的员工"等）。

个人主义文化和集体主义文化之间的差异还表现在沟通者感到舒适或焦虑的程度。在那些非常需要从众的社会中，人们对沟通的焦虑度会更高。例如，中国人、韩国人和日本人在公共场合发表言论的焦虑程度会明显高于美国人和澳大利亚人。我们需要注意的一点是,不同程度的沟通焦虑并不意味着羞怯在某些文化中是有问题的。事实上,恰恰相反:在集体主义文化中大家强调"沉默是金"。因为大家的目标是避免成为"出头鸟",所以当你用自己的方式引起了别人的注意,让自己显得与众不同,你的内心感到紧张就很合乎逻辑。

表2-2　个人主义文化和集体主义文化中的"自我"

沟通文化的差异	个人主义文化	集体主义文化
代表国家	美国、加拿大、英国	厄瓜多尔、印度尼西亚、巴基斯坦
对个体和群体关系的看法	每个人都是独立和独特的个体,应当有自己的主见,自食其力	个人是家族或团体的一部分,以"我们"或团体为导向
关心的先后顺序	先关心自己和直系亲属,再关心他人	先关心家族再关心自己
团队成员	许多随性的团体成员;基于共同的兴趣和活动建立的友谊	强调属于极少数人的永久性团体;具有很强的归属感
奖励	个人的成就和主动;鼓励个人做的决策	对团队目标和团队利益的贡献;团队成员的合作;团队的共同决策
信用和责任分配	单独分配	由团队分享
沟通者的价值	自主、改变、青春、个人安全感、平等	责任、秩序、传统、年龄、集体归属感、地位和等级

　　一项着眼于文化价值观是如何影响父母与孩子沟通方式的研究发现,美式英语和港式粤语在亲子互动中形成了鲜明的对比。说美式英语的父母更重视个人主义,他们经常会向孩子提出问题并提供选择("你想和叔叔打个招呼吗?")。说港式粤语的父母更重视集体主义,他们通常会给孩子发出指令并期望对方服从("快跟叔叔打个招呼!")。这些沟通模式根植于文化价值观。对于集体主义者来说,目标是把孩子培养成有礼貌的社会成员——尊敬叔叔是强制性的,而不是可有可无的。对于个人主义者来说,目标是让孩子获得自主和独立——如果孩子选择不打招呼,叔叔应该理解。与其消极地看待这些差异(说美式英语的父母"放任",说港式粤语的父母"苛求"),不如把他们的行为看作各自文化价值体系的反映。

不确定性规避

人们似乎普遍都希望能够消除不确定性。也就是说，不同文化都有自己的方式来应对不可预测的未来。霍夫斯泰德用**不确定性规避**（uncertainty avoidance）一词来描述人们在应对模棱两可的情况时感到的不适或威胁以及他们试图避免的程度。他发明了不确定性规避指数来衡量这些水平。他的研究表明，一些国家（包括新加坡、英国、丹麦、瑞典、美国）的居民比其他国家（包括比利时、希腊、日本和葡萄牙）的居民受到变化和模糊情景的威胁要少一些。

沟通模式可以反映出一种文化对不确定性规避的程度。在具有高度不确定性规避的文化中，有越轨行为和想法的人通常被认为是危险的，不被容忍的概率非常高。这些文化中的人们特别关心安全，所以他们非常需要明确定义的规章制度。相比之下，受新风尚和新事物较少威胁的文化中，人们更有可能容忍甚至欢迎不合常规的人。

当一个对变化和新奇相对适应的北美人与日本这种高度不确定性规避文化的人相处时，沟通双方都可能会发现对方的行为令人不安。北美人可能会认为日本人刻板、控制欲强，而日本人可能认为北美人缺乏纪律、过于宽容。其实，如果沟通者能够了解对方的文化是如何影响他们的沟通风格的，那么他们就有可能互相体谅，甚至会从对方不同的风格中有所学习。

成就与培育

成就文化（achievement culture）是用来形容高度重视物质成就并专注于眼前任务的社会。而**培育文化**（nurturing culture）则将人际关系的支持视为一个特别重要的目标。来自成就文化和培育文化背景的人会用截然不同的方式表达他们的观点。在强调超越他人的成就文化国家（如美国），那些认为自己能力很强的人，会更积极地表达自己的意见，并对自己的表现感到满意。相比之下，在强调彼此帮助的培育文化国家（如荷兰），那些认为自己能力不足的人会觉得自己是重要的团队成员，在有机会发表自己的意见时，会感到心满意足。

2.3 共文化与沟通

我们如何看待自己以及如何与他人相处，很大程度上源自我们的文化和共文化身份，也就是我们所认同的群体。你来自哪里，你的种族是什么，你的年龄，你的社会经济地位……这些都已经成为当代社会人际沟通中越来越重要的因素。

在接下来的内容中，我们将着眼于一些帮助我们塑造文化身份的影响因素，这些因素也影响着我们的感知以及和他人沟通的方式。

种族和民族

"种族"一词最初是为了解释不同人类祖先之间的差异所创造的概念。但正如现代科学家所解释的那样，种族没有生物学基础。一位分析师说：

> 种族的差异比我们眼睛看到的要少得多……影响肤色的基因与影响头发、眼睛、血型、音乐天赋、运动能力或智力的基因没有任何关系。知道一个人的肤色并不能告诉你关于他的其他事情。

种族在解释个体差异方面几乎没有任何作用。种族类别因文化而异，种族内部的基因差异可能比不同种族之间的遗传差异要大得多。例如，一些有亚洲血统的人会比较矮小，但也有些人很高大；有些人性格开朗，有些人则不苟言笑；有些人是运动健将，而有些人则没那么擅长运动。这同样适用于来自不同文化背景的人。正如你将在第 4 章中学到的，刻板印象通常是错误的，但对种族的刻板印象却经常发生。

种族是指一个人对一个特定群体的认同程度，通常基于国籍、文化或某些统一的观点。例如，爱尔兰的新教徒和天主教徒会认为彼此在种族上是不同的。同样的现象也发生在伊斯兰教中的逊尼派和什叶派，以及分别使用法语和英语沟通的加拿大人身上。

鲍·约翰逊和德雷·约翰逊是两位成功的职场人士，他们带着四个孩子住在一个高档社区。正如影片名所暗示的，他们在拥抱非裔美国人传统的同时，也不得不融入与他们成长环境所不同的共文化。

虽然这只是一部情景喜剧，但这部剧并不吝啬处理棘手的跨文化沟通难题。剧集内容主要集中在使用带侮辱性质的词，与警察打交道，在尊重非洲文化的同时融入美国社会等方面。这反映了该剧主创肯雅·巴里斯（Kenya Barris）的部分经历。他曾告诉美国国家公共电台的主持人特里·格罗斯（Terry Gross）："我想坦诚地告诉你，在一个与你的习惯所不同的环境中抚养孩子是什么感觉。我的孩子和我小时候记忆中的黑人孩子完全不同。"

巴里斯曾说，《喜新不厌旧》与种族的关系，比它与文化的关系要少。他指出："这不是一场黑人秀，而是一部关于黑人家庭的电视剧。"

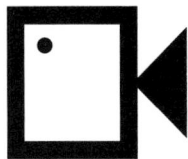

电影电视

跨越文化：
《喜新不厌旧》

我们很容易把人简化成单一类别的成员。美国前总统奥巴马的父亲是黑人，母亲是白人，而奥巴马则在印度尼西亚、美国夏威夷、加利福尼亚、纽约、芝加哥和华盛顿生活期间经历了多种文化。当我们意识到文化是多元的，学者们提出了交叉性概念来描述社会类别的相互作用，包括性别、种族、社会经济地位、性取向和残疾情况。没有一个单一的标签（如女人、黑人）可以完全解释一个人的身份、认知和行为。而认同多个文化群体其实非常具有挑战性。我们可以用海瑟·格林伍德（Heather Greenwood）的例子来思考。她在一篇记录她作为混血儿经历的文章中提到，陌生人会问她为什么她的孩子是白皮肤，而她是黑皮肤。还有人问她是不是孩子的保姆，或者开玩笑说孩子一定是出生时在医院被抱错了。格林伍德表示，诸如此类的评语她每天都会听到，但这是否意味着一个正常的家庭只能存在单一的肤色？格林伍德说："就像每次被纸割伤一样，你可能会觉得'嗯，这没什么大不了的'。但想象一下这样的一生，真的很痛苦。"

除了挑战之外，多重文化群体的成员有时候也能享受额外的好处。许多人承认，有丰富文化背景的人会更加开放和尊重他人。一些研究表明，多重文化群体成员也更愿意与各种各样的人建立关系，这会增加他们在友谊、伴侣和专业同事上的多元选择。

▌性别认同和性取向

美国有线电视新闻网（CNN）主持人安德森·库珀（Anderson Cooper）多年来一直没有告诉公众他是同性恋者，因为他认为这是私人信息，而且也担心会把自己和其他人置于危险之中。他认为自己如果能够"融入"占主导地位的异性恋文化，他就可以做一个更好的记者。然而，库珀说他的沉默有时会让人觉得不够真诚。他说："我给一些人留下了错误的印象，那就是我试图在隐瞒什么。"他认为自己错失了一些消除围绕在这些议题上的恐惧和偏见的机会。"只有当人们让自己完全可见时，历史潮流才会前进。"我们将在第3章进一步探讨自我概念、印象管理和自我表露之间的关系。

决定是否以及如何公开自己的性别认同或性取向很多时候是具有挑战性的，营造支持性的沟通氛围可以让这些决定做得更加容易。以工作场所为例，如果组织使用富有包容性的语言，如"重要他人"而不是"配偶"，就会很有帮助。看到权威人士被认定为性少数群体，以及当性少数群体员工带着他们的伴侣来上班时，那就更有说服力了。

像脸书和汤博乐（Tumblr）这样的社交网站为沟通者提供了多种方式来表达与性取向相关的身份。当信息能被友好地接收时，这些表达是正向的。但是，没有向家人和朋友公开过的性少数群体的沟通者可能会担心公开带来的后果，即使公众舆论正在朝着更支持他们的方向发展。

一方面，公开自己的性别认同是有好处的，包括与他人真诚地相处，并加入互助的共文化。另一方面，公开有时是有风险的。人们可能会感到震惊并指指点点。他们可能会嘲笑性少数群体的人，歧视他们，甚至攻击他们。在美国，平均有五分之一的恶意犯罪是针对他人的性取向。更多关于霸凌及其解决方法的内容，请详见第12章。

像"渐入佳境"（ItGetsBetter.org）这样的网站向性少数群体的年轻人传递了这样一个信息：他们可能遭受的任何骚扰都不是他们的错，很多人在关心他们。自 2010 年"渐入佳境"这个网站建立以来，迄今已经上传了超过 5 万个视频，观看次数超过 5000 万次。联合创始人丹·萨维奇（Dan Savage）认为，这展现了当通信技术和良善动机结合时，会带来众多的社会支持。

伦理挑战

"无害"标签
造成的伤害

请先想一个贬义词来形容一群人，然后再想另一个形容不同群体的标签，最后再来第三个。你可能会因为这些词能这么快浮现在脑海中而感到内疚，但考虑到这些轻蔑标签和诋毁的盛行以及我们的偶尔使用，这就一点都不奇怪了。

现在考虑一下这句话："你好基啊！"有时这句话与性取向关系并不大。相反，"基佬"被用作"愚蠢"或"可怕"的同义词，甚至用来指代没有生命的物体。

有些人认为这句话在没有明确涉及性取向的时候是无害的。但是，如果你的共文化被等同于愚蠢并被用作贬义词呢？（"呃，这太基督教了"，"拉丁裔"或"90 后"。）为什么研究人员会将"你好基啊"视为一种小侵犯？这背后隐含的判断是，如果我们在日常生活中间接或无意地贬低一个边缘群体，随着时间的推移，就会形成一种敌视他们的氛围。

有时候，"同性恋"一词意味着对性取向的恶意挖苦。传播学的研究人员发现，最有可能诋毁同性恋的是异性恋男性，对他们来说，"做一个男人"是他们身份的核心部分。事实上，诋毁和贬义的标签更多地反映的是使用它们的人，而不是被贬低的人。

许多共文化都为标签、诋毁和绰号所贬低。我们必须记住，我们使用的词语既有伤害的力量也有治愈的力量，所以我们应该仔细考虑并明智地使用它们。

年龄和世代

想象一下，听到一个 8 岁的小孩或一个老年人在说话、穿衣以及其他行为举止上像个 20 多岁的人，是多么奇怪的事情。一般来说，我们都认为衰老是一个纯粹的生理过程。但是与生物学一样，与年龄相关的沟通特征能够切实反映出背后的文化因素。在很多时候，我们学习如何"做"不同年龄段的人，包括穿衣、说话以及什么不该说、什么不该做，就像我们要学习如何在生活中扮演其他人一样。

不断变化的文化假设塑造了年长者和年轻人之间的关系。在历史上的某些时刻，年长的人被认为是明智的、有成就的，甚至拥有神奇的力量。但有时候，他们又被视为"累赘"，不断地被提醒着死亡和衰退的威胁。

在大多数情况下，当下的西方文化非常尊重年轻人，而对老龄化的态度和谈论更多是消极的。总的来说，40岁以上的人在媒体上被描述为失去魅力、无聊透顶和健康程度每况愈下的可能性是年轻人的两倍。而60岁以上的人，尤其是女性，在媒体上出现的比例明显减少。然而，研究数据却呈现了一个不同的结果：60多岁的人和20多岁的人一样快乐。

对衰老的不友好会在人际关系中表现出来。尽管皱纹和灰白稀疏的头发不一定意味着能力下降，但它们仍然会被这样解释并造成明显的影响。某些人认为自己与老年人的沟通有代沟，无法与他们正常互动。当他们沟通时，就会倾向于改变自己的语言习惯，使用简单的语法和幼稚的词汇，增加音量、降低说话速度以及不断地重复，这些其实都是改变过度的例子。即使这些沟通方式出自善意，它们也会产生有害影响。被视为能力低于同龄人的老年人，往往会认为自己既老又无能。而挑战这种年龄歧视的做法又会让老年人陷入两难境地，直言不讳可能会被贴上脾气暴躁或尖酸刻薄的标签，无意间又会强化老年人脾气坏的刻板印象。

当不同年龄段的成员在一起工作时，沟通会出现挑战。例如，与前几代人相比，"千禧一代"往往不太想在工作中建立私人联系。这种差异可能会导致基于团队的组织中的代际困难。"千禧一代"也比前几代人更需要肯定的反馈。因为他们对成就有强烈的渴望，他们希望得到明确的指示来正确完成工作，而不是在工作时被步步紧盯。完成工作任务后，他们同样渴望得到表扬。对于"婴儿潮"一代[1]的老板来说，这种指导和反馈令人讨厌。依照老板的经验"没有消息就是最好的消息"，也就是说没有人通知你搞砸了便是最好的表扬。这两种观点都没有错，但当这些共文化的成员之间有不同期望时，沟通就可能产生误解。

▌身体健全者和身障人士

在美国，有将近五分之一的成年人身患残疾。认知障碍一类的残疾不容易被人观察到，而行动不便或视力问题就会比较明显。

传播学学者研究了残疾人在工作场所如何应对挑战。他们提出了两种积极融入组织文化的策略。一种是**同化**（assimilation），适应和服从主流（非残疾）群体。这涉及不强调差异，甚至在某些情况下要对残疾

---

1 特指二战结束后，在1946年初至1964年底出生的人。

保持沉默（一位参与者说，"你越少谈论你的残疾就越好"）。另一种是**调节**（accommodation），承认自己的残疾并寻求可以顾及的方法，还可以包括教育他人关于残疾的知识以及积极地消除误解。研究发现，部分参与者更适应调节的策略，另一部分参与者则更适应同化的策略。毫无疑问的是，他们都不想被自己的残疾所定义。

约翰·阿尔特曼（John Altmann）通过讲述自己因为残疾而被打击伤害的沮丧经历强调了这一点。这次遭遇是在一位励志演说家向一群高中生进行演讲时发生的。

> 演讲者非常有魅力，表现出了他热情、乐观的性格和绝妙的幽默感。我和其他人一起笑个不停。但在大会结束时，我和我的朋友被演讲者挑了出来，他说了一些残疾人经常听到的话——因为我拄着拐杖，她坐着电动轮椅，我们很"鼓舞人心"。
>
> 在那一刻，我的个性、我爱的人、我追求的兴趣和我所坚持的信仰都变得毫无意义。我患有脑瘫并拄拐杖走路的事实成了约翰·阿尔特曼和他所做一切的全部。
>
> 大会上坐我旁边的朋友也是同样的遭遇……我们想要超越我们的残疾，克服残疾并建立一个与残疾人完全不同的身份。

许多残疾人发现，同属于一个由相似人群组成的社区是有益的。聋人文化就是一个很好的例子：聋人学校、聋人比赛（如世界聋人小姐选举）、聋人表演艺术（如聋人喜剧演员）和其他组织把听障人士聚集在一起。对于聋人社区的成员来说，与听力正常的人"不同"并不意味着"不如"。一位失去听力的前飞行员与他同样失聪的同事讲述了自己的中国之旅。

> 虽然我们使用不同的手语，但我们可以互相表达自己的意思。尽管我们来自不同的国家，但共同的聋人文化让我们凝聚在一起……你们做不到这样吗？那到底谁是残疾人呢？

不管具体的身体状况如何，重要的是我们应将残疾视为一种特色，而不是用来和其他人区分的典型特征。描述某人为"盲人"比称呼他为"瞎子"更准确，也不会显得那么刻薄。这种差异可能看起来很微妙，其实你可以想象一下：如果有一天你失去了视力，你会更喜欢哪一种标签？

▌社会经济地位

　　社会阶层会对人们的沟通方式有重大影响。人们通常会将自己划分为工人阶级、中产阶级或上层阶级，大家对同一社会阶层的人会有一种亲近感。社会教养也会影响沟通方式。大学教授发现，那些在工薪阶层家庭长大的学生因为从小被教育不要挑战权威，所以会导致他们不敢发表意见，缺少批判性思考和有说服力的辩论。

　　不仅如此，社会阶层的影响还会持续扩大到工作场所。在那里，自信和富有说服力等技能是职业发展的促进因素。一个在工薪阶层家庭长大的人，若是进入中产阶级或上层阶级工作，就会面临特殊的挑战。他们可能得采用新的说话方式，调整非语言行为来获得认可。此外，他们还必须克服情感矛盾。这是一种既获得又失去的感觉，在为职业成功骄傲的同时却又失去了对自我的认同。

　　第一代大学生[1]会感受到"试图同时生活在学校和家庭这两个截然不同世界"中的跨文化压力。由于家中没有人上过大学，他们经常需要通过努力来融入陌生的学校环境，不遗余力地适应校园生活。此外，一些学生表示，与那些非第一代大学生的同学相比，他们会更努力学习和更多地参与校园活动，只是为了证明自己属于大学文化。

　　在家庭中，第一代大学生也会出于不同的原因进行自我审查。一方面，他们在谈论大学生活时会很谨慎，因为害怕威胁和疏远他们的家庭。有些人甚至会觉得自己是"叛徒"。另一方面，他们觉得有必要向年轻的家庭成员展示自己新的教育状况，这样大家就会知道"这是可以做到的"。

---

1 特指家庭中第一代接受大学教育的人。

2.4 编码与文化

现在，你对人们尝试人际沟通和跨文化沟通时可能会出现的挑战有了一个健康的认识。当沟通者使用不同的语言和非语言沟通系统时，这些挑战就会变得越来越大。

语言编码

尽管世界上许多语言有着一些显著的相似之处，但还是存在着差异，这种差异主要体现在语言在很多重要方面都影响群体内和群体间的沟通。在接下来的章节中，我们罗列了其中一些因素。

语言和身份

你如果生活在一个大家都说同一种语言的文化中，可能不会注意到语言是如何影响你对自己和他人的看法。但当一个社会中的某些成员说着主流语言，而另一些人则使用非主流语言时，会发生什么呢？使用非主流语言的人可能会感受到被同化的压力，或者直接拒绝使用主流语言。语言对自我概念的影响非常大。人们使用母语与来自相同文化背景的人沟通时会感到自信和自在，这一点也不奇怪。

即便是一个用来识别成员的文化名称，都反映了该文化的价值观，塑造了这些成员之间的关系。当被问及个人身份时，个人主义的美国人、加拿大人、澳大利亚人很有可能通过名字、姓氏、街道、城市和国家的顺序来回答，但很多亚洲人的回答顺序却正好相反。如果你问一个印度人，他会告诉你他的种姓、村庄和名字。在梵文传统里，表示自己身份需从血统开始，接着是家族、家庭，最后才是个人姓名。日语中有多达100种不同的方式来表达"我"，具体取决于你想要表现出礼貌、随意、务实还是傲慢，这些不同的说法，强调了你的家庭角色、社会地位、年龄或性别。

语言沟通的风格

使用语言不仅仅是选择一组特定的词来传达一种想法。每一种语言都有自己独特的风格。正式或非正式、精确或模糊、简洁或详尽都是说话是否得体的主要因素。当沟通者试图在另一种文化中使用与某种文化相关的语言风格时，就会遭遇一些问题。

古迪肯斯特（Gudykunst）描述了三种语言风格中的重要文化差异。

1. 直接与间接。 我们已经讨论过在低情境文化中如何使用尽可能清晰、直接和有逻辑的语言来表达思想、感受和想法，而在高情境文化中可能就不会那么直接地使用语言来维持社会的和谐。

2. 精致与简洁。 说阿拉伯语的人通常会比说英语的人使用更丰富、更富有表现力的词语。在英语中听起来很古怪的激烈断言和夸张言谈，却是阿拉伯语的一个共同特征。这种语言风格上的对比，会导致来自不同背景的人产生误会。

在崇尚沉默的文化中，简洁就已经是极限了。例如，在许多美洲的印第安人文化中，处理模棱两可的社交场合的首选方式是保持安静。当你将这种沉默风格与美国主流文化中人们初次见面时常见的健谈相对比，就很容易想象阿帕切人或纳瓦霍人[1]与欧洲裔美国人初次见面时，彼此都可能会感到不自在。

3. 正式与非正式。 一本写给想要了解美国人如何沟通的英国读者指南中，描述了美国文化的开放性和非正式性。

> 游客们可能会被美国人极度的热情所震撼，特别是在美国的中部和南部地区。在飞机上，如果你的旁边坐着一个美国人，他可能会立刻询问你的名字并关心地问："你在美国过得怎么样？"然后事无巨细地和你解释他最近在办离婚手续，邀请你到他家共进晚餐，甚至大方地提出借钱给你并在离别时给你一个温暖的拥抱。但这并不意味着他第二天还会记得你的名字。他们喜欢与人相处，希望被人喜欢，所以他们会情不自禁地表露出善意。

美国等国家所展示出来的非正式沟通的特征相比许多注重说话得体的亚洲和非洲国家，有很大的不同。在这些文化中，说话得体与其说是要使用正确的语言，不如说是要遵守的社会规范。在韩国，辨识一个人是否学识渊博的标志就是他能否根据不同的人际关系来使用合适的语言，如老朋友、熟悉背景的陌生人以及完全陌生的人。

语言编码也在离家更近的地方起作用，来自不同地区、社会经济背景、世代和族群的人都有着不同的说话方式。你不必成为语言学

---

1 北美洲印第安人的分支。

家，就能识别一些独特的编码，比如，城市里的行话或青少年的俚语。想想看，人们是如何通过只听你说话就能准确预测你所成长的共文化。

组织文化可以和社会文化一样独特。组织文化反映了公司内部一套相对稳定、共同遵守的价值观和行为规则。在日常用语中，文化是内部人士对"这就是这里的规矩"的看法。

在一个组织中，不是所有的规则和价值观都用白纸黑字记录下来。有些写下来的，实际上并没有被遵守。例如，17：00是正常的下班时间，但你很快就会注意到，大多数人至少会待到18：30。很显然，这透露出了一些文化方面的信息。

因为你在工作上花的时间可能和你在人际关系上花的时间一样多，所以选择一个合适的组织就像选择一个最好的朋友一样重要。研究表明，如果我们相信组织的价值观反映了我们自己的价值观，并且能够始终如一、公平公正地应用，我们通常会享受自己的工作，并获得更好的工作表现。举例来说，大多数公司会无一例外地奖励那些为客户提供优质服务的员工。而一些公司的老板却心口不一，实际行动违反嘴上说的原则，这就会在组织内部滋生愤世嫉俗和抱怨不满的文化。

当你考虑一个特定组织的文化是否适合你时，请试着问自己下列几个问题（注意每种情况下沟通的重要性）。

- 这个组织如何在网上展现自己？
- 组织的成员是否有资源和权利来做好工作？
- 员工们开心吗？是否鼓励他们发挥创造力？
- 团队成员之间是否有合作或竞争的精神？
- 使用什么标准来评估员工绩效？
- 会议时的情况如何？沟通是开放的，还是照本宣科的？
- 员工的离职率高吗？
- 领导是否重视和员工之间的倾听、尊重和合作？
- 员工是否能够有效地利用时间？会受困于低效流程或办公室政治吗？

研究表明，沟通或是看似不重要的闲聊，其实都是我们创造和体现文化的工具。对个人和组织而言，有效、一致、基于价值的沟通就是成功的关键。

在工作中

组织就是文化

语码转换

交流者通常会在语境变化时调整他们的说话方式——语言学家称为**语码转换**（code-switching）。语码转换是一种沟通能力，可以增加实现目标的机会。一位居住在爱尔兰的美国侨民提供了一个有趣的案例，讲述了自己如何进行语码转换，从而帮助自己省钱的故事。

我们注意到商品和服务通常会有两种价格：当地人的合理价格和对外地人（美国人）的昂贵定价。这一点也不容易，但我坚持练习爱尔兰口音，直到我有资格获得"本地价格"。

对于某些共文化的成员来说，语码转换是一个更为严肃的问题。一位作家解释了非裔美国人经常采用主流白人的言谈举止作为自卫手段的原因。

我们很早就意识到，自己与其他黑人共处的方式并不适用于我们的职业圈子。因此，我们与白人朋友一起使用缩略词、俚语和尖酸的幽默，变得越来越流畅。我们的着装风格也让我们的白人同伴觉得安全，没有任何威胁。

转换语码并不需要拒绝自己的传统文化，你可以将其视为一种双语能力。一位来自阿巴拉契亚农村的第一代大学生说，当她使用家乡人习惯用的"嚷嚷"或"还价"这种表达方式时，在州立大学的她往往会感到不自在。当她选修了一门语言多样性的课程，鼓励她接受家乡的方言时，她才说："我完全爱上了它。"这位学生可能有时会选择语码转换，但她这么做是出于实用的考量，而不是为自己的出身感到羞愧。当她与欣赏自己身上传统文化的人相处融洽时，她就能适应在成长过程中学到的说话方式。

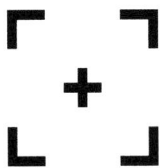

研究焦点

日语和英语中的"对不起"：不同的编码

你见朋友迟到了。当你终于到达时，你应该说些什么，以及说多少？传播学研究者小谷真理子（Mariko Kotani）发现文化在道歉和解释中扮演着重要角色。

小谷真理子对母语分别为日语和英语的人（用他们自己的语言）进行了深入采访，以了解更多关于他们的语言编码。他们被要求描述个人关系中各种各样的小冒犯以及如何更好地解决这些冒犯。

在日本文化中，"对不起"是承认错误（如迟到）的必要组成部分，而且可能会说很多次。它的主要含义是"对不起，给你带来了不便"，关注的是对方的感受。提供解释被视为找借口，这是一种十分糟糕的形式，因为保护对方的面子是最重要的。缓和气氛的编码就是大量的道歉，然后继续前进。

对于美国人来说，不成文的规矩是先表明自己有责任，说"对不起"。如果使用了这个短语，后面通常会跟着冗长的解释。表达遗憾的目的是获得原谅（"没关系"），或者逃避责备（"这是交通的错"），因为保全自己的面子最重要。一直解释，除非你得到赦免。

这些不同的沟通编码给跨文化关系带来了挑战。"对不起"究竟是什么意思？解释是否有用？沟通高手需要意识到其他文化的成员会如何理解自己充满善意的言语。

现在你应该明白，语言编码没有对错之分，它们只是不同文化的反映。有关语码转换的语言功能，请参阅第 5 章的"联盟关系"部分。

▍非语言编码

无论你身处何种文化，非语言沟通中的许多元素是全人类共有的。例如，人们都通过面部表情和手势来传达信息。此外，某些肢体行为在世界各地都具有相同的含义。哭泣是不快乐或痛苦的普遍标志，而微笑则代表友善的意图（当然，微笑和眼泪也可能是不真诚和被操纵的，但它们的公开含义在每种文化中都是相似且不变的）。

尽管非语言行为的含义存在许多共通之处，但地区间的差异仍然是巨大的。比如，大拇指和食指合拢成一个圈，做出"OK"的手势。对于大多数美国人来说，这个手势是一种愉悦的肯定，但它在世界其他地方有着截然不同的含义。在法国和比利时，这个手势的意思是"你一文不值"；在日本，它象征着"钱"；而在希腊和土耳其，这是一种粗俗的性邀请，通常还带有侮辱性质。鉴于这种跨文化的模糊性，你很容易想象一位来自美国的游客在不了解原因的情况下在海外会遇到严重麻烦。

不明显的跨文化差异可能会破坏人际关系，沟通者甚至犯了错还没意识到是哪里出了问题。例如，盎格鲁－撒克逊人需要使用的个人空间最大，其次是亚洲人。地中海人和拉丁裔则需要使用最近的距离。想象一下，当来自这两种文化的外交官或商人见面时，可能会出现进退两难的尴尬模式。中东人在沟通时，可能会向前移动来拉近他们觉得过于疏远的距离。与此同时，美国人则会后退，从而留出稍大的空间。沟通中的双方可能都会感到不舒服，却不知道原因。

就像距离一样，世界各地的眼神交流模式也各不相同。美国人会在谈话中保持眼神的接触，若是回避眼神接触，就可能被解释为不真诚或是软弱。相比之下，在中国相互凝视只适合发生在亲密、相互依存的关系中。在这两种情况下，偏离常规都可能让不谙文化背景的倾听者感到不自在。你将在第 6 章中读到更多关于非语言沟通中的文化差异。

2.5 培养跨文化沟通能力

有能力和没能力的跨文化沟通者，有什么样的区别？在本章剩余部分，我们将重点回答这个问题。但在我们得到答案之前，请花点时间完成第 68 页的测验，来评估你的跨文化沟通能力。

在很大程度上，要与来自不同文化的人成功互动，需要具备第 1 章中所述的沟通高手的相同特质。重要的是在众多的沟通行为中谨慎选择，善于在特定情境下执行最合适的行为。给予他人真正的关心也扮演了重要角色。认知复杂度和同理心也很有帮助，尽管对来自另一种文化的人产生同理心可能具有挑战性。最后，不能缺少自我监控，因为在和其他文化背景的人打交道时，你经常需要在中途对自己的方法进行调整。

除了这些基本特质之外，传播学的研究人员还试图辨识出跨文化沟通能力中独特或至少特别重要的元素。

动机与态度

想要与陌生人成功沟通是一个重要的开始。研究表明，那些非常愿意与不同文化的人进行沟通的人通常比那些沟通意愿低的人拥有更多的朋友。但光有欲望是不够的，要和不同背景的人打交道，基本的思维方式是必不可少的。

▎容忍含混不清

正如前文提到的，沟通者面临的最重要的问题之一，就是希望减少彼此之间的不确定性。当我们遇见来自不同文化的沟通者时，不确定性便会提高。假如你需要用不熟练的语言进行沟通，是不是会充满挑战？皮克·艾尔（Pico Iyer）记录了他同日本京都的朋友幸子（Sachiko）之间日益增长的友谊，却因为沟通不够流畅而引发的误会。

> 我也开始意识到，如果一个人不能衡量自己所用词汇的含义，那么冒险说一种外语是件多么危险的事情。当我在飞鸟餐厅告诉幸子"Jennifer Beals ga suki-desu. Anata mo"（我喜欢詹妮弗·比尔斯，我也喜欢你），我很高兴自己找到了一种表达情感的方式，甚至觉得这是一种带着距离美的完美表达方式。但在我查了suki（爱）的意思后，我才发现自己近乎赤裸裸地进行了告白……
>
> 那一刻，我们之间的朦胧感全然失去……有一次，我不得不提早十分钟离开她家，她就说："我好难过。"还有一次，我只是简单地给她打电话，她说："我超级兴奋。"这让我以为她过度敏感，或者说有大胆和暴力的极端倾向，而实际上这只是反映了她英语词汇的匮乏……用一种不属于自己的语言沟通，就像是只用一只脚走路。两个人这样交谈时，就像是在跳两人三足的华尔兹，十分地蹩脚。

跨文化的沟通高手通常会接受，甚至欢迎这种模棱两可。艾尔记录了他与幸子分享的共同困惑，其实有助于他们关系的发展。

> 然而到最后，我们两个人都用这种精简的措辞说话，这让我们比任何时候都要更温和、更有礼，也更脆弱，让我们回到了一种纯真的状态。

如果不能容忍含混，跨文化旅居者将难以应付大量令人困惑，甚至是完全无法理解的信息轰炸。有些人似乎天生就具备这种包容能力，而另一些人则需要培养这种能力。无论如何，与不确定性共处的能力是跨文化沟通能力的重要组成部分。

沟通能力评估：你的跨文化沟通能力如何

试着想象，你在和来自不同文化群体的人互动，而不仅仅是一两个。

请用数字1～7对以下每个描述的第一印象进行打分，1＝非常不同意，7＝非常同意。另外，你还可以邀请一些非常了解你的人来对你的每个项目进行评分。

序号	状况描述	评分
1	当我与不同文化背景的人互动时，我很清楚自己所使用的文化知识	1 2 3 4 5 6 7
2	当我与来自陌生文化的人互动时，我会调整我的文化知识	1 2 3 4 5 6 7
3	当我与不同文化背景的人互动时，我会检查自身文化知识的准确性	1 2 3 4 5 6 7
4	我了解其他语言的规则（如词汇、语法）	1 2 3 4 5 6 7
5	我知道其他文化的文化价值观和宗教信仰	1 2 3 4 5 6 7
6	我知道在其他文化中表达非语言行为的规则	1 2 3 4 5 6 7
7	我喜欢和来自不同文化背景的人交流	1 2 3 4 5 6 7
8	我相信我可以在一个我不熟悉的文化中与当地人交往	1 2 3 4 5 6 7
9	我喜欢生活在我不熟悉的文化环境中	1 2 3 4 5 6 7
10	当需要跨文化互动时，我会改变我的语言行为（如口音、语调）	1 2 3 4 5 6 7
11	我会用不同的停顿和沉默来适应不同的跨文化情境	1 2 3 4 5 6 7
12	当需要跨文化互动时，我会调整我说话的速度	1 2 3 4 5 6 7
13	当需要跨文化互动时，我会改变我的非语言行为	1 2 3 4 5 6 7
14	当需要跨文化互动时，我会改变我的脸部表情	1 2 3 4 5 6 7

相关评分结果，请参阅第75页。

▌思想开放

能够容忍含混很重要，但是如果缺乏开放的思想，沟通者将很难与来自不同背景的人进行有效的互动。要了解思想开放，我们先从两个格格不入的词语来切入思考。**民族优越感**（ethnocentrism）是一种认为自己的文化高人一等的态度。一个有着民族优越感的人，不论是私下或是公开场合都会认为，任何不属于他们群体的人都是奇怪的、错误的，甚至是低人一等的。旅行作家里克·史蒂夫（Rick Steves）描述了民族优越感是如何干扰人们对其他文化习俗的尊重的。

我们（美国人）认为自己很干净。我们洗澡时，浸泡、清洁和冲洗用的都是同一缸水（但我们是不会用这种方式来洗盘子的）。日本人洗澡过程中的每一个步骤都要分开使用清水，他们可能会觉得我们的做法很怪异甚至有点恶心。在某些文化中，人们会直接在街上擤鼻涕，他们无法想象把痰吐在小手帕里，放回口袋，再将手帕洗干净后反复使用这种行为。

　　我们经常使用"文明"和"原始"这两个词来思考这个世界。我从小就认为世界是一座金字塔，美国在顶端，其他所有人都在努力往上爬。我分析比较了其他人在物质消费、科学和技术上的能力（或兴趣），是否能跟我们保持同步……

　　多年来，我发现如果我们以不同的方式评判文化（可以根据压力、孤独、心脏病发作率、堵车时间或家庭团聚时间），结果就会有所不同。最好的办法就是不要陷入"评级游戏"，因为所有的社会都十分复杂，并以他们各自的方式在高速发展。

　　没有什么比学习一门外语更能让你接受一种外国文化了。正如第5章所描述的，每种语言都自带一种世界观——一种理解和谈论生活事件的方式。因此，双语能力与跨文化沟通能力紧密相关也就不足为奇了。

　　民族优越感会导致**偏见**（prejudice），也就是对群体外的其他人抱有不公平的偏见和不宽容的态度（"偏见"本身就含有预先判断的意思），形成偏见的一个重要元素就是刻板印象。典型的偏见包括明显的夸大其词，像是觉得所有的女性都非常情绪化，所有的男性都风流成性和没心没肺，所有的老人都与现实脱节，所有的移民都是社会福利的寄生虫。当涉及个人主义或集体主义等文化特征时，刻板印象甚至可能成为一种风险，因为并非一个群体的所有成员都同样具有个人主义或集体主义。仔细观察欧洲裔和拉丁裔的美国人，就会发现个体之间的差异可能大过团体差异，一些拉丁裔美国人比欧洲裔美国人更独立，反之亦然。因此，在跨文化的工作团队中，思想开放显得格外重要。在第4章中，我们将更深入地讨论刻板印象。

▌知识与技能

　　态度本身并不能保证一个人在跨文化沟通中取得成功。沟通者需要对其他文化有足够的了解，才能知道什么方法是合适的。具备"换挡"

能力，并让自己的沟通风格能够适应另一种文化或共文化的规范，是沟通能力的重要组成部分。

沟通者如何获得能够提升沟通能力的特定文化信息？丁允珠（Ting-Toomey）和其他学者提出了一个重要元素"**正念**"（mindfulness）——能够察觉自己和他人的行为。缺少这种特质的沟通者会在跨文化交流中犯下无心之过，他们不知道自己的行为可能冒犯或困扰他人，也不知道自己认为怪异的行为其实只是文化差异而已。参加课程或培训研讨会正式地学习一种文化，或者旅行、阅读国际新闻以及与来自不同文化群体的人接触等非正式的学习体验都有助于提高正念。

▌耐心与毅力

在一个新文化或共文化中变得自在和胜任，最终会有所回报，但这个过程并不容易。在"蜜月期"过了之后，你通常会感到困惑、失望、孤独和想家。最重要的是，你可能会对自己感到失望，因为没有像预期的那样轻松融入。这个特别像是危机的阶段，被称为"文化冲击"或"调整冲击"。

你不会是第一个因受到文化冲击而感到茫然的人。中国学生张志宁独自一人来到美国读研，她在每天放学回家的路上都会哭，因为在她的生活中，从小就被教导要安静地坐着听课，这是尊重他人和淑女的行为，所以当美国学生没有举手就径自发言、互相打断对方、直呼教师名字、在教室里吃东西时，她感到非常震惊。更糟糕的是，她的同学回答问题速度太快了，以至于她正准备发言时，他们已经换了一个新话题。同样的行为让张志宁同学在中国表现为"一位聪明又有耐心的淑女"，却让她在美国看起来像是"一个学习迟缓的人"。

传播学学者金荣渊对文化适应的课题进行了深入研究。她说，在熟悉和新奇之间感受到一种推拉的感觉是很自然的。她鼓励旅居者将这种压力视为一个好迹象，因为这意味着他们有适应和成长的潜力，只要多一点耐心，危机感就会逐渐消减，随之而来的便是再次充满学习新事物的精力和热情。

当你正在经历新文化的磨合时，沟通可能会充满挑战，但也可以是一个解决方案。努力适应美国生活的中国学生张志宁，亲身体会到了这一点。她说，最初她不愿意和美国学生接触，而他们也不愿意接近她。渐渐地，她鼓起勇气主动开口，发现同学们都很友善和乐于接纳。最终，她交到了许多朋友，开始融入其中，并成功地取得了学位。

从文化冲击、适应到成长的转变一般都会成功，但不会是一个平稳的线性过程。相反，我们经常是前进两步后退一步，并且不断重复这个模式，金荣渊称之为"以退为进"模式，她认为："如果我们保持耐心并不断尝试，回报是值得期待的。"

从远处了解另一种文化是一回事，沉浸其中又是另一回事。吉娜·巴克（Gina Barker）对居住在瑞典的美国人和居住在美国的瑞典人进行了 40 次深度采访。这两个国家独特的沟通方式很容易让受访者识别和描述。

受访者指出在同陌生人沟通方面两个国家存在显著差异。美国人在公共场合能和他们不认识的人微笑寒暄，而瑞典人对陌生人通常比较保守，但对朋友非常忠诚。一位受访者说："当你深入地了解后，你会发现瑞典人同样充满爱心、友好和有趣。但这种关系隐藏得确实会更深一些。"

美国人比瑞典人说话更多、更快，声音也会更大；瑞典人喜欢沉默，不喜欢被打断。瑞典人承认很难理解渗透在美国文化中的个人主义。一位瑞典人说："在美国，人们会说：'我照顾我自己，社会照顾弱者。'在瑞典，我们会说：'社会照顾每一个人。'"相反，美国人觉得瑞典的集体主义难以理解："当我问为什么事情是这样的时候，我得到的答案居然是'我们都是这样做的'。"

大多数参与者认为，为了促进跨文化交流，他们有责任适应东道国的文化。其中一位说："我理解并融入了这种文化，并且知道如何行动以维持亲密关系。"有些甚至直接采用了新的沟通方式。一些瑞典人说，他们对陌生人变得更友好了，而一个美国人则做出了这样的改变：

当我回到美国，我正在排队，有人开始找我搭讪，我心想："我可以有自己的隐私吗？我现在不想和你说话。"

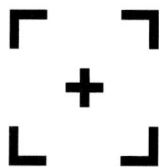

自我检查

▼

▶ **学习目标**

2.1 理解跨文化沟通和人际沟通之间的关系

随着国内的多样化文化的与日俱增，我们与世界各地的人们接触越来越多，所以理解跨文化沟通就显得至关重要。在一个多元化的社会中，人际交往的程度通常以文化和共文化是否显著为判断依据。

问题：在你的人际关系中，可能遇到的最显著的跨文化差异是什么?

▶ **学习目标**

2.2 描述有助于形成跨文化沟通规范的五个关键价值观

当不同文化的成员互动时，他们的价值观可能会以相互察觉但不被理解的方式影响互动。这些价值观包括高情境或低情境的沟通，个人主义或集体主义，权力距离的高低，不确定性规避的多寡以及成就文化或培育文化的区分。

问题一：在你能轻松沟通的文化中，有哪些主要的价值观?
问题二：当你在和价值观不同的人沟通时，会遇到哪些挑战?

▶ **学习目标**

2.3 认识当今社会共文化的范围，以及共文化因素如何影响人际沟通

在任何社会中，人们都归属于不同的共文化，每种文化都承载着自己的身份，按照自成体系的沟通规则运作。一些共文化的影响因素包括种族和民族、性别认同和性取向、年龄和世代以及社会经济地位。

问题一：你所属的共文化有哪些？这些群体内的沟通规则是什么？这些规则对于你可能遇到的其他文化的成员，有何不同？

问题二：你如何才能更好地与其他文化的成员进行沟通？

▶ 学习目标
2.4 解释形成一种文化的语言编码和非语言编码的因素

一个文化成员所使用的编码通常是影响来自不同背景的人之间沟通最显著的因素。语言编码包括语言本身、世界观以及语言沟通的风格。非语言编码也存在着显著的差异，深受文化条件的影响。

问题：请描述一组与你自身不同的文化价值观、规范和编码，是否会产生不同的文化沟通模式？

▶ 学习目标
2.5 辨别跨文化沟通能力所需要的态度、知识和技能

跨文化沟通能力包括五个层面：动机与态度、容忍含混不清、思想开放、知识与技能、耐心与毅力。

问题：如何应用跨文化沟通能力指南与不同文化背景的人进行互动？

实践活动

▼

1. 几位同学一组，找出你们每个人所属的共文化。你属于哪个群体？回答这个问题最好的办法是思考你认为谁属于外部群体。根据你的观察，检查一下你是使用什么标准来定义内部群体和外部群体的。是根据种族、族裔、年龄，还是生活方式？你对群体内外成员身份的判断，会如何影响你与他人的沟通？

2. 请找一位伙伴，来辨别一次你最重要的人际关系。试想一下，如果你和你的伙伴采用的价值观和行为规范与你自身秉持的正好相反，你们的关系会有什么变化？如果你的沟通属于低情境，当你转换至高情境时，事情会有什么不同？如果你可以包容不确定性，也不去规避任何意外，会发生什么？根据你的回答，考虑你所秉持的文化价值观和行为规范的利弊，然后再想想不同价值观和行为规范的文化所拥有的优缺点。

3. 第 63 页中的"在工作中"，描述了组织如何具备文化属性。选择一个你工作过的地方，用几句话描述它的组织文化。无论是显性的还是隐性的，什么样的规则引导着工作场所的沟通？描述这些文化规范是如何影响你在工作中与主管、同事和客户的互动。

4. 确认一种你正在或将来可能与之互动的文化，通过图书馆、网络或个人访谈搜集有关该文化的沟通原则与规范。根据你的发现，陈述你和该文化成员可以进行有效沟通的步骤。

5. 运用第 66～71 页上的标准来评估你的跨文化沟通能力。如果可能的话，请邀请来自不同文化或共文化的人来帮助你进行评估。

▶ 沟通能力评估（第 68 页）

- 请将第 1、2、3 题的得分相加，这是你的元认知文化智力分数。
- 请将第 4、5、6 题的得分相加，这是你的认知文化智力分数。
- 请将第 7、8、9 题的得分相加，这是你的动机文化智力分数。
- 请将第 10、11、12、13、14 题的得分相加，这是你的行为文化智力分数。

元认知文化智力（metacognitive cultural intelligence）是指个人用来理解文化的心理过程，例如，用计划和监视来理解不同的文化。拥有高元认知文化智力的人（分数为 15 分或更高），通常能在互动前和互动期间敏锐地察觉他人的文化偏好，然后怀疑自己的预设并做出相应的调整。

认知文化智力（cognitive cultural intelligence）是指对不同文化的规范、惯例和习俗的了解。拥有高认知文化智力的人（分数为 11 分或更高），通常能够理解不同文化之间的异同。

动机文化智力（motivational cultural intelligence）是指在文化差异的情况下能够将注意力和精力导向学习并发挥作用的能力。拥有高动机文化智力的人（分数为 16 分或更高），通常能将注意力和精力集中在跨文化情境上，并对自己的互动能力感到自信。

行为文化智力（behavioral cultural intelligence）是指与不同文化背景的人交往时，表现出适当的语言和非语言沟通行为的能力。拥有高行为文化智力的人（分数为 21 分或更高），通常能够在不同情境中表现出合适的行为。

第**3**章

人际沟通与自我|

学习目标

- 3.1 描述自我概念是如何主观地被塑造，并因此影响到与他人的交流

- 3.2 说明我们是如何通过管理个人和网络印象来提升自己的形象

- 3.3 定义在有效关系中自我表露和不表露的最佳水平

专题研究

- **研究焦点** 社交媒体上的陌生人数量
- **电影电视** 日积月累的反映评价:《我们这一天》
- **在工作中** 职场中的印象管理
- **电影电视** 在线关系的承诺与危机:《鲇鱼》
- **伦理挑战** 坦诚地沟通性传播疾病
- **沟通能力评估** 线上和线下的自我表露

你是谁？在你读这一章之前，请先花几分钟时间来完成一个简单的练习。首先，列出 10 个能够描述你最重要特征的词语，把它们写下来。你可以先看看下面的清单：

- 你的社会角色：如学生、儿子、女儿、员工
- 你的身体特征：如健康、高大
- 你的智力：如聪明的、好学的
- 你的心情、感觉或态度：如乐观、挑剔、精力充沛
- 你的社交特征：如外向、害羞、防御心强
- 你的坚定信仰：如和平主义、基督教、素食主义、自由主义
- 你的职业：如咖啡师、教师、博主
- 你的特定技能：如游泳、艺术表演、象棋

接下来，请重新排列你的清单。将 10 个词语依照从最重要到最不重要的顺序，对你的身份进行排序。

3.1 沟通与自我概念

你在练习中创建的清单描述了你的**自我概念**（self-concept），即你对自己所持有的相对稳定的认知。就好像一面特别的镜子，不仅能反映出你的身体特征，还可以反映出你的其他情况，如情绪的状态、天赋、喜好、厌恶、价值观、角色等。这些反映就是你的自我概念。

请注意，这个自我概念清单只是部分描述。为了补充完整，你必须增加数百个词语。当然，并非每个内容在自我概念清单中都同等重要，最重要的描述类型因人而异。例如，某个人自我概念中最重要的部分可能是社会角色，但对其他人而言，可能是外表、健康、友情、成就或技能。

自尊（self-esteem）是自我概念的一部分，涉及对自我价值的评估。你的自我概念可能包括安静的、好辩的或严肃的。你对这些特质的看法决定了你的自尊高低。

自尊评估从很小的时候就开始了，会对沟通行为产生巨大的周期性影响。如图 3-1 所示，自我感觉良好的人对于他们的沟通行为会有积极的预期。这些预期会增加沟通成功的机会，而成功的沟通会有助于积极的自我评价，从而进一步增强自尊。当然，相同的原则作用在低自尊的沟通者上时，就会产生负向循环。一项研究发现，低自尊的人在社交网络上表现欠佳，他们倾向于发布更多的负面信息，而人们不喜欢回应这种负面的信息。本来是用来互相联系的沟通工具，最终反而持续强化了他们的自卑感。

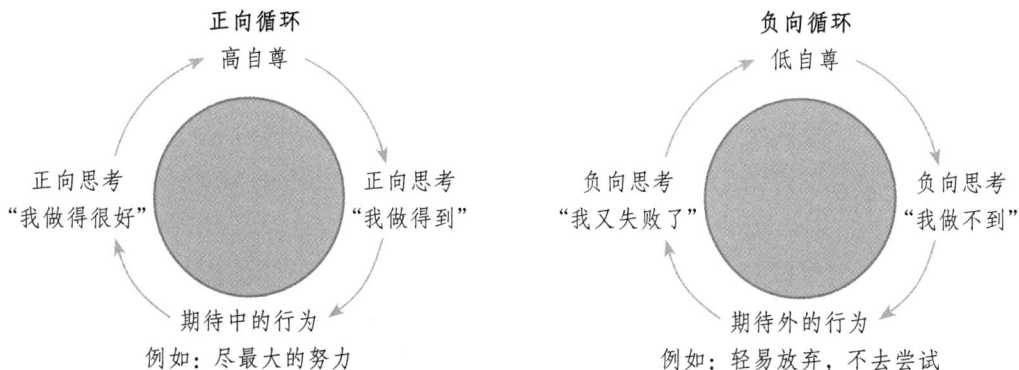

正向循环
高自尊
正向思考 "我做得很好"
正向思考 "我做得到"
期待中的行为
例如：尽最大的努力

负向循环
低自尊
负向思考 "我又失败了"
负向思考 "我做不到"
期待外的行为
例如：轻易放弃，不去尝试

图3-1 自尊与沟通行为的关系

虽然高自尊有明显的好处，但它并不能保证人际关系的成功。高自尊的人可能会认为自己将给别人留下更好的印象，拥有更好的友谊和爱情。然而，既不存在公正的见证者，也没有客观的测试可以证实这些观点。那些自我价值感膨胀的人很容易表现出无所不知、高人一等的样子，从而激怒别人。此外，低自尊的人其实拥有改变自我评价的潜力。这里是想提醒大家注意，正向的自我评价通常是和他人进行良好沟通的起点。

▍自我概念如何发展

研究人员普遍认为，我们不是一出生就有自我概念的。婴儿大约在六七个月大的时候，开始认识到"自我"与周围环境是不同的。如果你曾经观察过这个阶段的孩子，你可能会惊讶于他们为何会着迷地盯着自己的脚或手，仿佛这些奇怪的东西属于别人一样。然后他们就建立了连接："这只脚就是我""这只手就是我"。这些最初的启示就是孩子最早形成的自我概念。

随着孩子的成长，这种基本的认同感会扩展为更完整、更复杂的图景，类似于成年人的自我概念。这种演变几乎就是社交互动的产物。反映评价和社会比较这两种互补的理论，描述了我们与他人的互动，是如何塑造个人对自己的看法。

反映评价

请先试着做以下练习。首先，回忆那些帮助你增强自尊的人，他们的行为方式让你感到被接受、有价值、很重要、被欣赏或被爱。例如，童年时的一位教师，他曾专门花时间鼓励你。然后，再回忆那些对你自尊产生或大或小伤害的人，比如，当着队友面批评你的教练。

在思考完这两种类型的互动之后，你会发现，每个人得出的自我概念在某种程度上讲都是一种反映评价，也就是周围人的评价所反映出来的镜像。换句话说，当你接收到肯定欣赏的信息，你就会开始欣赏和重视自己的价值。同样，你如果接收到否定批评的信息，就会觉得自己没有价值、不可爱和没能力。总而言之，你的自我概念反映了你在生活中所接收到的信息，无论是亲身经历还是通过社交媒体。

社会科学家使用**重要他人**（significant other）来形容那些特别具有影响力的人的评价。来自父母的信息，对子女早期自我概念的形成就格外重要。支持型父母比不支持型父母更有可能培养出具有稳定自我概念和高自尊的孩子。可惜的是，并不是所有的父母传达的信息都是积极肯定的。例如，经常听到母亲"肥胖言论"的女儿往往会出现身体形象问题，有时甚至导致饮食失调。除了家人，来自其他重要人物的信息也塑造了我们的自我概念。教师、朋友、恋人，甚至一些泛泛之交都会在你对自己的看法上留下印记——有时会更好，有时会更糟。

你可能会说，你的自我概念中的每一部分并不都是由别人塑造的。毕竟，你不用别人来告诉你是否高大、说话有口音、头发自然卷，等等。事实上，有些自我特征确实是显而易见的。但是，我们赋予它们的重要性（在我们心目中的排序和解读），在很大程度上取决于他人的看法。

社会比较

到目前为止，我们已经探究了他人的信息如何塑造了我们的自我概念和自尊。除此之外，我们每个人还会通过**社会比较**（social comparison）来形成自我形象，即通过与他人的比较来评估自己。我们将自己与社会科学家所谓的参照群体（我们评估自己特征的其他群体）进行比较，来决定自己是优于他人还是劣于他人（这会影响我们的自尊），或是我们和他人相似或不同（这会影响我们的自我概念）。

如果你将自己与一个不合适的参照群体进行比较，你可能会觉得自己在才能、友谊或吸引力等方面很平庸或低人一等。研究发现，年轻女性经常将自己与超模进行比较，就会对自己的身材产生负面评价，在某些情况下还会引发饮食失调。男性也一样，他们也会和媒体打造出的理想化的男性进行体格方面的比较，而后消极地评估自己的身材。

人们还会和别人的网络资料做比较，然后感觉自己更没有魅力，更不成功，更不快乐。特别是在微博上的比较，可能导致自卑甚至产生抑郁。正如本章后面的内容，社交网络上的个人资料是印象管理的一种练习，它们很少反映日常生活中的缺点和坎坷。但有些人在看了别人的微博主页后就会得出"他们比我更快乐，生活得更好"的结论。第82页的"研究焦点"描述了照片墙用户如何进行类似的负面比较，以及如何选择合适的参照群体来解决这个问题。

在某种程度上，我们控制着我们的参照群体。换句话说，我们有可能永远找得到比我们更优秀的人。例如，经常将自己的运动能力与专业人士相比，或者将自己的外貌与电影明星相比。这种行为是愚蠢的。只有把自己放在一个真正具有代表性的样本旁边，你的自我概念才有可能变得更加现实。

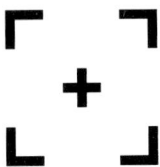

对一部分用户来说，除了人际沟通的好处，使用社交软件反而会导致自尊心下降，甚至产生抑郁。由卡特琳娜·卢普（Katerina Lup）领导的研究小组想知道在照片分享应用照片墙中是否也会存在同样的情况。

在这项研究中，研究人员向 117 名照片墙的常规用户（18～29 岁）询问了他们使用社交软件的情况。还让他们接受了一系列测试，用来衡量社会比较和抑郁的倾向。研究人员发现照片墙的使用、消极的社会比较和抑郁症状之间存在着某种关联。

他们还发现一个现象：在照片墙上关注的陌生人越多，对用户的负面影响就越大。对于那些主要关注朋友和家人的用户来说，社会比较通常是积极的，产生抑郁症状的概率比较低。

研究人员表示，当我们与自己熟悉的人进行比较时，我们通常不会感到自卑，因为我们不会被他们迷人的自画像所迷惑。而对于陌生人，我们则会更倾向于相信他们确实过着更好的生活，因此与他们进行比较会更让人沮丧。

你需要做减法，限制你在社交媒体上关注的陌生人数量。请记住，他们的生活并不像你看到的那么完美。

自我概念的特征

既然你对自我概念的发展已经有了比较正确的理解，现在我们可以进一步来看看它的特征。

自我概念是主观的

我们看待自己的方式，可能和其他人的看法不一致，甚至往往与可以观察到的事实相违背。有时我们会有不切实际的自我评价。一项研究发现，网上交际的人往往会自带滤镜，也就是说，他们看自己比别人看自己更加正面。

再举个例子，人们对自身的沟通技巧通常缺乏判断力。研究发现，无论参与者是作为人际沟通者、公众演讲者还是听众，他们的自我评估和他们优异的实际表现没有任何关系。在另一项研究中，研究者要求大学生对自己与人相处的能力进行评估。研究结果似乎要藐视数学规律，所有的参与者——超过 80 万人中的每一个人——都认为自己可以排在前 50%；有六成的人认为自己能排进所有人的前 10%；更让人惊奇的是，有四分之一的人认为自己能排进前 1%。这些学生对自己的领导能力和运动能力也有着同样高的评价。

也有一些时候，我们看待自己会比事实更苛刻。我们都有过短暂的"我很丑"的经历，深信自己看起来要比别人告诉我们的丑得多。虽然我们每个人都会有偶尔的自卑，但有些人会长期甚至永久性地处于过度的自我怀疑和批评的状态中。这种长期的负面状态显然会影响与他人的沟通。

以下几个原因，可能会导致自我评价被扭曲。

- **过时的信息**（obsolete information）：过去在学校或社会关系中失败的影响可能会持续很长时间，但这并不意味着未来还会失败。同样，过去的成功也不能保证未来的成功。
- **失真的反馈**（distorted feedback）：过分挑剔的父母、无情的同学、冷漠的教师、过分苛刻的雇主，甚至粗鲁的陌生人的评论都可能产生持久的影响。另一种被失真信息造成的是不切实际的正面自我形象。例如，一个孩子的自我膨胀很可能来自过度溺爱的父母的表扬，而老板的自我膨胀很可能来自爱拍马屁的下属的恭维。
- **完美主义**（perfectionism）：大多数人从学习理解语言开始就受到了一些看上去完美无缺的人的影响。有一种暗含的信息是"一个适应性良好的成功人士是没有缺点的"。对完美的天真信念——无论是我们自己的还是别人的——都会扭曲自我概念。
- **社会期望**（social expectations）：奇怪的是，我们的完美主义社会通常会奖励那些低估自己优点的人。我们通常会认为那些诚实欣赏自己优点的人是自吹自擂者或自高自大者，将他们与吹嘘自己但没有实际成就的人混为一谈。这种惯例导致许多人会轻描淡写自己的成就，继而大谈特谈自己的缺点。

健康的自我概念是灵活的

人会随着时间改变。害羞的孩子可能会成长为外向的成年人，郁郁寡欢的年轻人可能会成为乐观的专业人士。人们也会随着环境的变化而变化。例如，在与认识的人交谈时，你可能会很轻松；但在和陌生人交谈时会显得不知所措。大多数沟通者的自我概念会对这些变化做出反应（"我在工作中很有耐心""我在家里没耐心"），而这些变化也会影响自尊（"我在家里的表现不如我在办公室"）。

回想一下你在本章开头所做练习中的自我描述清单。在5～10年前，有多少词语是准确的？在5～10年后，又会有哪些词语仍然是正确的？沟通者不时地评估自己并承认自我概念的变化是有帮助的。但正如我们将要看到的，这其实并不容易。

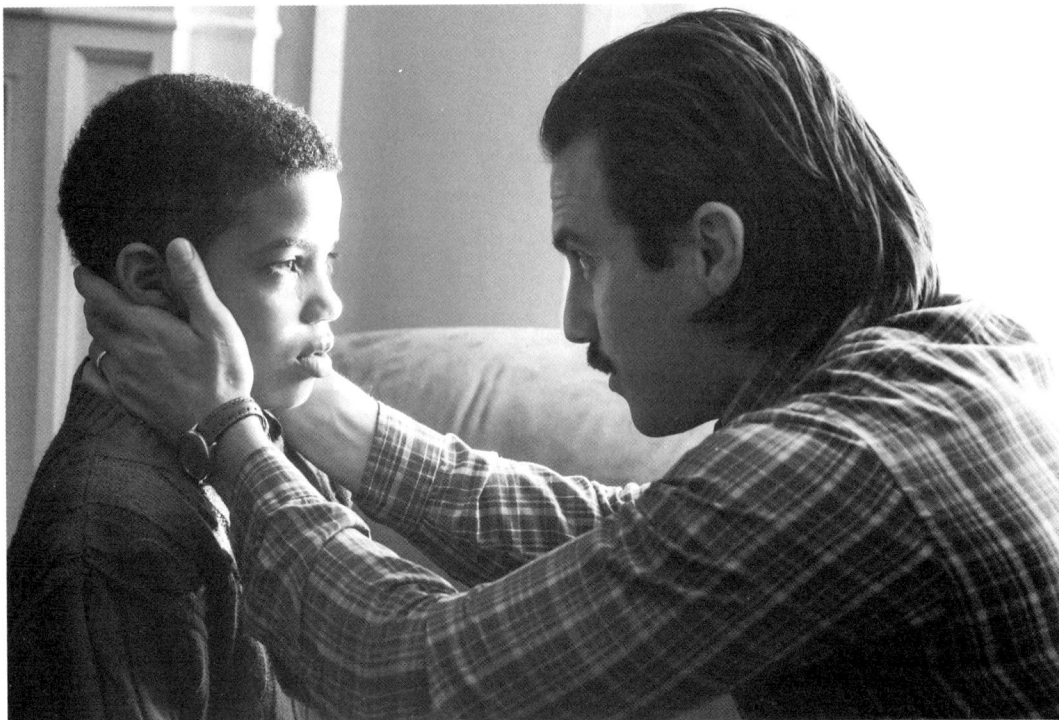

美剧《我们这一天》提供了一个独特的机会来见证人际信息是如何塑造自我概念的。剧情主要聚焦于 20 世纪末杰克·皮尔森和丽贝卡养育孩子的过程,有些时候,剧情会转到现代,揭示这些孩子在 30 岁之前是如何成长的。

在闪回片段中,我们看到凯特一直被体重问题所困扰;兰德尔作为一个在白人家庭中长大的黑人孩子,一直在努力寻找自己的身份;凯文总是渴望自己成为全场的焦点,因为他的兄弟姐妹们几乎都得到了最大的关注。所有这些问题都会延续到成年——皮尔森家的孩子会发展出各种方式来完善他们的自我概念并保持他们的自尊。

这部电视剧表明,虽然生物学在一个人将成为什么样的人方面起着重要作用,但来自其他重要人物的信息也会对此产生深远的影响。

自我概念抗拒改变

一个客观的自我概念应当随着时间的变化而变化,但实际上往往不是这样。我们拒绝改变自我概念,甚至寻找那些能够认同我们观点的人来佐证我们如何看待自己。有大量的研究表明,不论是在大学生还是已婚夫妻中,高自尊的人会寻找对自己有好感的人做伴侣,而低自尊的人则倾向于选择对自己有不利看法的人交往。这种寻求确认现有自我概念的倾向被称为**认知保守主义**(cognitive conservatism),在各种文化中似乎都适用。

我们不愿意改变那些有利的、令人喜欢的自我知觉,这是可以理解的。如果你在恋爱初期是一个体贴、浪漫的伴侣,你就很难承认你最近变得不那么体贴和专心了。同样，如果你曾经是一位认真的学生，就很难承认自己现在变得懒散了。

令人奇怪的是，即使新的自我知觉比过去的更讨人喜欢，但人们还是更倾向于坚持旧有的自我知觉。例如，我们以前的一些学生尽管在多个方面已经取得了成功，但仍然会认为自己是后进生。有些人很难接受和相信别人对他们的赞美。这种认知保守主义的悲剧是显而易见的。不必要的负面自尊可能让人成为自己最大的敌人，经常否定自己应得的认可，就无法享受令人满意的人际关系的需要。

如果你需要改变自我概念，最好的方法就是让身边重要的人向你提供准确、肯定的信息，来告诉你"你是谁"以及"你将成为谁"。这种转变可能会很缓慢，但随着时间的推移，你就会开始反映他们的评价。

▎自我实现预言与沟通

自我概念对人格的影响非常重要，它可以影响你和他人未来的行为。当一个人对事件有所期望以及基于这些期望的后续行为使结果更有可能发生时，就会发生**自我实现预言**（self-fulfilling prophecy）。正如你在图 3-1 中看到的，这个循环过程包括四个阶段。

1.（对自己或他人）抱有期望
2. 按照预期行事
3. 期望即将成真
4. 强化最初的期望

让我们用稍微夸张一点的例子来理解这个概念。某天早上，你看了自己的星座运势，它预测："今天你将遇到梦中情人，你们将从此过上幸福快乐的日子。"假设你迷信星座，你会怎么做？你可能会开始计划当天出门寻找你的"梦中情人"，所以你开始梳妆打扮，让自己看起来靓丽动人。这一天你会仔细评估每一个和你相遇的人。一旦你遇见"理想候选人"时，你会表现出专注、迷人、机智和亲切。结果，这个人很可能对你印象深刻并被你吸引。你瞧，你们俩从此过上了幸福的生活。此时你的结论是星座运势可真准呀！

仔细想想，星座运势有助于达到第一阶段的期望，但这不是成功的关键。虽然事情开始了，但你如果整天都待在家里，那么你仍然会单身。第二阶段，出门逛逛并且展现你的迷人魅力，这才是你吸引到"梦中情人"的关键，并且带来了积极的结果（第三阶段）。虽然很容易将结果归功于星座运势（第四阶段），但重要的是意识到，你对预言成真负有责任，因此才有了自我实现预言的现象。

上述关于星座运势的故事当然是虚构的，但研究指出，自我实现预言在现实生活中发挥着作用。想知道答案，请继续往下阅读。

自我实现预言的类型

自我实现预言有两种类型。当你的自我期待影响自己的行为时，就是**自我强加的预言**（self-imposed prophecy）。你可能曾经有过这样的经历，一觉醒来心情不好，对自己说："这将是糟糕的一天。"一旦你做了这样的决定，你可能会采取让这个想法变成现实的行为，如回避他人、给出草率的回答。换种情况，如果你在同一天想着"今天会是个好日子"，那么你很可能会以能够带来好事的方式进行沟通。总而言之，你对人际冲突的期望会影响你的行为方式以及冲突的结果。

自我实现预言的第二种类型是**他人强加的预言**（prophecy imposed by others），是指一个人的期望支配另一个人的行为。最典型的例子是罗伯特·罗森塔尔（Robert Rosenthal）和勒诺·雅各布森（Lenore Jacobson）在一本名为《课堂中的皮格马利翁》（*Pygmalion in the Classroom*）的书中描述的研究。这个实验是，研究者告诉某个小学的教师，班上有20％的学生在智力上显示出了不平凡的潜能。事实上，这20％的学生是通过随机数表抽取出来的。八个月后，这些孩子的智商测试结果明显高于其他没有获得教师关注的孩子。因为教师预期的改变，这些所谓的"特殊"孩子在智力上产生了实质改变。此外，教师给这些"聪明的"学生更多回答问题的机会，并向他们提供更多的反馈。换句话说，这些孩子表现得更好并不是因为他们比其他同学更聪明，而是因为那个在他们学习过程中扮演了"重要他人"角色的教师，传达了他们可以做到的期望。

请注意，仅仅凭借观察者的信念为预期目标群体创造出自我实现的预言是不够的。观察者必须以口头或非口头的方式传达出这种信念，才能使预言产生实质性的效果。如果父母相信他们的孩子，但孩子没有觉察到这种信任，那这个孩子就不会受到父母期望的影响；如果老板对员工的工作能力有顾虑，却把这些担心藏在自己心里，员工就不会受到影响。从这个角度来看，一个人强加到另一个人身上的自我实现预言既是一种传播学现象，也是一种心理学现象。

▲ "我不唱歌是因为我高兴，我高兴是因为我唱歌。"

3.2 自我的展现

到目前为止，你已经看到了沟通是如何塑造沟通者看待自己的方式。现在是时候转换目标，关注**印象管理**（impression management）这个主题了，这是一种沟通策略，人们用它来影响别人对自己的看法。在接下来的内容中，你会看到我们传递的许多信息旨在创造我们想要的印象。

公开自我与隐私自我

要了解印象管理如何运作，我们先要对自我这个概念进行更详细的讨论。把"自我"看成我们每个人都只有一种身份是错误的。事实上，我们每个人都有好几个"自我"，有些是隐私的，有些是公开的。通常这些"自我"的差异都很大。

觉知的自我（perceived self）是指你在真诚的自省过程中所相信的自己。觉知的自我并非在每一个方面都准确。举例来说，你可能认为自己比客观测评所测量出的结果要更加（或更不）聪明。不管准确与否，觉知的自我之所以强大，是因为我们深信它反映了我们是谁。我们认为这种自我是"隐私的"，因为你不可能把它全部透露给别人。例如，你可能不愿意分享你的容貌（"我觉得我很没有吸引力"）、目标（"对我来说最重要的是变得富有"）、动机（"我更关心自己而不是别人"）。

和觉知的自我相对应的**展现的自我**（presenting self）是一种公众形象，就是我们希望向他人展示的方式。在大多数情况下，我们想要创造的自我是一个得到社会认可的形象：勤奋的学生、相爱的伴侣、尽责的员工、忠诚的朋友，等等。社会学家欧文·戈夫曼（Erving Goffman）用面貌（face）这个词来描述这种社会认可的身份，并创造了"表面功夫"（facework）一词用来描述我们通过语言或非语言的方式来维持自己和他人的形象。戈夫曼认为我们每个人都可以被视为剧作家，创造了我们希望别人相信的角色，同时也是扮演这些角色的演员。这种"剧本创作"在孩子和父母互动的早期就开始了，在个人和职业环境中一直持续到成年。

戈夫曼认为，当我们想给身边的人留下深刻印象时，往往会通过装模作样来挣面子。相比之下，当我们独处时，行为可能就会大相径庭。你可以试着回忆曾经观察过的一位司机，当他独自坐在车里，有没有做一些在公共场合无法被接受的动作？我们所有人都会在别人看不到的地方做一些我们在公开场合绝对不会做的事情。你只要回想一下浴室门锁着时，站在镜子前的自己，就会明白公开和私下行为之间的差异。如果你知道有人在偷看，你会有不同的表现吗？

▍印象管理的特征

现在你已经对印象管理有了一定的了解，我们就可以看一下管理过程中的一些具体特征。

我们致力于建构多重身份

如果你建议我们每一个人用印象管理策略来创造一个身份，这种想法未免过于单纯了。即使只在一天的过程中，大部分人也要扮演各种不同角色，比如，有礼貌的学生，爱开玩笑的朋友，友善的邻居，乐于助人的工人……这只是很少一部分的例子而已。即使在一段关系中，我们也扮演着不同的角色。随着你渐渐长大，你和父母互动时承担的角色必然也随之改变。有时你表现得像一个有担当的成年人（"你可以把车放心交给我"），但在另一种情况下你可能还是那个无助的孩子（"我找不到我的袜子了"）。同样，当我们恋爱的时候，基于不同的语境，我们需要转换不同的行为模式：朋友、爱人、工作伙伴、批评者，等等。

我们每个人都建构了多重身份，许多身份是独立的，甚至是相互冲突的。例如，当学生和运动员这两种角色出现不兼容的需求时，有些学生运动员就会感到焦虑。大多数人希望周围的人眼中的自己是热情的（友好的、值得信任的）和能干的（聪明的、熟练的），但这两种印象很可能并不相容。因此，当人们的目标是被人喜欢时，他们往往会"装傻"；当目标是展示聪明才智时，他们就会变得过度挑剔。如何平衡这两种印象，确实是一门学问。

人们很容易认为自己的某些身份比其他身份更"真实"，但更准确的说法是你需要认识到所有这些身份都是你所扮演的不同角色。

你可能不喜欢拍老板的马屁或安抚愤怒的顾客，但这些行为都不会导致你"不是你"。相反，这意味着你正以你（或社会）认为适当的方式扮演"有礼貌的员工"或"敬业的客服"的角色。传播学研究者指出，区分"虚假"和"真实"自我，反而会带来适得其反的效果。所以，更健康的方式是认识到有能力的沟通者是拥有多种角色和身份的多面人，而所有的这些人都是"你"。

印象管理是双方协同的

当我们扮演多重身份时，我们的观众是由其他试图创造自己角色的表演者构成的。与身份相关的沟通是一种即兴表演，我们的角色在这个过程中与他人产生互动。善意的调侃只有在对方欣赏你的幽默并做出良好回应时才会奏效（想象一下，如果某个人不明白或不喜欢你的笑话，你的玩笑就注定会失败）。同样，只有当你的爱恋对象也在扮演他的角色时，你的浪漫告白才能成功。

印象管理可以是刻意的，也可以是无意的

毋庸置疑，有时候我们会高度意识到如何管理自己的身份。比如，大部分工作面试和第一次约会都是刻意管理的明显例子。但在其他情况下，我们会无意识地为他人表演的方式行事。例如，实验参与者在别人在场的情况下，才会对加了盐水的三明治做出反应，露出嫌恶的表情，而当他们独自吃那些相同的三明治时，什么表情也没有。另一项研究表明，沟通者只有在面对面的环境中才会进行面部模仿（如用微笑或者表示同情的表情来回应对方的信息），此时对方可以看到他们的表情。当他们用电话交谈，看不到彼此的反应时，他们就不会做出相同的表情。这类的研究认为，我们大部分的行为是为了向他人发送信息，换句话说，就是在做印象管理。

如果说所有的行为都是为了给人制造良好印象，听上去也过于夸张了。小孩子当然不会是有策略的沟通者。婴儿在高兴的时候会笑，难过或不舒服的时候会哭，他们没有要给别人留下任何印象的想法。同样，成年人也会有这样的时候。总的来说，印象管理策略影响着我们的沟通。

▍面对面印象管理

在面对面的互动中，沟通者可以通过三种方式来管理他们的印象：举止、外表和配备。**举止**（manner）由一个沟通者的语言和非语言行为组成。在第 5 章和第 6 章，我们会更深入地讨论你说的话和你做的事会如何给他人留下印象。正是因为你必须说话和做事，所以问题不在于你传达信息的态度，而在于这些信息是不是有意为之。

印象管理的第二个维度是**外表**（appearance），即人们用来塑造形

象的个人物品。有时候着装是塑造职业形象的一部分，医生的白大褂和警察的制服使穿着者与众不同。在商界，穿着一套量身定制的西装与皱巴巴的着装会给人留下完全不同的印象。工作以外，着装也同样重要。

你可能有过类似的经历，穿着昂贵的服装与穿着廉价的服装有着截然不同的购物体验。我们选择的衣服其实能传达出自身的许多信息，如"我很富有""我很时尚""我很性感"以及其他可能的信息。

印象管理的最后一个维度是**配备**（setting），即用来影响别人对我们的看法的物理工具。汽车就是一个很好的例子，一台运动型敞篷跑车或高档的进口轿车不仅能让驾驶者从一个地方移动到另一个地方，还让驾驶者的身份不言而喻。此外，我们所选择物质的定位和安排它们的方式是印象管理的另一种重要方式。你如何装饰你的生活空间？你的墙上有什么艺术品？你玩什么样的音乐？如果可能，我们会选择一个自己喜欢的环境，但在许多情况下，我们却展示了一个想让别人看到的环境。

在工作中
职场中的印象管理

许多意见领袖鼓励员工在工作时"做自己"，但有时候，透露个人生活的某些信息可能会毁掉你成功的机会。对于那些有"隐形污名"的人来说，这些特质承担着不讨喜的风险。

员工身份的许多方面如宗教信仰、性取向、健康等都有可能成为隐形污名。对某些人（自由派、保守派）来说被视为耻辱的东西可能会在另一个组织中受到青睐。

当你考虑如何在职场上管理你的身份时，请考虑以下几点。

- 谨慎行事。在理想的世界中，毫不犹豫地展示自己是安全的。但在现实世界中，完全坦诚可能会产生不良后果，因此最好三思而后行。
- 评估组织的文化。如果你的工作环境似乎能够包容差异，还特别欢迎像你这样的人，那么展示更多的自己可能是安全的。
- 考虑不透露的后果。对自己身份的重要部分进行保密，会造成情感上的损失。如果你一定要保持沉默，那你最好找一个有更高包容度的工作环境。
- "试水温"。如果你有值得信赖的同事或主管，可以考虑向这个人透露并向他请教该不该进一步公开。考虑到秘密可能被泄露，所以要确保你接触的人可以保守秘密。

社交媒体中的印象管理

印象管理在媒介沟通中和面对面沟通时同等普遍和重要。乍看之下，社交媒体似乎限制了印象管理的潜力，短信和电子邮件似乎缺乏其他沟通渠道的"丰富性"，因为它们无法传达你的声音、姿势、手势和面部表情。然而，对于那些想要管理自身印象的沟通者来说，社交媒体中缺失的东西反而是一种优势。

例如，电子邮件和短信的发送者可以选择信息清晰或模糊、严肃或幽默、理性或感性的程度。正如你在第 1 章学到的，大多数数字通信的异步性允许发送者撰写复杂的内容而不用急着要求信息接收者立即回应，并且默许接收者忽略信息而不是给出一个令人不快的答复。这些选项显示，像面对面沟通一样，社交媒体也可以作为印象管理的工具。社交软件色拉布的一部分吸引力就在于它不需要太多的印象管理，因为它的照片几秒钟后就会消失。社交媒体分析师简·特文格（Jean Twenge）表示，这对青少年很有吸引力，他们会想："如果我制作了一张搞笑的脸，或者使用其中一个滤镜让自己看起来像一只狗，它马上会消失。这不会成为我在学校的敌人一直攻击我的东西。"

脸书、推特和照片墙等社交网络平台都为其创作者提供了管理印象的机会。为了管理他人对你在线资料的看法，用户可以考虑突出或隐藏以下信息：年龄、个人照片、教育程度、职业成就、性取向、职位、个人兴趣、人生哲学和宗教信仰，以及你所属的组织。一项分析了 27 名职业运动员照片墙动态的研究指出，这些运动员会根据社会性别规范小心翼翼地展示自己。此外，社交媒体也为跨性别者提供了机会，用来伪装和管理他们的性别身份。

有一项研究调查了使用脸书的大学生用户，询问他们如何看待个人资料中的自己。大多数人承认他们展现的自我非常正面，但也没有过分正面。总的来说，他们认为自己的个人资料在某些方面（如"有趣""冒险""活泼"）描述得比现实中的自己更好，在另一些方面（如"外表迷人""有创造力"）描述得比较准确，但在一些方面（如"聪明""礼貌""可靠"）则描述得比现实中的自己更差。这些参与者似乎意识到（或许是直觉）他们的脸书页面是一个印象管理的练习。

从另一个角度来看你的网络形象，可能会是一个有价值的印象管理练习。在搜索引擎中输入你的名字，看看会出现什么结果。你可能会决定是时候开始学者们所说的"声誉管理"行动了。你可能会调整你的个人资料的隐私设置，自定义哪些人可以浏览你的朋友圈，并删除关于你自己不想要的信息。

▌印象管理与诚实

印象管理听起来很像是贴上了学术标签之后的人为操纵和弄虚作假。确实，在某些情况下，人们会为了获得他人的信任而歪曲自己的身份。假装对约会对象深情，实则是为了获得一夜情；求职者谎报学习成绩，实则是为了骗取就业机会；销售人员假装客户至上，实则是为了快速赚钱，这些都是有违伦理和涉嫌欺骗的行为。

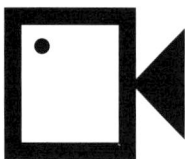

电影电视

在线关系的承诺与危机:《鲇鱼》

尼夫·舒尔曼（Nev Schulman）现在终于知道和一个虚拟的陌生人网恋是什么感觉了。纪录片《鲇鱼》记录了他网络恋情的经历，他希望通过这部影片帮助其他人应对这些挑战。

舒尔曼和他的搭档麦克斯·约瑟夫（Max Joseph）安排的线下见面通常会给人带来惊喜，这是因为恋爱双方的网络角色通常与他们现实生活中的身份不符。有时候，这些"鲇鱼"的年龄、性别或外貌与他们在社交媒体上展示的完全不同。即便他们说的是真话，在通过数字媒体经年累月的印象管理后，双方也很难进行面对面的交流。

FaceTime 和 Skype 等视频聊天工具似乎会让"鲇鱼"没有用武之地，但该剧仍然提供了大量通过短信和语音通话坠入爱河的例子，虽然他们都没有见过对方。这也证明了语言在创造亲密关系上的力量——比起真人，有些人确实更容易与幻想对象建立关系。

网络欺骗非常普遍。事实上，许多人认为"每个人都在互联网上撒谎"。一项调查显示，有 27% 的受访者曾在网络上参与过欺骗行为。另外，在一项日志研究中发现，有 22%~25% 的网络媒体在互动中涉及欺骗行为。高达 25% 的青少年在网络上会假装成另一个人，有近 30% 的人承认他们在发送电子邮件、线上聊天或玩游戏时提供了关于自己的虚假信息，甚至是选择虚拟游戏角色时，都可能出现欺骗。人们在网上采用不同的性别身份的行为并不罕见。这些欺骗行为中，有些相对无害，但有些会造成严重的后果。

在一项研究中，受访者承认要平衡理想的网络身份和网络资料背后的"真实"自我是一项微妙的任务。许多人承认他们有时会捏造自己的事实，例如，使用过时的照片来"忘记"自己的年龄。当潜在的约会对象与展示的身份资料不一致时，受访者就不会那么宽容了。例如，一位婚恋网站的求偶者在得知一个所谓的"徒步旅行者"已经多年没有徒步旅行时，就会表达愤怒。最终，通过网络约会的人会对那些好得令人难以置信的个人资料抱有怀疑态度。事实上，那些用诚实甚至谦卑的方式展示自己的人比那些过分吹嘘自己的人更具有吸引力。所以，我们适当做一些印象管理和自我推销是可以的，但推销太多就会引起反感。

这些例子提出了关于印象管理的道德问题。为了给人留下好印象而在网络约会中隐藏某些信息，这种做法合理吗？在求职面试时，是否可以表现得比你的真实感受更自信？同样，你是否会出于对他人的礼貌，在别人无聊的谈话中表现得全神贯注？为了保护自己的隐私，有时在网络上使用虚假姓名或错误信息是明智的做法吗？从上述例子中，你可能发现印象管理并不是要你成为一个骗子。事实上，如果我们不提前决定自己在不同情境中所要呈现的角色，我们几乎无法进行有效的沟通。

我们每个人都有不同的面孔，或者说拥有一系列不同的角色。沟通高手的一部分能力就是他能否在不同的情境中选择出最佳的角色。想象你正处于以下情境中，请选择你最有效的行动方式。

- 你试图教朋友一项新技能，如弹吉他、操作电脑程序或提高网球反手技巧。你的朋友在掌握这项技能上进展缓慢，而你发现自己越来越不耐烦。
- 你和网上认识的某个人已经联系了好几周，你们的关系开始变得亲密起来，而你隐藏了一个自己的身体特征。
- 在工作上，你遇到一个好争论的客户。你不相信任何人都有权这样对你。

这些情境每天都在不断地上演，你可以选择如何去行动。如果说每种情况下，只有一种诚实的行为方式，而其他回应都是不真诚、不诚实的，那就过于简单化了。恰恰相反，印象管理意味着你要根据不同的情境决定展示自己的哪张面孔，即你的哪个部分。

3.3 自我表露

　　我们选择披露自己的哪些信息是印象管理中的一个重要组成部分。什么是自我表露呢？你可能会争辩，除了秘密以外我们不可能不让别人知道自己。毕竟，只要你发帖或者开口，你就在透露自己的品位、兴趣、愿望、见解、信仰和其他一些关于自己的信息。我们将在第 6 章阐述人们是如何进行非语言沟通的。

　　如果你进行的每一种语言和非语言行为都算作自我表露，那么自我表露和其他沟通行为要如何才能区分呢？心理学家保罗·科兹比（Paul Cozby）给出了答案，他认为要使沟通行为被视为自我表露，它必须：

　　1. 包含发送者的个人信息；
　　2. 发送者必须口头传达此信息；
　　3. 另一人必须是沟通的目标对象。换句话说，自我表露沟通中的
　　　 主体是自我，而关于自我的信息是有目的地传递给另一个人的。

▎自我表露的因素

　　这个定义只是一个起点，因为它忽略了这样一个事实：有些刻意引导他人的信息并不是自我表露。例如，告诉一位朋友"我不喜欢蛤蜊"与宣告"我不喜欢你"其实有很大的差异。现在，让我们继续看几个能够更进一步区分自我表露和其他类型沟通的因素。

诚实
　　毫无疑问，真正的自我表露必须是诚实的。对每一个周末的约会对象说"我以前从未对任何人有过这种感觉"，或者在每一个谎言的开头说一句"让我说实话……"都不算是表露。

　　只要你在自己的认知范围内是诚实和准确的，沟通就可以被视为一种自我表露的行为。另一方面，你如果描绘了一个不完整的自我形象（只透露部分事实）就不能算真正的表露。在本章的后面，我们会讨论更多关于诚实和表露之间的关系。

深度

自我表露的声明通常被认为是私密的，包含相对"深层"而不是"表面"的信息。当然，对一个人来说是私密的信息，对另一个人来说可能不是。如果有人问你，你可能会很自在地承认自己学习成绩不佳、脾气暴躁或是害怕蜘蛛，但对其他人来说要承认这些事就会有些尴尬。即使是最基本的人口统计信息，如年龄，对某些人来说也可能是一种信息披露。

信息的有效性

自我表露的信息必须包含其他人当下不太可能知道或无法从其他来源获得的信息。例如，描述一起你因酒驾发生事故而被定罪的事件，可能会让人觉得是一种严重的披露行为，因为这些信息与你有关，是刻意提供的，诚实且准确，并且是私人信息。然而，如果其他人可以轻易地从其他地方获取这个信息，例如，从互联网上快速查看或从各种八卦新闻中获得，你的沟通就不算是特别的自我表露。

分享时的情境

有时候，一次表述的自我表露性质取决于它发表的环境。例如，一些有关家庭生活、无关痛痒的信息在以下情境中都显得更私密：当你在班级里和同学分享时，当运动员和他的教练分享时，当你在网上和网友分享时。

我们可以这样总结自我表露的定义：

1. 以自我为主体；
2. 是刻意的；
3. 针对另一个人；
4. 诚实的；
5. 有揭露作用；
6. 无法从其他来源获得；
7. 是从对方表达的上下文中才能获得的私密信息。

尽管很多沟通行为都可能是自我披露，但这些定义清楚地表明，我们的表述很少能被归类为自我表露。大多数的沟通（包含朋友之间）都集中在日常、平凡的话题上，很少或根本不透露个人信息。话说回来，即便是亲密关系中的伴侣也不会频繁地谈论个人问题。

▎自我表露的模式

现在你已经对什么是自我表露有了基本的了解，让我们来看看两个模型，它们可以帮助我们更好地理解自我表露在人际关系中是如何运作的。

自我表露的程度：社会渗透模型

社会心理学家达尔马斯·泰勒（Dalmas Taylor）和欧文·阿特曼（Irwin Altman）创建了**社会渗透模型**（social penetration model），该模型从自我表露的广度和深度来描述关系。图 3-2 以学生在一段关系中的自我表露为例。在这个模型中，自我表露的第一个维度涉及自愿提供的信息的广度，也就是所讨论话题的范围。例如，当你开始透露工作以外的生活信息以及工作细节时，你与同事关系的披露广度就会扩大。自我表露的第二个维度是自愿提供的信息的深度，例如，从相对非私人化的信息转换为谈论私人化的信息。

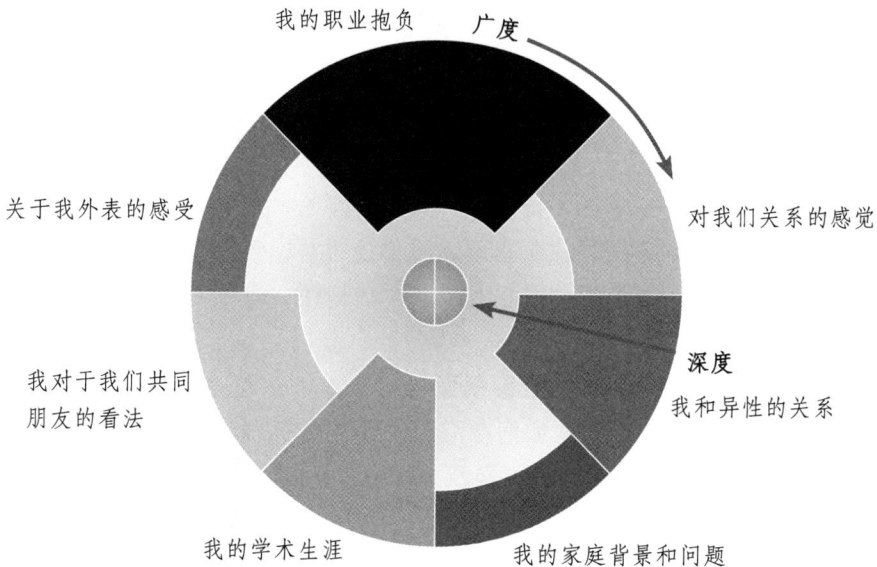

图3-2 社会渗透的样本模型

根据分享信息的广度和深度，一段关系可以被界定为普通的或亲密的。在一段普通的关系中，你们谈论的话题范围也许很广却无法深入；在一段较为亲密的关系里，你们可能只对一个领域进行深入的探讨；而在最亲密的关系中，你们互相表露的内容既有广度也有深度。阿特曼和泰勒将一段关系的发展过程看作是一个从边缘向圆心运动的过程，这个过程通常会随着时间的推移而发生。你的每一段人际关系都是由不同的话题广度和表露深度组合而成的。

要想对自我表露的深度进行分类，有一个方法是去观察可被表露的信息类型。"陈词滥调"是一种仪式化的社交场合的常规回应，实际上与自我表露正好相反。"你好吗？""我很好！"虽然算不上有任何表露，但是"陈词滥调"可以作为一种有价值的简短表述，有助于社交车轮更容易地运转。

另一种沟通的信息涉及陈述事实。并非所有的事实陈述都是自我表露，它们必须符合刻意的、重要的且不为人知的标准："这不是我第一次上大学。一年前，我因为成绩太差退学了。"表露这样的个人事实，通常意味着你想将一段关系推向更深层次的亲密关系。

意见可以是一种自我表露，因为它们往往透露出比事实本身更多的信息。每次你提出个人意见（如你的政治或宗教信仰，或是对他人的分析），你都是在向他人提供有关你自己的宝贵信息。

自我表露的第四个层次涉及说出自己的感受，这通常也是最容易揭示自我的层次。乍看之下，感受和意见可能是一样的，但其实差别很大。"我并不觉得你是在告诉我你的想法"这是一种意见而不是感受。请注意，体会以下三种陈述中的不同感受，我们就能对这名说话者了解得更多。

"我并不觉得你是在告诉我你的想法，我很怀疑。"
"我并不觉得你是在告诉我你的想法，我很生气。"
"我并不觉得你是在告诉我你的想法，我很受伤。"

自我表露的察觉：乔哈里视窗模型

另一种说明自我表露如何在沟通中运作的方法，是看看乔瑟夫·勒夫特（Joseph Luft）和哈里·英汉姆（Harry Ingham）提出的乔哈里视窗模型。

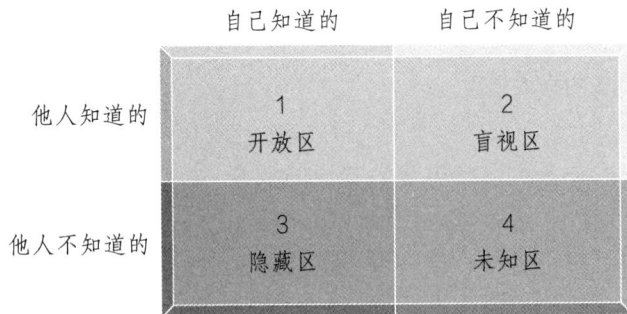

想象这么一个框架，它包含了关于你的一切：你的好恶、目标、秘密和需求等。这个框架可以分为两个部分：关于你自己知道的和自己不知道的信息，也可以再划分出他人知道的和他人不知道的关于你的信息。图3-3反映了这些划分。

	自己知道的	自己不知道的
他人知道的	1 开放区	2 盲视区
他人不知道的	3 隐藏区	4 未知区

图3-3　乔哈里视窗模型

第一个部分是"开放区"，即你和他人都知道的信息。第二个部分是"盲视区"，即你自己不知道但他人却知道的信息。你主要通过他人的反馈来了解这个区域的信息。第三个部分是"隐藏区"，这是你自己知道但不愿意表露给他人的信息。这个区域的信息主要通过自我表露来公开，这是本章的重点。第四个部分是"未知区"，是指你和他人都不知道的信息。我们可以推断出它的存在，因为我们会不断发现关于自己的新特质。例如，发现自己有未被认可的才能、长处或弱点是很正常的。当你开始分享你的见解时，这些潜在特质就会从"未知区"移动到"开放区"，或是进入"隐藏区"，变成一个秘密。

我们每个人的乔哈里视窗中每个区域的相对大小会根据我们的心情、讨论话题以及我们与他人的关系的变化而变化。尽管会有这些变化，一个简单的乔哈里视窗仍然可以代表大多数人的整体表露风格。

▌自我表露的好处与风险

到目前为止，我们已经清楚无论是全面地自我表露还是完全地保留隐私都是不可取的。一方面，自我表露是关系发展的关键元素，当人们相互隐瞒重要信息时，关系就会受到伤害。另一方面，透露过深的个人信息可能会威胁到一段关系的稳定性，甚至严重到威胁生存。传播学家用**"隐私管理"**（privacy management）来描述人们为透露或隐瞒自己的信息所做的选择。在接下来的内容中，我们概述了向他人敞开心扉的好处与风险。

自我表露的好处

现代社会非常重视自我表露，自我表露有多种原因。

- **宣泄**（catharsis）：有时你可能会为了"一吐胸中块垒"而透露一些信息。不论是面对面交流还是网络在线交流的方式，宣泄确实可以减轻被压抑情绪的负担。但是，当宣泄变成自我表露的唯一目的时，敞开心扉的结果可能并不好。在本章的后面，你将会读到自我表露的指导原则，以帮助而不是伤害人际关系的方式来增加你达到情感宣泄的概率。

- **自我澄清**（self-clarification）：通常可以通过与他人交谈来厘清你的信念、意见、想法、态度和感觉。这种通过"把问题说出来"来获得洞察力的方法出现在许多心理治疗中，但有时也适用于其他关系，如与好朋友、调酒师或理发师的互动。

- **自我确认**（self-validation）：如果你透露信息的目的是寻求倾听者的认同（"我想我做了件正确的事"），那你就是在寻求对方确认你的行为，也就是对你自身信念的确认。再进一步来说，这种自我确认的表露旨在确认自我概念中的重要组成部分。例如，自我确认是"出柜"行为中的一个重要部分，同性恋群体通过这个过程确认了自己的性取向，并选择在他们的个人、家庭和社交生活中透露这一信息。

- **互惠**（reciprocity）：一项证据充分的研究显示，一个人的自我表露行为会增加另一个人透露个人信息的概率。这并不保证你的自我表露就一定可以引起他人的自我表露，但你的诚实营造了一种氛围，会让他人觉得安全，甚至感觉有义务去配合你的诚实（"我最近觉得我们的关系变得很无聊"，就有可能得到"噢，我也是"的回应）。互惠不只能够应用在面对面的人际沟通上，也适用于网络沟通。这是在线支持小组成功的原因之一，人们在阅读了他人分享的内容后通常会对自己分享的内容感到安全。

- **印象形成**（impression formation）：有时候我们透露个人信息是为了让自己变得更有吸引力，研究表明这一策略似乎很有效。另一项研究表明，男性和女性的吸引力都与双方在沟通中的自我表露数量有关。例如，一对刚开始约会的情侣，双方会分享个人信息以显得对另一方更真诚、有趣、敏感和好奇。同样的原则也适用于其他情况，销售人员可能会说"我老实告诉你"，主要是为了表明他是站在你这边的。

- **关系的维持和增强**（relationship maintenance and enhancement）：研究表明，我们喜欢将个人信息透露给自己的人。事实上，自我表露和喜欢之间的关系有以下几个方面：我们喜欢向我们透露个人信息的人；我们会向自己喜欢的人透露更多的信息；在我们向他人表露自我后，我们往往会更喜欢他们。

  适当的自我表露与婚姻的满意度呈正相关。与自我表露较少的伴侣相比，会向彼此表露自我的伴侣对他们的关系都有更高的评价和更多积极的期望。研究表明，增加自我表露可以改善有问题的婚姻。在有经验的咨询师或治疗师的指导下，伴侣们可以学会用建设性的方法来敞开彼此的心扉。

- **道德义务**（moral obligation）：有时候我们会出于道德义务而表露个人信息。例如，艾滋病的确诊病患就经常面临是否应该告诉医疗机构和家人的抉择。一项研究发现，患者通常会向医疗机构透露自己患有的艾滋病状况，因为他们认为这既是对自己负责（帮助对抗疾病），也是对他人负责（保护医疗工作者）的事情。另一项研究发现，艾滋病毒携带者通常会将公开自己的身份视为一种"责任"和教育合作伙伴的一种"义务"。请参阅本章的"伦理挑战"，获取更多有关自我披露和性传播疾病的内容。

STD（Sexually Transmitted Disease 的缩写，是指以性接触为传播方式的疾病）是一个让很多人感到恐惧的首字母缩写，在"有礼貌的同伴"中它经常被忽略，但性传播疾病是一个严重的健康问题，坦诚地谈论它们是负责任沟通的重要组成部分。

以下是美国疾病预防控制中心提供的一些事实。

- 据估计，美国有 1.1 亿人感染性病，并且以每年 2000 万的速度在新增。
- 特别是衣原体、淋病和梅毒这三种性传播疾病，近年来在年轻人中呈上升趋势。
- 性传播疾病会导致疼痛、癌症、不孕不育、痴呆，甚至死亡。

美国疾病预防控制中心建议性伴侣之间进行"开诚布公的对话"作为预防措施。传播学研究人员也同意这一观点，但他们知道说起来容易做起来难。一项研究发现，在性爱活动频繁的大学生中，有 60% 的人在披露自己的性史方面"表现出欺骗性"，尽管大多数人说他们知道得更多。在另一项对隐私问题高度关注的研究中，学生很少与伴侣谈论他们的性史。这些不愿透露姓名的人说，他们的性史"不是他们的伴侣有权知道的信息"。

讨论性史的另一种方法是确保双方都做过性病检测。健康指导的网站建议使用一些短语来处理这个微妙的问题："我真的很在乎你，想要确保我们都是健康的。""如果我们知道性爱是安全的，我们就可以更享受性爱。""我已经做了性病测试——你愿意为我做同样的事情吗？"

就这样的私人问题开始对话时可能会让人不舒服，但正如美国疾病预防控制中心指出的："保护你的健康是你的首要责任。"

伦理挑战

坦诚地沟通性传播疾病

自我表露的风险

自我表露的好处固然重要，但也可能带来风险，这使得决定自我表露有时会成为一个困难甚至是痛苦的决定。自我表露的风险主要分为以下几类。

拒绝： 约翰·鲍威尔（John Powell）在回答他的书名为什么是《为

什么我不敢告诉你我是谁？》(*Why Am I Afraid to Tell You Who I Am?*)时，总结了自我表露的风险，他说："我不敢告诉你我是谁，因为如果我告诉你我是谁，你可能就不喜欢我了，而那却是我的全部。"我们害怕自己不被人认同，这种恐惧的威力很大。有时候它过于夸张且不合逻辑，但是泄露个人信息确实存在危险。

> 甲：我开始觉得你已经不仅仅是一个朋友，说真的，我想我爱上你了。
>
> 乙：我想我们应该停止见面了。

负面印象： 即使说出来不会导致彻底的拒绝，也可能产生负面的印象。

> 甲：你知道吗？我从来没有和任何女性维持超过一个月的稳定关系。
>
> 乙：真的吗？我很好奇这代表了什么。

降低关系满意度： 除了影响他人对你的看法，自我表露还可能导致双方关系满意度的下降。

> 甲：周六晚上我们和米格尔、杰克一起去玩吧？
>
> 乙：说实话，我不想再见到米格尔和杰克了。我对他们没什么兴趣，而且我觉得杰克是个混蛋。
>
> 甲：但是他们是我最好的朋友！

丧失影响力： 自我表露的另一个风险是丧失对一段关系的潜在影响力。一旦你承认了一个私密的弱点，你对他人如何看待你的控制就会减弱。

> 甲：对不起，我以前太喜欢挖苦你了，有时候我会通过贬低你来抬高自己。
>
> 乙：是吗？我再也不会让你得逞了！

失去控制： 透露一些你个人的信息意味着失去对某些信息的控制。如果那个人将你透露的信息告诉了你不想让他知道的人或者你想亲自告诉的人，会发生什么事情呢？一项研究发现，即使是别人发誓会保守秘密，这个誓言也通常不会被遵守。

> 甲：我从来都不怎么喜欢莱斯利，我同意出席是因为这意味着我们可以到一家不错的餐厅吃顿好的。
>
> 乙：真的吗？莱斯利肯定会很想知道这一点！

伤害他人：虽然吐露一些隐藏的信息会让你感觉舒畅，但这可能会伤害他人或让他人感到不安。

> 甲：好吧，既然你问了我就告诉你，你最近变得没那么有魅力了。我知道你没办法控制你的皮肤，但现在你的皮肤已经差得让人反胃了。

> 乙：我就知道！你根本就不会包容我！

自我表露的指导原则

自我表露是一种特殊的分享方式，所以并不适用于所有情况。以下的指导原则可以帮助你了解如何用一种对你和其他人都有利的方式来表达自己。

这个人对你而言重要吗

某个人对你的重要性会体现在很多方面。假如你们之间的关系已经足够深厚，因此分享关于自己的特别的事情可以让你们保持目前的亲密程度。也许你考虑向其表露的人先前很少和你有私下交流，现在你看到了一个建立更亲密关系的机会，那么自我表露或许就是建立个人关系的方法。

自我表露的风险合理吗

大多数人凭直觉计算自我表露的潜在好处和要承担的风险。即便有时可能有很大的好处，但让自己面临几乎肯定的拒绝可能是自找麻烦。例如，去跟一个你明知道会背叛和嘲笑你自信的人分享你的重要感受，就显得很鲁莽。另一方面，如果知道你的同伴值得信赖且是支持你的，那自我表露的风险就会降低到合理的地步。不论在工作或个人关系中，自我表露的风险评估都很重要。有关在工作中泄露个人信息的潜在风险讨论，请参阅第90页的"在工作中"。

自我表露的数量合适吗

有些人很容易患上"TMI"的毛病，也就是分享了"太多的信息"（too much information）。一般而言，明智的做法是不要在公共社交媒体上或课堂讨论中向陌生人泄露个人秘密。即便是那些欣赏教师自我表露的学生也承认，他们不想过多地或者太频繁地听到教师讲自己的私生活。然而，在婚姻咨询或医生预约时，我们反而可能会隐瞒过多的信息。自我表露的关键是认识到有些时间和地点需要我们参与自我表露，而有些则需要我们克制。

自我表露是否平衡

没有什么比这更令人不安的事情了：你向他人倾诉自己的心事，却发现对方都没向你吐露过半句话。你大概会后悔："我在做什么？"这种不对等的自我表露会造成一种不平衡的关系，导致潜在的问题。但这并不意味着你有义务去匹配别人的自我表露。重要的是，为了维持双方在关系中的投入，你们必须有适当平衡的自我表露。

有建设性的效果吗

如果使用不当，自我表露可能会变成一个恶毒的工具。每个人在心理上都有一条"底线"，底线以下的区域就是每个人的敏感区。因此在向他人敞开心扉之前，很重要的一点是先想想自己的坦诚可能引发的后果。诸如"我一直认为你不聪明""我去年和你最好的朋友发生过性关系"之类的评论，有时可能解决陈年旧事而变得具有建设性，但对倾听者、你们的关系以及你的自尊而言都是具有毁灭性的。

▌ 自我表露的替代方案

虽然自我表露在人际关系中扮演着重要角色，但它并不是唯一可用的沟通方式。要理解为什么完全的诚实并不总是一个容易或理想的选择，请想想那些熟悉的困境。

- 你越来越讨厌和你一起居住的人的某些习惯。你担心提起这个话题会导致一次不愉快的谈话，甚至可能破坏你们的关系。
- 你的朋友正要出门去参加一个重要的工作面试，他对你说："我知道我根本不会被录取！我真的不够格，而且我看起来很糟糕。"你同意你朋友对自己的看法。
- 一个经常拜访你家的亲戚送给你一盏又大又丑的台灯。你会如何回答"你会把台灯放在哪里"这个问题？

虽然诚实是令人向往的原则，但它往往存在风险，可能会带来不愉快的结果。人们很容易回避那些难以自我表露的情境，但就像你刚刚读到的那些例子，逃避并不总是可行的。研究和个人经验显示，就算沟通者持有最善良的动机，当他们发现实话实说会造成不好的结果时，他们也不总是完全诚实的。沉默、说谎、模棱两可和暗示是四种常见的自我表露的替代方式，让我们仔细看看每一个。

沟通能力评估：线上和线下的自我表露

为了评估你线上和线下自我表露的情况，请用数字1~7对下面的每个描述进行打分，1 ＝ "非常不同意"，7 ＝ "非常同意"。你可以邀请熟悉你的朋友，通过回答相同的问题来评估你自我表露的程度。

序号	使用在线社交网站沟通时	评分
1	我经常发布跟自己相关的帖子	1　2　3　4　5　6　7
2	关于我自己的帖子，内容通常都很长、很详细	1　2　3　4　5　6　7
3	在和自己有关的帖子中，我会让其他人清楚地知道我的真实身份	1　2　3　4　5　6　7
4	我的帖子包含了大量高度私人化的信息，如我的想法、感受、关系和活动	1　2　3　4　5　6　7

序号	面对面沟通时	评分
5	我经常谈论我自己	1　2　3　4　5　6　7
6	我谈论自己的时间通常会比较久	1　2　3　4　5　6　7
7	当我谈论自己时，我会让其他人清楚地知道我的真实身份	1　2　3　4　5　6　7
8	我在谈论自己时，包含了大量高度私人化的信息，如我的想法、感受、关系和活动	1　2　3　4　5　6　7

相关评分结果，请参阅第113页。

沉默

自我表露的一种替代方法是将你的想法和感觉留给自己。很多时候对自己和他人来说，自己保守信息似乎是最好的方法。研究表明，在工作场所隐瞒信息通常被视为比说谎或欺骗更好的选择。

你可以通过记录自己有没有表达自己的意见，来了解你对沉默的依赖程度。你可能会发现，隐瞒想法和压抑感受是一种常见的方法。

说谎

"说谎"是企图刻意隐瞒或歪曲事实的行为。对于一个完全无知的受害者说谎以获得不正当的利益显然是错误的，但是还有另一种不诚实被称为"善意的谎言",通常不被视为完全不道德的。**善意的谎言**（benevolent lie）被定义为（至少说的人这么认为）是没有恶意的，甚至对被告知的人是有帮助的谎话。回想某次你不那么诚实的情境，我们几乎可以肯定你的目的是避免伤害你所关心的人。

不管他们是否无辜，善意的谎言是普遍存在的。在一项横跨 40 年的研究中，绝大多数人承认，即使是面对最亲密的人、再亲近的关系中，说谎有时候也是合乎情理的。许多对家人和好友说的谎言是善意的，而对点头之交和陌生人说的谎言则是自私的。表 3-1 列出了说谎的不同原因，改编自邓巴（Dunbar）、阿戈斯塔（Agosta）等人的学术研究。

并非所有的谎言都具有相同的破坏性。我们或许能够妥善处理"无关痛痒"的说谎（如表 3-1 所示），但是"居心叵测"的谎言具有严重的威胁性，通常会导致一段关系的结束。这里的教训很明确：你对重要的关系说谎，可能会带来最严重的后果。如果维持这段关系对你很重要，那么至少在重要的事情上做到诚实，将会是最好的策略。在第 9 章，我们将会有更多关于如何修复被谎言破坏的关系的内容。

表 3-1　说谎的原因

原因	例子
给他人面子	"别担心，我确定没有人注意到你衬衫上的污渍。"
给自己面子	"我没在看文件，我是不小心找错抽屉了。"
获取资源	"哦，请让我增加这门课。如果再选不上，我就不能准时毕业了！"
保护资源	"我是想借给你钱，但我自己手头也很紧。"

原因	例子
开启互动	"不好意思,我迷路了。请问你住在这附近吗?"
社交性客套	"不,我不觉得无聊。请告诉我更多关于你假期的事情吧!"
避免冲突	"这不是什么大问题,我们可以按照你的方式做,真的。"
避免互动	"这听起来很有趣,但我周六晚上会很忙。"
道别	"哦,看看这都几点了!我要先走了。"
展示称职形象	"我当然明白,没问题。"
提升社交好感	"是的,我滑过不少次雪。"

模棱两可

除了公然地讲真话外,我们还有其他的替代方法。当面临说谎还是如实自我表露的两难选择时,沟通者常常会选择一种**模棱两可**(equivocation)的回答。这些回答不是字面上的错误,而是巧妙地避开了令人不快的事实。

模棱两可的价值会在你选择替代方案时变得更加清晰。试想一下,当你收到一件你不想要的礼物时,你会说些什么?例如,收到一幅难看的画,送礼者还追问你关于画的看法,你该如何回应?一方面,你需要在说真话和说谎之间做出选择;另一方面,你也要在清晰和模糊的回答中做出选择。图 3-4 呈现了这些选择。

模棱两可所隐含的信息,通常能够被接收者理解。一项研究探讨了接收者如何解读模棱两可的陈述,例如,一位朋友形容你的演讲"有趣",而不是说"你搞砸了",除了考虑到模棱两可的陈述更有礼貌外,接收者也能毫不费力地听出弦外之音。用刚刚的例子来说,接收者就会明白"我演讲得并不好"。

由于这些好处,大多数人通常都会选择模棱两可而不是说谎,这也就不足为奇了。在一系列的研究中,参与者需要在以下情况中做出选择:为了保住面子而说谎、说出实话以及模棱两可。结果只有 6% 的人选择说谎,3%~4% 的人选择说出残忍的真相,而有超过 90% 的人选择模棱两可地回应。人们可能会说,比起模棱两可他们更喜欢实话实说,但如果可以选择,他们通常会巧妙地说出真相。

有些形式的模棱两可依赖于说出部分事实。想象一下,你本来答应下班后马上回家,最终却和同事出去喝酒了。如果你回家晚了,你可能会这样为自己辩解:"我的一个同事想和我谈谈个人问题。"即便你们的快乐时光里有过这样的讨论，从技术上讲，这种诚实的陈述显然还是一种欺骗行为。

隐瞒真相的沟通者认为这种策略在道德上不像明目张胆的欺骗那样令人发指。正如一位研究人员所说，说出部分真相"可以让他们保持诚实和值得信赖的个人形象"。从技术上讲，他们的理由并没有说谎。但是，当这些陈述的接收者发现完整的故事时，他们就像成为彻头彻尾的谎言目标一样感觉被冒犯了。

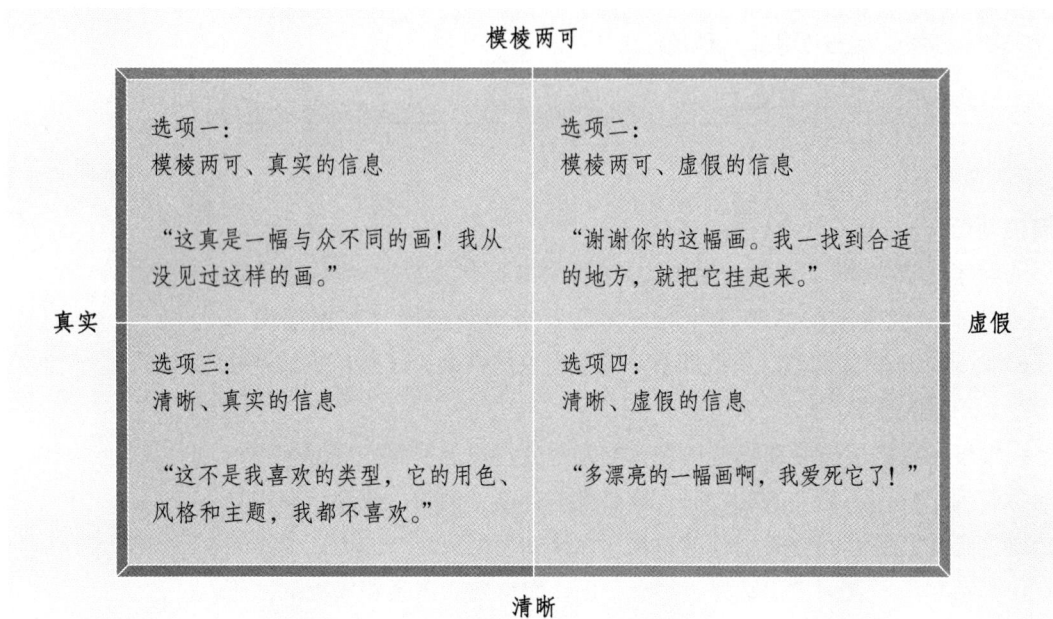

模棱两可

选项一： 模棱两可、真实的信息 "这真是一幅与众不同的画！我从没见过这样的画。"	选项二： 模棱两可、虚假的信息 "谢谢你的这幅画。我一找到合适的地方，就把它挂起来。"
选项三： 清晰、真实的信息 "这不是我喜欢的类型，它的用色、风格和主题，我都不喜欢。"	选项四： 清晰、虚假的信息 "多漂亮的一幅画啊，我爱死它了！"

真实（左）　虚假（右）

清晰

图3-4　真实和模棱两可的维度

暗示

暗示其实比模棱两可更直接。这是因为模棱两可的说法不一定要求改变他人的行为，而暗示确实旨在从他人那里得到期待的回应。一些暗示是为了让接收者免于尴尬。

直接陈述	保留面子的暗示
你太胖了，不能点甜点	这些甜点定价高得离谱
我太忙了，无法继续这场谈话，我希望你能放我走	我知道你很忙，我还是让你先走吧

与保护接收者相比，还有一些暗示的出发点是为了避免发送者的尴尬。

直接陈述	保留面子的暗示
请不要在这里抽烟，因为我不舒服	我很肯定这里不允许抽烟
我想邀请你一起吃午饭，但又不想冒被拒绝的风险	哎呀，快到吃午饭时间了，你去过街角那家新开的意大利餐厅吗

暗示的成功与否取决于对方是否能够领会你没有表达出来的信息。你的隐晦言论对一个不敏感或者故意选择不回应的接收者而言，很可能就是耳旁风。一项研究发现，已经出柜的同性恋者暗示需要社会支持时，他们的间接信息往往被忽视，最终得不到所需的帮助。如果你发现你的暗示没有效果，你可以选择更直接地表达或者无风险地退出。

回避道德

我们为什么经常选择暗示、模棱两可和善意的谎言而不是彻底地自我表露，原因不难理解。这些策略提供了一种处理困境的方法，让信息的发送者和接收者更容易做出选择。从这个意义上说，成功的说谎者、模棱两可者和暗示者都可以被视为拥有某种特定的沟通能力。相反，在某些时刻只有诚实才是正确的方法，即便它会带来痛苦。在这种情况下，逃避者可能会被视为缺乏有效处理情势的能力或诚信。

暗示、善意的谎言和模棱两可都是自我表露的道德替代选择吗？从前面的案例来看，答案似乎是"是的"。许多社会科学家和哲学家也认同这样的想法。例如，学者戴维·布勒（David Buller）和朱迪·伯贡（Judee Burgoon）就认为，真正需要被审判的是说谎者说谎动机背后的道德问题，而不是欺骗行为本身。

另一种方法是考虑一个谎言所带来的代价是否值得。伦理学家西赛拉·博克（Sissela Bok）就提出了一些欺骗可能是合理的情况：为了做好事、避免伤害、保护一个更大的真相。举个例子，当病人问："我最近恢复得怎么样？"如果护士认为说真话可能带来伤害，就会违反"行善避害"的义务，这个时候的诚实就远没有关心来得重要。也许真正该问的问题是，间接信息是否真的有利于信息接收者，以及这种回避是不是唯一可行的有效方式。博克建议，另一种检测谎言是否正当的方法是想象如果别人知道你的真实想法和感受，他们会如何回应。他们会接受你不坦诚的理由吗？

自我检查

▼

▶ **学习目标**

3.1 描述自我概念是如何主观地被塑造，并因此影响到与他人的交流

自我概念是一组个人对自己的相对稳定的认知。自我概念在人出生后不久便开始发展，受到重要他人的评价和参考群体进行社会比较的影响。自我概念是主观的，可能与他人对一个人的看法有很大不同。尽管自我概念会随着时间的推移而进化，但是自我概念会抗拒改变。

当一个人对某一事件的期望和随后的行为影响了事件结果时，就会发生自我实现预言。自我实现预言一种是他人强加的，另一种是自我强加的。

问题一：确定你的自我概念，并找出来自他人的哪些信息影响了你的自我概念的形成？

问题二：描述自我实现预言（包括自我强加的和他人强加的）如何影响你的沟通方式?

▶ **学习目标**

3.2 说明我们是如何通过管理个人和网络印象来提升自己的形象

印象管理包括个人的战略性沟通，旨在影响他人的看法。印象管理的目的是向他人展示一张或多张面孔，这可能与在他人面前发生的私人、自发行为不同。通过网络渠道进行沟通，可以提升一个人印象管理的能力。因为每个人都拥有他所想要展示的多张面孔，所以在什么情况下选择展示什么面貌，是沟通高手关注的焦点。

问题：描述你尝试向他人展示的各种身份，以及你（亲自或通过中介渠道）构建它们的策略。

▶ 学习目标
3.3 定义在有效关系中自我表露和不表露的最佳水平

自我表露包括诚实、有意地向他人透露关于自己的信息。沟通中自我表露的信息，通常无法从其他来源获得。在人际沟通中，真正属于自我表露的信息比例相对很低。有很多因素决定了沟通者是高水平的自我表露者还是低水平的自我表露者。

自我表露的两种模型分别为社会渗透模型和乔哈里视窗模型。社会渗透模型描述了自我表露的两个维度：广度和深度。乔哈里视窗模型则演示了一个人表露给他人的信息，包含开放、盲视、隐藏和未知四个区域。

沟通者基于各种原因表露个人信息。选择不自我表露的原因有许多，有些是考虑自我的利益，而有些则是旨在使目标对象受益。在决定是否表露时，沟通者应考虑本章中详细介绍的各种因素。

四种自我表露的替代方式是，沉默、谎言（包含善意的和自私的）、模棱两可和暗示。这些可能是自我表露的道德替代品，然而，谎言是否存在取决于说话者的动机和欺骗造成的效果。

问题一：运用社会渗透模型和乔哈里视窗模型，来描述你的重要关系中某个重要话题的披露程度。

问题二：针对不同程度的坦率和模棱两可的情况撰写回应，并从中选择在这个情境中最适合和最有效的回应。

实践活动

▼

1. 和班上同学一起编制一份你用来定义自我概念的参考群体名单，你可以通过回答以下几个问题来识别他们。

   a. 选出一个你想与他人比较的领域。你会选择放在哪个领域进行比较（基于财富、智力还是社交技巧）？
   b. 在选定的区域，问自己："哪些人比我好，哪些人比我差？"
   c. 在选定的区域，问自己："哪些人和我一样，哪些人和我不同？"

2. 与你的同学先分享两件事，因为你把自我实现预言强加于自己，最终影响了你的沟通。解释这些预言是如何影响你的行为的，并描述如果你做出了不同的预言，你的行为是否有可能出现不同。接下来，再描述两件你将自我实现的预言强加于他人的事情，你的预言对这些人的行为有什么影响。

3. 以班级为单位，构建一条公开自我和隐私自我的长廊，每一位学生都准备一张纸，对折成两个相等区域。在纸的上半部分，画一个能够反映隐私自我的形象，并用十个词来描述隐私自我的特征（不需要署名，匿名很重要）。在纸的下半部分，画一个你想要向世界展示的公开自我，并用十个词对这个公开形象进行描述。

4. 回想一下你最近使用过下列哪一种回避方法：善意的谎言、模棱两可和暗示。在另外一张纸上以匿名的方式，对每一种情况进行描述，并将这张纸提交给"法官"（可由同学来扮演），他们将依照合理的动机和理想效果的标准来评估这种欺骗行为的道德性。可以邀请"法官"考虑，如果他们知道有人在对自己使用这种回避方式，他们会有何感想。

5. 用第103~104页的指导原则，来演练一个你可能需要自我表露信息的场景。请和你同组的同学分享这类信息，并讨论分享信息的好处和风险。

▶ 沟通能力评估（第105页）

- 将第1题和第2题的答案分数相加，这是你在线表露程度的分数：_____。
- 将第3题和第4题的答案分数相加，这是你在线表露深度的分数：_____。
- 将第5题和第6题的答案分数相加，这是你面对面表露程度的分数：_____。
- 将第7题和第8题答案的分数相加，这是你面对面表露深度的分数：_____。

　　在线表露程度的分数：高于6分，意味着你通过社交网站沟通时自我表露的意愿高于平均值。

　　在线表露深度的分数：高于5分，意味着你通过社交网站沟通时表露意愿的深度或亲密度高于平均值。

　　面对面表露程度的分数：高于7分，意味着你在面对面沟通时自我表露的意愿高于平均值。

　　面对面表露深度的分数：高于6分，意味着你在面对面沟通时表露意愿的深度或亲密度高于平均值。

第 **4** 章

知觉他人 |

学习目标

专题研究

南非前总统纳尔逊·曼德拉（Nelson Mandela）喜欢说："你站在哪里取决于你坐在哪里。"他知道，自己在问题上的立场是由他在生活中的独特优势所决定的。同样，你是谁以及你是如何长大的，这对你来说是独一无二的，也意味着没有人会完全按照你的方式来看待这个世界。这一基本原则对人际关系有很大影响，因为沟通者试图从不同的角度去分享意义。

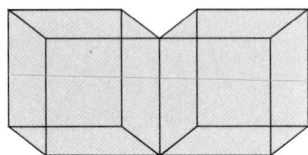

图4-1　看两个互相接触的立方体有多少种不同的方式？

就如图 4-1 中的立方体一样，每一种人际关系都可以从多个角度来看。花几分钟时间来研究一下这张图，你能找出几种看这张图片的方式？如果你只找到了一两种，那就请继续找找（图 4-2 展示了至少存在四种方式）。做这个练习的重点是想让大家知道，即便是简单的透视图要被快速准确地理解也是一项艰巨的任务。考虑到这一点，你就可以尝试去理解一个活人视角所面临的挑战，势必会复杂和多维得多。

在本章中，我们将提供面对知觉差异时，有助于互相沟通的工具。首先，我们会解释现实是通过沟通建构而成的；其次，我们会介绍为何我们共同生活的世界在每个人的眼里却大不相同；最后，在审视了造成我们理解差异的知觉因素后，我们将进一步看看能够弥补知觉差异的工具。

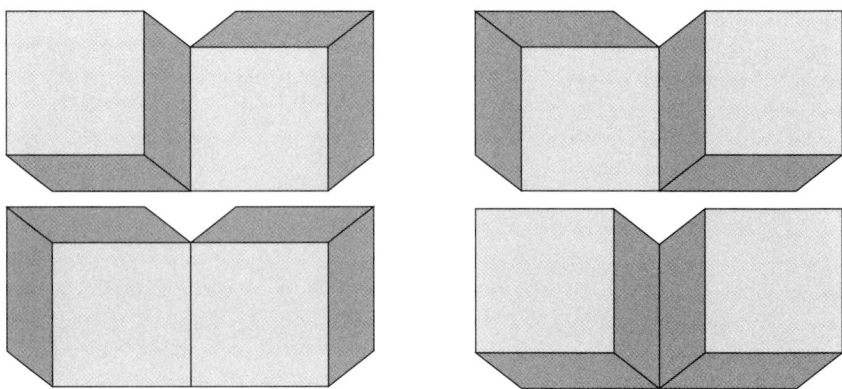

图4-2　看两个互相接触的立方体至少存在四种方式

4.1 知觉历程

我们的知觉如何影响我们和他人的沟通？我们可以通过审视我们理解这个世界的方式来回答这个问题。

构造的现实

大多数社会科学家认为，我们所知道的世界并不"存在"。相反，我们通过交流与他人一起创造了我们的现实。这个说法可能很难被接受，除非我们认识到现实有两个层次，它们被标记为"一阶现实"和"二阶现实"。**一阶现实**（first-order realities）是指物理上可观察到的事物或情境的特性（例如，你的邻居说话带有口音）。相比之下，**二阶现实**（second-order realities）涉及我们附加到一阶事物或情境上的意义（例如，口音使她听起来很有异国情调）。二阶现实并不存在于物体或事件中，而是存在于我们的大脑中。

当我们能够共享二阶现实时，生活就会运行得非常顺畅。

一阶现实： 面试官问你是否结婚了。
共享的二阶现实： 在这种情况下，这是一个合理问题。

当我们有不同的二阶现实时，沟通就会变得异常困难。例如：
一阶现实： 面试官问你是否结婚了。
你的二阶现实： 这个问题与工作无关，也不合适回答。

面试官的二阶现实： 我正在努力找话题。

此外，当我们将二阶（构造的）现实误认为一阶现实时，可能会出现许多沟通问题。

在本章中，我们将探讨导致我们以不同方式体验和理解世界的因素。或许更重要的是，我们将向你介绍一些帮助弥补不同看法之间差距的沟通工具，进而可以借此改善人际关系。

知觉历程的步骤

我们通过四个步骤为自身的经验赋予意义，即选择、组织、诠释和协商。

选择

因为我们身边的信息量远远超出我们所能处理的限度，所以知觉的第一步便是**选择**（selection），也就是决定我们要关注哪些数据。以下几项因素可解释我们为何注意到了某个事物，同时忽略了其他信息。

- **强度**：更响、更大或更明亮的东西会脱颖而出。在聚会上大笑或大声说话的人比安静的客人能吸引更多的注意力（这点并不总是有利的）。
- **重复**：重复的刺激能吸引我们的注意力。想想一个安静但不断滴水的水龙头。
- **对比或变化**：不变的人或事不会引人注意。但当重要的人离开时，我们可能会更加珍惜他们。

在本章的后半段，我们还会深入探讨生理、心理、社会和文化等其他因素。正是这些因素，让我们将注意力放在特定的人和事上，以至于忽略了其他信息。

组织

当我们从环境中选择了所关注的信息后，下一个阶段就是**组织**（organization），即从许多可能性中以某种有意义的方式安排信息，帮助我们理解世界。我们通过知觉图式或认知框架进行组织。

我们使用不同类型的图式来对其他模式进行分类，包括以下几种。

- **生理**：如美或丑、胖或瘦、老或少。
- **角色**：如学生、律师、伴侣。
- **互动**：如友善的、乐于助人的、冷漠的、尖酸刻薄的。
- **心理**：如自信的、不安的、快乐的、神经质的。

　　一旦我们选择了一种组织图式对人进行分类，我们就会用它来概括符合我们类别的群体成员。例如，如果你对一个人的吸引力有研究，你可能会发现漂亮的人和相貌平平的人被对待的方式存在不同（在第6章，我们将有更多关于这一点的内容）。如果宗教信仰在你的生活中扮演了重要角色，你看待相同信仰的群体成员的态度就会和其他人有所不同。然后我们将自己的观察进行归纳（"女性倾向于……""教师通常……""紧张的人经常……"）。对群体进行概括并没有错，只要它们是准确的。但是过度概括（通常涉及"总是"和"从不"之类的描述词）会导致出现刻板印象的问题，我们将在接下来的内容中进一步了解。

　　我们还可以用不同的方法组织我们特定的沟通事务，然后就能发现这些不同的组织图式会对我们与他人的关系产生多大的影响。传播学家使用**断句**（punctuation）一词来描述原因与结果在一系列交流活动中所起的决定性作用。想象一对夫妻的争吵过程，你便可以理解断句是如何运作的。请注意，两个人不同的断句方式会导致循环过程中的不同顺序，从而影响彼此对这场纠纷的观点。丈夫开始指责妻子："我不想回答是因为你问个不停。"妻子以不同的方式重新组织这个情境："我问个不停还不是因为你不肯回答我。"这种盘问—回避的争论在亲密关系中十分常见。如图4-3所示，一旦循环开始运转，就无法分辨谁的指责才是准确的，答案取决于如何断句。

　　任何见过两个孩子争论"谁先开始的"的人都能理解，原因与结果的争论不太可能解决冲突。事实上，推卸责任可能会让事情变得更糟。与其争执谁在整件事情上先断句才是正确的，不如认识到每一种纠纷在不同的人看来都可能有所不同，进而转向更重要的问题："我们可以做些什么能让事情变得更好？"

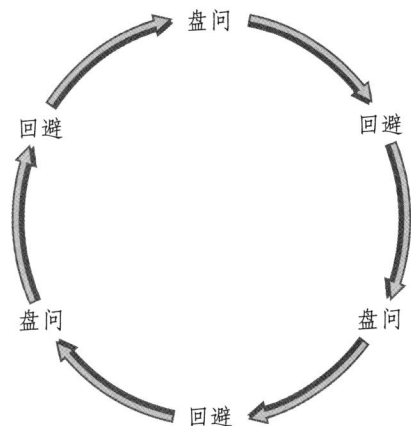

图4-3　盘问和回避的循环过程，断句会影响知觉的意义

诠释

在我们选择和组织了自己的知觉以后，我们还会以某种有意义的方式来诠释它们。**诠释**（interpretation）为你所感知到的数据赋予了意义，几乎在每一次人际互动中都发挥着作用。在拥挤的房间里，一个向你微笑的异性是对你表示交往的兴趣还是只是出于礼貌？朋友开你的玩笑是想表达亲近还是意图激怒你？你是否应该接受"随时来访"的邀请？

有几个因素会影响我们以不同的方式来诠释一个人的行为。具体如下。

- **关系满意度**：同一个行为在双方关系愉快或者不满的时候，意义可能完全不同。举例来说，当事情出错时，对关系感到不满的夫妻比对关系感到满意的夫妻更有可能互相指责。反之亦然，在一段令人满意的关系中，一方可能会更仁慈地看待对方，而不是非得追求准确。
- **期望**：如果你在开始一段对话前就预感对方会有敌意，你可能会从对方的声音中听出消极的语气——即使这种语气并不存在。在接下来的内容中，我们将进一步讨论期望如何影响知觉。
- **个人经验**：如果你曾经有过被房东克扣押金的经历，那么当新房东向你保证清洁好房屋就能退押金时，你就不会信以为真了。
- **性格**：一项研究发现，性格冷淡（相对于"热情"）的人很难诠释和标记他人的情绪。研究人员认为，这种缺陷会导致性格冷淡的人拥有的社交关系较差。
- **对人类行为的假设**：也许你会认为人是懒惰且不喜欢工作的，或者你相信人通常会自我指导和自我控制。试想一下，甲老板假设员工符合第一种描述，乙老板假设员工符合第二种描述，这两个老板会有什么差异？

请注意，知觉的选择、组织和诠释可以按不同的顺序发生。举例来说，父母和保姆在过去的诠释（如"杰森是个捣蛋鬼"）会影响他们未来对信息的选择（杰森的行为要特别注意）和事件的组织（发生争吵时，首先认为是杰森挑起来的）。在所有的沟通中，知觉是一个持续进行的过程，你很难指出它的起点和终点。

协商

在第 1 章中你已经了解到，意义是在群体之间和个体内在所共同创造的。到目前为止，我们的讨论集中在知觉的内部元素，即发生在我们个人心中的选择、组织和诠释。现在，我们需要检查我们在人与人之间产生的那部分意义。**协商**（negotiation）是沟通者影响彼此知觉的过程。

协商可以以微妙的方式进行。当我们没有和其他人交换意见时，很少会就某件事或某个人得出结论。比如说，你认为自己刚刚遇到的某个人很有魅力，你把这个印象告诉了朋友。如果他们给出了负面评价（"我不觉得那个人有魅力"），你可能会改变你最初的知觉——也许转变没有那么彻底，但至少会改变一点。在一项研究中，研究者让大学生给一系列照片中的模特按魅力程度打分。那些能够看到别人对相同照片做出评价的学生，会慢慢改变自己的评分，以便与他人取得一致。这一发现表明，美不仅在单个的旁观者眼中，也在协商的旁观者眼中。

你被要求为大一新生制作一份建议清单。当你和一个指派来的陌生人一起完成这项任务时，那个人对你说"我大一的时候就把信用账户给弄破产了"，接着他提到，"我父母两年前离婚了"。你会如何看待这些言论？康奈尔大学的研究人员认为，对话是面对面进行还是发生在网络上，会对你的诠释产生影响。

先前的研究表明，与面对面沟通相比，人们更倾向于通过社交媒体进行更多的自我表露。这项研究关注的是人们对信息表露的知觉。参与者在网上阅读到他人的自我表露时，会认为比他们亲自从叙述者那听到的更私人和更亲密。然后，他们会做出回应，在网上提供比面对面沟通更多的自我表露信息。

该研究的结果支持了第 1 章中所讨论的观点：网络拥有超人际沟通的本质。也就是说，当线索减少到只剩眼前的文字时，我们可能会比面对面沟通时自我表露更多的信息。

研究焦点
网络渠道影响知觉

另一种了解协商的方法是将人际沟通视为彼此故事的交换。**叙事**（narratives）是我们用来描述个人世界的故事。同图 4-1 中我们可以用多种方式来查看立方体一样，实际上每一种人际关系都能用不止一种叙事来描述。这些叙事经常因为"英雄"和"反派"角色的不同，产生截然相反的观点。例如，当老板和员工发生冲突时，如果你请员工描述当时发生的情况，他可能会将老板描述成一个"无情的剥削者"，并将自己视为一个"总是完成工作"的员工。而老板的叙事可能会用完全不同的方式来塑造角色，变成了"公正的老板"和"想早点下班的员工"。同样，自认为"对家庭有很大帮助"的继母和婆婆在继女和儿媳眼里就可能被描述为"爱管闲事的人"。

当我们的叙事与他人的叙事发生冲突时，我们可以坚持自己的观

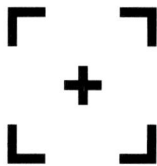

点，并拒绝接受别人的看法（通常是无效的），或者尝试协商出一个具有共同基础的叙事。这种共享的叙事是顺利沟通的最佳时机。例如，战胜重重阻碍才得以交往的恋人要比那些没有共同斗争经历的恋人更快乐。同样，对两人交往中的重要事件有共识的伴侣比那些存在分歧的伴侣更加满意彼此的关系。婚姻顾问甚至会使用"叙事疗法"来帮助伴侣修正和改善他们作为夫妻的身份。

共享的叙事不一定要精准才能有力量。报告显示，结婚超过 50 年或更久的幸福伴侣所描述的婚姻叙事似乎并不理会事实。例如，他们都认为彼此几乎没有争吵，然而客观的分析显示他们也有过争执。不过，他们都不约而同地选择将问题归咎于外力或突发状况，而不是将责任推给彼此。他们用最宽容的态度去诠释对方的行为，即使事情进展不如意，他们仍然相信对方的初衷是善意的。他们的叙事通常有圆满的结局。学者朱迪·皮尔森（Judy Pearson）针对这项研究，总结如下：

难道我们应该据此得出结论，认为幸福的伴侣对现实的掌控反而较差吗？没错，也许就是这样。不过，难道旁观者会比当事人更了解他们婚姻中的现实吗？答案很明显。让婚姻保持长久和幸福的一个关键，就在于告诉自己和别人你拥有一段幸福的婚姻，并且表现得像你说的那样。

4.2 影响知觉的因素

我们如何选择、组织、诠释和协商与他人相关的信息，受到众多因素的影响。我们的知觉判断会受到信息可用性、生理因素、文化因素、社会因素以及心理因素的影响。

▌获取信息

我们只能理解我们所知道的事情。即使是面对生活中最亲密的人，我们也有不知道的信息。当我们获得了新的信息，我们对他人的看法也会随之改变。如果你只在课堂上见过你的教师，那么你对他的定论只会建立在教师这个角色的行为上，如果你有机会观察到他的其他角色，如出行高峰时段的司机、音乐会爱好者，或是超市购物者，那你很可能会改变对他的看法。

当他人的不同角色重叠时，我们通常就能获得关于他们的新信息。想想在办公室开派对会发生什么。一个人在"办公室"与在"派对"中的角色往往大不相同，所以在工作场所开派对，你会看到意料之外的行为。同样，当你的交往对象带你回家见家长时，你可能会看到对方扮演"妈宝男"或"小公主"的角色。如果你曾经说过类似于"今晚我看到了全新的你"这种话，很可能是因为你获取了新的信息。

社交媒体提供了足以影响原先知觉的新信息，这就是为什么我们会鼓励求职者及时清理网上资料，小心管理他们的网络印象。这也是孩子和父母不想成为脸书好友的原因，我们将在第 10 章进一步讨论这个问题。个人的有些角色最好保持私密，或者说只展现给特定的一部分人了解。

▌生理因素

有时候，不同的知觉来自我们的物理环境，以及我们和他人不同的身体机能。

感官

我们每个人在视觉、听觉、味觉、触觉和嗅觉等感官上对刺激的差异会影响我们的人际关系。看看下列因为生理差异而产生的例子。

"收音机小声点！我的耳朵快要聋了！"
"声音不是很大。声音再调小，我就听不见了！"

"这里好冷啊！"
"你在开玩笑吗？如果你还要把暖炉调热，我们就会热得喘不过气来了。"

"你为什么不超车？这辆卡车前面至少有一千米都没有其他车子。"
"我不觉得有那么长，而且我不想害死大家！"

年龄

我们在人生的不同阶段，对世界的体验是不一样的。除了明显的身体变化，年龄也会改变我们的看法。想想这些年你是如何看待你的父母的。当你还是个孩子的时候，你可能会认为他们无所不知、完美无瑕；当你处于青春期时，你可能会认为他们古板又刻薄；而在成年以后，很多人才开始认识到他们的父母是有见识的，甚至是睿智的。虽然你的父母可能随着时间的推移会出现微小的变化，但你对他们看法的改变会比他们的实际变化来得更显著。马克·吐温（Mark Twain）就曾开玩笑："当我还是一个14岁的孩子时，我父亲的愚昧让我几乎无法忍受身边出现这么一个老头。但当我21岁时，我惊讶地发现父亲竟然在这7年的时间里学会了这么多东西。"

健康和疲劳

回想一下你上次患感冒、流感或其他疾病的情况。健康对你如何看待他人和与他人相处有很大的影响。当你头痛时，浪漫的求爱听起来并不吸引人；当你肌肉不酸痛时，和朋友在城里过夜会更令人愉快。意识到他人可能因为疾病而表现不同是件好事。同样，让别人知道你生病了也很重要，这样他们才能对你的异常表现有所理解。

如同疾病，疲劳也会影响人际关系。举例来说，睡眠不足的人感知到时间的间隔会比实际的更长。一项研究发现，睡眠质量不高的已婚夫妇第二天对彼此的感知会更消极，从而造成更多的不和谐。因此，良好的睡眠是管理人际冲突的无价之宝。

生物周期

你是早起的鸟儿还是夜猫子？我们每个人身上都有一个持续改变的每日周期，包括体温、性欲、机敏度、抗压度，甚至是对疼痛的耐受度。这些周期会影响我们与他人相处的方式。例如，你最好避免在早上和爱睡懒觉的人讨论棘手的话题。

饥饿

你自身的经验就可以确定，处于饥饿（通常会变得脾气暴躁）或是饱餐（通常会感到疲累）的状况下，会影响我们与他人的沟通方式。一项研究指出，那些报告自己的家庭没有充足的食物来源的青少年，他们辍学的概率是一般孩子的三倍，无法和同学融洽相处的概率是一般孩子的两倍，而交不到朋友的概率则高达四倍之多。虽然很难确定这项研究中的因果关系，但有一件事很清楚：饥饿会影响我们的知觉和沟通。

神经行为的挑战

有一些知觉的差异起因于神经系统。比如，患有注意缺陷与多动障碍（ADHD）的人很容易分心，也很难延迟满足。不难想象，对其他听众来说相当精彩的一场演讲，在患有这类病症的人看来可能既无聊又沉闷。患有躁郁症[1]的人会经历剧烈的情绪波动，因为他们对事件、朋友、家人甚至社会支持的感知都会出现惊人的转变。美国国家心理健康研究所估计，仅这两项病症所影响的美国人就已经达到 500 万至 700 万人，此外还存在很多其他的心理状况会影响人类的知觉。

▌ 心理因素

除了生理因素，我们的心理状态也会影响我们知觉他人的方式。

情绪

我们的情绪状态强烈地影响着我们看待人和事的方式，进而也影响着我们的沟通方式。早期使用催眠术的实验戏剧性地证明了情绪对知觉的影响。实验是这样的：每个受试者多次观看同一系列的六张照片，每次都处于不同的心情。受试者会因为他们情绪状态的不同而将这些照片

---

1 又称双相情感障碍，指人的情绪在狂躁和抑郁之间交替出现。

的描述结果变得大相径庭。例如，以下是同一位受试者在不同情绪状态下，对一张孩子在沼泽地区挖泥土的照片的描述。

- **快乐的心情**："看起来很好玩，这让我想起夏天。这就是生活的意义，在户外锻炼，真正的生活——整地耕犁、播种插秧、静待收成。"
- **焦虑的心情**："他们很可能会被割伤，现场应该有年长的人知道发生意外时该怎么办。我很担心，不知道水有多深。"
- **批判的心情**："恐怖的荒郊野外，这个年纪的小孩应该做一些更有用的事情，而不是去挖那些东西。这活儿又脏又乱，也没什么用。"

虽然情绪和幸福感之间有着很强的关联，但还不清楚知觉意向和关系满意度孰先孰后。有一些证据表明，知觉会带来满意度，也有一些证据表明满意度会驱使正向的知觉。换句话说，是我们对某种情况的态度或期待，决定了我们幸福与否的程度。一旦开始，这个过程就会形成一个螺旋。如果你对你们的关系感到满意，你就更有可能用仁慈的方式来诠释伴侣的行为。反过来，这也会带来更大的幸福。当然，同样的过程也可以朝相反的方向进行。一项研究显示，对婚姻状况没有安全感的夫妻，会在外人看来很平常的对话中看到对关系的威胁。

一种解决严重曲解和不必要冲突的补救方法就是监控自己的情绪。如果你意识到自己特别挑剔或敏感，你可以避免对他人反应过度，或者可以警告他人："现在不是跟你讨论这个的时候，我现在有点暴躁。"

自我概念

影响知觉的另一个心理因素是自我概念。一项研究表明，自我概念是被戏弄时感知对方的动机是友好的还是敌意的最重要因素。另一项研究表明，我们看待自己幽默的程度，与我们认为其他人是否幽默相关。自我概念重要性的第三个例子是，无论是在课堂上还是在网络上，自我评价低的孩子都更有可能将自己视为霸凌行为的受害者。正如第3章所讨论的，我们对自己的思考和感觉强烈地影响着我们如何诠释他人的行为。

▍社会因素

在一个社会中，我们的个人观点扮演着影响知觉的重要角色。社会科学家已经发展出**立场理论**（standpoint theory）来描述一个人在社会中的地位是如何影响他对社会和特定个人的看法。立场理论最常被应用于特权阶层和普通群众、男性和女性在观点上的差异分析。除非一个人曾经处于劣势，否则很难想象在一个因为种族、民族、性别、性取向或社会经济阶层而受到恶劣对待的人眼里，这是一个怎样的社会。经过一番思考后，你可能会明白，被边缘化会让这个世界看起来完全不像同一个地方。

现在让我们来看看，特定类型的社会角色会如何影响一个人的知觉。

性别角色

人们在使用**性征**（sex）和**性别**（gender）这两个词的时候可能会觉得两者是同义词，但实际上两者有着重要差别。性征是指男人和女人的生物性特征，而性别是指男性和女性行为的社会和心理维度。一个人可以单独表现出阳刚或阴柔的行为，也可以两者兼具。具有相对均衡的男性化和女性化特征的人，被视为**雌雄同体**（androgynous）。一般而言，有80%的人会认为自己属于性征类型（阳刚男性／阴柔女性）或是雌雄同体。

大量研究表明，男性和女性感知世界的方式确实不同，原因涉及基因、神经、荷尔蒙等因素的差异。一项研究发现，女性比男性更擅长解读脸部表情中的情绪，这与女性通常更擅长诠释他人的非语言性线索的研究不谋而合。然而，研究者强调这些性别差异并不是在婴儿时期就存在的，而且无从得知这种技能的发展是自然形成的还是后天养成的。许多关注男女生物性差异的认知研究学者，也承认社会性别对知觉有重要影响。

对生理性别的刻板印象会影响知觉。在一项实验中，大学的辩论赛评委被要求在一个虚构的辩论回合中对辩手的攻击性进行评估。尽管所有的辩手几乎使用了相同的说辞，但评委仍然认为女性辩手明显比男性辩手更具有攻击性。另一项研究发现，当信息发送者是女性时，参与者普遍认为内容模棱两可的短信会更偏向负面，尤其是当信息接收者是男性时。这些研究表明，无论他们是否有意，沟通者经常会通过社会角色的有色眼镜来看待世界。

社会性别有时对知觉的影响胜过生理性别。一项针对教师高效行为的认知研究发现，作为预测因素，社会性别要优于生理性别。男性化的个体（不考虑生理性别），都认为好的教学就是教师通过沟通来管理学生的行为，例如，教师很有说服力，也很善于管理对话。女性化的个体（不考虑生理性别），则认为好的教学是教师通过沟通来管理学生的感受，例如，教师懂得维护学生的自尊心，并能帮助他们认识到自己的错误。

了解性别角色对知觉影响的另一种方法是考虑变性人的经历。亲历者表示，在改变性别身份后，他们对世界的看法会有所不同。一名跨性别者说，自己正在学习新的沟通规则。"我还在努力破解所有男人用来彼此交谈和建立友谊的不同密码。"他说，"我不知道那一拳打在手臂上究竟是什么意思。"

职业角色

我们所做的工作常常影响着我们对世界的看法。假设有五个人在公园散步，第一个人是植物学家，他为各种各样的树木而着迷；第二个人是动物学家，他边走边寻找令他感兴趣的动物；第三个人是气象学家，他一直抬头留意天空和天气的变化；第四个人是心理学家，他不关注大自然的变化，而是专注于公园里人与人之间的互动；第五个人是个扒手，他利用他人全神贯注的时机迅速行窃。这个小故事带给我们两个启示：第一，小心你的钱包；第二，我们的职业角色经常支配着我们的知觉。

20世纪70年代早期的一项实验，戏剧性地说明了职业角色是如何影响知觉的。斯坦福大学心理学家菲利普·津巴多（Philip Zimbardo）招募了一群受过良好教育的中产阶级年轻男性。他随机挑选了11人，在斯坦福大学心理学系大楼地下室的模拟监狱中担任"警卫"，并给他们发放制服、手铐、哨子和警棍，剩下的10名参与者扮演"犯人"，被关在由铁栏、便携式马桶和简易床铺组成的牢房里。

津巴多让"警卫"为这个实验建立自己的规矩：用餐时间、休息时间和熄灯后不得说话。他们在凌晨2：30点名，制造麻烦的人将减少食物的配给。面对这些条件，这些"犯人"开始抵制。有人用床堵住牢房入口，有人进行绝食抗议，还有几个人故意撕掉自己的号码识别牌。"警卫"通过严厉镇压抗议者来应对叛乱。有些"警卫"变得像虐待狂，对"犯人"进行肢体和语言上的虐待。这个实验按原计划将进行两周，但在六天后津巴多意识到实验过程过于激烈，进行了喊停。很明显，参与者因为所扮演的角色，导致对彼此的认知和对待方式截然不同。

你可能会想到你所从事的工作如何影响了你看待他人的方式。

如果你曾经担任过客服人员，你可能会对类似职位的人更有耐心和包容（尽管你也可能更挑剔一点）；如果你曾经在工作上被提拔为经理，你就会知道这通常会改变你对现在成为你下属的同事们的看法和行为。

当异性领导提出工作要求时，把手搭在你的肩膀上意味着什么？如果这种情况持续了几秒钟该怎么办？或者他对你说："你需要在这里得到更多——多很多。"每一个学习沟通的人都知道，在人们赋予信息意义之前，信息是没有意义的，这在很大程度上其实是一个知觉问题。因此，理解人与人之间的认知对于解决具有挑战性的性骚扰问题至关重要。

虽然有明显的骚扰案例，但不同的看法可以解释许多其他事情。例如，女性比男性更容易将接触行为视为性骚扰，而持有性别歧视态度的人往往看不到身边发生性骚扰的证据。文化背景也会影响人们对性骚扰的看法。来自高权力距离文化的人比那些来自低权力距离文化的人更不容易感受到来自公司高层的骚扰。

随着年龄的增长和经验的积累，本质上相同的行为所产生的意义也会发生变化。例如，与年长的员工相比，年轻员工（包括男性和女性）不太可能将打情骂俏和黄色笑话等行为视为性骚扰。

这样的发现有助于解释为什么有些人觉得是性骚扰，而有些人则认为没有任何冒犯。这就需要清晰地沟通：当组织成员分享自己的观点并能更好地理解他人的观点时，我们就可以期待更少的误解，以获得更高的工作满意度。

在工作中

性骚扰与知觉

关系角色

回想一下你在第 3 章开篇所写的"我是谁"清单。在清单里，你很可能列出了在和他人的关系中所要扮演的角色：女儿、室友、丈夫、朋友，等等。这些角色不仅定义了你是谁，同样也影响了你的知觉。

以家长的角色为例，大多数的新手爸妈会向你证明，拥有一个孩子会改变他们看待世界的方式。他们可能会将哭泣的婴儿视为需要安慰的无助灵魂，但附近的陌生人就不会有这么仁慈的想法了。随着孩子的成长，家长通常会更关注孩子在成长环境中接触到的各种信息。一个父亲就曾说他从来没有注意过球迷会有这么多的诅咒和谩骂，直到他有天带着 6 岁的孩子去看了一场比赛。换句话说，他作为父亲的角色，影响了他所关注的东西和诠释的方式。

浪漫爱情中的角色也会极大地影响知觉。这些角色有很多标签：伴侣、配偶、男朋友（女朋友），等等。有时候，亲密关系会让你对自己喜爱的对象产生偏见。所谓情人眼里出西施，不论客观上是否准确，你可能觉得你的爱人比其他人更具吸引力，甚至超越以前所有的对象。因此，你可能会忽略旁观者能够注意到的一些缺点。你在浪漫关系中的角色，还会改变你看待他人的方式。两项独立的研究发现，当人们陷入爱情后，他们会认为其他的暧昧对象没有以前那么有吸引力了（其中一个研究团队称为"知觉降级"）。

也许"爱情的有色眼镜"最显著的影响要发生在它们被摘下来的时刻。很多人有过这种经历，与恋人分手后反问自己："我到底看上他什么了？"至少有一部分答案，是你看上了对方让你看的那个部分。

▌文化因素

文化影响选择、组织、诠释和协商，并对我们看待他人沟通的方式产生强大的影响，甚至对发言价值的看法也因文化的不同而不同。西方文化倾向将发言当成值得拥有的技能，并将沟通技能用于社交目的和执行任务。沉默在这些文化中具有负面价值，很有可能被解释成缺乏兴趣、不愿沟通、充满敌意、焦虑、害羞或人际交往不融洽的迹象。西方人通常对沉默感到不舒服，这会让他们觉得尴尬和难堪。

另一方面，亚洲文化往往对发言有不同的理解。他们认为沉默是有价值的，正如道家所说"多说无益"或"知者不言，言者不知"。与西方人不同，日本和中国的沟通者认为，在无话可说时保持沉默是恰当的状态。

所以来自不同文化的人相遇时，这些对发言和沉默的不同看法就会导致沟通问题。沟通者可能会带着不赞同和不信任的眼光看待对方。只有当双方都意识到彼此的行为存在文化差异时，他们才能适应彼此，或者至少理解和尊重双方的差异。

重视发言并不是文化影响知觉的唯一方式。文化因素也影响我们对专业医护人员的看法。作家安妮·法迪曼（Anne Fadiman）解释了为什么来自东南亚国家老挝的苗族移民，相比美国医生，他们更喜欢传统的萨满治疗。她记录的苗族家庭经历表明，两种文化在医疗保健方面存在显著差异。

> 萨满巫医可能会在病人家中花上八个小时；美国医生不论病人多虚弱，都会强制他们的病人来到医院，可能只花二十分钟在他们的床边问诊。萨满巫医很有礼貌而且从来不需要问问题；医生则会问病人的过往病史和排泄状况。

文化在我们理解他人知觉的能力中扮演着重要的角色。在重视独立的个人主义文化中长大的人，跟重视相互依赖的集体主义文化的人相比，前者通常更不擅长观点采择。在一项研究中，中国玩家和美国玩家配对在一款沟通游戏中，该游戏要求参与者从他们合作伙伴的角度出发。在所有衡量标准中，集体主义的中国人都比他们的美国同行更善于换位思考。这并不是说一种文化优于另一种文化，只是表明文化会影响我们感知、理解和同理他人的方式。

维多利亚时代著名的侦探夏洛克·福尔摩斯在电视剧《神探夏洛克》中复活了。故事发生在当下的伦敦，这个虚构的侦探之所以成功，很大程度上是因为他的洞察力。在观察人们短短几分钟后，他就能对他们的动机和行为得出惊人的准确结论。夏洛克的一位大学同学是这样说的："他可以看着你，讲述你的整个人生故事。"作为回应，夏洛克只是回答："我只是观察而已。"

就知觉原则而言，夏洛克在选择刺激物时比周围的人更加谨慎，他能够注意到其他人忽略的细节，也不会被期望或显而易见的事情所影响。事实上，夏洛克会责备那些错过重要信息的人，因为他们落入了本章所描述的常见的知觉倾向陷阱。

虽然福尔摩斯的推理能力使他成为一名出色的侦探，但他缺乏人际交往能力。他常常居高临下，直言不讳，甚至到了粗鲁的地步。这个对周围世界如此敏锐的人似乎没有意识到——或者可能是不关心——他自己的人际关系盲点。

电影电视

知觉大师：
《神探夏洛克》

共文化因素也会影响知觉。在使用不同种族儿童照片进行的研究中发现，参与者认为黑人儿童比他们的实际年龄要大得多，对白人或拉丁裔儿童的看法则不是这样。参与者还认为黑人儿童比其他种族的儿童更需要为自己的行为负责。研究人员认为，这种看法影响了美国文化中看待黑人儿童的方式。在本章的后面，我们将进一步讨论刻板印象的负面影响。

4.3 知觉的常见倾向

到目前为止，很明显诸多因素影响着我们诠释这个世界的方式。社会科学家使用**归因**（attribution）一词来描述将行为赋予意义的过程。我们将意义归因于我们自己的行为和他人的行为，但我们经常使用不同的衡量标准。研究人员揭示了一些导致归因谬误的知觉倾向。

▮ 鲁莽武断

我们的祖先经常需要快速判断陌生人是否构成危险，而且这种能力在某些时候还成了一种生存技能。但在很多时候，在没有足够的知识或信息的情况下就对他人进行评判，就会让我们陷入麻烦。在最严重的情况下，持枪者在做出仓促的错误判断后向无辜的人开枪。从个人层面来看，我们大多数人有过因为他人仓促的错误判断而被严重误判的经历。如果你曾经在面试开始的前几分钟中就被告知淘汰，或是被你刚认识的人不公平地拒绝，那你就能够明白这种感受。

尽管做出草率的决定存在风险，但在某些情况下，人们却能够在弹指间做出令人意外的正确选择。最好的快速判断来自那些基于专业知识和经验做出决定的人。然而，即使不是专家也能在瞬间做出一些正确的决定。例如，在相亲会上，许多速配者能够凭借生理上可观察到的特征来确定刚认识的人是否可以成为自己的约会对象。除此之外，研究人员发现单纯地对政客的外貌进行快速判断，就可以对他们做出惊人的准确推断。

当快速判断基于**刻板印象**（stereotype），即与某种分类系统相关，以夸大信念为基础的归纳，就会变成问题。刻板印象是人们自动对种族、性别和年龄进行的"原始分类"。这种分类往往具有真实的核心，但忽略了某些现有的事实，并通常会提出没有有效依据的主张。

有三个特征可以将刻板印象与合理概括区分开来。

- 刻板印象的第一个特征，是根据很容易识别但不一定重要的特征对他人进行分类。例如，你注意到一个人的第一个特征，可能是他的肤色，但肤色远远没有这个人的智力或成就重要。

- 刻板印象的第二个特征，是将一组特征套用于一个群体的大多数或所有成员。例如，你可能会不公平地假设所有的老年人走路都步履蹒跚，或者所有的男人都对女人担忧的事不敏感。

- 刻板印象的第三个特征，是将概括应用在特定的人身上。一旦你相信所有的老人都老态龙钟或所有的男人都是混蛋，那么就很容易把某个特定的老年人当成行动缓慢的人，或把某个特定的男人视为性别歧视的支持者。

成年后，我们往往会毫不费力和无意识地掉入刻板印象的陷阱之中，使用**隐性偏见**（implicit bias）来做出我们的判断。一旦我们产生并持有这些偏见，我们就会寻找能够支持这些不准确信念的孤立行为，并试图获得认知的一致性。举例来说，当男性和女性发生冲突时，双方通常都只会记得符合他们刻板印象的异性行为。然后，他们指出这些行为——这可能无法代表他人的典型行为——来支持他们的刻板印象和不准确的主张："看！你又开始批评我了，这是女人的典型特征！"

避免因为过度刻板印象而引起沟通问题的一种方法是**"去类型化"**（decategorize），或者把每个人都当作独立的个体。改变标签有助于推进去类型化的过程。与其谈论白人同事、同性恋朋友或外国学生，不如去掉"白人""同性恋""外国"这些标签，这会帮助你和其他人更中立地看待别人。

先入为主

快速判断之所以重要，是因为我们对他人最初的印象往往比后续的印象更重要。这就是社会科学家所说的**首因效应**（primacy effect）：我们倾向于更多地关注和更好地回忆一系列事件中最先发生的事情。你可能还记得你对好友的第一印象。有些人一见如故，有些人的最初评价却是负面的，需要花一些时间和精力才能改变。无论哪种方式，你的第一印象在随后的互动中都扮演着重要的角色。

光环效应（halo effect）描述的是一种倾向，即基于一个人的某个正面特质，我们会将所有的正面印象都加在他身上。美好的第一印象往往来自外貌的吸引，我们很容易将所有优点归属到"长得好看"的人身上。例如，面试官对外貌条件好但资质平庸的求职者的评价，往往高于外貌条件较差的求职者。不幸的是，反过来也成立。当一个负面评价对随后的一系列认知都产生了不利影响时，这种现象就叫作**尖角效应**（horns effect）[1]。

无论是正面的还是负面的第一印象，一旦形成，我们就会倾向寻找和组织我们的印象信息来支持自己的观点，心理学家用**确认偏误**（confirmation bias）来形容这个过程。例如，当实验对象认为嫌疑人在某项任务中作弊时，就会提出更多可疑的问题。同样的偏误也会发生在工作面试中：一旦潜在的雇主对求职者形成一个正面印象后，他可能会倾向于问更多确认求职者正面形象的问题。面试官可能会问一些引导性的问题，目的是支持他对求职者的正面判断（"你从那次挫折中学到了哪些宝贵的经验？"），用积极的方式诠释对方的回答（"嗯，跟学校请假去旅行是个好主意！"），鼓励求职者（"很棒的观点！"），强调公司的优点（"我想你会喜欢在这里工作。"）。同样，一旦求职者给人留下负面的第一印象，那他将陷入愁云惨雾，难以翻身。

一项针对大学生室友的研究显示了这些影响的实际情况。那些对彼此拥有正面的第一印象的室友后续很可能会有积极的互动，建设性地处理他们之间的冲突，并且持续地生活在一起。反之亦然，那些起初就给其他室友留下糟糕印象的人，就会卷入负面的旋涡之中。这些情况强化了古老而睿智的格言："你永远没有第二次机会去给人留下第一印象。"

---

1 尖角效应又被称为恶魔效应或草叉效应。

对人严厉，对己仁慈

我们评价自己时往往比评价别人更为宽容。社会科学家用两个理论来解释这个现象。第一个理论是**基本归因错误**（fundamental attribution error），即当我们要对他人的行为做出归因时，往往倾向于内在因素而不是外在情境。例如，如果你认识的某个人发表了伤人的言论，你可能会将其归因于他的性格缺陷（刻薄的特质），而不是外在因素（疲倦、同龄人的压力）。当我们评价自己时，就会显得仁慈许多。第二个理论是**自利的偏误**（self-serving bias），即当我们表现失常时，我们通常都会归因于外在因素；当我们表现良好时，我们会归功于自己的优秀或努力，而不是外在情境。试想几个我们使用不同标准来评价自己和他人的例子。

- 当别人把工作搞砸时，我们会认为他们没有认真倾听上级的指示；当我们把工作搞砸时，则认为是上级的指示不够明确。
- 当别人发表过度的批评意见时，我们会认为他麻木不仁；当我们这么做时，则会自认为是在提建设性意见。
- 当别人出言不逊时，我们会认为他性格不好；当我们说粗话时，则会归咎于情境使然。

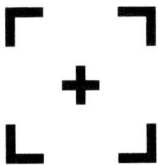

研究焦点

伤人的言论：
大多是知觉问题

"你总是伤害你爱的人"——至少歌词是这样写的。由斯泰西·杨（Stacy Young）带领的传播学研究团队探究了这一说法背后的真相。

研究人员要求夫妻们用 7 分钟的时间讨论一场关系冲突。之后，每一位参与者都回听了对话录音，并计算了伤人的话被说了多少次。

在哪些是伤人言论的问题上，夫妻间经常产生分歧。事实上，他们只在 20% 的时间里是一致的。但有一件事是肯定的：参与者经常将更多的伤人言论归咎于伴侣而不是自己。

值得注意的是，参与研究的夫妻实际上在关系满意度方面的得分很高。这一发现表明，即使是在一段幸福的浪漫关系中，自利的偏误也会影响人们对伤人言论的看法。

一项关于"诚实但伤人"的信息的研究，揭示了自利的偏误会如何作用于一段恋情。发送坦诚信息的一方往往认为这些信息是有用的、有建设性的。但是，同样的信息到了接收者那里，则被视为有害的、刻薄的。在没有人情味的网络关系中，更容易产生自利的偏误。一项研究表明，当错误发生时，网络团队的成员会比面对面团队的成员更快速地责备他们的合作伙伴。研究人员认为，当问题出现时，那些"看不见的、不知道的和远程的队友"很容易成为替罪羊。

当你感到委屈的时候，你很容易责怪别人，认为他们是想要抓住你的把柄。但你有可能误解了他们的意图，把事情说出来反而会更有帮助。在一项研究中，实验对象惊讶地发现分配给他们烦琐任务的伙伴其实并没有恶意。事实上，这些合作伙伴一旦被告知你受到了轻视，他们就会向你道歉。同样的原则也可以在现实世界中运用。你可能会觉得被老板欺负了，他一直给你过重的工作负担，但也可能是他不知道你的感受。一旦你说出来，他可能会出于尊重而改变你的工作量。我们的目标是确保双方对这件事的看法一致，或者至少应当了解彼此的想法。有关如何谈论这类微妙问题的内容，请参阅本章中关于知觉检核的讨论以及第 5 章中关于"我"的语言的讨论。

▌ 被自己的期待所影响

假设你预选了一门课，提前被告知教授这门课的教师非常棒，这种期待会影响你对这位教师的看法吗？研究证实这种影响几乎是必然的。在一项研究中，那些在网上看到关于教师正面评价的学生要比没有接触过这些评价的学生，认为该教师更可信、更有魅力。

期望并不总是带来更积极的评价。有些时候，我们对事情的期待过高，到头来可能会对真实发生的情况感到失望。如果你被告知自己即将会面的人非常有魅力，当这个人没有达到你不切实际的想象模样时，你就会感到失望。期望会影响我们看待他人的方式，既有正面影响也有负面影响，并且这种期待会导致自我实现预言的发生。

当你对别人做决定时，请记住这一点很重要。许多行业会要求对提交给期刊的稿件进行"盲审"。也就是说，不允许送稿人提供任何可识别的个人信息，因为这可能会影响评估结果。交响乐团经常使用"盲听"，即音乐家在幕布后表演。相同的道理，在某些情况下避免提前了解你将要遇到的人的信息，反而是明智的决定。

▌ 被显而易见的事物所影响

我们容易被最明显的事物影响。正如本章开头提到的：我们总是选择环境中最明显的刺激因素，如密集、重复、不寻常或者其他吸引我们注意力的特征。问题在于最明显的因素不一定是事物的唯一因素，也不一定是最重要的原因。举例如下：

- 当两个小孩（或大人）吵架时，我们经常犯的错误是去责怪骂得最凶的那个人，其实另一个人至少也有一半责任，因为他可能戏弄对方或拒绝合作。
- 你可能会抱怨某个熟人恶意的八卦和非议，却忘记这种行为的发生正是由于你长久以来的容忍和放纵，因此你至少也有部分责任。
- 你可能把不愉快的工作状况归咎于顶头上司，却忽视了他无法控制的其他因素，如经济波动，公司高层的决策，顾客或其他同事的要求。

这些例子告诉我们，在得出结论之前，多花一些时间收集所有的事实是很重要的。

假定别人和我们一样

我们通常认为别人拥有和我们一样的态度和动机。人们常常错误地认为别人的想法应该和我们相似，这种假设广泛且频繁地发生在许多情境中。例如：

- 你听过一个相当有趣但是有点下流的笑话，你以为这个笑话不会冒犯朋友，结果还是冒犯了对方。
- 教授在课堂上习惯性地偏离课程主题，这让你十分困扰。你认为如果自己是教授，会很乐于听到学生的建设性批评。所以你提出了这些批评，希望教授会感激你。不幸的是，你错了。
- 一周前你和朋友发火，并说了一些让你事后很后悔的话。事实上，如果有人对你说了这些话，你会认为这段关系结束了。你认为你的朋友也有同样的感受，于是避免与他接触。事实上，你的朋友认为他也有部分责任，所以他一直躲着你，因为他认为你是那个想要结束关系的人。

这些例子表明，别人并非总是与我们的想法和感受相同，因此假设别人和我们很相似，就会出现问题。怎样才能找出别人真正的立场？你有时可以直接询问对方，有时可以通过他人进行核实，有时可以在深思熟虑后做一个有根据的推测。所有这些选择，都比简单地假设每个人都会像你一样反应要好得多。

我们并不总会落入本节所描述的这些知觉倾向中。例如，有时候人们会为自己的不幸负责，或者明明是我们的问题却不承认是我们的错。同样，对某种情况最明显的解释也可能是正确的。尽管如此，大量的研究一次又一次地表明，我们对他人的知觉往往会因我们所描述的方式而扭曲。因此，这个道理必须清楚：不要假设你的知觉是准确的或毫无偏误的。

4.4 同步我们的知觉

读到这里,你才会明白我们对彼此的看法是多么不同步。这些不匹配的知觉会干扰我们的沟通,并以指数级的难度增加。正如一位传播学学者讽刺的那样:"每当我们试图想象别人认为我们在思考他们在想什么时,困惑就出现了。"因此,我们需要的是能够帮助他人理解我们知觉的工具,这些工具反过来也能帮助我们理解他人的知觉。在本节中,我们将介绍两种这样的工具。

▌知觉检核

因为发生知觉错误的可能性很大,因此我们很容易看到沟通者得出错误的结论并做出不准确的假设。比如像下面这样的错误指控可能会引起沟通者的防卫。

> "你为什么生我的气?"(谁说我生你的气了?)
> "你出了什么问题?"(谁说我有问题?)
> "快点!告诉我实话!"(谁说我在说谎?)

即使你的诠释是正确的,这些读心术式的陈述也会让人产生抵触情绪。**知觉检核**(perception checking)技巧提供了一个更好的方法来验证你的假设,并分享你的诠释。

完整的知觉检核包含三个部分。

> 1. 描述你注意到的行为。
> 2. 列出关于此行为至少两种可能的诠释。
> 3. 请求对方澄清如何诠释该行为。

对于先前的三个例子,知觉检核的过程可能如下。

> "当你用力跺脚走出房间并大力关上房门,"(**行为描述**)

"我不确定你是否在生我的气，"（第一种诠释）

"或者你只是比较匆忙。"（第二种诠释）

"你是什么情况？"（请求澄清）

"你这几天都没有笑容，"（行为描述）

"我想知道是否有事让你心烦，"（第一种诠释）

"或者你只是心神比较平静。"（第二种诠释）

"到底发生了什么事？"（请求澄清）

"你说你很喜欢我的工作，"（行为描述）

"但是从你说这句话的语调，让我觉得你可能并不是真的喜欢，"（第一种诠释）

"虽然这可能只是我的猜测，"（第二种诠释）

"你可以告诉我你真正的想法吗？"（请求澄清）

知觉检核是一项帮助我们准确地理解他人的工具，并不假设我们的第一种诠释就是正确的。因为知觉检核的目的是相互了解，所以这是一种合作的沟通方式。除了得到更准确的知觉，知觉检核还表明了对他人尊重和关心的态度，实际上是在说："我知道没有其他线索的帮助，我没有资格对你下判断。"

有时候，一个有效的知觉检核并不需要前面案例中列出的所有步骤。

"你很久没来了，发生什么事了吗？"（单一的诠释）

"你说我杏眼，我不知道你是在开玩笑还是认真的。"（行为描述加上诠释）

"你是在生我的气吗？"（请求澄清）

"你确定你不介意载我一程吗？如果不麻烦的话，我想搭你的车，但我不希望你特别为我绕远路。"（请求澄清；不需要描述行为）

知觉检核这种有话直说的方式，在第 2 章中提到的低情境文化中最有效。在这类文化中，成员都重视坦诚和自我表露。如美国、澳大利亚、加拿大和德国的主流文化就属于这一类。这些群体成员，最有可能欣赏知觉检核所体现的那种坦率的谈话。另一方面，高情境文化（在拉丁美洲和亚洲更常见）的成员更重视关系和谐而不是内容清晰。高情境沟通者很可能将知觉检核这类坦白的说话方式视为潜在的尴尬，他们更倾向于用不那么直接的方式来了解对方。

除了澄清意义，知觉检核有时能以一种保留对方面子的方式使我们在向别人提出问题的时候不至于直接威胁或攻击他人。请参考下面的案例。

"你打算明天交房租吗？"
"是我让你厌烦了，还是你在想别的事？"

在第一个例子中，你可能非常肯定你的室友忘记交房租了，而在第二个例子中，你也知道对方肯定觉得很无聊。即便如此，比起直接对质，知觉检核是一种比较不具威胁性地指出他人行为的方式。请记住，良好沟通的一个要素，就是在大量的方案中选出最佳选项，而知觉检核在很多时候都是一个有用的策略。

伦理挑战

扭曲的知觉：
煤气灯效应

煤气灯效应是一个现代术语，指操控或是控制他人的知觉。这个词源自1944年播出的经典电影《煤气灯下》（*Gaslight*）。在电影中，一名丈夫试图通过改变生活环境中的小元素，在妻子指出这些改变时坚称一切正常，来指控妻子精神出现了错乱。

心理治疗师罗宾·斯特恩（Robin Stern）撰写了大量有关煤气灯效应的文章，并将其确定为精神虐待的一种形式。另一种不那么明显的煤气灯效应，是一个人试图通过责怪他人来为自己的行为进行合理化辩护。例如，一位指控者说"你从来没有告诉过我"，尽管他知道这句话不是真的，或者是不怀好意地说："你总是勾搭别人，还指望我对你忠诚吗？"把这种罪恶感转移到无辜者身上是煤气灯效应的标志。

煤气灯效应的受害者往往会责怪自己，道歉并为他人的行为提供借口。抑郁和退缩常常随之而来。当你被灌输自己总是错的时候，就很难自由地交流。

辨别煤气灯效应的症状是打破这种模式的第一步。而另一个关键是从值得信任的人那里寻求客观的观点。本章中介绍的知觉检核技巧是健康关系中的实用工具。如果你认为自己被一个重要的人操控了，你可以请这段关系以外的人帮你进行知觉检核，确保自己的知觉没有受到扭曲。

▍建立同理心

知觉检核可以帮助我们更准确地解码消息，但它不能提供足够的信息让我们有把握说我们完全了解另一个人。例如，一位使用知觉检核的教授可能会发现，学生们不愿意提问是因为困惑，而不是缺乏兴趣。这样的信息很有价值，想象一下，如果这位教授能够从学生的角度来找出困惑的原因，他的教学工作将会更有效率。同样，当父母通过知觉检核，发现他们正值青春期的孩子的反常行为，其实是源于被接受的渴望。但要真正理解这种行为，父母需要考虑（或者回忆）这种渴望被接受是什么感觉。

同理心的定义

因此，为了更全面地理解他人，我们需要的是**同理心**（empathy）——重现他人视角的能力，从他人的角度来体验世界的能力。虽然不可能实现完全的同理心，但只要有足够的努力和技巧，我们就可以持续地接近这个目标。

同理心包含三个维度。第一个维度是**观点采择**（perspective taking），也就是接受他人观点的能力。这种理解方式需你中止自己的论断，以便暂时搁置自己的意见并接受他人的意见。第二个维度是情感维度，社会科学家称之为**情绪感染力**（emotional contagion）。在我们日常用语中，情绪感染意味着我们能够体验到与他人相同的感觉，知道他们的恐惧、喜乐、悲伤，等等。第三个维度是真诚地**关心**（concern）对方的福祉。当我们用同理心对待他人时，不光是和他们有一样的想法和感受，而是更进一步，真实地关心他们的福祉。完全的同理心既需要对对方的立场有智力上的理解，也需要对对方的感受有情感上的理解。

我们很容易将同理心与同情心混为一谈，但两者的概念是不同的。同情心是指你从自己的角度来看待对方的处境，而同理心是指你从对方的角度来看待对方的处境。考虑一下对一个未婚妈妈或一个无家可归的人，你的同理心与同情心的差别是什么？当你同情他人时，你的感觉集中在他人的困惑、喜乐和痛苦上；当你对他们产生同理心时，这些体验就好像变成了你的体验（至少在此时此刻）。为别人感到快乐和痛苦是一回事，和别人一起感受快乐和痛苦则要深远得多。

体验同理心

同理心可能很有价值，但实现起来并不总是那么容易。事实上，我们很难感同身受那些在年龄、性别和社会经济地位等方面与我们截然不同的人。要实现这种感知上的飞跃，你需要培养开放的思想、想象力和义务。好消息是，研究人员了解到同理心与其说是一种像身高一样与生俱来的特征，不如说是一种像下国际象棋一样可以后天学习的技能。当人们有同理心的意愿，并且相信这样做是可能的时候，这一点尤其正确。

想要对与自己观点不同的人产生同理心，最好的方法就是与他们互动。我们也可以通过尝试从另一个人的角度去体验世界来产生共鸣。雷切尔·科尔布（Rachel Kolb）描述了这样一个时刻。作为一个出生在听力正常家庭的聋人，她精通美国手语和英语口语（她能通过唇读听懂）。科尔布与一位听力正常的朋友共进午餐，这位朋友同意用美国手语而不是口语交谈。那次谈话让人大开眼界。

> ……几分钟后，我这位一向大胆、不怕难为情的朋友停下了脚步。她笑着耸了耸肩，说："我觉得这里的每个人都在看着我们。"
>
> 我环顾了一下这家小咖啡馆，看了看那些坐在桌旁的听力正常的人。的确，有些人伸长了脖子来看我们的动作，但这是我很久以前就不再注意的行为了。"是的。"我直率地回了一句，"这事经常发生。"
>
> 我的朋友笑了。过了一会儿，我们又开始交谈，我想那时她明白了：这就是手语人士的感觉。

模拟还可以帮助你体验另一个人面临的现实世界。例如，即使在种族与你不同的人的虚拟身体中度过一小段时间，也可以帮助你理解他们对世界的看法和感受。至少在字面意思上，居住在另一个人的身体里，可以为培养同理心提供基础，这可以极大地减少偏见。同样，如果让大学生扮演成老年人进入他们的虚拟环境，也会让大学生对老年人群体产生新的认知。

同理心和道德

"你想要别人怎么对待你，你就先怎么对待别人"的黄金法则，指出了同理心与维系社会正常运转的道德原则之间的明确关系。

对犯罪行为的研究，表明了同理心、道德和沟通之间的关系。通常情况下，那些对他人犯下最令人无法原谅的罪行（如强奸和虐待儿童）的人，不会表达他们的行为对受害者有何影响。新的治疗方法试图通过灌输想象他人感受的能力来改变这种行为。在研究活动中，罪犯们会阅读和观看与他们所犯罪行相似的情感描述。罪犯们还会写下他们的罪行对受害者造成的伤害，并将这些描述读给治疗小组的其他人听，甚至直接扮演受害者体验他们的痛苦。通过这样的策略，治疗师试图帮助罪犯们培养用道德的方式看待世界所需要的同理心。

这部长期播出的真人秀节目《卧底老板》描述了如何换位思考，进而增加人与人之间的同理心。在节目中，公司高管隐藏身份作为入门新手到旗下公司"实习"。一些公司高管重新找回了他们在职业生涯初期努力工作时的感觉，另一些人则对他们从未了解过的世界有了新的认识。

该节目在 15 个不同的国家播出，这表明观看高管在自己公司的战壕里当一个"小白"具有普遍的国际吸引力。研究人员采访了 13 位参加过该系列节目的首席执行官，看看他们从这段经历中学到了什么。高管们一致认为他们对公司员工拥有了新的同理心，对公司的文化也有了更好的理解。难能可贵的是，大多数人表示他们因为参加了这个节目，最终调整了公司的政策。

尽管你可能永远不会成为首席执行官或参加真人秀，但《卧底老板》的同理心课程很清楚地说明了一点：在进行人际沟通时，从对方的角度出发，理解世界是什么样子非常重要。

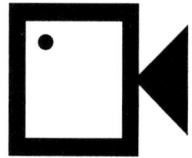

电影电视

拥有同理心：
《卧底老板》

沟通能力评估：你的同理心程度

请用数字 0～4 对下面的描述进行打分，0 ＝ "从不"，4 ＝ "总是"。然后，再找熟悉你的朋友来填写对你的观察，并比较你们双方的评估结果。

序号	状况描述	评分				
1	当我身边的人感到兴奋时，我也会感到兴奋	0	1	2	3	4
2	别人遭遇的不幸，对我影响不大	0	1	2	3	4
3	看到有人受到无礼对待，我会很不高兴	0	1	2	3	4
4	当我身边的人开心的时候，我不受影响	0	1	2	3	4
5	我很享受为他人带来快乐	0	1	2	3	4
6	我会替比我不幸的人感到怜悯和关切	0	1	2	3	4
7	当朋友开始谈论他的难题时，我会尝试转移话题	0	1	2	3	4
8	当别人难过的时候，即使他们什么都没说，我也能看出来	0	1	2	3	4
9	我发现自己能够与他人的心情 "频率一致"	0	1	2	3	4
10	我不会同情那些导致自己重大疾病的人	0	1	2	3	4
11	当别人哭泣时，我会感到很不耐烦	0	1	2	3	4
12	我对别人的感受不怎么感兴趣	0	1	2	3	4
13	当我看到有人伤心难过时，我有强烈的冲动想去帮助他们	0	1	2	3	4
14	当我看到有人受到不公平的对待时，我并不会觉得他们很可怜	0	1	2	3	4
15	我觉得人们因为幸福而哭泣是愚蠢的	0	1	2	3	4
16	当我看到有人被利用时，我会对他产生保护欲	0	1	2	3	4

相关评分结果，请参阅第 151 页。

自我检查

▼

▶ **学习目标**

4.1 了解知觉人际信息和关系的主观性

我们所知觉的现实是通过和他人的沟通建构而成的。一阶现实涉及具体的事物或情境；二阶现实则是我们赋予这些事物或情境的意义。人与人之间的知觉包含四个阶段：选择、组织、诠释和协商。

> **问题：** 回想一次重要的交流，在那次交流中，你和好友看法迥异。描述一下你是如何选择、组织和诠释对方的行为，以及好友有哪些不同的看法。在达成共识的过程中，你取得了多大的成功？

▶ **学习目标**

4.2 辨认人际知觉的各种影响

影响知觉的生理因素包括我们的感官、年龄、健康和疲劳、生物周期、饥饿、神经行为挑战。情绪和自我概念等心理因素也影响着我们如何看待他人。此外，生理性别、社会性别、职业和关系在我们看待互动对象的方式中都扮演了重要角色。最后，文化因素也影响了我们如何识别和理解他人的言行。

> **问题：** 找出本章中描述的生理、心理、社会和文化因素塑造你的认知，进而影响你人际沟通的实例。

▶ **学习目标**

4.3 认识知觉中的常见倾向如何影响人际沟通

我们往往会做出仓促的判断并坚持第一印象，即使我们知道它们是错误的。我们对人严厉，对己仁慈，很容易将不幸归咎于他人而不是自己。我们会被自己的期待影响，也会被显而易见的事物影响，即使它们不是最重要的因素。最后，我们通常都会假设别人和我们一样。

问题： 请描述一个案例。在这个案例中，本章阐述的知觉倾向影响了你的知觉，进而影响了你的沟通。如果你没有屈服于这些知觉错误，事件的结果会有何不同？

▶ 学习目标
4.4 运用知觉检核和态度调整来增强与沟通伙伴的同理心

我们能够协调自己和他人的不同诠释的一种方法，就是通过知觉检核。沟通者应该检核自己的知觉，描述他们所观察到的行为，并提供两种合理的解释，以及请求对方澄清，而不是妄下结论。

同理心是一种从他人的角度来体验世界的能力。同理心有三个维度：观点采择、情绪感染力和关心他人。培养同理心需要开放的思想、想象力和承诺。

问题： 制作一份知觉检核表，你可以用来澄清你对一段重要关系的理解。如果你用本章中描述的增强同理心的态度来表述，使用这种方法会对两人的关系产生怎样的影响？

实践活动

▼

1. 请完成以下句子：

      a. 女性……

      b. 男性……

      c. 拉丁美洲人……

      d. 欧裔美国人……

      e. 非裔美国人……

      f. 年长者……

现在，请和你的同学分享你的观察结果，并讨论你的每个回答在多大程度上是刻板印象或合理概括。你对这些问题的答案，如何改变你对这些群体中的人的看法和反应？请和你的同学讨论，你们之间的沟通是如何受刻板印象影响的。

2. 使用图 4-3（第 119 页）所示的格式，可以更好地理解断句的重要性。

      a. 一对越来越疏远的父女。女儿选择疏远，因为她将父亲的冷淡诠释为拒绝。父亲认为女儿的冷漠是一种拒绝，于是进一步疏远。

      b. 两个朋友之间的关系变得紧张起来。一个人开玩笑来缓解紧张，而另一个人则变得更加紧张。

      c. 一对情侣处于分手的边缘。一方经常要求另一方表现出更多的爱，另一方则拒绝身体接触。

说明每一种情况要如何经由参与者产生不同的断句。接下来用同样的手法来辨别如何从你的经验中，将事件断句成至少两种不同的方式。描述一下未能认识到这些断句方案的合理性所产生的后果。

如果你是当事人，你应该如何对每种情境进行断句？接下来，请用同样的方法来辨别你所经历的事情有哪些至少可以用两种不同的方式进行断句。描述一下未能认识到这些断句方案的合理性所产生的后果。

3. 请小组内的每一位成员都选择以下一种情境，描述每个人的不同看法。请包括选择、组织和诠释等步骤。当他们讨论自己的看法时，他们的描述是什么样子的？请列出任何与生理、心理、社会和文化因素相关的影响，并提醒沟通者的自我概念会如何影响他们的知觉。

    a. 在一家繁忙的商店里，一位顾客向售货员抱怨服务太差。

    b. 一对父母和十几岁的孩子在周六晚上外出后，就合适的回家时间开始争执。

    c. 一位安静的学生被教师在课堂上点名要求他回答问题，他感到压力很大。

    d. 一对男女正在争论是否需要通过特别的努力来雇用社会边缘群体，从而增加工作场所的平衡。

4. 针对下列情境，制作完整的知觉检核来提升你的知觉检核能力。确保你的陈述包含对行为的描述、两种合理的诠释以及一个等待验证的澄清请求。

    a. 你向主管提出了一个自认为很好的提议，主管说："我会马上给你回复。"但三个星期过去了，你仍然没有收到回复。

    b. 你已经有一个多月没有接到家人原本每周一次的电话了。上一次你和家人通话时，你们为去哪里度假发生了争执。

当你完成了你的知觉检核后，请将它们分享给你的家人或朋友。如果他们是信息的接收者，他们会如何反应？

5. 你可以通过设身处地为与你有人际关系的人着想来培养你的同理心。在那个人的帮助下，你可以用第一人称描述他人如何看待一个对他而言很重要的问题。换句话说，尽可能地成为那个人，从他的角度出发来看问题。你的伙伴将是你提升这种知觉能力的最佳判断者,所以要善于用他的反馈来调整你的描述。完成练习后,请描述你的尝试如何改变了你与他人的关系。

▶ 沟通能力评估(第146页)

在分数相加之前,请把含有负面描述选项的分数进行反向评分。即在第2、4、7、10、11、12、14和15题中,分数 0 = 4,1 = 3,2 = 2,3 = 1,4 = 0。将所记录项目的分数置换后,请将全部的分数相加,这就是你的同理心得分。研究显示,女性的得分通常略高于男性。女性的平均得分为47分,男性的平均得分则为44分。

这16道题囊括了用来测量同理心最普遍的方法:一种对他人感觉状态的感同身受或准确的情感洞察能力。

第5章

语言|

学习目标

- 5.1 理解语言中的符号性、规则性、主观性和文化性
- 5.2 认识到语言会对人际关系产生正面影响或负面影响
- 5.3 描述性别对人际关系中语言使用的影响
- 5.4 辨别网络语言与面对面沟通时的语言在使用方式上的不同

专题研究

- 电影电视　创造语言:《权力的游戏》
- 研究焦点　肥胖话题的负面影响
- 在工作中　在工作中说脏话
- 伦理挑战　说了太多的"对不起"
- 沟通能力评估　性别歧视语言
- 电影电视　表面夸人实则骂人:《跑调天后》
- 研究焦点　网络社区的语言

大学教授雷拉·波洛狄特斯基（Lera Boroditsky）经常在开课第一天询问学生，他们最不想失去哪一种认知能力。大多数人选择视觉，少数人选择听觉，但是几乎没有人提到过语言。

波洛狄特斯基教授认为这是一个疏忽。她解释说，毕竟缺少视觉或听觉能力的人，仍然可以拥有充实且令人满意的生活。"但如果你从未学习过一门语言，你的生活会是什么样子？你还可以结交朋友、接受教育、找到工作、组建家庭吗？语言是我们经验的基础，它是人类的一部分，我们很难想象没有语言的生活。"

一个简单的例子就能说明语言是形成我们世界观的基础。比如当文字的实际颜色和其所指代的颜色不同时，我们很难做到不停顿或不磕磕绊绊。这种现象被称为**斯特鲁普效应**（Stroop effect），指出了语言是如何影响知觉的。我们一直在通过语言的过滤看世界。

语言可以说是人类交流中最重要的组成部分。在本章中，我们将探索文字和思想之间的关系，我们会描述语言的一些重要特征，并阐述这些特征如何影响我们的日常沟通。我们概述了几种会制造沟通问题的语言类型，并演示如何用更有效的说话方式来替代它们。最后，我们来看看性别和线上沟通会如何影响我们使用语言的方式。

5.1 语言的本质

我们从语言的共同特征来开始这个研究课题。这些特征解释了为什么语言作为工具，是如此有用又如此麻烦。

语言是符号

文字是任意的符号，本身没有任何意义。举例来说，英文单词"five"只是一种代码，代表一只手的手指数量，只是因为英语系国家的人都认可了这种表示。正如贝特森和杰克逊（Bateson & Jackson）指出的那样，"在数字5中没有什么特别像'5'的东西"。对于说法语的人来说，"cinq"这个符号可以传达"5"的意思；对于程序员来说，"0101"才表示与5相等的值。

甚至像大多数听力障碍者所使用的"说话"方式——手语，本质上也是符号，而不只是所谓的手势。因为沟通的形式是符号性的，而不是字面意义上的，所以当听力障碍者与人交流时，就形成了世界上数以百计的手语形式以各自独立的方式进化着。这些不同的语言包括美式手语、墨西哥式手语、英式手语、法式手语、丹麦式手语、中式手语，甚至澳洲原住民和玛雅的手语——跨越不同的手语进行沟通，和跨越不同的口语进行沟通一样困难重重。

语言是有规则的

满载符号的语言之所以有效，唯一的原因是人们对如何使用它们达成了一致。人们在语言学上的一些共识让交流成为可能，而且这些共识被纳入到了语言规则中。语言包含了几种不断演变的规则。**音位规则**（phonological rules）决定了声音如何组成单词，如"champagne"（香槟）、"double"（双）和"occasion"（场合），这些词在英语和法语中的含义相同，但由于音位规则的不同，它们的发音在两种语言中有所不同。

音位规则决定了口语的发音方式，而**句法规则**（syntactic rules）则决定了符号的排列方式。请注意，下列句子的文字相同，但语法的变化产生了完全不同的含义。

- Whiskey makes you sick when you're well.（健康的时候，你喝威士忌会让你生病。）
- Whiskey, when you're sick, makes you well.（生病的时候，你喝威士忌可以让你恢复健康。）

尽管我们大多数人无法描述出那些掌控我们语言的语法规则，但当它们被违反时，我们很容易确认它们的存在。一个好玩的例子就是电影《星球大战》中尤达大师的说话方式。像"黑暗的一方，他们是"或者"你的父亲，他是"这样的短语常常引得观众发笑，因为它们违背了语法规则。然而，那些明显不合语法的话语只是在遵循另一套不同的语法规则罢了，反映的是区域性或共文化的方言规则。语言学家认为，方言是**不同**的语言，而不是**有缺陷**的语言形式，认识这一点非常重要。

语义规则（semantic rules）支配语言的意义，而不是语言的结构。我们都同意"自行车"是用来骑的，"书"是用来阅读的。如果没有语义规则，沟通就会变得不可能：因为每个人都会以他人无法理解的独特方式去使用符号。

语义规则能够帮助我们理解每个独立文字的意思，但它们往往不能解释语言在日常生活中是如何运作的。如"让我们明天聚一聚"这句话，每个字的语义都非常清楚，但这句话可以从几个方面来理解。它可以是一个简单的邀请（"我希望我们能聚一聚"），一个礼貌的命令（"我想见你"），或者一句空洞的陈词滥调（"我真的不想见到你"）。我们学会通过**语用规则**（pragmatic rules）来区分此类言语行为的准确含义。语用规则告诉我们在给定的语境中，哪些对信息的使用和诠释是合适的。

当语言游戏中的所有玩家都能理解并使用相同的语用规则时，才可能实现顺畅的沟通。例如，有一条语用规则就明确地指出沟通者之间的关系会影响表述的含义。"我想见你"这句话，老板说出来是一回事，爱人说出来则完全是另一回事了。同样，这句话的表达环境也会影响表述的含义，"我想见你"在办公室和聚会上可能会有不同的含义。当然，伴随表述的非语言行为也有助于我们解读其含义。

处于个体关系中的人们还会建立一套自己的语用规则。想一想展示幽默的情境：你和某个朋友兴致勃勃地开着玩笑，这在另一段关系中可能会被认为是无聊甚至是冒犯的。例如，想象一封用大写字母打出来的电子邮件，里面充满了脏话、侮辱性字眼、直呼全名和感叹号。你会如何诠释这样的信息？在外人看来，这可能是一封"恶意邮件"，并对此感到震惊，而事实上，这可能只是好哥们儿之间"斗嘴"的乐子。如果你会用一个不好听的昵称来称呼好友，以此作为你们之间的亲昵表现，那你也就能够理解这种行为的含义了。但是请记住，那些不了解你们私密语用规则的人很可能会误解你，所以你需要明智地选择何时何地才能使用这些私人暗号。

当电视连续剧《权力的游戏》中的人物说着我们听不懂的语言时，他们可不是在胡言乱语。该剧委托语言学家大卫·J.彼得森（David J. Peterson）为这些场景创造真正的语言，包括多斯拉克语和瓦雷利亚语。这些语言遵循本小节中所描述的音位、句法、语义和语用规则。

彼得森对他的工作很认真。当他创造了多斯拉克语（剧中的一个游牧战士部落所说的语言）时，他规划出了每一个单词的历史——包括成千上万个在剧中永远不会用到的单词。彼得森还为《地球百子》和《沙娜拉传奇》等电视剧中的角色开发了完整的语言。

发明一种语言的想法确实看起来很奇怪，其实你很有可能已经在一个小范围内这样做了。如果你在和朋友或爱人沟通时使用的术语和短语是外人听不懂的，那么你就是在参与某种形式的语言创造。

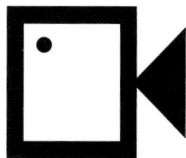

电影电视

创造语言：
《权力的游戏》

当我们解读语言时，要尤其注意语言的背景。例如，许多语言使用双重否定句来表达肯定的意思。

幸运的是，没有一种语言使用双重肯定来表达否定的意思。

对啊！最好是。

语言是主观的

如果语言的规则更精确，并且每一个人都能遵守它们，我们就会减少很多误解。花了一个小时争论"女权主义"，你结果发现你们只是在用不同的方式表达这个词，其实你们根本上的观点是一致的。你以一种开玩笑的方式戏弄朋友，但对方却很认真地对待并且觉得被冒犯了。

出现这些问题是因为人们对同一消息赋予了不同的含义。奥格登和理查兹（Ogden & Richards）在他们著名的"语义三角"理论中说明了这一点。这个模型表明，在一个词和它所代表的事物或观点之间，仅存在一种间接关系（用虚线表示，见图5-1）。

思想或所指内容

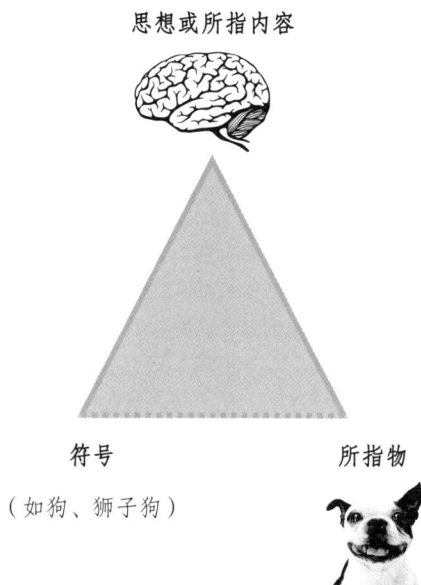

符号

（如狗、狮子狗）

所指物

图5-1　奥格登和理查兹的"语义三角"理论

奥格登和理查兹的模型过于简单化，因为并不是所有的词都指向物理事物或"所指物"。例如，一些所指物是抽象的概念（如"爱"），而另一些（如"生气"或"兴奋"）甚至都不是名词。尽管存在这些缺点，"语义三角"还是很有用的，因为它清楚地揭示了一个重要原则：意义存在于人，而不是文字。因此，沟通者面临的一项重要任务是对他们用来交换信息的文字达成共识。从这个意义上说，沟通——至少是有效的沟通——需要我们对语言的含义进行协商。这又把我们带回到一个熟悉的主题：意义存在于个体之内，也存在于个体之间。语言既包含个体赋予每个字词独特意义的功能，也包含文化共同创造和分享意义的功能。

▌语言与世界观

150 多年前，一些理论学家已经提出了**语言相对性**（linguistic relativism）的概念，也就是说，当你使用一种语言，这个语言反映并塑造了你的世界观。例如，当双语用户在转换语言时，似乎也会改变他们的思考方式。在一项研究中，法裔美国人被要求解读一系列照片。当他们说法语时，会比他们使用英语描述同类照片时更加浪漫和感性。在以色列，无论是穆斯林还是犹太学生，相比于讲英语（中性语言）而言，显然他们讲母语的时候，他们与"其他群体"之间的差别更明显。诸如此类的例子显示了语言塑造文化认同的力量——有时变得更好，有时变得更糟。

语言相对性最令人熟知的宣言，便是**萨丕尔-沃尔夫假说**（Sapir-Whorf hypothesis），这是由人类学家爱德华·萨丕尔（Edward Sapir）和业余语言学家本杰明·沃尔夫（Benjamin Whorf）提出的。根据萨丕尔的理论，沃尔夫注意到，霍皮族人（美国原住民）使用的语言所代表的现实观点与其他语言使用者看待世界的方式截然不同。例如，霍皮族人的语言不区分名词和动词，因此使用这种语言的人将整个世界描述为一个持续不断的过程。在英语中，我们使用名词来描述人或物体是固定的或不变的；而霍皮族人则更多地将人或物体视为动词，认为是不断变化的。从这个层面上来说，英语代表的世界更像是一组快照，而霍皮族人呈现的世界则更像是一部电影。

有些语言包含了一些在英语中找不到对应词的词语。比如，以下这些词语。

Nemawashi（日语）：指一个非正式的过程，就是在做决定之前将牵扯到这个议题的所有人的想法给弄清楚。

Lagniappe（法语 / 克里奥尔语）：指在交易中的额外收获，这收获并非合约条款预料中的利益。

Lao（汉语，"老"）：用以称呼年纪大的人的敬语，显示他们在家族及社会中的影响力。

Dharma（梵语）：指每个人生活中的独特、理想之路，以及寻找这条路所应具备的知识。

不难想象，这样的概念无须使用特定的字词来描述它们，但语言相对性表明这些术语确实会影响使用它们的人的思维和行为。因此，使用包含"老"的语言的人可能会更尊重年长的人，而那些很熟悉"Lagniappe"的人可能会更慷慨大方。

语言相对性对人际沟通的潜在影响是显著的。想想"你让我生气"和"当你……我就会生气"这两句话的区别。第一句是对别人说的，也是对自己说的，你的愤怒是对方的错。第二句是一个"我"信息，它对你的情绪负责（这个概念将在本章后续内容和第 8 章中进一步阐述）。改变你的语言风格不仅可以减少对方的防御，还可以重新构建你对事情的看法。如果你开始称呼成年女性为"女士"而不是"女孩"，或者你把大学生称为"学生"而不是"孩子"，也可能会发生同样的情况。根据你描述他们的标签，你可能会用不同的方式看待这些人。所以，你的语言可以影响你看待世界的方式。

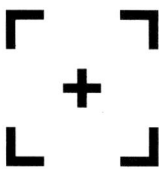

研究焦点
肥胖话题的负面影响

语言相对性的一个前提是我们的语言不仅反映了我们如何看待世界，同时也影响着我们如何看待这个世界。我们使用的语言塑造了我们对事情、他人和自身的看法。

传播学研究学者安娜丽莎·阿罗约（Analisa Arroyo）在对肥胖话题的研究中发现了这一法则：经常用语言表达对体重担忧的人（"我太胖了""我屁股好大"）强化了糟糕的身体形象。阿罗约指出了肥胖话题有害的三个主要迹象：1. 习惯性和强制性地使用；2. 涉及不断地与他人比较；3. 包含"应该""应当"等内疚的字词（"我真的应该减肥了"）。正如第 3 章所谈到的，持续不断的负面自我评价和社会比较，会导致思想、语言和行为的有害循环。

有趣的是，倾听关于肥胖的话题似乎没有多大坏处。阿罗约表示："因为这是主动参与肥胖话题的行为，而不是被动地暴露问题，所以不会产生负面影响。"她建议那些与肥胖问题做斗争的人应该与他们的朋友建立"肥胖自由周"。阿罗约还认为，在谈论减肥时，用"我将"或"我能"代替"我应该"，可以帮助人们朝着正确的方向前进。

5.2 语言的影响

正如语言相对论所表明的那样，语言可以对我们的知觉和我们如何看待他人产生强烈的影响。在这一节中，我们将研究语言影响我们生活的诸多方式。

▍命名与认同

"名字里有什么？"朱丽叶夸张地问。如果罗密欧是一位社会科学家，他会回答："很多。"研究表明，名字不单是一个简单的识别身份的手段，它还塑造了他人看待我们的方式、我们看待自己的方式以及我们的行为方式。

一个多世纪以来，研究人员一直在研究罕见和独特的名字对拥有这些名字的人的影响。早期的研究表明，名字特殊的人方方面面都会受到影响，从心理上和情绪上的困扰到大学学业失败等。最近的研究表明，人们不仅对不寻常的名字往往带有负面评价，甚至对不寻常的名字的拼写也有负面评价。例如，在一项研究中发现，名字特殊的人容易失去雇用机会。当然，判断一个名字（及其拼写）是否与众不同，会随着时间的变化而变化。好比在 1900 年，美国最受欢迎的前 20 个女孩名字，包括伯莎、米尔德里德和埃塞尔等。到 2015 年，排名前 20 的名字包括麦迪逊、米娅和索菲亚等，而在一个世纪以前，这些名字是非常罕见的。

有些人认为独特的名字是与众不同的，你可能会想到四五个独特的名字，名人的，甚至是身边的朋友的，这些特别的名字让人很容易识别和记住。一项研究发现，一首用独特名字署名的诗会被认为比用普通名字署名的诗更富有创造力。有时候，选择独特的名字与文化认同有关。在美国的一些地区，1990 年出生的非裔美国女孩中，有近三分之一的人被赋予了黑人专属的名字，而这些名字在该州没有其他人拥有。研究人员认为，这样独特的名字是非裔美国人群体团结的象征。相反，选择一个不那么特别的名字，则是为了让孩子融入主流文化的一种方式。

▌联盟关系

大量令人印象深刻的研究表明，语言可以建立和展示与他人的一致性。那些想要展示联盟关系的沟通者会通过各种方式适应对方的语言习惯，包括字词的选用、说话的速度、停顿的次数和停顿的位置，以及礼貌程度。在一项研究中发现，当对话双方使用代词、冠词、连词、介词和否定用法时，双方产生恋爱兴趣的可能性会增加。该研究还显示，当情侣们使用相似的语言风格发送即时信息时，他们维持关系的概率增加了近50%。

亲密好友和恋人之间通常会发展出一套特殊的术语来表示他们的关系。使用相同的字词使这些人有别于其他人。同样的过程也适用于更大群体的成员，从街头帮派到军事单位。**趋同**（convergence）是指调整自己的语言风格，与想要认同的其他人的语言风格相匹配的过程。语言匹配不仅能在面对面的朋友之间发挥作用，也能在网上的陌生人之间建立联系。

当两个或两个以上的人对彼此持有同等积极的感觉时，他们的语言趋同行为是相互作用的。但当沟通者希望或需要别人认同时，语言趋同行为就会变得单方面。我们在职场中会发现这样一个现象：想要获得晋升的员工的说话方式会越来越像他们的老板。有研究甚至发现，在电子邮件中模仿老板或同事的骂人模式是员工正在融入组织文化的标志。有关这个主题的讨论，请参阅本章"在工作中"的内容。

在工作中

在工作中说脏话

说脏话具有多种沟通功能。这是一种表达情感的方式，并且让他人知道你的感受有多强烈。它可以是赞美的一部分（"真是太他妈棒了！"），也可以是最糟糕的侮辱。骂脏话可能会冒犯他人和疏远朋友，但它也可以建立团结，并成为一种亲昵的称呼。

传播学研究学者达内特·约翰逊（Danette Johnson）和妮可·刘易斯（Nicole Lewis）调查了在工作环境中说脏话的影响。可想而知，情境越正式，人们对骂脏话的评价越负面。此外，人们所选脏话的不同也会带来不同的结果。"F打头的脏话"与其他攻击性较弱的词语相比，被认为是最让人反感的。那些对咒骂者感到惊讶的旁听者，很可能认为这个咒骂者是无能的，只能通过骂人发泄不满。

尽管有这些发现，斯坦福大学教授罗伯特·萨顿（Robert Sutton）指出，选择不骂人实际上会违反一些组织的准则。他主张在极少数情况下说脏话，可以起到震慑效果。

即便如此，萨顿对于在职场骂脏话还是提出了警告："如果你不确定，就不要爆粗口！"人际沟通的规则在此仍然适用：分析并适应你的听众，并进行自我监控；当你不确定的时候，宁可保持克制，也不要犯错。

言语调节的原理也会反向运作。当沟通者想要把自己与他人分开时，便会采取**分化**（divergence）策略，用一种强调自己与他人不同的方式说话。例如，某个族群的成员可能会使用他们自己的方言来表示彼此之间的团结。同样的情况也会发生在不同的年龄段，比如，青少年会采用专属于他们次文化的俚语来凸显与成人的分化。

当然，沟通者需要注意何时要和何时不要在语言上趋同他人。例如，当你不是那个群体的一员，使用该种族或民族侮慢语，可能会被视为不恰当，甚至是冒犯性的。分化策略的一个语用目标就是建立规范，指出谁有以及谁没有"权利"使用某些特定词汇。

▌权力与礼貌

沟通研究者已经确定了一些语言模式，可以增强或减弱说话者对其他人的影响力。请观察下面两种不同的陈述，分别来自员工和经理。

> "对不起，经理。我实在不知道该怎么说，但是我……嗯……我猜我没有办法准时完成这个项目。我有一件很紧急的私事，而且……好吧……这实在不可能在今天完成。我会在星期一把它放在你的桌上，可以吗？"

> "我无法准时完成这个项目。我有一件很紧急的私事，而且这不可能在今天完成。我会在星期一把它放在你的桌上。"

第一种陈述是**低权力语言**（powerless language）的一个例子：间接和试探性的字词选择，带有模糊和犹豫（"对不起，经理""我猜""可以吗？"）。第二种陈述则属于**高权力语言**（powerful language）：直接且具有强制性的字词选择，带有声明和断言（"我无法""我会"）。研究表明，说话有力度的人被认为比说话无力度的人更有能力、活力和魅力。此外，在工作面试结果上，使用高权力语言的应聘者比使用低权力语言的求职者更容易获得正向的肯定和成功的录用。

免责声明（disclaimer）也是一种低权力语言，试图把说话者与他可能不受欢迎的言论拉开距离。例如，你可以在发布批评意见之前铺垫说："我并不是想批评你，但是……"然后继续表达你的不满。然而，一项研究表明免责声明事实上反而会增加你的负面判断。举例来说，如果一个人在专横的言论之前加上一句"我不想让你觉得我很傲慢……"，只会让对方更加觉得说话者傲慢。此外，涉及懒惰、自私等消极品质的免责声明也会造成类似结果。免责声明往往弄巧成拙，因为它让听者更加敏锐地去寻找和确认说话者试图否认的特质。

　　一些学者质疑"低权力"标签，他们认为试探性、间接性的语言风格有时比武断的说话方式更容易实现目标。例如，不那么权威的说话方式可能只是试图表示**礼貌**（politeness）：用既给信息的发送者，也给信息接收者保留面子的方式进行沟通。礼貌在某些文化中比其他文化更受重视。在日本，替对方保全面子是一个重要的目标，所以那里的沟通者往往使用模棱两可的措辞，使用模糊的词语和修饰语。在大多数日语句子中，动词出现在句子的末尾，所以陈述中的"行动"部分可以推迟。墨西哥的传统文化强调合作，所以也会使用模糊陈述来缓和人际关系。墨西哥人不会以很坚定的立场说话，以此确保不会让他人感到不舒服。

　　即使是在一个很看重肯定信息的文化中，简单地计算有力度或无力度的陈述数量并不能透露谁在关系中才是最具权力的人。社会规则往往掩盖了真正的权力分配。一位想要展现亲和力的老板可能会对他的秘书说："你介意复印一下这份文件吗？"事实上，老板和秘书都知道这是一个命令而不是请求，但提问的形式让"药"不那么"苦"了。社会语言学家黛柏拉·泰南（Deborah Tannen）描述了领导在传达命令时，怎样使用礼貌且不丢下属面子的具体做法。

　　　　我听到自己在给予助手们指示，但实际上并没有下达命令："也许这是个好主意……""如果你能……那就太好了……"。他们随即就知道我希望他们马上按我的要求去做……这很少会发生问题，因为和我一起工作的人都知道，我提到待办事项的唯一目的就是我希望事情完成。我喜欢用这种方式给出指示，这既能让我了解身为一个好人的感觉，也能设身处地考虑他人的感受。

　　根据泰南的说法，高地位的说话者——特别是高地位的女性，经常会意识到礼貌是一种能够有效满足自身需求，同时保护低权力者尊严的方式。同时实现内容目标和关系目标的重要性有助于解释为什么高权力和礼貌相结合的语言通常是最有效的。关键在于根据你的沟通对象调整你的语言风格。如果对方认为礼貌是软弱的表现，那你就有必要切换成高权力的语言风格。相反，如果对方认为高权力的语言风格是粗鲁和麻木不仁的，那么最好使用更有礼貌的方式。一如既往，良好的沟通需要灵活性和适应性。

从表面上看，说"对不起"似乎是一种很好的沟通习惯，我们在第 9 章将诠释道歉和宽恕在人际关系中的重要性。

但学者和社会评论家指出，女性说"对不起"的次数远远多于男性，通常是出于习惯（"对不起，我可以坐在这里吗？""对不起，你能告诉我吗？"）。尽管这些仪式性的道歉是出于礼貌，但它们可能暗示着说话者的软弱甚至屈从。记者杰西卡·贝内特（Jessica Bennett）评论道："道歉只是另一种淡化我们力量的方式，让我们的所作所为变得温和，让自己看起来更加友善。然而，如果我们总是表现出自我防御或不确定性，我们怎么能让别人相信我们是可爱和有能力的呢？"

潘婷的广告《不要抱歉》（Not Sorry）和喜剧演员艾米·舒默（Amy Schumer）的短剧对女性过度道歉的倾向进行了严肃而幽默的评论。斯隆·克罗斯利（Sloane Crosley）的一篇专栏文章将这些视频联系在一起，他认为女性应该提高对这个问题的认识，改变她们的说话方式："'对不起'占用了太多的时间，这些时间本来应该用于发表合乎逻辑的陈述性声明、表达观点和传达我们想要什么的印象。"

当然，有时说"对不起"是有礼貌、负责任的，而且是完全恰当的。沟通高手会监控自己使用这句话的频率以及说这句话的必要性，并相应地调整自己的措辞。

伦理挑战

说了太多的"对不起"

性别歧视与种族歧视

性别歧视语言（sexist language）包括不必要地区分男性和女性，或是排斥、轻视或贬低任何一种性别的文字、短语和表情。这种类型的言论会影响女性和男性的自我概念，这就是为什么有作者认为它是仇恨言论的一种形式。

苏珊娜·罗曼（Suzanne Romaine）提供了几个例子，说明语言中的词汇如何微妙地对男性和女性产生刻板印象。例如，我们说一个女人养育了她的孩子，关注的是她的养育行为（社会学角色）；但说一个男人养育了孩子，只谈论他的生物学角色。我们都对"家庭主妇"一词并不陌生，却没有"家庭主男"这个词，因为我们都默认（或许并不准确）男性是外出养家糊口的人。

除了刻板印象，性别歧视语言还会污蔑女性。例如，"未婚妈妈"这个词很常见，但我们不谈论"未婚爸爸"，因为对许多人来说，男性的这种身份没有任何耻辱感。英语中有超过 200 个词用来形容滥交的女性，却只有 20 个词用来形容滥交的男性。也许这就是为什么在预测"对非性别歧视语言的态度"时，一个重要的预测指标就是"对女性的态度"。教育和观点的选择，也与非性别歧视语言的思维模式呈正相关。

至少有两种方法可以消除性别歧视语言。第一种方法是完全绕过这个问题，去掉针对性别的特定术语或者用中性词代替。例如，使用复数的"他们"，避免使用"他""她""她们"。事实上，"他们"已经成为许多人首选的代词。当没有合适的性别指代时，你可以用中性的词语代替。例如，"男人"可以用"人们""人类""人"代替；"先生""小姐"可以用"您"代替。同样，男消防员和女消防员都是消防员，男警察和女警察都是警察，空少和空姐都是空乘人员。

消除性别歧视的第二种方法是清楚地标记性别，用来提高人们对性别的意识。例如，不用总裁（chairperson）这个词，而是直接用男总裁（chairman）和女总裁（chairwoman）这两个词来清楚区分任职者是男性还是女性（请注意，把"他"放在"她"之前并不是什么神圣的事情。事实上，故意将"她"摆放在"他"之后，间接暗示着社会上普遍认为男性是更重要的性别，应该排在第一位）。

性别歧视语言通常以男尊女卑的组成方式来定义这个世界，而**种族歧视语言**（racist language）则反映了一种将某个种族群体的成员归为优等，而将其他种族归为劣等的世界观。并非所有可能带有种族主义色彩的语言都是故意的。例如，许多词的含义偏爱白人而不是有色人种。

> 在美国和许多其他文化中，白色通常比黑色拥有更多积极的含义…… 诸如"黑色星期一""黑死病""黑猫""黑市"等词语都带有负面含义。文学、电视和电影的传统中，英雄都与白色相关，反派则是以黑色象征。约翰·E.威廉姆斯（John E. Williams）和其他人在1960年的实证研究表明，在去除与任何种族有关的前提下，对白色代表正面和黑色代表负面的联想，在年仅3岁的白人儿童和黑人儿童中都表现得很明显……更何况在成年人之间。

避免产生种族歧视语言的一个有效方法，是确保你的沟通没有侮辱性的标签和诋毁。一部分有问题的语言会很容易被识别出来，而另一部分有问题的语言就比较隐蔽了。例如，在描述他人时，你可能会无意识地使用种族和民族修饰语，如"黑人教授"或"巴基斯坦商人"（或能够识别性别的修饰语，如"女医生"或"男秘书"）。诸如此类的修饰语通常是不必要的，它们可能是种族歧视或性别歧视的微妙暗示。如果你通常不会使用"白人教授""欧美商人""男医生""女秘书"这样的称呼，一旦出现用来识别种族和性别的修饰语，可能意味着你的态度和语言都需要发生改变。

沟通能力评估：性别歧视语言

第一部分

请用数字 1～5 对下列陈述的认同程度进行打分，1 ＝"非常不同意"，5 ＝"非常同意"。

序号	状况描述	打分				
1	认为"总裁"（chairman）这个词是性别歧视的女性，其实误解了"总裁"这个词[1]	1	2	3	4	5
2	担心性别歧视语言，是一件微不足道的事	1	2	3	4	5
3	如果"他"这个字的本义是"人"，那么今天应该继续使用"他"来指代男性和女性	1	2	3	4	5
4	消除性别歧视语言是一个重要的目标	1	2	3	4	5
5	性别歧视语言与社会以性别化的方式对待人们有关	1	2	3	4	5
6	当教师在谈论美国历史时，他们应该将"我们的祖先"（forefathers）之类的词换成包含女性在内的词[2]	1	2	3	4	5
7	要求学生使用非性别歧视语言的教师，是在不公平地将他们的政治观点强加给学生	1	2	3	4	5

第二部分

请用数字 1～5 对下列陈述的意愿程度进行打分，1 ＝"非常不愿意"，5 ＝"非常愿意"。

序号	状况描述	打分				
8	当你提及一位已婚女性时，你是否愿意称呼她为"王女士"而不是"张太太"？	1	2	3	4	5
9	你是否愿意使用"服务员"而不是"帅哥"或"小姐"这些词？	1	2	3	4	5
10	你有多愿意使用"丈夫和妻子"，而不是"男人和妻子"的称呼？	1	2	3	4	5
11	你是否愿意使用"空乘人员"，而不是"空姐"或"空少"的称呼？	1	2	3	4	5

▲ 资料来源：这份自我评估中包含了由 Parks 和 Roberton 在2000年制定的"性别歧视和非性别歧视语言的态度清单"中21个问题中的11个问题。

相关评分结果，请参阅第 186 页。

---

1 chairman 直译是"椅子上的男人"。时至今日，有许多女性担任总裁，被称为 chairwoman，事实上 chairperson 的称呼会更加中性。

2 "祖先"的英文是 forefathers，字面意思是"前面的父亲们"，是以男性为中心的字词。

▍准确性与模糊性

大多数人认为语言的目的是让我们的想法彼此清楚。以清晰明确为目标时，我们就需要一些语言技能来让别人理解我们的想法。然而，有时候我们其实不想完全清楚。在接下来的内容中，我们将研究一些模糊性语言的例子，不仅可以达到沟通目的，而且可以完全理解。

模棱两可

模棱两可的语言（ambiguous language）包含由一个以上的定义所组成的字词和语句。一些模棱两可的语言很有趣，就像下面的报纸标题所示。

> 警察开始对乱穿马路者"宣战"
> 教师对懒惰的孩子发动"进攻"
> 20年的友谊在"祭坛"上结束

许多因为模棱两可引起的误解都是微不足道的。我们曾在一家墨西哥餐厅用餐，点了一份"玉米饼加豆子"。结果送上来的不是配豆子的玉米饼，而是一盘饼上铺满豆子的玉米饼。然而，有些涉及模棱两可的消息引发的误会就要严重多了。一位护士告诉她的一位病人，他"不再需要"他的睡衣、书籍和剃须用品了。这句话把这位病人吓了一跳，让他在接下来的日子里变得沉默寡言、喜怒无常。当护士关注到他的奇怪行为时，她才发现这个可怜的病人把自己的话解读成他很快就要死了。事实上，护士的意思是他很快就可以出院了。

我们很难捕捉和澄清每一种模棱两可的语言。因此，准确诠释陈述的责任在很大程度上取决于信息接收者。寻求一种或另一种反馈可以帮助我们消除误解，例如，通过转述和提问："你说你爱我，但你总是在和其他人约会。在我的字典里，'爱'是专一的，你认为呢？"

抽象

抽象是概括物体、人物、想法或事件之间相似性的简便方法。图5-2是一个**抽象阶梯**（abstraction ladder），展示了我们如何使用一系列具体到抽象的术语来描述对象、事件或情况。

我们一直在使用高层级的抽象语言。例如，我们会倾向说"谢谢你打扫卫生"，而不是"谢谢你洗碗、扫地和铺床"。在这种日常情况下，抽象可能是一种有用的简略语言。

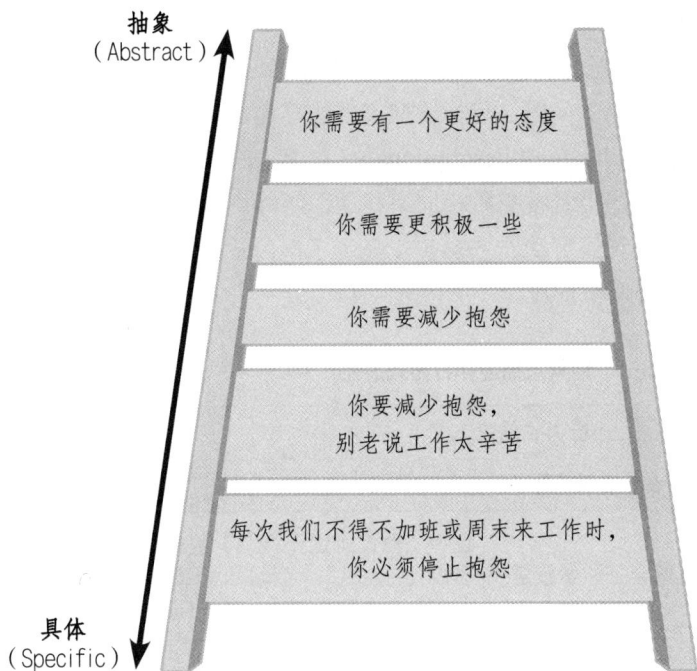

抽象
（Abstract）

你需要有一个更好的态度

你需要更积极一些

你需要减少抱怨

你要减少抱怨，
别老说工作太辛苦

每次我们不得不加班或周末来工作时，
你必须停止抱怨

具体
（Specific）

老板针对员工的职业晋升，提供不同程度的具体反馈

图5-2 抽象阶梯

高层级的抽象语言可以帮助沟通者找到保全面子的方式来避免冲突和尴尬。如果朋友因为约会迟到而向你道歉，你可以选择不去纠结这事，安慰他"别担心，这又不是世界末日"来让事情淡化，而不是选择一个具体的陈述"说实话，我刚才很生气，但现在冷静下来了"来让事情恶化。同样，如果你的老板问你对某个提案的看法，实际上你认为这个提案不如自己的版本，但你不想表现出不同意，这时你就可以用一个高层级的抽象语言来响应："我从来没有这么想过。"

尽管模糊的语言确实有其用途，但高度抽象的语言会导致几种类型的问题。在最基本的层面上，一些抽象语言的模糊性会让人很难理解信息的含义。例如，告诉理发师"短一点"或是"休闲一点"，而不提供更具体的说明，可能会带来不愉快的惊吓。过于抽象的语言也会导致刻板印象，一个有过糟糕经历的人会责备整个群体。例如，"婚姻顾问一文不值""纽约人都很粗鲁""男人没一个是好东西"。这些过度抽象的表达会导致人们用有问题的通用性来思考，从而忽略了事物的独特性。

你可能会认为抽象的陈述能够缓解所有批判性信息的打击，但研究表明情况并非总是如此。与使用具体语言的人相比，使用模糊语言来描述他人消极行为的人更不讨人喜欢。通过抽象的字词来描述他人的消极行为，你可能会让人看起来持有隐藏动机。然而，在使用抽象语言描述他人的积极行为时，却没有发现这种影响。

如果你想让自己的语言和思维不那么抽象，变得更清晰的话，可以尝试在描述自己的问题、目标，抑或表达感谢、请求和抱怨时，采用**"行为式描述（behavioral descriptions）"**。我们使用"行为式"这个词是因为这样的描述沿着抽象阶梯向下移动，能够更精准地形容我们所观察到的具体对象和显著动作。表5-1显示了行为式描述为何比模糊、抽象的描述更加清晰和有效。

表5-1 抽象式描述和行为式描述

类型	抽象式描述	行为式描述			备注
		参与者	在什么情况下	具体行为	
问题	我不擅长结识陌生人	我想约会的人	在聚会上和学校里	我想"他们永远不会想和我约会的"，而我也不会主动开启对话	行为式描述能更清楚地识别出需要做出改变的想法和行为
目标	我想变得更自信一些	电话和上门拜访的推销员	当我不想要商品或买不起的时候	我不想说抱歉，我想一直说"我不感兴趣"，直到他们离开	行为式描述能清楚地勾勒出该如何行动；抽象式描述则不能
感谢	你一直以来都是一个很棒的老板	（无须说明）	当我因为学校考试或作业繁重，需要改变我的日程安排时	你愿意重新安排我的工作时间	为了获得最佳效果，同时给出抽象式描述和行为式描述
抱怨	我不喜欢这里的一些教师	A教授和B教授	在课堂上，当学生提出了教授认为是愚蠢问题时	他们要么用讽刺的声音回答（你可以示范），要么指责我们学习不够努力	如果是和A或B对话，只使用行为式描述；如果是和其他人对话，则需要同时使用抽象式描述和行为式描述
请求	别再烦我了	我的朋友X和Y	当我在准备考试的时候	与其一次又一次地邀请我和你们一起去参加聚会，我倒希望你们可以接受我今晚需要学习的事实	行为式描述会降低你的防御性，让你清楚地知道自己并不是总想一个人待着

委婉语

委婉语（源自希腊语，意思是"使用好兆头的字词"）是代替生硬表达的温和术语。委婉语避免直接在字面上提及某一事件（如"她死了"），取而代之的是描述其后果的术语（"她不能再和我们一起了"）、相关事件（"她咽下了最后一口气"）、隐喻（"她脱离苦海了"）或其他更抽象的联想。委婉语通常用于减轻可能使自己和他人不愉快的信息的影响。不难想象，与"我想和别人约会"的解释相比，用"我还没有准备好承担责任"更容易处理恋爱关系的破裂。在与地位较高的人交谈时，我们倾向于更多地使用委婉语，这可能是为了避免冒犯他们。当面临如何提出困难话题的选择时，最大的挑战是在不牺牲你的诚信或信息清晰度的情况下尽可能地保持友善。

弗洛伦斯·福斯特·詹金斯（Florence Foster Jenkins）是一位富有且人脉广泛的社会名流，她的人生还有一个梦想，就是向全世界展示她的歌唱天赋。不幸的是，她的声乐能力充其量是平庸，严重点说她的歌声是刺耳的。但没有人有勇气告诉她。

詹金斯周围的人都在巧妙地回避对她的歌声做出直接评价。请注意她的声乐教师在沟通中是如何使用抽象语言来避免告诉她令她痛苦的真相的。

教　师：你的声音从来没有这么好听过。
詹金斯：老师，很多我这个年纪的歌手确实都在走下坡路，但我似乎越来越好了。
教　师：我知道，这很难相信，不是吗？
詹金斯：嗯，我太幸运了。
教　师：没有人像你一样。

第3章描述了模棱两可如何成为一种既能逃避事实又能不在技术上撒谎的策略。我们很容易理解为什么詹金斯的支持者会选择这种方式。

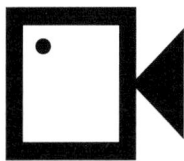

电影电视

表面夸人实则骂人：
《跑调天后》

相对性语言

相对性语言（relative language）通过比较获得意义。举例来说，你就读的学校属于大学校还是小学校，这取决于你拿什么学校与其进行比较。与拥有 6 万多名学生的俄亥俄州立大学相比，你的学校可能看起来很小；但与一所只有 1500 名学生的学校相比，你的学校可能看起来相当大。快与慢、近与远、短与长等相对性词语，只能通过比较才能清楚地定义出来。

在没有解释的前提下，使用相对性语言会导致沟通问题。你是否曾经回答朋友说天气很暖和，结果他却觉得很冷？你是否曾经听从朋友的意见，去了一家"便宜"的餐厅，结果却发现那里的价格是你预期的两倍？你是否曾经听说过一些"容易"的课程，结果却发现非常难？这些例子的问题都是由于未能将相对性的词语与更容易衡量的词语联系起来。

让词语变得容易衡量的一种方法是把它们变成数字。医疗从业者发现，病人在描述疼痛时经常使用模糊的措辞"有点疼""我很痛"，使用数字来测量疼痛指数能够提供更精确的信息，并带来更合适的诊断。当病人被要求将他们的疼痛级别从 1 到 10 进行打分，其中 10 是他们经历过最严重的疼痛，数字 7 就比"有点疼"来得更加具体和明确。从询问人们对看过的电影的评价到他们对工作的满意度，都可以使用同样的技巧。

评价性语言

评价性语言（evaluative language，有时也称为情绪性语言）表面上似乎在描述某事，但实际上它表明了说话者对某事的态度。如果你认同朋友对一个难题采用迂回的说法，你可能会认为他是"机智的"；如果你不喜欢他，你可能会指责他"拐弯抹角"。

考虑下面这些例子，你就会明白评价性语言实际上是意见性陈述。

当你认同时，你会说	当你不认同时，你会说
节俭的	廉价的
传统	陈旧
性格外向	人来疯
谨慎	胆小鬼
先进的	激进的
信息渠道	宣传手法
奇特的	疯狂的

▋语言的责任性

语言除了提供了一种使信息内容变得清晰或模糊的方式外，也反映出了说话者对其信念、感受和行为负责的意愿。这种对责任的接受或拒绝向我们提供了很多关于说话者的信息，同时也营造了一段关系的基调。要了解这是如何做到的，请继续往下阅读。

"这件事"的陈述

请注意每组句子之间的区别。

> "迟到会让人担心。"
> "你迟到了，我很担心。"

> "这是个坏主意。"
> "我不认为这是个好主意。"

> "这是一个问题。"
> "我认为这是个问题。"

顾名思义，"这件事"的陈述用相对不直接的"这"字来代替了"我"这个人称代词。相比之下，使用"我"的语言能清楚地表明说话者是信息的来源。使用"这件事"来陈述的沟通者避开了对信息的所有权。这种习惯不仅不严密，更重要的是这是一种微妙的、潜在的、无意识地避免采取立场的方式。

"但是"的陈述

使用"X很好，但是Y……"（X-but-Y）的陈述可能会令人困惑，仔细看看"但是"的陈述就可以解释其中的原因。在句子中，要是出现"但是"这个词，就会抹除先前已表达的想法。

> "你真的是一个很好的人，但是我想我们再也不要见面了。"
> "你为我们付出许多，但是我们不得不让你离开。"
> "这篇论文有许多不错的观点，但是因为交晚了，所以我只能给它打D。"

"但是"也可以作为一种保全面子的策略，偶尔值得使用。然而，当沟通的目标绝对清晰时，最负责任的说话方式是直接传达中心思想，而不是使用"但是"的陈述来分散注意力。我们可以将本想说的话分成两句，分开传达正面信息和负面信息。这样做可以让你陈述的两种信息都能被听者接收到，而且不会自相矛盾。

"我"、"你"和"我们"的语言

我们已经了解，使用"我"的语言是说话者对信息负责的一种方式。相比之下，使用"你"的语言表达的则是说话者对他人的判断。积极的评价（"你做得很好！"）很少会引起问题，但是请注意下列每一句批判性的"你"字陈述，都隐含着对对方做错事的抱怨。

> "你把这里弄得一团糟！"
> "你没有遵守你的诺言！"
> "你有时候真的很粗鲁！"

不难发现，使用"你"的语言可能会引起对方的防卫。它暗示着说话者有资格去评判说话对象，但这并不是大多数倾听者愿意接受的想法。"我"的语言为说话者提供了一种更准确同时不那么挑衅的方式来表达抱怨。通过使用"我"的语言，你可以描述自己对他人行为的反应，对自己的陈述负责，而不是表达判断。使用这类"我"信息的沟通者通常会变得自信，因为他们清楚地表达了自己的想法、感受和需求。

肯定信息由三种不同类型的"我"字陈述组成。一是描述他人的行为，二是描述你的感受，三是描述他人行为给你带来的后果。以下是几个完整的肯定信息。

> "当我听到你在我们的朋友面前谈论我的糟糕成绩时（你观察到的行为），我觉得很丢脸（你的感受）。我担心他们会认为我很笨（可能的后果）。"
> "因为今天早上我一直在等你来接我（行为），我因为上课迟到被教授训斥了一顿（后果）。这就是我这么生气的原因（感受）。"
> "我们的感情变淡了（后果），因为最近这几个星期你都没有花时间陪我（行为），我对你对我的感情感到困惑（感受）。"

当被误解或得到防御反应的可能性很高时，最好将上述三个要素都包含在你的肯定信息中。然而在某些情况下，只包含其中的一两个元素就可以完成任务。

> "我很生气，因为我费了好大劲儿才搞定这顿晚餐，现在全都凉了（*这个行为很明显*）。"
> "我很担心，因为我一直没有收到你的消息（*"担心"既是一种感觉，也是一种后果*）。"

即便是结构最好、传递最高效地使用"我"信息，也并不是无往不利的。正如托马斯·戈登（Thomas Gordon）所指出的："不管你用什么方式陈述，没有人愿意听到自己的行为给别人造成了困扰。"此外，大量使用"我"的语言会让人听起来有点以自我为中心。研究表明，自我沉浸的人，尤其是有"沟通自恋"倾向的人，经常会使用第一人称单数的"我"做沟通。因此，适度使用"我"的语言，才能发挥最好的效果。

避免过度使用"我"字陈述的一种方式，就是考虑使用"我们"这个代词。"我们"的语言意味着这是说话者和倾听者共同关心和负责的议题。思考一些例子：

> "我想我们有个问题，我们似乎一谈到钱就会吵架。"
> "我们在保持公寓整洁方面做得不是很好，对吗？"
> "我们需要和你的父母聊聊，假期是否要去探望他们。"

一方面，"我们"的语言有助于营造一种建设性的沟通氛围。它暗示一种"我们在一起"的倾向，是语言直接性的一个组成部分。在一项研究中，陌生人被要求在交流中使用"我们"而不是"你和我"，这样做后，大家会感觉彼此更亲近。使用"我们"语言的夫妻对婚姻的满意程度会比那些经常使用"我"和"你"的语言的夫妻更高，也更善于处理冲突。当其中一方出现健康问题时，"我们聊聊"会很有帮助。使用复数代词意味着医疗问题是"我们的"，而不是"我的"或"你的"。

另一方面，使用代词"我们"可能是傲慢的，甚至是强人所难的，因为你不仅代表你自己，还代表了对方说话。不难想象，当有人说"我们有一个问题……"时，你对这句话的回应可能是："也许是你有问题，请不要说是我有问题！"再看看上面提供的"我们"的语言的例子，想象你不同意说话者的结论。在这种情况下，你可能更多的是抱有戒备之心，而不是同意被包括在内。

正如表5-2总结的那样，三个代词（我、你和我们）都有各自的利弊。鉴于这一事实，对于在人际沟通中使用最有效的代词，我们能给出什么建议呢？研究发现，"我"和"我们"的组合（如"我认为我们……"或"我希望我们……"）得到了大学生的强烈支持，尤其是在恋爱关系的对抗性对话中。理查德·斯莱彻（Richard Slatcher）和他的同事得出了一个类似的结论：在关系性沟通中，"我"和"我们"的信息都具有价值，因为这些代词显示出了自主性和联系性（有关这些关系辩证法的讨论，请参阅第9章）。

表5-2　人称代词的使用利弊及建议

代词	优点	缺点	建议
"我"的语言	·对个人的想法、感受和需求负责 ·比评价性的"你"的语言激起的防卫要少	·可能被认为是自负的、自恋的和以自我为中心的	·在冲突或对峙中使用描述性的"我"字陈述，对方并不会认为有问题 ·在对话中结合"我"和"我们"一起使用
"你"的语言	·表示他人导向，尤其当话题正面时	·听起来可能有评价和判断的意味，尤其是在对峙的时候	·避免在对峙时使用 ·赞美他人时使用"你"的语言
"我们"的语言	·表示包容、直接性、凝聚力和承诺	·代表他人说话可能不恰当	·用于团体场合，加强团结 ·在表达个人想法、感受和需求时要避免 ·结合"我"的语言一起使用，特别是在私人对话中

因为沟通场合出现过多代词并不合适，所以将代词组合在一起是个好主意，这表明你能够从不同的角度看待事物。如果你的"我"语言反映了自己的立场而不过度自我，你的"你"语言表达了对他人的关心而不是在对他们进行评判，你的"我们"语言包括了他人而不是代表他们，那么你会尽可能地接近理想中的代词组合。

5.3 性别与语言

到目前为止，我们并没有讨论在性别上语言使用的差异。然而，男性和女性在语言使用上有什么不同吗？如果有，这些差异有多重要呢？

▌ 性别差异

一些人认为男人和女人的交流方式明显不同，而另一些人则认为两者的相似之处远多于不同之处。我们来分别概述性别与语言在这场辩论中两个极具代表性的不同观点。

观点一：明显的差异

1992 年，约翰·格雷（John Gray）认为男人和女人在本质上是不同的，他们就像来自不同的星球。在畅销书《男人来自火星，女人来自金星》中，他写道：

> 男人和女人在生活的各个方面都不一样。不仅交流方式不同，他们的思考、感觉、感知、反应、回应、爱、需要和欣赏的方式也不同。他们似乎来自不同的星球，说着不同的语言，需要不同的营养。

格雷的作品主要是基于奇闻逸事和猜想，缺乏学术支持。然而，社会科学家已经承认，男性和女性在社会行为上确实存在一些显著差异。这些发现导致有些学者将男性和女性描述为不同文化的成员，他们的差异主要来自社会化历程，而不是生物学基础。社会语言学家黛柏拉·泰南是"两种文化"理论最著名的倡导者，她认为男性和女性在成长过程中，需要学习不同的说话和行动规则。

为了支持"两种文化"的理论假说，传播学研究者安东尼·穆拉克（Anthony Mulac）报告称，男性比女性更容易使用句子片段来说话（"不错的照片"）。男性还会更多地使用"我"来谈论自己（"我有很多会议"），并使用更多的评判性语言。他们通常也更有可能做出指令式的声明。相比之下，穆拉克发现女性的说话更具有试探性和复杂性，并涉及更多的情绪。举例来说，女性使用的句子通常会比男性的长，她们会更多地提及感受，并使用加强语气的副词（"他真的很有趣"）来描绘出一幅更加完整的画面。此外，女性的发言往往不那么果断，会包含许多不确定性的陈述（"这似乎是……"）、模棱两可（"我们有点按部就班了"）以及加入疑问句（"你这样认为吗?"）。有些理论家认为，这些差异会导致女性发言没有男性那么有力，但会更具包容性。

传播学学者朱莉娅·伍德（Julia Wood）在她的职业生涯中投入了大量的时间来分析性别差异对沟通的影响。虽然她认为格雷的"火星和金星"理论夸大其词、弊大于利，但她也承认女性和男性在实际沟通中存在差异，如表 5-3 所示。

表5-3　女性与男性在实际沟通中的差异

女性	男性
用对话来维持关系	用对话来建立控制
营造一种平等的氛围	营造一种权力感和地位感
提供情感支持	解决任务和问题
问问题	做陈述
提供具体的个人信息	做出抽象的概括
试探性地说话（通常是出于礼貌）	说话果断（通常是为了掌握主动权）

▲ 资料来源：朱莉娅·伍德等所著的《性别化生活：沟通、性别和文化》（*Gendered lives: Communication, gender, & culture*）。

观点二：细微的差异

尽管男女在说话方式上存在差异，但性别和语言使用之间的关系其实并没有看上去那么明显。一项涉及 3000 多名参与者的元分析发现，女人使用试探性语言的可能性只比男人多一点点。研究人员还从成年人言语的健谈性、亲和性和肯定性这几个方面去寻找性别上的差异，最后发现这三种语言结构上的差异都可以小到忽略不计。从本质上说，这些研究表明，男性和女性的语言相似之处远远大于不同之处。

最近的一项研究进一步支持了"细微差异"的观点。研究人员要求男性和女性分别描述他们生活中与健康相关的事件。对文字记录的分析表明，女性使用的副词和人称代词比男性略多一些。然而，只阅读文字记录的参与者大多无法识别说话人的性别。随后，研究人员要求男性、女性和跨性别女性描述同一幅图画。仔细研究发现，跨性别女性的用词选择与男性的用词选择更相似，而不是女性的——但同样，大多数人无法根据用词来区分他们。

鉴于两性之间的语言使用有相当大的相似性，传播学研究员凯瑟琳·丁迪亚（Kathryn Dindia）建议"男人来自火星，女人来自金星"的说法应该被"男人来自北达科他州，女人来自南达科他州"所取代。

▎非性别因素

性别并不是影响男女使用语言的唯一因素。在语言的使用上，其他因素可能会超过或至少减轻性别带来的影响。

职业就是其中的一个因素。例如，男性运动员和女性运动员的沟通方式非常相似。幼儿园男教师对学生的说话方式，跟父亲在家中所用的语言相比，更近似于女教师的说话方式。再比如，在男性主宰的行业中工作的女性农场经营者，经常显示象征成功的男性气质，他们咒骂和交谈起来"像钉子一样强硬"。

另一个胜过性别差异的因素是权力。例如，在同性恋关系中，伴侣之间的对话风格反映更多的是权力差异（例如，谁赚的钱更多），而非沟通者的生物性别。当男性和女性在谈判中具有相同的讨价还价能力时，他们使用威胁性言论的方式也没有什么不同。这些研究表明，从历史上看，女性化或男性化的语言与其说是性别的作用，不如说是社会权力的作用。事实上，社会地位的差异往往比性别差异在语言上表现得更为明显。

那么，性别对语言影响的结论到底是什么呢？答案很简单，男女之间的说话模式有所不同。但这些差异可能并不像某些人声称的那么大，它们可能是因为沟通者生理性别以外的因素所引起的。正如我们将在下一小节所要讨论的那样，在线上沟通时，性别差异有时更容易被发现和衡量。

5.4 社交媒体与语言

到目前为止，本章中所描述的沟通原则均适用于面对面和通过中介媒体进行沟通。然而，研究人员已经发现在社交媒体中使用的语言存在一些鲜明特点。在本节中，我们将重点讨论印象管理和性别这两个主题，描述它们在网络的语言选择中是如何出现的。

网络语言与印象管理

正如我们在第 3 章中提到的，许多线上沟通都是印象管理的练习。例如，发送错误的短信可能会让某些收件人（如教授、老板和客户）觉得发送者很糟糕，因此管理这些印象变得格外重要。有一种方法是使用签名档，表明文本信息是在移动设备上输入的。一些信息发送者会直接在签名档上写明："这封邮件是在手机上写的，如有疏漏，敬请谅解。"这其实是将产生错误的责任从信息发送者转移到了设备上。

交友网站与印象管理息息相关。在线交友网站的用户不仅可以修改自己的照片和视频，还可以编辑自我描述。在交友网站上，女性比男性更容易谎报自己的体重，而男性则更容易谎报自己的职业和收入。即使是一个人的名字也会在网上形成印象。德国的一项研究发现，名叫亚历山大的男性比名叫凯文的男性在交友网站上获得访问的概率高 102%。（尽管凯文这个名字在美国很受欢迎，但在德语系国家中却非常不受欢迎，以至于它的负面评价被称为"凯文主义"。）

印象管理并不局限于在网络上寻找另一半，微博上的好友也会通过策略性的语言选择来展示他们最好的一面。与私人信息相比，他们倾向于在公开状态的动态更新中使用更多积极的情绪词汇，表现出乐观的个性。此外，微博用户在好友的留言板上发帖时，会选择比在熟人的留言板上更热情的文字，以此向更多的人表明他们的友谊状态。

虽然电子邮件已经成为不那么重要的线上沟通方式，但它仍然是商业世界的中流砥柱。高管们承认，他们试图通过撰写电子邮件的不同方式来管理印象。例如，他们在手机上发送的专业信息并没有在办公室电脑上写的那么正式。通过手机发送的邮件，开头通常没有问候，直接进入商务对话。而在办公室电脑上写的邮件，往往会用问候和名字开头（"你好，玛丽"）。电子邮件的结尾也会遵循类似的模式。高管们表示这并非偶然，通过手机交流时，他们希望给人传达一种"他很忙""没时间表示友好"的印象。

维基百科不仅仅是一部免费的百科全书，它还是一个编辑和管理员的社区，他们在网上一起工作，在工作的过程中建立关系。由丹妮拉·约瑟（Daniela Iosub）领导的一个团队分析了贡献者的"谈话页面"，以了解维基百科社区的语言模式。

研究人员收集了近 1.2 万名贡献者的数据，这些贡献者每人都在维基百科的英文讨论页面上发表了至少 100 条言论。在通过基于词汇的计算机程序运行数据后，研究人员得出了与地位和性别相关的结论。

地位：管理员的级别比编辑高，他们倾向于使用更中立、客观和正式的词汇。编辑更多的是情感和关系上的沟通——也就是说，他们使用语言来形成和保持彼此之间的联系。管理人员可能会说："这个想法有可取之处。"编辑可能会这样说："我真的很喜欢你的建议。"

性别：与男性贡献者相比，女性贡献者倾向于使用能够促进社会和情感联系的方式进行沟通（"我们取得了很好的进展，谢谢你的投入"），无论她们在社区中的地位如何。另一方面，女性编辑最注重人际关系，而男性管理人员则最不注重。

研究人员建议，如果维基百科社区想要发展壮大，其管理员最好采用一种能更加建立联系的沟通方式。实现这一目标的方法之一就是增加女性管理人员的数量，另一种方法则是让男性贡献者养成一种更温暖、更个人化的风格。

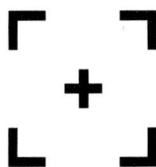

研究焦点

网络社区的语言

网络语言与性别

研究表明，男性和女性有着不同的书面语言风格，这些差异体现在线上沟通中。例如，男性往往比女性使用更多的夸张词、名词和脏话。相比之下，女性会使用更多的人称代词、动词和语用模糊的短语（如"我认为"）。当然，字词并不能说明全部情况。例如，女性和男性使用"我们"这个词的意思大致相同，但使用的方式有所不同。如果进一步观察，我们会发现女性更倾向于使用"温暖的我们"（"我们在一起玩得很开心"），而男性则更倾向于使用"疏远的我们"（"我们需要为此做点什么"）。虽然在书面语言的使用上确实存在性别差异，但它们并不是绝对的。计算机程序只能在 67%~72% 的情况下正确识别作者的性别（其中的 50% 还是偶然的）。

从社交网站收集的数据，显示出了更大的差异。在一项研究中，研究人员分析了约 7.5 万名志愿者在 34 个月的时间里超过 1500 万条的脸书状态更新。结果显示，男性和女性在语言使用上存在显著差异（不同年龄和性格的人也有明显差异）。女性会使用更多的情感词汇（"兴奋""精彩"）和第一人称单数代词，更多地提及生活中的人。男性则会更多地提及客观事物（"游戏""政府"），说脏话的频率也要高得多，这一发现似乎适用于所有针对男性和女性词汇使用的研究。

人们似乎能够本能地意识到网络语言中的性别差异。一项研究发现，线上沟通者会根据他们的网络性别身份来采用不同的写作风格。参与者被随机提供了不同性别的头像，有些与他们的生理性别相符，有些则不符。与被分配了男性角色的沟通者相比，被分配了女性角色的沟通者表达出了更多的情感，做出了更多的道歉，并且使用了更多的试探性语言。换言之，参与者调整了他们的语言习惯，用来匹配语言中性别的刻板印象。

网络语言的性别差异在青少年中更为明显。一项针对青少年男女在聊天室中用词选择的研究发现，男孩更积极，更自信，会主动与人沟通并提出建议，而女孩则是被动给予回应（"哇""天哪""哈哈哈"）。男孩的用词也会更加调皮和挑逗（"有辣妹想聊天吗?"）。研究人员指出，这些明显的差异可能是由于参与者的年龄造成的，其中一些差异会在成年后慢慢消失。

重要的是记住，你在网上使用的词汇会透露很多关于你的信息。它们反映了你是谁，以及你对他人的看法。请记住，网络信息可以被记录和保存。它们可以持久地提醒你对他人保持亲和力，或者会回来困扰你。就像面对面沟通一样，请谨慎选择和使用你的措辞。

自我检查

▼

▶ 学习目标
5.1 理解语言中的符号性、规则性、主观性和文化性

　　语言既是一种奇妙的沟通工具，也是许多人际关系问题的根源。每一种语言都是由各种规则管理的符号集合。因为语言的符号性，所以它并不是精确的载体。语言的意义在于人，而不是语言本身。最后，我们所说的语言可以塑造我们的世界观。

　　问题：请描述一次近期在你的生活中发生的重要沟通，说明语言的符号性、规则性、主观性和文化性。

▶ 学习目标
5.2 认识到语言会对人际关系产生正面影响或负面影响

　　语言能够同时反映和塑造使用者的知觉。例如，人名会影响自己的身份和他人看待自己的方式。语言也能够反映沟通者彼此之间的联盟关系。语言模式反映并塑造了说话者的知觉能力，也可以反映和影响性别歧视和种族主义的态度。

　　如果使用不慎，语言会导致各种人际问题。信息的准确性与模糊性会影响接收者对它们的理解。精确的信息、模糊的信息和回避的信息在人际关系中都各有用途：沟通高手能够根据当前情况选择最佳的信息精确度。沟通高手还知道如何使用"我""你""我们"的陈述来达到责任和关系和谐的最佳水平。使用情绪化的词汇可能会导致人际关系中不必要的嫌隙。

　　问题：分析你这两天的语言使用情况，找出它是如何促进人际关系或如何造成人际问题的？

▶ **学习目标**

5.3 描述性别对人际关系中语言使用的影响

性别与语言之间的关系非常复杂。尽管大众媒体上的一些作家认为，男性和女性有着本质上的不同，因此会说不同的语言，但这一观点并没有在学术上得到支持。越来越多的研究证实，两性之间的差异性与相似性相比，其实是微不足道的。许多最初看起来与性别有关的语言差异，实际上可能是由于职业、权力等其他因素造成的。

问题： 找出男性与女性在语言使用中的异同，并对这些不同之处做出解释。

▶ **学习目标**

5.4 辨别网络语言与面对面沟通时的语言在使用方式上的不同

社交媒体中使用的语言存在一些鲜明特点。语言选择是线上印象管理的重要特征。通过社交媒体书写文案时，性别差异也会表现得更为明显（至少是更容易衡量）。

问题： 分析你在社交媒体上发布的消息，看看它们是否反映了你希望被认同的身份。

实践活动

▼

1. 和小组同学一起，针对下列每种情况分别描述一个句法、语义和语用
   规则：

   a. 约一位熟人出去第一次约会。
   b. 拒绝一场派对的邀请。
   c. 回应一个刚刚在人群中撞到你后说"对不起"的陌生人。

2. 有关语言的影响的内容在第 161~176 页，展示了沟通者选择的词语如
   何影响他人的知觉。请为以下每种语言的影响创建两个场景并向全班
   展示。第一个场景描述如何建设性地使用这种影响，第二个场景描述
   对这种知识的不道德应用。

   a. 命名与认同
   b. 联盟关系
   c. 权力
   d. 性别歧视与种族歧视

3. 请将以下内容翻译成行为式语言，分享给同学并获得他们的回馈。

   a. 改善人际沟通的抽象目标（例如，"变得更加自信"或
      "停止讽刺"）。
   b. 你对另一个人的不满（例如，他很"自私"或"麻木
      不仁"）。

   在这两种情况下，请描述涉及的参与者（一人或多人）、沟通发生
时的情况以及涉及的具体行为。使用行为式描述，会对你的人际关系产
生什么影响？

4. 和你的同学一组，练习用"我"和"我们"的语言重新表述以下"你"字陈述。

    a. "你没有跟我说实话！"
    b. "你只考虑你自己！"
    c. "你别那么感情用事！"
    d. "你根本不明白我说的任何一个字！"

现在，请回想你在生活中会向他人说的三句"你"字陈述，将这些陈述中的"你"都转化为"我"和"我们"的语言，并与同学一起排练。

5. 有作者认为男性和女性之间的沟通差异巨大，以至于描述为"男人来自火星，女人来自金星"。其他研究人员认为，这些差异并不那么明显，并将其描述为"男人来自北达科他州，女人来自南达科他州"。你认为哪种说法更准确？请提供你生活中的经验来支持你的观点。

6. 你在网上或通过短信进行沟通的方式，会与面对面沟通有所不同吗？你的社交媒体语言，会随着使用的媒体工具不同而有所不同吗？仔细观察你在三天内的沟通，与面对面沟通相比，你在短信、社交网站、微博和博客中是否有明显的"说话"倾向？例如，在微博上有没有比面对面沟通时更倾向使用的词？

▶ 沟通能力评估（第167页）

在11道题的分数相加之前，请确认你已将第1、2、3题中的分数进行了置换（如果你的分数是5，请更改为1；同样，4更改为2；2更改为4；1更改为5）。分数从11分到55分不等。得分在38分及以上，意味着你对非性别歧视语言持有支持态度；得分在11分和27分之间，意味着你对非性别歧视语言持有反对态度；得分在28分和37分之间，意味着你是中立态度。学者们指出，女性对性别歧视语言的容忍程度通常低于男性，这可能会对分数产生影响。

第6章

非语言沟通丨

学习目标

专题研究

人们在嘴上并不总说真话……但他们的手势和动作会说实话！

他会约你出去吗？她在鼓励你吗？

学习身体信号的秘密语言，你就可以改善你的：

性生活

社交生活

商业生活

阅读肢体语言可以揭示以下这些秘密。

他的眼神表明他对你感兴趣吗？

她的面部表情是否表明她是一位欺骗者？

他的站姿是否说明他是一位运动员？

几乎每一家药店、超市和机场书店的书架上，都陈列着与"肢体语言"相关的书籍。广受欢迎的研讨会和网络视频也都在发表类似的主张。他们承诺可以让你学到一些秘法，把你从一个笨手笨脚的社交失败者转变成一个自信满满的读心者。

这些说法太过夸张，并且大多是捏造的。请不要误会：关于非语言沟通有一套科学的知识体系，它为人类行为提供了许多有趣而有价值的线索，这就是本章的重点内容。接下来的内容不太可能让你马上变成一个富有、性感、迷人的沟通明星，但请不要走开。你只需要快速看一些非语言沟通相关的研究，就会发现这是一个重要且有价值的研究领域，非语言沟通的技能非常值得学习。

6.1 非语言沟通的定义

如果"非"（non）代表"不是"，而"语言"（verbal）是指字词，那么"非语言沟通"的意思是不通过字词进行沟通。然而，这个定义过于简单，因为它无法区分语音沟通（用声音）和语言沟通（用文字）。一些非语言信息包含声音元素。例如，"我爱你"这个词根据说话方式的不同就会有不同的含义。此外，一些非语言的沟通形式，包括聋人社区中使用的手语，实际上是语言性的，大多数社会科学家不会将手语定义为非语言。因此，**非语言沟通**（nonverbal communication）更好的定义是"通过与语言无关的途径所表达的信息"。

这些非语言信息很重要，因为我们所做的往往比我们所说的更能传达意义。一项早期的研究声称，沟通中有 93% 的情绪影响来自非语言的线索，只有微不足道的 7% 来自语言的线索。另一项研究显示，行动和语言在沟通中的占比分别为 65% 和 35%。尽管社会科学家对这些数字，以及语言与非语言的线索孰重孰轻存在争议，但重点是：非语言沟通对于我们如何理解他人的行为起着十分重要的作用。

你可能会好奇，非语言沟通为何如此强大。乍看之下，沟通的意义似乎来自文字。要回答这个问题，你可以回想一下那些使用你不熟悉的语言进行沟通的人。虽然你听不懂他所说的话，但仍有很多线索可以让你了解沟通中所发生的事情。通过观察面部表情、姿势、手势、声调和其他行为，你可能会了解交流者之间的关系。研究人员发现，听到无内容语音的测试者（经过电子调音，听起来不清楚的语音），仍然可以持续地辨认信息所传递的情绪和力量。

6.2 非语言沟通的特征

正如表 6-1 所示,语言沟通和非语言沟通在许多重要方面差异巨大。我们先来看看非语言沟通的五个特征。

表 6-1 语言沟通和非语言沟通的差异

语言沟通	非语言沟通
大多是自愿且有意识的	经常是无意识的
通常以内容为导向	通常以关系为导向
可以是清晰的或模糊的	本质上是模糊不清的
主要由文化塑造	以生物学为基础
不连续 / 间歇性	连续
单通道(仅限字词)	多通道

▌非语言沟通一直在发生

一些理论家认为,所有的非语言行为都在传达信息。他们认为人不可能不沟通。你可以试想,如果有人告诉你不要传达任何信息,你会怎么做,这样你就能够理解不沟通的不可能性。即使你只是闭上眼睛或是走出房间,这些无声的行为也在传递信息,意味着你正在避免接触。有一项研究便采用了这种方法,当沟通者被告知不要显露任何非语言线索时,其他人会认为这些沟通者是迟钝的、孤僻的、不安的、冷漠的和虚伪的。

了解到人不可能不沟通这一事实很重要,因为这意味着我们每个人都是一台无法被关闭的发射器。无论我们做什么,我们都在发出一些关于自己以及我们与他人关系的信息。例如,如果有人正在观察你,他会得到哪些非语言线索来了解你的感受?你是坐着还是躺着?你的姿势是紧张还是放松?你的面部表情正在传达什么信息?你能让自己面无表情吗?面无表情难道不也在传达某种信息吗?即使是无法控制的行为也在传达信息。例如，你可能不打算把尴尬说出来，但涨红的脸可能会让你露馅儿。

当然，并非所有的行为（有意或无意）都会被正确诠释：当你真的只是因为寒冷而发抖时，你颤抖的手可能会被视为紧张的表现。但是，无论你的行为是否有意，以及是否被准确解释，所有的非语言行为都有创造信息的潜力。

非语言沟通主要是关系上的

一些非语言信息具有实用功能，例如，交通警察指挥交通。但非语言沟通也服务于更常见（也更有趣）的一系列社交功能。

非语言沟通能够反映我们与他人之间已经拥有或想要拥有的那种关系。当你和别人打招呼的时候，想想各种各样的方式，你就会明白这一点。你可以挥手、握手、点头、微笑、拍拍对方的背、给他一个拥抱或者避免任何肢体接触，这其中的每一个行为都传达了有关你和对方关系实质的信息。

非语言沟通还发挥着另一种有价值的社会功能：传递着我们也许不想或无法表达的情绪，甚至是我们可能没有觉察到的情绪。事实上，非语言沟通在表达态度和情绪上的效果，比表达想法的效果更好。你可以想象如何使用非语言的方式表达下列句子的含义来证实这一点。

　　1."我累了。"
　　2."我支持死刑。"
　　3."我被团体中的某个人吸引。"
　　4."我认为学校应该允许学生请愿。"
　　5."我对房间里的某个人感到生气。"

从这个试验可以看出，除了猜字游戏，非语言信息在表达态度和情绪上（1、3和5）比想法（2和4）的效果好得多。这就解释了为什么即使你无法理解他人沟通的主题，也可以通过阅读非语言线索来了解他们的态度和感受。

非语言沟通是模糊不清的

在第5章中，我们指出了一些语言是如何产生歧义的。例如，"那个鼻环真的让你与众不同"这句话可以是赞美，也可以是批评；而含糊的陈述"我快好了"可能意味着你还得等几分钟或一个小时。大多数非语言行为都比诸如此类的口头陈述更加含糊。要理解其中的原因，不妨考虑一下你会如何理解同伴一整晚的沉默。想一想这种非语言行为所有可能的含义：温暖、愤怒、专注、无聊、紧张、体贴，可能性有很多。

一家连锁超市要求员工与顾客保持眼神交流并面带微笑，无意中说明了非语言行为的模糊性。有几位收银员收到投诉，因为一些顾客误将这种微笑服务视为性引诱。正如这个故事所表明的那样，当表达某种意愿时涉及身体参与，非语言线索比口头陈述更加模糊不清。

因为非语言行为是如此的模糊，所以当你回应非语言线索时，谨慎是明智的。与其对叹息、微笑、摔门或打哈欠的行为妄下定论，不如使用第4章中提到的知觉检核方法。"你打哈欠的时候，我以为是自己让你厌烦了。也许你只是累了，发生什么事了吗？"考虑非语言行为多种可能的解释是沟通高手的重要能力。尽管这方面的建议很受欢迎，但人们通常不可能像读一本书那样读懂一个人。

非语言沟通也会出现在媒介信息中

并非所有的媒介沟通都是语言信息。视频通话显然提供了非语言信息，社交网站上的照片也一样。无论如何，即便是基于文本的电子通信也会有一些非语言特征。

当我们打字时，最明显的非语言表达方式就是使用表情符号，用键盘输入这样的字符："：-)"表示微笑，或"：-o"表示惊讶。现在，许多程序把这些字符组合转换成图形图标，也就是人们所知的表情图标。表情符号和表情图标有时可以澄清仅靠文字无法明确表达的含义。例如，看看下面的每个图标如何为同一句话创建了不同的含义。

- 你快把我逼疯了 😃

- 你快把我逼疯了 😠

- 你快把我逼疯了 😍

然而，表情符号和表情图标的含义可能是不明确的。笑脸可以有多种含义："我真的很高兴"、"我只是在开玩笑"或"我在逗你呢"。其他在线交流的标记也一样。感叹号（有时不止一个）可以用在句末，甚至可以单独使用，来表示不同的情绪状态。在句末使用省略号（……）可以表示不愉快、思虑或困惑，也可以作为话题转换的标志，类似于你在面对面交谈时可能会通过面部表情或停顿等非语言线索传达的信息。此外，像"嗯"或"哦"这种语气词，也可以表达从愉快到不赞成等多种含义。即使只是点击"喜欢"或"+1"也包含许多内容和相关的含义。本节的"研究焦点"栏目描述了文本消息末尾使用简单句号的潜在影响。

非语言信息的内容确实重要，信息的发送时间也同样重要。如果你曾经因为一个朋友没有及时回复你的信息而感到沮丧，那你就能感受到及时性在媒介沟通中的作用了。在本章的后面，我们将进一步讨论时间管理，但这里我们需要注意到，时间管理是线上沟通的一个重要特征。

某个周六的晚上，你给朋友发短信，问他们是否想聚一聚。你会得到一些表示肯定的表情符号，还有一些人使用肯定的词，如"好的""是的""没问题"，不加标点符号，但也有一些人在回答最后加了一个句号："当然。"

标点符号会影响你对信息的理解吗？根据丹妮尔·冈拉吉（Danielle Gunraj）教授和她的团队研究发现，他们认为："会的。"研究人员向 126 名大学生展示了一系列与上述案例类似的问答交流。有些被设计成短信，有些是手写的笔记。当短信回复只有一个字，后面还加了一个句号时，学生们会认为它们没有那些没有标点符号的回答真诚。值得注意的是，句号的存在并没有对手写交流产生影响，这表明这是短信中独有的一种现象。

尽管这项研究规模不大，却得到了很多媒体的关注。一位权威人士在《华盛顿邮报》上撰文，这证实了"以句号结束你的短信真的很可怕。我们都知道这一点，语法见鬼去吧，它看起来确实太不友好了"。语言学家大卫·克里斯托（David Crystal）宣称："句号在这个时期充满了情绪，已经成了某种表情符号。"他认为句号可以用来表示讽刺、挖苦甚至是冒犯。

也许这对一个小点来说意味着太多了。但这就是非语言沟通的本质：它是模糊的，以关系为导向的，有时甚至比它所伴随的文字更重要。

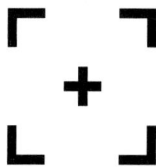

研究焦点

句号的力量：
发送短信的时候

这也是说明"人不可能不沟通"这一原则很好的例子。沟通者对于别人什么时候回复自己的帖子、邮件和短信有一定的预期，他们可能会对延迟回复做出消极的解读。

▎非语言沟通受文化与性别的影响

就像不同文化的语言文字不一样，不同文化的非语言表达也不同。菲奥雷洛·拉瓜迪亚（Fiorello La Guardia）是 1933～1945 年担任纽约市市长的传奇人物，他精通英语、意大利语和希伯来语。研究人员观看了他竞选时的演讲影像，发现就算关掉电视机声音，他们仍然可以根据他的非语言行为的变化来分辨拉瓜迪亚在说哪一种语言。

一些具有象征意义的非语言行为在文化上被理解为语言表达的替代品。在大多数文化中，上下点头是说"是"的一种公认方式。同样，左右摇头是说"不"的非语言方式，而耸肩通常被理解为"我不知道"或"我不确定"。但请记住，某些标志（如竖起大拇指的手势）在不同的文化中含义是不同的。在美国，竖起大拇指表示"干得好！"，德国指的是数字 1，在日本则是指数字 5。大多数北美人会认为第 195 页图片中的手势是表示"好的"。对佛教徒来说，这个手势是说法印，意味着要接受这个世界的本来面目；但对希腊人和土耳其人来说，这个手势代表的则是其他的含义。

文化也会影响人们如何监视他人的非语言线索。在日本，人们倾向于注视对方的眼睛来寻找情绪线索，而美国人和欧洲人则会重点关注对方的嘴巴。你可以从这些文化中所使用的基于文本的表情符号中看出这些差异。美国人的表情符号更注重嘴部变化，而日本人的表情符号则更注重眼睛变化（你可以在浏览器中输入"东方和西方的网络表情符号"来了解相关例子）。

各种文化规则指导着非语言表达。在某些文化中，不鼓励公开表达高兴或愤怒的情绪。但在其他文化中，这样表达情绪是完全合适的。因此，当韩国人和意大利人产生相同情绪时，韩国人可能比意大利人更善于控制非语言表达。值得注意的是，人们所生活的文化远比他们的国籍或种族重要得多。例如，日本人和日裔美国人的面部表情就会因为不同的文化背景而产生差异。有关文化对非语言沟通的影响的更多讨论，请详见第 2 章。

除了极少数的案例外，性别也会影响非语言沟通，性别差异在各种文化中都成立。一般来说，女性比男性更善于使用非语言表达，也能更准确地解读他人的非语言行为。更精确地说，学者朱迪思·霍尔（Judith Hall）的研究表明，与男性相比，女性的下列特征更明显。

- 更多的微笑
- 使用更多的面部表情
- 使用更多（但不张扬）的头部、手势和手臂等肢体动作
- 与他人有更多的肢体接触
- 与他人站得更近一些
- 在声音上更有表现力
- 进行更多的眼神交流

▲ 对你来说具有明显象征意义的动作，在其他文化中可能有完全不同的意义。**当你遇到来自不同文化背景的人时，如何避免在使用和解释非语言行为时出现错误？**

尽管存在这些差异，男性和女性的非语言沟通模式仍然有很多共同点。此外，男女之间的非语言差异在男同性恋或女同性恋参与的谈话中就不太明显了。性别和文化当然对非语言风格产生影响，但造成的差异更多的是程度上的问题，而不是种类的问题。

6.3 非语言沟通的功能

现在你已经了解了非语言沟通是什么，我们需要探索它在人际关系中的作用。正如你将在后续内容中读到的，非语言线索在我们与他人的关系中扮演着重要的角色。

▌建立与维护关系

正如你将在第 9 章中读到的，沟通是我们开始、维持和结束关系的主要方式。非语言行为在每一个关系阶段都扮演着重要的角色。

试想非语言沟通对一段关系的开始阶段的重要性。当我们初次遇见他人，我们最初的目标就是降低我们对他人的不确定性。我们会问自己这样的问题："我想更多地了解这个人吗？""这个人对我感兴趣吗？"我们回答这些问题的第一种方法就是通过观察对方的非语言线索，包括面部表情、眼神接触、姿势、手势和声调。这个过程发生得非常快，通常会在几秒钟内完成。

当我们评估他人的同时，我们也在提供与我们自己态度有关的非语言线索给他人。我们很少会公开分享这些想法和感受。想象一下，如果你说出或者听到"我很友善，也很放松"或"你看起来很有趣，除非你也对我感兴趣，否则我不会继续下去"这样的话，那会是多么奇怪的事情。因此，像这样的信息如果能够通过非语言渠道来表达，则会安全得多。当然，重要的是记住非语言线索是模糊的，你有可能会误解它们。你可能需要一个外部的评估来检核你的知觉（"这只是我的想象，还是她真的在打量我？"）。

非语言线索在已经建立、正在发展的关系中也很重要，它们有助于创造和预示情感氛围。例如，非语言的情感表达：并肩而坐、牵手、眨眼和凝视等，这些都和恋爱关系中的满足感和承诺密切相关。在家庭中，非语言线索提供了关系满意度的清晰信号，管理它们对于成功的亲子关系至关重要。在工作中，提供正向的非语言线索的主管可以提高下属的工作积极性、工作满意度和对领导的亲和力。

你可以自行测试非语言行为在人际关系中的能量。观察人际关系中的互动，不要将注意力放在他们的言语上。留意在餐厅或其他公共场所中的情侣或家庭，观察同事或教授和学生的非语言行为。你可能会察觉到许多传递关系质量的线索。有很高的概率，你能够正确猜测那些你观察的人是否对彼此满意，以及他们的关系是正在开始、稳定维持还是趋于结束。

▍调节人际沟通

非语言调节是一种线索，能帮助沟通者控制语言互动。这种调节最好的例子就是日常对话中广泛使用的换场信号。下列三种迹象表明说话者即将结束说话并准备向倾听者让步。

1. 改变声调——在一句话的结尾处出现上升或下降的音调。
2. 在一句话的最后音节或需要强调的音节中，使用重音。
3. 说到"你知道"等常见表述时，音调或音量下降。

眼神交流是调节语言交流的另一种方式。在谈话中，倾听者通常会注视着说话者，说话者则相反。当说话者寻求回应时，他会看着倾听者发出信号，创造出一段短暂的相互注视时间，我们将其称为"凝视之窗"。这时，倾听者可能会点头，发出"嗯"的声音或者其他反应来回应，然后说话者会把视线移开并继续说话。

▍影响他人

在达成沟通目标的过程中，我们的外貌、行为和声音可能比我们说的话更重要。非语言行为的影响有很多形式，它可以吸引注意力，展示或增加亲和力，产生力量感，提高可信度。我们有时是故意的，有时是不经意地使用非语言行为，来让别人满足自己的愿望和需要。例如，当我们直视别人的眼睛时，穿着昂贵的服装时，使用开放的身体姿势时，进行适当的肢体接触时，以友好、乐观的方式行事时，人们会更愿意接受我们的建议。这就是为什么求职者被教导握手要坚定，真诚地保持微笑，因为这样有助于影响雇主雇用他们。

沟通能力评估：即时性的非语言行为

大多数传播学的研究人员都认同，即时性的非语言行为——通过身体接触、眼神接触、动作和触摸来表示参与的表现——是沟通能力的重要组成部分。你可以通过完成这个自我评估，来衡量你的即时性非语言行为。

请用数字1~5来表示你认为每句话适用于你的程度，1＝"从不"，5＝"经常"。然后请一个非常了解你的人来完成相同的评估，请他尽可能地诚实。完成后，比较一下你们的结论。

序号	状况描述	打分				
1	与人交谈时，我会用手和胳膊比画	1	2	3	4	5
2	与人交谈时，我使用单调或沉闷的声音	1	2	3	4	5
3	与人交谈时，我避免眼神接触	1	2	3	4	5
4	与人交谈时，我的身体会绷紧	1	2	3	4	5
5	与人交谈时，我充满活力	1	2	3	4	5
6	与人交谈时，我面无表情	1	2	3	4	5
7	与人交谈时，我很僵硬	1	2	3	4	5
8	与人交谈时，我的声音有很多变化	1	2	3	4	5
9	与人交谈时，我身体会向他们倾斜	1	2	3	4	5
10	与人交谈时，我会与他们保持眼神交流	1	2	3	4	5
11	与人交谈时，我会微笑	1	2	3	4	5
12	与人交谈时，我会避免触碰他们	1	2	3	4	5

上述12道测试题摘自弗吉尼亚·里士满（Virginia Richmond）和她的同事一起开发的26项测试题。

相关评分结果，请参阅第220页。

▌影响自己

学者们早就知道，非语言行为反映了一个人的感受。如果你快乐，就会微笑；如果你感兴趣，就会有眼神交流；如果你沮丧，就会萎靡不振。但最近的一系列研究表明，相反的情况也可能发生——也就是说，如果你改变你的非语言行为，它就会影响你的感受。从本质上讲，你的肢体语言会影响你的情绪。

以下是一些研究发现。

- 采用伸展姿势，如双手放在臀部或张开双臂可以增加你的力量感和对疼痛的耐受力。只要保持这些姿势两分钟，就会在体内产生化学变化——更高的睾丸素和更低的皮质醇。
- "高兴得跳起来"不仅仅是一种情感反应。上下跳跃的行为确实可以激发幸福感。
- 坐直可以改善你的情绪和自尊，甚至可以改善你的记忆力。
- 每天微笑着自拍一次，随着时间的推移会改善你的情绪。

这些信息具有实际应用的价值。艾米·卡迪（Amy Cuddy）和她的同事建议，在面试之前，你可以保持一个充满力量的姿势一两分钟来增强自信，让自己看起来更有说服力。事实上，每当你感到紧张或情绪低落时，用非语言暗示你想要的状态可以帮助你"假装"，直到你做到。

▌隐瞒或欺骗

我们可能都很重视并尊重真相，但我们交换的许多信息并非完全真实。有时我们保持沉默，有时我们遮遮掩掩，还有一些时候我们干脆撒谎。正如你在第 3 章中读到的，并非所有的欺骗都是自私的或恶意的，很多欺骗都是为了挽救沟通者的"面子"。例如，你可能会假装在家庭聚会或商业活动中玩得很开心，即使你感到无聊，觉得毫无意义。在其他情况下，你可能会为了保全自己的面子和避免尴尬而选择撒谎（"我当然看了你发送给我的信息！"）。

在这样的情况下，我们很容易看出非语言因素是如何让这种保全面子的骗局成功或失败的。当语言信息和非语言信息发生冲突时，我们倾向于相信非语言信息。这也是为什么大多数人在试图说谎时，会监控（和自我监控）非语言线索，如面部表情、眼神交流、姿势、音调和频率。

传播学学者朱迪·伯贡（Judee Burgoon）和蒂姆·莱文（Tim Levine）多年来一直在研究欺骗检测。他们回顾了关于这个问题的研究，提出了所谓的"欺骗检测 101"——以下是三个在研究中被反复证实的发现。

- 我们在检测欺骗方面的准确率只有一半多一点——换句话说，我们判断欺骗的准确率只比抛硬币测正反面的概率高一点点。

- 我们往往高估了自己发现他人说谎的能力——换句话说，我们并不像自己认为的那样善于识破欺骗。
- 我们有一种强烈的倾向，认为别人的信息是真实的——换句话说，我们想要相信别人不会对我们撒谎（这会影响我们发现谎言的能力）。

电影电视

谎言的一生：
《美国谍梦》

菲利普一家似乎是 20 世纪 80 年代美国梦的化身。伊丽莎白和菲利普经营着一家家族企业，并育有两个孩子。他们很乐意与郊区的邻居交往，包括住在隔壁的联邦调查局特工。

但伊丽莎白和菲利普实际上是克格勃特工。他们在苏联长大，发誓要监视和扰乱美国政府。当他们的孩子在上学或睡觉时，他们会改变身份和伪装，就像大多数人换衣服一样。

作为间谍，他们成功的关键是小心地操纵他们的非语言沟通。尽管他们的包办婚姻并不总是幸福的，但当他们与其他人在一起时，他们会表现得很深情。他们改变口音，戴上假发，并在面部表情上贴上石膏，不会留下任何隐藏秘密的线索。监控自己的非语言行为不仅是一个好主意，对他们来说，还是一个生死攸关的问题。

这些研究结论提醒我们，要判断一个人是否在说谎其实并不容易，并且非语言线索并不是唯一的关键。正如一位作家所说："对那些无伤大雅的小谎来说，并没有什么独特的泄密信号。匹诺曹的鼻子根本不存在，这就使得说谎者很难被发现。"此外，一些流行的关于说谎者非语言行为的分析根本就不准确。例如，传统观点认为说谎者比不说谎的人更常转移视线并坐立不安。然而，研究结果恰恰相反：说谎者经常保持更多的眼神接触，更少的烦躁不安，部分原因是他们相信这样做能让自己看起来更诚实。他们还会进行更多的眼神交流，以帮助他们确定对方是否相信他们所讲的故事。

尽管欺骗检测存在挑战，但仍有一些非语言线索能够揭露谎言。例如，说谎的人通常比说真话的人犯下更多的语言错误：结巴、口吃、犹豫、错误地开始，等等。当人们说谎时，声音的音调通常会升高，在提供答案之前的停顿时间也会比说真话的人要长。也许最重要的是——因为这是一种不容易控制的生理反应——说谎者的瞳孔往往会随着撒谎带来的神经传导刺激而扩张。这就是为什么许多职业扑克玩家会戴上太阳镜，来隐藏眼睛可能会泄露的信息。

与瞳孔扩张的原理相似，面部表情有时也会在短暂的、无意识的表现中透露说谎者的真实感受。研究人员称之为微表情，因为它们发生得如此之快。说谎者可能会在无意中通过皱眉、抿嘴或眼睛周围的皱纹透露他们的真实感受。微表情更有可能在所谓的"高风险"说谎时出现，比如，当被抓到会面临严重惩罚时。请记住，通常需要慢动作录像和训练有素的专业人员才能捕捉到这些微表情。

最重要的是，非语言线索为欺骗检测提供了重要信息，但大多数谎言无法通过面部表情或姿势变化快速判断出来。根据有限的信息仓促下结论不是明智的选择，它可能会导致人际关系上的困难。请谨慎处理这些关于欺骗检测的材料，并做出良好的判断。

▌印象管理

在第 3 章中，我们诠释了沟通的一个重要目标就是印象管理：让他人以我们希望被看见的方式来看待我们。在很多情况下，非语言线索在制造印象方面可能比语言信息更为重要。要了解我们如何通过非语言方式来管理印象，可以试想当你遇到想要更深入了解的陌生人时，会发生什么事。不需要用语言来描绘你的形象（"嘿！我很有吸引力，很友好，很随和！"），你的行为方式会表现出你的身份。例如，你可能穿着时尚，经常微笑，并尝试摆出一个放松的姿势。

印象管理有几种非语言的方式。学者桑德拉·梅茨（Sandra Metts）

和埃丽卡·格罗斯科普夫（Erica Grohskopf）研究了有关建立良好印象的专业文章，并找到了以下每种类别的例子。

- **态度**指的是我们的行为方式：我们故意站立和移动的方式，我们控制面部表情的方式，以及我们对声音的调整方式（"昂首挺胸，昂首阔步""和别人见面时，要有直接的眼神交流，握手时要坚定而友好"）。
- **外表**包括我们的穿着、佩戴的首饰、发型、妆容、气味，等等（"按照你希望被记住的方式穿着，自信、有创意，以一种让你感到舒适和自信的方式穿着"）。
- **环境**包括我们周围的有形物品：个人物品，车辆，甚至是我们居住的地方（"把奖品和证书装裱好放在你的办公室里进行展示"）。

在商业世界之外，法国心理学家尼古拉斯·盖根（Nicolas Guéguen）和他的同事进行了一项研究，看看环境中的微小差异是否会影响吸引力。研究团队要求一名男性研究员在购物中心向当地女性索要她们的电话号码。当他提着吉他盒提出这种请求时，成功率（31%）比什么都不带（14%）或提着一个运动包（9%）时高得多。在另一项研究中，盖根让女性研究员脸朝下趴在海滩上看书。有些人的背部有（临时的）蝴蝶文身，有些则没有。那些有文身的人比没有文身的人更容易被男人搭讪。研究人员指出，在这两项研究中，看似微小的变化在非语言印象管理中发挥着重要作用。

6.4 非语言沟通的类型

到目前为止，我们已经讨论了非语言沟通在人际关系中所扮演的角色。接下来，我们一起来看看非语言沟通的几种类型。

▌身体动作

我们讨论非语言沟通时，最重要的就是观察身体动作：我们的姿势、手势、眼神交流、面部表情，等等。社会科学家使用**身体语言学**（kinesics）这个术语来描述人们如何通过身体动作进行沟通。我们在这里对它们进行细分，尽管这些不同的特征通常是相互结合使用的。

表情与眼神

脸和眼睛可能是身体上最引人注意的部分，但这并不意味着它们发送的非语言信息最容易解读。因为面部是一个非常复杂的表达渠道。

我们很难描述脸和眼睛通常做出的表情的数量和种类。例如，研究人员发现眉毛和额头至少有 8 个可区分的位置，眼睛和眼睑至少有 8 个，下巴大约有 10 个。当你将这种复杂度乘以我们所经历的情绪的数量时，你就会明白为什么将面部表情及其相对应的情绪汇编成一本词典，是一件几乎不可能的事。

面部在人际沟通中的重要性可以从许多日常生活中使用的句子看出来，我们谈论"面子"、需要一些"面对面的时间"、顶着一张"扑克脸"以及"面对我们的恐惧"。根据纳普和霍尔（Knapp & Hall）的说法，这是因为面部很可能是"仅次于人类语言，沟通信息最主要的来源"。

面部表情的核心组成部分是眼睛行为。**目光学**（oculesics）是研究眼睛如何进行沟通的学科。凝视和扫视通常被当作是旁观者感兴趣的指标。但是，兴趣的类型可能有所不同。凝视可以作为有好感的指标。在有些情况下，眼神交流表示引起注意，而不是吸引或赞同，比如，当教师盯着一个吵闹的学生或警察盯着一个嫌疑人时。当然，眼神交流的含义也会受到文化的影响。例如，东亚文化倾向于将回避眼神的接触视为尊重的标志，并将长时间的眼神接触视为令人不快的甚至是具有攻击性的标志。

在北美国家，眼神交流通常被认为是有益的。那些看着别人眼睛的人被认为是聪明的，专家们还发现眼神接触和人际关系的亲密程度有很强的相关性，但是移动设备干扰了眼神交流。研究表明，过度使用科技会削弱人与人之间的知觉能力。青少年在停止玩手机5天后，他们准确解读他人非语言线索的能力有了显著提高。在第9章和第10章，我们将更多地讨论技术和人际关系的内容。值得注意的是，眼神交流的分心会影响人际沟通。

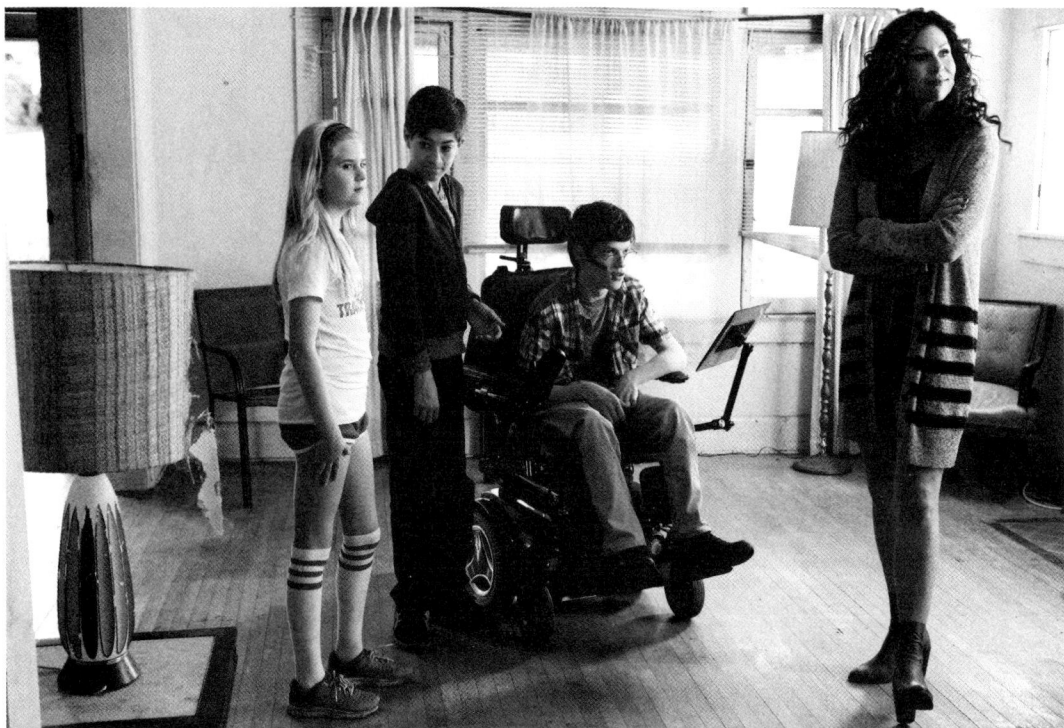

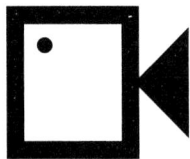

电影电视

不一样的声音：
《无言有爱》

玛雅·迪梅奥（Maya DiMeo）是一位妻子和母亲，她极力地保护着自己的家人，会用激烈手段维护自己的儿子JJ，因为JJ患有脑瘫，无法说话。他们主要通过技术含量很低的字母板和前灯指示器进行沟通，也通过非语言线索进行沟通。

JJ的家人和保姆密切关注着他的眼睛和脸以获取信息。当JJ翻白眼时，迪梅奥能很快观察到"哦，你不喜欢那样"；当JJ偷笑时，迪梅奥就会知道"你认为这很有趣"；当JJ想要进行口头交流时，迪梅奥和其他人会大声朗读他在黑板上指向的字母和单词。即便如此，他仍会确保他们在用正确的语调和声调朗读，以免被误解。

剧名《无言有爱》是对JJ不会说话的一种认可，这部剧表明了沟通不仅仅是说话。JJ显然有自己的声音，在大家的帮助下，他让大家听到了他的声音。

姿势与手势

要了解肢体语言的沟通价值，请先暂停阅读，注意你的坐姿。你的姿势透露出你的感觉是什么？在你旁边有没有其他人？你从他们现在的姿势中读到了什么信息？通过观察你周围的人以及你自己的姿势，你将会发现另一种非语言沟通的渠道，可以提供有关人们对自己和他人的看法。

我们的语言表明了姿势和沟通之间的深层联系。有无数的表达将情绪状态与身体姿势联系在一起。

> "我不会坐视不管的！"
> "你应该脚踏实地。"
> "卸下你身上的包袱。"
> "别这么眉飞色舞！"

诸如此类的短语凸显了姿势的重要性，即使它们往往是无意识的。我们错过大多数姿势信息的主要原因是它们通常很微妙。被问题压得喘不过气来的人很少会夸张地弯腰驼背。因此，在解读姿势时，关键是要去寻找能够真正流露我们感受的微小变化。

手势是沟通的基本元素。事实上，它是如此的重要，以至于天生失明的人都会使用手势。手势有时是刻意的，比如，欢快地挥手或竖起大拇指。然而，在其他情况下，我们的手势是无意识的。有时，一个无意识的手势会构成一个明确的标志，比如，耸肩就是明确地表示"我不知道"。手势会对信息接收者产生广泛且多样的反应。在多数情况下，正确的手势可以增强说服力。例如，增加手和手臂的运动，身体前倾，减少慌乱，保持四肢张开，这些都可以让说话者更有效地影响他人。更有趣的是，因为非语言镜像是用来表达与他人相似性和亲和性的常见方式，所以当一个人模仿对方的动作时，他的说服力就会增强。

与几乎所有非语言行为一样，使用手势时所处的环境决定了其产生的效果。有些活泼的手势动作，在以合作为主的社会环境中会广受好评，但在更具竞争性的环境中可能看起来像侵略或企图统治的信号。一样的坐立不安，在私人场合会被认为是紧张的道歉，但在谈判桌上却会被解读为可能有诈。无论如何，试图制造不真诚、做作的手势（或任何其他非语言行为）都可能会适得其反。一个更有用的目标是识别你的自发行为，并考虑它们如何反映你已经感受到的态度。

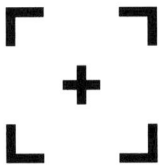

下次你参加社交聚会时，可以观察下每组健谈者的非语言行为。他们中的大多数人是否都以同样的方式站立？双手叉腰还是双臂交叉？他们的姿势一样吗？面部表情呢？研究人员伊莎贝尔·维卡里亚（Ishabel Vicaria）和莉亚·狄更斯（Leah Dickens）表示，他们的非语言表现很可能是相似的，因为这是在释放积极的信号。

学者们对关于人际协调的数据进行了元分析。人际协调是指社会伙伴会模仿彼此非语言举止的倾向。他们分析了 50 项不同研究的数据，得出了一些一致性的结论。

同步非语言行为创造了一种社会纽带。这发生在我们认识和爱的人之间，也会发生在陌生人之间。与他人的非语言线索协调，反映并创造出一种亲和力，可以减少焦虑，改善心情。研究人员认为，非语言协调是一种"社会黏合剂"，能够促进沟通者之间的凝聚力、和谐感。

所以，下次你参加家庭活动、与朋友外出或参加商务会议时，请注意这一点。如果你的非语言行为与其他人一致，这绝不是偶然。它可能反映了你对这些人的看法，以及他们对你的看法。

触碰

社会科学家使用**触觉学**（haptics）这个术语来描述针对触碰的研究。研究证实了触碰对婴儿的价值，特别是对早产儿进行"袋鼠式护理"的价值。这要求母亲在两周的时间里每天将发育不全的婴儿贴近皮肤拥抱一小时。与只放在保温箱里的婴儿相比，这些婴儿有更强的生理和认知发育，睡眠更好，压力更小。此外，抚摸增加了母亲与婴儿的联系，减少了他们的焦虑。这意味着触碰对给予者和接受者都很重要，甚至在 10 年后对孩子的影响都仍然明显。这一发现表明，人与人之间的触碰满足了人类的原始需求。

身体触碰最显著的一些好处发生在医疗、健康和服务行业。例如，如果医生在开处方时给予患者一个轻微的触碰，病人更有可能服用开给他们的药物。医生和病人之间的触碰能潜在地激发各种有益的变化：病人更多地自我表露，更好地自我接纳，建立起更积极的医患关系。此外，对痴呆症病人进行手部按摩，并在手臂和肩膀上进行间歇性的轻柔抚摸，可以减少他们的焦虑和功能性失调的行为。

触碰的另一个强大功能是在工作中的效用。研究表明，在餐馆里，服务员如果短暂地触碰顾客的手或前臂，可能会得到更多的小费。而当服务员在推荐菜品时触碰顾客的手臂，顾客更有可能选择那道菜。即使是运动员，也能从触碰中受益。美国国家篮球协会的一项研究显示，"触碰最多"的球队获胜记录也最多，而在得分最低的球队中，队友间相互触碰的次数也最少。

声音

为了让你了解你的声音在沟通中所起的作用，请花点时间将本页上的任一段落大声地朗读几遍，并尝试做以下这些改变。

- **速度**：快速阅读，然后再缓慢地重新读一遍。
- **节奏**：强调不同的词语，或者加入一些语气词，试着停顿。
- **音量**：低声说出第一句话，然后大声朗读其他的句子。
- **音高**：先用高音朗读，然后是低音，最后是中音。
- **语气**：带着态度说话。先是甜美的语气，然后是卑鄙的语气。
- **口音**：尝试带着地区或国际口音来朗读。

很有可能每一次的呈现，你都会改变听众对你的看法——甚至还可能改变了字词的含义。社会科学家使用**副语言**（paralanguage）这个术语来描述信息的表达方式。从本质上讲，副语言不在于你说了什么，而在于你怎么说。

副语言线索带来的影响很大。例如，与同一种族但说话风格不同的学生相比，儿童更容易被那些不同种族但说话风格相似的玩伴吸引。正如本书作者所言，"口音胜过种族"。此外，降低你的音调可以表明你想要掌控局面，人们会认为你更强大。因此，留意你正在传达的副语言信息就显得十分重要。当医学系一年级的学生观看自己的视频并对他们的医患沟通进行评分时，他们发现一些主要缺点都与他们的副语言有关——尤其是语调、语速、音量和不流畅性。

讽刺是我们同时使用强调、语调和话语长度把句子的意思改为相反意思的一种方法。你可以通过以下三个句子来体会这种逆转。先按字面意思说一遍，然后再用讽刺的语调来说：

> "你看起来棒极了！"
> "我在相亲时，真的很开心。"
> "再没有什么比烤面包上的牛脑更好吃的了。"

与其他非语言信息一样，人们常常会忽略或误解讽刺声音中的细微差别。某些群体的成员，如儿童和智力水平较低、不善倾听、有沟通障碍以及有过某些脑部损伤的人，就比别人更容易误解讽刺信息。在某些情况下，你甚至会想提供一些线索，提示对方不应该按字面意思理解你的话。在线上沟通时，一个简单的方法就是使用表情符号、表情图标或者诸如"bc"（白痴）、"haha"（哈哈）之类的缩写。在面对面的沟通中，有时你可能需要澄清："对不起，我是在讽刺你。也许我应该说，'我不喜欢你在我朋友面前取笑我。'"

停顿也是副语言的一部分。有两种停顿会阻碍沟通。第一种是**非故意停顿**（unintentional pause），即人们停下来整理他们的想法，然后再决定如何更好地继续表达他们的语言信息。说谎的人比讲真话的人更容易停顿，这并不奇怪，因为他们需要即兴编造故事。此外，当人们被问了一个微妙的问题（"你喜欢我给你买的礼物吗？"）后出现长时间的停顿，这可能意味着他们正在争取时间想出一个保全面子的回答——也许这个回答并不诚实。第二种停顿是**发出声的停顿**（vocalized pause），包括支支吾吾的语气词如"嗯""呃""啊"，以及惯常使用的填充词如"像""好的""你知道"等。研究显示，发出声的停顿会降低一个人的可信度。所以你应该避免在求职面试和其他你试图表现出沉着冷静和专业的场合中出现这种情况。

究竟是什么让同样的声音具有不同的吸引力呢？如图6-1所示，文化会产生影响。调查显示，墨西哥人与美国人对理想声音的界定既有相似之处，也有不同之处。即使是在一个新文化中生活了几年或几十年的人，他学习的第二语言也很难做到没有明显的口音。即使带着口音的话语完全可以被理解，仍然可能导致有偏见的倾听者对说话者的歧视。

墨西哥人理想的说话者声音

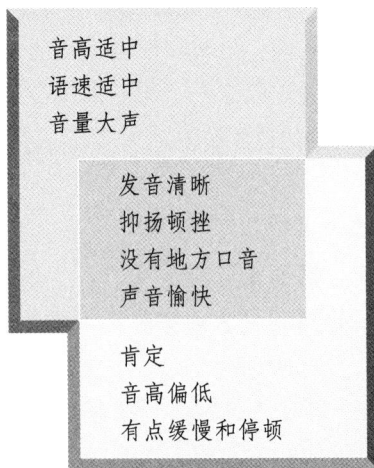

音高适中
语速适中
音量大声

发音清晰
抑扬顿挫
没有地方口音
声音愉快

肯定
音高偏低
有点缓慢和停顿

美国人理想的说话者声音

图6-1　墨西哥人和美国人理想的说话者声音的比较

在第 5 章中，我们描述了共享的语言模式如何在沟通者中创建一种趋同感。副语言也是如此，因为人们会倾向于采用共文化中同龄人的发声模式。例如，年轻的美国人经常使用"升调音"（以音调升高结尾的词）和"气泡音"（以低沉的喉音结尾的词）。金·卡戴珊（Kim Kardashian）和佐伊·德沙内尔（Zooey Deschanel）等名人普及了这些发声风格。因此，尽管说话者的年龄（"千禧一代"或更年轻的）比性别更有影响，但女性比男性更多地使用它们也就不足为奇了。气泡音是降低了还是提高了一个人的可信度，在学术界还存在一些争论。这里的主要观点是，沟通者通常是在无意识的情况下培养了发声习惯，以便融入他们的语言群体。

暂停阅读，请自我盘点一下。关于你的副语言，你收到过哪些反馈？大家是要求你大声点还是小声点？你说话速度是快还是慢？你的音高是否展示了信心？你的演讲中是否充满了"嗯""喜欢""你知道"？亲人有时会对你的语气做出反应吗？或者不批评你所说的话，而是批评你的说话方式？除了你的声带所拥有的特性外，你的副语言的大部分特征是可以改变的。通过一点自我监控，你就有能力改变你说话的方式，进而促进你的人际沟通。

在今天的商业世界里，人们很容易忘记让客户、同事和雇主听到你的声音，从而失去声音所带来的价值。有时候，打电话是完成这项工作的最好方式。

使用好你的声音也可能是一个找工作的好方法。在一系列实验中，假定的雇主和专业招聘人员观察、倾听和阅读求职者关于为什么应该聘用他们的推介。能够听到候选人声音的评委，通常会认为这位求职者更有能力、更有思想以及更聪明。以下是研究人员得出的结论。

尽管基于文本的沟通（如电子邮件），可以提供与潜在雇主进行快捷和简单的联系，但我们的实验表明，无声的沟通带来了意想不到的推断成本。一个人的声音，似乎承载着智慧。

除了提高可信度，口语还可以节省宝贵的工作时间。企业高管安东尼·特扬（Anthony Tjan）认为来回发送电子邮件是一种低效的时间浪费。他认为，通过电话交谈可以把许多商业交易进行得更好。销售大师斯图尔特·梁（Stuart Leung）表示，基于文本的销售宣传无法取代通过语音通话进行沟通的热情和互动。

当面做生意固然不错，但这在当今的大部分工作场所中都是行不通的。当你无法面对面沟通时，请记住，电子邮件并不是唯一的选择。有效的职场沟通，可能只需要一个电话。

在工作中

让你的声音被听到

距离

人际距离学（proxemics）是研究空间和距离的使用、组织和感知如何影响沟通的学科。无论我们走到哪里，我们每个人都随身携带着一种看不见的空间气泡。我们会将这个气泡内的区域认定是我们的私人领域，就像是我们身体的一部分。个人空间气泡大小会根据我们成长的文化、身边的人以及所处环境的不同而不同。正是我们个人空间的不同大小——我们与他人之间的距离——给我们的感受提供了非语言线索。

在一项经典研究中，研究人员测试了100多对已婚夫妻，要求夫妻面向对方彼此靠近，并在到达"舒适的沟通距离"时停下。之后，他们给每对夫妻进行了一系列测试，以测试他们的婚姻亲密指数、改变的愿望以及离婚的可能性。研究人员发现，距离与婚姻幸福之间呈现强相关。夫妻关系陷入困境的平均距离比夫妻关系满意的平均距离高出大约25%。幸福夫妻之间的平均距离为0.29米，而不幸福的夫妻之间的平均距离为0.38米。

每个人所能接受的空间，在很大程度上取决于文化规范。例如，与大多数亚洲人相比，大多数北美人在交谈时彼此会站得更近。有趣的是，文化对人际距离学的影响甚至延伸到了网络传播中。在虚拟形象的互动中，亚洲人比欧洲人会保持更大的距离，这与面对面互动中发生的情况是一致的。

人类学家爱德华·霍尔（Edward Hall）界定了我们在日常生活中常用的四种距离，每一种距离都反映了我们在特定时间对他人的不同感觉。通过"阅读"人们选择的距离，我们可以了解他们彼此之间的关系。

亲密距离

霍尔的第一个空间范围是**亲密距离**（intimate distance），从皮肤接触开始到隔开约0.46米。我们通常和情感上亲近的人使用这个距离，并且多半发生在一些私人场合——做爱、拥抱、安慰、保护。当我们自愿让他人如此靠近自己时，通常是一种信任的标志：我们已经心甘情愿地降低了防御。另一方面，当有人未经我们同意就闯入这个最私密的区域时，我们通常会感受到威胁（尤其是他们"当着你的面"时）。

个人距离

第二个空间范围是**个人距离**（personal distance），从最近的0.46米到最远的1.22米。较近的一档是0.46米到0.76米，这是大多数夫妇在公共场合站在一起的距离。在聚会上，如果一个被认为既性感又有魅力的人站在离伴侣这么近的地方，夫妇中的另一方很可能会警觉起来。这种"入侵"通常意味着正在进行的对话不会是随意的交谈。较远的一档是 0.76 米到 1.22 米，这是一个对方无法触及的区域。正如霍尔所说，在这个距离下，我们可以与某人保持"一臂之遥"。他的用词选择暗示了在这个范围内进行的沟通的类型：接触仍然是相当近的，但他们的亲密程度远低于亲密距离的人。

社交距离

第三个空间范围是**社交距离**（social distance），范围从 1.22 米到 3.66 米。在这个范围内，沟通者之间的距离会对我们如何看待和回应他人产生巨大影响。例如，学生对那些能够拉近与他们距离（在适当的程度上）的教师，以及教师所教授的课程本身都感到更满意，也更愿意听从教师的教导。同样，病人对那些用近距离的身体接触来传递温暖和关心的医生会感到更满意。然而，高度社交焦虑的人可能会保持较远的社交距离，用来降低他们对陌生人的不安。

公共距离

公共距离（public distance）在霍尔的分类中是最远的一种，指的是 3.66 米以外的距离。较近的公共距离是大多数教师在教室里与学生之间的距离，较远的公共距离是指超过 7.62 米的距离——沟通者要进行双向交流几乎是不可能的。在一些情况下，演讲者必须采用公共距离来触及大量的听众，但我们同时也可以猜想，如果有人在可以选择的情况下，仍然自愿选择使用公共距离，那就表示他不想有任何对话。

当我们的个人空间气泡被入侵时，我们会感受到压力。我们可能会设置障碍作为回应，这种策略旨在我们与他人之间建立障碍（或修复障碍）。如果你侵犯了某人的个人空间，请注意其反应。起初，这个人很有可能只是简单地后退，并没有意识到正在发生什么。接下来，这个人可能会试图把一个物体放在你们中间，如一张桌子、一把椅子或在胸前紧紧抱住一些书，所有这一切都是为了让你们拉开一些距离。然后，这个人可能会减少眼神接触（如"电梯综合征"，只要我们避免眼神接触，我们就可以挤进去甚至互相触碰）。此外，这个不情愿和你接触的人可能会打喷嚏、咳嗽、抓挠，并表现出各种各样的行为来阻止你的"反社会行为"。用"反社会"这个词，是想告诉你，在做这样的实验之前需要三思而后行。这个实验的目的是告诉大家，人们为了保护自己的私人空间会付出多大的努力，以及他们的大部分防御信号其实是非语言的。

领域

个人空间是我们随身携带的无形气泡，而**领域**（territory）则是我们假定拥有的地理区域。罗伯特·萨默（Robert Sommer）观察大学图书馆里的学生后发现，那些想要自习的学生有一个明确的模式：虽然图书馆并不拥挤，但学生们几乎总是选择在空的长方形桌子的边角落座。当每一张桌子上都有一个读者占用后，新的读者会选择坐在对角的座位，也就是最远的座位，以便和其他读者保持最大的距离。萨默的一位研究助理试图违反这些潜规则。当还有其他座位可选择时，她选择坐在其他女性读者的旁边或对面。她发现这些被接近的女性会做出防御性反应，通过改变姿势、打手势或离开来表达她们的不适。

试想，如果有人在一堂课中占了"你的"固定座位，你会作何反应。尽管这把椅子不是你的财产，但你可能对它"拥有"某种所有权。你对侵犯行为的反应取决于谁侵入并占用了你的领地（朋友比陌生人威胁性小），他们为什么这样做（无心之过比蓄意攻击重要性低），以及侵入或占用的是什么领域（你可能更关心私有领域，如你的卧室，而不是公共领域，如课堂上的座位）。

时间

社会科学家用**时间学**（chronemics）来描述人们如何使用和安排时间的研究。时间的使用在很大程度上取决于文化。一些文化（如北美洲及欧洲一些国家）往往是单一的，强调准时、固定时间表和一次完成一项任务。其他文化（如南美洲、地中海和阿拉伯国家）则更加多元，有灵活的时间表，可以同时执行多项任务。一位美国心理学家在巴西的一所大学教书时，发现了北美洲与南美洲人对时间的不同态度。他发现，在两个小时的课程中，巴西的一些学生在课上到一半的时候才来，大多数人会在下课后留下来不停地讨论问题。在正式下课半小时后，这位心理学家不得不结束讨论，因为没有任何迹象表明学生们打算离开。

即使是在同一个地理区域，不同的群体也会制定自己的时间使用规则。回想你自己的经历。在学校里有些教师会准时上课和下课，而有些教师则比较随意。与某些人面对面聊天或电话沟通数小时，你会感到很自在；但对另外一些话不投机的人，你可能会觉得时间很宝贵，一点也不能"浪费"。

时间不只是地位和文化的标志，还可以是人际关系的标志。研究表明，亲密关系的伴侣共处的时间长短会传达出是否重视对方的重要信息。在一项分析了 20 种非语言行为的研究中，"相处时间"是预测关系满意度和感知人际理解力的最重要因素。正如我们将在第 10 章中要讨论的，与伴侣共度"美好时光"是爱的语言之一。

▌外貌

美的重要性已经在艺术领域强调了几个世纪。最近，社会科学家衡量了外貌上的吸引力对人际互动的影响程度。凡是被认为有吸引力的人，不论男女，都被评定为比他们的兄弟姐妹更加感性、善良、坚强、善于交际和有趣。在《新闻周刊》的一项调查中，200 多名职业经理人承认长得好看的人在招聘决策和工作中都会受到优待。被认为是"明星级"的教授，通常会被认为拥有更多的专业知识，而学生也更有动力向他们学习，并给予他们更高的教学评价。

美貌有时也会带来负面影响。面试官可能会拒绝长得好看的应聘者，视他们为自己的潜在威胁。虽然美貌通常会带来回报，但过于迷人的美貌也可能让人望而却步。一项研究表明，长得好看的人很难维持好

假如外貌有吸引力的人将在生活中占尽优势，那会存在什么问题？瑞秋·戈登（Rachel Gordon）和她的同事认为，"外貌歧视"是一种变相的歧视，与种族主义、性别歧视和阶级歧视相似。当人们根据外貌区别对待他人时，这对所有相关的人都是一种伤害。

研究人员坚持认为，对长得好看的人来说，优势始于童年，并会在青春期逐渐增强。被认为长得好看的年轻人会比同龄人获得更好的学习成绩，并更有可能获得大学学位，从而为成年后获得更好的经济收入奠定基础。研究显示：

- 外貌高于平均水平的女性可以获得 8% 的工资奖金，外貌低于平均水平的女性要支付 4% 的工资罚款。
- 对男性来说，因外貌有吸引力获得的工资奖金只有 4%，但因为外貌低于平均水平而要支付的工资罚款甚至比女性更高，高达 13%。

黛博拉·罗德（Deborah Rhode）声称，这种对外貌的偏见实际上是不公正的，因为在美国的法律体系中，外貌不好看的人会得到更差的待遇。变革的起点是提高人们的认知。重要的是要认识到，没有一个人——无论是教师、神职人员还是父母，能够无视他人的美貌而给予优待。在可能的情况下，应该通过盲审的方式对学生和求职者进行评估，避免产生偏见。留意你在人际沟通时是如何对待别人的，并问自己，"这个人的外貌是否影响了我们的沟通方式？"如果你够诚实的话，你可能会惊讶于这个问题的答案经常是"是的"。

伦理挑战

"以貌取人"的不平等

的人际关系，这可能是因为他们对同伴如何对待自己抱有很高的期望。然而，总的来说，外貌上的吸引力对人际关系的好处远远大于坏处，正如专题中所描述的那样。

幸运的是，外貌吸引力是我们可以控制的东西，而不必打电话给整形外科医生。如果你不是大美女或大帅哥，也别失望。有证据显示，随着我们越来越深入地了解某些人并且喜欢他们，我们会认为他们越看越顺眼。更何况，我们判断别人的美或丑，不仅取决于他们的"原始装备"，还取决于他们如何使用这些装备。姿势、手势、面部表情及其他行为，都可以增加原本不起眼的人的吸引力。最后，我们的穿着打扮也会在很大程度上影响别人看待我们的方式。

▌穿着

除了保护我们免受自然因素的影响，服装还是一种非语言沟通的形式。穿着是一些人策略性隐藏"问题区域"并突出"资产"的一种方式，可以向他人传递各种信息，包括：

1. 经济水平
2. 教育水平
3. 可信度
4. 社会地位
5. 老练程度
6. 经济背景
7. 社会背景
8. 教育背景
9. 成功程度
10. 道德品质

更正式的着装——无论是西装、实验室外衣还是制服——往往会增强着装者的可信度和专业性。病人会更信任穿着专业医疗服装的医生，学生们会认为为演讲而精心打扮的客座讲师更可信。然而，正式的着装也会造成人际距离。一项研究发现，学生们认为穿着正式的教授专业知识水平更高，但与穿着随意的教授相比，他们对这些教授的好感度也较低。

与其他看法一样，基于一个人的穿着情况做出判断也需要谨慎。例如，尽管许多美国人认为盖巾——面纱或头巾——是用来压迫女性的，但主动蒙面的女性则认为头巾帮助她们定义自己的穆斯林身份，抵抗性物化，并获得了更多的尊重。

▌物理环境

到目前为止，本章已经描述了人们的非语言行为是如何影响人际关系的。最后，我们对非语言沟通的研究将重点关注事物如何塑造和反映人际沟通。正如芭芭拉·布朗（Barbara Brown）和她的同事所说的，"人际关系与其所处的环境密不可分"。

物理环境可以塑造环境中的互动类型。一项针对10个城市社区的研究，调查了城市里是否存在人行道、前廊、交通减速装置、窗户上的栏杆以及垃圾或涂鸦。在物理环境积极的地方，邻里关系明显更和睦；在物理环境糟糕的地方，人们不太可能与住在附近的人进行积极的互动。

物品也能改变人际关系的质量。例如，暴露公文包等与商业相关的物品可能会引发竞争，而在某个环境中出现枪支可能会让人变得更具攻击性。家具和装饰品会影响人们的感受和互动方式。在光线柔和的房间里接受面试的学生比那些暴露在明亮灯光下的学生更放松，对面试官的印象更好，也更愿意自我表露。与那些家具稀少、灯光明亮的办公室相比，在配有软垫椅子、窗帘、地毯和植物的舒适办公室接受咨询更受客户欢迎，并期待更好的结果。

在塑造沟通的同时，物理环境还能反映出创造它们的人之间的关系。试想一对夫妇的共享空间。他们会展示他们在一起的照片吗？纪念品会让他们想起某些特殊时刻吗？那些创造环境来记录和庆祝他们亲密关系的夫妇报告说，他们感觉彼此更亲近，拥有更好的关系，并有了更高水平的承诺。

环境影响甚至可以塑造虚拟空间中的感知和交流。例如，在正式的虚拟环境（如图书馆）中相遇的人线上沟通更正式，而在休闲的虚拟咖啡馆中相遇的人则没有那么拘束。

下次重新设计你的生活空间时，你可能需要记住这些概念。你的物理环境——无论是真实的还是虚拟的——都会影响你的人际沟通。

自我检查

▼

▶ **学习目标**
6.1 定义非语言沟通

非语言沟通包括通过与语言无关的途径所表达的信息。通常，我们所做的往往比我们所说的更能传达意义，而且非语言沟通还会塑造知觉。通过调整面部表情、姿势、手势、声调和其他行为，你可以假设沟通者对彼此的感觉，并对他们之间关系的本质有所了解。

问题： 在公共场所，请大方地记录你所观察到的非语言信息。对于每项观察，记录至少两个关于相关行为重要性的假设。

▶ **学习目标**
6.2 描述非语言沟通的特征

非语言沟通无处不在。事实上，非语言信息总是可以作为关于他人的信息来源。大多数非语言行为暗示着沟通双方的关系态度和情感信息，反观语言沟通，则更适合用来表达想法。非语言沟通的信息通常比语言沟通更模棱两可。与一些人所认为的可能相反，非语言线索也会在媒介沟通中发挥作用。非语言沟通还会受文化和性别的影响。

问题： 请你选择一个重要关系并记录一天内所发生的重要非语言沟通（包含面对面沟通与网络媒介沟通）。对每一项都做好标记：

    a. 行为是有意还是无意的；
    b. 似乎已经交换的相关信息；
    c. 行为背后含义的模糊程度；
    d. 可能塑造了非语言行为的性别和文化因素。

▶ 学习目标

6.3 阐述非语言沟通的各种功能并举例说明

非语言沟通有很多功能。它有助于我们建立和维持关系，也有助于调节人际沟通，既影响他人，也影响自己。此外，非语言沟通还可以用来隐藏或揭示欺骗。最后，我们还可以使用非语言线索来进行印象管理。

问题： 使用你在学习目标 6.2 中创建的日志，注意每一项中非语言行为的功能。

▶ 学习目标

6.4 描述意义是如何通过特定的非语言线索传达的

非语言信息可以通过多种方式交流：身体动作（包括面部和眼睛、手势和姿势）、碰触、声音、距离、领域、时间、外貌、穿着和物理环境。文化在决定每一个因素的规则和含义上，扮演了极其重要的角色。

问题： 描述一个重要的事件。在该事件中，你通过本章所描述的各个渠道，进行非语言沟通。

实践活动

▼

1. 你可以做一个不与朋友或家人沟通的实验，你会发现自己无法避免使用非语言沟通（你可以选择是否要事先告诉对方这个实验）。观察你的伙伴需要多长时间才会询问你发生了什么，并描述他觉得你可能在想什么和感觉到了什么。

2. 采访一位与自己文化背景不同的人，学习至少三种与你成长环境不同的非语言编码。请和你的伙伴一起制定一份清单，列举三个在他的文化中属于违反了没有明文规定但颇为重要的非语言行为。

   描述未能识别不同的文化代码会如何导致误解、挫折和不满。讨论如何在一个日益多元文化的世界中培养文化规则的认知。

3. 观看电视节目或电影，并找出能够证明以下非语言功能的例子。

   建立和维持关系
   调节人际沟通
   影响他人或自我
   隐瞒或欺骗
   印象管理

   如果时间允许，请把这些例子和你的同学分享。

4. 通过采访那些非常了解你的人，如朋友、家人或同事，来更多地了解你传递的非语言信息。让你的受访者描述一下虽然你没有口头表达你的感受，他是如何知道你有以下各种情绪的。

   愤怒或不耐烦

无聊或冷漠

幸福

悲伤

担心或焦虑

在这些非语言行为中，哪些是你刻意展现的，哪些是无意识的？在你的伙伴描述的情景中，你的非语言行为有哪些功能（创建和维持关系，调节人际沟通，影响他人，隐瞒或欺骗以及印象管理）？

5. 通过列出你觉得自己"拥有"的空间来探索你的领域，比如你的停车位，你居住的地方以及你在教室里的特定座位等。描述当你的领域被"入侵"时的感受，并找出你会"标记"这种感受的行为。和你的同学分享你的发现，看看他们是否有相似或不同的领域习惯。

6. 这项活动要求你观察人们在特定环境下是如何使用空间的，并留意人们对违反空间期望的反应。选择一家超市、百货公司、大学书店或其他一些常见的场所，人们在那里购物，然后在收银台排队付款。观察收银员和顾客之间，顾客在购物之间，以及顾客在排队结账时的互动距离。

眼神交流	声音
姿势	碰触
手势	时间
面部表情	穿着
距离	环境设计
领土	领域

a. 你观察到人们之间的平均距离是多少？

b. 当一个人与另一个人靠得太近，或者一个人碰触到另一个人时，人们会作何反应？人们对这些侵犯他们个人空间的行为有何反应？他们是如何避免侵犯彼此的个人空间的？

c. 试着观察这家商店里来自不同文化背景的人，描述他们对空间距离的使用。如果无法顺利在店内找到合适的人选，那么请回想一部包含中国人和其他文化的人，以及来自同一文化的人之间交流互动的电影。

▶ 沟通能力评估（第198页）

第一步　对第2、3、4、6、7和12题的得分进行反向评分
　　　　（5＝1、4＝2、3＝3、2＝4和1＝5）。

第二步　完成这6题的反向评分后，请将12道题的得分汇总，
　　　　这便是你的即时性非语言行为量表的得分。

　　得分的范围从12分到60分不等，男性和女性在使用这一衡量标准进行自我评估时会存在差异，女性认为自己会比男性更多地参与了即时性非语言行为。大学年龄的女性平均得分为47分，大多数得分在42分和52分之间。大学年龄的男性平均得分为43分，大多数得分在38分和49分之间。

第**7**章

倾听：接收与回应|

学习目标

专题研究

回想你遇到过的最差劲的倾听者。可能是某位你在讲话时打断你的人，或者是某个你在讲话时却在走神的人。这个人可能忘了你说过的重要事情，并将话题转回到自己的身上，或是给出缺乏深度的回应。现在回想一下你与这位不善倾听者沟通时的感受，恼怒？沮丧？心灰意懒？

现在设想别人是怎么看待你这位倾听者的。上述那些令人不耐烦的行为，是否也会发生在你和你的沟通对象之间。

在本章中，你将了解倾听在人际沟通中的重要性。你将认识到让倾听变得困难的种种因素，并找到解决这些问题的方法。你还会了解到当倾听发生时，沟通双方真实的状况究竟是什么。最后，你会发现倾听有各种各样的回应类型，正确使用可以帮助我们增强自己的理解力、改善人际关系和帮助他人。

7.1 倾听的本质

关于如何更好地倾听，很多人都提出过建议，如"闭上你的嘴巴，打开你的双耳"。虽然这些建议不错，对更好的倾听来说是个好的开始，但它们将问题简单化，并没有捕捉到倾听的复杂本质。我们通过描述倾听在人际沟通中的重要性，来开启这个主题的探索。

倾听的重要性

倾听有多重要？就使用频率而言，它在种种沟通活动中排名第一。一个调查显示，大学生会将多达55.4％的沟通时间花在倾听上（见图7-1）。当上班族被问到他们最常在工作场所观察到的沟通行为时，"倾听"位居榜首。正如第224页的"在工作中"所表明的那样，倾听技巧在工作中非常重要。

商业世界并不是唯一重视倾听的地方。当接受调查的一组成人被要求根据重要性对各种沟通技巧进行排名时，倾听在家庭、社交以及职场中均占据榜首。在亲密关系中，倾听日常对话中的个人信息被认为是关系满意度的重要组成部分。考虑到这一点，我们可以先谈谈倾听的定义。

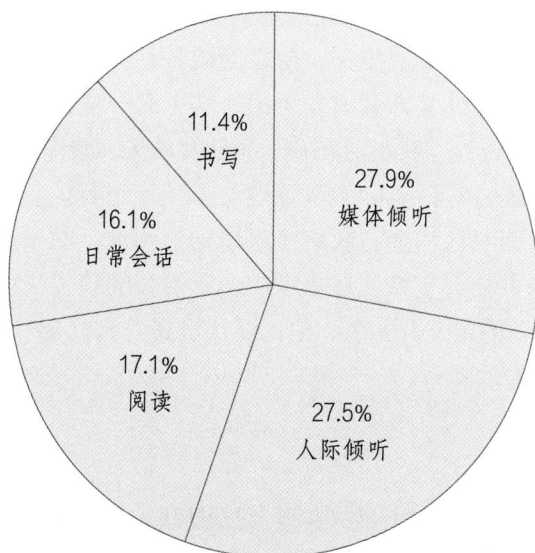

图7-1　大学生沟通活动中的时间分配

如果让你想象一下商界最有才华的沟通者，你很可能会想到那些善于表达、富有魅力的公众人物。然而，研究表明，在职场上具备有效倾听的能力比掌握公开演讲的技巧更重要。

大量研究发现，对于新进员工、下属、主管和经理来说，倾听是最重要的沟通技巧。倾听在以下几个方面都有很大影响：工作和事业的成功、生产力、晋升、沟通培训、组织效率。此外，在重视倾听员工意见的组织中工作的人对他们公司的依恋感和忠诚度会更高。

不幸的是，大多数沟通者自认为的倾听能力和他们能够真正理解他人的能力之间并没有关联。在一项经典的研究中，一组经理被要求对他们的倾听能力进行自我评估。令人惊讶的是，没有一个经理认为自己是一个"糟糕"或"非常糟糕"的倾听者，94% 的经理评价自己的倾听能力为"好"或"非常好"。这种良好的自我评价与经理下属的看法形成了鲜明对比，许多下属表示他们领导的倾听能力很弱。

领导力教练梅丽莎·戴姆勒（Melissa Daimler）认为，最好的管理者是最好的倾听者。她喜欢将"你怎么看"这个问题作为获取有价值信息的工具。"这可能是一种强大的沟通技巧，尤其是在没有唯一正确答案的情况下。"她指出，"它在'一个重视倾听的组织'中最有效。"

倾听的定义

到目前为止，我们一直在使用"倾听"这个词，就好像它不需要解释似的。事实上，这个概念比你想象的要复杂得多。我们把**倾听**（listening）——至少在人际沟通的角度——定义为接收和回应他人信息的过程。

传统的倾听方法侧重于接收别人"说出来的"信息。然而，我们在这里将进一步拓宽倾听的定义，使之涵盖各种类型的信息，因为现如今，许多倾听是通过媒介渠道发生的，其中有一些涉及书面文字。想一想你是否曾经说过"我当时在和一个朋友聊天，她说……"这种类似的话，你所复述的对话实际上是通过文本信息进行的。在第 9 章，你将了解到除了面对面沟通，我们还可以通过博客、帖子、微博和其他社交媒体来提供社会支持。在本章中，我们会继续关注说出来的信息（从讨论"听"的定义开始），但也要认识到当代社会中的"倾听"可不仅仅涉及我们的耳朵。

听到与倾听

听到和倾听是不一样的。**听到**（hearing）是声波传到耳膜引起振动，然后将振动传送到大脑的过程。当大脑将这些电化学脉冲重构为原始声音的再现，并赋予它们意义时，才会产生倾听。除非生病、受伤或使用耳塞，你几乎无法停止使用你的听觉。不管你是否愿意，你的耳朵都会接收到声波，并将其传送到大脑。

然而，倾听却不是这样无意识的过程。很多时候，我们一直在听，但不一定在倾听。有时我们会不假思索或无意识地"屏蔽掉"我们讨厌的声音，例如，邻居的割草机或附近车辆的轰鸣声。当我们觉得对话主题不重要或无趣时，我们也会停止倾听。无聊的故事、电视广告和喋喋不休的抱怨都是我们可能对外界信息充耳不闻的常见例子。

无心的倾听

当我们从听到跨越到倾听时，研究人员注意到我们会用两种截然不同的方式来处理信息。哈佛大学心理学教授艾伦·兰格（Ellen Langer）用**无心**（mindless）和**用心**（mindful）来描述这两种不同的倾听方式。无心的倾听发生在我们下意识或习惯性地回应他人的信息时，通常没有投入太多心思。用"肤浅""潦草"来形容无心的倾听就比"琢磨""深思熟虑"更为恰当。

尽管"无心"一词听起来似乎有些负面，但这种低层次的信息处理过程其实是一种潜在的有价值的沟通方式，因为它解放了我们，让我们可以将注意力集中在需要注意的信息上。考虑到人每天所要处理的信息量，要求百分之百做到仔细、审慎地倾听是不切实际的。同样，把你的所有注意力都放在那些长篇大论的故事、无聊的闲谈或是你已经听过很多遍的言论上也是很不切实际的事情。因此，对于信息轰炸，唯一切实可行的方法就是对其中的许多信息保持"懒惰"。在这种情境下，我们要放弃仔细分析，退回到第4章中描述的纲要——有时是刻板印象——来解读信息。如果你现在暂停一下，回想你今天听到的信息，那么很可能大多数情况都是你用无心的倾听去处理的。

用心的倾听

相反，用心的倾听指的是对我们接收到的信息给予仔细而审慎的专注，并给予回应。当一条信息对你或者你很在乎的人很重要时，你就会倾向于用心的倾听。想一想，如果你的密友告诉你他失去了所爱的人，你会如何仔细地倾听。在这种情境中，你想要给予信息发送者完整而全然的专注（见图7-2）。

有时候，我们会以"无心的倾听"来回应那些值得甚至要求我们"用心的倾听"的信息。艾伦·兰格开始研究"用心的倾听"的契机，始于她的祖母抱怨自己的头盖骨里仿佛"有蛇在爬"。医生非常迅速地将此诊断为衰老的迹象，解释说关于蛇的描述是无稽之谈。事实上，兰格的祖母患有脑瘤，这一病症最终夺走了她的生命。这件事给兰格留下了深刻的印象：

> 多年以来，我一直在思考医生对我祖母所说的话的反应，以及我们对医生的反应。他们按部就班地做了诊断，但是没有理会他们所听到的信息，衰老让医生先入为主，成为倾听的干扰。我们也并没有质疑医生，"专家"让我们先入为主，成为我们倾听的干扰。

在日常生活中，虽然我们关于要不要用心倾听的大多数决定并不会面临生死攸关的后果，但我们经常需要有意识地、审慎地倾听别人告诉我们的话。用心的倾听，才是本章的重点。

图7-2   "听"的繁体字结构

▌倾听的风格

每个人的倾听方式都不尽相同，每个人也都拥有不同的倾听目标。传播学学者大致确定了四种倾听风格：任务型、关系型、分析型和批判型，每一种类型都有其优缺点。许多人会采用不止一种倾听风格，他们会根据沟通对象的不同而采用不同的倾听风格。

任务型倾听

任务型倾听（task-oriented listening），最关注的是效率和完成手头的工作。当截止日期和其他压力要求我们立即采取行动时，任务型倾听可能是有益的。当处理业务成为我们的首要任务时，任务型倾听是最为合适的倾听方式：这种倾听者会鼓励大家做事有条理、简明扼要。

尽管任务型倾听有其优势，但当倾听者忽略他人感受时，就可能造成关系的疏远。那些拥有不同性格，或是来自"直言不讳等同于无礼"文化背景的人，就可能不喜欢一丝不苟、以任务为导向的做事方法。此外，专注于快速完成任务的人，可能会欠缺深思熟虑和全盘考虑。最后，任务型倾听者可能会减少情感问题的关注和担忧，而这些关注和担忧对许多商业和个人交易而言，是非常重要的。

关系型倾听

关系型倾听（relational listening），最关心的是与他人建立情感上的亲密关系。经常使用这种倾听风格的人通常都性格外向、专心和友善。关系型倾听者的目标是理解他人的感受，因此他们能够察觉到他人的情绪，并对其给予积极回应。他们努力做到不带偏见，相比评价或控制他人，他们更感兴趣的是理解和支持他人。毫不奇怪，关系型倾听者比其他风格的倾听者更有可能从消息发送者那里得到回应。

然而，关系导向也有缺点。在努力变得和蔼可亲和相互支持的过程中，关系型倾听者可能会失去超然的态度和客观评估信息的能力。不那么注重人际关系的沟通者可能会认为关系型倾听者表达过度，甚至是咄咄逼人。

分析型倾听

分析型倾听（analytical listening），最在乎的是做出判断之前，要全程参与与完整的信息沟通。这种类型的倾听者希望知晓信息的细节，并从各种方面进行分析。当任务目标是评估困难的议题并需要考虑到多种问题角度时，分析型的倾听者便能够帮上大忙；当需要对复杂的议题进行系统化思考时，他们就格外地具有分量；但是当截止日期逼近时，他们太过周详的分析，可能会显得既耗时又不切实际。

批判型倾听

批判型倾听（critical listening），通常都对评估信息充满强烈的欲望，他们不仅会尝试理解当前的主题，更会尝试评判其中的是非优劣。批判型的倾听者倾向于将焦点放在信息的正确性和一致性，当目标是调查问题时，批判型的倾听者确实能够帮得上忙，然而，批判型的倾听者也可能被认为过于挑剔他人，而让他人倍感挫折。

许多人会使用不止一种倾听风格，懂得掌控你的倾听方式是很重要的。例如，当你需要关注说话者时，就可以采取关系型的倾听方式；如果是以调查为目标，就可以展现分析型倾听者的风格；当出现评判的需求时，你就可以摇身一变成为批判型的倾听者。你也可以通过评估和适应对话伙伴的倾听喜好和风格，来提高沟通效率。

沟通能力评估：你的倾听风格

记录你的第一印象，请用数字1~7对下列陈述的认同程度进行打分，1＝"非常不同意"，7＝"非常同意"。

序号	关系型倾听	评分
1	当倾听他人想法时，理解说话者的感受是很重要的	1　2　3　4　5　6　7
2	我倾听是为了理解说话者的情感和心情	1　2　3　4　5　6　7
3	我倾听主要是为了建立和维系与他人的关系	1　2　3　4　5　6　7
4	我很享受倾听他人的想法，因为这能够让我与他们联结	1　2　3　4　5　6　7

序号	分析型倾听	评分
5	在我听到他们向我和盘托出想法之前，我倾向保留对他人的评论	1　2　3　4　5　6　7
6	在倾听他人想法时，我会纳入与议题相关的所有可能后才做出回应	1　2　3　4　5　6　7
7	在任何想法构成之前，我会完整地倾听他人的说法	1　2　3　4　5　6　7
8	为了能够一视同仁，在做出判断之前我会完整地倾听他们想说的话	1　2　3　4　5　6　7

序号	任务型倾听	评分
9	当他人在对谈中离题时，我会感到困惑	1　2　3　4　5　6　7
10	我喜欢说话者能够快速说到重点	1　2　3　4　5　6　7
11	对于拖延太久才讲到重点的人，我很难专注倾听	1　2　3　4　5　6　7
12	当倾听他人想法时，我欣赏给予简短和扼要简报的说话者	1　2　3　4　5　6　7

序号	批判型倾听	评分
13	我经常找到其他说话者的逻辑错误	1　2　3　4　5　6　7
14	我自然而然地会注意到说话者言谈中的失误	1　2　3　4　5　6　7
15	我擅长抓出说话者言谈中不一致的地方	1　2　3　4　5　6　7
16	当倾听他人想法时，我会注意到他们言谈中的矛盾	1　2　3　4　5　6　7

相关评分结果，请参阅第259页。

美剧《利益者》叙述了亿万富翁马库斯·莱蒙尼斯（Marcus Lemonis）如何依靠投资经营不善的公司，为自己的财富添砖加瓦的故事。

初次分析一家企业时，莱蒙尼斯着重开展分析性、鉴别性和任务导向型的询查。他先是要求所有利益相关者解释，公司为何每况愈下，然后再基于这些信息制定策略，以求扭转局面。

除了对公司事无巨细的关注，他还认识到，业务不顺，员工间也会渐生龃龉，反之亦然。为了分析人际关系变化对公司盈利状况的影响，他做了大量与此相关的问访。最后，不仅公司起死回生，他还修复了员工间的情感创伤，弥合了彼此的信任裂痕。

这部剧中的可借鉴之处在于：好的沟通者善于变换倾听与反馈的方式——维护人际关系是解决许多业务问题的不二法门。

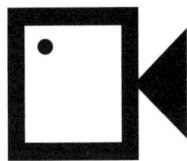

电影电视

多元倾听：
《利益者》

7.2 倾听的挑战

不论出发点是多么好，"用心"倾听仍然具有挑战。当有两个人或更多的人倾听同一个说话者时，我们就会倾向于假设每个人都理解了信息。但回顾我们在第 4 章中讨论过的"认知"的信息，许多因素都会让我们对同一件事产生不同的认知。生理学因素、社会角色、文化背景、个人兴趣以及需求都会让我们将原始信息转化或者扭曲为不同的信息。因此毫不意外，二分法在解读和重现个人行为时，往往只能达到 25%～50% 的准确率。我们每个人独特的世界观都会影响和限制我们的倾听行为。

虽然我们每个人都有不同的倾听方式，但我们仍然可以尝试避免一些常见的陷阱。现在，让我们来看看，当我们想要仔细倾听时，需要克服的障碍和坏习惯有哪些。

▌认识倾听的障碍

倾听比我们普遍理解的还要更困难，常见的倾听障碍包括信息超负荷、个人顾虑、翻腾的思绪，以及噪声。认识到这些潜在的倾听障碍，可以帮助我们创造更有成效的倾听环境。

信息超负荷

大多数人每天都会被大量的信息所"轰炸"，因此我们无法仔细"倾听"我们"听到"的一切。我们每天不只要迎接面对面的互动，还有来自网络、媒体、手机和各种不同来源的信息"轰炸"。面对如此大规模的信息量，我们几乎不可能长期保持高度的专注。因此，我们经常选择"无心"倾听而不是"用心"倾听，这种做法情有可原，其实也更明智。

个人顾虑

另一个我们无法仔细倾听的原因是，我们经常将注意力放在我们关心或我们认为重要的事情上。例如，当你即将面临一个重要的考试，或当你还沉浸在昨天夜里所享受的美好时光时，你就比较难将注意力集中在当时的沟通对象身上。当下我们需要集中注意力于他人，与此同时我们却心猿意马，倾听往往会变成"无心"的，或是礼貌上做做样子。

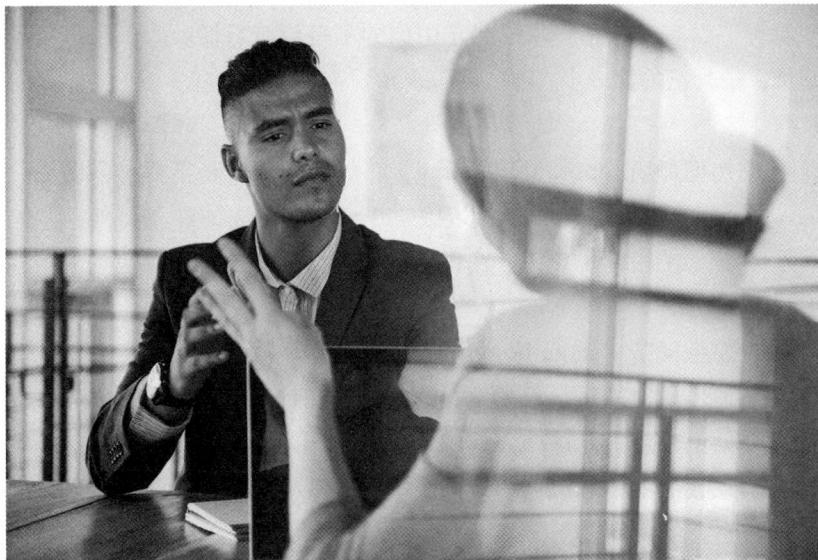

▶ 良好的倾听其实是很难做到的，因此专注倾听的天赋既少见又有价值。有哪些因素阻碍你专注而有技巧地倾听？你如何克服这些阻碍，努力成为一名好的倾听者？

翻腾的思绪

造成仔细倾听有难度的另外一个原因是我们活跃的思绪。尽管我们能够以每分钟 600 字的速度理解语言表达，但是一般人讲话的速度要慢很多，落在每分钟 100~140 字。因此，当有人在说话时，我们的脑袋里便多了许多"多余的时间"，去想一些和说话者的说话内容无关的事情。例如，思考个人兴趣、做做白日梦，甚至在心中盘算着要如何反驳对方等。诀窍是利用多余的时间更准确地理解说话者的想法，而不是放任自己的注意力四处神游。

噪声

最后，我们的生理与心理世界经常出现干扰，导致我们很难集中注意力。像是其他人对话的声音、交通噪声和音乐，以及第 1 章中讨论过的不同类型的心理噪声，这些都影响到我们的倾听能力。此外，疲劳或其他形式的不适，也可能导致我们无法集中注意力倾听说话者的讲话。试想你坐在一个拥挤、闷热的房间中，同时伴随着人来人往和许多噪声，这时你的倾听质量可能会变得非常低。在这种情况下，即使你有认真倾听的动机，也不能确保你能够清楚地理解对方。

避免不良的倾听习惯

每个人都有或多或少的不良倾听习惯，阻碍我们去理解他人的信息。看看下面有没有哪一项描述正中你的不良倾听习惯。意识到不良倾听习惯，是改正的第一步。

- **虚伪型倾听**（pseudolistening）：虚伪型倾听是指假装我们在倾听。虚伪的人在外表上露出一副很专注的样子，他们看着你的眼睛、点头、在正确的时刻微笑，但思绪早已神游物外。
- **自恋型倾听**（stage-hogging）：当自恋型倾听发生时，意味着他们只对表达自己的意见感兴趣，并且不想邀请其他人分享他们的观点。这些人偶尔会让你说一两句话，但那只是他们谈话中的休息时间，他们毫不在意其他人是否能对谈话做出自己的贡献。

- **选择型倾听**（selective listening）：选择型倾听者只会针对他们有兴趣的部分来做回应，而拒绝倾听其他部分。
- **填补空白型倾听**（filling in gaps）：填补空白型倾听者会在原始故事或信息中制造新的信息，这些人在复述自己听到的内容时，给出的其实是真实信息的扭曲版（不仅是不完整）。
- **隔绝型倾听**（insulated listening）：隔绝型倾听者的习惯和选择型倾听者几乎完全相反，和只关注自己感兴趣的内容相反，这些倾听者拒绝接收自己不想应对的话题。
- **防卫型倾听**（defensive listening）：防卫型倾听者往往将他人的无心之语视为攻击。
- **埋伏型倾听**（ambushing）：埋伏型倾听者会仔细倾听说话者的言论，不过这只是为了攻击说话者。这种类型的倾听方式会摧毁互助的交流氛围。

7.3 倾听的组成要素

到目前为止，你会开始发现倾听要做的不只是静静地坐在那儿，它还要复杂得多。事实上，倾听——尤其是用心的倾听，包含了五个独立的元素：听到、专注、理解、记忆和回应。

▎听到

正如我们已经讨论过的，听到属于倾听的生理范畴。听到对倾听至关重要，因为它是整个倾听过程的起点，但听到也可能会因生理阻碍而受到减弱，像是背景噪声、听觉疲劳等，听到会因为长期暴露在同一个音调或巨响中，而导致听觉疲乏或暂时失聪。在音量很大的演唱会待上一晚或近距离欣赏烟花秀的人们，就可能经历过听觉疲劳，如果他们频繁地出入这类场合，可能会造成永久性的失聪。曾经被认为是老年人专属的问题，现在已经变成许多年轻人的严重问题，很大一部分原因来自可携式耳机的使用。为了自己以及伴侣考虑，保护你的听力是明智的做法。

▎专注

听到是生理过程，而**专注**（attending）则是心理过程，也是我们在第4章中所提到的知觉的选择历程。正如之前提到过的，当我们被各种社交和媒介信息轰炸的时候，迎接信息量巨大的沟通，使得当代人要能保持"专注"，比起历史上的任何时候都更加艰巨。而且和大家想的可能不太一样，我们其实不能，也不擅长处理多源信息。如果我们对每条所听到的信息，都要付出百分之百的注意力的话，那我们一定会疯掉，所以不意外地，当专注会获得回报时，我们会更仔细地听取信息。譬如，你正计划去看一场电影，而当朋友正好描述这部电影时，你就会更加专注地去倾听。当你想要与某人建立更良好的关系时，你也会更小心地倾听他所说的每一句话，以期增进你们彼此的关系。

正如你在第 6 章读到过的，有技巧的沟通老手会专注于说话者的语言与非语言线索，如果你询问一位朋友"你过得如何"，而她回答"好"，她的非语言线索（灿烂的微笑、热情的音调）要么加强语言的叙述，（无神的眼睛、低落的姿势、低沉的声音）要么让"好"大打折扣。有些人本身在沟通时就不会去注意这些非语言线索，但是有些人则是因为受到"非语言学习障碍"心理症状的困扰所致，这种症状是因为大脑右半部的缺陷所致，患有这种疾病的人较难理解非语言线索。无论是基于不敏感还是疾病导致，不难发现，无法专注于非语言线索是一项倾听缺陷。

伦理挑战
一心多用的荒诞

"别担心，我还在听。"（一边回复短信）
"我有专心听你说话。"（一边谷歌搜索）
"没问题，我能一心两用。"（一边刷社交媒体）

这样的对话，可能在与朋友、家人的交流中，你早有耳闻，或也曾脱口而出过。绝大多数人都坚信，自己有能力同时处理多方信息。甚者，他们将一心多用视为一种高效且有效的沟通方式。

遗憾的是，这一观点并无科学依据。人类的大脑一次只能处理有限的信息量，而电子设备只会使我们的注意力更加分散，破坏我们的专注力。研究表明，分心使用媒体，并不利于学习、研究和记忆。一份文献综述这样阐释："研究结果明确指出，电子设备会导致注意力分散，其影响十分之广：低效、学习分心，甚至会引发安全问题。"其导致的安全问题最为严重，每年都有成千上万人因为边开车边发消息而丧命。

根据一项研究，移动设备实在是太容易导致分心，仅仅一部手机就能吸引走你耳朵的注意力。该研究的主要作者，比尔·桑顿（Bill Thornton）说道："移动设备的存在，会使你更加在意你所错过的'更广泛的社交圈'。手机会使你一直想知道好友们正在做些什么。"他建议在不使用手机的时候，将其置于视线之外。"除非你是总统的顾问，急需你处理国家大事，否则你完全可以等上一个小时再看消息。"

面对面的交流越来越少，所以明智的人都会将其视为珍贵的必需品。当你和另一个人线下相处时，左耳进右耳出的行为是不可取的，理应侧耳倾听、全神贯注。

▌理解

即便我们专注，甚至极其专心地倾听，我们仍然可能无法真正理解这些信息。**理解**（understanding）就是我们给信息赋予意义。理解的倾听过程由几个要素组成。首先，你必须对语言的句法和语法有基本的认识，除此之外，理解信息还仰赖其他几个因素。你必须了解说话者的词汇量和他经常使用的术语（你可能会记起新工作的第一天，你面对行业术语和缩略语时的茫然失措）。另一个重要因素是你对信息来源的认识程度，类似的知识可以帮你判断一句来自朋友的污辱性言论到底只是玩笑话而已，还是严重的人身攻击。此外，信息的情境也能够帮助你解读沟通的内容，好比说别人对你的评论给出了打哈欠的回应，这个可能要看你是在午夜还是白天和他人沟通信息，不同情境会导致不同的意义。

倾听在人际沟通中最理想的状态，是既要了解他人又要被他人理解。沟通研究学者用**倾听保真度**（listening fidelity）一词，来形容倾听者所理解的和信息传递者所传送的信息，以及两者之间信息一致的程度。保真度不等同于同意，因为你可能在仔细倾听朋友观点，并清楚了解他的立场之后，仍然完全不同意对方。但是理解的行为本身，就传递着正向的关系信息，即使沟通者对内容没有产生共识，还是能产生彼此的联结。

▊ 记忆

记忆（remembering）是回忆我们已经了解或记住的信息的一种能力，它也是几种要素组合成的一种功能：信息被听到或重复的次数，大脑中储存了多少信息以及信息是否可以被"复述"。

早期的研究指出，大部分的人就算用心地倾听，在一听完信息之后，仅仅记得其中的50%。两个月内，原先记住的那50%信息，最后也只能记住一半。然而，这种遗忘的过程不用花上两个月，人们在听到信息之后往往马上就开始忘记（8个小时以内，记住的50%信息仅剩35%）。当然，这些数据并不适用于每一个人，遗忘的速度存在个别差异，越重要的信息越不会忘记。

忘记重要信息可能会导致关系问题，当我们忘记了一些人，尤其是我们爱的人所说的事情时，他们就经常感到被忽略："我已经告诉过你好多次了，你还是忘记了吗？"这在人际冲突中并不罕见。

▊ 回应

到目前为止，我们讨论过的倾听步骤——听到、专注、理解和记忆，都属于内部活动。倾听的最后一个步骤是**回应**（responding）信息——提供说话者可见的回馈。在最开始的接触中，人们往往会更欣赏那些提出问题或是重述信息的人。非语言回应也非常重要，一个研究表明当医生对病患给出支持意味的非语言信号，包括眼神交换、点头、微笑、做手势、向前倾，病患给出的症状描述会更加清晰，因此医生的诊断也会更准确。换句话说，回应型倾听让说话者和聆听者之间的交流更有效率（针对这一观点，本页的"研究焦点"会给出更多信息）。

在我们的倾听模式中加入回应，凸显出我们在第 1 章所讨论到的：沟通的本质是交流。倾听不仅仅是被动的行为，作为一个倾听者，我们是积极主动的沟通交流参与者，同时发出和接收信息。

当你敞开心扉，对别人谈及私事，对方却反应甚微，甚至置若罔闻，难免令人感到沮丧。此时，你可能会说（或至少心里在想）："你刚刚有在听我说话吗？"

格雷厄姆·博迪的团队经研究发现，在遭遇困难时，我们会更希望听众能给予有效反馈。该团队以一群本科生为实验对象，要求他们袒露最近困扰之事。一部分学生向训练有素的听众倾诉，另一些则面向未经训练的听众。研究人员要求前者使用本章所述的回应技巧：提问、转述和共情（统称"积极倾听"）。结果不出所料。学生反馈称，在他们倾诉困扰时，受过训练的听众表现出比未受训练者更强的同理心，并且与这些能主动回应的听众交谈过后，他们的心理状态也有所改善。

另外，研究人员注意到，当倾诉者难以从听众处得到积极回应时，他们的表达也会受挫。对话无法顺利进行，倾诉者会认为双方沟通有困难，因而更倾向重复说过的话。这也进一步证明，有效的倾听是主动的而非被动的过程。

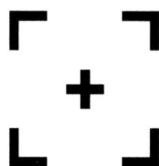

研究焦点

有效回应有助于
对方袒露心扉

7.4 倾听的回应类型

我们已经了解了倾听过程中的五个要素，回应让我们知道他人是否真接收到我们所说的话。试想一位你认为优秀的倾听者，你为什么会选择这个人？很有可能是因为他在听你说话时的行为表现。

一项研究的参与者表示，他们期待倾听者表现出专注、理解、友善以及回应，并且能够维持对话的流动性。哪些行为标示了这些特征呢？好的倾听者：

- 会提问和回答问题。
- 提供具有反思性和关联性的回馈。
- 提供他们自己的观点。
- 透过非语言的眼神接触、点头和身体前倾，作为回应。

换句话说，尽管倾听是作为一个内在的心理过程开始的，但是别人会通过观察你外在的回应来判断你是否正在倾听以及如何倾听。

如图 7-3 所示，倾听回应的范围很广，从**反思性**（reflective）回应到**指导性**（directive）回应，前者是让说话者畅所欲言，无需担心别人的评价，后者是会对说话者的信息直接做出评判。反思性回应的主要目标是理解、确认和复述说话者的信息。相反，指导性回应的主要目标是评估说话者的信息，并给予指导。我们将在本章后面的内容讨论何时以及如何在这个范围使用每种回应风格。每种风格都是你倾听技巧的重要组成部分。

沉默	问话	复述	共鸣	支持	分析	评价	建议
多反思 少指导							少反思 多指导

图7-3　倾听的回应类型

沉默

如果你不想让说话者继续滔滔不绝的话，最好的回应就是什么也不说，这确实是恰当的做法。例如，回想某次你需要赶往下一个约会时，老板或老师讲个不停；或是某位朋友讲他可怕的约会经历已经不下十次了。这种情况下，最好的回应可能就是**沉默倾听**（silent listening），这能让你保持专注和非语言回应，而无须提供任何语言回馈。

沉默倾听不仅仅是一种逃避型策略，当你愿意接受他人的想法，但插话又不那么合适时，沉默也能派上用场。比如，当一个朋友跟你说笑话时，你打断他并开始提问，这也可能会毁掉你朋友讲笑话的节奏，此时沉默倾听不失为表达尊重之道。

有些时候沉默倾听甚至可以帮助他人解决问题。索尼娅·约翰逊（Sonia Johnson）描述了一种强大的作用力，她称为"听入人里"，这个过程很简单：头脑风暴时，每一位出席者都有不会被干扰的完整时间，约翰逊表示："当我们在没有干扰、评估和时间压力的情况下自由地发言时，会快速地超越已知的领域，并到达我们思想的前沿。"约翰逊将这一技巧应用在女权主义者的研讨会中，并指出当有些女性初次经历"听入人里"的活动时放声大哭，因为她们不习惯被以如此严肃和完整的方式倾听。

试着回想上一次你和伴侣进行超过数分钟不间断的对话，是什么时候。你希望有机会能够在不被他人干扰的情况下陈述自己的想法吗？我们可以更频繁地对别人运用沉默倾听，并接受别人对我们的沉默倾听，进而从这种回应风格中受益。

问话

问话（questioning）被认为是"最流行的一种语言"。当倾听者向说话者询问额外的信息时，问话就发生了。之所以要提出真诚、非指导性的问题，理由如下：

- **澄清意义。**好的倾听者不会假设他们知道伙伴的心意，他们会运用类似下列问句："你说他的作为很不公平，你是看到了什么""你说他很迷信，你说的迷信是指什么？你怎么定义迷信这个词""你说你会尽快，你是指多久"等方式来澄清问题。当然，在提问时，一定要记得使用适当的语气，否则听起来会像在审问一样。

- **理解他人的想法、感觉和需要。**一个真诚、敏感和体贴的问题，往往就能引出人们的看法、情感、需求和希望。"你对新计划有什么看法"、"你听到这个消息时有什么感觉"以及"你希望哪里有所不同"，这些都是此类型提问的实例。当询问个人信息时，通常最好提出**开放式问题**（open questions），这样得到的回应会更多元，更具延伸性。与此相反，**封闭式问题**（closed questions）会限制答案的范围。例如，"你感觉如何"就是允许各种多元回应的开放式提问，而"你生气了吗"就是只需要回答是或否的封闭式提问（还可能会引导受访者去感受他们没有经历过的感受）。

- **鼓励详尽的阐述。**在谈论自己的时候，人们有时候会有些犹豫，他们不确定别人是否感兴趣。因此，像是"再多和我说一些"、"我不确定我有没有理解"和"我正在听"这类的发言，都传达了你的关心和参与，能够鼓励对方详尽阐述。也许你会注意到以上没有任何一个例子是以问号做结尾，只要我们简单表示我们正在倾听，就能鼓励说话者给出详尽的阐述。

- **鼓励发现。**提出问题能鼓励人们探索自己的想法和感受。例如，"那么，你认为还有什么选项呢"可能会驱使员工提出多个创造性的解决方案，"你理想的解决方案是什么呢"可能有助于朋友探索更多的需求和期待。最重要的是，鼓励"发现"而不是提供"建议"，表明你对他人解决自身问题的自主思考能力有信心，这可能是你在沟通过程中，成为一名有效倾听者最重要的能力。

- **尽可能地收集更多事实和细节。**那些有意愿了解更多事情的倾听者，通常来说会比较受欢迎，只要问题不要太过私密，像是"那你当时做了什么"和"那她之后还说了什么"的问题，可以帮助倾听者了解全貌。一项研究发现，在家长同教师角色关系的对话中，以提问开头，接着再进入问题解决部分的教师们，被认为是更有效率的沟通者。

但不是所有的问话都用上述这种真诚的询问来获得信息。**真诚的问话**（sincere questions）旨在了解他人，而**虚伪的问话**（counterfeit questions）旨在发送信息，而不是接收信息。因此，它们更符合图 7-3 所示的倾听回应种类中的"多指导"，但这更可能造成防卫型的沟通氛围，我们将在第 11 章进行讨论。

虚伪的问话有以下几种类型：

- **给说话者设圈套的问话**。如果朋友问你"你不喜欢那部电影，对吗"，你会有一种被逼到墙角的感觉。相反，"你觉得那部电影如何"是个更真诚且更容易回答的问题。加上句尾的提问，像是把"你怎么看呢"或"不是这样吗"放在句尾，也可能暗示发问者正在寻求认同而非你的想法，确实有些倾听者会使用这些句尾提问式标签，来确认并促成理解，但是我们真正介意的是用句尾提问式标签来强制达成共识。"你说你五点会给我打电话，但你忘记了，对吧？"就是虚伪的问话，因为问的人已经替你贴上了答案，并不是真诚地问你；同样，由"你难道不"开头的提问（像是"你难道不觉得他会是个好老板吗"）也是在引导人给出他想要的回应。一个简单的解决办法，就是将"你难道不……"改成"你觉得……"便能够降低提问的诱导性。

- **实为陈述的问话**。"你终于准备好了"与其说这是一个问题，不如说这是一项宣告——通常是针对目标人物身上不赞同的行为。强调特定的字词可以把一个问句变成一个陈述句，如"你借钱给**托尼**了？"。此外，我们也会使用问话来提供建议："你应该支持他，并提供他所应得的一切，对吗？"问话的人其实是明确地表达了他认为应该要采取的行动。

- **带有隐藏目的的问话**。"你周五晚上忙吗"，这是一个有风险的问题，如果你说"不忙"，并认为那个人心里想着有趣的事，那么你不会想听到"太好了，因为我需要一些人来帮我搬钢琴"。很显然，此类问题并非用来增进理解的，而是为了后续计划而衍生的提问。例如，"你可以帮我个忙吗"和"如果我告诉你发生了什么事，你能保证不生气吗"这种问句属于策略性的，而非自发的，因此这种类型的提问很容易引起防卫。聪明的沟通者在回答带有隐藏目的的问话时，只会回应用"看情况"或"在我回答你之前，先让我听听你的想法"。

- **寻求积极评价的问话**。"我看起来怎么样"这类问题总是寻求特定的回应（"你看起来棒极了"）。倾听者在回应之前必须仔细思考对话的情境。

- **未经证实的假设性问话**。"你为什么不听我的话"通常都假设对方没有专心，"出什么事了"假设有事情出错了。正如我们在第 4 章中讲的那样，知觉检核是确认假设的一个好办法。你可以回想一下，知觉检核提供行为描述和解释，接着是真诚地请求对方澄清："当你一直在玩手机，我会觉得你没有在听我讲话，但也可能是我误会了。你有在听我说话吗？"就可以避免掉入未经证实的假设性问话中。

▶ 类似《犯罪现场调查》《法律与秩序》这样的犯罪系列剧集，在电视节目中很受欢迎。剧中的主角总是通过仔细倾听让事情更有效率。在哪种情境中，可以通过提出问题和仔细分析对话，来让自己成为更好的倾听者？

疑问句在本质上无法区分真诚或虚伪，因为陈述中的任何意义和意图都由沟通的情境形塑而成。不仅如此，在音调或脸部表情中若有轻微的改变，都有可能将真诚的问话变成虚伪的问话，反之亦然。试着将"你好吗"或"你什么时候结束"换个方式提问，又会引起什么不同的反应？

针对出柜对话的研究表明，积极的倾听者在提出问题时需要掌握微妙的平衡。一项研究中的男同性恋、女同性恋和双性恋参与者表示，他们希望倾听者能给出特定类型的回答。参与者认为真诚的问话，显示了开放式沟通和试图了解的迹象。他们不喜欢过于武断（"你确定这不是一个短语？"）、有防御性的（"事情会这样是因为我不在场吗？"）或是不合适的（探求性行为中的细节）问题。当说话的主题比较敏感或是紧张时，我们最好提出一些开放、中性的问题。例如"我在听呢，请继续说"这样语气诚挚的提问，就是比较好的选择。

复述

复述（paraphrasing）是用你自己的话，重述你接收到说话者所传递的信息。你可能会想："为什么我会想重述别人已经说过的话？"试着思考以下这段简单的对话：

> "我们来计划一下下周末吧。"
>
> "所以你想聊聊下星期六的计划？"
>
> "不是，我是指我们现在应该检查日程表，看看我们是否有空去看星期天的球赛。"

经由复述，倾听者能够得知说话者希望现在就计划，而不是日后，并且"周末"指的是星期日，而不是星期六。请注意倾听者是"复述"而不是重复信息。在有效的复述中，你用你自己的话来重申你认为说话者所描述的事情，来确认你所接收到的信息的内容。这一行为的关键是你要做的是"复述"而不是"鹦鹉学舌"。如果你只是逐字地重复说话者的话语，你听起来会有些愚蠢，最终还可能无法理解对方所说的话。

复述语句的类型

以自然的方式来复述他人的信息，其实是一个不容易掌握的技巧。以下是三种入门方法：

1. 改变说话者的措辞。

    说话者："双语教育只不过是光说不做的自由主义者的另一个失败想法。"

    复述者："你看我理解得对不对，你很愤怒是因为你觉得双语教育听起来很棒，但实际上却没什么作用？"

2. 举出一个例子，表明你接收到了说话者的内容。当说话者做了抽象的陈述时，你可以提供一至两个特定的例子，来确认你的理解是正确的。

    说话者："李是一个浑蛋，我不敢相信他昨晚的举动！"

    复述者："你觉得他说的那些玩笑话很没礼貌对吧？"

3. 反映出说话者言谈中的潜在寓意。当你想要总结对方贯穿谈话的主题时，则可以进行完整或部分的知觉检核。

> 说话者："晚上注意安全。"
>
> 复述者："听起来你很担心我将会发生什么不好的事情，我说的对吗？"

复述之所以有助于倾听，有几个原因。第一，正如之前案例所示，复述能够让你知道你所接收到的信息是否符合说话者的本意。第二，复述，如同问话一般，通常会从说话者这一方获取更多的信息（事实上，一个好的复述通常会以"这是你的意思吗"之类的问话做结尾）。第三，复述是化解激烈辩论的理想方式，当对话冲突加剧时，经常是因为参与的人认为他们的声音没有被听到，与其使冲突持续升温，不如尝试复述他人的话："好吧，让我确定我理解了你的意思，听起来你很在意……"复述通常会缩短防卫性循环，因为它让对方知道你的确参与到对话中。基于这些原因，我们通常会对用心复述信息之人，感到格外亲切。

复述事实信息

在个人或职场沟通中，归纳事实、数据和细节都很重要。"我们已经达成共识，接下来几天的时间，我们将会考虑一下今天讨论出的各种选项，并在周二做出决定，对吗"，这可能是对一次商务午餐做出总结的有效方式。最好是使用提问的语调，以便倾听者可以确保信息有被接收。有时候，甚至是个人话题都应该先从事实层面处理："所以，你的主要困扰是，我们的朋友占用了你家前面所有的停车位，是吗？"当你被攻击时，要保持这种"中立"的回应可能很困难，但它有助于在你做出反应之前先厘清事实。在你按照"你所接收到对方说的话"采取行动之前，先复述对方的指令、说明和决定，会是一个好主意。

复述个人信息

复述事实信息相对容易，复述个人信息，则需要你用敏锐的耳朵来倾听他人的想法、感受和需求。"**潜在信息**"（underlying message）经常是比较重要的信息，而有效的倾听者会致力于反映出，他们在这个阶段听到了什么。倾听思想、感受和需要，可以标定出认知（理性）、情感（情绪）和行为（欲望行动）三种人类经验的范畴。阅读以下这段话，就像在和朋友聊天一样，并从这段信息中找出三个组成元素：

> 玛利亚一整周几乎都不在家——她一直忙于工作，她吃晚饭都只预留刚刚好的时间，然后继续埋头写代码，直到上

床睡觉。然后，她今天告诉我，星期六要和一些高中同学见面，我想我们的蜜月期已经结束了。

说话者在想什么、感觉到什么，以及在期待什么？复述能够协助你找到解答，以下是两种可能的答案。

"你听起来不太开心（感觉），因为你觉得玛利亚忽略了你（想法），而你希望她多花一些时间陪你（需求）。"

"所以，你很失望（感觉）。因为你希望玛利亚改变（需求），但是你觉得很无助，因为你们对事情的安排有不同的先后顺序（想法）。"

意识到这两种答案可能都不是正确的，同时你可能指认出另一套完全不同的"想法—感觉—需求"的组合：这些例子很好地展示了面对相同的信息，我们会给出不同的解释，这个事实更加确认了复述的价值。

你的复述不需要和上述举例一样长，把其他倾听回应综合在复述中，也能达到相同的效果。有时候，你只需反映出一至两种"想法—感觉—需求"中的元素，关键是提供适合情境的回应，并以有助于倾听的方式提供反馈，因为复述是回应方式中较为特殊的一种，所以一开始你可能会感到有点陌生。研究显示多在假想情境中联系复述，可以帮助你在实际对话中给出更有效率的回应。假如你多加使用复述型回应，并增加此种类型的回应频率，你就会体会到这个方法的好处。

▎共鸣

共鸣（empathizing）是倾听者想要表示他们**认同**（identify）说话者的一种回应风格。如第 4 章所讨论，共鸣涉及知觉选择、情绪感染力和真诚的关心。当倾听者将具有同理心的态度转化为语言和非语言的回应时，他们就已经进入共鸣中。有时候回应可能很简短："嗯哼""我了解""哇""噢""我的天啊"，在其他状况下，共鸣会借由以下的陈述表达：

"我觉得那真的很伤人。"
"我知道那对你来说有多么重要。"

"不被感激的感觉，真的很委屈。"

"我感觉你真的很期待。"

"啊，那肯定很煎熬。"

"我想我懂你的感受。"

"看起来你真的度过了愉快的一天。"

"这对你来说意义重大，对吗？"

如图 7-3 所示，共鸣型大约位于倾听回应类型频谱靠近中间的位置，它不同于频谱左端尝试中立地收集信息，也不同于频谱右端多指导少反思的评估风格。要了解共鸣型和其他类型回应的异同，请参考下列举例：

"因此你的老板不满意你的工作表现，所以你正在考虑找一份新工作。"（复述）

"噢——当你老板说你没有将工作做好时，你一定很难过。"（共鸣）

"嘿，你要振作起来——你的老板不知道他损失了一名好员工。"（支持）

共鸣型比复述型更能认同说话者的情绪和想法，但与支持型回应相比，共鸣型也提供较少的评价和赞同。事实上，我们可能在不同意他人做法或观点的情况下仍然表达同理心。例如，"我看得出来这个问题对你来说很重要"。这样的回应，就能在不附和对方的观点下，又能和说话者的感受共鸣（请注意，在商业会议上，不管是朋友或敌人，都可以这样说）。因此，共鸣不仅是用来和"与你意见相同者"互动的一项重要技能，也是用来回应"用跟你完全不同角度看世界者"的好方法。

解释共鸣的更好方法，是透过说明什么不是共鸣型回应来理解。实际上，很多倾听者自认他们在传达同理心时，其实正在以评价和指令的方式，提供所谓的"冷安慰"。当倾听者表现出下列行为时，他们可能并不是真的在表达共鸣：

- **否定别人的感觉权**。以这种常见的语句"不要担心啦"来回应他人的问题，尽管这句话听起来是为了安慰人、要人放心，但是说话者的核心信息其实是希望对方感觉到轻松释然。遗憾的是，这个指令根本行不通，毕竟，人们很难因为你告诉他不要担心，就真的不再担心。研究显示，去认同他人的情绪比否定他们的感觉和观点更有效。

- **将事情的重要性最小化**。回想某次有人对你说"嘿，这只是个……而已"，在省略处你可能会填入"游戏""玩笑话""考试""派对"，你会如何回应？你可能会觉得说出这句话的人根本不懂你的感受。对于语言霸凌的受害者来说，最具伤害性的信息不只是"语词而已"；对于一位没有受到邀请的孩子来说，派对也不只是"派对而已"；对于一位没有通过考试的学生来说，考试也不只是"考试而已"。当你将他人经验的重要性最小化时，便不是在和他人共鸣了，相反，你是从自己的角度来解释事件，然后做出判断——绝不可能是有帮助的回应。

- **聚焦在自己身上**。讲述一件自己亲身经历的事情是很具诱惑力的（"我完全知道你的感觉，我发生过类似的事——所以我跟你说……"）。尽管你的目的是想表达同理心，研究显示这样的信息对对方来说是没有帮助的，因为注意力被转移到了自己身上，而不是苦恼的人身上。

- **对说话者泼冷水**。前述的例子多着重于处理困难的情况或令人痛苦的信息。然而，同理心除了认同他人的悲伤，还涉及认同他人的欢乐。很多人可能都曾有过带着令人振奋的好消息回家的经验，却被告知"只有加薪 5%？值得那么高兴""A－？你为什么没有得到 A""你这很大一笔生意，我几年前就已经成交过了"。先声夺人、先发制人是同理心的反面。研究证明，只有当我们将好消息和能够以同理心回应的人分享时，才会得到完全的满足和乐趣。

共鸣型倾听本质上是一种情感表达，因为它将认可和价值感传送给信息发送者。研究认为，发出这些非批判性、他人导向的回应需要具备情商。幸运的是，研究同样也指出，儿童和成人都具备学习这种回应的能力。本章最后的练习将会提供技巧与方法，让你成为在沟通中具有共鸣能力的人。

▍支持

到目前为止，我们已经认识了注重反思性和非指导性的倾听回应，然而，有时候他人想听到的不只是你对他们感受的反映，他们想知道你对他们的观点和立场。**支持型**（supporting）回应可以表明自己和说话者立场一致。布兰特·伯勒森（Brant Burleson）描述支持型为"对说话者表达关怀、赞赏、赞同、协助和兴趣，尤其是在对方感到压力和沮丧之时"。支持型的回应有下列几种类型：

赞同	"是啊，那堂课对我来说也很难。"
	"你是对的——房东是有差别待遇。"
提供协助	"如果你需要协助，我就在这里。"
	"让我尝试解释给他听。"
赞赏	"我不管老板说了什么，我觉得你做得很好！"
	"你是一个很棒的人！如果她没看出来，那是她的问题。"
保证	"最困难的部分已经结束了，接下来应该会轻松许多。"
	"我知道你会表现得很好。"
转移注意力	"我们去看场电影，放松你的心情。"
	"这让我想到有次我们……"

男性和女性在提供支持性回应的方式上往往不同。在遇到他人问题时，女性比男性更倾向于提供支持型回应，并且更善于组织和处理这类信息。事实上，那些不善于向女性友人提供情感支持的女性，会承担被同性友人疏远的风险。相比之下，男性则倾向于通过提供建议或转移话题来回应他人的问题。造成这种差异的部分原因可能是社会规范不鼓励男性提供敏感的情感支持。

男性和女性对相同类型的令人舒适的信息都能给出很好的回应。不论男性还是女性，通过非语言行为（如触碰或眼神接触）的即时传递，他们得到了高度个人化的信息，从中感受到了支持。此外，男性和女性都喜欢我们在第9章会讨论到的社会支持。

但是，即使是最诚恳的支持回应也不一定总是有帮助。好比说，对于正在承受亲爱之人死亡所苦的人而言，大部分的回应对他们来说都是无用的，那些陈述大部分都是建议，"你要看开一点"和"不要质疑上帝的旨意"。另外一种常见的回应是企图提供观点，例如，"她现在脱离病痛了"和"时间会治愈一切伤痛"。一项研究发现，对失去子女的父母而言，这种类型的陈词滥调带来的伤害远比好处多。正在哀悼之人不喜欢听到别人告诉他们如何感觉，或应该做什么。哀伤的父母说，他们认同第239页中描述的沉默倾听方式，这会让他们感到更多的支持。一位失去孩子的母亲，为想要帮助哀悼中的朋友提出了建议：

> 去陪伴他们。你不必说任何话，只需要说"我可能无法体会你的感受，但我就在这里"。你只需要坐在那个人旁边。我不想要有人就是来敲个门，意思一下，连门都没进来。

和其他倾听风格一样，支持是有帮助的，但只有在特定条件下才能发挥最大效用：

◀ 有时候给予支持会受到对方欢迎，但有时候不会。利用本章信息构建有效的个人原则：什么时候、如何给予支持。你如何在一段重要的关系中应用这些原则？

- **确保你表达的支持是诚恳的**。虚伪的赞同或鼓励比完全没有支持来得更糟糕，对方的痛苦感受会因为你的不真诚而雪上加霜。

- **确认他人可以接受你的支持**。有时候人们沮丧到无法听取任何正向的信息，若你知道你的朋友正处于情绪低落期，在他尚未准备好聊聊或接收你的支持前，不要过度打扰是很重要的。

- **专注在"此时此刻"而不是"彼时彼刻"**。尽管有时候"你明天会感觉比较好"这句话是真的，但有时候也未必（你可能曾有过隔天感觉更差的经验）。更重要的是，如果只是专注于强调未来而忽略支持当下，像是"十年后，你可能根本不记得他的名字"的预测可能是正确的，但是对于正在经历心碎的人来说，这丝毫起不到安慰的作用。

分析

在**分析**（analyzing）的情况下，倾听者会对说话者的信息进行诠释（"我觉得最让你感到困扰的是""她这么做是因为""也许问题是当他……时开始的"）。会以这种方式回应的沟通者，表示他经常使用本章前面介绍过的分析型倾听风格。分析型回应通常可以有效地帮助遇到问题的人看清现状。有时候分析有助于厘清困扰、客观地理解情况。研究表明，分析型倾听者有办法在缺少经历相似情绪的前提下，感受到他人的忧虑，这对解决问题来说是一项优势。

但是在有些状况下，分析型可能带来更多的问题。以下是两个原因：第一，你的诠释和分析可能是不正确的，一旦遭遇难题者接受了你的分析，不但没有解决他们的疑难杂症，反而可能制造更多混乱。第二，即使你的分析正确，和遭遇难题的人分享可能并不能解决任何问题，还有很高的概率激发防卫（分析型通常隐含着优越和评估的姿态）。此外，遭遇难题的人在自己想通以前，他可能不会采纳你对问题的观点。

那么，要如何知道何时提供分析才是有帮助的呢？以下是可供遵循的准则：

- **以试探而非直接给出具体事实的方式进行分析**。你说"原因可能是"和"事实就是如此"之间有极大的不同。

- **你的分析应该有被修正的可能性。**错误的诠释分析——尤其是听起来很合理的——可能会让人更加困惑。
- **确保他人乐于接受你的分析。**尽管你的解释完全正确，但如果遭遇难题的人尚未准备好接受你的分析，那么你的想法仍可能对他没有帮助。注意他人的语言和非语言线索，来确定你的分析是否被接收。
- **确保你提供分析的动机是真心为了帮助他人。**你为了展现自己充满智慧，或只是想要让别人觉得他们怎么没在一开始就找到正确答案，而感觉差你一截，可能是一件很诱人的事。但是，无须多言，在这种情况下提供的分析是没有帮助的。

评价

　　评价型（evaluating）的回应会批评或认同传递者的想法或行为。评价可能是赞许的（"那是一个好主意"或"你在正确的轨道上"），或是令人不快的（"那种态度对你没有帮助"）。无论哪种情况，都意味着给予评价的人有资格对说话者的思想或行为评头论足、做出评判，而使用这种方式回应的沟通者，经常会以本章前面讨论过的批判型倾听风格来应对。

　　有时候评价带着全然的批判性。你曾听过多少次这类回应，"好，是你自找的""我早告诉过你了""你只不过是自怨自艾"这样的评价通常会引发对方的防御心而使情况变得更糟。

　　也有些时候，负面评价的批判性没那么强，像是我们常说的"建设性批评"：目的是用来提供遭遇难题的人改善未来的机会，好比说，朋友会对你所有的选择，包括着装、工作到交友等，来提供这类型的回应。建设性批评的一个常见环境是学校，教师以评价学生的作业来帮助他们掌握观念和技巧。即使建设性批评也会引发防御心，因为它可能威胁到被针对的那个人的自我意识（有关创造支持性沟通气氛的诀窍，请参考第12章的内容）。

建议

　　我们在处理别人的问题时，最常见的回应就是**建议**（advising），我们颇为熟悉的建议型回应是："如果你很不快乐，你应该辞职""你应该告诉他你的想法""你应该去放个假"。

　　虽然每个人可能都需要获得某些建议，但下列原因显示有时候建议不见得一定有帮助。第一，建议不一定是提供采取哪一种行动的最佳办法，我们很容易告诉他人如果换作我，我会怎么做，但是有时候适合我们的方法，未必适合另一个人。第二，"建议接收者"的位置是不太讨喜的，因为它暗示着建议提供者的位阶优于接收者，这会造成优劣、高下的位差。第三，建议带来的另一种结果是，经常会造成他人逃避其所做的决定责任，好比说你的伙伴听取你的建议，但当事情不如预期时，你的伙伴就可以将责任归咎于你。第四，一般人通常都不喜欢建议：他们可能还没准备好接受建议，他们当下可能只是需要抒发感思、一吐苦水罢了。

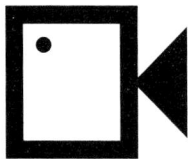

电影电视

定向回应：
《丑闻》

　　当你伤心欲绝，需要向人倾诉时，奥利维娅·波普（Olivia Pope）并非好选择；但当你身处困境，急需有人出谋划策时，那她绝对是不二人选。

　　正如剧名《丑闻》所示，寻求波普帮助的人大多深陷丑闻。波普只是倾听这些身陷困境者的问题，无意也无暇与其共情。相反，她雷厉风行，发挥才干，帮助客户走出两难境地。在此期间，她还会告诫别人努力前进、砥砺前行，不要把时间浪费在情感展示上。

　　就倾听回应而言，波普不擅同情，但长于建议，这也正契合了客户的需求：一个意志坚强、能帮他们摆脱丑闻的专业人士。

一些和提供建议相关的研究，可以为你想要帮助他人时，提供几个重要的参考：

- **你的建议符合需求吗？** 如果某个人已经采取行动，而建议是在事后才提出（"我真不敢相信你和他复合了"），经常会有马后炮的嫌疑，也不太会被感谢。

- **建议符合期待吗？** 人们通常不欢迎不请自来的建议，最好试探一下说话者是否真的有兴趣倾听你的建议。请记住，有时候人们只是想要有双能倾听他们说话的耳朵，而不是帮他们解决问题的办法。

- **建议有按照正确的顺序提出吗？** 通常当倾听者以传达共鸣、提供复述和提问的回应来理解说话者，了解事情的来龙去脉之后，建议才会比较容易被接受。

- **建议是否来自专家？** 如果你尝试提供的建议范围，从购置汽车到关系经营上，那么拥有这些领域的专业知识或成功经验就相当重要。如果你没有专业知识，最理想的办法是为说话者提供支持型回应，并鼓励他寻求专业咨询。

- **建议是否来自亲近和信任之人？** 即使有时我们会向不熟识的人寻求建议（也许他们拥有专业知识），但多数时候，我们会比较重视来自亲近和关系熟稔者的建议。

- **建议是否以敏锐细致、保留面子的方式提供？** 尽管建议没有恶意，仍然没人喜欢被指使或贬低。请记住，信息包含内容和关系面向，所以在提供建议时（"我比你厉害""你不够聪慧以至于你无法自己厘清这一点"），不言明关系信息，不太可能会被听取。

▎你是哪一类型

到目前为止，你应该已经发现倾听者有许多不同类型的回应方式，而每一种风格都有优点和缺点。这就提出了一个重要的问题：哪一种风格是最好的？针对这个问题其实没有简单的答案。所有的回应风格都具备帮助他人接受现状的潜力，让他们感觉更好和控制他们的问题。

根据前人经验，明智的做法是从倾听的回应类型图的左侧和中间开始着手：沉默型、问话型、复述型和共鸣型。这些技巧组成了杰出的心理学家卡尔·罗杰斯（Carl Rogers）提出的"积极倾听"。罗杰斯认为这种有益的人际交往中的倾听始于反思型、非指令型回应。一旦你理解事实并展现关心，说话者很有可能更乐于接受（甚至可能请求）你的分析、评价和建议。

通过考虑以下三种因素，你可以在各种情况下提高选出最佳回应风格的概率。

首先，思考情况并将问题的性质和你的回应进行配对。有时人们需要你的建议，但有时，你的鼓励和支持最有帮助；有些时候，你的分析或判断可能造成实质影响，而且，正如你已经读到的，有时你的提问和复述，也可以帮助别人找到解答。

其次，除了要考虑问题的性质，你也应该在决定使用哪种方法前，先考虑到他人，请务必确保他人对于接受各种形式的帮助保持开放的态度。此外，你要对自己提供给他人的支持充满自信。同样的倾听回应，提出者的身份决定了回应是否有帮助。试想来自你的工作、社交圈或是家庭的"局内人"，相比"局外人"，给出的鼓励和建议（"再坚持一下，事情会变好的"）有多么不同。

将你提供的回应类型和即将接收回应之人的风格配对也很重要。一项研究发现，相比于情绪化的人，高度理性的人，对于建议有较正向的回应。多数沟通者都极具防卫性，无法毫不犹豫地接受他人的分析或评价。有些人则是缺少思考问题的能力，完全无法从他人的提问和复述中得到益处，经验丰富的倾听者会选择适合那个人的风格。

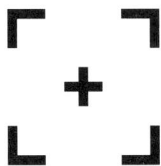

研究焦点
网络意见交流

以前，如果你想要向专业人士之外的人获取医疗建议，你会拿起电话打给朋友或家人。现在，向网络上的陌生人寻求建议已经成了司空见惯的做法——这里最重要的一点就是"网络"。

伊丽莎白·西伦斯（Elizabeth Silence）对一个线上乳腺癌互助小组中的帖子进行了分类分析。她将观察结果总结如下：

- 显而易见，该网站的主要宗旨是寻求帮助或者提供建议，因为近40%的帖子都与此相关。
- 发帖者大多数时候并不是需要别人告诉他们"应该怎么做"，相较于"建议"，他们更需要的是"评论"。
- 人们往往是从个人角度提出建议，常常使用"亲测有效"的句式。
- 咨询者企图寻找"同一条船上"的人，也更倾向于听取有相同经历者的建议。

由此可以归纳出数条在提供建议时的重要原则：人们更容易采纳其主动要求他人提供的建议，尤其是信息来源显得既可靠又有同情心。而当你给他人提供建议时，也应该给出非强制性的信息，而非强硬的处方。

最后，当决定如何回应时，想想你自己。多数人会根据直觉使用一种或两种风格，你可能最擅长安静地倾听、提问，或偶尔复述，或是你观察力敏锐，能够针对问题提供确实有帮助的分析。当然，你也有可能十分依赖没有帮助的回应风格，例如可能过度批判或是太殷切地提供建议，即使你的建议是被认可的或颇有成效的。在你思考如何回应他人的问题时，同时也要考虑自己的优势和弱点。

自我检查

▼

▶ 学习目标

7.1 描述倾听的本质和人际沟通中所使用的倾听风格

在人际交往中，相较于发言而言，倾听更为常见，但也更不受重视。虽然少有人注意到这一点，但是这两者其实同等重要。研究表明，出色的倾听能力对个人和事业的成功都至关重要。

倾听是融汇他人言语的过程。我们接收很多信息都是无意识的，但在很多时候，有意识地去接收信息显得尤为重要。同时，我们还要基于个人风格和目标，选择性地接收信息：有时是为了完成某一项任务，有时会更考虑其相关性，分析地、审慎地倾听。好的倾听者会因时制宜，根据不同需求改变倾听的方式。

问题：以写日记的形式，记录你一整天的倾听行为。为你记录的各个情景匹配倾听方式。你最常使用和最不常使用的方式是什么？你对结果满意与否？

▶ 学习目标

7.2 辨识阻碍有效倾听的挑战

大多数人对倾听的理解都基于恶劣的倾听习惯和数个亟须纠正的错误概念。耳听心受并非易事，甚至可以说是不小的挑战，要克服它，天赋与努力缺一不可。而且途中还有数道障碍：个人注意力、信息过载、思绪纷乱以及内外部的噪声。听者即便保持全神贯注，也不能保证能够接收到所有的信息。本章所述的各项因素都能极大程度地造成干扰，在其影响下，即使是最简单的表达，释义都可能大相径庭。

问题：对学习目标 7.1 中记录的倾听行为，进行有效性评估。本章所述的哪些挑战对你的倾听行为干扰最大？你如何能更好地应对这些挑战？

▶ 学习目标
7.3 辨别人际倾听过程的五个要素

倾听过程由五个要素组成：听到、专注、理解、记忆和回应。每个要素都有可能出现障碍，阻滞沟通。

问题： 根据听力日记，明确你作为一个倾听者的强项和缺陷。哪个倾听阶段你处理得最好？哪个阶段仍存有不足？你能如何弥补不足？

▶ 学习目标
7.4 有效使用反思性和指导性的倾听回应

他人倾听时的回应，是我们判断其是否理解我们的话语的重要参照。倾听回应是连续的，高反思性、低指导性的回应包括沉默、问话、复述和共鸣，均倾向于收集信息，并展露对话题的兴趣和关注；低反思性、高指导性的回应包括支持、分析、评价和建议，更注重提供建议和指导。可以利用反思性较高的倾听模式，在没有任何建议或评估的情况下，帮助他人自己做出决定。善听者会因时制宜、因人而异，同时兼顾自身的技能和动机，灵活运用几种不同的倾听模式。

问题： 根据你的听力日记，识别你最常用和最不常用的倾听回应模式。你对结果满意与否？你如何能更有效地回应？

实践活动

▼

1. 与同学合作制定倾听时应遵守的道德准则。人际沟通时，我们是否有责任，尽可能仔细和周到地聆听其他人的发言？在某些情况下，第232~233页所陈列的不良倾听习惯（如虚伪型倾听、自恋型倾听和防卫型倾听）是否合理？他人与你沟通时心不在焉，你知道后会作何感想？

2. 请使用"发言棒"，探索沉浸式聆听的优点。理查德·海德（Richard Hyde）参照印第安人传统的"部族会议"，推出了改良版的"发言棒"：参与谈话的人围成一圈，同时指定一个特定物品为发言棒，众人在所围成的圈内传递发言棒。其规则如下：

    a. 只有手持发言棒时才能发言。
    b. 只要手持发言棒者就能发言。
    c. 在发言期间其他参与者不得进行干扰。

    一个成员结束发言后，需向左传递发言棒，并等待发言棒传递一周后，方得再次发言。
    组内每一个成员都发过言后，大家一起讨论该倾听模式与常见方法有何不同，并探讨如何将该模式的可取之处运用到日常对话中。

3. 通过下列步骤，练习你的复述能力。

    a. 请选择一位伙伴，二人分饰 A、B 两角。找出一个你们看似有分歧的话题，可以是个人争议、哲学或道德问题，或者个人品位之争。
    b. A 先陈词，B 需复述其观点。B 应客观地复述 A 的言论，不得添加主观色彩，只需达到理解层面，无须交换意见。
    c. A 点评 B 的表述，对准确的部分予以认可，并进行必要的补充与纠正。

d.B再一次复述，重复该过程，直至A确认B完全理解自己的观点。

e.A、B互换角色。继续对话，直至双方都充分陈述并向对方阐明观点。

讨论结束后，思考上述过程与日常辩论的异同。该过程是否提升了对彼此观点的理解？是否使得沟通过程更和睦？最后，如果你在日常沟通中多进行复述的行为，会给生活带来什么样的改变？

4. 通过下列步骤，探索各类倾听回应。

a. 与另外两位伙伴一起，组成三人小组，分别指定每人的角色为A、B和C。

b. 由A先向B描述一个当前正在经历的问题。该问题无须是重大的生活危机，但应当是一个真实确切的问题。B方应以其认为有帮助的方式进行反馈。C的职责是分类记录B的倾听回应：沉默、问话、复述、共鸣、支持、分析、评价或是建议。

c. 上述讨论历时4~5分钟，结束后C需对B的倾听回应进行总结。之后A需陈述：哪些回应最有帮助，哪些回应不能给予太大帮助。

d. 交换角色，再重复上述过程两次，使得所有小组成员都轮流一次。

e. 基于每次讨论的发现，三人最终应对"怎样对倾听回应进行组合，才能起到最大的帮助"得出结论。

▶ 沟通能力评估（第228页）

• 请将第1~4题的分数相加，总分就是你"关系型倾听"的得分：_____ 。大学生的平均得分是22分，大多数人的得分在21和24分之间。

• 请将第5~8题的分数相加，总分就是你"分析型倾听"的得分：_____ 。大学生的平均得分是19分，大多数人的得分在17和21分之间。

- 请将第 9~12 题的分数相加，总分就是你"任务型倾听"的得分：_____。大学生的平均得分是 20 分，大多数人的得分在 18 和 22 分之间。
- 请将第 13~16 题的分数相加，总分就是你"批判型倾听"的得分：_____。大学生的平均得分是 18 分，大多数人的得分在 16 和 20 分之间。

第 **8** 章

情绪 |

学习目标

8.1 描述情绪是如何被体会和表达的

8.2 描述个人和社会对情绪表达的不同影响

8.3 了解如何适当并有效地表达自己的情绪

8.4 分辨有助益情绪和无助益情绪的差异，并说明如何利用重新评估来有效管理情绪

专题研究

电影电视　另类的智慧:《生活大爆炸》

研究焦点　以幽默应对悲痛

在工作中　工作中的情绪劳动

伦理挑战　虚拟人物与真实感受：准社会关系

沟通能力评估　你的情商

研究焦点　谈论感觉会让事情变得更糟

电影电视　自我内言与韧性:《我本坚强》

想象一下，如果你失去表达情绪的能力，你的生活会出现什么变化。一个没有情绪的世界会使你的无聊、挫折、恐惧和孤独的感受消失无踪，但同时你也会失去愉快、骄傲、兴奋和爱的感受，很少人会接受这样的变化。

电影电视

另类的智慧：
《生活大爆炸》

美剧《生活大爆炸》的主人公之一，谢尔顿·库珀（Sheldon Cooper）是一个拥有双博士学位的理论物理学家。虽然他在学业上天资聪颖，但他的情商却不高。他缺乏同理心、社交技能和有效表达自我情绪的能力。同时，他还十分迟钝，会直言不讳地讽刺别人（他甚至会用"逗你玩"来加以强调）。库珀的笨拙对观众来说可能会显得格外滑稽，但这并不利于他与朋友和同事之间的相处。

对比剧中其他的角色，你就会发现，情商是连续的——有些人的情商天生比其他人高。好消息是，情商是可以增长的，以库珀为例，剧情进展几季之后，他也能（非常缓慢地）察觉到他人的情感变化了。

丹尼尔·戈尔曼（Daniel Goleman）将"**情商**"（emotional intelligence）一词解释为一个人理解和管理自身情绪的能力，及其对他人情绪的敏感度。戈尔曼一直的主张是：成功在很大程度上取决于一个人的情商。研究也显示情商和以下因素呈正相关：自尊、生活满意度、健康的冲突沟通、共情式倾听能力、有效的职场互动。有些雇主甚至将情商纳为录用雇员的指标之一。

让我们停下回想一下，你是否曾认识拥有高情商的人，或许是某一位情感异常丰富却不会被情绪过度影响的家庭成员，也可能是一位尽管在高压下仍然能够做出理性且有智慧决策的长官。现在，回想一位可能缺乏情商的人，或许是对袒露情绪的人感到不屑一顾或紧张兮兮的同事，也可能是遇到些不便就感到非常不耐烦的朋友。最后，试着评估你的情商，你有多理解自己的情绪？你如何管理自己的情绪？你对他人的情绪有多敏感？第 280 页沟通能力评估工具，有助于我们进一步厘清这些问题。

因为情绪在人类的沟通中占据了重要的比例，所以，我们在本章将探讨感觉是什么，讨论当代社会看待感觉的方式，并学习如何透过察觉和表达感觉来改善关系。我们同时也会提供一些指导准则，让你更清楚地了解何时、如何积极地表达情绪。最后，我们会探索用来处理负面情绪和提升正向情绪的方法。

8.1 什么是情绪

想象一下，假如你要和一个外星人解释什么是情绪，你会如何回答？你也许会说情绪是我们所感觉到的东西，但是这好像不能完全解释清楚，因为有时候情绪和感觉好像就是一对同义词！社会科学家普遍认同以下几个被我们视为"情绪"的构成要素。

生理变化

当一个人有强烈的情绪时，身体会出现许多变化。例如，当我们感到害怕，就会心跳加快、血压上升、肾上腺素分泌增加、血糖浓度升高、消化减慢以及瞳孔放大。婚姻研究学者约翰·高特曼（John Gottman）指出，当夫妻经历激烈冲突时也会产生上述的生理反应，他称这种情况为"情绪泛滥"，这样的生理反应通常会阻碍解决问题。

研究证实了人类的情绪不仅是精神性的，同时也是生理性的这个想法，图 8-1 显示出厌恶的情绪可能会使我们胃部不适，恐惧会造成胸闷，而快乐会让我们感到"全身温暖"。这些生理感觉为你察觉自己的情绪提供了明显的线索。

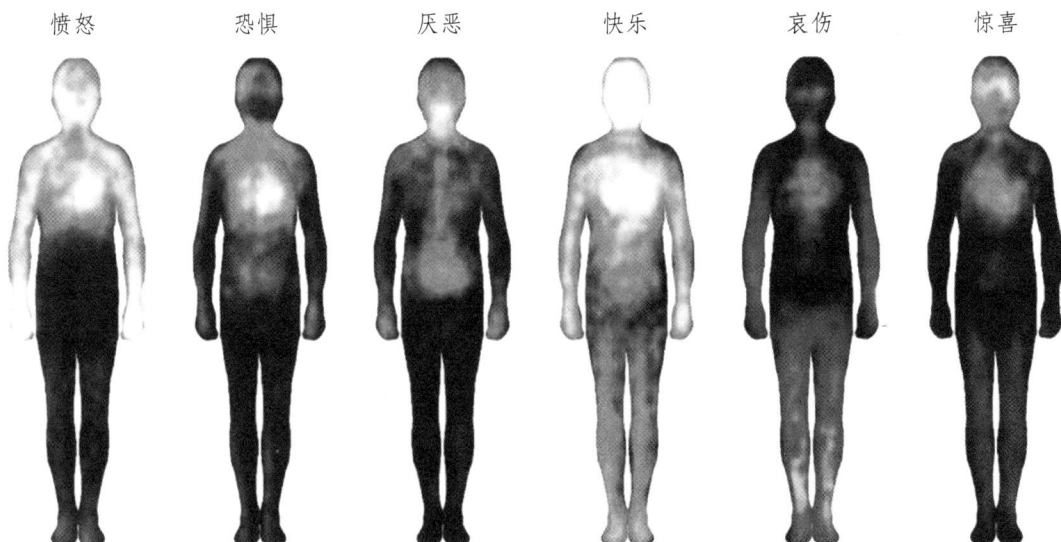

愤怒　　恐惧　　厌恶　　快乐　　哀伤　　惊喜

图8-1　各种情绪的身体温度

非语言行为

并非所有伴随情绪而来的生理变化都是在身体内产生的。借由观察身体的外在改变，我们通常也可以察觉到情绪的变化，如脸红、冒汗。其他的行为还包括：独特的面部表情、姿势、手势、不同的声调、音速等。这些非语言行为经常会引起他人注意，并被他人解读。研究发现，不论受试者是否有从事该项运动的实际经验，他们仍然可以通过观看篮球或乒乓球视频中运动员的非语言行为，来判定该名运动员目前是领先还是落后。

虽然我们很容易就能分辨一个人正处于某种强烈的情绪，但是要精准地说出这是什么情绪却非常困难。一个垂头弯腰的姿势和一声叹息，也许是一个悲伤的征兆，也有可能是一个表示疲惫的动作。同样，睁大双眼既能表示兴奋也能表示恐惧。如同你在第 6 章所学到的，非语言行为通常是模棱两可的，很容易被误读。

我们通常认为非语言行为不仅是情绪的反映，有时也是情绪的成因。例如，紧握拳头会让你感到更强壮，而积极、"趾高气扬"的走路姿势可以摆脱抑郁的情绪（第 6 章第 199 页有更多非语言行为影响情绪的例子）。正如行为科学家经常说的，通过行为来指导感觉，比起用感觉去影响行为，显然前者更容易。

语言情绪表达和非语言反应之间也存有关联。一项研究显示，参与者说出与傲慢和失望相关的词语，会出现身体姿势上的变化，当他们提及"傲慢"时会不自觉地变得更挺拔，而当提及"失望"时，他们会采取低姿态，这些参与者还会产生与他们语言相关的情绪（如当他们提及"失望"时会感到难过）。

认知的诠释

大脑在决定我们如何感觉的过程中扮演了重要角色。有趣的是，恐惧和害怕、兴奋、喜悦等其他情绪有关的生理变化往往是相似的。换句话说，仅仅根据一个人的生理反应，我们可能难以辨别他是因为害怕而颤抖还是因为兴奋而颤抖。有时候，这只是一个诠释和标记的问题。

例如，研究者发现，有些成功的运动员在经历竞赛前压力时，会以积极的情绪用词来标记他们的感觉（"我现在很兴奋，我已经准备好了"），这会让他们表现得更好。同样的道理也适用于公开演讲前的情绪解释：告诉自己"我很兴奋"而不是"冷静下来"更容易带来成功的演讲。就像俗话所说，你可能没办法摆脱紧张的情绪，但可以将紧张的情绪转化为鼓励和兴奋。

一些心理学家推断惊恐、欢愉或生气的经验，主要来自人们的标签，类似的标签总是伴随认知上的诠释，我们将相应的标签贴到生理征兆上。心理学家菲利普·津巴多（Philip Zimbardo）为此提供了一个很好的例子：

> 我注意到自己演讲时会冒汗，因此推论自己是焦虑的。假如它时常发生，我甚至可能会贴标签说自己是一个"焦虑的人"。一旦我有了这个标签，下一个我必须回答的问题就是"为什么我会感到焦虑"。然后，我会开始寻找适当的解释。我也许会注意到有一些学生中途离开演讲大厅，或者心不在焉，我会认为这是因为我演讲不精彩，这的确令我焦虑。我怎么知道这场演讲不精彩呢？因为我让我的听众觉得索然无味，我会焦虑是因为我是一个乏味的演讲者，虽然我很想成为一个演讲高手。然后我对自己说，我不适合演讲，干脆去快餐店工作还快活一点。或许，之后有学生跟我说：这里太热了，我一直在流汗，因此无法专心听你的演讲。刹那间，我不再感到"焦虑"或是认为自己是"令人乏味的"了。

社会科学家将这一过程称为**重新评估**（reappraisal）——重新思考情绪掌控事件，借此改变情绪带来的影响。研究显示重新评估优于抑制感觉：它可以缓解压力并提高生产力。重新评估对全年龄段、不同文化的人都有生理和心理上的双重益处。

重新评估对构建关系也有好处。一项研究发现，经常从冲突中退让并从中立的角度重新评估关系的伴侣，对亲密关系的满意度比较高。本质上，这些伴侣用理性冷静的态度来检视自己的行为，进而就减少了争执所带来的情绪影响。

在本章后半部分，我们将进一步讨论如何运用重新评估来减少非理性的想法。

▎语言表达

读完第6章，你已经发现非语言行为是一种沟通情绪的有效方法。但有时候，字词对于表达情绪又是很重要的，比如清楚地表达"我真的很生气", 会比在房间踱步要有帮助; 而说"我感到紧张"可能有助于解释你面有难色的原因。用字词表达你的感受, 可以帮助你更有效地管理情绪。反之, 将情绪憋住不说, 会对个体或是关系中的其他人产生负面影响。

一些研究人员相信, 有几种"基本"或"初级"的情绪。然而, 学者们对于哪些情绪及其属性导致它们可被归类为"基本", 尚未达成共识。而且, 有些情绪在特定文化中可能属于初级情绪, 而在有些文化中则不是; 甚至某些情绪在不同文化中可能具有不同意义。尽管存在争论, 多数学者都会承认, 愤怒、喜悦、恐惧和悲伤, 是人类典型且常见的情绪。

我们会经历强度不同的情绪, 并且使用特定的描述情绪的字眼来表示这些差异, 如图 8-2 所示。例如, 当你的朋友食言时, 你说你有点"不高兴", 可能就是一种轻描淡写。有些人, 总是习惯夸大他们的情绪强度, 对他们而言, 每件事不是"好极了"就是"糟透了"。如此夸张的说法, 可能在一种强烈的情绪真实地出现时, 导致他们找不到恰当的词可以充分地描述它。假如形容从本地面包店出炉的巧克力脆片饼干, 就用到"魂牵梦绕"这么强烈的情绪形容词, 那这个人一旦进入热恋, 要用什么形容词呢?

不悦	生气	暴怒
感伤	悲伤	哀伤
满足	快乐	狂喜
焦虑	害怕	恐惧
喜欢	爱慕	崇拜

图8-2　情绪强度

8.2 影响情绪表达的因素

我们每个人天生都有表达情感的倾向，至少以非语言的方式。婴儿会通过微笑、皱眉、傻笑或是大哭表达情绪。但随着时间流逝，情绪表达发展出多样的差异。在接下来的章节，我们会探讨是哪些因素影响了人们如何交流彼此的感受。

▍性格

科学家已经就"性格"和"体验与沟通情绪的方式"之间，建立起一个逐渐清晰的关系。譬如，相比内向的人，外向的人在日常生活中会表现出更多正向的情绪。相反地，那些神经质的人，即比较容易担心、焦虑和感到不安的人，比不那么神经质的人，显露出更多的负面情绪。

尽管性格可以被视为强大的作用因素，但它不一定全权掌管你的沟通满意度。例如，天生害羞的人可以发展出舒适且有效的交往策略，他们会通过网络来和他人保持联系。虽然线上关系不应该成为避免面对面沟通的替代，但是线上沟通可以成为一种获得自信的有效途径，这种自信会在未来更令人满意的面对面关系中回馈当事人。

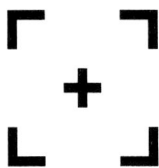

研究焦点

以幽默应对悲痛

悲痛是最难忍受的感情之一，因其会造成心理上乃至生理上的痛苦。它还会影响人际关系，部分是因为我们不知道如何才能更好地安抚陷入悲痛中的人。传播学学者梅兰妮·布斯－巴特费尔德（Melanie Booth-Butterfield）带领研究团队，探究幽默是否能缓和悲痛的情绪。

研究人员对 484 位痛失亲人不久的人进行了调查。受访者回答了一系列有关幽默感和情绪应对策略的问题，包括他们在丧亲时是否会开玩笑，以及心理和身体表现如何等。

研究结果显示，幽默能够使得悲痛中的人更振作。根据报告，幽默感较强者消极症状更少、应对能力更强。值得注意的是，男性比女性更善于在悲痛的状态下利用幽默缓解情绪，因而从中受益更大。

毫无疑问，丧亲时并不是表现幽默的恰当时机。但研究人员认为，在悲痛中展颜微笑并享受笑声有助于心理健康。帮助陷入悲痛中的家人或朋友的最好方式，就是给予他们一定的空间，使得他们能够享受片刻的轻松，这或许能够帮助他们应对这一深沉且艰难的情感。

文化

虽然世界各地的人都经历过相同的情绪，但是相同的事件在不同的文化中，可能带来不同的感受。例如，提起吃蜗牛，一些法国人不禁嘴角泛起微笑，然而，对许多北美人而言，吃蜗牛却会令他们面露难色。此外，文化也会影响人们对不同情绪的重视程度。一项研究发现，亚裔美国人和中国香港人比较认可"低强度正面情绪"，如表现得冷静、放松和平和。欧洲裔美国人则倾向于认可"高强度正面情绪"，如表现得兴奋、热情和高昂。传播学学者克里斯蒂娜·科切米多娃（Christina Kotchemidova）指出，美国以"快乐文化"闻名世界，她引用了一位波兰作家描述美国人丰富的表达力："哇！太好了！多棒啊！太精彩了！我度过了绝妙的时光！多么美好的夜晚！真是该死的快乐！"

影响情绪表达的主要因素之一，是文化属性，即该文化是个人主义还是集体主义。集体主义文化（如日本和印度）更重视他们"群体内"成员之间的和谐，并且不允许出现扰乱团体成员关系的任何负面情绪。与之相反，在高度个人主义文化（如美国和加拿大）中，人们可以很自在地向身旁亲密的人透露自己的情绪。个人主义者和集体主义者对团体外成员的情绪表达也有所不同：个人主义者对于外人会相当坦白他们的负面情绪，集体主义者会隐藏包括厌恶在内的负面情绪。这就很容易理解，文化所展露的规则差异会导致许多沟通问题，例如，个人主义的北美人可能认为集体主义的亚洲人不够坦率，而亚洲人很容易认为北美人太过情感外露。

"我爱你"这样的短语就是一个文化差异在情感表达中的有趣例子。研究者发现美国人说"我爱你"的频率（以及对象）远高于其他文化背景的人。这并不是否认爱是普世的经验，而是文化差异极大地影响了我们什么时候、在哪里、以什么频率、和谁说"我爱你"。参与研究的中东人就表示只有在配偶之间才会说"我爱你"，他们警告说一个美国男人如果对中东妇女说"我爱你"，很可能被误认为是在求婚。同样，来自多种文化背景的研究者（包括东欧、印度和韩国）认为他们极少说"我爱你"，如果这个短语说得太频繁，很可能会失去它的情感力度和意义。然而，有一点在这些参与者中是一致的：女性说"我爱你"的频率高于男性。接下来关于性别的讨论会给出更多的例子。

性别

即使身处相同的文化，性别角色也影响着男性和女性在体验和表达情绪上的方式。例如，研究证实女性辨识来自脸部情绪线索的速度比男性快；女性擅长辨认多重情绪；单凭眼睛变化就能够判断情绪；并且比男性更容易将情绪表现跟生理反应调整成同样的节奏。

针对情绪表达的研究发现，文化刻板印象反而有一定的道理：男性不善表达情绪，女性较能表达情绪。整体来说，女性似乎比男性更容易透过语言或非语言的方式来表达广泛的情绪。事实上，男性比较容易经历学者所说的**述情障碍**（alexithymia）——缺乏描述情绪的语词，这会对关系带来挑战。一项研究显示，父亲比母亲更容易掩饰自己的情绪，这导致小孩更难辨识父亲的情绪。在婚姻早期，丈夫对情绪的压制，往往是他感到不满和纷争的强烈表现。因此，心理学家和社会化评论者往往鼓励男孩和男性更直接、更积极地表达自己的情绪。

关键是，尽管男性和女性常常经历相同的情绪，但是双方在辨认和表达情绪上，还是存在着显著的差异。这些差异很大程度归因于社会习俗。

社会习俗和社会角色

在美国主流社会，不成文的沟通规则阻碍了人们直接表达他们的大部分情绪。你可以留意一下，你连续听上两天到三天以上的真诚情绪表达（"我很生气""我觉得很尴尬"），是很少见的。人们普遍能够自在地陈述事实，并且往往乐于表达他们的意见，但是他们鲜少透露他们感觉如何，他们往往用行为而不是语言表达情绪。

人们习惯于直接分享正面情绪（"我很高兴""我真的很享受"）。学者们提供了当代社会抑制愤怒表达的详细方式，当代的北美人在几乎所有情境下，都在努力地压抑"不愉快"的情绪，包含抚养小孩、工作场所和私人关系。一项针对已婚夫妻的研究显示，伴侣常常会表达赞美（"我爱你"），或给对方台阶下（"很抱歉，我对你太大声了"），同时也愿意对第三方透露自己正面或负面的感受（"我喜欢弗雷德""我和格劳丽亚在一起时很不自在"）。但在另一方面，这类夫妻很少会说威胁到对方颜面的感受（"我对你很失望"），或者表露敌意（"你让我抓狂"）。

但这并不是说压抑情绪表达总是有害的。研究人员用**情绪劳动**（emotion labor）一词来描述在某些情况下，管理甚至抑制自己的情绪是适当且有必要的。研究证实，情绪劳动是许多职业重要的组成部分。

我们在工作场合表达情绪的法则和在私人生活中有明显的不同。在亲密关系（至少在西方的主流文化）中，告诉朋友、家人和爱人你的真实感受，是一件很重要的事。然而在工作场合，考虑到客户、顾客、同事和领导，同时也为了保住工作，更多时候你需要隐藏情绪。

研究人员探究了情绪劳动——管理且有时抑制情绪的过程——在许多不同的职业场景中被研究过。以下是几个例子：

- 如果消防员不能隐藏他们的恐惧、厌恶和紧张的情绪，他们挽救别人生命的能力就会大打折扣。因此，情绪管理训练对新晋消防员来说颇为重要。
- 在两个安全级别最低的监狱就职的狱警这样描述他们工作中的挑战：他们需要在对犯人保持"温暖、鼓励和尊重"态度的同时，还需要保持"警惕、强壮和严厉"。他们承认，要平衡这些相互矛盾的情绪和应对矛盾的需求，是一种巨大的负担。
- 金钱这个话题与情绪息息相关，这也意味着理财规划师经常会卷入情绪劳动。研究人员发现，"理财规划师更核心的工作是维护好与客户的关系和进行有效的沟通，而不是提交投资组合业绩报告和跟进房产税的变动情况"。

除了以上这些处在"生死边缘"的职业，情绪管理在低强度的工作中也同等重要。例如，大多数的服务行业从业者都见过这样的客人：他们往往以愤怒、不恰当的方式表达他们的不满（"我讨厌这家店！我再也不会来了！"）。在这样的情况下，即使出于本能的冲动，"以暴制暴"的行径也绝非良策。与之相对，沟通高手能够运用第 7、11、12 章提到的倾听、冲突管理和减少防卫的能力进行处理。

管理情绪并不是一件容易的事，尤其是在你害怕、愤怒、防卫或是压力巨大的时候。尽管如此，为了事业成功，情绪劳动往往是必不可少的。

在工作中

工作中的情绪劳动

社交媒体

一般而言，相比面对面，沟通者更容易在虚拟世界表达出更丰富的情绪。在某些情况下，这是好消息。尤其对于面对面分享情绪有困难的人来说，他们躲在键盘或屏幕提供的安全感背后，或许能够更自由地表达自己的情绪。试想一下，要表达"我很尴尬"或者"我爱你"，"打出来"是不是比"说出来"更容易？

不幸的是，正如第 1 章所讨论的，网络抑制解除效应也可能会激起情绪爆发和长篇论战。这种情绪的宣泄可能危害人际关系，并且不会让你感到更好（请参考第 268 页的研究焦点）。

社交媒体也会助长情绪性回应。例如，频繁查看恋爱对象的社交平台主页可能会引发嫉妒情绪，进而导致对亲密关系的不满。尤其是当查看者心存怀疑时，而且对女性来说更是如此。相比微博，阅后即焚更容易引起他人的嫉妒情绪，因为这一功能总是被用来调情，或是寻找潜在情人。

正因为在线聊天，传送者和接收者都感受到更加强烈的情绪，所以面对模棱两可的网络信息，在写下受情绪控制的文字，并按下发送键之前，最明智的做法就是记住上述所提到的内容。

伦理挑战

虚拟人物与真实感受：准社会关系

在美剧《行尸走肉》第七季的开头，便描绘了两个主要人物惨烈的死状。导演称，他们的死亡"使得粉丝陷入巨大的痛苦"。推特上的氛围也确实印证了他的说法：

"我的心碎成了千万片。"

"这真是一个十分令人沮丧且抑郁的夜晚。"

"老板对不起，我没办法去上班了——我刚失去了两个亲人。"

诸如此类的评论，印证了一个事实：观众会对电视、电影或其他媒体中的人物报以深刻的感情。有学者将粉丝对作品中的角色持续的、单向的情感纽带，称为**准社会关系**（parasocial relationships）。

对虚拟人物的遭遇有情绪反应确实有一些好处。它表明观众并非冷漠无情，而是富有同理心和怜悯心的。某部电视剧的众多粉丝因为共通的情绪在社交媒体上聚集，甚至形成了某种共同体。当然，这部剧必须足够吸引人，才能引发观众如此大的反响。

但尽管有上述优点，过度重视虚拟人物的命运，乃至深陷其中不可自拔也并非好事。寂寞、有社交焦虑和归属感需求无法满足的人，更容易发展出此类单向的亲密感。换句话说，这类来源于想象的关系，是对现实生活中缺失的人际交往的弥补。但过度沉浸于虚拟世界，向其投入大量时间和精力，则会忽略现实世界中的生活。

在乎虚拟人物并非坏事。但同时你也需要思考，你的情绪需求是否在真实关系中得到了满足。

▋情绪感染

通过**情绪感染**（emotional contagion），情绪会从一个人身上传递到另一个人身上。正如丹尼尔·戈尔曼的观察："我们感染另一个人的情绪，就好像是感染了某种病毒一样。"有证据显示，这种情绪感染会发生在学生和教师之间、顾客和服务他们的员工之间、丈夫和妻子之间等。你有可能会回想起和冷静的人相处，你会感到更平和，而你之前的好心情可能被身边人发的一句牢骚而冲散。这就是情绪感染的力量。

不仅面对面沟通会产生情绪感染，线上沟通同样也可以。在对数百万条脸书更新状态的研究中，研究者发现关于下雨天的帖子——特别是消极情绪相关的——会对阅读者产生影响。浏览到他们朋友关于下雨天的帖子，这些人也开始发布伤感的帖子，即使他们所在地没有下雨。研究者还发现每条积极情绪的帖子，会引来 1.75 条积极情绪的帖子。微博的更新同样遵循这个规律。很重要的一点是要认识到在网络上沟通情感，会影响你并不熟知的人的情绪。如果浏览其他人的帖子让你感到焦虑和沮丧，最好的办法就是暂时脱离社交媒体。

8.3 更高效地表达情绪

有许多研究认为适当地表达情绪是有价值的。父母和孩子讨论情绪的方式，对小孩日后的发展有重要的影响。约翰·高特曼和他的研究团队发现两种截然不同的育儿方式：**情绪教导**（emotion coaching）和**情绪摒除**（emotion dismissing）。研究指出，情绪教导是指教会小孩如何与人沟通他们的感受，从而使他们在未来拥有更令人满意的人际关系。事实上，那些父母用情绪摒除的方式养育的孩子，比那些在进行情绪教导的家庭中长大的孩子更容易出现行为问题。

就最基本的生理层次而言，懂得如何表达他们情绪的人，比不知如何表达的人更健康。那些逃避、压抑情绪表达，否认压力存在的人，有较高的概率罹患内科疾病。但是，过度表达情绪的人，也会造成生理上的痛苦。当人激动地用语言抨击他人或事物时，他们的血压平均会升高20毫米汞柱，而且有一些人甚至会增加100毫米汞柱之多。所以，健康的关键是学习如何建设性地表达情绪。

以下建议将帮助你决定何时以及如何表达你的情绪，结合第3章中自我揭露的指导方针，能让你更高效地表达情绪。

辨认你的感觉

回答"你感觉如何"这个问题，对某些人来说并不容易。传播学学者梅兰妮·布斯－巴特费尔德和史蒂文·布斯－巴特菲尔德（Steven Booth-Butterfield）发现，有些人（研究人称他们为"高情感取向"）非常了解他们自己的情绪状态，这些高情感取向的人在做重要决定时，善于运用那些情绪状态中的信息。相反地，低情感取向的人往往不了解他们自己的情绪状态，而且倾向于把情绪当作无用的、不重要的信息。研究人员总结了这些现象后发现，情绪觉察和许多重要特征之间息息相关，这些重要特征包含：正向的亲子关系、安慰他人的能力、对非语言线索的敏感度，甚至更有幽默感等。换句话说，察觉他人的感觉在沟通技巧中，是一个重要的因素。

研究显示，除了察觉自己的感觉之外，明确地辨识他人情绪也是很重要的。教孩子认识和标记自己的情绪（"你感到伤心还是生气"）对于构建他们的情商至关重要。能够指认他们经历的负面情绪（例如，"紧张""生气""伤心""羞愧""内疚"）的大学生，也会拥有管理这些情绪的最佳策略。

正如你在前文读到的，我们可以运用许多种方法察觉情绪。比如生理变化、监控自己的非语言行为都是觉察情绪的好方法。此外，你也可以通过监视自己的思想和你传递给他人的语言信息来辨认自己的感觉。当你说出"我讨厌这样"的时候，离你意识到自己感到生气（或无聊、焦虑或尴尬）已经不远了。

◄ 在电影《成长边缘》里，生活对女主角娜丁·伯德来说就像不稳定的过山车。伯德觉得管理情绪、和他人有效沟通很困难。**那么年龄会对你察觉和表达情绪带来什么影响？**

选择最佳用语

大多数人都因词汇匮乏而不擅表达情绪，问他们现在感觉如何，得到的答案几乎总是相同的那几个词："还好"或"不太好"，"糟透了"或"棒极了"等。现在，请花点时间尽最大可能写出描述感觉的词，参阅第277页的表8-1，看看你漏掉了什么（当然表格上的情绪词汇也是不完整的）。

实际上，许多沟通者认为自己是在表达情绪的时候，其实只是在对情绪进行伪装。例如，我们常常能听到有人情感充沛地说"我觉得该去看这场表演"或"我觉得我们见面太频繁了"。但事实上，这些陈述都没有真实地表达情绪。在第一个句子中，"觉得"这个字真正代表的含义是："我想去看这场表演。"在第二个句子中，这个"觉得"其实是一种想法："我认为我们见面太频繁了。"如果要正确辨认这些话里要表达的情绪，你会发现必须得加入足以辨认"情绪线索"的字句，例如，"我很无聊，所以我想去看这场表演"或"我认为我们见面太频繁了，这让我感到有种束缚感"。

依赖少量的字词表达情绪其实是有局限性的，这就好比用少量的字词来形容颜色一样。说到大海就是起伏不定，说到天空就是千变万化，说到真爱的眼睛就一律是"蓝色"的。过度使用"好""很棒"这样的词去描述不同情境中的感觉也会显得过于宽泛，例如，你拿了好成绩、完成了马拉松比赛以及从一个特别的人那里听到"我爱你"三个字。布拉德贝里（Bradberry）认为高情商的特征之一就是拥有丰富的情绪词汇。

许多人只会形容自己"糟透了"，高情商的人可以准确地指出自己到底是"愤怒""沮丧"，还是"被践踏"，或是"焦虑"。你的词汇选择越具体，你越能洞察自己的情绪、情绪的来源以及应对方法。

以下是几种用语言表达感觉的方式：

- 使用单一字词："我很生气"（或"兴奋""忧郁""好奇"等）。
- 通过隐喻的方式描述发生了什么事："我腹痛如绞，胃好像打结了""我得意极了，像是站在世界的顶端"。
- 描述你想要做什么："我想要逃跑""我想要给你一个拥抱"。

最后，你可以将情绪集中在特定的情境，而不是指涉整个关系，借此来改善情绪表达的能力。与其说"我恨你"，不如说"当你不遵守承诺时，我会对你感到不满"，或是用"当你谈论金钱时，我会感到很无趣"来取代"你让我觉得很无趣"。

表8-1　描述情绪的词汇

深情的	愚昧的	有成见的
害怕的	孤寂的	有压力的
恼人的	挫折的	安静的
不可思议的	盛怒的	后悔的
模糊的	高兴的	松了一口气的
生气的	闷闷不乐的	悔恨的
烦人的	感激的	被打败了的
焦虑的	内疚的	厌恶的
麻木的	快乐的	不眠不休的
羞愧的	讨厌的	悲伤的
害臊的	无助的	安全的
迷惑的	有希望的	感性的
无聊的	无望的	性感的
冷静的	恐怖的	摇摇欲坠的
自在的	受伤的	惊吓的
关心的	偏执的	害羞的
有自信的	不耐烦的	傻乎乎的
困惑的	压抑的	沾沾自喜的
满足的	缺乏安全感的	抱歉的
好奇的	易怒的	固执的
防卫的	孤立的	憨傻的
开心的	嫉妒的	折服的
沮丧的	喜悦的	惊喜的
绝望的	懒散的	多疑的
疏远的	孤单的	同情的
摧残的	痴迷的	紧绷的
失望的	充满爱的	吓坏了的
反感的	疯狂的	木然的
干扰的	刻薄的	毛手毛脚的
热切的	抑郁的	受困的
狂喜的	悲惨的	不安的
前卫的	窘迫的	不确定的
高昂的	紧张的	无用的
尴尬的	混乱的	脆弱的
空虚的	热情的	古怪的

狂热的	和平的	温暖的
兴奋的	悲观的	虚弱的
烦躁的	调皮的	疲倦的
兴高采烈的	讨好的	担心的
躁动的	强占有欲的	滑稽的

分享多样的感觉

许多时候，你表达的感觉并不是唯一感受到的感觉。比如，你可能经常表达你的愤怒，而忽略了伴随愤怒而产生的困惑、失望、挫折、悲伤或尴尬。在下面的例子中，你就可以理解表达多样情绪的重要性。在每个例子中问自己两个问题：我有什么感觉？我可能会表达出什么感觉？

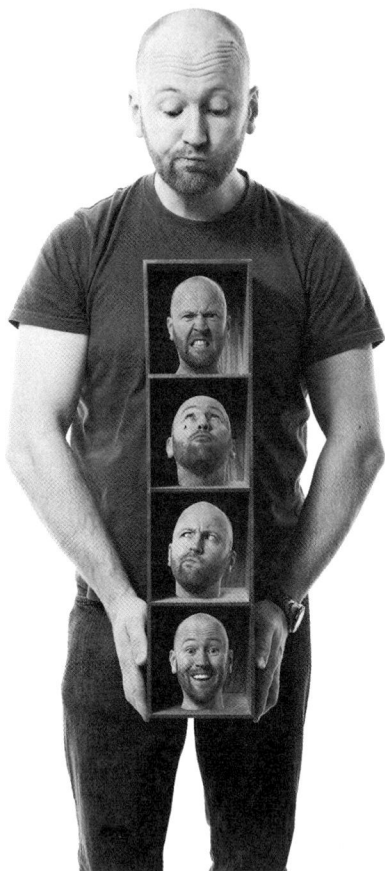

▲ 同时经历多种情绪是很普遍的情况。回想一下你在重要场合同时经历多种情绪的体验。如果你把当时的情绪全部分享给他人，会收获什么？

- 一位远道而来的朋友，约好晚上6点到你家，但直到9点都没出现，你猜想一定发生了可怕的事。正当你拿起电话要向警察局和医院查问时，这位朋友出现在了你的家门口，并轻描淡写地说出发晚了。

- 你的朋友在社交网络上发布了一张你的照片，并附上了一条正向的文字信息。一方面你被这种表达喜爱的方式所感动，另一方面因为这张照片并没有展现你最好的一面，所以你希望朋友能够在发布前先问问你。

在上述情境中，你可能会混杂着几种不同的情绪。以第一个迟到的朋友为例，你见到他的第一反应可能是松了一口气："谢天谢地，还好他没事。"但同时，你可能也会很生气，"他为什么不打个电话或是发个短信说一声"。而第二个例子可能会让你同时感到高兴、尴尬和不悦。

同时经历多种情绪是很普遍的情况，但我们通常只会表达其中一种，而且是最负面的那种情绪。在上面两个例子中，你可能只会表达出生气，让对方没有机会了解你的全部感受。试着将类似情况下的情绪全部表达出来，你有可能会得到截然不同的回应。

认识到感觉和行动之间的差异

觉察到一种感觉并不意味着你必须对它采取行动。一个表现出愤怒情绪的人，即使只是在沙袋上打拳泄愤，实际也比愤怒但没发泄出来的人感觉更糟。同样，在社交网站上发布沮丧情绪的帖子其实也无济于事。研究人员发现不加区分就发泄负面情绪的人，在人际关系中感受到的焦虑高于平均值。

认识到感觉和行动之间的差异，才知道如何正确行事。例如，如果你认为"我因为太紧张了，想以自己生病为由来取消面试"，那么就能开始去探究为什么你会感到如此焦虑，并从根本上着手解决问题。另一方面，若无其事地假装什么都没发生，其实不会减轻你的焦虑，甚至有可能会阻碍你成功。

对自己的感觉负责

别人并没有让我们喜欢或讨厌他们，一味认定别人是造成我们喜欢或不喜欢他们的原因，也就否认了我们每个人都要对自己情绪所要承担的责任。重要的是要确保你的表达不是在责怪别人让你产生情绪。第5章介绍了用"我"的语言来表达我们自身情绪的自主性。例如，避免说"你让我生气"，而是改说"我在生气"；避免说"你伤害了我"，而是改说"当你那样做时，我觉得很受伤"。

择时择地表达感觉

当一阵强烈情绪涌上心头的时候，并不是表达的最佳时机。假如你被隔壁邻居的喧闹声吵醒了，这时候的暴怒可能在日后会让你对自己所说过的话感到后悔。在这种情况下，说话前深思熟虑，然后用最有可能被对方接受的方式表达，才是较为明智的做法。

即使最初涌上心头的强烈情绪已经消退，选择适合发送信息的时机依然重要。如果你正在被其他事情催促、太过疲累或困扰，那最好延缓表达情绪的时机。同样，在发送信息之前，你应该要确认信息接收者已经做好倾听的准备。有时候，这意味着在你分享情绪之前，要先确认他人的心情。有些情况下，则需要考虑对方是否准备好接收"我爱你"之类的情感告白。但也不应该太过拖延去表达情感，事实证明了俗语"永远不要带着怒气上床"其实是有科学根据的，在睡觉前仍然无法解决伴侣之间的冲突，会带来糟糕的睡眠质量，产生各种健康问题。

沟通能力评估：你的情商

以下每一项描述，对于你来说在多大程度上是正确的？请用数字1~5对下列陈述的认同程度进行打分，1 = "非常不正确"，5 = "非常正确"。

序号	状况描述	评分				
1	我很难了解自己的感觉	1	2	3	4	5
2	我很难了解他人的感觉	1	2	3	4	5
3	我不会幻想或做白日梦	1	2	3	4	5
4	我很难控制自己的冲动	1	2	3	4	5
5	我很难表达自己的感觉	1	2	3	4	5
6	我擅长了解他人的感觉	1	2	3	4	5
7	当我身处困境时，我会收集信息	1	2	3	4	5
8	我往往没有耐心	1	2	3	4	5
9	我很难描述我的感觉	1	2	3	4	5
10	我对他人的感觉很敏锐	1	2	3	4	5
11	在解决问题之前，我会停下来思考	1	2	3	4	5
12	我很难控制自己的焦虑	1	2	3	4	5

相关评分结果，请参阅第300页。

在某些情况下，你可能会逃避表达自己的情绪。当老师问"你觉得我的课如何"的时候，即使你很想告诉授课教师他的课让你昏昏欲睡，你仍然可能用无害的"还好"来回应。即便你的愤怒情绪可能来自于一个傲慢的、给你开出超速罚单的警察，但这时候最明智的做法可能是把恼火的情绪隐藏起来。

如果你感受到强烈的情绪，但又不想口头分享它们（无论出于何种原因），那就写下来吧！这种做法已经被证明，无论是对心理、生理还是情绪的健康都有好处。将你的情绪用文字的形式记录下来，即使没有人读，仍然具有疗愈价值。这也再次证明了情绪和沟通之间的关联，将感觉转换成语言的知觉过程，有助于情绪管理。

8.4 情绪管理

前一章节讲述了如何更具建设性地表达你的情绪，但有些时候隐藏自己的情绪也很重要。例如，课堂上教授漫不经心的评价让你感到尴尬，你可能不会直接对他说"这伤害了我的感情"。同样，在求职面试中，如果你承认自己紧张，可能对自己没有任何好处。

接下来的章节会讨论如何通过我们自身的思考来管理情绪。这要从区分有助益情绪和无助益情绪开始。

▎有助益情绪和无助益情绪

并不是所有情绪都是有益的。例如，沮丧、恐惧和非理性的内疚并不能让你感觉好些或对增进你的人际关系有所帮助。重要的是需要区分**有助益情绪**（facilitative emotions）和**无助益情绪**（debilitative emotions），前者有助于关系的有效运作，后者则阻碍或有损于关系的有效运转。如快乐和爱这样的正面情绪，很明显属于有助益情绪。多数时候，像愤怒或恐惧之类的负面情绪，就是无助益情绪。

但是，只要不是太过激烈，有时候不愉快的情绪也是有帮助的。例如，某种程度的生气或恼怒是具有建设性的，因为它往往会刺激你改进不太满意的状态。另一方面，当生气变为暴怒时，通常会让事情更糟糕。害怕的情绪同样如此，求职面试之前的紧张可能会成为提升表现的动力（过于冷静的运动员或求职者通常不会表现得很好）。然而，过度焦虑的求职者可能就不太有机会打动潜在的雇主。因此区分有助益情绪和无助益情绪差异的一个特征就是它们的**强度**（intensity）。

另一个区分无助益情绪和有助益情绪差异的特征，是时间的**持续性**（duration）。在分手或失去一份工作后，人自然会有一段时间陷入沮丧，但是，如果你对失去的东西过度悲伤，会浪费过多的时间，这只会令人一事无成。同样，你持续地对于某个犯错的人生气，看上去好像你是在惩罚犯错的人，事实上却是在惩罚你自己。社会科学家将这种情况称为**思维反刍**（rumination），指在当下情境中反复出现不必要的想法。众多研究表明，不断进行思维反刍，会增加悲伤、焦虑和沮丧的情绪，而且会让这些情绪持续很长时间。思维反刍往往伴随着嫉妒，导致一些不正常的行为，例如监视和跟踪。

◀ 莎士比亚曾说："世间本无善恶，端看个人想法。"你的思考是怎样引发感觉的？你的情绪又是如何影响沟通的？

思考引发感觉

我们如何摆脱无助益的情绪？方法之一是**理性情绪**（rational-emotive）疗法。这种方法认为要改变感觉，关键在于先改变无效的认知解释。

对大多数人而言，情绪似乎是自成一格的。人们希望接近陌生人时能表现得泰然自若，但他们的声音却在颤抖。当要求加薪时，他们试图展现出自信，但他们的眼睛却紧张地眨个不停。很多人会说某个陌生人或你的老板让他们感到紧张，就像你会说让蜜蜂蜇到使你感到疼痛一样：

触发事件	结果
蜜蜂蜇伤	身体疼痛
与陌生人见面	紧张的感觉

当人们用这种方式看待情绪时，他们可能认为自己无法控制自己的情绪。然而，触发事件和情绪上的不适（或愉悦）之间的因果关系并没有看上去那么明显。认知心理学家和治疗专家认为，并不是与陌生人相

见或是被情人抛弃这样的事件使人感觉糟糕，而是人们对那些事件所保持的信念。

下面这个例子有助于我们来理解思考是如何引发感觉的。想象你收到一连串来自朋友的愤怒并带有侮辱性的信息。在这种情况下，你可能感到受伤和心烦。现在试着想象一下，在收到这些冒犯性的信息后，你得知你的朋友已经因精神疾病住院。在这种情况下，你的反应可能会大不相同。最有可能的情况是，你感到难过和同情，可能还会有些尴尬，因为想到一个好朋友竟然会如此迅速又莫名其妙地和你反目成仇。

在这个故事中，相同的触发事件如被人辱骂，在两种情况下是相同的，但情绪结果却非常不同。在不同情况下产生不同感觉的原因，与人的思维模式有关。在第一种情况中，你的想法可能是朋友对你非常生气，然后你可能会猜测自己一定做了什么严重的事才会受到如此的对待；在第二种情况中，你可能会假设朋友有了一些精神问题，然后很可能会同情他。

从这个例子可以看到，人们对触发事件所作的**诠释**（interpretation）决定了他们的感觉。

触发事件	思考或信念	结果
被辱骂	"我做错某件事。"	感到受伤、心烦
被辱骂	"我的朋友一定是病了。"	关心、同情

同样的原则也适用于更常见的情况。例如，"我爱你"这句话可以有多种解释。从表面上看，它可以是一种深情的真实表达。它也可以通过许多不同的方式进行解读。例如，情感上的操控；在某个激情时刻虽然真心却是错误的宣告；或者只是尝试让信息接收者感觉好一点。不难想象，对"我爱你"这句话的不同解读会导致不同的情绪反应。

触发事件	思考或信念	结果
听到"我爱你"	"这是一句真诚的话。"	高兴（也许）
听到"我爱你"	"她这样说只是为了操控我。"	生气

因此，理解和改变感觉的关键在于重新评估事件。人际沟通专家将这种发生在人际互动中的内在形式称为**自我内言**（self-talk），这是我们思考过程中无声的内在独白。要了解自我内言如何运作，请将注意力放在自己身上，像是耳边的呢喃细语。现在花点时间听听这个声音在说些什么。

你有听到那个声音吗？它很有可能在说："什么呢喃细语？我听不到任何声音！"这个小小的声音几乎不曾间断地在和你说话：

"我想知道他什么时候才会闭嘴。"
"我得走了，不然要迟到了！"
"她这么插队真没礼貌！"

在工作或娱乐、浏览网页或刷牙时，我们都会自言自语，这种思考的声音很少停止。当我们冥想或是专注于某项任务时，它可能会安静一会儿，但大多数时候它都会喋喋不休。现在，让我们看看这些声音是如何处理需要重新评估的想法的。

◀ 非理性想法会导致自我和人际沟通困难。本节所说的哪些谬误影响了你的情绪状态？你如何才能更理性地思考？

▌非理性思考和无助益情绪

无助益情绪会干扰人们的有效沟通，而自我内言的过程能帮我们理解这种情况。许多无助益情绪来自我们接受了一堆非理性的想法，此处我们将这些非理性的想法称为**谬误**（fallacies）。这些谬误导致不合逻辑的推论，而无助益情绪也随之而来。我们往往意识不到这些谬误，因此谬误的破坏性极强。

完美谬误

接受**完美谬误**（fallacy of perfection）的人认为，一个好的沟通者应该有全然的信心和技巧来处理每一种状况。尽管像这样完美的标准可以作为目标和灵感的来源（就像追求一杆进洞的高尔夫球选手一样），但是期待达到或维持完美的行为，基本上是不切实际的，因为没有人是完美的。

有些人认为一个理想的沟通者是可取并且可以实现的，他们会自然而然地认为如果自己不够完美，人们就不会欣赏他们。承认你的错误，说"我不知道"，或是和他人分享自己的疑惑，似乎是社交上的缺陷。但我们知道这样想是不对的，因为大多数人都不喜欢跟那些看起来无所不知又从不承认自己失误的人交往。

若你坦然地接受自己不完美的事实，会得到进一步的解放。如果对自己说"我犯了一个错误，我是个失败者"，这会引发无助益的情绪。试着对自己说"我犯了一个错误，我是个普通人，我从中吸取了教训"，将会让自己的情绪变得更积极。

赞同谬误

另一个错误的信念是认为得到别人的赞同是生活上不可或缺的事，并且十分向往得到所有人的赞同。遵循**赞同谬误**（fallacy of approval）的沟通者会竭尽所能地去寻求他人的认可，有时甚至会牺牲自身的原则和幸福。坚持这种非理性神话可能会造成一些荒谬的情况，例如，知道了你不喜欢的人对你的不认可而感到紧张，或是你没犯错却要感到抱歉。

试想一些自言自语的人是如何沉迷于赞同谬误的，以及理性的替代方案如何带来更多有助益的情绪。

> **赞同谬误者认为**：如果我对这些具有种族主义的笑话提出质疑，他们可能会认为我在意的是政治正确性。
> **理性主义者认为**：我希望他们不会认为我过于政治化，但我宁愿直言不讳，也不愿妥协我的信仰。

> **赞同谬误者认为**：如果我直接指责我的队友没有尽到自己的职责，他可能会变得很有戒心。
> **理性主义者认为**：我的队友可能会很有戒心，但我宁愿解决这个问题而不是保持沉默的同时感到气愤。

不要误解，抛弃赞同的谬误并不意味着要过一种以自我为中心的生活。争取你重视的人的尊重也是一件令人愉快的事，甚至可以说是必要的事。但当你为了追求这些目标而放弃自己的需求和原则时，这个代价就太高了！

应该谬误

我们不快乐的一个重要原因是无法区分"是什么"和"应该是什么"，由此导致了**应该谬误**（fallacy of should）。试着想象一个对这个世界满腹牢骚的人：

> "周末就不应该下雨。"
> "钱应该长在树上。"
> "我们应该会飞。"

这样的信念显然是愚蠢的。但我们一直对别人抱有这样的期望：

> "他不应该这么强人所难。"
> "她应该为自己站出来。"
> "他们应该更努力地工作。"

有时候我们还会对自己抱有这样的期望。大声朗读下面这些句子，想一想自己的感觉（你的语气可能会暗示些什么）：

> "我应该更外向一些。"
> "我应该对我的家人更好一点。"
> "我应该成为一个更好的团队合作者。"

即使这些话是对的，"应该"两个字也会产生沉重的情感包袱。与其期待别人做你希望的事，别人没有做而让你失望，不如这样想："我希望他能够按照我想的那么做，但也许我期待这种更好的行为是不现实的。"

这一原则同样适用强加于自身的决心。这些决心可能不切实际，甚至会带来更多的问题。设定目标比沉迷于自我批评更有成效。可以考虑以下的替代方案：

> "我希望自己更外向一些，但我没有。我会尽我所能做到最好，但不强迫自己变得虚伪。"

"我要开始对我的家人好一些。"

"我要杜绝自私的想法，努力成为一名更好的团队成员。"

过度推论谬误

过度推论谬误（fallacy of overgeneralization）发生在我们的信念仅仅基于有限的证据时。想想下面的话：

"我真笨！我竟然在演讲中忘词。"

"我算什么朋友！我竟然忘记我最好的朋友的生日。"

类似这些情况，我们聚焦于某个不足之处，似乎它代表了我们的全部。避免过度推论会让我们更理智，也更少惩罚自己。某次记忆的缺失只是一个意外而不是惯例，忘记一件事并不会让你成为一个坏朋友。

还有一种过度推论发生在我们夸大缺点的时候：

"她从来不听我说。"

"他总是批评我。"

"我无法思考任何事。"

试着进一步检核，你会发现这些绝对的陈述几乎都与事实不符，往往会让人灰心或愤怒。更为合适的方式是运用更准确的陈述替代过度的推论：

"她有时候会不听我说。"

"他这周已经批评我三次了。"

"今天我没有想出任何满意的点子。"

因果谬误

按照**因果谬误**（fallacy of causation）来生活的人会认为，他们不应该做任何会伤害别人或以任何形式给他人带来不便的事情，因为这会带来不讨喜的感觉。例如，你可能不会告诉家人，在你说话时，他们打断了你好几次，因为你不想让他们生气。同样，你可能不会在同事或朋友面前提起某些话题，因为你不想带来负面回应。

在这种情况下，谨慎地发言通常是因为假设一个人可能会引起另一人的情绪。例如，别人让你感到失望、困惑或烦恼，或者是你让别人感到受伤、生气或难过。但这种假设是错误的。我们可能会以激烈的方式行事，但是每个人都要为自己的反应负责。

同样的道理，说别人让你生气、沮丧或高兴也不准确。让一个人难过或高兴的行为可能不会引起另一个人的任何反应。如果你怀疑这个事实，那么想想周围对于同样恼人的行为有着不同反应的人（当你开车时，前车的人没有打转向灯就换车道，你可能会骂他"白痴"，而坐在车里的人可能根本没有注意到，或者可能注意到了但并不在意）。你和其他人反应的对比，表明我们的反应是由自己的性情和思维决定的，而不是他人的行为。

正如在第 5 章所讨论的，为了避免伴随因果谬误而产生的无助益情绪，可采用的一种方法就是使用负责任的语言。与其说"他让我很生气"，不如把这句话转换成你对他人行为的反应："我不喜欢他在背后说我。"与其说"我这个周末要去看望我的父母，他们让我别无选择"，不如替自己的选择负责："我决定这个周末去看望我的父母，但下次我可能会选择其他的时间。"为自己的行为和反应负责，通常会让你有一种授权感。

无助谬误

持有**无助谬误**（fallacy of helpless）的人认为，生活中的满意度是由超出我们所能控制的力量决定的，并习惯性地将自己视为受害者：

> "在这个社会，我没有办法出人头地，我能做的只有接受它。"
> "我生性害羞，我想变得更外向，但我没有任何办法。"
> "上司对我的要求太多了，但我不能告诉她。如果说了，我可能会丢掉工作。"

一旦你意识到很少有路是完全封闭的，那么这些表述中的错误就会很明显了。事实上，许多人声称解决不了的困难，其实有解决的办法。我们的任务是寻找这些解决办法，并努力地实践。改正这种无助谬误可以帮助你发现更多的选择，并积极地去追寻它们。

> "在这个社会，生存是一场艰苦的战斗，但我会全力应战。"
> "我在陌生人面前会比较害羞，但在今晚的派对上，我要主动向一个不认识的人介绍我自己。"

"和老板对抗会让人不愉快，但我会去试一试。"

即使你只是简单地把"我不能告诉我的老板"换成"我不会告诉我的老板"，也至少会意识到你正在做选择，可能不会再感到那么无助了。

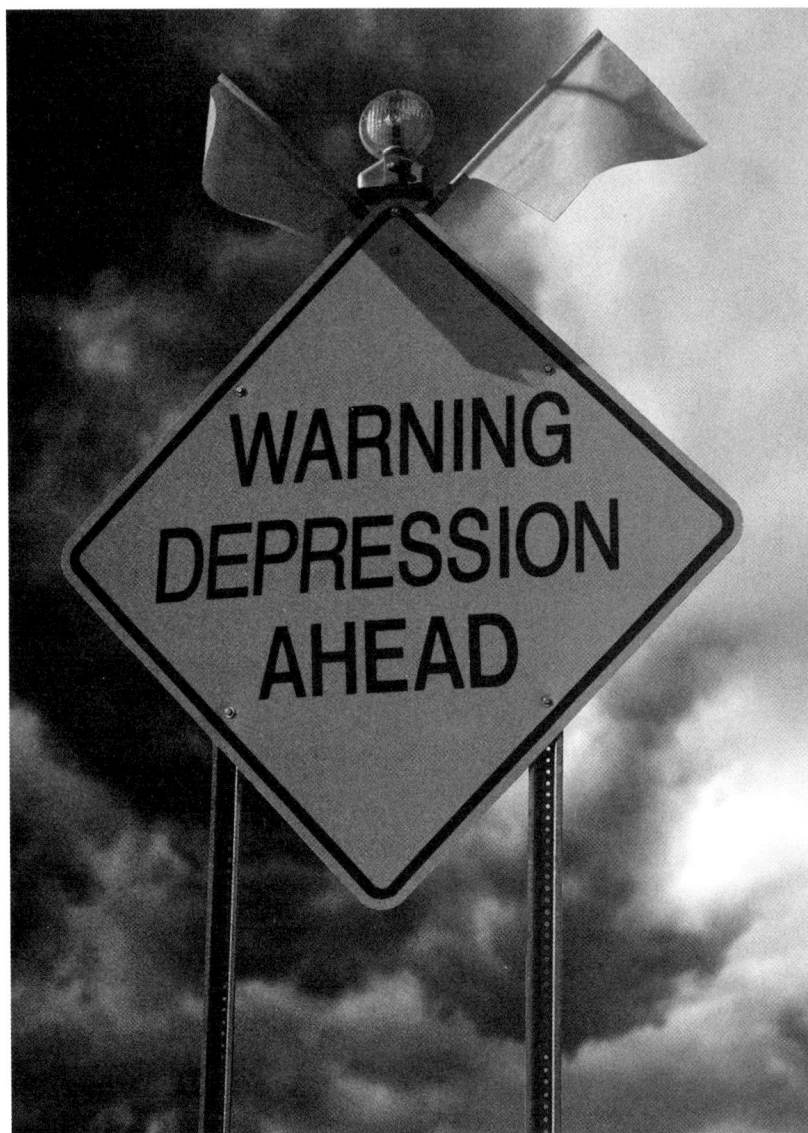

▶ 一旦进入无助谬误很可能会陷入自我实现预言。你是否会误认为自己无力或无法改变令人不满的关系？你如何才能改变这样的想法并掌控局面呢？

灾难性预期谬误

有些怯懦的人认为：如果坏事可能会发生，那就一定会发生。这就是**灾难性预期谬误**（fallacy of catastrophic expectations），类似于墨菲定律。以下是典型的灾难性预期态度：

> "假如我邀请他们参加宴会，他们可能不会想来。"
> "假如我为了解决一个冲突而公开表示意见，事情可能会变得更糟。"
> "假如我去应聘一个我想要的工作，我大概不会被录取。"
> "假如我告诉他们我的真实感受，他们可能会嘲笑我。"

一旦你开始想象糟糕的后果，一个自我实现的预言就会启动。研究显示，那些认为他们的伴侣不会为了改善彼此关系而有所改变的人，反而更有可能做出导致关系破裂的举动。而那些具有"悲观主义偏见"的人通常会在他们的关系中察觉到一些对外人而言并不明显的威胁，进而导致人际关系上的不满。如果这是一个困扰你的谬误，最好把你的内心语言从"我担心最坏的情况"转换为"我希望最好的情况"。

虽然我们很容易理解减少无助益情绪对个人带来的好处，但重要的是要记住我们是出于人际交往才这么做的。简而言之，如果人们更善于管理情绪，关系就能更好地运作。这显然不是要我们压抑情绪，恰恰相反，情绪管理包含自我觉察、情商以及我们将要讨论到的重新评估。善于管理自己情绪的沟通者，能够以富有成效的方式与伙伴交流，这有助于维系关系。考虑到这一点，我们来看看如何减少无助益情绪，毕竟无助益情绪通常不利于个人和人际关系的健康。

▌最小化无助益情绪

现在你已经准备好实践理性情绪疗法和自我内言了。认真地练习，有助于减少自我打击性的思考，而这种思考通常会带来许多无助益情绪。

监控你的情绪反应

第一步是要能察觉到自己处于无助益情绪。如同我们之前所建议的，辨认情绪的方法之一是监控生理上的反应：神经质的发抖、心跳加速、汗流浃背等。虽然这些反应也可能是食物中毒的症状，但多数情况下它们更是一种强烈情绪的征兆。你也可以辨识那些经常使人联想到情绪的特定行为，如跺脚而非正常走路，变得异常安静，或用挖苦的语调说话等，这些都是常见的例子。

情绪似乎应当是即时显现的，因此我们去探查情绪似乎是一件很奇怪的事。但其实我们经常沉溺于无助益情绪中而不自知。举例来说，度过了艰难的一天后，你终于发现自己皱起的眉头，并意识到你有时就是这个样子，而自己却没有发现。

请记住无助益情绪的两个关键特征：强度（它们过于强烈）以及持续性（它们持续太久）。你可以通过这两个特征来指导你的评估。

注意情绪的触发事件

在你知道你的感觉如何之后，下一个步骤是找出什么事件触发了你的反应。有时候这会很明显。如果你的恋人不断口误，把你的名字喊成他的前任，你很有可能因此而感到沮丧。研究发现，约会中的恋人会彼此出现"社交过敏"（social allergies）的症状，也就是对他们恋人烦人的行为异常敏感。在这种情况下，就很容易确定触发反应的原因。但在某些情况下，触发事件并不会如此显而易见。

有时不是一个单一的触发事件，而是一连串小事件持续累积到一个临界点，才引发了无助益情绪。当某人一次又一次地就同一件事嘲讽你，或者当你一个接一个的期待落空，就会引发无助益情绪。

溯源触发事件的最好办法是注意出现无助益情绪时的情境。也许某些**特定的人**，当这些人出现在你周围时，触发了你的无助益情绪。例如，因为过去的纠缠，你碰到某个人就会感到紧张或愤怒。除非这个问题能被妥善处理，否则即使是在表面无害的状况下，对过去事件的感受也会触发你的无助益情绪。

在有些状况下，你可能会发现，与某些**特定类型的人**相处时也会触发无助益情绪，例如，你可能与比你聪明或自信的人共处一室而感到紧张。有时候某些**特定的场所**也可能激发无助益情绪，如派对、职场、学校；有时候是对话的主题会引发你的负面情绪，无论是政治、宗教、性还是一些其他主题。

记录你的自我内言

在触发事件和你的个人感受之间，存在一些起连接作用的想法。在这一点上，你需要分析这些想法。假如你是发自内心地要去除无助益情绪，那么在你第一次学习使用这个方法时如实地写下自我内言是很重要的。把你的想法写在纸上，可以帮助你思考它们是否真的有意义。

监控自我内言在刚开始可能有点困难。这是一项新技能，而任何新的行动都会显得笨拙。无论如何，只要你持之以恒，你就会发现自己能够识别那些触发无助益情绪的想法。一旦你养成了察觉内在独白的习惯，你就能又快又容易地识别自己的想法。

纠正非理性信念

现在是时候进行本章前面提到的重新评估过程了（第266页）。运用第285～291页中的非理性谬误的讨论，找出你的内心陈述中哪些是基于错误的思维。你可以通过以下三个步骤来最有效地做到这一点。首先，判断你记录的每个信念是理性的还是非理性的。其次，解释这个信念为什么是理性的或是非理性的。最后，如果这个信念是非理性的，你应该考虑另一种更理性的替代思考，这能帮助你在未来面对相同的触发事件时，感到好受些。

人们通常会劝告癌症患者及其伴侣公开、坦诚、定期地表达彼此的感觉。因为我们假设，将负面情绪袒露给所爱之人对双方都有好处。但传播学学者达埃纳·戈德史密斯（Daena Goldsmith）认为，这样的指导可能受到了**"开放性思想"**（ideology of openness）的过度影响。她和同事格雷戈里·米勒（Gregory Miller）采访了许多携手面对癌症的情侣，他们想了解这些人的沟通模式，以及患者认为哪些做法会更有帮助。

但与流行的做法相悖，调查对象普遍认为，定期表达感觉的行为不仅加重了他们的痛苦，还降低了生活的质量。对于情绪状态不同（如一方担忧，一方冷静）、沟通方式不同（如一方乐于表达，一方内敛沉默）的伴侣而言，这一点尤为明显。受访者称，有时控制情绪的最好方法反而是专注讨论事实、解决问题或幽默地调侃。换言之，当情绪激动时，转移注意力比袒露情绪更有效。

研究人员认为，在艰难的情境下，沟通者需要采取更具体的做法，而不仅仅是"敞开心扉，分享你的感受"。他们所需要的方法与第1章中的方法一致：合格的沟通需要具备适应性和灵活性。

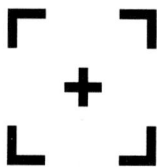

研究焦点
谈论感觉会让事情变得更糟

改变自我内言

一旦你的非理性信念被纠正，是时候相应地改变你的自我内言了。将自我内言中的"不能""必须""应该"替换为"可以""选择""想要"。例如：

不要说"我不能和陌生人聊天"，而是说"我可以试着向陌生人问更多的问题"。

不要说"我必须礼貌地对待粗鲁的顾客"，而是说"我选择礼貌对待是因为这比其他的选择都要好"。

不要说"我应该少一点戒心"，而是说"我想要变得不那么有戒心，我会为此努力的"。

一些研究者认为如果我们在说话时用"你"指代"我"，自我内言会变得非常有效，这就像是你在指导自己一样。比如：

> "珍妮弗，你在紧张什么？这不是你的第一次约会。我知道你喜欢这个家伙，但是得慢慢来，保持冷静。即使事情进展得不顺利，也不是世界末日。你有能力、聪明，有才华、漂亮。尽管尽力去做吧，接受任何可能发生的事！冷静，珍妮弗。"

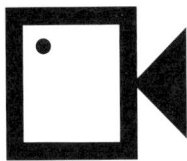

电影电视

自我内言与韧性：
《我本坚强》

美剧《我本坚强》被公认为是一部包含阴暗题材的喜剧。它讲述了主人公吉米·施密特（Kimmy Schmidt）被困在地牢整整 15 年，逃脱后在纽约重获新生的故事。但她自 20 世纪 90 年代起就脱离了文明社会，亟须跟进时代。

即使剧情设定听起来难以置信，但吉米的心态和沟通能力却属实令人钦佩。她坚不可摧，因为她自信且乐观。她的过去暗无天日，但她决心要创造一个光明的未来。她话里都是"吉言吉语"，比如，"保持微笑，直到你好受点"和"冷静 10 秒钟，一切都会好起来的"。每当她陷入自我怀疑中时，她便会说服自己变得更坚定。她这种乐观的态度极具感染力，照亮了她身边每一个人的生活。

吉米这个角色，极具趣味性地告诉了我们一个道理：想在人生大道上大步向前，应从改变自己的言行开始，积极的情绪就会随之而来。

了解这个对待负面情绪的方法后，有些读者会提出反对意见：

"理性情绪疗法听起来不过就是把自己的负面情绪说出来"，这样的说法完全正确。毕竟，正是我们说服自己进入了这种负面情绪，那我们说服自己走出负面情绪又有什么错呢，尤其是这些负面情绪还是建立在非理性想法的基础上。

"我们读到的这些纠正听起来有些虚伪和做作。我可不会长篇大论地对自己说这些"，其实没必要将非理性信念转化为特定的文体风格。你可以随你所想地用口语化的方式说。重要的是要弄清楚什么想法使你陷入了无助益情绪，这样你才可能清楚地重新评估它们。如果这个方法对你而言有些陌生，那么把你的想法写下来或说出来会是一个好主意。当你做过一些练习后，你就能够用更快、更随意的方式来完成这些步骤了。

"这个方法听起来太冷酷而且不近人情。这像是要把人变成精于计算、没有感情的机器"，这种判断显然不对。一个理性的思考者仍然可以有梦想、希望和爱。像这样的感觉并不一定就是非理性的。换句话说，沟通者可以同时用大脑和内心做决定。我们将在下一节讨论如何强调正面情绪。

"这个方法给出的承诺太多。我不可能摆脱所有不愉快的感觉，不管听上去有多么美好"，的确，理性情绪疗法可能不会让所有无助益情绪消失得一干二净，它能做的就是减少我们陷入负面情绪的次数、强度和持续时间。

▍最大化有助益情绪

减少无助益情绪只是情绪健康公式的一部分。当代学者认为，培养正面情绪与减少负面情绪同样重要。无论是所谓的"习得性乐观主义"还是"积极心理学"，其方法都与我们在本节中的概述很相似。如果说一个人的想法会引发他的感觉，那么积极的想法就会引发积极的感觉。反刍生活中的好事而非坏事，可以改善一个人的情绪、关系甚至身体健康。

但是对每件事情都用正面的情绪来回应也是不切实际的。哈佛大学教授苏珊·大卫（Susan David）认为，关键是培养我们的"情绪敏捷"。

情绪敏捷是一种技能，帮助我们在面对自己的情绪时，给它们贴上标签、理解它们，然后选择有意识地前进。情绪敏捷也是一种能力，它能让我们意识到自己何时会感到有压力，让我们能够走出压力，然后根据个人的价值观和目标做出一致行为。

尽管你不能主宰自己生活中的所有事情，但你有足够的能力去重新评估它们。从别人口中听到"要看到好的一面"和"要常怀感恩之心"这类陈词滥调，或许并不能安慰你，但可以成为有用的自我提醒。你可以把挑战视为成长的机会，你可以更关注自己获得了什么而不是失去了什么，你可以选择同情而不是轻蔑。"那真的伤到我了"和"我发现我其实有能力，也足够强大"之间的区别常常只是心态问题，正向的评价会带来正向的情绪。

很多人发现，他们更容易关注负面情绪。在亲密关系中，人们通常要特别用心才能去注意和表达愉快的情绪。以下是弗雷德里克森（Fredrickson）在研究中辨认出的基本正面情绪：**喜悦**、**感激**、**平静**、**兴趣**、**希望**、**骄傲**、**愉快**、**灵感**、**敬畏**和**爱**。你最近体验过其中的哪几种情绪？你多久会向重要的人表达一次这些情绪？有没有可能你感觉到了，却想不起来？发现你的正面情绪，然后说出或写下它们，可以提升你对个人和人际关系的满意度。

自我检查

▼

▶ **学习目标**

8.1 描述情绪是如何被体会和表达的

　　高情商的人通常是更有效的沟通者。情绪通常有多个维度。它们以内在的生理变化为信号，通过语言和非语言的反应展现出来，在大多数情况下经由认知的诠释进行定义。

　　问题： 在这一周的课程中，选择一段重要的关系，记录自己在这段关系中由互动产生的情绪反应。特别注意这些情绪是如何从内部开始，又如何在外部表达出来的。

▶ **学习目标**

8.2 描述个人和社会对情绪表达的不同影响

　　要解释为什么人们不愿意用语言表达他们的情绪，有几个原因。比如，某些性格的人对情绪的反应比其他人更消极；一些文化鼓励表达情绪，而另一些文化则不鼓励表达；生理性别和性别角色也会影响人们体验和表达情绪的方式；许多社会角色和社会规则并不鼓励表达某些情感，特别是消极的情感；有些人很少表达情绪，以至于他们失去了识别情绪的能力；社交媒体也可能会增加信息发送者和接收者的情绪强度；最后，通过情绪感染的过程，他人的情绪会内化为我们自己的情绪。

　　问题： 分析影响你是否表达和如何表达情绪的各种因素。你认为自己的反应在多大程度上是基于自己的个性（即先天）？有多少是受到社会和环境因素（即后天）的影响？举例说明。

▶ 学习目标

8.3 了解如何适当并有效地表达自己的情绪

因为对成年人来说，毫无保留地表达情绪是不合适的，所以有一些指导方针可以帮助我们界定何时以及如何有效地分享情绪。自我觉察、清晰的语言表达以及掌握多种感觉的表述是很重要的，同样重要的是学会区分感觉和行动之间的差异。愿意为自己的感觉承担责任，而不是将其归咎于他人，才能更好地做出反应。选择一个恰当的时间和地点分享感觉也很重要。

问题： 评估你表达情绪的效率。你是否能够识别你的感觉并将其转化为文字？你如何恰当地与他人分享这些感受？你如何运用本章的准则，来更有效和恰当地表达你的情绪？

▶ 学习目标

8.4 分辨有助益情绪和无助益情绪的差异，并说明如何利用重新评估来有效管理情绪

有助益情绪有助于我们有效地行事，而无助益情绪则相反。许多无助益情绪是由各种类型的非理性思维触发的。我们能够通过以下途径更自信和有效地进行沟通：辨别负面情绪；辨别触发这些情绪的事件与自我内言；对情况做出更符合逻辑的分析，并重新评估其中非理性的想法。识别和享受有助益的情绪也非常重要。

问题： 回想你最近一次在人际沟通中出现无助益情绪的情况，你处理得如何？本章中的方法将如何帮助你在未来处理这样的情绪？

实践活动

▼

1. 第 280 页 "沟通能力评估" 能够让你对自己的情商水平有一个大致的了解。请你的两到三个好朋友使用相同的量表对你进行评估。他们的评估与你的自我评估结果是否相符？如果不符，你认为是什么原因导致了这种差异？你可以通过哪些方式来提高自己的情商？

2. 在你与他人的某段关系中，选出一个你曾经历过的重要情绪。这段关系不需要非常私密，可以是与你的雇主、教授或邻居。请使用第 285~291 页的指导方针，评估你是否表达过或应该如何表达这种无助益情绪。并请你的好友进行评估，给予你一些反馈。

3. 完成以下清单，探究你是否认同无助谬误。从家庭成员、职场或学校遇到的人、陌生人、朋友这些选项中挑选两个，描述你与之沟通时遇到的重大困难（对你而言）。描述时请使用以下格式：

    我不能 ＿＿＿＿＿＿＿＿＿＿＿＿ ，
    因为 ＿＿＿＿＿＿＿＿＿＿＿＿ 。

    现在，请将你的清单大声地朗读给一位同学听，但需要做一些细微的改变：用 "不会" 代替原来的 "不能"。请注意有哪些表述是真的 "不会"。与你的同学分享，当你改变用词时，你对该表述的感觉是否发生改变。

    再读一遍清单，这次将 "我不能" 改成 "我不知道如何"。如果 "我不知道如何" 在该表述中成立，请重新编辑并思考你可以做些什么来提高自己当前缺乏的技能。与你的同学分享，当你改变用词时，你对该表述的感觉是否发生改变。

    根据你的经验，思考你是否认同无助谬误，并思考你能如何消除这种让人消极的想法。

4. 选择一个重要的场景，在该场景中无助益情绪干扰了你的有效沟通。在同伴或同学的协助下，使用第291~295页的步骤来重新评估你的观点是否理性。请描述理性情绪疗法如何影响你在这个场合的沟通。

5. 连续写一周的日记，辨别你在各段关系中经历的所有正面情绪。特别是以下10种：喜悦、感激、平静、兴趣、希望、骄傲、愉快、灵感、敬畏和爱。

在一周结束后，回想你的记录是否能帮助你留心并记住任何你可能错过或忘记的积极情绪。你可以制定什么策略来帮助自己更频繁地体验和表达正面情绪？

▶ 沟通能力评估（第280页）

请先将第1、2、4、5、8、9和12题的分数进行反向评分。（即1＝5，2＝4，3＝3，4＝2，5＝1）

请将第1、5、9题的得分相加。这是你在内心维度上的情商得分：＿＿＿＿＿。成年男性的平均得分约为10分，得分大多落在8分和12分之间；成年女性的平均得分约为11分，得分大多落在9分到13分之间。

请将第2、6、10题的得分相加。这是你在人际交往维度上的情商得分：＿＿＿＿＿。成年男性的平均得分约12分，得分大多落在10分和14分之间；成年女性的平均得分约为13分，得分大多落在11分和15分之间。

请将第3、7、11题的得分相加。这是你在适应性维度上的情商得分：＿＿＿＿＿。成年男女的平均得分约为12分，得分大多落在10分和14分之间。

请将第4、8、12题的得分相加。这是你在压力处理维度上的情商得分：＿＿＿＿＿。成年男女的平均得分约为9分，得分大多落在7分和11分之间。

第**9**章

人际关系的演变|

学习目标

- 9.1 认识建立人际关系的各种原因
- 9.2 描述人际关系中通常会经历的阶段和辩证张力
- 9.3 辨别沟通者用来维护和改善人际关系的技能

专题研究

- 伦理挑战　虐待关系的痛苦
- 电影电视　表露的力量与危险:《国土安全》
- 研究焦点　沟通关系包袱
- 研究焦点　手机使用的对立统一
- 电影电视　寻觅联系:《生活残骸》
- 沟通能力评估　关系的维护
- 在工作中　工作中的关系修复

"我在寻找一段有意义的关系。"

"我们的关系最近发生了变化。"

"这种关系对我们双方都有好处。"

"这段关系行不通。"

"**关系**"（relationship）是一个我们经常使用却难以定义的词。即使是那些毕生研究这门学问的学者也对这个术语的含义持有不同的意见。他们的定义包括了"亲近""影响""承诺""亲密"这些词，要想下一个简单的定义就如同将果冻钉在墙上——白费力气。

在本章中，我们将探讨一些人际关系的特征和发生在人际关系中的沟通。在阅读后，你会发现关系并不是一成不变的。相反，关系经常会随着时间的推移而改变。换言之，关系与其说是一个结果，不如说是一个过程。我们将研究我们为什么要建立关系，这些关系中的演变以及如何管理它们。在第 10 章，我们将通过关注特定的关系语境来扩展我们的讨论：与朋友、家人和爱人的亲密关系。

9.1 我们为什么要建立关系

我们为什么会和这些人建立关系，而不是那些人？有时我们别无选择：小孩不能选择他们的父母，大多数人无法选择他们的同事。但在其他许多情况下，我们会选择接触某些人而主动避开另一些人。

社会科学家已经收集了大量关于人际吸引力的研究。以下是他们发现的一些影响我们选择关系伙伴的因素。

▎外貌

大多数人主张应该根据他人的行为而不是外表来判断一个人，但我们经常做相反的事情。在关系发展的初期，外貌似乎是快速约会中吸引对象的主要基础。这些第一印象将影响关系的后期发展。例如，当用户的照片很有吸引力时，评价者会认为他们的主页也很积极向上。如果用户将自己和长得好看的朋友的合影放在主页上，他们也会被认为很有吸引力。反过来也成立：如果用户把有吸引力的脸放在没有魅力的脸或大众脸中间，那人们也会认为它没那么有吸引力了。

即使你的外貌不符合社会对美的标准，请考虑下列事实：第一，过了最初的印象之后，长相普通但性格讨人喜欢的人也可能会被认为是有吸引力的，而人们对美的感知可能会受到喜欢、尊重、熟悉和社会互动等个人特质的影响。第二，随着关系的发展，生理外貌因素会变得不那么重要了。事实上，随着恋爱关系的发展，伴侣会产生**"积极幻觉"**（positive illusion），越来越认为对方有吸引力，也就是所谓的"情人眼里出西施"。

▎相似性

根据"相似性理论"，也许一段关系形成的最强决定因素是与另一个人的相似性。例如，一项研究发现拥有相似的政治和宗教观是选择伴侣的最佳预测因素，远胜于外表或性格特质。

相似性对最初的吸引力有着重要影响。如果人们认为脸书上发来好友申请的陌生人和自己有相似之处，则更有可能接受他们的申请。前一句中"认为"这个词很重要。研究发现，相较于实际存在的相似性，快速约会者更容易被他们相信拥有的相似性（"我们似乎有很多共同点"）所吸引。这一发现表明基于相似性的吸引力是一个主观的过程。研究证实，当你喜欢上某人后，才会感知到彼此之间的相似性，而不是先觉得彼此相似才喜欢上对方。

相似性之所以成为牢固关系的基础，有以下几个原因。

第一，相似性可以被验证。当世界上出现另一个人和你拥有相同的信仰、品位和价值观时，这是一种自我支持的形式。一项研究描述了"**内隐式自我主义**"（implicit egotism）可能会无意识地影响个人对吸引力的认识。结果显示，人们更倾向于与那些姓或名与自己相似的人结婚；也会因为相似的生日，甚至球衣号码相同而互相吸引。

第二，相似性让别人的行为更容易被预测并且更有可能和你一起参加活动，比如，去特定的餐厅或音乐会。对他人行为能够做出充满自信的预测可以减少不确定性和焦虑，从而提高情绪和关系的稳定性。

第三，当我们得知其他人与我们相似时，我们会假设他们可能会喜欢我们，所以我们反过来也会喜欢他们。此时，自我实现的预言再次见效。

▎互补性

"异性相吸"这句老话似乎与相似原则相矛盾。但事实上，两者都是有根据的。当伴侣之间的差异具有**互补性**（complementary）时，也就是说双方的特质可以满足对方的需求时，差异便会强化关系。研究表明，互补气质在伴侣之间具有吸引力，可能源自生物学基础。此外，有些研究发现，伴侣之间有一方处于主导地位而另一方处于被动地位时，他们更容易被对方吸引。当双方同意一方在某些方面行使控制权（"你对金钱的事情做最终决定"），而另一方在其他不同的方面行使控制权（"我会决定我们如何布置这个空间"）时，关系也能很好地运转。然而，在控制问题上的分歧可能会导致双方关系变得紧张。一项研究表明，"败家者"和"节俭者"往往会互相吸引，但他们在财务管理上的差异常常会在这段关系过程中导致严重的冲突。

有一项为期 20 年的专门针对成功、失败的伴侣关系的研究，结果表明，相似性与差异性之间存在相互作用。当伴侣之间存在很大差异时，最初看起来很有趣的不同品质最终会成为导致关系破裂的主要因素。在成功的婚姻中，伴侣有足够的相似性来满足彼此的生理和心理需求，也有足够的差异性来保持关系的趣味。成功的伴侣会找到方法来保持他们在相似性与差异性之间的平衡，以适应多年来出现的各种变化。

◀ 50 多年来，《星际迷航》的电影和电视剧一直在讲述情绪化的詹姆斯·柯克同他非常理性的副手斯波克的冒险故事，这说明互补的性格可以带来丰富而令人满意的体验关系。**你的亲密关系在哪些方面因为互补性而得到了丰富？**

▌报酬

有些关系建立在一种被称为**社会交换理论**（social exchange theory）的经济模型之上。这个方法表明，我们更愿意寻找那些能给我们带来回报的人，这些回报要大于或等于我们在处理关系时所付出的代价。社会交换理论家将报酬定义为我们所期待的任何结果。这些结果可能是有形的（一个居住的好地方、一份高薪的工作），也可能是无形的（声望、情感支持、友谊）。成本则是不受人喜欢的结果：不愉快的工作、情绪上的痛苦，等等。有一个简单的公式可以解释我们为什么要建立和维持关系：

报酬（rewards）－成本（costs）＝结果（outcome）

根据社会交换理论，我们使用这个公式（通常是无意识的）来计算维持这段关系是"好生意"还是"不值得努力"，基于结果是正值还是负值。

从现实的角度来看，这个交换的方法似乎有些冷血和功利主义，但是在某些关系中却很合适。一段健康的商业关系的基础是双方能在多大程度上互相帮助，而有些友谊则在非正式的交换之上："我不介意听你诉说爱情生活的起起落落，因为当我的房子需要修理时你也曾出手相助。"即使在亲密关系中，也存在这样的交换。朋友和爱人经常会忍受彼此的怪僻，因为相较于他们获得的安慰和快乐，这一点点的不愉快是值得接受的。然而，当有一方开始觉得自己"收益不足"时，往往会导致关系的破裂或终止。

成本和报酬不是孤立存在的，我们将特定情况和替代方案通过比较来定义它们。例如，一位名叫格洛丽亚（Gloria）的女性，正在挣扎着决定是否要继续与她的长期恋人雷蒙德（Raymond）保持关系。雷蒙德深爱格洛丽亚，但他并不完美：他脾气暴躁，还时常用言语辱骂他人。此外，格洛丽亚知道雷蒙德至少有过一次出轨。在决定是否与雷蒙德继续交往前，格洛丽亚将使用两个标准。

第一个标准是她的**比较水平**（comparison level），也就是她对可接受行为的最低标准。如果格洛丽亚认为关系伴侣有行使忠诚的义务，在任何时候都应该尊重对方，那么雷蒙德的行为就会低于她的比较水平。如果格洛丽亚过去曾经有过一段极为忠诚的恋爱关系，那么这将是特别正确的。另一方面，如果格洛丽亚将标准调整为"没人是完美的"，她有可能将雷蒙德的行为视为达到或超过自己的比较水平。

格洛丽亚也会根据她的**选择比较水平**（comparison level of alternatives）对雷蒙德进行评估。这项标准指的是她在当前状况下所获得的报酬与她在其他状况下可能获得的报酬之间的比较。例如，如果格洛丽亚不想孤身一人，她会想："如果我失去了雷蒙德，我就不会再有其他人了。"那么她的选择比较水平就会低于现在的情况；但如果她有信心找到一个更善良的伴侣，那么她的选择比较水平就会高于现在的情况。研究发现，当恋爱关系中双方缺乏联结时，由其他对象带来的亲密感会变得格外强烈。

社会交换理论认为，沟通者通常会无意识地使用这种计算来决定是否要建立或是维持关系。一开始，这些信息似乎对那些处在不满意关系中的人没有什么安慰作用，比如你的伴侣行为低于比较水平，并且你眼下又没有更好的替代方案。除了陷入成本大于报酬的困境之外，你其实还有其他的选择。首先，你可能需要确保你是根据现实的比较水平来评断目前的关系，因为期待一个完美的情况可能会导致不快乐和不满意的关系。其次，如果你确定当前的关系情况真的低于比较水平，你可能会去探索是否有其他替代方案。最后，本书所介绍的技巧可以帮助你和对方协商建立更为理想的关系（假设这种关系不是虐待，请参阅本页的"伦理挑战"）。

请参阅本页的"伦理挑战"

如果我们所有的关系都是幸福、健康和相互促进的，那再好不过。但遗憾的是，有些关系会演变成一方对另一方的虐待，可能是精神虐待、情感虐待、语言虐待、性虐待或生理虐待。即使在这段关系结束许久之后，受害者痛苦的记忆仍然不会消失。

许多虐待关系并没有适时停止。人们为什么不愿结束这种关系？社会交换理论给出了一个解释。受虐方通常认为，哪怕这段关系并不理想，但聊胜于无；即使身边就有可行的替代人选，他们也注意不到。他们失去了独立的思想，并将这样的状态合理化，痛苦由此不断延续。研究表明，处在一段虐待性恋爱关系的人们，会将自己当前的不幸看得太轻，而将分手的痛苦看得太重。

专业帮助是摆脱一段虐待关系的关键。专家建议如下：

- **不要隐瞒对方的虐待行为**。至少要向可信的朋友或家人倾诉，并请求其为你寻求帮助。
- **警惕对方故技重施**。虐待行为通常具备周期性。当你处在正常的阶段，一切风平浪静的时候，你往往容易忽视或忘记先前的被侵犯行为。但虐待行为只有零次和无数次，一旦开始就永远不会结束。
- **不要责备自己**。受虐者往往觉得他们需要对所承受之事负责，甚至觉得在某种意义上他们"罪有应得"。但请记住——没有人应该受到虐待。

伦理挑战
虐待关系的痛苦

能力

我们喜欢和有才华的人在一起，也许是因为希望他们的能力可以对我们产生潜移默化的影响。但和那些太有能力的人在一起时我们又会感到不舒服，可能是因为相比之下自己看起来会很糟糕。当他人的能力伴随着温暖而不是冷酷的个性时，我们最容易被吸引。

艾略特·阿伦森（Elliot Aronson）和他的同事证明了有能力和不完美是如何结合在一起影响吸引力的。研究人员要求受试者评估候选人测试节目中两位候选人的录音。有一位候选人看似很完美：他几乎答对了所有问题，并谦虚地承认自己是一名优等生、有成就的运动员和编辑。另一位候选人是平均水平：他答对的问题较少，成绩中等，运动成绩也不够出色，在编辑团队中是级别较低的成员。录音快结束时，两位候选人不小心弄洒了咖啡，而对照组的录音中则没有这个失误。这就是四组实验条件：1.一个能力出众却犯了错的人；2.一个能力出众且没有犯错的人；3.一个能力中等却犯了错的人；4.一个能力中等且没有犯错的人。在这四个条件下对候选人的评分揭示了一个有趣而重要的人际吸引力原理。被评为最有吸引力的人是"能力出众但犯了错的人"。阿伦森的结论是，我们喜欢有能力的人，同时也喜欢有缺陷的人，因为他们会让我们想起自己。

接近性

俗话说"近水楼台先得月"，我们容易和经常互动的人发展关系。在许多情况下，亲近会带来好感。例如，不论是居家附近的邻居，还是教室里的同桌，我们更有可能和近邻而非远邻建立友谊。我们也有很高的概率选择经常往来的伙伴作为配偶。接近性在社交媒体中也扮演着重要角色，即时通信或聊天可以创造出虚拟的接近性。正如一位研究人员指出的，在社交网站上，文化上的接近性比地理上的接近性更重要。这种现象很好理解，因为接近可以让我们获得更多关于别人的信息，也容易从关系中受益。另外，离得近的人可能也与我们更相似。比如，我们生活在同一个小区，那我们可能拥有相近的社会经济地位。

表露

在第3章中，我们讨论过向他人表露有关自己的重要信息，无论是面对面还是通过社交媒体都有助于建立好感。有时候，这种吸引力的基础来自发现我们彼此有多相似，无论是在经历上（"我自己解除了婚约"），还是在态度上（"我和陌生人在一起也会感到紧张"）。自我表露也可以建立好感，因为这是重视对方的标志。分享私密的信息是一种尊重和信任的形式，就像我们已经看到过的那样，让人产生好感的信息有助于增加吸引力。

但也并非所有的表露都会带来好感。研究显示，令人满意的自我表露的关键是互惠，得到的与你所透露的信息的数量和质量要相当。成功的自我表露的第二重要因素是时机。举例来说，与你的新朋友谈论你性生活方面缺乏安全感，或是在你的生日派对上向一个朋友表达你的烦心事，可能是不明智的。在社交媒体上尤其如此：私下的表露比公开表露更合适、更亲密；同样，公开表露会降低人们对表露者的好感度。最后，出于自我保护的考虑，只有在你确定对方值得信赖时才能表露个人信息。

美剧《国土安全》的女主角卡莉·马西森（Carrie Mathison）是一个间谍，她的工作是揭露敌方间谍，粉碎他们的阴谋，以此保护国土安全。尽管这样的营生如同刀口舔血，如履薄冰，但她从中获得了巨大的快感。

不同于其他间谍，卡莉并不使用威胁或暴力来获取情报，而是采取不同的策略。她同她的目标对象慢慢地套近乎，并结为好友。然后，她自我揭露，表现出脆弱的一面，使得他们降低防备，并逐渐接纳她。虽然这让卡莉获取了他们的信任，并知晓了他们的秘密，但这往往使她陷入困境——因为敌人已经成为她的朋友，甚至是她的爱人。

尽管卡莉的策略造就了伦理上的两难境地，但她深谙关系发展的基本原理：用真诚换取真诚，用信任换取信任，而这二者都是构建人际关系的重要成分。

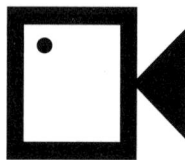

电影电视

表露的力量与危险：《国土安全》

9.2 人际关系的演变模式

即使是最稳定的关系也会随着时间的推移而变化。传播学学者试图描述和解释沟通是如何创造和反映不断演变的人际关系的。在本节中，我们将讨论关系发展和互动的两种不同特征。

关系发展的阶段

最著名的关系阶段模型之一是由马克·克奈普（Mark Knapp）提出的，他将关系中的起起落落分为十个阶段，包含聚合期和离散期两个部分。其他研究者则认为任何沟通模式都应该包含第三个部分——**维持期**（relational maintenance），以确保关系保持稳定和令人满意地运作（我们将在本章的后半部分更详细地探讨关系的维持）。图9-1展示了克奈普的十个关系发展的阶段。现在，我们来详细地探讨每一个阶段。

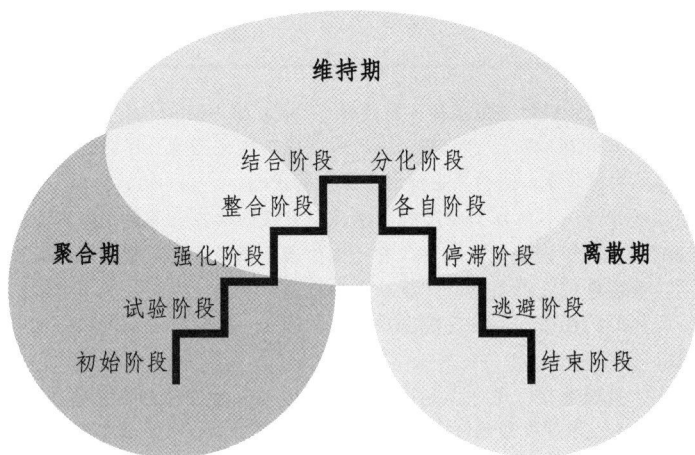

图9-1 关系发展的阶段

初始阶段

初始阶段（initiating stage）的目标在于表明你有兴趣与对方接触，并证明你是一个值得交谈的人。这一阶段的沟通都很简短：握手，谈论天气等无关紧要的话题，友善地表达自己。这些行为可能看起来相当肤浅也没有意义，但它们是一种信号，表明我们有兴趣与他人建立某种关系，而不需要明确地说："我是一个友善的人，我想要多认识你。"

初始关系，尤其是恋爱关系，对害羞的人来说可能尤为困难。社交媒体可以让沉默寡言的人更容易建立关系。对一些人来说，线上聊天更容易开启话题，也更容易营造成功的人际关系。一项针对 1.9 万名已婚受访者的研究显示，超过三分之一的人表示和伴侣的关系始于网络。相较于面对面开始的婚姻关系，从网上认识的伴侣，他们的婚姻关系满意度更高，分手率也更低。

请记住，初始阶段是所有关系的起点，而不仅仅是恋爱关系。友谊从这里开始，商业伙伴关系也是如此。有些人把求职面试比作初次约会，因为它们具有相似的性质。在你阅读接下来的关系阶段时，请思考不同阶段涉及的沟通如何适用于找工作，联系室友，加入一个组织，以及确立恋爱关系等。

试验阶段

在与一个有趣的新人接触之后，我们下一步通常会开始寻找共同点，这个阶段就是**试验阶段**（experimenting stage）。我们通常从最基本的信息开始，比如"你是哪里人""你大学读的是什么专业"。从这些基本信息入手，我们还会寻找其他的相似之处，"你也跑步吗？你一周大约跑几千米？"

试验阶段的标志是闲聊。我们容忍闲聊的折磨，是因为它具有很多作用。首先，这是找出我们共同爱好的有效方法。其次，它也提供了一种"面试"他人的方式，来帮助我们决定这段关系是否值得追求。最后，闲聊也是一种缓和当下关系的安全方法。在决定是否进一步经营这份关系时，你不用冒太大的风险。

学者已经注意到，你的个人经历或许也能证实社交媒体在试验阶段的重要性。正如卡翠娜·尚贝克（Katrina Shonbeck）指出的，一些基本信息的收集可以在网上快速完成：

> 通过浏览某人的社交网络资料，我通常可以在前几次约会且没有他人在场的情况下，就从这些资料中了解这个人。从他们在一般信息页面上所透露的信息，我可以了解他们的感情状况，政治倾向，兴趣爱好，以及喜欢的音乐、书籍、电影。通过浏览他们的照片和帖文，我可以很好地了解他们

喜欢和什么样的人一起出去玩，周末喜欢做些什么和他们的
个人风格。

在一项研究中，大学生表示恋爱关系中的试验阶段会涉及社交媒体的好友申请。一旦获得访问权限，他们便可以浏览彼此的个人主页，一眼就能了解对方的重要信息。照片和共同好友是决定大家是否继续发展关系的重要因素。当然，网上收集信息少了面对面的紧张、脸红和结巴，更不会尴尬。

当然并不是所有关系实验都是成功的。你可能还记得，认识一个潜在的新朋友见面不到一小时，你就知道你们的关系不会有什么进展了。线上交友同样如此。虚拟现实中看似很有前景的关系，在面对面沟通后可能会变得不那么美好。传播学学者将这种转变称为**模态转换**（modality switching），并发现它带来了各种挑战。一般来说，网络情侣在面对面沟通上拖延的时间越久，当他们试图从线上沟通过渡到面对面沟通时就会越尴尬。

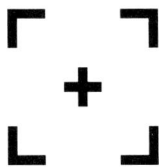

研究焦点

沟通关系包袱

背负关系包袱可能举步维艰，但向伴侣坦承这样的包袱甚至更为艰难。传播学学者布兰迪·弗里斯比（Brandi Frisby）领导的一个研究小组，对这个微妙的问题展开了调查。

关系包袱被粗略地定义为带入下一段关系的"负面属性与问题"，包括但不限于：从前的伴侣（疯狂的前任）、社交网络（古怪的朋友）、个性特征（容易争风吃醋）和关系目标（长期投入或中途结束）。研究人员采访了数百名大学生，询问他们关于关系包袱的经历。

大多数受访者都迅速地承认，关系包袱给他们的恋爱关系带来了焦虑。如果伴侣能直接坦白或回答针对关系包袱的问题，则能使双方对彼此更为满意。但如果从第三方（例如共同好友或是伴侣的前任）口中得知，则往往不利于关系的发展。

研究人员并不是建议你对过去的细节事无巨细地坦白，特别是一段关系刚刚开始的时候。然而，随着关系的进进，你可能会决定在伴侣发觉之前先向对方坦白自己的关系包袱。当然，有些问题可能永远不会被分享。一般来说，当情侣感情逐渐深厚，"即使是关系包袱这样的负面信息也可能无伤大雅"。

强化阶段

当一段关系开始**强化**（intensifying）时，沟通者的接触会增多，自我表露的广度和深度也会增加。在友谊中，强化关系经常包含花更多的时间相处，参加共同的活动，与共同的朋友出去玩或一起旅行。约会中的情侣会运用各种策略来传达他们的关系正在强化。因此，有将近四分

之一的时间，他们都会直接表达自己的感受来讨论关系的状态，比如说"我爱你"。可能是碍于面子，更多时候他们会使用间接的沟通方式：为对方帮忙，表达好感，暗示和调情，用非语言的行为来表达感觉，了解对方的朋友和家人，以及试图让自己看起来更有吸引力。

　　强化阶段通常是一段关系中令人兴奋甚至欣快的时期。在友谊中，这种热情就好像是结识了新的"死党"一般。对热恋的情侣而言，这个阶段通常充满了追星的目光、鸡皮疙瘩和白日梦。因此强化阶段总是出现在电影和爱情小说中——毕竟，我们喜欢看相爱的人终成眷属。但问题是，这个阶段不会永远持续。有时候，一些不再觉得浓情蜜意的情侣会开始质疑，他们之间是否还有爱情，而朋友之间也开始发现彼此的缺点。虽然这种关系可能不如看起来那么好，但他们也有可能进入了下一个阶段：整合阶段。

整合阶段

　　随着关系的增强，人们会开始进入**整合阶段**（integrating stage），他们开始以社会单位的身份出现。在亲密关心中，情侣开始邀约，社交圈开始融合，伴侣开始分享对彼此的承诺，"没问题，我们将会和你的家人一起度过感恩节"。大家开始认定某些事物为共同财产——我们的公寓、我们的车、我们的歌曲。伴侣们会创造出属于他们特有的惯用语和游戏形式。他们制定了能够强化他们夫妻身份的例行事务和仪式，一起慢跑，在最喜欢的餐厅用餐，表达肢体感情，一起做礼拜。正如这些例子所说明的，整合阶段是我们放弃旧有的自我特征，与另一人共享认同的时刻。

　　在现如今的人际关系中，整合阶段可能还要包括一个"脸书正式化"的步骤，即在社交网站上公开宣布两人处于"恋爱关系"。当然，如果只有一个人想去脸书上晒关系，而另一个却不愿意，就会产生问题。而且，晒关系的意义对每个人而言都可能不同。一项研究发现，在异性恋中，女性倾向于把公开晒关系视为包含更多亲密和承诺。因此，女性可能会把在脸书上公开身份，和一些亲密关系相关的权利、约束联系起来——这是我们现在所看到的一个阶段。

结合阶段

在**结合阶段**（bonding stage），伴侣会用一些象征性的公开姿态来告诉全世界他们关系的存在，并且已经做出了承诺。这些姿态包含订婚、结婚、同居、举行公开仪式，或以书面或口头方式保证。关键是，结合阶段是关系发展的顶点——是情侣关系整合阶段的"**正式化**"（officializing）。

人际关系并不是只有恋爱关系才会发展到结合阶段。试想一下作家们签署了共写一本书的合同，或是一个学生被邀请加入姐妹会。正如莉莲·罗宾（Lillian Rubin）指出的那样，在一些文化中，友谊可以通过公开承诺的仪式进入结合阶段：

> 某些西方文化为了标记一段友谊的进展，给予其公开的合法性及仪式感，会举办一些仪式。例如，在德国有一个名为"Duzen"的小型仪式，这个名字本身就意味着关系的转变。这个仪式需要两位朋友，他们分别拿着一杯葡萄酒或啤酒，将手臂相互缠绕，从而拉近彼此的距离，用"Bruderschaf"一词许诺永恒的兄弟情，然后把酒喝完。这个仪式结束后，这两个朋友将会从原本需要以"sie"（您）的正式称呼，改为熟人之间的"du"（咱）。

▶ 结合是关系承诺的形式化表述。在你所经历过的结合仪式中，有哪些信息交换？这些信息是怎样影响关系发展的？

结合通常是人际关系中的重要转折点。到目前为止，关系可能一直在稳步发展：从试验阶段逐渐发展至强化阶段，然后进入整合阶段。然而，到了结合阶段出现了激增的承诺。公开展示和独占声明，使得这个阶段成为关系中的关键时期。

分化阶段

目前为止，我们一直在关注关系的发展。虽然有些关系已经平稳发展，并成功地持续了一生，但其他没有成功的关系会经历衰退和消亡。即使在最亲密的关系中，伴侣仍然觉得自己需要重新建立个人认同，克奈普称这个阶段为**分化**（differentiating）。这个变化经常出现在夫妻的人称代词的使用中，分化阶段的对话焦点会集中在"我"想做什么，而不是讨论"我们"的周末计划。曾经达成共识的关系议题（比如"你负责赚钱养家，而我负责打理家务"），现在可能成为争执的焦点，"既然我有比你更好的职业潜力，我为什么要待在家里"，分化这个词的词根是不同（different），这暗示变化在这个阶段起着重要作用。

考虑到人需要成为一个独立的个体，也需要成为关系的一部分，所以分化也可以是正面的。比如，想想那些年轻人，他们既想打造自己独特的生活和身份，同时又想维持与父母之间的关系。对于想要保持自己文化价值又想与对方保持联系的跨国夫妇来说，情况也是如此。正如第310页中图9-1所示，分化阶段是正常的维持期中的一部分，在这个阶段中，伴侣无可避免地需要面对这项挑战。成功分化的关键在于：当我们为个体创造一些空间的时候，还能维持在关系中做出的承诺（我们在本章后半部分称为联系与自主的辩证）。

各自阶段

在**各自阶段**（circumscribing stage），伙伴之间减少了接触的范围。"限制"（circumscribe）一词的意思源于拉丁文，意为"在周围画一个圈"。在分化阶段出现的差异变得更加明显和标签化："我的朋友"和"你的朋友"，"我的银行账户"和"你的银行账户"，"我的房间"和"你的房间"，诸如此类的区分可以成为个人身份和关系身份之间健康平衡的标记。然而，当一段关系中分化的部分明显多于整合的部分时，或是分化的部分严重限制了互动，比如为了在你和伴侣之间留出空间而特意去度私人假期时，这就成了一个问题。

停滞阶段

如果持续限制，关系就会进入**停滞阶段**（stagnating stage）。他们用熟悉的老方法对待彼此，没有太多的感情。没有任何新的进展，无聊开始滋生。停滞的关系是之前关系的一具空壳。我们可以在很多人身上看到停滞阶段，比如，对工作失去热情的工作者在辞职之前依然会敷衍好几年。同样悲惨的事也会发生在一些没有热情的伴侣身上，他们说同样的话，见同样的人，每天面对同样的例行公事，却没有一点愉悦和新奇感。

逃避阶段

当停滞阶段变得让人很不愉快，关系双方就会开始通过**逃避**（avoiding）来拉开彼此的距离。有时他们会找一些借口来掩饰（"我最近生病了，所以没办法见你"），有时也会直接地表达（"请不要给我打

▶ 不是所有的关系都能天长地久。有了技巧和善意，结束一段感情并不一定要腥风血雨。你如何形容过往关系在结束阶段的沟通？为了让关系结束得更友好，你会做出什么不同的举动？

电话，我现在不想见你"）。无论哪种情况，到目前为止，这段关系的未来都是不乐观的。

有些关系会在这个阶段停滞不前。朋友、爱人或家人会渐行渐远，几乎不再互动。虽然有时候这是一种很自然的分开方式，但它会留下未说出口的重要的事。当你需要这段关系在一定程度上"关闭"，那这段关系通常就会进入最后的阶段：结束阶段。

结束阶段

不是所有的关系都会结束。许多搭档关系、友谊和婚姻关系一旦建立，就会持续一生。但的确也有很多关系会恶化，走到最终的**结束阶段**（terminating stage）。结束阶段都有着鲜明的、可识别的模式。这个阶段的特征，包括终止关系和希望分开的简要谈话。人们可能通过一顿真诚的晚餐、一张留在餐桌上的纸条、一个电话、一条短信或是一份法律文件来结束这段关系。根据每个人不同的感觉，结束阶段可能非常短暂而友好，也可能需要随着时间的推移才能慢慢淡忘。

学者已经开始研究科技在关系结束阶段可能起到的作用。一项针对1000人的调查发现，有45%的人曾通过短信来和某人分手。显然，用这种方式分手会面临伤害和激怒对方的风险（"他甚至没有勇气当面告诉我"），还降低了关系结束之后维持友好的可能。另一项研究发现，那些通过技术手段收到分手信息的人往往有高度的依恋焦虑——这可能解释了为什么他们的伴侣不想当面传达分手信息。

一旦恋爱关系结束，暂时中断与前任的社交媒体联系可能是一个明智的做法。查看前任的脸书页面可能会减少一些不确定性，但是监视其脸书页面会带来比分手更严重的痛苦、更多的负面情绪和较少的个人成长。总的来说，与前任的交流可能会对一个人当前的人际关系产生负面影响。

对许多人来说，结束一段关系是一个学习的过程。研究人员调查了正在经历分手的大学生，并请他们描述从中学习到的经验教训，这些经验可能有助他们未来发展新的恋情。受访者的回答可以分成四类："个人获益"（person positives），如获得自信，认识到哭一哭其实也没关系；"对方获益"（other positives），如认识到自己需要更多地了解对方的期望；"关系获益"（relational positives），如如何更好地沟通，以及如何防止冲动地进入关系；"环境获益"（environment positives），如学会更多地依赖朋友，以及如何更好地平衡人际关系和学业。研究人员指出，虽然"结束"可能是关系终止的理想选择，但找到意义可能是一个更健康也更容易实现的目标。

辩证的张力

并非所有的理论家都同意关系阶段是解释人际关系演变的最好方式。有些理论家认为，一段关系有可能同时具有"走到一起"和"分手"的属性。因此，维持关系就是管理这些矛盾的目标。学者称这些冲突为**辩证的张力**（dialectical tensions）：当一段关系中同时存在两种相反或不相容的力量时，冲突就会发生。

包括莱斯利·巴克斯特（Leslie Baxter）和威廉·罗林斯（William Rawlins）在内的传播学学者，已经发现了几种辩证的力量，成功挑战了传统的沟通模式。表9-1总结了处于一段关系中的双方在面对世界时，在关系内部和外部所经历的三种情况。尽管"斗争"和"冲突"这样的描述会让辩证的张力听起来很负面，但最好还是将它们视为维持健康关系中正常且可控的因素。

表 9-1　辩证的张力

类型	整合与分离	稳定与改变	表述与隐私
内部的辩证	联系与自主	循例与新奇	公开与封闭
外部的辩证	包容与孤立	传统与独特	表露与隐藏

整合与分离

没有人是一座孤岛，我们寻求与他人交往。但同时，我们也不愿为了一段最令人满意的关系而牺牲全部的自我。联系与自主的冲突就体现在**整合与分离的辩证**（integration-separation dialectic）之中。社会语言学家黛柏拉·泰南借由两只豪猪试图度过寒冬的一张照片，很好地抓住了这种辩证法：

> 它们依偎着取暖，但它们锋利的刺又戳伤彼此，所以它们拉开了距离。但拉开距离又让它们感到寒冷，于是就这样不断地调整彼此之间的距离，一面避免冻僵，一面又要避免被对方刺伤——这让它们感到既舒适又痛苦。
>
> 我们需要彼此亲近来获得归属感，感觉我们在这世上并不孤独。但是我们又需要彼此保持距离，以保持我们的独立，这样别人就不会强加观念于我们或吞噬我们。这种二重性反映出人类的心理需求状况，我们既是个人也是社会动物，我们需要他人才得以生存，但我们也想要以个人之姿而活。

在内部（在一段关系中），冲突总是在**联系与自主的辩证**（connection-autonomy dialectic）中表现出来。我们想和对方拉近距离，但又想寻求独立。关系成功的基础，在于一个人有能力平衡好联系和自主这两个彼此矛盾的要素。我们常见的分手理由总是归结于伴侣无法满足彼此对于联系的需求："我们几乎没有在一起的时间""我的伴侣对这段关系并不投入"。另一些抱怨则表明对联系的过度需求也会带来分裂："我感觉被困住了""我需要自由"。研究表明，在异性恋的恋爱关系中，男性通常想要较多的自主权，而女性通常想要更多的联系和承诺。

智能手机可能会给一段关系造成联系与自主的困境。白天在手机上的频繁互动能让人在恋爱中建立亲密关系。然而太多的短信和电话会让人感到烦恼甚至窒息，这是许多夫妻冲突的来源。这时就需要双方协商出一些"规则"，比如"请不要在工作时间给我发短信"或是"演出结束后我再回复你"。本节的"研究焦点"专题进一步讨论了手机如何成为辩证的张力的一部分，这些张力也会出现在非恋爱关系中。也许你的朋友和家人同样希望你能及时通过手机回复，而你恰恰又需要一些个人空间。这提醒我们，在亲密关系中辩证的张力处处存在。实际上，第10章将会探讨联系与自主在家庭沟通中是如何成为中心辩证法的。

整合与分离辩证的张力也存在于外部。在**包容与孤立的辩证**（inclusion-seclusion dialectic）中，关系双方努力在渴望参与"外在世界"和"过自己的生活"的两种欲望间达成平衡。例如，当忙碌的一周结束时，这对情侣是会接受参加派对的邀请（从而牺牲了和彼此共度

◀ 即使是在最亲密的关系中，我们也在寻求自主和联系。你是如何成功平衡整合和分离的？你如何更好地应对这些紧张局面？

美好时光的机会），还是会拒绝邀请（并冒着和重要朋友失去联系的风险）？一个关系紧密的核心家庭是选择一起度假（而不是去拜访亲戚），还是会参加家庭聚会（失去能够享受没人打扰的二人世界）？当包容与孤立的张力高涨时，新婚夫妇如何与公公婆婆协商时间安排？这些都是亲密关系中需要回答的问题。

稳定与改变

稳定与改变的辩证（stability-change dialectic）承认，稳定是人际关系中的一个重要需求，但是过度稳定可能会导致厌倦。**循例与新奇的辩证**（predictability-novelty dialectic）描述了这在一段关系中是如何运作的。虽然没有人想要一个完全无法预测的伴侣（"你不是我要结婚的对象！"），但喜剧作家戴夫·巴里（Dave Barry）略微夸张地描述了夫妻之间太了解对方后所带来的无趣：

> 结婚大概10年后，你对你的配偶了如指掌，每一种习惯和意见，抖动和抽搐，细微的皮肤变化。你可以写下一本重达17磅的书，内容只是讲述你配偶的饮食习惯。这种亲密的熟悉程度在某些情况下非常实用，比如在你看电视问答节目时，可以通过配偶的咀嚼声来辨识他所在的方向，但这往往会导致关系的激情水平降低。

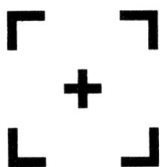

研究焦点

手机使用的对立统一

当你与恋爱对象相处时，你应该专心关注对方，还是继续使用手机社交？你对对方使用手机的习惯是否有发言权？你是否接受对方在你的允许下查看你的手机？

研究人员艾梅·米勒－奥特（Aimee Miller-Ott）和李恩·凯利（Lynee Kelly）认为，这种辩证冲突是正常的。他们邀请恋爱中的大学生开展单独的小组讨论。参与者需谈论关于在约会伴侣面前使用手机的情况。报告中出现了两组辩证的冲突关系。

第一组冲突关系是社交与恋爱冲突（类似于包容与孤立的辩证关系）。一方面，伴侣在约会时仍然想保持社交（"你不能因为你和某人在一起，就不继续和朋友聊天了"）。另一方面，收好手机是一种对伴侣表达爱的行为，因为"你试图向对方传达：你对我很重要，我想把我的时间都给你"。

第二组冲突关系是控制与自由冲突（类似于联系与自主的辩证关系）。参与者坦白，他们经常想控制自己和伴侣使用手机的习惯，但时常感到失控。这样做还会违背对方的自主权："我不想别人告诉我，我能做什么，我不能做什么。"

参与者说，这些冲突关系正是其恋爱关系中矛盾的来源。然而想要解决这些冲突并不容易。或许后设沟通（见第325页）——交流双方对手机使用问题的想法，能有助于彼此协商，缓和双方想法的冲突。

在外部层面，**传统与独特的辩证**（conventionality-uniqueness dialectic）发现在一段关系中，人们面临满足他人需求和诚实面对自己之间的矛盾。一方面，稳定的行为模式确实会让别人更容易做出"幸福的家庭"或"可靠的组织"的评断。但是这些笼统的褒奖可能会让关系中的人感到窒息，因为有时他们也想打破别人对自己的期待。例如，当冲突出现时，夫妻需要跳脱出刻板印象来行事，长久扮演"幸福家庭"或"完美夫妻"这样的角色反而会成为一种精神负担。

美剧《生活残骸》的女主角艾米·汤森（Amy Townsend）从小就被父亲教导："只爱一个人根本不现实。"她一直将此奉为圭臬，并在众多浪漫邂逅中亲身践行。她工作表现突出，夜生活多姿多彩，但她在维系亲密关系方面简直一窍不通。

尽管如此，她最终还是与外科医生亚伦·科纳斯（Aaron Conners）坠入爱河。这无疑是一部爱情喜剧，更颠覆了传统的刻板印象：这次是女主角，而非男主角，无法收心专注于一段感情。故事的最后，汤森学会了在关系辩证法的自主性与联结性、新鲜感与可预测性这两个方面取得平衡——并以此来防止双方关系破裂。

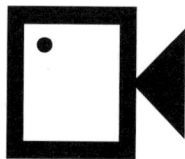

电影电视

寻觅联系：
《生活残骸》

表述与隐私

自我表露是人际关系的特征之一。然而，如同渴望亲密关系一样，我们在自己和他人之间，同样希望能保持一点距离。这种有时相互冲突的驱动就产生了**表述与隐私的辩证**（expression-privacy dialectic）。

表述和隐私之间的内在斗争体现在**公开与封闭的辩证**（openness-closedness dialectic）关系中。在一段亲密关系中，当你在乎的人问了一个你不想回答的重要问题时，你会怎么做？"你觉得我有魅力吗""你玩得开心吗""你觉得我有什么问题"。你对这段关系的承诺可能迫使你更倾向于说出实话，但是你考虑到对方的感受和对于隐私的渴望，又可能会让你变得不那么坦诚。很多人会说"我和我最好的朋友之间没有秘密"或"我和我的爱人无话不谈"，这很可能都是夸大其词。聪明的沟通者会有选择地和所爱之人分享内容，有时（但并非总是）是为了替对方着想。

相同的冲突会以外在的方式作用在**表露与隐藏的辩证**（revelation-concealment dialectic）关系中。如果你有一位长期处不来的同事，你会怎样回答老板的问题："最近工作上都好吗？"你会诚实地告诉老板，还是把分歧藏在心里？如果你的家庭财务出了状况，但你的朋友正巧向你借钱，你会告诉他真实情况还是保持沉默？如果你是同性恋，但你不确定你的关系是否会得到他人的祝福，你会如何以及何时将这些信息"公开"？上述所有问题都说明了表露和隐藏之间的张力。随着社交媒体的发展，隐私的边界更加难以管理，这些挑战也与日俱增，我们将在第10章更详细地了解隐私管理。

管理辩证的张力的策略

管理这些辩证的张力会很有挑战，但研究人员确定了一些沟通策略来应对这些挑战，其中大多数策略都是无意识的。当你读到它们的时候，可以想想你都用过哪几种，它们的效果如何。

在面临需求上的冲突时，一些人会选择**否认**（denial），假装冲突并不存在。例如，一对陷入"稳定与改变"冲突的伴侣可能会发现，他们为了避免冲突而选择了遵循可预测的方式行事。但这种办法并不是特别有效。**妥协**（compromising）是另一种不太有效的策略。例如，一对陷入"循例与新奇"冲突的伴侣试图寻找一种新的生活方式，既不能太守旧，也不能太具有创意，可想而知结果一定不尽如人意。

另一种策略（通常是无意识的）试图缓和紧张局势。沟通者可能会**交替**（alternate），有时选择辩证谱系中的一端，另一些时候会选择另一端。例如，朋友有时候会花大量的时间相处，其他时候则分别过着独立的生活，来处理联系与自主的辩证。又或者他们会在关系中的不同领域进行**划分**（compartmentalize）。例如，伴侣可能会通过分享他们对共同好友的感受，但对彼此的过往情史保密，来处理公开与封闭的辩证关系。

更有效的策略是**接受**（accept），甚至接受完全相反的需求。芭芭拉·蒙哥马利（Barbara Montgomery）描述了一对接受彼此对于循例和新奇需求的夫妻，提出"可以预期的新奇"方法——每一周，这对夫妻会做一件他们以前没有做过的事。相同地，道恩·布雷斯韦特（Dawn Braithwaite）和她的同事发现重组家庭总是能用"旧家庭"和"新家庭"的不同仪式来处理这种新旧冲突。

再造（reframing）是另一种处理不同需求的建设性策略。试想一对伴侣因为不愿分享过往而感到受伤，他们将这部分不愿分享的内容再造为颇具吸引力的神秘感。相比"对过往经历闭口不谈"，他们会觉得"这些秘密让事情变得神秘和令人兴奋"。对隐私的探究可能仍然存在，但开放的需求不再要求他们一一坦白自己过往的方方面面。

最后，我们需要**重申**（reaffirm）辩证的张力总是存在。相比赶走这种张力，沟通者不如接受甚至拥抱这种挑战。这个将关系视为过山车的比喻就反映了这个策略，重申辩证的张力的存在是过山车紧张旅程的一部分。

9.3 人际关系中的沟通

到目前为止，我们清楚人际关系是复杂的、动态的和重要的。在本节中，我们将探讨改善关系的沟通方法。我们从第 1 章中讨论的人际沟通的一个重要原则开始：每一条信息都有内容向度和关系向度。

▌内容与关系信息

大部分信息的组成元素中，最明显的元素要数"内容"了。好比"这次轮到你洗碗了"或是"我周六晚上很忙"，这些句子的内容都是显而易见的。然而，几乎所有的信息，无论是语言的还是非语言的，都有第二层含义，也就是关系向度，它将沟通者对彼此的感觉表述出来。这类关系信息处理的是人们的社交需求：亲密、情感、尊重和控制。我们不妨思考一下刚刚提过的两个例子：

- 用一句话，试着想象两种表达方式，以"这次轮到你洗碗了"为例：一种是命令式的，另一种则是就事论事式的。然后注意在这两种表达方式中，关于信息发送者对关系中控制权的看法，是如何通过不同的非语言信息表达出来的。命令式口吻听起来像是"我有权利告诉你，在这栋房子里你应该做什么"。而就事论事的语调听起来可能像"我只是提醒你，你可能忽略了某件事"！
- 你也可以设想两种"我周六晚上很忙"的表达方式：一种是几乎不带任何情感，另一种则是充满好感的。

大多数时候，我们不会意识到每天不断轰炸我们的那些关系信息。有时候我们没察觉到，是因为它们符合人类对控制、好感及情感程度的判断。例如，当上司指派你去做某件必要的工作时，你不会觉得被冒犯，因为你同意上司拥有指使下属的权力。但是，如果你的上司用侮辱、嘲讽或谩骂的口吻传达命令，你大概就会觉得很不舒服了。这种不舒服恐怕不是来自命令本身，而是来自上司传达命令的方式。"我可以为这家公司工作"，你可能会想，"但我不想被当成奴隶或笨蛋，我希望被当成一个人对待！"

关系信息是如何沟通的？正如我们所举过的上司与下属的例子，他们通常进行非语言沟通，往往包括语气。为了测试这个事实，你可以想象一下，当别人用下列不同的沟通方式说"可不可以请你帮我一下"时，你会有什么反应？

优越的、冷漠的

无助的、性感的

友善的、恼怒的

虽然非语言行为是关系信息的一个重要来源，但它们的含义十分模糊。比如你说话的语气很尖锐，这可能是由于你太疲惫；你以为被人插嘴打断是他故意忽视你，其实可能只是对方有感到压力，与你毫无关系。在你通过关系线索直接得出结论前，最好先试着和其他人确认自己想法的正确性："当你打断我时，你似乎很生我的气，是吗？"

并非所有的关系信息都是非语言的，社会科学家使用**后设沟通**（metacommunication）这个术语来描述与其他信息相关的信息。换句话说，后设沟通是关于沟通的沟通。无论何时，只要我们与他人讨论关系，我们就是在进行后设沟通，例如"我希望我们能减少争执"或是"我很感激你愿意对我坦白"。

尽管后设沟通很重要，但它并不是许多关系的共同特征。事实上，即使在许多亲密关系中，沟通者似乎也会对此有所厌恶。当90位受访者被问到他们人际关系中的禁忌话题时，最常见到的话题就涉及后设沟通。例如，人们不太愿意谈论他们当前的关系状态和他们在一起生活时的管理规范（"规则"）。然而，有时你必须谈论你和另一人之间所发生的事，研究表明，后设沟通对于关系维护和修复起着至关重要的作用。

一个相关的概念是研究者所说的关系工作。后设沟通特别关注关系问题。对于浪漫的夫妻来说，这可能涉及财务、姻亲或关系决策的方式。有时伴侣会直接讨论这些问题。其他时候，他们会向朋友倾诉他们的问题。毫无疑问，与关系以外的人讨论这段关系，却将伴侣排除在外，这对关系是有害的。但好的一面是那些共同从事关系工作的夫妻关系更幸福、更长久。这一原则不仅适用于恋爱关系，也可以处理人际关系中的挑战，改善与朋友、家人和同事的关系。第11章将进一步探讨沟通和冲突管理。

▍维护与支持关系

就像花园需要照料，汽车需要检修，身体需要锻炼一样，人际关系也需要不断维护。遇到紧要关头，我们依靠自身的人际关系来提供所需的支持。

关系维护

如前所述，关系维护可以定义为保持关系平稳地、令人满意地运转。什么样的沟通有助于维护关系呢？研究人员指出了五种可以让伴侣保持关系满意的策略：

- **积极性**（positivity）：保持礼貌和积极向上的氛围，避免批评。
- **开放性**（openness）：直接谈论关系的本质，坦承你的个人需求和担忧，包括后设沟通和关系工作。

- **保证**（assurance）：用语言和非语言的方式让对方知道他对你来说是重要的，并且展现你是忠诚的。
- **社交网络**（social networks）：关注彼此的朋友、家人和亲人。
- **共享任务**（sharing task）：帮助彼此打理生活琐事和承担义务。

　　这些维护策略不只适用于恋爱关系。一项研究分析了大学生的电子邮件，试图找出他们维护关系的方法。结果显示，在与朋友和家人沟通时，有两个策略最常用：开放性（"最近我身上发生了太多疯狂的事"）和社交网络（"你和山姆还好吗？希望一切平安"）。而对恋人来说，保证（"发这封简短的邮件，只是为了跟你说我爱你"）则是最常使用的维护工具。

沟通能力评估：关系的维护

　　请先在心中选择一个特定的人物对象，阅读下列 14 个描述。请用数字 1～7 对描述的同意程度进行打分，1 ＝"完全不同意"，7 ＝"完全同意"。

序号	状况描述	评分
1	对我采取积极的态度	1 2 3 4 5 6 7
2	理解我	1 2 3 4 5 6 7
3	谈论他的感受	1 2 3 4 5 6 7
4	讨论我们关系的质量	1 2 3 4 5 6 7
5	谈论我们对未来的计划	1 2 3 4 5 6 7
6	让我们的朋友参与我们的活动	1 2 3 4 5 6 7
7	承担我们共同面临的责任	1 2 3 4 5 6 7
8	我们在一起时很乐观	1 2 3 4 5 6 7
9	原谅我	1 2 3 4 5 6 7
10	坦率地表达自己的感受	1 2 3 4 5 6 7
11	告诉我他对这段关系的感觉	1 2 3 4 5 6 7
12	亲口告诉我，我对他有多重要	1 2 3 4 5 6 7
13	和我们的朋友一起做事	1 2 3 4 5 6 7
14	帮助我完成需要完成的任务	1 2 3 4 5 6 7

相关评分结果，请参阅第 335～336 页。

社交媒体在维护关系中扮演着重要角色，诸如脸书、推特和照片墙等社交网站让沟通者能通过状态更新来保持彼此的联系。当然，正如第326页漫画所讽刺的那样，过度频繁的更新会导致人们在面对面沟通时面临无话可说的风险。电子邮件也能帮上忙，不过对于更亲密的话题，打电话更有价值。即使是每天在阅后即焚应用中的互动也能帮助维护关系。一项研究发现，无论其维护的是哪一种关系，女性都会比男性更频繁地使用社交媒体来进行关系维护。这与另一项研究结果一致，即比起男性和他们的男性朋友，女性和她们的女性朋友彼此期待和接收了更多维持沟通信息。

社交媒体对于克服远距离的挑战尤其有用。远距离关系现在很普遍，有了社交媒体的协助，远距离跟近距离的关系一样稳定，甚至更稳定。不仅针对恋爱关系和家庭关系，对朋友关系来说也一样，关键是对关系维护的承诺。在一项研究中，女大学生表示开放性和共同解决问题是维持异地恋关系的决定性策略。在另一项研究中，男性和女性都指出开放性（自我表露）是维系他们远距离关系最重要的因素。他们承认共享任务和提供实际帮助很重要，但在远距离关系中是不太可行的选项（"如果我可以，我会帮助你，但是我在几千米之外"）。我们在第10章将会讨论更多有关亲密关系的维护策略。

社会支持

关系维护的重点是如何保持一段关系的和谐发展，而**社会支持**（social support）的重点是指在困难时期通过提供情感上、信息上或者工具性的资源来帮助他人。社会支持一直与心理和生理健康息息相关，可以通过多种方式提供：

- **情感性支持**（emotional support）：当一个人感到压力、受伤或悲痛的时候，没有什么比所爱之人带着同理心倾听并用关爱的方式做出回应更有帮助了。第7章（第247~250页）的"支持"描述我们在回应别人的情感需求时，能做什么不能做什么。你所传达的信息要以人为中心，这点很重要。也就是说，要注意说话者的情绪（"这对你来说一定很难受"），而不是忽视那些感受（"又不是世界末日"），或是转移注意力（"别担心了，明天又是新的一天"）。

- **信息性支持**（informational support）：我们生活中的人是重要的信息来源。他们可以为我们提供购物的建议、对人际关系的看法，以及对于我们盲点的洞察。当然，请记住当人们有需求时，建议是最有可能被视为支持的。

- **工具性支持**（instrumental support）：有时候，最好的支持就是卷起袖子，为你关心的人完成一项任务或者提供一个帮助。这可以很简单，比如送对方到机场，或是在对方生病期间给予照顾。我们常常指望所爱的人能在我们需要的时候提供帮助，而工具性支持也是一段亲密友谊的主要标志（"患难见真情"）。

有时候，仅仅是单纯地与人互动就能提供社会支持。一项研究发现，在手术后与朋友发短信的患者所需要的止痛药比没有与朋友互动的患者少。这不仅仅是注意力分散的问题，因为玩电子游戏并不会对患者有同样的止痛效果。研究人员认为，即使是通过短信进行人际互动，也能提供社会支持并缓解疼痛。当有人受伤时，简单地与其交流，就是一种帮助。

在网络上也能得到社会支持，通常来自那些你可能从未谋面的人。事实上，有大约 20% 的互联网用户会上网寻找有类似健康问题的人。当被问到原因时，常见的答复是他们觉得与境况相似的人交谈更自在，而他们并没有多少正式联系，尤其当健康问题让他们感到尴尬或背负耻辱时。例如，有些博客会为病态的肥胖症患者提供他们所需要的社会支持。这些网站就变成了互动社区，境况相似的人可以分享他们的挣扎，相互提供正面的反馈。一位博主就曾这么说："当我一周都过得很糟时，我最想做的就是提笔写下心情，并发布到博客上。我的读者总是充满了好的建议、评论和支持。"

修复受损的关系

即使是最令人满意和稳定的关系迟早也会遇到坎坷。有些问题来自外在的压力，如工作、财务、竞争关系，等等；有时候问题来自关系内部的差异和意见分歧。在第 11 章，我们提供了处理这些挑战的指导原则。关系的第三种问题来自**关系越界**（relational transgressions）行为，即当一方明显或隐蔽地违反关系默契时，以某种重要的方式让另一方失望。

当员工犯的错误影响到他人时，往往需要对他们之间的关系进行修复。斯坦福大学的艾玛·塞帕拉（Emma Seppala）认为，在面对员工和同事的错误时，我们往往是同情多过严厉。

塞帕拉引用其他研究证明，出现问题时，大发雷霆的做法会降低员工的忠诚度。再者，当员工在胆战心惊和焦虑的氛围中工作时，创造力和生产力都会一落千丈。相比之下，展现出同情心有利于建立人际关系，还能加强团队协作。但这并不表示，我们应当对他人犯下的错误视而不见，而只是说明，面对问题和需要修复的伤害时，解决方法有好坏之分。

以下是塞帕拉对如何处理职场中违规行为的建议。尽管下列建议是针对管理者的，但它们对任何工作关系都适用。

1. 多花点时间。对他人的错误轻率地反应，可能会在人际关系中留下裂痕。后退一步，多花点时间反思，你能做出更深思熟虑的行动。
2. 换位思考。牢记你在工作中犯错时的感受，然后在他人犯错时，尝试与犯错者共情。这一点在新老员工共事时尤为重要。
3. 宽容。有风度地对待犯错者，这是个双赢的举动。一位领导描述道："不是说我放过了他们，而是在他们意识到自己犯了错误时，我选了一种具有同情心的回应。这不仅不会击溃他们，还能让他们学到教训，并对你的宽容心怀感激，甚至为此愿意改进自己的工作。"

关系越界的种类

表 9-2 列出了一些关系越界的类型。这些越界行为可以分为不同的类别，我们现在对其进行具体描述。

轻微的与严重的：表 9-2 中描述的有些行为并不一定会造成越界，有时候少量做一点甚至有助于关系。例如，有点距离反而可以让心更加紧密，一点点的嫉妒可以是爱的象征，一点点的愤怒或许可以化解一场盛怒。但是，如果大量且经常为之，这些行为就会变成严重的越界行为，进而破坏人际关系。当越界的严重程度很高，而接收者的沟通能力较低时，思维反刍会增加，关系的亲密度会降低。

社会的与关系的：有些越界行为违反了整个社会共有的社会规则。例如，几乎所有人都同意在公开场合嘲笑或羞辱朋友、家人的行为违反了保全他人面子的基本社会规则。其他规则本质上是关系中的规则，即由关系中的双方共同建构出来的独特规则。比如，有些家庭有这样的规则："如果我晚一点到家，我会告诉你，所以你不用担心。"一旦这种规则存在，不去遵守就会被视为越界，虽然外人可能并不会这么认为。

故意的与无意的：有些越界行为是无意的，你可能会透露一些朋友的过去，但没想到会让朋友尴尬。而有些越界行为却是故意的，你在愤怒的时候可能会故意用残酷的言论攻击对方，因为你知道这样做会伤害对方。

偶发的与续增的：最明显的越界行为发生在某次单一事件中，一次背叛行为、一次语言攻击或愤然离开。随着时间的推移，更微妙的越界行为也会发生。比如情绪退缩，人们有时会退缩回到自己的舒适圈，而我们通常也会给彼此空间。但是如果这种退缩慢慢变成一种惯性，就违背了大多数关系的基本规则：伴侣应该彼此陪伴。

表9-2　关系越界的类型

类别	例子
缺乏承诺	没能履行重要的义务（例如：与财产、情感、任务相关） 自私的不诚实行为 不忠诚
距离	身体分离（超出必要范围） 心理分离（回避、忽视）
不尊重	批评（尤其在第三人面前）
引发问题的情绪	嫉妒 不合理地怀疑 愤怒
攻击	言语伤害 身体暴力

关系修复的策略

研究证实了一个常识性的观念：修复越界行为的第一步是讨论越界行为。在第 5 章中，我们讨论了当你被误会时，如何传达清晰、肯定的"我"字用语技巧（"昨晚，你当着大家的面对我吼叫时，我真的很尴尬"），无论是描述越界行为的结果还是要求道歉，都很适用。

有些情况下，你可能要对越界行为负责并想要主动讨论，"我做了什么让你觉得如此受伤""为什么我的做法会对你造成困扰"。提出诸如此类的问题，并且不带防卫地倾听对方的答案，可能会颇具挑战。所以在第 7 章中，我们提供了倾听的指南；在第 11 章中，我们提供了如何处理批评的方法。

有些越界行为毫不意外会比较难以修复。一项关于约会对象的研究发现，肉体不忠和主动提出分手是两种最不能被原谅的冒犯。越界行为的严重性和出现越界行为之前关系的相对强度，是能否获得原谅的两个最重要因素。

要想修复一段严重受损的关系，最好的机会就是道歉。《最后一课》（the Last Lecture）的作者兰迪·波许（Randy Pausch）写道："如果你在与别人相处时做错了事情，这就好像你们的关系受到了感染。好的道歉就像抗生素，不好的道歉就像在伤口上撒盐。"有些道歉并不真诚。以下是人们在道歉时最看重的三件事，按重要性排序：

1. 承担错误："这是我的错，我表现得像个自私的浑蛋。"
2. 提供补偿："我会弥补我所做的，把事情做对。"
3. 表达悔意："我真的很抱歉，很抱歉让你失望了。"

即使你的道歉很真诚，想立即获得原谅也是不切实际的。有时候，尤其是严重的越界行为发生后，表达悔意并承诺改善需要一段时间来证明，才能让对方感到真诚，愿意接受你的道歉。

考虑到道歉所面临的挑战和可能带来的羞辱，这样的努力值得吗？研究表明：是的！一项研究的参与者一致认为，他们没有道歉的行为比道歉的行为更让他们后悔。如果你冒犯了别人，最好现在就去道歉，而不是后悔自己当初为什么没有行动。

原谅越界行为

你可能认为原谅是神学家和哲学家才会讨论的话题，然而，社会科学家发现原谅他人对个人和关系都有益处。在个人层面上，研究已经证实原谅他人可以减少情绪困扰和攻击行为，还能够改善心血管功能。在人际关系层面，对爱人、朋友和家人给予原谅的行为有助于修复受损的关系。许多研究表明，被原谅的越界者比没有获得原谅的人较少重复自己的错误。

即使对方已经给出诚恳的道歉，你仍然会觉得原谅他人很困难。研究指出，提高原谅能力的方法之一，就是回想过去你曾经冒犯或伤害他人的时候，换句话说，你要记得你也曾经伤害过别人并寻求他们的原谅。考虑到被原谅攸关我们自身的利益，我们可以好好记住理查德·沃尔特斯（Richard Walters）的这段话，他认为原谅是一种需要勇气和持续行动意志的选择："当我们被伤害时，我们有两种选择：被仇恨摧毁或选择原谅。仇恨带来死亡，原谅带来治愈和重生。"

自我检查

▼

▶ 学习目标

9.1 认识建立人际关系的各种原因

与他人建立关系的原因包括：外貌（生理吸引力）、相似性、互补性、报酬、能力、接近性和表露。

问题： 本章所列的因素中，对你来说哪些是最重要的人际关系的基础？

▶ 学习目标

9.2 描述人际关系中通常会经历的阶段和辩证张力

一些理论学家认为，人际关系可能会经历发展和恶化多达十个的阶段：初始、试验、强化、整合、结合、分化、各自、停滞、逃避和结束。

另外，还有以辩证的张力来描述人际沟通的演变模式：相互对立，和双方永远不能兼容的需求。这些辩证的张力包括整合与分离、稳定与变化以及表达与隐私。

问题一： 追踪你自身的一段重要的亲密关系。它目前处在哪个阶段？它将向哪个方向发展？

问题二： 描述关系辩证法如何在你最重要的关系中影响沟通，哪些策略对处理这些冲突关系最有效。

▶ 学习目标

9.3 辨别沟通者用来维护和改善人际关系的技能

关系取向的信息有时会经由语言的后设沟通公开地表达出来；然而，更多时候它们是以非语言的形式进行传达。

人际关系需要维护才能保持健康，同伴之间应以积极、开放的方式进行沟通，包括保证、给予承诺和表达对关系的重视程度。此外，还应加入对方的社交网络，并共同分担任务。再者，还能通过交流感情、交换信息和交换工具性资源，为同伴提供社会支持。

一些关系会随着时间的推移而淡去，另一些关系则因关系越界而受到伤害。道歉和原谅是修复受损关系的重要策略。

问题： 在你最重要的亲密关系中，在多大程度上使用了本章描述的积极开放的沟通方式？思考你在这段关系中是否犯下了越界行为。如果有，你认为有必要修复这些过失吗？你能如何实践本章提到的策略？

实践活动

▼

1. 针对人际关系开展一个调查。借助第303~309页的内容，询问你的调查对象，他们开始、保持和结束一段人际关系的最重要的原因。在班级里展示你的调查结果。与同学一起，将这些原因按照出现次数多少进行排序。

2. 与你的同学谈论你们在亲密关系中践行的辩证冲突关系，并进行讨论，你们处理这些冲突关系的策略是什么？重点关注这些策略是如何通过沟通表达出来的。最后，讨论这种策略在提高关系中的幸福度和满意度方面能起多大作用。

3. 在当前或过去的亲密关系中，确定一个重要的关系层面（正面的或负面的）。向你的同学描述，你是如何，或本该如何，通过元沟通表达你的想法和感受的。

4. 协助你的同学，（匿名地）写下你曾经在关系中犯下的过失。描述你是如何，或本该如何进行沟通，来修复这段关系。

▶ 沟通能力评估（第327页）

- 请将第1、8题的分数相加，该项总分代表你对同伴在维护关系中对积极的使用程度评估。
- 请将第2、9题的分数相加，该项总分代表你对同伴在维护关系中对理解的使用程度评估。
- 请将第3、10题的分数相加，该项总分代表你对同伴在维护关系中对自我表露的使用程度评估。
- 请将第4、11题的分数相加，该项总分代表你对同伴在维护关系中对关系讨论的使用程度评估。

- 请将第 5、12 题的分数相加，该项总分代表你对同伴在维护
  关系中对承诺的使用程度评估。
- 请将第 6、13 题的分数相加，该项总分代表你对同伴在维护
  关系中对网络的使用程度评估。
- 请将第 7、14 题的分数相加，该项总分代表你对同伴在维护
  关系中对任务的使用程度评估。

你认为你的同伴哪种关系维护行为最多，哪种最少？以上七种维护行为是独立的，因此，可判定一个人没有、有一种、同时有两种，甚至是同时有七种行为。一项相关研究表明，与男性相比，女性会使用更多的关系维护行为。哪一种行为对你来说最为重要？

第**10**章

亲密关系中的沟通：|
朋友、家人和爱人

学习目标

- 10.1 分辨不同类型的友谊，了解沟通对维护友谊的作用
- 10.2 描述沟通是如何建立和维持家庭关系的
- 10.3 描述在感情关系中是如何表达爱的

专题研究

- 研究焦点　密友：聚在一起
- 在工作中　与同事的社交媒体关系
- 电影电视　自发结成的家庭：《海底总动员 2：多莉去哪儿》
- 沟通能力评估　你的家庭沟通模式
- 研究焦点　父母向长大成人的孩子进行表露
- 电影电视　也许我愿意，也许我不愿意：《一见面就结婚》
- 伦理挑战　云出轨：网络时代的精神出轨

对你来说，什么关系是最重要的？当研究人员向数百名大学生提出这个问题时，得到的答案五花八门。47%的人回答是爱情，36%的人选择了友谊，剩下的大多数人（14%）则提到了家庭成员。这些别具意义的关系不仅是我们需要的，还是至关重要的。研究表明，无论在哪个年龄段或哪种文化中，亲密关系都可能是生活满意度和情绪幸福感最重要的来源。

　　在第9章关系准则的基础上，这一章我们会探讨三种类型的亲密关系：朋友、家人和爱人。这三种关系并不是互相排斥的。例如，你可能有一个朋友，他就像你的家人一样；又或者你的兄弟姐妹是你最亲密的知己之一；你的另一半可能同时是你的爱人、朋友和家人。人类学家罗宾·邓巴（Robin Dunbar）指出，一个人最多只能同时和五个人保持亲密关系。这五个人可能结合了我们前面提到的三种关系（可以花点时间找出你人生中最亲密的关系，看看是不是这样）。

　　虽然可能存在重叠，但本章会将这三种亲密关系视为不同的类型，并将分析每一种类型的独特特征。我们先从友谊开始讲起。

10.1 朋友间的沟通

　　在搜索引擎中输入"友谊"，再加上"歌曲""电影""电视节目"这些词语。你会发现流行文化中充满了朋友和友谊的内容。事实上，你不用上网搜索，就能想到一些为友谊而创作的艺术作品。我们会描绘和庆祝这种特别的关系，是因为友谊对人类而言至关重要。

　　但"朋友"到底是什么？学者们对友谊给出了许多定义。其中，大多定义都包含了这样的观点：友谊是一种自愿提供社会支持的关系。对我们而言最重要的是，友谊是通过沟通来创建、管理和维系的。不同类型的友谊涉及不同程度的沟通，我们接下来将会深入探讨。

◀ 沟通是建立和维持友谊最重要的工具。你是否满意自己与现在和未来的朋友沟通的能力？

▍友谊的种类

　　在进一步阅读之前，请你从不同的生活环境中找出三位朋友，也许是一位老邻居、某位同事或是你的闺密。将这三位朋友记在心上，配合接下来读到的每一种友谊维度。这些分类将会帮助你了解友谊的差异，而沟通的模式也会因友谊类型的不同而有所改变。

短期与长期

朋友们因为各种各样的原因在我们的生活中进进出出。有些友谊可以持续好几年甚至一辈子，而有些则可能因为生活变化（如高中毕业、搬家或换工作）渐行渐远或结束。虽然现代科技的进步已经降低了友谊因远距离搬迁而结束的可能，但有些友谊在缺少面对面接触的情况下，仍会面临着动摇和失败。短期友谊的另一个原因可能是某一方（或双方）价值观的改变。也许你曾经很享受和一群朋友参加派对和夜生活，但是当你成熟到过了某个阶段，你们互相之间的吸引力就会减弱。花些时间回想你之前确定的那三位朋友，他们在短期和长期的连续关系中处于什么位置（接下来的每一个分类，你都可以进行相同的比较）。

任务导向与维护导向

有时我们会因为共同的活动而选择朋友：垒球联赛里的队友、同事或影迷协会的会员。这类友谊主要围绕某些特定的活动展开，因而被认为是以任务为导向的。相比之下，以维护为导向的友谊则建立在共同的兴趣和社会支持的基础上，独立于共同参与的活动。当然，这样的分类可能发生重叠：有些友谊既建立在双方共同参与的活动上，也建立在情感支持上。

低度表露与高度表露

你会告诉朋友多少关于自己的事情？毫无疑问，你表露的程度会因不同的朋友而有所差异。某些朋友只知道你的一般信息，而有些朋友则知道你最私人的秘密。我们在第3章介绍的社会渗透的样本模型（第97页）可以帮助你探究自己在面对不同朋友时，进行表露的广度和深度。

低义务与高义务

有一些朋友，我们愿意为他们做任何事——没有什么要求是过分的。而对另一些朋友，我们的义务感就没有这么强烈，不论是就做事的范围还是做事的速度来说，都不能相提并论。我们最亲密的朋友在请求我们帮助时，或急需我们回电话甚至是深夜的请求，通常都会得到快速的响应（第341页的"研究焦点"阐明了好友的义务）。

虽然友谊是一种相当重要的人际关系，但与此有关的研究为数不多，研究样本也极为有限而狭窄。布莱恩·吉莱斯皮（Brian Gillespie）带领研究团队与一家大型新闻网站合作，就密友这一主题询问了超过 2.5 万名性别、年龄、身份各异的受访者。

研究者希望其调查问卷能同时包含友谊的两大组成部分：表达（谈话）与实施（做事）。他们要求受访者给出：自己能和几位朋友讨论性生活；有几位朋友会为自己庆祝生日；如果深夜遇到麻烦，自己能向几位朋友发信息或打电话求助。测试的部分结果如下：

- 几乎每位受访者都有至少一位同时满足以上所有要求的好友。平均每位受访者有 4 位能讨论性生活的朋友，以及 5~6 位会为自己庆祝生日或是深夜求助时能伸出援手的朋友。
- 受访者的同性朋友数目多于异性朋友。但令人惊讶的是，在如何对待友谊的问题上，男性与女性受访者并无差异。
- 相比已婚、已育、年长的受访者而言，未婚、未育的年轻人拥有更多好友。
- 超过 70% 的受访者称，自己对好友颇为满意——受访者的友情越圆满，其对生活整体而言就越满意。
- 此外还有一项发现：对朋友而言，质胜于量。研究者指出："最重要的不是一个人有多少朋友，而是他在友谊中收获了多少幸福。"

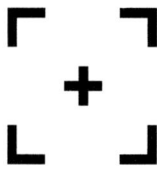

不常接触与频繁接触

你可能和一些朋友保持密切联系，一起锻炼、旅游、参加社交活动，还要每天打网络电话。在另一些友谊关系里则不会这么频繁接触，可能只是偶尔才打个电话、发个短信和邮件。当然，接触不频繁并不意味着表露和义务感的程度也低。许多亲密的朋友可能一年只见一次面，但他们会在分享信息的广度和深度上弥补回来。

读到这里，你会发现沟通的性质会随着友谊的不同而改变。此外，两个朋友之间的沟通也会随着时间的推移而改变。像是点头之交的友谊也可能会有突如其来的表露；频繁接触的友谊也可能沟通次数急剧减少；低义务感的友谊也能发展出更强的承诺，反之亦然。在接下来的内容中，你将会读到实际生活中常见的几乎所有类型的良好友谊。但现在，重要的是要认识到友谊的多样性是一件好事。

▎友谊、性别与沟通

不是所有的友谊都生而平等。除了前文所描述的差异，性别在我们与朋友的沟通中也扮演着重要角色。

同性友谊

回忆你交到的第一位朋友。如果你和多数人一样，那个人很有可能和你同性。许多人在家庭以外的第一段亲密关系就是与同性朋友。许多成年人会维持亲密的同性友谊。事实上，大多数你称为"朋友"（任何类型）的人都可能是同性别的（我们会在后续的章节内容中探讨例外情况）。在流行用语中，女性通常把最好的朋友称为"闺密"，而男性之间亲密但不具有性吸引力的友谊被称为"哥们儿"。

关于同性友谊的早期研究表明，女性主要通过相互间的自我表露来建立友谊，而男性则可能通过共享的活动而不是交谈来建立亲密关系。研究友谊的学者杰弗里·格雷夫（Geoffrey Greif）这样描述男性友谊："男人聚在一起，肩并肩一起做事，而女性则更重视面对面的关系。"最近的研究发现，女性通常是通过一对一的沟通发展友谊，而男性则倾向于在群体中建立友谊。

总的来说，当代对同性友谊的研究表明，早期研究可能夸大了性别差异在友谊中的作用，或者是因为社会规范出现了变化。本章的"研究焦点"中提到的大规模调查问卷显示，男性和女性报告的亲密朋友数量几乎没有差异，两者的沟通方式也没有什么不同。这些研究证实，男性和女性都很重视同性友谊，因为它既能获得情感支持，又能共享活动。

► 同性友谊可以丰富我们从幼儿一直到老年的生活。哪些沟通方式有助于维系和改善你的同性友谊？

异性友谊

异性友谊会带来很多好处。相比同性友谊，异性友谊可以提供一种不同的视角和对比，展现不同的沟通特征。对男性来说，这通常意味着一次更大的可以分享情感和专注于人际关系的机会。对女性来说，这是一个没有任何感情包袱，可以放松和享受玩笑的机会。这些友谊也为单身人士提供了一个更广泛的社交网络去接触潜在的恋爱对象。

一种亲密的、典型的异性友谊已经有了自己的标签：**工作配偶**（work spouse）。这种现象吸引了大众媒体和传播学学者的注意。在调查了数百名工作配偶关系的人之后，学者根据参与者的描述对工作配偶下了如下定义：男女同事建立的一种特殊的、柏拉图式的友谊，其特点是亲密的情感纽带，高度的自我表露和义务感，以及相互信任、诚实、忠诚和尊重。因为这些友谊模糊了个人和工作的边界，所以沟通对于建立和维系这些关系就显得非常重要。例如，参与者反复提到"柏拉图式"这个词，以向自己和他人传达友谊的性质（和限制）。

异性友谊——至少对异性恋者来说——会带来一些在同性友谊中不存在的挑战。最明显的就是异性之间潜在的性吸引力。一项研究发现，朋友之间这种恋爱吸引力很常见，但也存在问题。大多数对异性朋友有吸引力的参与者承认，这对当前的恋爱关系产生了负面影响。尽管和异性拥有非恋爱关系的友谊是可能的，但定义这种关系需要付出努力。一些证据显示，在网上沟通（而非当面）能够有助于保持一段柏拉图式的异性友谊。一些异性朋友并不会满足柏拉图式的关系，正如我们下面将会讨论到的"性伴侣"关系。

当友谊发展出恋爱的潜质时，异性友谊会出现四大类型：

- 共同浪漫——双方都希望将友谊转变为恋爱关系。
- 柏拉图式——双方都不希望将友谊转变为恋爱关系。
- 渴望浪漫——一方希望将友谊转变为恋爱关系，但担心另一方没有此意愿。
- 拒绝浪漫——一方不希望将友谊转变为恋爱关系，但认为另一方有此意愿。

毫不奇怪，最后两种关系是最复杂的。格雷罗（Guerrero）和查韦斯（Chavez）发现，在这些情况下，对恋爱不太感兴趣的一方会策略性地释放"不可以"的信息：减少日常的接触和活动，避免调情，更多地谈论与感情无关的话题。

考虑性别

当我们在研究不同类型的友谊时，生理性别不是唯一需要考虑的因素。另一个重要的考虑因素是性别角色（见第 4 章，第 127 页）。例如，阳刚的男人与阴柔的女人之间的友谊，和阳刚的女人与阴柔的男人之间的友谊相比，可能具有非常不同的特点，尽管这些都是严格意义上的异性关系。

▎友谊与社交媒体

在现实生活中，分辨谁是自己的朋友并不难，但互联网却使友谊变得更加复杂。以脸书为例，某个"朋友"可能是你在派对或旅行中见过一面的人，可能是你多年未见的同学或邻居，还有可能只是你在网上认识但从未见过的人，甚至可能是某个只为了增加好友数量而接受你好友请求的人。研究证实，向大学生展示他们脸书好友的照片，他们只能准确地识别出 72% 的好友名字。

尽管存在着各种可能性，但研究表明，社交网站主要的用途是维持现有友谊或是恢复旧日友谊，而不是建立新的关系。与某些报告正好相反，年轻人通常使用社交网站联系认识的人，而不是陌生人。考虑到安全因素，这是一个保持边界的明智做法。

尽管绝大多数美国青少年和"千禧一代"都在使用脸书并定期登录，但他们中的许多人会通过照片墙、色拉布等新的社交平台保持友谊。一项研究采访了一群美国的年轻人，并了解了他们通过社交媒体沟通的不成文规则。以下是他们确定的一些指导原则：

- 当朋友在照片墙上发布一张自拍照时，你有一种社会义务去点赞它。如果你们是密友，你可能还需要发表评论。内容不需要多深刻，只要表现出你的兴趣就行了。
- 然而，表现出太多的兴趣反而会弄巧成拙。一个例子是"疯狂点赞"，这包括浏览某人的照片墙主页，点赞一篇很久以前的帖子。这表明你在潜水，而且"缺乏冷静"。
- 色拉布上的照片通常是连续发送的。朋友应该以同样的方式回应你发送的东西，并保持连续性。内容并不重要，关键是表达"我在努力跟上你的节奏"的信息。
- 隐私是一件大事。脸书就更加公开，这就是为什么青少年不经常用它来进行个人交流。将照片墙的账户设为私密，然后让朋友加入是一种信任声明。同样，对色拉布上的内容进行截屏也不是一种好的沟通形式——这些帖文本来应该在与值得信任的接收者分享后消失。

社交网站并不是与朋友沟通的唯一媒介。打手机、发短信、视频聊天，甚至是在线游戏，都是保持友谊的方式。正如第9章（第326~328页）所提到的，这些社交媒体可以帮助朋友维持他们的关系，并提供一定程度的社会支持。但最亲密的朋友意识到，无论他们通过电子媒介保持多密切的联系，都替代不了一起在城里玩上一夜，进行一次兴奋的面对面交谈，或者给予对方一个温暖的拥抱。

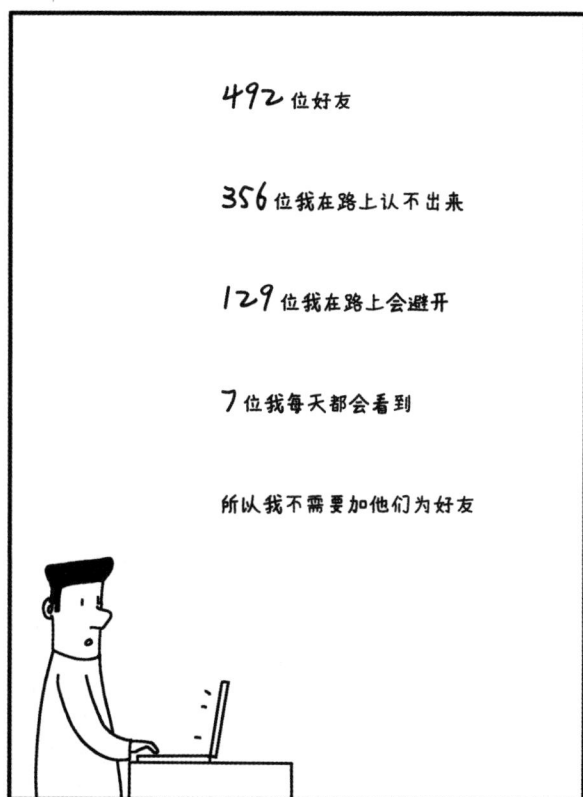

│ 友情中的成功沟通

正如你刚刚读到的，友谊伴随着一系列关于"如何沟通"的期望。我们很少讨论这种假设，通常只在沟通不顺畅的时候才会意识到它们。传播学学者发现**预期违背**（expectancy violations）——他人行为没有按照我们的预期行事——是许多人际关系问题的根源。以下的一些准则是根据几项研究结果总结出来的，提供了大多数人对朋友的期待。你可以通过观察自己对这些预期的遵循程度，来评断你的友谊是否成功。

分享快乐与悲伤

当你有坏消息时，你想告诉能给你提供安慰和支持的朋友。当朋友有好消息时，你想要知道并为其庆祝。当你和朋友分享快乐和悲伤时，消息传递的速度和顺序就会变得格外重要。朋友之间关系越亲密，对快速得知消息的期望就越高。如果一个朋友问你"为什么我是最后一个知道你换了新工作的"这种话，你可能已经辜负了他的预期。

分享欢笑和回忆

健康关系的标志是分享笑声。一项研究发现，亲密的朋友有着独特的笑声，不同文化背景的人可以在几秒钟内通过倾听他们的笑声，来确定朋友之间的亲密程度。另一项研究发现，朋友经常会刺激和加深彼此的共同记忆，因此"共享一个大脑"是对最亲密朋友的准确描述。如果你和老朋友聚在一起，一边回忆你们一起做过的事情，一边大笑（"记得那一次我们……"），你可以将你们的友谊视为成功的。

提供倾听的耳朵

正如你将在第 12 章中读到的，倾听是一种确认信息的重要方式。给予朋友全部的关注和发泄的表达机会是表明你关心的一种方式。在第

▶ 在美剧《怪奇物语》中，年轻人用多种方式展现他们彼此的忠诚和支持。包括保持信赖，伸出援手，甚至是道歉和原谅。**你有维持许久的友情吗？这些友情都是如何维系的？**

7 章中，我们描述了你可以给朋友提供各种回应，以表明你正在倾听和理解。

保持信赖

背叛信赖会破坏甚至结束友谊。当你和朋友分享个人信息时，你希望那个人能够对你所说的话保持谨慎——尤其是当这些信息外流后可能会损害你声誉或其他关系时。

伸出援手

俗语"患难见真情"得到了研究的支持，研究表明，提供帮助是友谊最显著的标志之一。需要搭车去机场，在搬家那天提供帮助，或者是在发工资之前借钱应个急……这些都是我们对朋友的期望。

挺身而出

一个忠诚的朋友会支持你，无论你在场还是不在场。没有什么比一个会捍卫你的权利、荣誉和声誉的朋友更可爱的了。朋友也会向其他人庆祝你的成就，这样你就不用"自吹自擂"了（社交媒体是一个很好的宣传平台）。

信守承诺

"包在我身上"和"我会在你身边"是常见的友谊情感。然而，这些承诺需要有行动的支持。无论是准时赴约、出席预定的活动，还是完成一项共同任务的约定，对朋友来说实现这些承诺和履行这些义务是至关重要的。

互相尊重

有时候，我们会对我们最在乎的人说最伤人的话。友谊中的玩笑很容易开过头，变成伤人的冷嘲热讽。好朋友会监控自己的言行，确保用不伤害他人尊严的方式在进行沟通。

平衡的交换

社会交换理论（第 305 页）告诉我们，一段关系的报酬必须大于成本。这个理论同样适用于友谊和其他亲密关系。但在一项研究中，大学生却将"回报不要超过付出"定为重要的交友规则。

重视联系和自主

在第9章中，我们描述了所有的人际关系是如何在亲密和独立两种需求的竞争中挣扎的。从本质上讲，我们需要花时间和朋友相处，但也需要花时间远离他们。我们需要给朋友空间去发展他们自己的个性，培养其他的关系，同时也给他们自由去做出可能与你的期待不相符的选择。

道歉和原谅

朋友迟早会做出第9章中所描述的"关系越界"行为。正如你所读到的那样，一个好的道歉由几个部分组成，包括真诚地表达悔意，承认错误，承诺会表现得更好，以及请求原谅。当你是一个被冤枉的人时，给予原谅有助于修复友谊，让你感觉更好，而不是怀恨在心。

在工作中

与同事的社交媒体关系

搜索关键词"社交媒体与同事"，你会看到一大堆文章，讨论关注同事社交媒体账号、加对方好友的利弊——这样做确实有好处，也有坏处。

从好的一面来说，社交媒体会加深你们之间的联系，你们能看到彼此在工作之外的个人生活。"从某些意义上说，社交媒体是原先线下举办的团建活动的替代品。"一位企业经营者说，"你会更深刻地了解这些与你一同工作的人。"另一位管理人员则认为，这对公司经营有利："员工之间的联系越紧密、越牢固，那么员工整体的工作效率也就更高。"实际上，如果你完全不关注同事的社交媒体，那他们或许会觉得你性格孤僻。

但在这些好处之外，在网络上向同事分享自己的生活还会带来不少麻烦。有些专家认为这么做风险过高，所以建议不要加同事为好友；有些则建议要谨慎行事。所以在你考虑是否要向同事展示自己的个人生活时，不妨仔细考虑以下几条建议：

- **用好名单和隐私设置**。为了在一定程度上维护自己的隐私，你可以决定，哪些内容同事能看到，哪些看不到。你在网球场大杀四方，这或许不错；但要是你贴出自己大喝果冻酒，那可能会影响职业生涯。
- **别忘了，隐私设置并不保险**。即使你用了隐私设置，那些有权限看到你更新内容的人，有时也会把它们讲给更多的人听。所以在你抱怨同事糟糕的笑话或是老板的卫生习惯前，请务必三思。
- **保持理智**。当你打算在社交媒体上发些什么的时候，一定要想想哪些人会看到它。在你点击"发表"之前，想象如果你的老板或者最保守古板的同事（还有你的奶奶）看到它会有什么反应。自我审查总不会错。

这些建议看上去浅显易懂，但还是有人因为在社交媒体上乱发信息而倒霉，所以为了工作着想，别成为这些人中新的一员。

10.2 家人间的沟通

　　家庭是什么？对大多数人来说，这是一个很容易回答的问题。常见的家庭观念通常强调共同居住，成年的异性伴侣依循"经社会认可的性关系"生育孩子或收养孩子。最近对大学生的一项研究发现，他们对家庭的定义包含许多相同的元素。然而，社会科学家、律师、法官、神学家和社会大众已经开始扩充他们对"家庭"这个定义的认知。

　　年幼的蓝唐王鱼多莉与父母走散了。她失去了短期内的记忆，找不到回家的路。最终，多莉找到了一群古怪的海洋生物，协助她寻找父母——虽然多莉想不起他们在哪儿，但却非常想念他们。

　　在多莉寻找父母的旅程中，她发现，自己与协助她的伙伴建立起了深厚的认同感与归属感。这被传播学学者唐·布雷斯维特（Dawn Braithwaite）称为"自发结成的家庭"。

　　故事的最后，多莉幸运地找到了深爱着她的父母。而这部皮克斯冒险动画同样为那些没有家人在身后支撑的人送去了安慰：他们完全可以依靠布雷斯维特所提出的"爱的纽带"互相联结，自发地创造一个家庭。

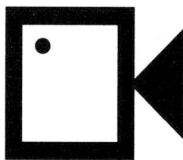

电影电视

自发结成的家庭：
《海底总动员2：
多莉去哪儿》

在回顾了一个世纪以来人类对家庭的定义后，凯瑟琳·加尔文（Kathleen Galvin）和她的同事提供了足以涵盖更多类型的家庭定义。在他们看来，家庭是一个由两个或多个相互依赖的人组成的系统，他们拥有共同的历史和现实，并希望在未来互相影响。考虑到这个更广泛的定义，传播学者表示，家庭主要是通过他们的互动来定义，而不是通过生物学关系或直系亲属系统来界定的。

通过沟通建立家庭

家庭是通过沟通建立、形成和维持的。正是通过沟通，家庭成员才能创建家庭生活的心智模式，而这些模式也会随着时间的流转而世代相传。在接下来的章节，我们会介绍几种沟通塑造和组成家庭的方式。

家庭叙事

在第 4 章（第 121~122 页）解释了分享叙事如何提供了一个故事情节，使关系和谐运作。叙事在家庭中尤其重要，因为它们具有多种功能，包括强化共同目标、教授道德价值以及强调家庭关怀。

家庭故事通常具有意义，这些意义远超重述事件本身。有些可能反映出工作信念（"我往返都走山坡、在雪地里赤脚"）、家庭认同（"我们几十年来都是这个社区的领导者"），以及警告（"你不想和某某某一样吧，对吗"）。叙事可能会反映出家庭对于成员之间关系的看法："我们互相帮助"或"我们对自己的传统感到骄傲"。有一些则是反映出人生在世的价值观："缺乏良好的教育就不可能成功"或"帮助比我们更不幸的人是我们的责任"。即使是功能失常的家庭也可以通过共同的叙事而团结起来："我们永远都处不来，但……"

一项研究显示，以正向叙事（专注于成就和使用"我们"这样的语言）进行有规律沟通的家庭，家庭功能和满意度也较高。这些叙事经常被人们记住和重温。据新婚夫妇所述，他们父母的叙事（"爱不只是发生，它需要维系"）总是在他们耳边回响，并为他们提供指导。更具体地说，女儿们会记住母亲告诉她们的关于爱情的故事，并利用这些信息来塑造自己的感情关系。换句话说，家庭成员会讲述他们最好和最坏的生活经历，并将其代代相传。

停下来想一个你在家庭聚会上听过好几次的故事。这个故事是否暗示了你的家庭是如何运作的？这个故事背后的寓意是什么？这对你看待世界和与他人沟通的方式有何影响？你受到家庭叙事的影响很可能比你想象的更多。

沟通仪式和规则

仪式是家庭建立沟通的另一种方式。有些仪式以庆祝为主：特殊的家庭聚餐、特定类型的礼物、感恩节后的橄榄球赛，等等。其他仪式则是日常生活的一部分，善意地嘲笑家人的怪僻，或是在每次结束电话交谈时说"我爱你"。

仪式并不是家庭构建沟通系统的唯一方法。家庭作为一种独特的文化，对于各种交际行为也有自己的沟通规则。有些沟通规则很明确："如果你会晚半小时以上到家，你要先打个电话说一声。"其他规则可能从来没有被讨论过，但它们同样重要："如果妈妈下班回到家时大力地摔门，那么最好等她有足够的时间放松后再跟她说话。"有些规则主导着家庭内部的沟通：在多大程度上可以挑战父母的决定？哪些语言是被允许和禁止的？多大程度的玩笑和戏弄是可以被接受的？有什么禁忌的话题吗？

一项研究显示，在大多数的家庭中，有些话题是被允许且鼓励的，而有些话题则不被鼓励。例如，父母和孩子都同意关于友谊和日常事务的对话是可以的，属于前者。而与性、饮酒和金钱相关的话题，就属于后者。

重组家庭通常有自己独特的规则。塔玛拉·戈利什（Tamara Golish）访问了115名来自重组家庭的青少年，来了解他们会尝试和他们的父母或继父母避免谈论的话题。受访者指出，他们避免和继父母谈论的话题比和亲生父母要多。其中，继子女表示，他们经常会避免和他们的继父母进行"深入的谈话"，或谈论金钱和家庭相关的问题。影响重组家庭沟通舒适度的一个因素是继父或继母所使用的教养方式，使用高度权威（例如，要求和严格）的继父母，会让继子女感到不满意，进而避免谈论更多话题。有趣的是，继子女表示他们对过度纵容的继父母也会感到不满意。

看看你是否能识别出你家族中的仪式和规则。它们是如何被执行的？当违反仪式和规则时，会发生什么？它们是如何影响你与家人以外的人（比如室友）沟通的？

家庭沟通的模式

无论家庭采取何种形式，发生在家庭内部的沟通都透露出一些重要的特征，我们现在来研究一下。

家庭作为沟通系统

每一个家庭都有自己独特的沟通方式。尽管存在着一些差异，但所有家庭都是系统，成员相互作用形成一个整体的群体。与所有系统一样，家庭具备了许多塑造成员沟通方式的特征。

- **家庭成员是互相依赖的。** 如果你触摸一件悬挂的雕塑或风铃，所有其他部件都会随之移动。相同的道理，一个家庭成员的感觉和行为会影响所有其他成员，例如，如果一个家庭成员离家去结婚，或者父母失去了工作或是不和的兄弟姐妹不再彼此说话，这个系统就不再相同了。每个事件都是对家庭历史的反应，每个事件都影响着未来的互动。

- **一个家庭比其各个部分的总合更重要。** 即使你单独认识家庭中的每位成员，在你看到成员之间的互动之前，你仍然无法理解家庭系统。当这些成员聚在一起时，新的沟通方式便出现了。例如，你可能认识一些朋友，他们在结为夫妻后发生了很大的变化。他们可能变成了更好的人，更有自信、更聪明、更快乐；或者他们变得更具有攻击性和防卫心。同样，当孩子出生后，夫妻关系的性质很有可能会发生改变，家人的互动也会随着以后每个宝宝的出生而再次改变。

- **家庭的大系统内还有小系统。** 就像盒子内还有盒子一样，家庭也有自己的子系统（家庭内部的系统）。例如，一个传统的四口之家可以组成以两人为一个单位的六种沟通子系统：母亲和父亲、母亲和儿子、母亲和女儿、父亲和儿子、父亲和女儿，还有女儿和儿子。如果你将三人的子系统加入这六种子系统中（例如母亲、父亲和女儿），组合的数量会更大。核心家庭本身就是上级系统（核心家庭是该系统的一部分）中的子系统，其中包含叔叔阿姨、表兄弟姐妹、爷爷奶奶、姻亲，等等。

最近的研究阐明了家庭互动的系统性本质。当夫妻双方承担相同的家庭责任时，他们的婚姻质量较佳。哪一项共同任务最能预测婚姻满意度？答案是抚养孩子的责任。换句话说，如果父母想要改善彼此的关系，其中一个方法就是在照顾孩子方面投入更多。改变家庭系统的一部分（亲子互动）会影响系统的其他部分（丈夫和妻子的互动）。

▶ 家庭成员以多种方式相互作用。你们家有哪些子系统在运行？你的家庭成员是如何相互依赖的？

家庭中的谈话和遵从

阿斯坎·科尔纳（Ascan Koerner）和玛丽·安妮·费兹帕特里克（Mary Ann Fitzpatrick）确定了关于家庭沟通的两类规则：谈话和遵从。

谈话取向（conversation orientation）是指一个家庭在多大程度上支持在广泛的话题上形成一种开放的讨论氛围。拥有高度谈话取向的家庭可以自由、频繁、自发地互动，而且在话题或互动时间上没有太多限制。谈话取向家庭习惯通过家庭叙事来强化彼此之间的联结。相比之下，谈话取向较低的家庭成员很少互动，交换个人想法的次数更少。具有高度谈话取向的家庭会把沟通视为有益的，并且在这样的家庭中长大的孩子，在他们以后的人际关系中具备更强的人际沟通能力。

遵从取向（conformity orientation）是指一个家庭在多大程度上强调价值观、信仰和态度的一致性。高度遵从的家庭寻求和谐、相互依存和服从。他们通常是等级分明的，他们对哪些成员拥有更多的权力有着清晰的认识。相比之下，具有较低遵从取向的家庭，在沟通时以个性、独立和平等为特征。

谈话取向和遵从取向可以组合成四种方式，如图 10-1 所示。每一种模式都反映了一种不同的**家庭沟通模式**（family communication pattern）：一致型、多元型、保护型和放任型。要理解这些组合，我们可以想象四种沟通模式不同的家庭，每一个家庭中都有一个 15 岁的女儿想要一个非常显眼又不雅的文身，这让她的父母很担心。现在想象一下，依据谈话取向和遵从取向的不同组合方式，围绕这个话题的沟通会有怎样的差异。

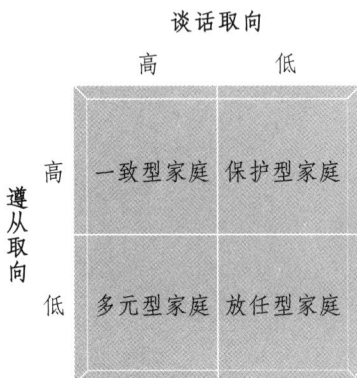

谈话取向

	高	低
高	一致型家庭	保护型家庭
低	多元型家庭	放任型家庭

遵从取向

图10-1　家庭沟通模式

谈话取向和遵从取向都高的家庭属于**一致型家庭**（consensual families）。这种沟通的张力在于：既存在承认且保留权威等级的压力，又存在公开沟通和探究话题的利益。在一致型家庭中，女儿可以自在地提出她要文身的理由，而父母也愿意倾听女儿的想法，但最终的决定权还是在父母手中。

谈话取向高、遵从取向低的家庭属于**多元型家庭**（pluralistic families）。这种家庭中的沟通是开放和不受限制的，所有家庭成员的贡献都根据自己的特质来评估，很容易见到家庭中不断地讨论有关文身是不是个好主意，兄弟姐妹甚至是其他亲戚都会加入他们的讨论。在最理想的情况下，共识会从这些讨论中显现。

谈话取向低、遵从取向高的家庭属于**保护型家庭**（protective families）。这种家庭中的沟通强调顺服权威，并拒绝分享想法和感觉。在保护型家庭中，有关文身的讨论会很少，父母会做出决定，且他们的决定就是最终结论。

谈话取向和遵从取向都低的家庭属于**放任型家庭**（laissez-faire families）。这种家庭中的沟通反映出家庭成员之间缺乏相互参与，情感距离远，倾向于独自做决定。在这样的家庭里，父母对女儿想文身的欲望不会表达过多意见，因此，在这项议题上或其他大多数议题上，他们的回答可能是"都可以"（如果女儿把这个问题提出来的话）。

哪一项组合最能够代表你的家庭？你希望你家庭的真实状况是哪一种呢？你可以运用本章的沟通能力评估工具，来帮助你确定你的家庭沟通模式。当你完成评估时，请记住，其他家庭成员可能不同意你得出的家庭沟通模式，所以，让每位家庭成员都完成评估，将可能得到有趣的结果。有鉴于此，更多的家庭倾向于认为他们是一致型或多元型的，而不是保护型或放任型的。

沟通能力评估：你的家庭沟通模式

下面提供了一些描述家庭沟通的语句。心中默想着你的家庭，请以1~5的范围来对问题的同意程度进行打分，其中1＝"非常不同意"，5＝"非常同意"。

序号	谈话取向	评分				
1	我的家庭里经常谈论一些有争议的话题，比如政治和宗教	1	2	3	4	5
2	当家庭里正在谈论某件事时，我的父母经常会询问我的意见	1	2	3	4	5
3	我几乎可以告诉我父母任何事情	1	2	3	4	5
4	我家里经常谈论我们的感觉和情绪	1	2	3	4	5
5	我和我父母会经常进行漫长、放松且没有特定主题的谈话	1	2	3	4	5
6	我们经常谈论我们未来的计划和对未来的希望	1	2	3	4	5

序号	遵从取向	评分				
7	在我们家，通常我父母说了算	1	2	3	4	5
8	如果我的观点和我父母的不同，他们有时会生气	1	2	3	4	5
9	如果我的父母不同意某件事，他们也不会想知道这件事	1	2	3	4	5
10	当我在家时，我要遵守我父母的规定	1	2	3	4	5
11	我的父母经常说这样的话："你长大以后就知道了。"	1	2	3	4	5
12	我的父母经常说这样的话："你应该放弃争辩，而不是冒惹人生气的风险。"	1	2	3	4	5

相关评分结果，请参阅第372页。

越来越多的研究指出，有些沟通模式比其他沟通模式更有效且满意度较高，例如，来自一致型和多元型家庭的年轻人，就属于比较有自信的倾听者，并且比来自保护型和放任型家庭的人更机灵。多元型家庭的后代在语言上比其他任何类型的后代，更加不具侵略性。相反，父母以保护的方式抚养子女，会导致子女隐藏更多秘密，并使家庭所有成员的满意度降低。在遵从取向高的家庭中发生冲突时，父亲倾向于以对质和施压的方式处理，但是在多元型家庭中，父亲则是展现和解和分析。换句话说，开放沟通和共同决策，比权力游戏和拒绝开启对话，能够带来更好的结果。

▎ 亲情中的有效沟通

辨别出家庭的沟通模式是一回事，改善它又是另一回事了。本节我们将探讨家庭成员之间如何更有效地管理他们的沟通。

管理联系与自主的辩证

正如你在第 9 章（第 318~323 页）所读到的，当两种相反或不相容的力量同时存在时，关系中的辩证张力就会产生，而联系与自主的辩证对家庭成员的沟通尤其具有挑战性。

随着孩子成长为青少年，"别管我"的倾向会变得明显。曾经喜欢花时间和父母相处的青少年，现在可能一想到家庭旅游，甚至是每天晚上坐在餐桌前吃饭的场景，就会开始抱怨。他们宁愿花更多时间独处或与朋友在一起。回答"我是谁"这个问题，通常需要挑战家庭规则和信仰，逐渐建立强而有力的非家庭关系，并弱化家庭纽带。但通过冲突，希望青少年能得到他们想要的答案，并重新和家庭成员建立良好的关系。

在这个艰难时期，能成功进行协商的家庭往往是那些具有高度灵活性的家庭。例如，他们可以改变自己管教的方式和确定家庭角色的方式。有用的做法包括讨论规则和角色，在探索过程中尽量减少批评，在冲突中强调关爱以及鼓励承担责任。总结来说就是："父母与青少年之间的沟通质量，是顺利完成这些任务的关键指标。"

当年轻人搬离家庭，他们需要考虑如何和家庭成员保持联系。例如，他们必须决定多久给家里打一次电话或探望父母，他们必须找到与父母双方保持开放的沟通渠道——也许部分是通过社交网站。一项研究发现，年轻人搬出后与父母的沟通模式通常会反映他们之前与父母的沟通模式。例如，来自谈话取向型家庭的年轻人往往所有事情都与父母保持开放的态度，从信用卡的使用到更私密的事情。在一项研究中，大学一年级的学生表示，当他们搬出去后，与父亲的沟通有所改善。他们说，他们的父亲变得更加支持他们，更善于表达，而且往往不再那么有控制欲。

当子女搬离家庭后，对原来的家庭会有连锁反应。在这个阶段，兄弟姐妹之间的关系往往会发生变化。一项研究发现，兄弟姐妹一旦分开，他们可能会获得一种新的亲和力，而且交流有时会增加，因为"离别会让心变得更亲密"。仍然住在家里的家庭成员之间的动态也会发生变化。例如，父母和剩下的孩子可能需要重新协商他们的任务和社会角色（例如，如果搬出去的孩子曾帮助解决了家庭成员之间的冲突，现在该怎么办）。

最后，年迈的父母与其成年子女之间的沟通也面临着一系列挑战。在许多家庭中，互动是一个完整的循环，因为子女在供养父母的同时，还需要承担工作的义务和他们自己的家庭责任。照顾年迈家庭成员的女儿表示，当自己在这种关系中仍然享有自主权时，她们会更加满足。如果联系过于频繁，照顾者可能会失去自由和身份认同。

在许多家庭中，父母总是不让年幼的孩子知道棘手的事情，包括经济问题、医疗问题或是家庭矛盾等。但当孩子长大成人之后，父母又会告诉他们多少呢？

艾琳·多诺万（Erin Donovan）带领的研究团队询问了 298 名大学生，让他们描述父母与其分享重要信息的经历。这些敏感话题包括失业、迫在眉睫的坏事、父母患病、亲人离世以及家庭动荡等。研究人员要求受访者回忆谈话内容、影响谈话成功与否的因素，以及父母透露信息后对亲子关系的影响。

对数据的定性分析表明，长大成人后的子女在这种谈话中重视三类事情：是否告诉自己重要信息，是否直率，是否将自己视为成年人。在一位参与者的描述中，其母亲在告诉她某些医疗问题时没有遵循以上原则，为此带来了一些影响：

> 我打电话给她，问她检测结果怎么样，她说一切都好。然后第二天我跟她谈话，她又说前一天自己没说实话，有一项检测结果不正常。我既震惊又伤心，因为她试着对我隐瞒真相。

如果父母表现得开放而坦诚，满怀欣喜地看着自己的孩子长大成人，变得成熟起来，那子女也会觉得这次沟通非常成功。在后续研究中，研究人员确信，父母的开明与坦诚会拉近其与子女间的关系。年轻人总是希望父母把自己看成对等的成年人，而非孩子。

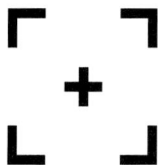

研究焦点

父母向长大成人的孩子进行表露

尊重边界的同时力求亲近

在第 9 章中，我们描述了人际关系中对整合与分离、表述与隐私的冲突需求。这些对立的驱动力在家庭中表现得最为强烈。我们都知道与亲人保持亲密关系的重要性，然而过于紧密可能会产生问题。

家庭通过建立边界来应对这些辩证的张力，即限制家庭成员的行为。**沟通隐私管理理论**（communication privacy management theory）强调在人际关系和家庭关系中边界管理的重要性。最明显的是身体上的边界（例如，如果卧室门关着，不敲门就不要进入；当父亲在修车时，不要进入车库）。其他边界包含谈话的主题，讨论政治或宗教在某些家庭中就是越界的事，在其他一些家庭，关于健康的问题被视为个人隐私。性也是父母或继父母忌讳的话题之一。金钱在很多家庭中也是一个微妙的话题。照顾年迈父母的成年子女指出，即使监护人需要查看父母的财务账户，他们在财务方面的界限也常常很"厚重"。

除了控制谈论的内容外，边界还可以规定如何处理话题。在一些家庭中，如果第一个建议被拒绝了，持续坚持己见是可以接受的（"拜托，你到底在想什么"）。在其他家庭中，不成文的规定则不鼓励这种坚持。有时候这些边界应该得到公开的讨论。另外一些时候，这些边界是通过尝试与错误来建立的。不管是哪种情况，健康的边界能帮助我们平衡家庭中联系与自主、公开与封闭的冲突需求。

使用但不滥用科技与社交媒体

日新月异的科技通常以积极的方式影响家庭沟通。例如，一项研究的参与者说，发短信增加了他们和家人之间的联结感，并对他们的家庭关系产生了积极影响（相比男性，女性的感受更强烈）。参与者还表示，与面对面沟通相比，他们通过短信可以更诚实地向家人表达自己的情感。电子邮件提供了类似的联系机会，尽管这种媒介相比子女，更受父母一辈的欢迎。许多老年人开始使用社交媒体，这样就可以与他们的大家庭保持沟通。

社交网站对家庭隐私管理提出了新的挑战。决定发送或接受好友请求、取消好友关系或屏蔽家庭成员本质上都是界限问题。隐私设置可能会限制特定家庭成员的访问。研究显示，青少年的自我表露程度更高，比成年人使用更少的隐私设置，这就是为什么他们中的许多人拒绝接受父母发送的好友申请。同意和父母分享在线社交网站的青少年表示，他们和父母之间的联结更加牢固。相反地，那些拒绝父母访问的人，往往具有更多的攻击性和不良行为，以及较低水平的联结。虽然两者之间的因果关系尚不明确，但研究结果发现，与父母分享社交网络意愿的比率越高，青少年越有可能呈现积极的行为结果。

随着青少年进入成年期，他们会变得不太关心和父母分享在社交媒体上的隐私关系。与父母成为网络好友的年轻人以女性居多，且多数来自具有高度谈话取向的家庭。一旦将父母添加为好友，来自较低谈话取向家庭的人则更有可能调整他们的隐私设置。无论年龄或谈话取向，家庭成员都必须互相沟通彼此对社交网站的期待。这可能包括商议像是"不要发布我小时候的照片"或"如果你有私事，请通过私信功能告诉我"等规则。

鼓励肯定信息

在第 12 章中，我们将描述肯定信息的重要性——以某种方式来表明我们重视对方。来自父母的肯定信息有助于满足孩子的大部分需求，例如，对养育和尊重的需求。一位研究者研究了父母向子女传达重视和支持的不同方式。她发现父母提供的两种高度肯定的行为是：1. 告诉他们的子女他们是独一无二和有价值的个体；2. 能够真诚地倾听子女的声音。两种高度不肯定的行为是：1. 贬低他们的子女；2. 发表子女想法不重要的言论——"没人征求你的意见""反正你什么都不知道"。

肯定信息对年长子女和年幼子女一样重要。一项研究发现，青少年感到信息被肯定的程度和他们在与父母沟通时所展现的开放程度之间存在密切关系。当大学生认为他们会得到家长肯定的回应时，他们更有可能向家人透露自己的冒险行为。这并不意味着父母必须同意孩子做出的每一个选择，但重要的是家长要营造一种沟通氛围，允许孩子在成年后仍能进行公开、诚实的讨论。

兄弟姐妹也可以是肯定信息的来源。研究表明，手足关系可以为我们的人生提供至关重要的支持。因此通过共同分担任务，表达积极情绪，提供保证等行为来维持这种关系是很重要的。年长的兄弟姐妹还能够经由谈论共同的原生家庭来培养关系，回忆他们的童年、疯狂的家庭活动和不按规则出牌的亲戚。分享这些故事不仅能让兄弟姐妹团结在一起，还能帮助他们厘清家庭事件，并确认自己的感觉与人生抉择。

10.3 爱人间的沟通

第1章列举了大量表明人际关系有利于心理、情感和生理健康的研究。一项研究综述更具体地描述了恋爱婚姻与幸福之间的联系。简而言之，处在充满爱意的感情关系中的人寿命更长，生活更快乐、更健康。不幸的是，恋爱关系结束或是陷入痛苦中的亲密关系，会使人导致疾病、抑郁甚至是死亡。

在一项由夫妻治疗师和咨询师所招募的2200多名参与者的研究中，"沟通"被评为确保感情关系能够成功的最重要的能力，比性爱、浪漫激情或其他任何因素都更重要。此外，已离婚的夫妇认为"沟通问题"是他们婚姻关系破裂的主要原因。在这一节中，我们将重点关注感情关系中的沟通，这种关系在广义上是指伴侣之间较为长期的、富有爱意的联系。这些关系可以包括约会的情侣、同居的伴侣以及结婚多年的夫妻。关键的问题是，这些人是否认为自己有感情关系。

▌感情关系的特征

"我们只是朋友还是有超越友谊的感情"，这是两个人决定是否要步入恋爱关系时经常问的问题。在这一节，我们来看三个可以代表多数爱情关系的特征——爱情、承诺和情感，尽管这三个特征的界限并非泾渭分明。正如您将看到的，这些概念有所重合（例如，承诺和情感是一种爱情理论模式中的两个组成元素）。我们将这三个特征划分为三类，以便于专注讨论每一个相关话题的研究结果。

爱情

2000多年前，亚里士多德曾说过"爱情是两个不同的身体里住着同一个灵魂"。他的老师柏拉图的说法则更为愤世嫉俗："爱情是一种严重的精神疾病。"多年来，哲学家和艺术家滔滔不绝地谈论爱情，对爱情中的欢乐与悲伤也提出了形形色色的结论。

社会科学家也对爱情进行了研究，认为爱情是一种吸引大多数人陷入感情关系的力量。一位研究人员是这样说的：

爱在人们生命中扮演着重要的角色，它决定着人们对一段关系的满意度、对彼此的忠诚度，以及这种关系（至少在婚前关系）的持续度。

一个有用的模型是罗伯特·斯腾伯格（Robert Sternberg）的**爱情三角理论**（triangular theory of love）。他认为爱情有三个组成部分。

亲密：这是一个人在一段关系中感受到的亲近程度和联结程度。我们在本章论述的所有关系语境中讨论过可以如何发现和表达亲密了。罗伯特·斯腾伯格用温度作比喻，将亲密视为爱情中"温暖"的成分。

激情：这部分涉及身体的吸引和情绪的激发，经常包含性行为。这就是爱情中"火辣"的部分。

承诺：这是爱情中理性的一面，涉及一段时间后是否持续关系的决定（稍后会详细介绍）。这是爱情中"冷静"的部分。

图 10-2 将这三个组成部分用三角形的三个角来表现，并标示了七种从中交错组合得出的可能的爱情。不难想象，该模型中代表的每种爱情所对应的沟通模式。例如，正在经历浪漫爱情的情侣可能会交换强烈情感色彩的信息（如"我爱你"配一个紧紧的拥抱），并高调地秀恩爱。同伴式爱情在语言和非语言的表达上更为温和，像"我喜欢你的陪伴"这样的表达更为典型。空洞式爱情则徒有爱情关系的外壳，几乎不包含任何情感信息，即使有也很少。

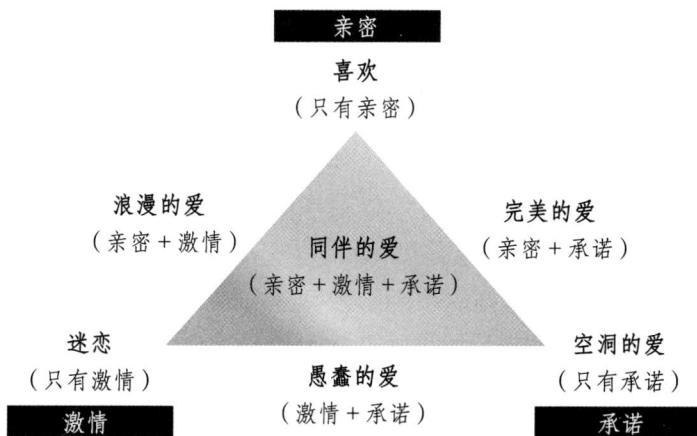

亲密

喜欢
（只有亲密）

浪漫的爱
（亲密＋激情）

完美的爱
（亲密＋承诺）

同伴的爱
（亲密＋激情＋承诺）

迷恋
（只有激情）

愚蠢的爱
（激情＋承诺）

空洞的爱
（只有承诺）

激情

承诺

图10-2　爱情三角理论

对相爱的情侣来说，彼此之间拥有相互陪伴和浪漫的感情是最健康的。罗伯特·斯腾伯格承认完美的爱情是亲密、激情和承诺三者的结合，是一个不容易实现的理想状态，而且难以持续。一般来说，爱情的成分会随着关系的发展此消彼长。情侣之间有时激情涌动；在其他时候，爱情更多是一个冷静的决定而不是一种热烈的感觉。成熟度也是爱情体验中的一个因素。例如，青少年不像成年人那样认同爱情三角理论的成分。随着情侣年龄的增长，他们往往更看重承诺而不是其他因素，尽管长期的伴侣比一些刻板印象所暗示的有更多的激情和亲密。

如果回想你曾经经历过或观察过的感情伴侣，你可能会找到爱情三角模型中描述的每一个现实例子，你可能也会发现这些因素是如何随着时间的推移而消长变化的。与第9章中描述的关系发展阶段与辩证模式相似，要将爱情视为一个动态的变化过程，而不是一种静态的属性，这样才更合理。

承诺

承诺在感情关系中扮演的角色有多重要？以下这些想法暗示了对这个问题的答案："我正在寻找一段稳定的关系""我还没有准备好做出承诺""我决心要继续这段关系"。

关系承诺（relational commitment）包括允诺——有时是默示的，有时是明示的——保持一段关系，并让这段关系取得成功。通过沟通可以形成和巩固承诺。表 10-1 列举了感情关系中承诺的各种指标。研究显示，定期沟通承诺的伴侣会对彼此的关系有更积极的感受，并且会更少经历关系的不确定性。这些沟通有时候是私密的，有时候又是公开的。例如，在伴侣的社交网站上回帖可以成为一个承诺的标志，同时也是表明这段关系持久的标志。

如表 10-1 所示，仅凭言语并不能保证真正的承诺，行动也很重要。简单地说"你可以依靠我"并不能保证忠诚。但如果没有语言表达出来的话，承诺可能就不够明确。因此，举办仪式使关系正式化是确认和巩固承诺的一种重要方式（请参考第9章关于"结合阶段"的讨论）。

我们要注意文化对承诺的影响：将承诺视为感情关系中的顶点（正如人们常说的"先恋爱，后结婚"），毫无疑问是一种西方的观点。世界上许多婚姻是人为安排的，他们遵从的是"先结婚，后恋爱"。一项研究调查了包办婚姻中感到满意的夫妻，结果发现，"承诺"是帮助他们的爱情能够随时间而茁壮成长的最重要因素。第二重要的因素是"沟通"，强调自我表露是学会爱伴侣的一种方式。不论排序如何，在成功的感情关系中，承诺和沟通之间有着密切关联。

表10-1 感情关系中承诺的主要指标

提供情感
提供支持
保持诚实
互相陪伴
努力定期沟通
展现尊重
创造关系的未来
营造正向的关系氛围
共同解决人际关系中出现的问题
实现承诺

情感

情感的表达——包括语言和非语言——在感情关系中很常见。这些活动包含牵手，说"我爱你"，以及发生性关系。浪漫爱情的情感通常是在私下沟通的，有时也会公开地表达出来。事实上，**"秀恩爱"**（public displays of affection）一词有专门的缩写形式（PDA）和社会规范。

情感交流对于情侣来说好处非常多。在一项研究中，已婚和同居的伴侣被要求在六周内增加亲吻的次数。和对照组相比，那些频繁接吻的伴侣不仅降低了压力水平，提升了关系满意度，而且他们的胆固醇指标也下降了。其他的研究显示，无论是当面表达还是书面表达，用语言表达情感也具有类似的生理益处。就关系利益而言，接收到的情感就像一个银行账户——当爱人中的一方存入大量的存款，与情感账户见底的时候相比，其伴侣更愿意原谅对方的越界行为。

感觉到的情感和表达出来的情感之间可能存在差异。或许你还能回忆起你发短信给伴侣说"我爱你"的时候，但实际上你当时并没有感觉到自己有多爱对方。或许你在争吵的过程中，给了伴侣一个拥抱或亲吻，即使这个行为与你真实的情感状态不符。研究人员将这些行为称为"欺骗性情感"，并表示在感情关系中很常见。这种欺骗行为不是消极的，而是关系维护和支持的正常组成部分。研究表明，这些行为的作用可能比你想象的还要强大。做一些浪漫的事，如凝视爱人的眼睛，依偎着坐在一起，或者分享个人的秘密，经常会带来浪漫的感觉，而不是相反。

在大多数的感情关系中，性行为是表达和接收爱意的一种重要手段。预测性生活满意度的最强和最可靠指标是伴侣对关系的满意度。换句话说，性爱是感情关系健康的一部分。沟通也起到很重要的作用：伴侣之间的沟通技巧和他们的性生活满意度是密切相关的。和一些媒体所描述的无声的激情行为相反，研究证实，不论在做爱前还是做爱后，通过直接的语言沟通（"这是我的感觉""这就是我想要的"），性生活会更令人满意。性行为结束后积极的自我表露，通常被戏称为"枕边风"，有助于建立信任，提高满意度和亲密感。当这些对话会让对方不舒服时，关系满意度高的伴侣经常会使用保全面子的沟通技巧甚至幽默的话来表达自己的想法。

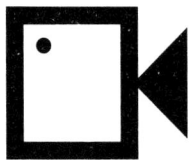

电影电视

也许我愿意，也许我不愿意：《一见面就结婚》

真人秀节目《一见面就结婚》的想法很简单：两个素昧平生的陌生人被"情感专家"配成一对，同意见到彼此后立刻结婚。在结束蜜月旅行并共同生活一个月后，他们可以决定维持现状或离婚。当然，在观众众目睽睽之下维系双方的关系也绝非易事。

在一开始的几季中，甜蜜结局要远少于不欢而散。绝大多数"夫妇"最终都选择离婚，或是在节目结束后的一段时间内分开。虽然有人会将其看成某种对包办婚姻的控诉，但是这部实验性真人秀并不具备包办婚姻的特征，即家庭、文化以及习俗的支持（其中许多长期存在）。

许多不欢而散的"夫妇"都承认，沟通是双方主要的冲突点。有些时候是因为双方意见不合、价值观念冲突，有些时候则是因为双方不愿意真正交换想法、吐露感情。甚至在与节目顾问谈话时，"夫妇"中的某一方仍然觉得自己无法认真地听对方讲话，或与对方交谈。

这个节目在数个国家都有本土版本。目前尚不清楚，文化、习俗等是否会对配对的成功率造成影响。但无论如何，这部真人秀清楚地告诉我们：一段成功的感情所需要的，远比双方性格相似加上那么一声"我愿意"要多得多。

令人惊讶的是，并不是所有感情关系中的人都渴望性行为。有些人的性取向是"浪漫的无性恋"，对这些人来说，坦承自己的性取向可能具有挑战性。专家建议，无性恋者可以找到志同道合的人来帮助他们讨论自己的性取向。

▌爱情中的有效沟通

在前面的章节中，我们讨论了一些改善感情关系的沟通方法，例如讨论承诺和表达爱意。这里还有两种方法可以提升感情的互动。

学习爱的语言

> "如果你爱我，请听我说。"
> "如果你爱我，请说出来。"
> "如果你爱我，请表现出来。"

这些话隐含的意思是，"这就是爱对我的意义"。盖瑞·查普曼（Gary Chapman）认为每个人都有一种**爱的语言**（love languages）：关于什么是爱的个人见解。他认为，如果我们没有意识到自己表达爱的方式可能与伴侣所期望的方式不匹配，我们就会陷入麻烦。

查普曼在感情关系中确定了五种爱的语言，且研究证实了它们与有效的关系维护之间的关联。虽然从技术上来说，它们不是"语言"，但这些术语意味着五种沟通方法：

- **肯定的言辞**：包含赞美、表扬、语言支持、书面字条或信件，以及其他可以表达一个人被重视和欣赏的方式。使用这种爱的语言的人很容易因为被羞辱、嘲笑，或是他们的努力没有得到语言上的认可，而受到伤害。
- **精心时刻**：陪伴在伴侣身边，并在相当长的一段时间内给予对方毫无保留、全心全意的专注。注意力不集中或分心会损害双方相处时的精心时刻。
- **接受礼物**：那些根据礼物来衡量爱情的人相信"心意才是最重要的"。不是非得昂贵的礼物才有意义，最好的礼物表明了你非常了解收到礼物的人。此外，对以礼物为导向的伴侣来说，忽视对重要节庆的纪念，就是一种关系越界行为。

- **服务的行动**：倒垃圾、给汽车加油、洗衣服——可以列入清单的服务行为是无止境的。和礼物相似，服务的关键也是在于知道你的伴侣最欣赏什么行为（提示：主动做你伴侣最讨厌做的那种家务活）。
- **身体接触**：虽然这可能包括性行为，但有意义的接触也可以包括表达感情的方式——搂着对方的肩膀，紧握对方的手，轻拂对方的脸颊或是抚摩对方的颈部。

爱人之间可以理解但又常常发生误解的事，就是一方误以为自己所偏爱的爱的语言，也会是对方所欣赏的。例如，如果"接受礼物"是你主要的爱的语言，那么你可能会期待在特殊场合，甚至是普通的场合，也可以从你所爱的人那里得到礼物。而你也可能会经常给对方送礼物，并且认为对方会同样欣喜地接受。

正如你所能想象的，如果你假设伴侣的爱的语言和你一样，这可能让你失望。盖瑞·查普曼指出，这在婚姻中很常见：

> 我们倾向于说自己主要的爱的语言，然后当配偶不明白我们在传达什么时，我们会感到困惑。我们在表达我们的爱，但信息却没有传达出去，因为我们所说的东西对他们来说就是一门外语。

大多数人是在自己的原生家庭中学到了爱的语言。在某种程度上，我们从很小开始就被给予和接受情感的方式所影响。好消息是，我们可以学会用不同的方式表达爱，尤其是在爱人的帮助下。看一看前面列出的爱的语言的类型，试着找出你自己的主要类型。然后你也可以请你的伴侣做同样的事，再比较你们的记录。

管理线上沟通

正如我们在第9章中提到的，从网上开始感情关系已经不再是什么新鲜事了。但即使是在现实生活中开始感情关系的情侣，也需要对使用社交媒体进行管理。一项研究发现，拥有感情关系的成年网友中，有27%的人表示网络对他们的关系产生了影响。并不是所有的影响都是积极的。在这项研究中，有近25%的手机用户表示，当两人独处时，手机会分散伴侣的注意力（在18岁到29岁的年轻人中，这一比例更高）。第320页的"研究焦点"深入探讨了这一结论：在一起的时候，一个很明智的做法是夫妻双方协商使用（或不使用）移动设备的规则。

在一段恋爱关系中，线上沟通可不只是一种干扰。纵观美国人口数据，研究人员发现过度使用社交网站、对婚姻状况不满意、离婚之间存在关联。社交网络的习惯尤其成为"离婚率和婚姻问题的重要预测因素"。然而，研究人员明确表示，社交媒体与其说是关系问题的病因，不如说是症状，因为"受婚姻困扰的男女可能会通过社交媒体寻求情感支持"。本章的"伦理挑战"描述了网络出轨如何给一些夫妻带来严重问题。一个有用的经验法则是定期在社交媒体帖子中发布一些包括爱人信息的帖文，作为一条信息发送给你所爱的人和那些关注你的人。

当然，线上沟通也有好的一面。正如第9章所解释的，通过短信、即时消息和社交媒体进行沟通可以成为关系维护的一个重要工具。像网络这种基于文本的虚拟渠道之所以有效，是因为情侣们可以精心设计要发送的信息，以便传达正确的情感，而且又很即时。此外，经过编辑的信息让传播者能够感知并呈现自己的理想化版本，而不受不良举止、说话结巴和其他坏习惯影响。手写情书可能已经成为过去时，但打印出来的文字仍然很有效，大多数数字信息都可以被存储和重读。如果你保存了一条特别的短信，存档了一封电子邮件，或者重新浏览了一篇社交媒体的帖子，那么你就会明白书面文字对维持感情关系的作用。

移动设备让我们比以往任何时候都更容易与所爱的人保持联系。那我们和恋人的沟通会不会存在太多、太频繁的情况？很不幸，是的。持续不断的通话和短信似乎是对对方隐私的侵犯，而甜蜜的感觉像是监视。这让我们又回到了大家都熟悉的格言：一切都要适度。过度使用甚至滥用社交媒体，会对感情关系产生负面影响。但当我们谨慎、有意识地使用社交媒体时，这些工具可以帮助我们维护和强化感情关系。

关于感情关系的最后一点思考：它们是满足亲密需求的一种手段，但不是唯一的手段。在没有感情伴侣的前提下，也是有可能拥有亲密、深情的关系的。社会科学家贝拉·德保罗（Bella DePaulo）是一个直言不讳的单身倡导者。她观察到，尽管美国社会为夫妻提供了许多社会和经济福利，但近几十年来，单身人士的数量翻了一倍多。"越来越多的人因为他们想保持单身状态而选择单身，"贝拉·德保罗说，"单身可以让他们过上最好、最真实、最有意义的生活。"

一项研究表明，单身人士可能会拥有更丰富的人际关系。对美国调查数据的分析表明，相比已婚人士，单身人士更有可能接受或给予父母、兄弟姐妹、邻居和朋友以帮助，并和他们保持联系。总之，"不论男女，选择单身状态可以增加社会联系"。回到本章引言中提到的话题，拥有亲密关系是至关重要的——你最亲密的圈子可能就是五个人。如果这五个人中没有一个是恋人，那也不成问题。事实上，这反而可能会让你有更多的时间和你最亲密的朋友和家人沟通。

伦理挑战

云出轨：网络时代的精神出轨

只要世界上爱情还存在一天，出轨就是生活中不可回避的一部分。而在数字时代，某些人更是"云出轨"，一边在互联网上谈情说爱，一边在现实生活中同别人你侬我侬。研究人员已经开始探寻，间接的不忠行为所造成的危害，与直接的不忠行为相比是否更为轻微。其研究结果如下：

- 在一项研究中，大多数的大学生（无论性别）认为，在网络世界中出轨与在现实世界中出轨都是对另一方的背叛。在另一项研究中，受访者甚至认为精神出轨比起肉体出轨更为恶劣。
- 在两性关系中，比起男性，女性通常认为网络出轨对双方关系的恶性影响更严重。
- 家庭治疗师认为，云出轨深刻地影响了现代社会的爱情。他们注意到，那些被背叛的伴侣往往需要医疗服务才能消除心理创伤。

诸如此类的研究警告了我们网恋的风险：在网络上与人暧昧，即使并未涉及实际交往，也是对现实生活中伴侣的不忠。

自我检查

▼

▶ **学习目标**

10.1 分辨不同类型的友谊，了解沟通对维护友谊的作用

决定友谊类型的因素众多：关系维持的长度、任务／维护导向，以及表露程度、义务感和联系的紧密程度。生理性别和心理性别会影响朋友之间的沟通方式。想要成功地维持一段友谊，我们需要遵循一些准则，有助于避免预期违背。

> **问题：** 根据本书第 339～341 页的友谊特征来描述你与两位朋友之间的沟通——一位同性，一位异性。你对这两段关系中双方的沟通质量是否满意？你能做些改变来提高你的满意度吗？

▶ **学习目标**

10.2 描述沟通是如何建立和维持家庭关系的

现代家庭有着一系列传统性的或是非传统性的约定。家庭成员通过叙述、规定和习俗互相交流，进而塑造了这些约定。随着时间流逝，家庭会发展成体系，家庭成员会彼此互动，联结成一个整体。

只有成员间建立并维持了一定程度的凝聚力，那么他们之间才能进行真正有效的沟通。塑造凝聚力则依靠确立合适的边界。此外，功能健全的家庭不是不可变动的，面对变化不会表现得过于僵化，也不会完全无动于衷。正常的家庭成员会互相鼓励、互相坚定信念，力图为彼此之间的冲突寻找双赢的解决方法。

> **问题：** 在你的家庭中，叙述、习俗和规定是如何塑造成员间沟通的？你的家庭体系中使用怎样的沟通模式？如果改变这种沟通模式，是否会提高体系的凝聚力，使其更为健康呢？

▶ 学习目标
10.3 描述在感情关系中是如何表达爱的

绝大多数的感情关系都具有以下三个特征：爱情、承诺和情感。那些想要改善双方沟通情况的伴侣，可以去了解彼此的爱的语言，并且用社交媒体来巩固双方的关系。

问题：在一段你所了解的感情关系中，描述爱情、承诺和情感之间的交流。哪种爱的语言能在双方心中引发最大的共鸣？双方以这种语言沟通时效率如何？不论是直接的还是间接的，沟通是如何塑造这段关系的？

实践活动

▼

1. 与小组同学一起分析，在同性与异性友谊中，性别是如何影响交流的。每一位小组成员举两个例子：自己的同性朋友以及异性朋友。对于每段友谊，应当记录下互动的对象（如学校、金钱等）以及互动的性质（如情感表达、个人信息、共同的活动等）。将记录结果进行互相对比，并确认其间出现的规律。

2. 找出你当前家庭或原生家庭正在进行的叙事，并阐述下列各项：

   a. 叙事的故事。
   b. 叙事的时间及地点。
   c. 叙事中对家庭的描述。
   d. 叙事的功能。

   与你的同学相互比较一下叙事。叙事中出现了什么主题？你的发现说明了叙事对塑造家庭关系的力量了吗？

3. 在你的感情关系中，爱情的哪个组成部分（亲密、承诺和情感）对你来说最为重要？为什么？哪一个最不重要？与小组同学讨论各自的排序，并记录可能出现的模式。

4. 与小组同学一起描绘一段完美符合本章所列要素的恋爱关系，同样描绘一段与本章所列要素完全背道而驰的恋爱关系。你从中学到了什么，可以用来改善自己的感情关系中双方之间的沟通效率？

▶ 沟通能力评估（第 355 页）

请将第 1～6 题的答案相加，总分就是你的家庭的谈话取向的得分。分值范围在 6 分和 30 分之间，中位数为 18 分，18 分及以上为高，17 分及以下为低。

请将第 7～12 题的答案相加，总分就是你的家庭的遵从取向的得分。分值范围在 6 分和 30 分之间，中位数为 18 分，18 分及以上为高，17 分及以下为低。

- 低谈话取向 + 低遵从取向 ＝ 放任型家庭
- 低谈话取向 + 高遵从取向 ＝ 保护型家庭
- 高谈话取向 + 低遵从取向 ＝ 多元型家庭
- 高谈话取向 + 高遵从取向 ＝ 一致型家庭

第11章

处理冲突

学习目标

专题研究

从前，有一个没有冲突的世界，各个国家的领袖都知道合作的必要性，他们经常会晤以解决潜在的问题。他们从未在需要注意的问题或处理这些问题的方式上有过分歧。所以，这个世界从未有过任何国际紧张局势，当然，也没有过战争。

在每一个国家内部，事情同样顺利。公民都对谁是他们的领袖的意见达成一致，所以选举总是一致通过。不同的群体之间没有社会摩擦。年龄、种族和教育的差异确实存在，但每一个群体都尊重其他群体，大家和睦相处。

人际关系总是完美的。陌生人都亲切、友善地互相对待，邻居们也都互相谅别人的需要。朋友们礼尚往来，没有分歧来破坏人们对彼此的享受。一旦人们坠入爱河，每个人都会保持幸福。伴侣喜欢对方的一切，能够完全满足对方的需求。孩子和父母在家庭生活中的各个方面都达成一致，从来不会互相批评或敌对。每一天都比昨天更好。

当然，从此以后每个人都过着幸福快乐的生活。

这很显然是个童话故事，不管我们怎样许愿，没有冲突的世界是不存在的。即使是最优秀的沟通者、最幸运的人，也必然会陷入彼此需求不一致的境地。金钱、时间、权力、性、幽默、审美情趣，以及成千上万的其他问题出现了，使我们无法生活在永久和谐的状态中。

对许多人而言，不可避免的冲突是一个令人沮丧的事实。他们认为冲突持续发生，意味着他们很少有机会与他人建立幸福的关系。沟通高手并不这么想，他们了解尽管不能根除冲突，却有许多有效处理冲突的方法。有技巧地处理冲突能够获得更健康、更坚固、更令人满意的人际关系，也能够促进心理与生理健康。

11.1 冲突是什么

请先暂停阅读，写一张清单，列出你个人经历过的冲突。这张清单可能会告诉你冲突有多种形式。有时候是愤怒咆哮，如父母对他们的孩子大声吼叫，反之亦然。在其他情况下，冲突涉及有节制的讨论，如劳资谈判或法庭审判。有时冲突是通过充满敌意的沉默来表达的，如一对冷战中的夫妻。最后，冲突可能以朋友、敌人，甚至陌生人之间的肢体冲突告终。

不管是哪一种形式的冲突，所有的人际冲突都具有共同的特征。威廉·威尔莫特（William Wilmot）和乔伊斯·霍克（Joyce Hocker）将**冲突**（conflict）定义为："至少两个相互依赖的个体在他们实现目标的过程中，觉察到彼此目标的互不相容、资源的短缺和对方群体的阻挠，并通过斗争的形式表达出来。"这个定义中的不同部分，有助于你深入理解"冲突"是如何在日常生活中运作的。

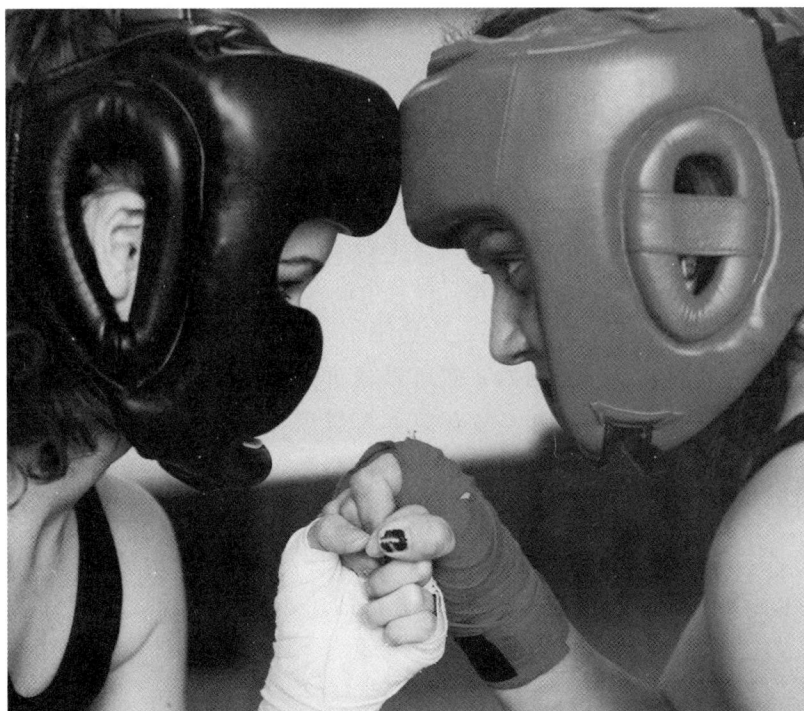

◂ 无论是直接的斗争还是酝酿中的分歧，冲突是每段关系的组成部分。你的生活中最重要的冲突是什么？你是否成功处理了这些冲突？

表达出来的斗争

冲突的定义要求所有涉及的人都知道存在一些分歧。例如，你持续好几个月都感到烦躁，因为邻居巨大的音乐声使你整晚都睡不着，但是在邻居知道你的问题之前，并不存在冲突。一旦邻居知道你因为他制造的噪声而不悦，冲突便显现了。当然，表达冲突的途径不一定要用语言。一个厌恶的眼神、沉默以对，以及避开对方都是表达自己的方式。无论如何，在双方陷入我们所定义的冲突之前，双方都必须知道问题的存在。

相互依赖

无论人们多有敌意，处于冲突中的人们是相互依赖的。一方的幸福和满意度取决于另一方的行动。

许多冲突无法解决，是因为人们无法理解、接受和认同这种相互依赖的关系。你可能会觉得室友、邻居或同事很烦。但除非你们能切断联系，否则你们只能想办法和平共处。解决冲突的第一步是要有"这是我们两个人共同的事"的态度。

感知到互不相容的目标

所有的冲突看起来似乎都是其中一个个体有所得，另一个个体有所失。例如，一个邻居的音乐让你在晚上睡不着。似乎总有人要输，要么是邻居失去了大声听音乐的快乐，要么是你失眠且不开心。

在这种情况下，目标并不是完全不相容的——让双方需求都满足的解决方案确实存在。例如，你可以通过关紧你的窗户，或让邻居关紧他的窗户来获得祥和与安静。你可以用耳塞，或者邻居可以用耳机。如果上述任何一种解决方案被证明是可行的，那么冲突就会消失。

不幸的是，人们常常看不到彼此都满意的问题答案。只要他们认为他们的目标是相互排斥的，冲突就是真实的，尽管是不必要的。

一些沟通者用心理预期来处理冲突，假定他们的伴侣能读懂自己的心思，以为自己无须解释，对方就能知道自己为什么不高兴。

考特尼·赖特（Courtney Wright）与迈克尔·罗洛夫（Michael Roloff）想要了解在大学生情侣中，这种"假定对方知道自己想法"的心态会造成什么影响。研究人员发放了一套问卷，其中包括"相爱的人不用开口就能知道彼此的想法"之类的选项。受试者还回答了一些有关情绪反应、冲突类型和关系满意度的问题。

结果不出所料，那些假定对方能读懂自己心思的受试者比没有这种预期的受试者，更容易对自己的伴侣生气。而他们越是生气，就越会倾向用"冷暴力"的方式惩罚对方。他们或许会这么想："你应该知道我为什么生气的——你要是不知道，那我更不会告诉你了。"研究人员注意到，这种假定和"冷暴力"常常会给双方关系招来诸多问题。

虽然开诚布公地讲出问题并不总是能化解冲突，但总的来说，比起假定别人能读懂你的心思，坦率地说出你生气的原因会对此更有帮助。

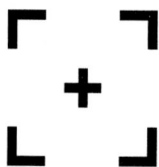

研究焦点

假定对方知道自己想法的危险

感知到资源短缺

当人们认为没有足够的资源来运作，可能就会出现冲突：情感、金钱、空间，等等。时间是经常不足的资源。许多人挣扎着同时满足学校、工作、家庭和朋友的相互竞争的需求。人们经常会说"真希望每天能多那么一个小时"，如何能在你自己和其他人身上花足够的时间，是一个持续产生冲突的来源。

必然性

即使是在最好的关系中，冲突也必然会发生。大学室友之间常见的冲突来源包括动用别人的私人物品或食物，房间的整洁程度，谁可以使用什么样的家具，以及他们应该如何参与彼此的私人生活。朋友之间的冲突也很典型，平均每天会有一到两次分歧；在家庭中，冲突可能更加频繁，无论话题是金钱、是否守时、轮到谁做家务、如何应对亲戚，还是如何平衡工作与家庭的义务。

因为冲突是不可能避免的，所以当冲突发生时，如何有效地处理它们是一件棘手的事。几十年的研究表明，不论是幸福或不幸福的婚姻都会存在冲突，但是他们看待冲突和处理冲突的方式却大有不同。不幸福的伴侣使用"破坏性的"吵架方式。他们更关心的是保护自己而不是解决问题。他们对彼此很少或完全没有同理心，使用"你"的语言，忽视彼此关系向度的信息，并且没有仔细倾听。这些破坏性的冲突模式可能导致关系中的各方身心健康状况不佳。

对婚姻满意度高的伴侣能更有效地处理他们之间的冲突，他们认识到彼此意见不一致是很正常的，并且知道必须去直面冲突。尽管他们可能会激烈地争论，但是他们会使用知觉检核等技巧来找出对方在想什么；与此同时，他们能让对方知道他们可以从对方的角度理解问题。这些人愿意承认自己的错误，这种习惯不仅有助于建立和谐的关系，也有助于解决当下的问题。考虑到这一点，我们将进一步研究是什么使得有些冲突比其他冲突更具有建设性。

电影电视

为了稀少的资源而争斗：《嘻哈帝国》

嘻哈音乐界大亨卢修斯·里昂（Lucious Lyon）必须在三个儿子之中挑选一位继承人掌管帝国娱乐——他从潜力十足的歌手时期起就一手创立的企业。他的前妻琦琦（Cookie）要求获得企业的部分控制权，因为她在企业成立之初以个人名义出资颇多。诸多家庭成员对权力虎视眈眈，冲突势必不可避免。

有人批评这部连续剧只不过是部黄金档肥皂剧，剧中角色权欲熏心、自高自大、自私自利。关键人物不愿携手合作、共同实现目标，而宁愿争个你死我活，伤害彼此的关系与感情。虽然剧中涉及的经济利益或许比常人更大，但基本的原则是共通的：资源越稀少，潜在的斗争就会越激烈。

11.2 冲突的处理方式

当自己的需求与他人的需求不相容时，大多数人都有他们默认的处理冲突的方式。虽然我们默认的方式有时候管用，但不是在所有情境下都有效。你通常用什么方式来处理冲突？通过思考这种假设的情况，找出你自己的答案。

卡姆和李这几年来一直都是室友。卡姆是个足球迷，一有机会就喜欢和朋友们一起看比赛。他们的公寓客厅有一台大屏幕电视（卡姆买的），这是他们经常聚在一起看电视的地方。李不介意偶尔看一场比赛，但他对没完没了的电视节目（和没完没了的客人）感到恼火。卡姆理所当然地认为自己在想看电视的时候就看，想跟谁一起看就跟谁一起看。以下是他们处理冲突的五种方式，代表了五种不同的处理冲突取向。

- **回避**（avoidance）：卡姆和李不再讨论这个问题——吵架实在太不愉快了。卡姆尝试减少跟朋友一起看球赛的次数，但觉得是自欺欺人。李保持安静，但是只要比赛时间临近，他就明显地感到不开心。

- **迁就**（accommodation）：李让步，说道："想看就看吧！毕竟，这是你的电视。我就回房间听音乐。"或者，卡姆可以同意不在公寓看球赛。

- **竞争**（competition）：卡姆试图说服李多看些球赛就能更好地理解比赛，并希望李会想看更多的球赛。而李则试图说服卡姆花那么多时间看电视是不健康的。双方都试图让对方放弃和让步。

- **妥协**（compromise）：双方同意各让一步。卡姆可以尽情在公寓观看所有比赛，只要不带朋友来。卡姆能看足球赛，李获得了相对的平静和安宁。当然，卡姆会想念他的朋友，而李必须忍受几小时卡姆看球赛的时间。

- **合作**（collaboration）：卡姆和李通过"头脑风暴"，发现了替代方法。例如，他们决定球迷可以去运动酒吧一起看球赛。他们还意识到，假如卡姆的朋友可以一起集资，其中一位朋友就可以买一台大屏幕电视，这样大家就可以一起去他家看球赛了（还可以省下在运动酒吧的开销）。李还提议他和卡姆可以一起观看一些非体育类的电视节目。

这些方法代表了图11-1中描述的五种取向，我们将在接下来的段落中一一说明。

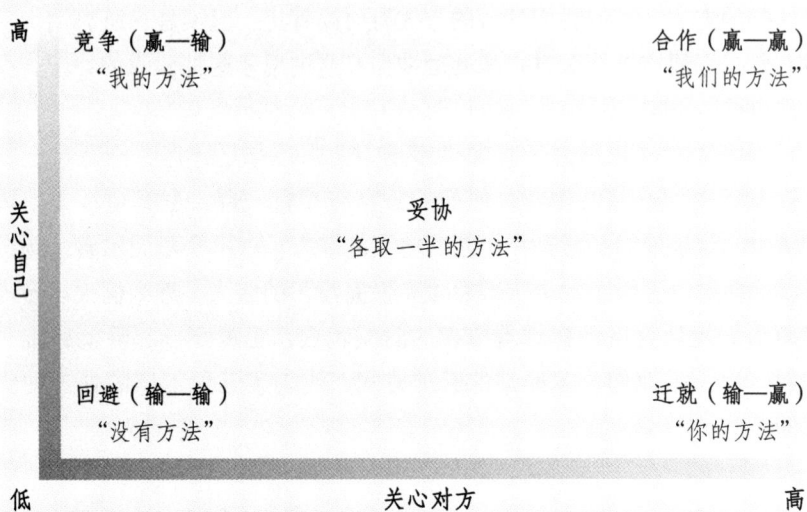

高　竞争（赢—输）　　　　　　　　　　　合作（赢—赢）
　　"我的方法"　　　　　　　　　　　　　"我们的方法"

关
心
自
己　　　　　　　　　　妥协
　　　　　　　　　"各取一半的方法"

　　回避（输—输）　　　　　　　　　　　迁就（输—赢）
　　"没有方法"　　　　　　　　　　　　　"你的方法"

低　　　　　　　　　　关心对方　　　　　　　　　　高

图11-1　冲突的处理方式

回避（双输）

当人们选择不直接面对问题时，就会出现回避。回避可以是身体上的（在和朋友争吵后故意绕开不见他），也可以是语言上的（改变话题、开玩笑或否认问题存在）。

回避通常表现出对冲突的悲观态度。回避者通常认为，与其直面问题并试图解决它，不如忍受现状。在卡姆和李的案例中，回避意味着他们不会再争吵，双方都选择默默忍受。他们的例子说明了回避往往会导致双输的结果。

虽然回避重要的问题可以暂时保持和平，但通常会导致不令人满意的关系。与那些更具建设性地直面冲突的人相比，"自我沉默者"的伴侣在跟回避者相处时，更容易感到沮丧和不适。如果回避者对不满闭口不谈，他们的伴侣可能会增加愤怒的行为，这反过来会增加他们的情绪痛苦。长期的误解、怨恨和失望会堆积起来，破坏情感氛围。因此，我们可以说回避者既不关心自己的需要，也不关心很可能同样被未解决问题困扰的对方的利益（见图 11-1）。

尽管有这些明显的缺点，回避并非一无是处。如果说出来的风险太大，你选择回避某些特定的议题或情境也许是合理的，如被炒鱿鱼，在公众场合被羞辱，甚至遭受身体的伤害。如果这段关系不值得你付出努力去补救，你也可以避免冲突。即使在亲密的关系中，回避也有逻辑可循。如果问题是暂时的或次要的，你可能会睁一只眼闭一只眼。这些理由有助于解释为什么许多婚姻幸福的夫妻在沟通时会"选择性忽视"对方的小瑕疵。这并不是说成功关系的关键是回避所有的冲突，相反，它提醒我们将精力集中在真正重要的事情上，才是明智的。

不回消息，不回邮件，不回电话，社交媒体被屏蔽。你一度觉得自己和对方格外亲密，但却骤然间失去了和对方的联系。对方"人间蒸发"了。

所谓的人间蒸发，是指以切断一切联系的方式骤然结束一段关系，不论对方如何试图修复关系都置之不理。这虽然常见于恋人之间，但在普通朋友之间也有过案例。一项调查得出，11% 的美国人有过"人间蒸发"的朋友；另一项调查的结果则两倍乃至数倍于此。

就冲突的方式而言，"人间蒸发"可以归为被动的进攻或简单的回避。但无论如何，被如此粗暴地抛弃都会在另一方的心中留下伤疤。这里是一位遭到抛弃的恋人在另一半"人间蒸发"后的想法：

> 你一语不发地离开了，甚至不告诉我原因，只留给我更多的疑问。我怀疑自己、怀疑你究竟是个怎样的人，甚至怀疑未来。我们的关系结束得猝不及防，因而我心存畏惧，不敢去开始下一段恋情。

"人间蒸发"并不总是坏事，比如说，如果你打算离开一个有暴力倾向的人，那不留痕迹地远走高飞就是个好主意。但如果你的爱人并非如此，或是你只是打算结束一段友谊，那最好还是向对方道别，或者至少不要一语不发地离开。绝大多数情况下，对方都值得你尊重。

伦理挑战

人间蒸发：
冷处理的终极形式

▍迁就（一输一赢）

当我们完全屈服于他人而不是坚持自己的观点时，就会发生迁就。图 11-1 描绘了迁就者对自己的关心程度低，对他人的关心程度高，导致了"我们将按你的方式来做"的一输一赢的结果。

迁就者的动机对这种沟通方式的效果有着重要影响。如果迁就者是出于一种真正的仁慈、慷慨或爱的行为，那就很有可能会增进关系。大多数人都欣赏那些"为团队而战""以别人想要的方式对待他们""为了赢得战争，故意输掉战役"的人。然而，人们对那些习惯性地用这种姿态来让自己扮演"殉道者""痛苦的抱怨者""哀怨者""破坏者"的人就没那么欣赏了。

这里暂停一下，我们先来讨论一下文化在感知冲突类型中所扮演的重要角色。来自高情境文化、集体主义背景（诸如许多亚洲国家）的人，倾向于将回避和迁就视为保留面子和处理冲突的高尚方法。在低情境文化、个人主义文化（诸如美国）中的人，往往会认为回避和迁就是缺乏积极性。例如，美国人描述在冲突中放弃和让步的人时，会使用许多不讨喜的语汇（"墙头草""懦夫""受气包""没骨气的人"）。正如你将在后面阅读到的，集体主义文化对这些行为更有好感。这里的重点是，所有的冲突处理方式在特定情境中都有可取之处，而文化在人们对各种处理方式的评判中扮演着重要的角色。

▎竞争（一赢一输）

迁就的反面是竞争，这是一种处理冲突赢—输取向的方法，涉及高度关注自己、不太关心他人。如图 11-1 所示，竞争者寻找以"我的方法"来解决冲突。

许多美国人默认竞争取向，因为在他们的文化中根深蒂固，就像一位作者所观察到的：

> 不管我们喜不喜欢，我们都生活在一个竞争激烈的社会中。我们的经济富有竞争力，作为一个国家，我们视竞争为一种挑战，需要不断地获取资源和发展自己。

就像竞争可以发展经济，有时候竞争也可以发展关系。一项研究发现，有一些男女在恋爱关系中会利用竞争来丰富他们的互动。例如，一些人通过游戏竞争（谁壁球打得更好，谁玩拼字游戏更厉害）、成就（谁获得了更好的工作或更好的成绩），以及利他行动（谁更浪漫或做了更多的慈善活动）来获得满足。这些对关系满意的伴侣发展出了共享的叙事（参考第 4 章），从而将竞争定义为衡量关注的方式，这和缺乏欣赏和尊重的冲突截然不同。当然，如果赢的一方沾沾自喜，或输的一方恼羞成怒，可以预见结果就事与愿违了。此外，挫败感可能会让你产生报复心理，从而在两人之间产生一个负面竞争的螺旋，使关系降级成双输的结果。

假如你相信自己的方法是最好的，你可能会觉得自己试图控制局面的行为很合理，但其他人可能不会仁慈地看待你。竞争的黑暗面是它会滋生攻击。这种攻击有时候是显而易见的，有时候又很微妙。想要了解这是怎么回事，请继续往下阅读。

被动攻击

被动攻击（passive aggression）发生在沟通者以伪装的方式表达不满时。在李和卡姆的例子中，可能李在播放球赛时，故意把吸尘器开得很大声，或者卡姆挖苦李不喜欢体育。被动攻击会使用"制造疯狂"的形式，即在不直接对抗的情况下惩罚他人的策略。之所以被称为"制造疯狂"，是因为这种行为通常会对目标产生影响。

有许多制造疯狂的方法可以用来处理冲突。一种是造成对方的内疚："没关系，我会自己做完所有的工作（叹气）。去吧，玩得开心点，别担心我（叹气）。"另一种方法是，某人当面同意你的意见，但背后完全是另一套做法。比如，一个青少年说他会自己打扫房间，但后来却没有这么做，以此来报复让他禁足的父母。有些被动攻击是非语言的：翻白眼、一个痛苦的表情，或者一个轻蔑的笑都可以传达信息。如果收到这些信息的这一方细加追问，被动攻击者总是会矢口否认冲突的存在。甚至幽默——尤其是讽刺（"哎呀，我等不及要和你的家人共度周末啦！"）——也可以被当作被动攻击来使用。有时候沉默也是疯狂制造者的武器，会破坏人际关系。

直接攻击

直接攻击（direct aggression）是沟通者对接收者的地位和尊严发起攻击。传播学学者列出了几种典型的直接攻击行为：对能力或性格的攻击、咒骂、嘲弄、讥笑、非语言行为（如竖中指）和威胁。在李和卡姆的案例中，冲突可能会变成一场丑陋的争吵比赛，诋毁只有"白痴"才会喜欢（讨厌）运动、看（不看）运动赛事、欢迎（不欢迎）朋友过来串门。

第12章对攻击的特点和后果有更多的论述。但是值得指出的是，一个赢—输取向的冲突处理结果可能会有很高的关系成本，尤其是当输家是亲密的朋友或爱人时。如果对方对冲突的结果感到沮丧、受伤或愤怒，你的胜利可能是没有意义的。

▎妥协

妥协至少让双方都得到他们想要的一部分东西，尽管双方都牺牲了一部分目标。当人们认为部分的满足是他们所能期望的最好结果时，他们通常会妥协。

虽然妥协可能比输掉一切要好，但这种方式似乎很难获得该有的正面形象。一位观察者针对这种冲突解决取向做了一个有趣的观察。他提出这样的问题：为什么当一个人说"我会在价值观上做出妥协"时，人们不赞成这种行为，但会欣赏在冲突中的双方，通过妥协来达成问题的解决？虽然妥协在解决某些冲突中确实是最佳的出路，但我们必须知道如果冲突双方能够一起合作，一定可以找出更好的解决方案。

我们大多数人都被糟糕妥协的后果所包围。举一个常见的例子：一个人想要吸烟而另一个人想要有干净的空气。在这个问题上，赢一输取向的结果是显而易见的：要么吸烟者戒烟，要么非吸烟者的肺部遭受污染——都不是两全其美的解决方案。但是妥协的方法是，吸烟者只能偶尔吸一次或者去室外吸，而非吸烟者仍然会吸到一些二手烟或是感到自己像是个给人制造麻烦的讨厌鬼，这种方案也好不了多少。双方都失去相当大一部分的舒适和善意。当然，其他一些妥协付出的代价可能更大。例如，一对离婚的夫妻为孩子的抚养权起了争执，还给孩子留下了痛苦和情感的创伤，无论结果如何，大家都成了输家。

有些妥协的确会让每个人都满意。一辆二手车的成交价格可能会在销售员的出价和你愿意支付的金额之间，虽然两个人都没有得到自己想要的结果，但结局仍然使得双方满意。同样，你和你的同伴可能会同意去看一场电影，尽管这是你们两人的第二选择。只要每个人都至少对结果有某种程度的满意，妥协就是解决冲突的有效方法。当妥协令人满意且有效时，将其归类为"合作"可能会更准确。

▎合作（双赢）

合作是在冲突中寻找双赢的解决方案。它包括高度地关注自己和他人，并以"我们的方法"，而不是以"我的方法"或"你的方法"来解决问题。在最好的情况下，合作能够带来双赢的结局，每个人都得到自己想要的。

在解决双赢问题的过程中，目标是要找到一个能够满足每个人需求的解决方案。合作伙伴不仅要避免以对方利益为代价取得成功，而且他们还相信：合作可以提供一个解决方案，让所有人无须妥协就能达成自己的目标。

合作的好处不仅仅是解决眼前的问题。当人们想要在争吵中达成双赢的解决方案时，他们更有可能积极倾听伴侣的意见。这种方法会减少沟通中的攻击性，最终减轻每个人的压力。

以下几个例子说明了合作为什么能带来双赢的结果：

- 老板和员工在日程安排上发生冲突。员工总是希望工作时间能适应个人需求，而老板需要确保随时都有人处理业务。经过一番讨论，他们达成了一个让所有人都满意的解决方案：只要商店的人手充足，员工可以自由换班。

- 大学课堂上出现了一场关于考试的冲突。因为生病或是其他理由，有些学生需要参加补考。教授不愿意给予这些学生有别于其他同学的特殊待遇，也不想再准备一次考试。经过讨论，老师和学生达成了一个双赢的解决方案。教授会提前发布 20 道考题，考试时将随机选出 5 题供全班同学回答。参加补考的学生也是从相同的题库中随机选出 5 题。这样补考的学生有一份全新的考题，也不必麻烦教授重新再出一份考题。

- 一对新婚夫妇发现他们经常因为怎么花钱而争吵。一方喜欢购买一些不实用的东西，而另一方则担心这样的支出会破坏他们精心制订的预算计划。他们的解决办法是每个月额外留出一小笔钱作为"享乐基金"。这个金额很小，可以负担得起，又可以偶尔挥霍一下。双方对这样的安排很满意，因为"享乐基金"现在已经属于预算范畴了。

你读到这里，虽然这些解决方法看似一目了然，但仔细思考后你会发现，这种合作解决问题的方法太少见了。面对这些类型的冲突，人们往往想到的是回避、妥协或竞争，以一种导致非赢即输或双输结果的方式来处理问题。正如我们之前指出的，冲突中的一方或双方都不满意地离开是很遗憾的，因为他们都可以通过合作得到他们想要的东西。在本章的后面，你将学习一个特定的过程来达成问题的协作解决方案。

当然，双赢的冲突解决办法并不总是可能的，甚至并不总是合适的。合作可能非常消耗时间，而有些冲突需要迅速做出一些决策。此外，许多冲突是相对次要的，并不需要大量的创造力和头脑风暴。正如你将在下一节中看到的，有时候妥协反而是最明智的方法。你甚至还会遭遇这样的情况，即自己提出的解决方案才是最合理的。更令人惊讶的是，有时候心甘情愿地接受失败者的角色是有意义的。然而，很多时候，良好的意愿和创意性思维可以满足每个人的需求。

▌使用哪一种方式

虽然合作似乎是解决问题最具吸引力的方式，但如果认为面对冲突只有这一种"最佳"方式，那就想得过于简单了。一般来说，双赢取向比一赢一输或是双输更可取，但我们已经看到，有些时候回避、迁就、竞争和妥协也有可取之处。表 11-1 列出了各种情境下冲突处理的最佳方式。

冲突的解决类型不一定会横跨所有情境的人格特质，威尔莫特和霍克指出，大约 50% 的人会在不同的情境改变其方式。正如你在第 1 章所学到的，这类沟通行为的灵活性是沟通高手的特征。有几个因素决定了我们要用哪一种方式，包括情境、对象以及你的目标。

情境

当某人明显比你拥有更大的权力时，迁就可能是最好的办法。假如老板告诉你："马上去填好订单！"你也许应该没有任何异议地去执行。而更具竞争的回答（"为什么你不叫小王去做？他的工作量比我少"），可能会是你的真实感受，但也可能会让你丢掉工作。除了权力，其他情境因素也会影响你在冲突中的沟通。例如，在家庭危机中，家人必须互相支持，你可能会试着将与兄弟姐妹或父母之间的个人分歧暂时搁置。

对象

虽然双赢是理想的目标，但有时候对方对合作不感兴趣（或不擅长）。你可能认识这样的沟通者，他们非常好斗，即便是在小问题上也要争强好胜，他们将赢看得比你们的关系更重要。在这种情况下提出合作，成功的概率非常低。

你的目标

当你想解决一个问题时，自信通常是件好事（见第 5 章关于建立自信的"我"信息）。但在冲突中进行沟通还有其他原因。有时候你的首要目的是让一个盛怒或不安的沟通者冷静下来。例如：面对顾客的责难和老板的无理指责，公司的规章或自我保护意识可能会让你选择保持沉默。同样，在感恩节餐桌上你可能会选择安静地坐着，而不是大吵大闹。在其他情况下，道德原则可能会迫使你发表攻击性的言论，即便说出口的可能不是你的初衷："我真是受够了你种族歧视的笑话！我已经跟你解释过他们为什么这么冒失，显然你根本没听进去。我要走了！"

表 11-1   何时使用何种冲突处理方式

影响因素	回避 （双输）	迁就 （一输一赢）	竞争 （一赢一输）	妥协	合作 （双赢）
问题的重要性	当问题不重要时	当这件事对别人比对你更重要时	当问题不够重要，且不需要长时间谈判时	当问题的重要性适中，但是还没有造成僵局时	当问题很重要，不应该妥协时
观点	冷静下来，重新审视自己时	当你发现自己有错时	当你深信你的立场是正确的而且是必需时	当双方都坚定地致力于相互排斥的目标时	当你可以将自己的见解与对问题有不同看法的人产生共识时
时间	当问题不值得花时间和精力时	当赢得胜利的长期成本抵不过短期收益时	当没有足够的时间去寻求双赢结局时	为复杂问题提供快速、临时的解决方案时	当你愿意投入必要的时间和精力时
关系的考虑	冲突的代价大于收益时	为日后的冲突建立信誉时	当对方不愿意寻求双赢结局时	当你没有危害任何一方的重要利益时	当长期关系很重要时
理性	避免不必要的风险和（或）不必要的介入	当问题不重要或挑战对方的成本太高时	保护自己免受不必要的威胁	作为"合作"不起作用的备用方案	寻找创造性的解决方案

沟通能力评估：你的解决冲突之道

想一个和你经常见面的人的亲密关系（如父母、兄弟姐妹、室友、密友、配偶或伴侣），你经常如何应对跟这个人发生的冲突？请用数字1~5对以下每一种说法在这些冲突中适用于你的程度进行打分，1 ＝ "从不"，5 ＝ "经常"。

序号	状况描述	评分				
1	我通常会坚定地追求我的目标	1	2	3	4	5
2	我会试着去处理别人和我自己的所有问题	1	2	3	4	5
3	我试着找到一个妥协的解决办法	1	2	3	4	5
4	我尽量避免给自己制造不愉快	1	2	3	4	5
5	别人的快乐对我来说很重要，即使这是以牺牲自我为代价的	1	2	3	4	5
6	我试图赢得我的立场	1	2	3	4	5
7	在解决问题时，我总是寻求对方的帮助	1	2	3	4	5
8	我放弃己见来换取他人的意见	1	2	3	4	5
9	我试图拖延处理这个问题	1	2	3	4	5
10	我可能会试着安抚对方的情绪，维持我们的关系	1	2	3	4	5
11	我总是努力让别人明白我的观点	1	2	3	4	5
12	我试着把自己的顾虑和别人的顾虑结合起来	1	2	3	4	5
13	如果别人让我得到我想要的东西，我就会让别人得到他想要的东西	1	2	3	4	5
14	我有时会避免采取可能引起争议的立场	1	2	3	4	5
15	我有时候会牺牲自己的愿望，来成全别人的愿望	1	2	3	4	5
16	我试图向别人展示我的立场的逻辑和好处	1	2	3	4	5
17	我会把我的想法告诉别人，然后问他怎么看	1	2	3	4	5
18	我会建议采取折中的立场	1	2	3	4	5
19	我会试着做一些必要的举措来避免紧张	1	2	3	4	5
20	如果满足他们意味着破坏关系，我不会在乎我所关心的	1	2	3	4	5

相关评分结果，请参阅第 407 页。

11.3 关系系统中的冲突

在冲突中，虽然沟通方式很重要，但你选用的方法并不是决定冲突会如何发展的唯一因素。在现实中，冲突是发生在关系系统中的，其特质通常由参与者的互动方式所决定。例如，你可能希望通过合作来处理与邻居的冲突，结果却因为他们不合作的本性驱使你使用竞争的处理方法，甚至因为他们对你有肢体威胁而采取回避的处理方法。同样，你想要暗示某位教授你对他的课程形式不满，但是随着他以一种开放、肯定的讨论态度做出建设性的回应，你取消了原先的计划。这些例子表明，冲突不仅仅是个人选择的问题，相反，它取决于个体之间的关系互动。

互补冲突和对称冲突

在人际关系中，伙伴间的冲突方式——以及非个人的冲突方式——可以是互补的，也可以是对称的。在**互补冲突**（complementary conflict）中，双方使用不同但相互增强的行为。如表 11-2 所示，一些互补的冲突具有破坏性，而另一些却具有建设性。在**对称冲突**（symmetrical conflict）中，双方都使用相同的策略。表 11-2 阐明了相同的冲突如何以非常不同的方式体现，这取决于双方的沟通是对称的还是互补的。

在许多不幸福的婚姻中，"攻击—逃避"的互补方式是普遍存在的。一方直接解决冲突，而另一方则选择退缩。正如第 4 章所讨论的，这种模式会导致敌意和孤立不断增加的恶性循环，因为双方都在以不同的方式打断冲突，责备对方使事情变得更糟。一方可能会说："我退缩是因为你太挑剔了。"然而，另一方则以不同的方式组织他的知觉信息："我批评是因为你总退缩。"研究显示，使用"要求—退缩"模式的伴侣对他们的冲突讨论满意度较低，因为他们的协商很少产生建设性的改变。

父母和孩子之间的冲突也出现了同样的"攻击—逃避"现象，最常见的情况是他们在家务、清洁卫生和宵禁等问题上发生争执。使用"要求—退缩"模式的家庭在关系中更容易感受到压力和不快。他们甚至比那些建设性处理分歧的家庭更容易生病。

互补并不是唯一会导致问题的冲突方式。一些痛苦的关系也饱受破坏性的对称冲突之苦。如果双方都以同样的敌意对待彼此，那么一方威胁和侮辱会导致另一方也以牙还牙，最终形成冲突的**升级螺旋**（escalatory spiral）。如果双方都用退缩的方式回避直面问题，就会产生将问题悬而未决的**降级螺旋**（de-escalatory spiral），让关系的满意度和活力日渐衰竭。

正如表 11-2 所示，互补和对称的两种冲突行为也可以是建设性的。如果互补行为是正面的，那么就会形成一个正向的螺旋结果，冲突就很有可能被解决。这就是表 11-2 中的第二个例子，当老板愿意倾听员工的心声，此处互补性的"说—听"模式就会很有效。

建设性对称出现的前提是双方都进行肯定的沟通，互相倾听彼此的担忧，并共同寻求化解之道。采取这种方法的已婚伴侣，对自己婚姻质量的评价比其他任何类型的夫妇都要正向。在表 11-2 中父母和孩子的冲突可以用这种方式解决。有了足够的相互尊重和仔细倾听，父母和他们的孩子就能够了解彼此的顾虑，这样就很可能找到一个同时满足三个人需求的解决方式。

表 11-2　互补冲突和对称冲突的结果

情境	互补冲突	对称冲突
妻子因为丈夫在家时间太少而心烦意乱	**破坏性：** 妻子提出要求，丈夫退缩；丈夫在家的时间反而比之前更少了	**建设性：** 妻子明确而自信地提出担忧，没有攻击性；丈夫以同样的方式进行解释
老板在其他同事面前取笑员工	**建设性：** 员工找老板进行私下沟通，说明为什么在公开场合成为靶心会觉得尴尬；老板诚心诚意地倾听	**破坏性：** 员工在公司餐会上恶意取笑老板；老板继续取笑员工
父母对孩子新结交的朋友感到不安	**破坏性：** 父母表达担心；孩子对此不屑一顾，说："没什么好担心的。"	**建设性：** 孩子向父母表达对他们过度保护的不快；父母与孩子商量出一个双方都认可的解决方案

连续争论

在一个完美的世界，我们可以处理好每种关系的冲突并继续推进，确信事情已经解决了。但在现实生活中，一些问题不断出现。就像花园里的杂草一样，它们成为一个需要持续关注的长期问题。

连续争论（serial arguments）是关于同一问题的重复冲突。涵盖的范围从看似平凡的话题（如管理家务）到极其严重的话题（如药物滥用、不忠）。

一项研究分析了情感关系中出现连续争论的原因。其中最常见的一种原因是有问题的行为习惯，如长期超支（或预算紧张）和马虎（或洁癖）。

另一个原因是性格特征，如内向和外向。如果你是一个外向的人，渴望社交，而你的伴侣却是一个内向的人，喜欢独处（反之亦然），那么很可能会遇到挑战。某些连续的争论仅仅源于伴侣的性格特质，例如，一个永远的悲观主义者或一个永远吹毛求疵的人。改变根深蒂固的思维和行为方式并非不可能，但这很困难。

连续争论的原因还有沟通风格和实际的做法，更确切地说是伴侣之间沟通的方式。例如，如果你通常避免冲突，而你的伴侣极具攻击性，这很可能会导致持续的摩擦。同样，如果你更喜欢坦诚，而你的伴侣很圆滑，那么可能会发生长期的争端。

无论争论的主题是什么，未解决的连续争论都会让人情绪低落。反复出现的问题带来的挫败感可能会导致第 8 章中描述的那种反刍现象，为情绪火上浇油，并使未来的争论更加激烈。因此，与非重复性争论相比，连续争论更有可能造成敌对的沟通，这并不奇怪。"我们已经沿着这条路走了十几次了"或者"真不敢相信我们又要为这件事吵架了"类似的争论都是典型的连续争论，这些愤怒的惊呼表达了绝望。

尽管这种情况令人沮丧，但当双方都平等参与，愿意谈论这个持久性问题，结果可能变得正面。积极的期望也会有帮助，因为寻求双赢结果的合作伙伴更有可能倾听对方的意见，不太可能怀有敌意，那么最终会减少关系中的压力和愤怒。本章末尾描述的解决问题的方法可能不会消除连续争论，但它可以引导我们走向正确的方向。第三方的介入可能有助于双方从一个新的、有益的角度看待反复出现的问题（见第 402 页的"在工作中"）。

破坏性的冲突模式：四骑士

有些冲突类型的破坏性太强，几乎注定会对人际关系造成严重的损害。这些有害的沟通形式包括约翰·高特曼（John Gottman）提出的"四骑士"概念。

约翰·高特曼曾经花费几十年的时间收集新婚夫妻沟通模式的数据，通过观察这些夫妻的沟通情况，他能够准确预测这对新婚伴侣最后是否会以离婚收场。下面是他找出来的四种具有破坏性的信号。

1. **批评**（criticism）：这是攻击别人的特质。正如你在第 5 章读到的，合理的抱怨语气以"我"的语言来描述具体行为（"我希望你可以准时，因为我们看电影要迟到了"），而攻击批评特质的人会使用"你"的语言（"你就是粗心大意，只想到你自己，从来不考虑别人"），两者之间有着明显的差异。

2. **防卫**（defensiveness）：就像我们将在第 12 章说明的，防卫是一种通过否认自己的责任来保护自己形象的反应（"你疯了！我从来不会这么做"）和反击（"你简直比我还要差劲"）。尽管某些程度的自我保护是可以被理解的，但是如果一个人拒绝倾听或承认别人的顾虑，问题就出现了。

3. **鄙视**（contempt）：鄙视通常意味着轻视和贬低，可能会采用扣帽子的低劣形式（"你真是差劲的队友"），或是以讽刺、说反话（"噢！那真是太高明了"）的形式表现。鄙视也可能是非语言行为，翻白眼或是厌烦地叹气（同时进行语言和非语言这两种行为，想象一下它们的力度有多强）。

4. **冷战**（stonewalling）：冷战发生在关系中的一方在沟通中退出交流、关闭对话，拒绝任何以双方都满意的方式解决问题的可能。这会向对方传递一种不肯定的"你不重要"的信息。

下面是一段简短的对话，显示了"四骑士"可能导致的破坏性的进攻螺旋：

"你又透支了我们的账户，你就不能干点好事吗？"（批评）

"嘿！你还怪我，你才是花钱最多的那个人！"（**防卫**）

"至少我的数学比小学生好。加油吧，高才生。"（**鄙视**）

"随便你。"（边走边说离开房间）（**冷战**）

采用这种沟通方式，不仅会危害人际关系，还会造成身体伤害。研究显示，批评、鄙视型的沟通者患高血压和胸痛等心血管疾病的风险会增加，冷战者往往会经历背痛和肌肉僵硬。换句话说，要么"爆炸"要么"压抑"，这些都是不健康的。正如本章及下一章所述，处于冲突中的沟通者需要以健康、高效的方式表达自己的情绪。

在任何人际关系中，有害的冲突都可能具有破坏性。批评、防御、鄙视和冷战会相互影响，并可能发展成我们接下来看到的冲突惯例。

▍冲突惯例

当人们在一段关系里相处了一段时间之后，他们在冲突中的沟通经常会发展成**冲突惯例**（conflict rituals）——这种惯例通常不会被承认，却是非常真实的连锁行为的重复模式。思考一下以下这些常见的惯例：

- 一个小孩打断父母的谈话，并要求要加入大人的谈话中。刚开始父母要小孩稍等一下，但小孩一直呜咽哭泣，直到父母发现倾听比忽视孩子的哭闹更容易一些。当孩子有一个要求，而父母却不愿及时满足时，这种模式就会重复出现。
- 一对伴侣吵架了，其中一方离开，另一方把过错揽到自己身上并请求对方原谅。离开的那个人回来，两人快乐地和解。不久之后他们又吵架，并重复这种模式。
- 一个朋友对另一个朋友不满意。产生不快的这方退缩，直到对方问他怎么了。第一个人回答说："没什么。"询问一直坚持到最后，终于使问题浮出水面。两个朋友终于解决了问题，并继续愉快的友谊，直到下一次再出现问题，届时这个模式会自行重复运作。

在很多惯例中，沟通本身并没有什么不对。考虑前面的例子，在第一个例子中，小孩的抱怨可能是他能够吸引父母注意的唯一方式。在第二个例子中，伴侣双方可能都将吵架作为一种发泄情绪的方式，而且双方可能会发现重新结合的乐趣值得以暂时的分离为代价。在第三个例子中，当其中一个朋友比另一个更坚定时，关系就会运作得很不错。

然而，当冲突惯例变成关系伙伴处理他们之间冲突的唯一方式时，就会产生问题。就像你在第1章学到的，沟通高手拥有一个庞大的行为库存库，他们能够在不同情境下选择最有效的反应。只依赖单一模式来处理所有的冲突，就好像只是用一把螺丝刀应付家里所有的修理工作，或是在每道菜中都放入相同的调味料。在某个情境中有效的方法，不一定在其他情境中也有效。冲突惯例可能让你既熟悉又舒适，但是它们并不是解决关系中出现各种不同冲突的最好方法。

11.4 冲突类型中的变量

现在你可以发现，每一个关系系统都是独特的。沟通模式在每个家庭、公司或班级都有很大的差异。但除了个人关系的差异，有两项强大的变量会影响人们管理冲突的方式：性别和文化。

▌性别

一些研究表明，男性和女性处理冲突的方式通常不同。这种不同可能出现在青春期。十几岁的男孩经常会进行言语较量甚至肢体冲突，而十几岁的女孩通常会运用八卦、诽谤和社交排斥。这并不是说女孩攻击的破坏性就比男孩的少。电影和音乐剧《贱女孩》（*Mean Girls*）就生动地描述了这种间接攻击对青少年女性自我概念和人际关系所造成的伤害。研究表明，诸如此类的女性攻击行为会持续到大学，且会以网络或现实的形式存在。

一项对大学生的调查强化了性别在冲突处理中的刻板印象。不论他们的文化背景如何，女学生都认为男性更关心权力，相比关系问题，男性对谈话的内容更感兴趣。用来描述男性冲突类型的句子包括："对男性而言，在冲突中最重要的是他们的自我""男人不在乎感受""男人比较直接"。相反地，女性被描述为在冲突时更关心如何维持关系。用来描述女性冲突类型的句子包括："女性是更好的倾听者""女性试着在解决问题时不去控制别人""女性更关心他人的感受"。

与这种极端观点相反，另一组研究表明，性别差异在处理冲突时影响其实很小。就像伍丁（Woodin）总结的那样："男性和女性在解决冲突上，相似多过差异。"人们可能人为放大了男性与女性在处理冲突上的差异。那些假设男性是攻击方而女性是迁就方的人，可能只注意到符合这些刻板印象的行为（"看看他是如何对她颐指气使的，一个典型的男人！"）。另一方面，那些不符合这些刻板印象的行为（迁就的男人，强势的女人），他们就视而不见。

到目前为止，我们所描述的研究主要集中在性别如何影响个人处理冲突的方式上。考虑到沟通相互作用的性质，当人们在亲密关系中出现分歧时，探索性别如何影响行为也同样重要。

在研究异性婚姻多年后，约翰·高特曼想知道同性伴侣是否和异性伴侣有着相同的冲突模式。一项广泛的研究表明，同性伴侣对待冲突的消极程度远远低于异性伴侣。这种缺乏敌意的态度会产生积极的沟通螺旋。在这种螺旋中，同性伴侣就能听到彼此的抱怨，而不会具有太多的防御心理。为什么同性伴侣能更有建设性地处理冲突？约翰·高特曼推测他们的关系没有那么多来自传统的男女性别角色的权力斗争。在冲突管理方面，他认为"异性关系可以从同性关系中学到很多东西"。

家务劳动的管理也说明了同性伴侣可能比异性伴侣能够更好地处理冲突。处理家务不是件小事。沟通研究人员发现，关于日常家务的争论是关系冲突最频繁、最具破坏性的源头之一。在异性关系中，家务纠纷尤其严重，家庭责任的性别规范可能发挥了作用。研究表明，和异性伴侣相比，同性伴侣能够更平均地分担照顾孩子的责任，也能更平等地参与到家庭互动中。

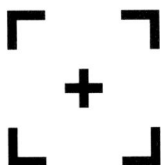

研究焦点

"我们得谈谈"：
冲突中的男女

请想象一下，两位相爱的情侣争吵起来了。其中一人想要结束这个话题去做别的事，另一方则说："不行，我们得把这事情说清楚才行。"猜猜看：这一情景中哪一位是男人，哪一位是女人？

塔玛拉·阿菲菲（Tamara Afifi）及其团队要求 100 对情侣进行私人谈话，讨论双方在感情生活中的争执。随后，研究人员分别询问了男女双方，与对方交流是否顺畅，对关系是否满意等，并在一周后重复了调查。

如果你认为，在上述情景中，坚持要"讲清楚"的那个是女人，那你答对了。在这项研究中，绝大多数的女人想要并且期望在争吵中坦率地讨论问题。如果她们觉察到伴侣有意回避，她们只会更生气。如果这个问题整整一星期都没有说起，那她们对这段关系只会更加不满。另一方面，针对在争吵中是否要坦率的话题，绝大多数男性的想法截然不同，他们觉得如果对方有意选择回避冲突，他们也不会不满。

研究人员发现，这一结果反映出文化上"对坦率开放的标准"的问题。美国女性似乎更希望在争吵中把事情讲清楚，而男性或许更希望回避冲突，以免进一步影响双方关系——但这么做可能会对双方的情感关系造成更大的伤害。

▌文化

大多数不同文化背景的人在解决冲突时，更喜欢互惠，而不是分歧。尽管如此，不同文化的人在冲突的沟通方法上大有不同。文化差异表现在面对分歧时，它们的态度（应该避免还是可以接受）、关系管理

（关系的维持是否重要），以及是否需要保留面子（保留自己和对方的尊严是否重要）。

　　一种解决冲突的办法在某一种文化中司空见惯，在另一种文化中可能会让人觉得匪夷所思。正如你在第 2 章所读到的，直接沟通的风格是许多北美和西欧低情境文化的特征，但在世界其他地区并不普遍。自我肯定对于土生土长的美国人或加拿大人，看起来似乎很合适，但是对于许多高情境的亚洲国家的人来说就显得粗鲁又迟钝。个人主义文化的成员通常将竞争视为一种冲突风格，而集体主义文化的成员更喜欢用妥协来化解问题。

　　东亚文化倾向于避免冲突，并重视保留和尊重对方的面子。日本的自我约束观念反映在重要的"和谐"概念中。这种对冲突的厌恶文化甚至表现在日本的法律系统中。据统计，在日本，每 4000 人中只有一名律师；反观美国，每 275 人中就有一名律师。

◀ 体育赛事往往反映了可能不会立即显现的文化价值观和态度。**通过观察竞争性的娱乐形式，你能了解到在自身文化中解决冲突的假设吗？**

俗话说："第一个提高音量的人就输了。"在中国的大学生中，即便结果可能不尽如人意，最常用的三种说服方法是："暗示""用自己的行动树立榜样""策略性地同意一些让别人高兴的事情"。然而，这些方法正在改变。中国的年轻人比他们的长辈更喜欢用合作的方式解决问题，他们承认冲突在实现自己的目标和改善关系上是有价值的。

在美国文化中，种族背景在人们对冲突的观念上扮演了重要角色。一项研究表明，当美国人描述他们对冲突的看法时，种族之间几乎没有差异。相比亚裔美国人和非裔美国人，欧裔美国人更有可能认为冲突会给关系带来正面影响。亚裔美国人面对冲突时更克制，而西班牙裔美国人和拉丁美洲裔美国人在冲突中会更决断。但同样，这些差异相对较小，并且取决于调查对象对自己种族的认同程度。

11.5 处理冲突的实用技巧

本章前面讲述的合作冲突解决模式是一种需要学习的技能，而且是种瓜得瓜，卓有成效。有一项为期 11 年的研究，跟踪了 100 对接受过冲突处理技巧培训的夫妇。研究结果显示，对于那些想要改善关系的伴侣而言，这种方法是有效的。

双赢的问题解决方法可以通过七个步骤来实现。请注意，本书中讨论过的许多技巧都包含在这些步骤中：

1. **确定你的需求**。首先确定你想要什么或需要什么。有时候答案是显而易见的，就像我们前面举的例子，邻居吵闹的音乐让他人无法入睡。然而在其他情况下，表面上的问题会掩盖更根本的问题。

   因为你的需求并不总是清晰的，所以在接触相关者之前，我们有必要单独思考议题。跟第三方聊聊这个议题，有时候能帮助你厘清思路。在任何情况下，你都应该同时思考你表面上不满意的内容和背后可能隐藏的关系问题。

2. **跟他人分享你的需求**。一旦你明确了自己的需求，就是跟你的伴侣分享的时候。这里有两条重要的准则。第一，选择合适的时间和地点。在伴侣疲惫或忙碌时去增加其负担，会降低你传达的忧虑被接收的概率。同样，要确保自己正处于最佳状态。当你的愤怒可能导致你说出一些将来会后悔的话时，当你的沮丧情绪把问题夸大时，或者当你被其他事情分心时，请你不要提出问题。约个时间来讨论这个问题，例如晚餐过后或喝咖啡的时候，通常能够提高成功的概率。

   第二个准则是使用在第 5 章中概述的描述性的"我"语言。在紧张的情况下，开始分享你的需求可能并不容易。雷德（Raider）等人建议以一种所谓的"仪式性分享"开始，这是一种初步的、轻松的交谈，目的是建立融洽的关系和共同点，或许也能够收集一些信息。

3. **倾听对方的需求**。一旦你清楚了自己的需求，就是时候去弄清楚别人想要什么和需要什么了。这个阶段需要积极的倾听技巧（详见第 7 章）和同理心。现在是进行释义的好时机，既可以确保对方的话被听到，也可以引出更多的信息。

认识到这个阶段可能需要一些时间，在顺利找到解决方案之前，双方都需要相信自己的意见已经被听取，而所有冲突的内容和相关问题都浮出水面。这可能包括探讨以前的议题（甚至是以前的关系）是如何影响他们针对此次特定冲突的沟通方式的。

4. **提出可能的解决方案**。下一步，你和你的伴侣要试着去找出能满足双方需要的所有方法。你可以通过"头脑风暴"来做到这一点，尽可能地去搜寻潜在的解决方案。"头脑风暴"成功的关键是追求数量而不是质量，不管这些点子看起来有多么荒唐，不要去批判它们。一个看似牵强的想法，有时可能会引发一个更加可行的想法。另一个"头脑风暴"的准则是想法并非个人财产。他人可以自由地在先前想法的基础上，建立或修改原来的方案。先前提出的方案和后来发展的新方案，都是之后潜在解决方案。一旦伴侣克服了他们对想法的占有欲，防卫水平就会下降，双方可以一起努力找到最佳解决方案，而不必在乎是谁的点子。

5. **评估可能的解决方案并选择最佳方案**。全部方案生成后，你觉得自己已经用尽了所有的想法后，就到了评估解决方案的时间。在这个步骤中，要审查所有列出的可能方案，看它们是否能够满足每个人的重要目标。解决方案是否违背个人和共同的目标？哪一个解决方案最能满足目标？伴侣们需要合作检验每一个解决方案，最后选出最佳方案。

6. **实践解决方案**。现在是时候检验解决方案是否可行了，看看它能否满足所有人的需求。有时，理论上看起来不错的解决方案在实践中并不奏效。这是为什么有必要进入冲突管理过程的最后一步，后续行动很重要。

7. **跟踪解决方案**。在选择并实施一个特定的解决方案后就停止冲突管理过程，假设任何解决方案都是永久的，人员保持不变，环境也永远不会发生改变。当然，情况并非如此：随着人员和环境的改变，特定的解决方案可能会失去效用或反而提升效用。因此，我们必须进行后续追踪评估。

在对解决方案进行了短时间的测试之后，你最好安排一次会议讨论一下进展情况。你可能会发现需要做一些调整，甚至重新思考整个问题。此外，人们可能会离开冲突会议，表明他们实际上并不同意之前的解决方案。用会议来跟进有助于确保对方和我们的意见一致。

表11-3细化了这个过程的每一个步骤。对某对伴侣有用的方法可能对其他人无效，但这就是每段关系中沟通的独特之处。关键是要对你的解决方案感到满意。

表11-3 冲突管理流程演练

情景：布鲁克（Brook）和阿南特（Anant）已经约会好几个月了，这是一段专一的恋情。当他们分开时，布鲁克经常给阿南特打电话或发短信。阿南特很少主动与布鲁克联系，通常也不回复消息。双方都对对方的行为感到恼火。

情境	案例
1. 确定你的需求	起初，阿南特觉得烦恼只是因为自己在集中精力上课和工作时被打断。更多的自我反省表明，阿南特愤怒的原因是布鲁克的电话似乎暗示了一些关系信息。阿南特认为这种频繁的联系是一种监视，也许这表明布鲁克不信任阿南特在他们不在一起时所做的事情。
2. 跟他人分享你的需求	在进行了一些初步的、随意的交谈（仪式上的分享）后，阿南特给出了这样的看法："布鲁克，我们的关系对我来说非常重要，我很高兴你想要保持联系。不过，我有点厌烦你给我打电话或发短信的频率。当我在上课或工作的时候，或者当我和朋友出去玩的时候，我希望能够专注于这些活动。在这种情况下，你的信息可能会让人分心，而不是表达爱意。我承认我想知道你为什么经常给我打电话。我们是不是有什么信任问题需要讨论？"
3. 倾听对方的需求	布鲁克可能会对阿南特的观察做出防卫反应（"我不敢相信你会把我的电话和短信看作一种干扰！"），但理想的情况下，推动对话的需求和担忧会变得清晰。 布鲁克："我给你打电话或发短信，这是我传达我在想你的沟通方式。你没有回应，我会很痛苦。我认为这表明你不像我关心你那样关心我。" 阿南特："所以你的意思是，短信和电话只是一种关心和在乎的表现，而不是试图监视我？" 这可能会让布鲁克探究给阿南特发信息的动机。布鲁克可能会这样和阿南特解释："听起来你不想在我们分开的时候和我联系，而且你认为我的信息是对你个人空间的入侵。"然后，阿南特可以澄清该解释的哪些部分是准确的，哪些是不准确的。
4. 提出可能的解决方案	阿南特和布鲁克利用头脑风暴来解决他们的问题。他们讨论出来的行动清单包括取消、限制、继续或增加布鲁克给阿南特打电话的次数。同样，阿南特可以减少或增加对布鲁克的回应。这对情侣可以决定短信比语音信息更可取，或者选择一种联系方式（电话或短信）需要对方接听，而对方不接。白天打电话可以，但晚上打电话不行，反之亦然。也许阿南特可以发起呼叫；也许布鲁克想聊天的时候可以联系其他朋友。他们也可能会讨论更进一步的问题，比如，他们面对面或与朋友在一起的时间有多长。这甚至可以成为一个机会来讨论他们是想放缓还是加速他们的关系。虽然其中一些解决方案对双方来说都是不可接受的，但他们会列出他们能想到的所有想法，为下一步找到双赢解决方法做好了准备。

情境	案例
5. 评估可能的解决方案并选择最佳方案	布鲁克和阿南特决定把每天发短信和打电话的次数限制在两到三次，阿南特至少会发其中一次。他们还同意在参加社交活动时简短地回复对方的短信，但不能在学习或工作时间。阿南特认为，更少的通话表明布鲁克重视自主权并信任他们的关系。布鲁克认为阿南特发起或回应的消息表明双方都在这段关系中投入了同等的精力。
6. 实践解决方案	阿南特和布鲁克遵循了他们的新指导方针，并且在大多数情况下感到满意，但仍有一些问题。如果布鲁克联系阿南特只是说"我会在 30 分钟内到家"，这算吗？同样，如果阿南特发了一条消息，但只是在做事情的安排，这能让布鲁克满意吗？
7. 跟踪解决方案	布鲁克和阿南特约好两周后讨论他们的解决方案。晚餐时，两人都表示对新安排感觉良好，并意识到信任对布鲁克来说确实是个问题。他们同意区分私人电话（有限制）和必要的电话（没有限制），以便根据需要进行安排。阿南特承认，打电话很有挑战性，于是决定在上课和工作时间关掉手机。布鲁克要求阿南特在开放联系时给自己发送一条短信。阿南特认为这是记住每天发送"签到信息"的好方法。

在工作中

第三方争议
解决机制

在理想情况下，有分歧的人会自己解决所有的问题。但在实际情况下，即使出发点再好，结果也不是每次都可以让人满意。在这种情况下，尤其是职场中的冲突，就可以求助于中立的第三方。

仔细考虑就可以发现，这个机制适用于许多类型的业务纠纷：合作伙伴间的冲突、合同纠纷、团队成员争执、劳动纠纷、消费者投诉等。在这些例子中，一些冲突是同一组织内部的双方发生纠纷，而另一些则涉及一个组织与外来者的纠纷。

第三方干预既有非正式的也有法定性的。最简单的干预，就是当事人可能会找一位值得双方信任的第三人来帮助双方解决分歧。在其他情况下，还可以求助某位训练有素的调解员，请他们分析问题并提出解决方案。在最严重的情况下，当事人可以向仲裁机构或法院提出申诉，由其下达具有强制力的决定。无论使用哪种方式，重要的是第三方必须中立和不偏不倚，才能确保结果公平和有效。无论哪种形式，第三方的介入都有助于结束一场本来可能恶化或升级的冲突。

这起初是一次合作。麦当劳兄弟在加利福尼亚州有一家成功的快餐厅。雷蒙·克罗克（Ray Kroc）有眼光和诀窍，懂得如何把特许餐厅开遍全美国。这似乎是一段双赢的伙伴关系。

虽然麦当劳已经成为家喻户晓的品牌，但《大创业家》所讲述的故事观感并不良好。这部电影基于真实故事，详细地记述了克罗克是如何变得野心勃勃，想要将整个麦当劳公司纳入自己手中的经历。他绝不是个有道德的人，他架空了麦当劳兄弟，不让他们决定企业的运作，挂断他们的电话，并且违背了自己许下的诺言。最终他买下了麦当劳兄弟的股份和"麦当劳"这个名字，将他们赶出了公司。

公平的说，没有克罗克，麦当劳不会成为全球知名的连锁餐厅，克罗克在买下股份时也给了麦当劳兄弟补偿。但克罗克所做的不仅是违背诺言，还为了追求物质上的成功，亲手摧毁了伙伴关系。这个故事告诉我们，当双方的关系很重要时，以牺牲他人利益为代价的胜利也会让自己付出代价。

电影电视

恶意收购：
《大创业家》

自我检查

▼

▶ **学习目标**

11.1 描述冲突的本质及其特征

尽管与人们的愿望相反，但冲突在任何关系中都是自然且不可避免的一部分。因为冲突不可避免，所以我们的挑战就在于如何有效地处理冲突，让它能够强化关系而不是弱化关系。所有的冲突都有着相同的特征：表达出来的斗争、相互依赖、感知到互不相容的目标、感知到资源短缺和必然性。

问题： 描述在你的一段重要关系中反复出现的冲突，是如何体现本章所讲的各种特征的。

▶ **学习目标**

11.2 阐明处理冲突的五种方式以及它们是如何沟通的

沟通者可以选择各种方式对冲突做出回应：回避、迁就、竞争、妥协或合作。这些方式在特定情况下都是合理的。

问题： 上述五种方式中，哪一种是你处理冲突的典型方式？你的沟通对象与哪种风格最符合？使用这些方式的沟通效果是否令人满意？其他的方式会更有效吗？

▶ **学习目标**

11.3 辨识关系冲突中的不同沟通模式

沟通双方是互相影响的，所以处理冲突的方式并不总是由个人单方面做选择。在某些关系中，冲突双方是互补的；在另一些关系中，冲突双方则是对称的。关于同一问题的重复冲突被称为连续争论。而在冲突中，某些沟通形式天然就会使局面恶化（比如所谓的"四骑士"）：批评、防卫、鄙视与冷战。在长期关系中，伴侣常常会形成冲突惯例——连锁行为的重复模式。

> **问题：** 你和伴侣之间的冲突是互补的还是对称的？它们更具建设性还是破坏性？你或其他人是否曾使用过"四骑士"中的一种？如果有，其效果如何？你们的冲突有哪些冲突惯例，这一惯例有什么好处？

▶ 学习目标
11.4 描述性别与文化在发生冲突时如何影响沟通

研究表明，男性与女性应对冲突的方式有所不同。尽管如此，每一个沟通者在处理冲突时，个人风格比生理性别更加重要。文化背景也会影响个人处理冲突的方式。

> **问题：** 在你的重要关系中，性别和文化差异在应对冲突时会在多大程度上影响你的沟通方式？你如何利用这些差异，以便最有效地处理冲突？

▶ 学习目标
11.5 解释冲突管理过程如何理想地解决人际冲突

在大多数情况下，双方合作共赢是最为理想的结果。只要遵守本章最后一节所概述的指导方针，就能实现。

> **问题：** 认真思考第 401~402 页中描述的步骤如何帮助你更有效地处理冲突。其中哪一部分最有帮助？哪一部分最困难？

实践活动

▼

1. 采访一位熟悉你的人，向他提出问题：你最常使用哪一种处理冲突的方式？这种方式对你们的关系有何影响？根据结果进行讨论，不同的行为方式是否会带来不同的后果。

2. 与同学合作构建一个假想的冲突情境，可参照卡姆与李的案例（第379页）。描述其中各方在处理冲突时如何使用以下五种方式：

   a. 回避。
   b. 迁就。
   c. 竞争。
   d. 妥协。
   e. 合作。

3. 与同学合作，采访多人并要求其根据某段关系回答下列问题：

   a. 你们在相处时，冲突风格总体上偏向互补还是对称？这种风格的后果如何？
   b. 你们是否进行过任何一次连续冲突？你们如何处理这类长时间的冲突？如何使处理冲突的方式更有建设性？
   c. 在冲突中，你们是否经历过任意一种高特曼所说的"四骑士"？如果有，是哪一种？结果如何？
   d. 在这段关系中，你们采用怎样的冲突解决模式？这种模式是否失常？什么会是更好的替代？性别或文化背景是否影响了你以及对方处理争端的方法？如果有，是什么影响？

4. 与全班同学合作，构建一个与阿南特和布鲁克（第401页）相似的冲突情境。描述冲突各方如何使用第399~400页所写的冲突管理流程的每一个步骤。尝试为此问题设计并选择实际可行的解决方案。

▶ 沟通能力评估（第 388 页）

　　请将第 1、6、11、16 题的答案相加，总分就是你的竞争得分。
　　请将第 2、7、12、17 题的答案相加，总分就是你的合作得分。
　　请将第 3、8、13、18 题的答案相加，总分就是你的妥协得分。
　　请将第 4、9、14、19 题的答案相加，总分就是你的回避得分。
　　请将第 5、10、15、20 题的答案相加，总分就是你的迁就得分。

　　各维度的分值范围在 4 分和 20 分之间，分值越高，则表明你越倾向该维度的处理冲突方式。你可以参照不同对象或不同冲突场景，多次完成本评估，从而更好地确定你所偏好的处理冲突方式。

第12章

沟通氛围|

学习目标

- 12.1 解释沟通氛围的本质
- 12.2 描述沟通氛围如何发展
- 12.3 区分防卫性与支持性沟通氛围的不同构成因素
- 12.4 认识营造邀约式氛围的沟通技巧

专题研究

- 伦理挑战　网络霸凌：在网上伤害他人
- 沟通能力评估　肯定的沟通与非肯定的沟通
- 研究焦点　低头族：爱人不如手机重要
- 电影电视　被攻击、被伤害：《月光男孩》
- 研究焦点　说话不经思考也会伤人
- 电影电视　气候变化缓慢，说话亦然：《外科医生马丁》
- 在工作中　堂堂正正：在恶意下保持冷静

你会如何形容对自己来说最重要的人际关系？晴朗温暖？狂风暴雨？炙热？冰冷？就像地理位置具有独特的天气模式一样，人际关系也具有独特的"气候"。你无法利用温度计或抬头望天来评测人际关系的"气候"，但它的确存在。每一段关系都有一种感觉，一种无处不在的情绪，为参与者的生活增添色彩。

▶ 与天气一样，关系中的氛围也会影响情绪。在你最重要的人际关系中，情绪氛围如何？你希望如何改进它？

12.1 沟通氛围是什么

沟通氛围（communication climate）指的是关系中的社交基调。氛围不涉及特定的活动，更多的是人们在进行这些活动时对彼此的感觉。例如，想象一下有这样两个班级，他们拥有相同的授课时间和教学大纲，也都在学习人际沟通。但其中一个班级的学习环境是友善舒适的，而另一个班级则是冷漠、紧张甚至充满敌意的。并不是课程内容不同，而是课堂上的人对彼此的感觉和对待彼此的方式不同。即使是线上学习，也是如此。

正如每一个教室都有独特的氛围一样，每一种关系也是如此。爱情、友情和亲情就像社区、城市和国家一样，都可以通过它们的社交基调来定义。另一个可以用来明显观察"氛围"影响的地方是工作场所，这也是为什么有这么多学者都在研究"沟通氛围"。试想一下：你是否曾经在一个常常出现诽谤、恶意批评和互相猜疑的地方工作？或者你是否有幸在正面、鼓励和支持的氛围中工作？如果这两种场合你都经历过，你就会知道氛围的不同。其他研究表明，员工在积极沟通的工作氛围中，会对工作有更高水平的承诺。

无论是从比喻义还是字面上看，氛围都是关系中的每个人所共享的。一段关系中，一方认为这段关系的氛围是开放和积极的，另一方却认为是冷漠且有敌意的，这种情况很少出现。此外，如同气候一样，沟通氛围也会随着时间发生改变。一段关系可能此时阴雨绵绵，彼时阳光灿烂。以此类推，我们必须认识到：沟通氛围的预测不是一门精准的科学。然而，和天气不同的是，人们可以改变他们的沟通氛围——这就是为什么了解它们很重要。本章探索了几个与氛围相关的问题：沟通氛围如何发展，我们如何以及为什么在某些氛围中做出防卫反应，我们可以做些什么来创造正向的氛围并转变负向的氛围。

12.2 沟通氛围如何发展

为什么一些类型的沟通能够创造正向的氛围，而另一些却带来相反的效果？从本质上说，沟通氛围是由人们认为自己被重视的程度决定的。那些认为别人喜欢、欣赏和尊重自己的沟通者会做出积极的反应，而那些觉得自己不重要或被伤害的沟通者则会做出消极的反应。传播学学者用**肯定的沟通**（confirming communication）来形容能够传达重视的直接或间接信息。肯定信息以各种形式表达"你存在""你很有分量""你很重要"。相比之下，**非肯定的沟通**（disconfirming communication）缺少尊重。非肯定信息以各种形式表达"我才不在乎你""我不喜欢你""你对我不重要"。

肯定信息的重要性和非肯定信息的影响怎么强调都不为过。缺乏肯定信息的孩子会出现广泛的情绪和行为问题，而那些感受到肯定的孩子与他们的父母有更开放的沟通、更高的自尊和更低的压力水平。事实证明，教师采用肯定的沟通可以提高学生的课堂参与度，特别是那些害怕发言的学生。肯定的氛围在婚姻中也很重要，它是婚姻满意度的最佳预测指标，婚姻研究专家约翰·高特曼认为，积极互动（如碰触、微笑、大笑和给予赞美）的夫妻比消极互动的夫妻，更有可能拥有幸福和成功的婚姻关系。如果孩子看到他们的父母经常与对方进行肯定的沟通，他们很可能会在自己的感情关系中复制这些模式。

将信息诠释为肯定或非肯定具有主观性。试想一下，你发表了一个在外人眼里是非肯定的评论（"你真是个书呆子"），实际上却是恋人之间在表达喜爱之情。同样，一个可能有帮助的评论（"我告诉你这些是为了你好"），很容易被接收者视为一种非肯定的人身攻击。

▌信息肯定的层级

图 12-1 显示肯定、不同意、非肯定信息的范围，这些信息将在接下来的内容中进行详细说明。肯定信息向他人传达我们的重视，非肯定信息则正好相反。

肯定信息

即使你千方百计想给对方传达肯定信息，也可能会被误解。但研究表明，有三种信息最有可能被他人视为肯定信息：识别、承认和赞同。

- **识别**（recognition）：最基本的肯定行为是识别，或者表明你跟对方认识。这可以通过非语言的方式来实现——例如，通过眼神交流或是微笑。识别也可以通过语言的方式，如"很高兴见到你"或"我马上就来"。另一方面，避免眼神接触会传递出负面信息。试想一下，当一个店员没有意识到你正在等待服务时，你会是什么感受。一家全国性的连锁商店要求店员在顾客进门的"十米和十秒"内迎接他们，认为这些时刻对建立顾客的忠诚度至关重要。

- **承认**（acknowledge）：通过承认来关注他人的想法和感受，是一种比简单的识别更加有力的肯定形式。第 7 章指出，倾听和回应他人表明了你的兴趣和关注。诸如"我明白你的观点"或"我能理解你的感受"之类的说法，无论你是否同意，都要传达承认。正如法国哲学家西蒙娜·韦依（Simone Weil）说的那样：关注是最稀有和纯粹的慷慨。

- **赞同**（endorsement）："承认"表达你对他人的兴趣，而赞同意味着你同意或支持他人。赞同是肯定信息中最强力的一种类型，因为它传达了最高层次的重视。你可以通过同意（"你说得很对"）、赞同（"你这件事处理得很好"）或表

超过三分之一的美国学生回忆称，他们在校学习期间遭受过网络霸凌。网络霸凌最常见的对象是高中生，但也有涉及初中与小学生，乃至延续到大学生活及以后的事例。网络霸凌会对受害者造成各种负面影响，包括学习成绩下降、抑郁、孤僻、酗酒、药物滥用甚至自杀等。

应对网络霸凌最好的方法就是检举那些霸凌者。但遗憾的是，绝大多数的青少年出于各种原因不愿意这么做，或是出于畏惧遭到报复，或是出于害怕失去使用社交媒体的特权。如果在网络上遭到骚扰，他们更愿意把事情告诉同龄朋友，而非向成年人求助。为此，许多学校都会让同学主导项目，向遭受霸凌者提供干预和帮助。

但只要受害者仍然缄口不言，旁观者也无意介入，那么网络霸凌的问题就永远不会得到解决。绝大多数学校和公司都有着保护遭受霸凌者的规章。如果你不幸沦为了受害者，就先保留好被骚扰的信息副本，然后联系相应的教师、管理员或监督者。如果你知道某人受到霸凌，请伸出援手积极介入，不要袖手旁观。在公开的交流之下，网络霸凌将失去赖以藏身的阴暗黑幕，变得无处遁形。

伦理挑战

网络霸凌：
在网上伤害他人

扬（"这是我今年听到的最好的演讲"）从语言上支持他们。在工作中获得如此的赞同，有助于员工"感到自己很重要、被需要、独特和特别成功"。

赞同也可以通过非语言方式产生积极效果。例如，保持眼神交流和点头等简单的行为就可以肯定发言者观点的价值。在更私人的层面上，搂肩或拥抱可以用语言无法表达的方式传达支持。

肯定	不同意	非肯定
赞同 承认 识别	争辩 抱怨	攻击 排斥
重视	不重视	重视

图12-1　信息的肯定与非肯定程度

不同意信息

在肯定信息和非肯定信息之间，还存在着一种不太容易归类的信息类型。**不同意信息**（disagreeing message）本质上是在说"你错了"。在其最具有建设性的形式中，不同意信息包含了我们刚刚讨论过的两个肯定部分：识别与承认。在最糟糕的情况下，强烈的不同意信息可能具有毁灭性，以至于失去识别与承认的好处。争辩和抱怨是两种表达不同意见的方式，但不一定都意味着否定。

- **争辩**（argumentativeness）：通常情况下，当我们说一个人"喜欢争辩"时，我们是在做出一个不利于对方的评价。然而，我们欣赏律师、脱口秀选手、辩手在辩论中创造和发表合理论点的能力。因此在一个积极的层面上，传播学研究者将争辩定义为提出并捍卫自己对于事物的立场，同时攻击他人持有的立场的行为。争辩（至少在美国）可以与许多积极的属性联系在一起，如领导力的显现、交际能力以及在受到委屈时与他人对抗的意愿。

  在争论一个问题时，你表达观点的方式对保持积极的氛围至关重要。重要的是要确定你是在评估你的立场或问题，而不是攻击别人。"这是个愚蠢的想法"和"我不同意，我来说说为什么吧"，这两句话是完全不同的。第421~428页列出的支持性信息显示了如何以尊重和建设性的方式进行辩论。

- **抱怨**（complaining）：当沟通者不准备争辩（这需要互动），但还是想要表达不满时，他们通常会选择抱怨。正如所有的不同意信息那样，抱怨的方式也分好坏，显然有一些方式要更好一些。比如，彼此满意的夫妇往往会倾向于对行为进行抱怨（"你总是把袜子丢在地板上"），而彼此不满意的夫妇则更多地抱怨个人的特质（"你就是个懒惰鬼"）。这种针对个人特质的抱怨更有可能导致冲突的升级。原因很明显：对个人特征的抱怨攻击到了对方展现的自我中一个更基本的部分。谈论袜子，话题涉及的是一个可以改变的习惯；称呼对方为"懒惰鬼"是一种人格上的攻击，即使在冲突结束后，也很难被对方遗忘。

婚姻研究专家约翰·高特曼发现抱怨并不是关系恶化的标志。事实上对夫妻来说，把他们的担忧公开出来通常是健康的。其他研究者指出，抱怨是"一种建立关系的工具，它可以让双方的关系因此更加紧密，因此增进亲密"。然而，当伴侣之间的抱怨转向批评和鄙视时，这通常是关系出现问题的征兆（见第11章的"四骑士"内容）。

非肯定信息

非肯定信息可能比不同意信息更微妙，潜在的破坏性也更大。非肯定信息隐含着这样一种意思："你不存在！你不重要！"

非肯定信息可以通过细节传达。当你在谈话中提出一个重要的观点，而一个朋友打断了你，你可能会觉得自己被贬低了。同样的情况也可能发生在那些不相关的朋友身上，他们给了一个冷淡的回复（"发生这些事，没什么大不了的"），或者完全无视你的信息。你可以通过完成第416页的"沟通能力评估"测验，来评估你在一段友谊中肯定和不肯定沟通的程度。专题"研究焦点"描述了伴侣的手机习惯很容易让人感到不确定，即使对方是无意的。

但一些非肯定的沟通更具目的性，通常也更具伤害性。这两种类型分别是攻击和排斥。

- **攻击**（aggressiveness）：语言攻击是指攻击他人性格、背景或身份的倾向。与争辩不同，攻击会贬低他人的价值，并腐蚀人际关系。谩骂、贬低、讽刺、奚落、大喊大叫、纠缠，甚至是某些类型的幽默，都是在损害他人利益的情况下"赢得"分歧的方法。传播学研究者将攻击与一系列负面结果联系在一起，如自卑、职业倦怠、青少年犯罪、抑郁、暴力甚至是死亡。

沟通能力评估：肯定的沟通与非肯定的沟通

以一段友谊为例，请用数字1~5对以下每一种说法的认同程度进行打分，1 = "非常不同意"，5 = "非常同意"。

第一部分

序号	状况描述	评分
1	我说话时，朋友会将注意力放在我身上	1 2 3 4 5
2	我的朋友通常都会认真听我说话	1 2 3 4 5
3	当我们在交谈时，我的朋友会尽其所能来保持对话持续进行	1 2 3 4 5
4	我觉得我通常都能够畅所欲言，不会受到评判	1 2 3 4 5
5	我和我朋友在交谈时，会有眼神接触	1 2 3 4 5
6	我的朋友通常认为我的观点是正确的	1 2 3 4 5
7	我的朋友经常表现得对我要说的话很感兴趣	1 2 3 4 5

第二部分

序号	状况描述	评分
1	我的朋友取笑我的方式，会让我感到受伤	1 2 3 4 5
2	当我提到让我感到沮丧的事时，我的朋友会告诉我不应该抱怨	1 2 3 4 5
3	我的朋友经常告诉我，我的感觉或想法是错误的	1 2 3 4 5
4	当我想和朋友分享重要的事情时，他有时会忽略我	1 2 3 4 5
5	我的朋友经常把话题带到他想讨论的事情上	1 2 3 4 5
6	我的朋友对我们的谈话漠不关心	1 2 3 4 5
7	我的朋友经常接管谈话，不让我说太多话	1 2 3 4 5
8	我的朋友经常打断我的话	1 2 3 4 5
9	当我和朋友意见不同时，我的朋友会责怪我	1 2 3 4 5
10	我的朋友经常拿我开玩笑	1 2 3 4 5

相关评分结果，请参阅第 441 页。

- 攻击的一种形式——霸凌，已经在媒体和传播学学者中受到了广泛关注。"霸凌者"这个词经常让人联想到学校操场上一个强悍的孩子，但霸凌可能发生在各种情境中。例如，它可能发生在家庭内部，兄弟姐妹之间的霸凌可能会产生长期的负面影响。霸凌也可能发生在老板和员工之间、医生和护士之间、教授和学生之间。正如第 413 页"伦理挑战"所描述的，互联网为霸凌提供了更多进行语言攻击的渠道。

  如果你是霸凌的受害者，那么找到适当和建设性的方式来应对是很重要的。你可以发出明确、坚定的信息，这些信息必须是坚定的（为自己挺身而出），而不是咄咄逼人的（贬低他人）。关于如何创建自信的"我"字陈述，请参阅第 5 章（第 174 页）。有关冲突管理中的双赢与一赢一输的方法的详细信息，请参阅第 11 章（第 387 页）。在本章后面的章节中，"选择合适的措辞"描述了如何清晰表达你的想法、感受和需求，即使这意味着说"我不会容忍这种对待。"

- **排斥**（ostracism）：遭受不好的对待已经够糟糕了。如果完全被忽视，情况可能会更糟。排斥被称为"社会死刑"，因为它刻意将他人排斥在互动之外。大多数人都能回忆起童年被群体排斥的痛苦经历。这种不确定也可能发生在成年时期。职场研究表明，员工宁愿得到老板和同事的负面关注，也不愿被忽视。许多报告称，排斥甚至比骚扰更令人痛苦和更具破坏性。

如果你在和某人聊天，对方却时不时地打断谈话去看手机或是接电话，你会有什么感受？这种感受或许可以称为"被手机取代了"。詹姆斯·罗伯茨（James Roberts）和麦瑞迪斯·戴维（Meredith David）进行了一项研究，旨在探寻依赖手机对情侣间感情的影响。

研究人员设计了一套用以评价对手机依赖程度的标准，其中包含一些诸如"我们在一起时，对方手里总是拿着手机"，或是"我们交谈时，对方会抽空看一眼手机"之类的选项。在 453 名接受调查的成年美国人中，几乎有一半的受访者称其伴侣对手机颇为依赖，近四分之一的受访者称这种依赖影响了他们的感情。某些受访者甚至因此失去了生活幸福感，陷入了抑郁。

罗伯茨与戴维补充说："讽刺的是，手机设计的初衷是交流的工具，可它实际上却对人际关系造成了负面而非正面的影响。"所以当你正和你爱的人在一起，尤其是在你们讨论严肃话题或应对重要事件的时候，最好还是把手机放在一边。

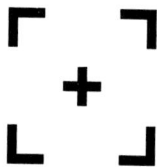

研究焦点

低头族：
爱人不如手机重要

排斥通常是指被排除在一个群体之外，但也可能发生在一对一的互动中。第 11 章描述了这一主题的几种变体：妥协（第 384 页）、回避（第 380 页）和冷战（第 392 页）。排斥的力量说明了第 1 章介绍的一个原则：你不能不沟通。拒绝与他人互动会传递出排斥的信息。在某些情况下，这可能是最强烈的非肯定信息。

防卫的原因和影响

毫无疑问，一些不同意信息和非肯定信息会"污染"沟通的氛围。也许，对于充满敌意或漠不关心的信息，最可预测的反应是防卫。

"防卫"这个词意味着保护自己免受攻击，但如果不是身体上的攻击，那又是什么类型的攻击？要回答这个问题，我们需要更多地讨论"展现的自我"和"面子"的概念，这两个概念我们在第 3 章介绍过。回

▶ 防卫性态度可能会切断有效的沟通。在你重要的人际关系中，是什么触发了你的防卫性回应？你如何应用本章的内容来减少防卫性回应？

忆一下，"展现的自我"包括身体特征、性格、态度、才能以及你想呈现给世界的形象的所有其他部分。事实上，只谈论人们的单一面貌是错误的做法：我们试图向不同的人展示不同的自我（例如，你可能想给你潜在的雇主留下严肃的印象，但又希望你的朋友认为你是个有趣的人）。

当别人愿意接受并承认我们展现出的形象的重要部分时，就不需要防卫了。反过来说，当别人用**威胁面子的行为**（face-threatening acts）来挑衅我们时，我们认为这是在挑战我们想要展示的形象，我们便会抗拒这样的信息。此时，防卫性回应就成了我们保护"展现的自我"和"面子"的过程了。虽然对于威胁面子的攻击行为，做出防卫性回应似乎很合理，但是长久来看，这种回应会侵蚀关系的稳定性（再一次，我

在电影《月光男孩》的开场中，一大群学生尖叫着追赶年轻的喀戎（Chiron）。我们很快就知道了原因：喀戎是同性恋，却身处于一个年轻黑人将阳刚视为成功的代名词的世界。由于喀戎的性取向，他成为众矢之的，被一次次地排斥、怀疑、迫害，甚至最好的朋友也在关键时刻背叛了他。

青年时代遭受的种种攻击，在他心头留下了深深的伤疤，即使长大成人也未能褪去。但在电影结束时，观众们却看到了希望：他开始逐渐接受自己，最终也会获得幸福。

医生会宣誓不去伤害他人，而《月光男孩》则暗示我们，在我们与他人交往时，同样应该遵守这条原则。

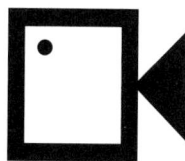

电影电视

被攻击、被伤害：
《月光男孩》

们可以回到第 11 章约翰·高特曼的"四骑士"概念）。

你可以试着想象自己努力展现的一面受到他人的否定，然后你就可以理解防卫是如何运作的了。例如，假如某位教师在课堂上当众批评你所犯的错误；或是想象一下，你的朋友说你是个以自我为中心的人；或者你的老板给你贴上懒惰的标签，你会作何感想。如果这些攻击是不真实的，你很可能会感到威胁。但是你自己的经验可能会表明，即使他人的批评是有道理的，你有时也会以防卫应对。例如，当你确实犯了错误，表现得自私，在工作上偷斤减两，你可能也会对批评做出防卫反应。事实上，批评越是切中要害，我们的防卫会越强。本章的后半部分，我们会讨论怎样用不防卫的方式来应对这种情况。

到目前为止，我们讨论防卫时，就像它只是那些感受到威胁的人的责任。如果事情真的如此，那么解决方法就很简单了：脸皮厚一点，承认自己的缺点，并停止印象管理就行。然而，这种做法不仅不切实际，同时也忽视了那些威胁别人面子的人应该承担的责任。事实上，沟通高手既会保护别人的面子，也会保护自己的面子。有经验的教师会小心地保护学生的面子，特别是在提出建设性批评时。同样，聪明的学生在向教师提出要求时，会礼貌地撰写电子邮件，并表现出适当的尊重。这些研究发现清楚地表明，防卫是互动的：所有的沟通者都会为一段关系的沟通氛围做出贡献。

应用到实际中，传播学研究者莎拉·翠西（Sarah Tracy）分析了紧急呼叫中心的互动，借此研究防卫在沟通氛围中所扮演的角色。翠西总结说，当打电话的人感觉到接电话的人的问题具有威胁性时，就会变得格外戒备。她提出了一些建议，让气氛变得更融洽。例如，将"告诉我如果……"调整为"你能告诉我如果……"，只要增加两个字，就能软化审问的语气，使其更像是请求而不是要求。这样的变化只需很少的额外时间，而且它们有可能将沟通氛围从防卫性转变为支持性，在拨打应急求助电话时，只是这种小小的转变，就可能挽救一条人命。

12.3 营造支持性的沟通氛围

即便是最正面的信息，也不能保证就可以创造正向的沟通氛围。赞美可能被解读为嘲讽，天真的微笑可能被阐释为嘲笑，主动提供帮助会被视为卑躬屈膝。正因为人类的沟通如此复杂，所以并没有简单的词汇、短语或公式可以保证创造正向的氛围。尽管如此，研究显示存在构建和维持正向关系氛围概率的策略，即使你要传送的信息是艰难的。

几十年前，心理学家杰克·吉布（Jack Gibb）归纳出六种唤起防卫和六种降低防卫的行为类型（表12-1）。吉布的发现具有常识性的亲和度和多种用途。因此，它们在许多沟通教科书、培训研讨会、期刊和研究中发挥了重要作用。了解吉布类型，有助于我们理解如何通过传送支持性信息而非防卫性信息来创造正向的沟通氛围。

表 12-1 引发防卫性行为与支持性行为的吉布分类表

防卫性行为	支持性行为
1.评价	1.描述
2.支配导向	2.问题导向
3.策略性	3.自发性
4.中立	4.同理
5.优越	5.平等
6.确定	6.协商

▌评价和描述

第一种唤起防卫性行为的信息是**评价**（evaluation），通常是以一种负面态度评价他人。例如，"你一点都不关心我！"诸如此类的评价性信息包含了很多使他们面临威胁的几个特征。他们评断对方的感受，而不是描述说话者的想法、感受和需求。他们没有解释说话者是如何得出这种结论的，也缺乏细节。此外，他们经常使用第5章中描述的那种引起防卫的"你"的语言。

评价性信息威胁氛围的特性是否意味着我们就不可能提出合理的抱怨？不！我们必须提醒自己以一种更具有建设性的方式发出信息。**描述**（description）是一种提供你的想法、感受和需求的方式，而不去评判倾听者。描述性信息会形成具体和详细的观察记录。他们关注可以改变的行为，而不是不能改变的个人特质。此外，描述性信息经常使用"我"的语言，比"你"的语言更加不会引发防卫性行为。跟"你一点都不关心我！"这种评价性的信息相反，描述性信息是："我很遗憾，我们没有像夏天那样花那么多时间在一起。当我们在一周内不说话时，我有时会觉得自己不重要。或许我们可以试着每天发一次短信，这对我很重要。"

让我们看看更多的例子，看看评价性信息和描述性信息之间的区别：

评价	描述
你在胡说八道。	我不太明白你的意思。
你根本就不会体谅人。	如果你晚到的话请告诉我一声，我很担心你。
这块桌布丑死了。	我不大喜欢蓝色粗条纹，我喜欢稍微低调一点的花色。

注意这些描述性信息的几个特征。第一，它们关注说话者的想法、感受和需求，很少或根本没有对他人的评价。第二，信息处理特定的行为，而不是进行全面的概括。这些信息也提供了说话者如何得出这些结论的过程。第三，可能也是最重要的，注意每个描述性陈述都与其评价性陈述一样诚实。一旦你学会了用描述的方式说话，你就可以直截了当，又能避免可能破坏氛围的人身攻击。

▎支配导向和问题导向

第二种唤起防卫性行为的信息表现出试图去控制另一个人。当信息发送者想要把方案强加给接收者，而不考虑接收者的需求或兴趣时，**支配导向沟通**（controlling communication）就发生了。被支配的内容几乎可以涉及任何事情：去哪儿吃饭、如何花费一大笔金钱，或者是否继续维持一段关系。渠道的范围可以从文字、手势，再到语调，支配可以通过地位、坚持模糊或不相关规则的坚持，或物理力量来完成。无论对象、渠道还是控制形式，支配者都会引起别人对他的敌意。他们的行为传达的潜意识信息是"我知道什么对你最好，如果你按照我说的去做，我们就会相处得很融洽"。

与此相反，在**问题导向**（problem orientation）中，沟通者着眼于寻找可以满足双方和相关人员需求的解决方法。这里的目标不是牺牲对手来获取"赢面"，而是要找到一种让每个人都觉得自己是赢家的安排（详见第 11 章，我们花了很大的篇幅讨论双赢的解决之道，这是一种寻找以问题为导向的解决方案的方法）。问题导向通常使用"我们"的语言（详见第 5 章），这表明说话者是在与对方一起做决定，而非替对方做决定。一项研究发现，最有效率的大学学生会主席，往往很少使用支配式沟通，而是选取问题导向的沟通方式。

下面是一些例子，来说明支配导向和问题导向的信息：

支配导向	问题导向
把电话挂掉，马上！我有话要跟你说。	我真的需要尽快跟你谈一谈，你能暂停一下吗？
处理这个问题只有一个办法……	看来我们有麻烦了。让我们想出一个大家都能接受的解决办法。
你最好给我卖力一点工作，不然你就会被开除！	你们部门的产量并没有达到我的期望值，我们一起想想能做些什么？

即使坚持自己的方式会带来短期的胜利，但长期的后果可能并不值得我们如此固执。你是否以牺牲他人为代价来寻求控制？如果是，你付出了什么关系成本？

▌策略性和自发性

吉布使用**策略**（strategy）一词来描述说话者隐藏其别有用心的动机所传达的那些唤起防卫性行为的信息。"不诚实"和"操纵"这两个词反映了策略的本质。即使策略性沟通的动机是好的，被欺骗的受害者仍会感觉被冒犯。

正如我们在第 7 章所讨论的，假设性问题是策略性沟通的一种形式，因为它们试图诱骗别人做出他们想要的回答。很多销售技巧都是策略性的，如他们可能会给客户有限的信息，然后让他们很难说"不"。这并不是说所有的销售技巧都是错误的或不道德的，但是大多数的策略性技巧都不太适合人际关系。当你发现朋友在对你做"销售工作"时，你就会心生防卫，你明白这个概念。

自发性（spontaneity）是跟策略性相反的行为，自发性是对他人诚实而不是操纵他们。但这并不意味着你一有想法就要脱口而出（参考本页的"研究焦点"）。吉布意识隐藏意图是危险的，因为别人能感觉到，也会抵制。你可能还记得别人问你问题的时候，你怀疑地回答："嗯……你为什么想知道？"你的防卫雷达打开是因为你发现了隐藏的策略。假如这个人事先告诉你他为什么要问这个问题，那么你的防卫可能就会降低。

下面是一些策略性和自发性的例子：

策略性	自发性
你周五下班后要做什么？	周五下班后我有架钢琴要搬。你能来帮个忙吗？
你考虑过换一份工作吗？	我很担心你过去一年的工作表现，我们找个时间来讨论一下。
亚力和卡西每周都出去吃饭。	我想经常出去吃饭。

我们先暂停一下，讨论和吉布模型有关的更大的议题。首先，吉布对直言不讳的强调更适合于低情境文化，如重视直言不讳的美国文化，而不是高情境文化。其次，吉布提出的每一种"支持性"沟通方式都有可能被用来利用他人，从而违反构建积极氛围的初衷。例如，可以想想自发性。虽然一开始听起来有点矛盾，但自发也可以是一种策略。有时，你会看到人们用诚实来算计别人，他们的诚实只是为了赢得别人的信任或同情，以达到操纵他人的目的。这种经过深思熟虑的坦率策略唤起的防卫级别可能是最高的。因为一旦你知道别人把坦白当作一种操控手段之后，你就几乎不可能再相信那个人了。

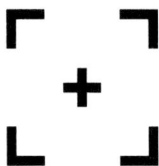

研究焦点
说话不经思考
也会伤人

在吉布模型中，"自发性"被视为营造积极气氛的一种方式，但这并不等同于说话不经大脑、不假思索地讲出自己的所思所想。戴尔·汉普（Dale Hample）的团队研究发现，这种出于一时激动的言论常常会损害与他人的关系。

研究人员要求受试者描述有关说话不经思考的事例，并完成一系列与此有关的量表。结果颇为有趣：在所有受试者的描述中，他们不假思索脱口而出的都是坏消息或是负面的评论。虽然说的是好消息或是夸赞对方也并非全无可能，但这些人想到"说话不动脑子"的事例时，脑中回忆起的肯定不会是那些事。

有关的分析也顺理成章地指出，那些习惯性说话不经大脑的人往往有着一系列称不上是正面的特征：他们通常有较强的进攻性、神经质，共情能力低下，不擅长换位思考；他们也不太关心自己说的话会对他人以及对人际关系造成什么影响。

现在回想第 1 章中关于沟通能力的描述，你会意识到，说话不经思考完全违背了此处所列举的各项原则。不论这么做是因为做不到还是不愿意做，有一件事情很清楚：在张嘴说话前动脑子想一想，会对你的人际关系有所帮助。

中立和同理

吉布使用"**中立**"（neutrality）这个词来形容第四种唤起防卫的行为。也许更恰当的说法是"**冷淡**"（indifference）。例如，紧急电话调度员被教导要保持中立，让打电话的人冷静下来，但他们不应该表现出冷淡或缺乏关心。用吉布的术语来说，中立态度是非肯定的沟通，因为这种沟通传达了一种对他人利益的不关心，且暗含他人对你来说不是很重要的意思。试想一下，在一个没有人情味的大型组织里，很多人都心存敌意，中立的不良影响就变得很明显了："他们只是把我当作一个数字，而不是一个人""我觉得自己好像在被电脑操控，而不是被人操控"。这类常见的陈述反映出被冷漠对待的人可能出现的反应。

和中立相反的行为是**同理**（empathy），表示关心他人的感受。研究表明，同理会将自我概念的潜在威胁最小化。重要的是要注意，接纳别人的感受，设身处地为他人着想与认同他人是不同的。只是让这个人知道你的关心和尊重，你会以支持的方式来行动。我们在第 4 章中讨论过同理这个概念，在第 7 章强调过同理的作用。让我们看看中立信息和同理信息的例子：

中立	同理
这就是你计划不当的后果。	我很抱歉，事情没有如你所愿。
有时候事情就是行不通，事情就会变成这样!	我知道你在这个项目上花了很多时间和精力。
别太兴奋! 每个人迟早都会被提升的。	我敢打赌你一定对这次升职很兴奋。

优越和平等

第五种唤起防卫的行为是**优越**（superiority），以直接或间接的方式向接收者发送傲慢的信息。一组研究描述了这样的信息是如何激怒接收者的，年龄范围包含年轻学生到老年人。任何暗示"我比你强"的信息都可能激起接收者的防卫情绪。研究支持我们大多数人的经验：我们不喜欢沟通时优越感十足的人，尤其是其中还隐含着跟别人较劲的那种。

我们经常需要和天赋或知识面不如我们的人沟通，但在这些情况下，没有必要向他人传达一种优越感。吉布通过大量的证据发现，表明许多拥有卓越技能和天赋的人能够投射出**平等**（equality）的感觉，而不是优越感。这些人传达的信息是，尽管他们可能在某些领域有更多的天赋，但在他们眼中，其他人也一样有价值。

当一个人没有优越的技能却身处权威的位置时，平等就会受到考验。主管有时在某些领域的专业知识不如下属，但他们认为承认这一点有失身份。思考一下：你可能曾经遇到过这样的情况，你对某个项目的理解比负责人还要多——无论是老板、教师、家长，还是销售人员——但这位负责人表现出一副了如指掌的样子，你会有防卫吗？毫无疑问。那他会有防卫性行为吗？有可能。你们都在挑战对方的自我表现，所以沟通氛围很可能变得不友好。一个真正有安全感的人可以平等地对待他人，即便他们在知识、才能和地位上有明显的差异。这样做会创造一种积极的气氛，在这种气氛中，人们对创意的评价不是基于谁提出来的，而是基于这些创意本身的价值。

平等听起来像什么？下面有一些例子：

优越	平等
当你总有一天坐到我的位置，你就会明白了。	我很想听听你对这个问题的看法，然后我也会说我怎么看这个问题。
不！不是这样做，让我来告诉你怎么做才对！	如果你试着这么做呢？
你真的相信吗？	换个方式来思考一下……

▎确定和协商

你是否曾经遇到过这样的人？他们总认为自己是对的，并自信地觉得自己的方法是解决问题的唯一或最恰当的方法，他们坚持认为自己已经掌握了所有的事实而不需要额外的信息。如果你曾经遇到过，那你遇到的这些人便是吉布所提出的**确定**（certainty）这种行为的使用者。

如果沟通者武断地肯定自己的观点，却不考虑他人的观点，那就表明他不尊重别人。接收者很可能将这种确定视为对自己的冒犯，并做出防卫性反应。

跟"确定"相对的一个概念是"**协商**"（provisionalism）。人们对他人的想法和意见表现出开放的态度。虽然个人可能有强烈的意见，但在这种支持性的沟通方式中，你愿意承认自己并没有掌握全部的真相。协商常常表现为对于词汇的选择上。确定性沟通者经常使用"不

马丁·埃林厄姆（Martin Ellingham）医生满足了对医疗类电视剧主角的一切刻板印象：他医术高超，但对待病人态度不佳（参见《豪斯医生》以及《实习医生格蕾》中的某些医生）。而参照本书前几章所提到的概念，那么马丁医生交流能力良好但不适宜，智商高但情商低下，与《生活大爆炸》中的谢尔顿（Sheldon）颇为相像。

但对埃林厄姆而言幸运的是，他的爱人路易莎（Louisa）社交能力出众，她教导他对待病人要更和善、更温柔。用吉布模型的术语来说，埃林厄姆学会了避免用中立的口吻（"你得了脑瘤，手术也治不好"），而是与病人共情（"我有些不好的消息要告诉你"）；他放弃了居高临下的态度（"我是医生，我最懂"），而是与病人处在相对平等的地位（"跟我说说你的症状，还有之前是怎么治的"）；毋庸置疑的态度（"这肯定是你有问题"）则被并不肯定的推测（"那就去做些检查确定吧"）所取代。

要是埃林厄姆能很快做出上述改变，并且始终铭记在心，这当然很好。但这部长篇英剧的粉丝都知道，气候变化常常极为缓慢，交流氛围亦然。

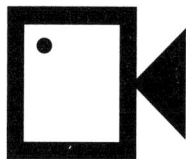

电影电视

气候变化缓慢，说话亦然：《外科医生马丁》

能""从不""总是""必须""不得不"等词语，协商性沟通者可能会说"也许""可能""大概""可能会是""也许可以"。并不是说协商的沟通者没有主见，而是他们认识到以开放的心态来接收信息有助于讨论和沟通。研究人员发现，当教师使用协商性语言时，有助于激励学生。例如，学生对"你的介绍可以更具体些"的评价比"你的介绍不够好"的评价反应更积极。

让我们来看一些例子：

确定	协商
那不可能行得通！	我猜，使用这种方法会遇到问题。
你一定会讨厌那堂课，离它远一点！	我不是很喜欢那堂课，我不确定你会不会喜欢。
没有大学文凭，你将一事无成。记住我说的金玉良言！	我认为拿到那个学位很重要，我发现在得到文凭之前很难获得面试机会。

你可能注意到了，吉布的各种类别之间都有重叠。看看最后一个关于"协商"的例子。这种说法可能会营造正向的氛围，不只是因为"协商"而非"确定"，也因为"描述"而非"评价"，也因为"问题导向"而非"支配导向"，也因为"平等"而非"优越"。你可能也已经注意到了，在所有的支持性例子中都强调了尊重。即使你不同意他们，通过重视和肯定他人，你营造了一种尊重的氛围，这有助于增强正向的沟通氛围，无论是现在还是未来的互动。

12.4 邀约式沟通

你可能很容易就会把本章前面提及的方法视为不会失败的沟通技巧：只要采用特定的短语和方法，你的人际沟通问题就会得到解决。但我们当然都知道，事情并没有这么简单。

想要成为一个真正的沟通高手，你需要发展一种人际关系哲学，用来巩固自己的言行。传播学学者索尼娅·福斯（Sonja Foss）和辛迪·格里芬（Cindy Griffin）证实了这个方法。他们的研究始于修辞学，而修辞学在传统上讲是一门说服别人的学问。福斯和格里芬提供了他们称为"邀约"的观点：

> 邀请性修辞可以被看作是一种沟通。在这种交流中，参与者创造了一个可以发生成长和变化的环境，但改变他人既不是最终目标，也不是互动中成功的标准。

邀约式沟通（invitational communication）是一种欢迎他人了解你的观点并自由分享自己观点的方法。在邀约氛围下，沟通者在没有胁迫的情况下说出自己的想法，他们以开放的心态倾听想法，毫无压力地交流想法。这并不意味着他们不会认真评估他们听到的信息，他们也不会胡扯他们道听途说而来的事情。这意味着他们努力创造一种基于价值、安全和自由的支持性氛围，从而让他们的沟通更加文明。

在本章的前面，我们谈到重视是肯定的沟通的关键组成部分。要说明安全和自由如何跟邀约式沟通和文明紧扣在一起之前，不妨先看看"不文明"是什么样。以下是本书"伦理挑战"专题的部分摘要，阐述了不文明、非邀约式的沟通：

- **有害的标签和诽谤**（第57页）诋毁他人的价值和成就，以贬低和轻视的方式使用语言。
- **煤气灯效应**（第142页）将一个人的感知强加于另一个人，试图操纵和控制他人。
- **人间蒸发**（第381页）使他人感到不安，将他们视为不存在。
- **网络霸凌**（第413页）向受害者传达"你没有价值，你永远不会安全。"

与这些不文明的沟通方法相反，本书介绍的许多沟通技巧：知觉检核、责任语言、回应式倾听，都植根于人际沟通的邀约式方法。在它们的基础上，让我们简单地看看另外两种将邀约哲学付诸行动的方法：选择合适的措辞和对批评不带防卫的回应。

▌ 选择合适的措辞

第5章阐述了"我""你""我们"等代词与责任语言的关系。紧跟在这些人称代词后面的措辞也是有责任沟通的重要成分。阅读下面的陈述，并思考你对它们的感觉（假设它们说的是你不想做的事情）：

> "我必须去跟我的邻居讨论他家的狗吠声。"
> "我应该对我的室友好一点。"
> "我应该更自信一些。"
> "我再也受不了了。"
> "我别无选择——我必须告诉她。"

当你读到这几个句子时，可能会带着阴沉的声调，并感到沉重和压力。考虑一下，同样的句子，如果调整措辞，这些相同的短语可能会产生不同的感觉（括号中列出可能的原因）：

> "我想要去跟我的邻居讨论他家的狗吠声"（我想要解决这个问题）。
> "我要开始对我的室友更友善一些"（我想要一段更愉快的关系）。
> "我决定要更加有自信"（我想要成为更有效的沟通者）。
> "我不会再忍受下去了"（我想要改变）。
> "我决定要告诉她"（我想让她知道）。

注意这些句子的措辞由"不得不的义务"替换成"有选择性"。遣词用字的重点是做选择（例如，将要、想要），而不是无奈的默认（例如，应该、必须）。你可能会发现第二部分的句子比第一部分更能激励你，研究也支持这个观点。当一项研究的参与者说"我不吃不健康的零食"（暗示个人的选择）而不是"我不应该吃不健康的零食"（暗示外在的约束）时，他们的意志力更强，饮食习惯也发生了改变。研究者称这种现象为"赋权的拒绝"，并认为措辞选择在这一过程中起着重要作用。在邀约式沟通的语言中，赋予你力量的词语表明了你做出选择的自由。从本质上说，你是在邀请自己对自己的决定负责。

哈佛大学心理学家苏珊·大卫（Susan David）认为，将一个目标标记为"必须"（如"我必须完成这篇论文"）会增加情绪压力，降低实现该目标的可能性。然而，把"必须"变成"想要"，可以促进目标的实现："我想要完成这篇论文，因为我想在这门课上取得好成绩，我也想享受周末剩余的时光。"她指出，重述目标通常是以不同的方式理解目标的重要组成部分。

我们都陷入了语言和思维的微妙陷阱："我今天必须这么做"或者"我得参加另一个无聊的会议"。当我们这样做的时候，我们忘记了这种情况往往是我们早期为自己的价值观所选择的结果："我想要这么做"或者"我热爱我所做的工作，并想在工作中出类拔萃"。

一旦你自己选择了这种语言，考虑一下给别人提供同样的选择和自由是什么感觉：

"你应该"	**转变成**	"我要去"（如果你愿意，可以一起）
"你必须"	**转变成**	"欢迎你去"
"我们不能"	**转变成**	"我不想"（你呢？）

一项研究发现，当一个请求后面跟着短语"但你可以自由地说'不'"，受访者实际上更有可能遵守这个请求。这个道理很简单：人们不喜欢感到压力，不喜欢自己的选择受到限制或规定。当你给予拒绝的权利时，其他人会更愿意做出积极的回应。当你说"但你是自由的"时，这句话不只是一种让别人同意的技巧。邀约式沟通的目的是真正提供选择的自由，这是人们所尊重和欣赏的。

正如先前提到的，这些字词并没有什么神奇之处，它们只是反映了邀约的态度。本质上，它们说"这就是我的内心想法，告诉我，你的内心在想些什么"，它们也被理解为交换的一部分。思考以下的这些例子，这些短语是如何在对话中为双方展示价值、安全和自由的：

"我有不同的意见，但我理解为什么这对你很重要。"
"我对这件事有些想法，你愿意听听吗？"
"我欢迎你的意见（**我可能会采用，也可能不采用，但我很重视你的意见**）。"

"这是我强烈的感受（如果你不这样也没有关系）。"

最后这个句子说明了重要的一点，邀约式沟通者不仅向他人提供自由，他们自己也能行使这种自由。让他人知道你的想法、感受和需求，并以价值观、信念和信仰来指导你的选择是很重要的。关键是以负责任而不是咄咄逼人的态度来传达这些想法。要知道，你的观点别人可能并不认同，所以最好以邀约式而不是强加的方式来表达。

▎对批评不带防卫地回应

如果每个人都能做到邀约式的沟通，世界将变得更加美好。但有时候我们邀约他人表达他们的观点，他们会批评并攻击。在这种情况下，要继续保持文明的沟通态度可能是很有挑战性的。当面对批评时，你如何不带防卫地回应？下面介绍了两种方法：寻找更多信息和同意批评者的意见。尽管它们看上去很简单，却已被证明是沟通者可以学习的最有价值的技能之一。

寻找更多信息

在你真正理解对方所说的话之前，就去回应他人的攻击是很不明智的。即使是乍看之下似乎完全不合理或愚蠢的批评，也可能包含重要的真理。

寻找更多信息的一种方法是询问细节。那些模糊不清的攻击是没有价值的，即使你是真诚地想要改变也是徒劳无功。诸如"你不公平"或"你从不帮忙"之类的抽象指责可能很难被理解。在这种情况下，向信息发送者询问更多的细节是不错的方法，邀请他们更清晰地说明自己的立场。在同意或反驳一项指控之前，你可以问"我做了什么让你觉得不公平的事情？"或"我什么时候没有帮忙？"。记住，用一种表明你真的想要更多地了解对方看法的语气来问这些问题是很重要的。

有时候，批评你的人可能无法准确地定义（或是不愿意告诉你）他们被你的哪些行为所冒犯。类似这些情况，你通常可以通过推测抱怨的细节来更清楚地了解真正困扰你的批评者的原因。像询问细节的技巧一样，如果想要得到令人满意的结果，推测就必须带有善意。你需要向批评者传达这样的信息：为了你们双方的利益，你是真心诚意想要找到问题的源头。以下是一些典型的问题，也许你曾经听过有人用这样的方式来推测他人的批评：

"所以你反对我在论文中所使用的语言，是因为这些语言太过呆板了吗？"

"好吧，我知道你觉得这套衣服看起来很滑稽。不过是哪里不好呢，是颜色吗？跟合不合身有关吗？还是设计？"

"当你说我没做我该做的家务，你是指我在清洁、打扫的时候不够帮忙吗？"

另一种策略是运用第 7 章中描述的积极倾听的技巧，通过复述说话者的想法和感受来引出感到困惑或不情愿的说话者。通过澄清或详述一下你所理解的批评者想要说的内容，你就可以更多了解他们的反对意见。一位心怀不满的顾客和一位愿意倾听的商店经理之间的简短对话可能是这样的。

顾客： 你们这家店的管理方法真差！我告诉你，我以后再也不会来这里消费了！

经理：（反映顾客的感受）你看起来似乎很不高兴。你可以告诉我出了什么问题吗？

顾客： 你们的售货员从来不帮顾客找东西。

经理： 所以你找东西的时候没有得到足够的帮助，是这样吗？

顾客： 在我能够和店员说上话之前，我已经在你们这里找了20 分钟。

经理： 你的意思是说，店员似乎忽视了顾客？

顾客： 不是，他们都忙着招呼其他客人。我认为，你们必须有足够的人手来应对这个时候涌入的人潮。

经理： 我现在明白了，最让你感到挫折的是，我们没有足够多的工作人员来及时为你服务。

顾客： 就是这样！我对于服务没有不满，也一直觉得你们这里的服务很好。只是我太忙了，不能等这么久。

经理： 我很高兴你让我更注意到这一点，我们当然不希望让老顾客生气地离开，我会尽力不让这种事再次发生。

同意批评者的意见

另一种对批评予以邀约式回应的方法是同意批评者的意见。但是，你可能会抗议，我怎么可能真诚地接受对我不真实的评论？接下来的内容将回答这个问题，告诉你如何在坚持自己立场的同时承认和接受他人的观点。

　　同意批评者意见的一种方法就是同意事实。例如，你同意他人的批评具有事实上的正确性。

　　　　"你是对的，我确实很生气。"
　　　　"我想我刚才确实是防卫心太强了。"
　　　　"经你这么一说，我的确挖苦得有些过分。"

▶ 找到一种真诚地同意
批评的方式可以让人
放下防卫的心理。什
么时候你能在不放弃
对你来说重要东西的
前提下同意你的批评
者？这种方法会如何改
变你们的关系氛围？

　　当你意识到某些事实无可争辩的时候，同意这些事实其实颇为合理。如果你跟别人约了下午4点见面，而你一直到5点才出现，无论你对迟到有多么好的解释，你就是迟到了。如果你弄坏了借来的东西，把借用的汽车的汽油用光了或者没能完成手头的工作，否认这些事实是没有意义的。同样，如果你是诚实的，你就必须同意他人对你的行为进行批评，即使它们并不讨喜。你确实在生气，做了愚蠢的行为，不听别人的意见，不体谅别人……一旦你认识到这一点，你的沟通就会变得更有吸引力，正如下面这段师生对话所展示的。

　　教师：看看这份作业！仅仅有两页，却包含了12个拼错的单
　　　　　词，我真的担心你的写作有问题。

学　生：你说得对。我知道我的拼写一点也不好。

教　师：我不知道你之前在低年级上课发生了什么事。他们似乎没有培养出能写简单陈述句的人。

学　生：你不是第一个这么说的人，以前也有人这样说过。

教　师：你花了这么多时间在英文写作课上，却没能掌握最基本的拼写，我认为你会沮丧的。

学　生：对的！这确实困扰着我。

请注意上面的例子，在同意教师评价的同时，学生并没有以任何方式贬低自己。尽管学生缺乏单词拼写能力的原因可能情有可原，但他认为没有必要去为自己的错误进行辩解，没有背负假装完美的包袱。只要同意事实，他就可以维持自尊，避免无谓的争论。

讽刺、傲慢、敌意、排斥——某些人所处的工作氛围不单单是冷淡而已，甚至完全说得上是冷漠。而这个问题可能只会越发恶化，有人曾做过估计，在过去的20年间，员工的工作氛围恶化了不止两倍。

人们交流沟通的氛围何以变得如此恶劣？有关学者认为，这首先源于一些"低恶性的负面行为"，如待人粗鲁无礼等。而一旦恶意的种子在工作环境中生根发芽，那它就会迅速地向外传播，正如第8章中所提到的情绪污染。而对无礼行为做出愤怒的回应，即使这完全合情合理，也只会创造出第11章中所述的恶性循环。

而在恶意下保持友善，则是一件说起来容易做起来难的事。某些心理学家认为，恶意会使受攻击者精疲力竭，使其难以做出正当而得体的回应。

有一种方法可以使你在遭受冒犯时得以保持冷静，那就是提前做好计划，设计一套随时可用的回应，以免在节骨眼上现场组织语言。你可以使用本节所述的非防御性回应，也可以认真向对方提问，或是附和对方的批评。或许你没法说服鲁莽无礼的上级、同事或是顾客，但至少你可以高兴地发现，自己的应对挑不出错处。

在工作中

堂堂正正：
在恶意下保持冷静

另一种同意批评者意见的方法是同意原则。批评通常以过度抽象的形式出现，人们会将你与理想的情况进行不利的对比：

"我希望你不要在工作上花这么多时间。你知道，放松也很重要。"

"你不应该对你的孩子有过高的期待，没有人是完美的。"

"你是什么意思，你没有去投票？只有你这种人多用点儿心，社会才会变得更好。"

"你是说你还在为那句话生气？你应该学会如何更好地接受一个笑话。"

在上述这些例子中，你可以接受批评所基于的原则，但仍然像以前那样行事。毕竟，有些原则确实允许有偶尔的例外，而人们的原则通常是不一致的。想想你是如何在不改变自己行为的情况下真诚地同意前面的批评的：

"你是对的，我现在正在努力工作。这可能真的不大健康，但是把工作完成很重要，可以免除我额外的压力。"

"我想我对孩子的期待太高了，我不想把他们逼疯。我希望我没有犯错误。"

"你说得对，如果每个人都不去投票，这个系统就会崩溃。"

"如果我能大方地把它当成一个玩笑，也许我会更开心。不过，我还没有准备好这么做，至少不会开这样的玩笑。"

如果没有任何的理由来同意批评者，你该怎么办？你已经仔细地倾听并且询问过一些问题来确保自己已经理解了那些批评的意思。但你听得越多，你就越觉得他们的批评是完全不恰当的。在这些情况下，你至少可以同意批评者的观感。这样的回答告诉批评者，即使你不同意或不希望改变自己的行为，你也认同他们的观感是正确的。如此一来，你就能避免谁对谁错的争论，也不会把想法的交换变成一场争辩。请注意下面两个场景的不同之处。

防卫地反驳其观感：

甲：我真不知道你怎么能忍受和乔什在一起。这家伙太粗鲁了，让我毛骨悚然。

乙：什么意思，粗鲁？他是个很好的人，我觉得你只是太敏感了。

甲：敏感！如果被令人作呕的行为所冒犯是敏感，那么我活该。

乙：没有什么事情让你活该啦！他只是开个玩笑，你就是太敏感了。

甲：太敏感，是吗？我不知道你是怎么回事，你以前对人的判断很准……

同意其观感：

甲：我真不知道你怎么能忍受和乔什在一起。这家伙太粗鲁
　　了，让我毛骨悚然。

乙：嗯，我喜欢和他在一起。但是我能理解，因为他开的玩
　　笑会让人不舒服。

甲：你说得太对了！我不明白你怎么能够忍受他。

乙：是的。我猜如果你不欣赏他的幽默，你也不会想要跟他
　　在一起了。

　　所有这些对批评的回应，似乎都是以否认自己的感受为代价来换得
的和平。然而，就像你现在了解到的，反击通常会让事情变得更糟。你
刚刚学到的邀约式回应，本身并不能解决问题或解决争端。然而，它们
会让建设性对话变得可行，为富有成效的解决办法奠定基础。

自我检查

▼

▶ **学习目标**

12.1 解释沟通氛围的本质

沟通氛围是指社交关系中双方沟通时的风格，决定沟通氛围最重要的因素，是关系中的各方重视和看待彼此的程度。不同的信息表现出不同的确定性，其可以分为肯定、不同意、非肯定三类。

问题： 如何运用天气术语，描述你的一段重要关系中的沟通氛围?

▶ **学习目标**

12.2 描述沟通氛围如何发展

肯定信息会向对方传递这样的信息"你存在，并且我重视你"，它包括赞同、承认，或至少是识别。不同意信息告诉对方"你是错的"，会使用争辩和抱怨。非肯定信息会传达"你不存在，而且你不重要"，意味着进攻与排斥。当个人感知到"展现的自我"受到"威胁面子行为"的攻击，就会引发防卫性行为。

问题： 在构成学习目标 12.1 所述的沟通氛围的信息中，分辨哪些信息属于肯定信息、不同意信息和（或）非肯定信息。

▶ **学习目标**

12.3 区分防卫性与支持性沟通氛围的不同构成因素

杰克·吉布提出不同的方法去建立正向又不防卫的沟通氛围，包括描述而非评价、问题导向而非支配导向、自发性而非策略性、同理而非中立、平等而非优越、协商而非确定。

问题： 回忆一个你和沟通对象都处于防卫状态的事件。你和对方是在保护你面子的哪部分？"吉布模型"中的哪些类别引发了防卫性行为？

▶ 学习目标
12.4 认识营造邀约式氛围的沟通技巧

沟通者可以通过措辞的选择来营造邀约式氛围，这包括描述决定与选择（"我打算……""你要不要……"），而非指令与命令（"我必须……""你应该……"）。

在面对批评时，除了防卫性反应，还有两种选择：1.向批评者寻找更多信息；2.同意批评者的一部分意见。如果回应时表现得真诚，那么这种做法可以避免负面氛围出现，或是能将其转化为正面氛围。

问题： 使用你在学习目标12.3中描绘的情景，认真思考选择的语言如何营造出一个更具邀约性质的沟通氛围，以及非防卫性反应如何转变负面氛围。

实践活动

▼

1. 心理健康专家经常发现，被别人质疑比被别人忽略要更好。与同伴或小组同学合作，回忆个人的特定经验来支持这一观点。对于这些情境，请设计出在避免否认的前提下表达质疑的方法。

2. 吉布强调对于降低防卫性行为，自发性沟通胜于策略性沟通。然而在某些情境下，策略性沟通可能比完全诚实的信息更能营造出良好的沟通氛围。请思考以下这些情境：

    a. 你觉得你的伴侣没有了吸引力，对方问你："我们怎么了？"
    b. 你想要辞职，因为你讨厌你的上司，但你不想得罪对方。你要如何解释自己辞职的理由？
    c. 你在教一名高中生阅读或数学。学生很用心也很努力，但他可能是你见过的最没有天赋的人。当他问你"你觉得我怎么样"时，你要怎么回答？

3. 与小组同学合作，构建一系列对比性的陈述——一部分用命令性的口吻，另一部分则用选择性的口吻将其重述（详见第430~432页）。描述每种陈述方式有何不同，并从说话者的角度出发，推测另一方可能的反应。

4. 与同伴合作，根据以下步骤练习如何不带防卫地回应激烈的批评。

    举出五个日常生活中可能遭受的批评。如果你对此有困难，可以邀请一位或多位熟识者给出一些真实、真诚的批评。
    针对每条批评，参照第432~437页的内容，写出至少一条非防卫性回应。你的回应必须出自真心诚意，并且不会被视作对批评的回击。

让同伴扮演批评者，你亲自尝试以此回应对方，或者也可以直接让别人批评你。

▶ 沟通能力评估（第 416 页）

请将第一部分的 7 道题的答案相加，总分就是你的肯定性得分。该项分值范围在 7~35 分之间，大学生的平均分数为 29 分，分数越高则说明你肯定性倾向越强。

请将第二部分的 10 道题的答案相加，总分就是你的非肯定性得分。该项分值范围在 10 分和 50 分之间，大学生的平均分数为 20 分，分数越高则说明你非肯定性倾向越强。

请注意，肯定性与非肯定性彼此独立。朋友之间的关系通常肯定性倾向较高而非肯定性倾向较低，但也有可能与此不同。

参考文献

Acevedo, B. P., & Aron, A. (2009). Does a long-term relationship kill romantic love? *Review of General Psychology, 13*, 59–65.

Adams, G. S., & Insei, M. E. (2016). Impediments to forgiveness: Victim and transgressor attributions of intent and guilt. *Journal of Personality and Social Psychology, 18*, 866–881.

Afifi, T. D., Joseph, A., & Aldeis, D. (2012). The "standards for openness hypothesis": Why women find (conflict) avoidance more dissatisfying than men. *Journal of Social and Personal Relationships, 29*, 102–125.

Afifi, T. D., McManus, T., Steuber, K., & Coho, A. (2009). Verbal avoidance and dissatisfaction in intimate conflict situations. *Human Communication Research, 35*, 357–383.

Afifi, T. D., & Steuber, K. (2009). The Revelation Risk Model (RRM): Factors that predict the revelation of secrets and the strategies used to reveal them. *Communication Monographs, 76*, 144–176.

Afifi, W. A. (2017). Nonverbal communication. In S. M. Yoshimura (Ed.), *Nonverbal communication research* (pp. 5–21). San Diego, CA: Cognella.

Afifi, W. A., & Caughlin, J. P. (2007). A close look at revealing secrets and some consequences that follow. *Communication Research, 33*, 467–488.

Afifi, W. A., & Johnson, M. L. (1999). The use and interpretation of tie signs in a public setting: Relationship and sex differences. *Journal of Social and Personal Relationships, 16*, 9–38.

Agne, R., Thompson, T. L., & Cusella, L. P. (2000). Stigma in the line of face: Self-disclosure of patients' HIV status to health care providers. *Journal of Applied Communication Research, 28*, 235–261.

Agosta, S., Pezzoli, P., & Sartori, G. (2013). How to detect deception in everyday life and the reasons underlying it. *Applied Cognitive Psychology, 27*, 256–262.

Agthe, M., Sporrle, M., & Maner, J. K. (2011). Does being attractive always help? Positive and negative effects of attractiveness on social decision making. *Personality and Social Psychology Bulletin, 37*, 1042–1054.

Ahlstrom, M., Lundberg, N., Zabriskie, R., Eggett, D., & Lindsay, G. (2012). Me, my spouse, and my avatar: The relationship between marital satisfaction and playing massively multiplayer online role-playing games (MMORPG's). *Journal of Leisure Research, 44*, 1–22.

Akechi, H., Senju, A., Uibo, H., Kikuchi, Y., Hasegawa, T., & Hietanen, J. K. (2013). Attention to eye contact in the West and East: Autonomic responses and evaluative ratings. *PLOS One, 8*, e59312.

Alaimo, K., Olson, C. M., & Frongillo, E. A. (2001). Food insufficiency and American school-aged children's cognitive, academic, and psychosocial development. *Pediatrics, 108*, 44–53.

Albada, K. F., Knapp, M. L., & Theune, K. E. (2002). Interaction appearance theory: Changing perceptions of physical attractiveness through social interaction. *Communication Theory, 12*, 8–40.

Alberti, J. (2013). I love you, man: Bromances and the construction of masculinity, and the continuing evolution of the romantic comedy. *Quarterly Review of Film and Video, 30*, 159–172.

Alberti, R. E., & Emmons, M. L. (2008). *Your perfect right: Assertiveness and equality in your life and relationships* (9th ed.). San Luis Obispo, CA: Impact.

Alberts, J. K. (1988). An analysis of couples' conversational complaints. *Communication Monographs, 55*, 184–197.

Alberts, J. K. (1990). Perceived effectiveness of couples' conversational complaints. *Communication Studies, 40*, 280–291.

Alberts, J. K., & Driscoll, G. (1992). Containment versus escalation: The trajectory of couples' conversational complaints. *Western Journal of Communication, 56*, 394–412.

Alberts, J. K., Kellar-Guenther, U., & Corman, S. R. (1996). That's not funny: Understanding recipients' responses to teasing. *Western Journal of Communication, 60*, 337–357.

Alberts, J. K., Tracy, S. J., & Tretheway, A. (2011). An integrative theory of the division of domestic labor: Threshold level, social organizing and sensemaking. *Journal of Family Communication, 11*, 21–38.

Alberts, J. K., Yoshimura, C. G., Rabby, M., & Loschiavo, R. (2005). Mapping the topography of couples' daily conversation. *Journal of Social and Personal Relationships, 22*, 299–322.

Aldeis, D., & Afifi, T. D. (2013). College students' willingness to reveal risky behaviors: The influence of relationship and message type. *Journal of Family Communication, 13*, 92–113.

Aleman, M. W. (2005). Embracing and resisting romantic fantasies as the rhetorical vision on a SeniorNet discussion board. *Journal of Communication, 55*, 5–21.

Alford, J. R., Hatemi, P. K., Hibbing, J. R., Martin, N. G., & Eaves, L. J. (2011). The politics of mate choice. *The Journal of Politics, 73*, 362–379.

Aliakbari, M., & Abdolahi, K. (2013). Does it matter what we wear? A sociolinguistic study of clothing and human values. *International Journal of Linguistics, 5*, 34–45.

Allen, J. L., O'Mara, J., Long, K. M. (2014). The influence of communication traits and culture on perceptions of distance in intracultural and intercultural relationships in the United States. *China Media Research, 10*, 72–88.

Allen, M. (1998). Methodological considerations when examining a gendered world. In D. J. Canary & K. Dindia (Eds.), *Handbook of sex differences and similarities in communication* (pp. 427–444). Mahwah, NJ: Erlbaum.

Allred, R. J., & Crowley, J. P. (2017). The "mere presence" hypothesis: Investigating the nonverbal effects of cell-phone presence on conversation satisfaction. *Communication Studies, 68*, 22–36.

Alter, A. L., & Oppenheimer, D. M. (2009). Suppressing secrecy through metacognitive ease: Cognitive fluency encourages self-disclosure. *Psychological Science, 20*, 1414–1420.

Alter, C. (2016, June 27). Seeing sexism from both sides: What trans men experience. *Time*.

Altman, I., & Taylor, D. A. (1973). *Social penetration: The development of interpersonal relationships*. New York, NY: Holt, Rinehart & Winston.

Altmann, J. (2016, October 20). I don't want to be "inspiring." *The New York Times*.

Alvesson, M. (2011). Organizational culture: Meaning, discourse, and identity. In N. M. Ashkanasy, C. P. M. Wilderom, & M. F. Peterson (Eds.), *The handbook of organizational culture and climate* (2nd ed., pp. 11–28). Los Angeles, CA: Sage.

Amarasinghe, A. (2012). Understanding intercultural facework behaviours. *Journal of International Communication, 18*, 175–188.

American Management Association. (2012). *Critical skills survey*.

Amichai-Hamburger, Y., Kingsbury, M., & Scheider, B. H. (2013). Friendship: An old concept with a new meaning? *Computers in Human Behavior, 29*, 33–39.

Amodio, D. M., & Showers, C. J. (2005). "Similarity breeds liking" revisited: The moderating role of commitment. *Journal of Social and Personal Relationships, 22*, 817–836.

Andersen, P. A., Guerrero, L. K., & Jones, S. M. (2006). Nonverbal behavior in intimate interactions and intimate relationships. In V. Manusov & M. L. Patterson (Eds.), *The Sage handbook of nonverbal communication* (pp. 259–278). Thousand Oaks, CA: Sage.

Andersen, P. A., & Wang, H. (2009). Beyond language: Nonverbal communication across cultures. In L. A. Samovar, R. E. Porter, & E. R. McDaniel (Eds.), *Intercultural communication: A reader* (pp. 264–281). Boston, MA: Wadsworth.

Anderson, B., Fagan, P., Woodnutt, T., & Chamorro-Premuzic, T. (2012). Facebook psychology: Popular questions answered by research. *Psychology of Popular Media Culture, 1*, 23–37.

Anderson, C., & Gantz, J. F. (2013, October). Skills requirements for tomorrow's best jobs: Helping educators provide students with skills and tools they need. *IDC White Paper*.

Anderson, J. (July 2, 2010). The future of social relations. *Pew Internet & American Life Project*.

Anderson, M. (2015, August 17). For teens, phone calls are reserved for closer relationships. *Pew Research Center*.

Anderson, R. A., Corazzini, K. N., & McDaniel, R. R., Jr. (2004). Complexity science and the dynamics of climate and communication: Reducing nursing home turnover. *Gerontologist, 44*, 378–388.

Anderson, R. C., Klofstad, C. A., Mayew, W. J., & Venkatachalam, M. (2014). Vocal fry may undermine the success of young women in the labor market. *PLOS ONE, 9*, e97506.

Ang, S., Van Dyne, L., Koh, C., Ng, K., Templer, K. J., Tay, C., & Chandrasekar, N. (2007). Cultural intelligence: Its measurement and effects on cultural judgment and decision making, cultural adaptation and task performance. *Management and Organization Review, 3*, 335–371.

Anton, C. (2015). Comprehending orders of intentionality: An adaptation of Laing, Phillipson, and Lee's "Interpersonal Perception Method." *Review of Communication, 15*, 161–172.

Antonuccio, D., & Jackson, R. (2009). The science of forgiveness. In W. O'Donohue & S. R. Graybar (Eds.), *Handbook of contemporary psychotherapy: Toward an improved understanding of effective psychotherapy* (pp. 269–284). Thousand Oaks, CA: Sage.

Arasaratnam, L. A. (2006). Further testing of a new model of intercultural communication competence. *Communication Research Reports, 23*, 93–99.

Arasaratnam, L. A. (2007). Research in intercultural communication competence: Past perspectives and future directions. *Journal of International Communication, 13*, 66–73.

Arasaratnam, L. A., & Banerjee, S. C. (2011). Sensation seeking and intercultural communication competence: A model test. *International Journal of Intercultural Relations, 35*, 226–233.

Arasaratnam-Smith, L. A. (2016). An exploration of the relationship between intercultural communication competence and bilingualism. *Communication Research Reports, 33*, 231–238.

Archer, J. (2002). Sex differences in physically aggressive acts between heterosexual partners: A meta-analytic review. *Aggression and Violent Behavior, 7*, 313–351.

Argyle, M., & Henderson, M. (1984). The rules of friendship. *Journal of Social and Personal Relationships, 1*, 211–237.

Aronson, E. (2008). *The social animal* (10th ed.). New York, NY: Worth.

Arriaga, X. B., Agnew, C. R., Capezza, N. M., & Lehmiller, J. J. (2008). The social and physical environment of relationship initiation: An interdependence analysis. In S. Sprecher, A. Wenzel, & J. Harvey (Eds.), *Handbook of relationship initiation* (pp. 197–215). New York, NY: Psychology Press.

Arriaga, X. B., Capezza, N. M., Goodfriend, W., Ray, E. S., & Sands, K. J. (2013). Individual well-being and relationship maintenance at odds: The unexpected perils of maintaining a relationship with an aggressive partner. *Social Psychological and Personality Science, 4*, 676–684.

Arroyo, A. (2013). "I'm so fat!" The negative outcomes of fat talk. *Communication Currents, 7*, 1–2.

Arroyo, A. (2015). Magazine exposure and body dissatisfaction: The mediating roles of thin ideal internalization and fat talk. *Communication Research Reports, 32*, 246–252.

Arroyo, A., & Andersen, K. K. (2016). Appearance-related communication and body image outcomes: Fat talk and old talk among mothers and daughters. *Journal of Family Communication, 16*, 95–110.

Arroyo, A., & Brunner, S. R. (2016). Negative body talk as an outcome of friends' fitness posts on social networking sites: Body surveillance and social comparison as potential moderators, *Journal of Applied Communication Research, 44*, 216–235.

Arroyo, A., & Harwood, J. (2012). Exploring the causes and consequences of fat talk. *Journal of Applied Communication Research, 40*, 167–187.

Arsenault, A. (2007, May). *Too much information?: Gatekeeping and information dissemination in a networked world.* Paper presented at the annual meeting of the International Communication Association, San Francisco.

Asante, M. K. (2002). Language and agency in the transformation of American identity. In W. F. Eadie & P. E. Nelson (Eds.), *The changing conversation in America: Lectures from the Smithsonian* (pp. 77–89). Thousand Oaks, CA: Sage.

Asencio, E. K. (2013). Self-esteem, reflected appraisals, and self-views: Examining criminal and work identities. *Social Psychology Quarterly, 76*, 291–313.

Avtgis, T. A. (1999). The relationship between unwillingness to communicate and family communication patterns. *Communication Research Reports, 16*, 333–338.

Aylor, B. (2003). The impact of sex, gender, and cognitive complexity on the perceived importance of teacher communication skills. *Communication Studies, 54*, 496–509.

Ayres, J., & Crosby, S. (1995). Two studies concerning the predictive validity of the personal report of communication apprehension in employment interviews. *Communication Research Reports, 12*, 145–151.

Bach, G. R., & Wyden, P. (1983). *The intimate enemy: How to fight fair in love and marriage.* New York, NY: Avon Books.

Bachman, G. F., & Guerrero, L. K. (2006). Forgiveness, apology, and communicative responses to hurtful events. *Communication Reports, 19*, 45–56.

Back, M. D., Schmukle, S. C., & Egloff, B. (2008). Becoming friends by chance. *Psychological Science, 19*, 439–440.

Baglan, T. (1993). Relationship between psychological sex-type and interpersonal perception. *Florida Communication Journal, 21*(2), 22–28.

Bailey, M. (2016, February 1). Communication failures linked to 1,744 deaths in five years, US malpractice study finds. *STAT News.*

Bailey, T. A. (2010). Ageism and media discourse: Newspaper framing of middle age. *Florida Communication Journal, 38*, 43–56.

Baiocco, R., Laghi, F., Schneider, B. H., Dalessio, M., Amichai-Hamburger, Y., Coplan, R., ... Flament, M. (2011). Daily patterns of communication and contact between Italian early adolescents and their friends. *Cyberpsychology, Behavior, and Social Networking, 14*, 467–471.

Baker, A. J. (2008). Down the rabbit hole: The role of place in the initiation and development of online relationships. In A. Barak (Ed.), *Psychological aspects of cyberspace: Theory, research, applications* (pp. 163–184). New York, NY: Cambridge University Press.

Baker, L. R., & Oswald, D. L. (2010). Shyness and online social networking services. *Journal of Social & Personal Relationships, 27*, 873–889.

Bakker, A. B. (2005). Flow among music teachers and their students: The crossover of peak experiences. *Journal of Vocational Behavior, 66*, 26–44.

Baldwin, M. W., & Keelan, J. P. R. (1999). Interpersonal expectations as a function of self-esteem and sex. *Journal of Social and Personal Relationships, 16*, 822–833.

Ball, H., Wanzer, M. B., & Servoss, T. J. (2013). Parent-child communication on Facebook: Family communication patterns and young adults' decisions to "friend" parents. *Communication Quarterly, 61*, 615–629.

Bannink, F. (2010). *Handbook of solution-focused conflict management.* Cambridge, MA: Hogrefe Publishing.

Barelds, D. P. H., Dijkstra, P., Koudenburg, N., & Swami, V. (2011). An assessment of positive illusions of the physical attractiveness of romantic partners. *Journal of Social and Personal Relationships, 28*, 706–719.

Barge, J., & Little, M. (2008). A discursive approach to skillful activity. *Communication Theory, 18*, 505–534.

Barker, G. G. (2016). Cross-cultural perspectives on intercultural communication competence. *Journal of Intercultural Communication Research, 45*, 13–30.

Barker, L. L. (1971). *Listening behavior.* Englewood Cliffs, NJ: Prentice-Hall.

Barker, L. L., Edwards, R., Gaines, C., Gladney, K., & Holley, F. (1981). An investigation of proportional time spent in various communication activities by college students. *Journal of Applied Communication Research, 8*, 101–109.

Barnes, S. B. (2003). *Computer-mediated communication: Human-to-human communication across the internet.* Boston: Allyn & Bacon.

Barrett, L. F., Gross, J., Christensen, T., & Benvenuto, M. (2001). Knowing what you're feeling and knowing what to do about it: Mapping the relation between emotion differentiation and emotion regulation. *Cognition and Emotion, 15*, 713–724.

Barrick, M. R., Bradley, B. H., Kristof-Brown, A. L., & Colbert, A. E. (2007). The moderating role of top management team interdependence: Implications for real teams and working groups. *Academy of Management Journal, 50*, 544–557.

Barry, D. (1990). *Dave Barry turns 40.* New York, NY: Fawcett Columbine.

Bartels, J., Pruyn, A., De Jong, M., & Joustra, I. (2008). Multiple organizational identification levels and the impact of perceived external prestige and communication climate. *Journal of Organizational Behavior, 28*, 173–190.

Barth, K. (2013, January 14). Dan Savage: It gets better. *Take Part.*

Bartlett, N. H., Patterson, H. M., VanderLaan, D. P., & Vasey, P. L. (2009). The relation between women's body esteem and friendships with gay men. *Body Image, 6*, 235–241.

Baruch, Y., Prouska, R., Ollier-Malaterre, A., & Bunk, J. (2017). Swearing at work: The mixed outcomes of profanity. *Journal of Managerial Psychology, 32*, 149–162.

Bastién, A. J. (2016, October 23). "Insecure" season 1, episode 3: Code switching. *The New York Times.*

Bateman, P. J., Pike, J. C., & Butler, B. S. (2011). To disclose or not: Publicness in social networking sites. *Information Technology & People, 24*, 78–100.

Bateson, G., & Jackson, D. D. (1964). Some varieties of pathogenic organization. *Disorders of Communication* [Research Publications: Association for Research in Nervous and Mental Disease], *42*, 270–283.

Bauerlein, M. (2009, September 4). Why Gen-Y Johnny can't read nonverbal cues. *Wall Street Journal.*

Bauman, S., Toomey, R. B., & Walker, J. L. (2013). Associations among bullying, cyberbullying, and suicide in high school students. *Journal of Adolescence, 36*, 341–350.

Baumeister, R. F., Campbell, J. D., Krueger, J. I., & Vohs, K. D. (2003). Does high self-esteem cause better performance, interpersonal success, happiness, or healthier lifestyles? *Psychological Science in the Public Interest, 4*, 1–44.

Bavelas, J. B., Black, A., Chovil, N., & Mullett, J. (1990). *Equivocal communication.* Newbury Park, CA: Sage.

Bavelas, J. B., Coates, L., & Johnson, T. (2002). Listener responses as a collaborative process: The role of gaze. *Journal of Communication, 52*, 566–580.

Baxter, L. A. (1987). Symbols of relationship identity in relationship culture. *Journal of Social and Personal Relationships, 4*, 261–280.

Baxter, L. A. (1992). Forms and functions of intimate play in personal relationships. *Human Communication Research, 18*, 336–363.

Baxter, L. A. (1994). A dialogic approach to relationship maintenance. In D. J. Canary & L. Stafford (Eds.), *Communication and relational maintenance* (pp. 233–254). San Diego, CA: Academic Press.

Baxter, L. A. (2011). *Voicing relationships: A dialogical perspective.* Thousand Oaks, CA: Sage.

Baxter, L. A., & Akkoor, C. (2011). Topic expansiveness and family communication patterns. *Journal of Family Communication, 11,* 1–20.

Baxter, L. A., & Braithwaite, D. O. (2006a). Family rituals. In L. H. Turner & R. West (Eds.), *The family communication sourcebook* (pp. 259–280). Thousand Oaks, CA: Sage.

Baxter, L. A., & Braithwaite, D. O. (2006b). Social dialectics: The contradictions of relating. In B. Whaley & W. Samter (Eds.), *Explaining communication: Contemporary communication theories and exemplars* (pp. 305–324). Mahwah, NJ: Erlbaum.

Baxter, L. A., & Braithwaite, D. O. (2008). Relational dialectics theory. In L. A. Baxter & D. O. Braithwaite (Eds.), *Engaging theories in interpersonal communication: Multiple perspectives* (pp. 349–361). Thousand Oaks, CA: Sage.

Baxter, L. A., Dun, T., & Sahlstein, E. (2001). Rules for relating communicated among social network members. *Journal of Social and Personal Relationships, 18,* 173–200.

Baxter, L. A., Henauw, C., Huisman, D., Livesay, C., Norwood, K., Hua, S., . . . Young, B. (2009). Lay conceptions of "family": A replication and extension. *Journal of Family Communication, 9,* 170–189.

Baxter, L. A., & Pederson, J. R. (2013). Perceived and ideal family communication patterns and family satisfaction for parents and their college-aged children. *Journal of Family Communication, 13,* 132–149.

Baxter, L. A., & Pittman, G. (2001). Communicatively remembering turning points of relational development in heterosexual romantic relationships. *Communication Reports, 14,* 1–17.

Baxter, L. A., & Wilmot, W. W. (1985). Taboo topics in close relationships. *Journal of Social and Personal Relationships, 2,* 253–269.

Bayer, J. B., Ellison, N. B., Schoenebeck, S. Y., & Falk, E. B. (2016). Sharing the small moments: Ephemeral social interaction on Snapchat. *Information, Communication & Society, 19,* 956–977.

Bazarova, N. N. (2012). Public intimacy: Disclosure interpretation and social judgments on Facebook. *Journal of Communication, 62,* 815–832.

Bazarova, N. N., Taft, J. G., Choi, Y. H., & Cosley, D. (2012). Managing impressions and relationships on Facebook: Self-presentational and relational concerns revealed through the analysis of language style. *Journal of Language and Social Psychology, 32,* 121–141.

Beaulieu, C. M. (2004). Intercultural study of personal space: A case study. *Journal of Applied Social Psychology, 34,* 794–805.

Beck, C. E., & Beck, E. A. (1996). The manager's open door and the communication climate. In K. M. Galvin & P. Cooper (Eds.), *Making connections: Readings in relational communication* (pp. 286–290). Los Angeles, CA: Roxbury.

Becker, J. A. H., Ellevold, B., & Stamp, G. H. (2008) The creation of defensiveness in social interaction II: A model of defensive communication among romantic couples. *Communication Monographs, 75,* 86–110.

Becker, J. B., Berkley, K. J., Geary, N., Hampson, E., Herman, J. P., & Young, E. (2007). *Sex differences in the brain: From genes to behavior.* New York, NY: Oxford University Press.

Beer, J. S., & Hughes, B. L. (2011). Self-enhancement: A social neuroscience perspective. In M. D. Alicke & C. Sedikides (Eds.), *Handbook of self-enhancement and self-protection* (pp. 49–65). New York, NY: Guilford Press.

Bello, R. (2005). Situational formality, personality, and avoidance-avoidance conflict as causes of interpersonal equivocation. *Southern Communication Journal, 70,* 285–300.

Bello, R. S., Brandau-Brown, F. E., & Ragsdale, J. D. (2014). A profile of those likely to reveal friends' secrets. *Communication Studies, 65,* 389–406.

Bello, R. S., Brandau-Brown, F. E., Zhang, S., & Ragsdale, J. D. (2010). Verbal and nonverbal methods for expressing appreciation in friendships and romantic relationships: A cross-cultural comparison. *International Journal of Intercultural Relations, 34,* 294–302.

Bello, R., & Edwards, R. (2005). Interpretations of messages: The influence of various forms of equivocation, face concerns, and sex differences. *Journal of Language and Social Psychology, 24,* 160–181.

Bennehum, D. S. (2005, July). Daemon seed: Old emails never die. *Wired.*

Bennett, J. (2010, July 19). The beauty advantage: How looks affect your work, your career, your life. *Newsweek.*

Bennett, J. (2014, June 18). I'm sorry, but women really need to stop apologizing. *Time.*

Berbrier, M. (2013). The diverse construction of race and ethnicity. In J. A. Holstein & J. F. Gubrium (Eds.), *Handbook of constructionist research* (pp. 567–592). New York, NY: Guilford.

Berger, C. R. (1987). Communicating under uncertainty. In M. Roloff & G. Miller (Eds.), *Interpersonal processes: New directions in communication research* (pp. 39–62). Newbury Park, CA: Sage.

Berger, C. R. (1988). Uncertainty and information exchange in developing relationships. In S. Duck & D. F. Hay (Eds.), *Handbook of personal relationships: Theory, research and interventions* (pp. 239–255). New York, NY: Wiley.

Berger, C. R. (2011). From explanation to application. *Journal of Applied Communication Research, 39,* 214–222.

Berger, C. R., & Kellermann, K. (1994). Acquiring social information. In J. M. Wiemann & J. A. Daly (Eds.), *Communicating strategically* (pp. 1–31). Hillsdale, NJ: Erlbaum.

Berger, C. R., & Lee, K. J. (2011). Second thoughts, second feelings: Attenuating the impact of threatening narratives through rational reappraisal. *Communication Research, 38,* 3–26.

Berger, J., & Iyengar, R. (2013). Communication channels and word of mouth: How the medium shapes the message. *Journal of Consumer Research, 40,* 567–579.

Bergman, M. E., Watrous-Rodriguez, K. M., & Chalkley, K. M. (2008). Identity and language: Contributions to and consequences of speaking Spanish in the workplace. *Hispanic Journal of Behavioral Sciences, 30,* 40–68.

Berry, K., & Adams, T. E. (2016). Family bullies. *Journal of Family Communication, 16,* 51–63.

Berry, S. (2007). Personal report of intercultural communication apprehension. In R. A. Reynolds, R. Woods, & J. D. Baker (Eds.), *Handbook of research on electronic surveys and measurements* (pp. 364–366). Hershey, PA: Idea Group Reference/IGI Global.

Berscheid, E., Schneider, M., & Omoto, A. M. (1989). Issues in studying close relationships: Conceptualizing and measuring closeness. In C. Hendrick (Ed.), *Close relationships* (pp. 63–91). Newbury Park, CA: Sage.

Betts, K. R., & Hinsz, V. B. (2013). Group marginalization: Extending research on interpersonal rejection to small groups. *Personality & Social Psychology Review, 17,* 355–370.

Bevan, J. L., Cummings, M. B., Engert, M. L., & Sparks, L. (2017). Romantic serial argument perceived resolvability, goals, rumination, and conflict strategy usage: A preliminary longitudinal study. In J. A. Samp (Ed.), *Communicating interpersonal conflict in close relationships: Contexts, challenges and opportunities* (pp. 128–143). New York, NY: Routledge.

Bevan, J. L., Hefner, V., & Love, A. (2014). An exploration of topics, conflict styles, and rumination in romantic nonserial and serial arguments. *Southern Communication Journal, 79,* 347–360.

Bharti, A. (1985). The self in Hindu thought and action. In A. J. Marsella, G. DeVos, & F. L. K. Hsu (Eds.), *Culture and self: Asian and Western perspectives* (pp. 185–230). New York, NY: Tavistock.

Bhowon, U. (2016). Perceptions and reasons for veiling: A qualitative study. *Psychology and Developing Societies, 28,* 29–49.

Bigelsen, J., & Kelley, T. (2015, April 29). When daydreaming replaces real life. *The Atlantic.*

Bilefsky, D. (2016, June 9). Period. Full stop. Point. Whatever it's called, it's going out of style. *The New York Times.*

Bippus, A. M. (2001). Recipients' criteria for evaluating the skillfulness of comforting communication and the outcomes of comforting interactions. *Communication Monographs, 68,* 301–313.

Bippus, A. M., & Young, S. L. (2005). Owning your emotions: Reactions to expressions of self-versus other-attributed positive and negative emotions. *Journal of Applied Communication Research, 33,* 26–45.

Birdwhistell, R. L. (1970). *Kinesics and context.* Philadelphia: University of Pennsylvania Press.

Bishop, S. C., Hill, P. S., & Yang, L. (2012). Use of aggressive humor: Aggressive humor style, verbal aggressiveness and social dominance orientation. *Ohio Communication Journal, 50,* 73–82.

Bisson, M. A., & Levine, T. R. (2009). Negotiating a friends with benefits relationship. *Archives of Sexual Behavior, 38,* 66–73.

Bitton, M. S., & Shaul, D. (2013). Perceptions and attitudes to sexual harassment: An examination of sex differences and the sex composition of the harasser–target dyad. *Journal of Applied Social Psychology, 43,* 2136–2145.

Bjørge, A. K. (2007). Power distance in English lingua franca email communication. *International Journal of Applied Linguistics, 17,* 60–80.

Blackstone, A., Houle, J., & Uggen, C. (2014). "I didn't recognize it as a bad experience until I was much older": Age, experience, and workers' perceptions of sexual harassment. *Sociological Spectrum, 34,* 314–337.

Bleske-Rechek, A., Somers, E., Micke, C., Erickson, L., Matteson, L., Stocco, C., . . . Ritchie, L. (2012). Benefit or burden? Attraction in cross-sex friendship. *Journal of Social and Personal Relationships, 29,* 569–596.

Bloch, A. S., & Weger, H. W., Jr. (2012, May). *Associations among friendship satisfaction, self-verification, self-enhancement, and friends' communication skill.*

Paper presented at the annual meeting of the International Communication Association, Phoenix, AZ.

Bodie, G. D., Cannava, K. E., & Vickery, A. J. (2016). Supportive communication and the adequate paraphrase. *Communication Research Reports, 33,* 166–172.

Bodie, G. D., St. Cyr, K., Pence, M., Rold, M., & Honeycutt, J. (2012). Listening competence in initial interactions I: Distinguishing between what listening is and what listeners do. *International Journal of Listening, 26,* 1–28.

Bodie, G. D., Vickery, A. J., Cannava, K., & Jones, S. M. (2015). The role of "active listening" in informal helping conversations: Impact on perceptions of listener helpfulness, sensitivity, and supportiveness and discloser emotional improvement. *Western Journal of Communication, 79,* 151–173.

Bodie, G. D., Worthington, D. L., & Gearhart, C. C. (2013). The Listening Styles Profile-Revised (LSP-R): A scale revision and evidence for validity. *Communication Quarterly, 61,* 72–90.

Bohns, V. K., & Wiltermuth, S. S. (2012). It hurts when I do this (or you do that): Posture and pain tolerance. *Journal of Experimental Social Psychology, 48,* 341–345.

Bok, S. (1999). *Lying: Moral choice in public and private life* (2nd ed.). New York, NY: Vintage.

Bolkan, S., & Holmgren, J. L. (2012). "You are such a great teacher and I hate to bother you but . . .": Instructors' perceptions of students and their use of email messages with varying politeness strategies. *Communication Education, 61,* 253–270.

Bonam, C. M., & Shih, M. (2009). Exploring multiracial individual's comfort with intimate interracial relationships. *Journal of Social Issues, 65,* 87–103.

Bone, J. E., Griffin, C. L., & Scholz, T. M. L. (2008). Beyond traditional conceptualizations of rhetoric: Invitational rhetoric and a move toward civility. *Western Journal of Communication, 72,* 434–462.

Bonos, L. (2015, October 30). Ghosting: When to do it and when to text back. *The Washington Post.*

Booth-Butterfield, M., & Booth-Butterfield, S. (1998). Emotionality and affective orientation. In J. C. McCroskey, J. A. Daly, M. M. Martin, & M. J. Beatty (Eds.), *Communication and personality: Trait perspectives* (pp. 171–190). Cresskill, NJ: Hampton.

Booth-Butterfield, M., Wanzer, M. B., Weil, N., & Krezmien, E. (2014). Communication of humor during bereavement: Intrapersonal and interpersonal emotion management strategies. *Communication Quarterly, 62,* 436–454.

Borgueta, M. (2015, August 17). The psychology of ghosting: Why people do it and a better way to break up. *The Huffington Post.*

Boroditsky, L. (2009). How does our language shape the way we think? In M. Brockman (Ed.), *What's next?: Dispatches on the future of science* (pp. 116–129). New York, NY: Vintage.

Bosacki, S. L. (2013). A longitudinal study of children's theory of mind, self-concept, and perceptions of humor in self and other. *Social Behavior and Personality, 41,* 663–673.

Bosson, J. K., Johnson, A. B., Niederhoffer, K., & Swann, W. B., Jr. (2006). Interpersonal chemistry through negativity: Bonding by sharing negative attitudes about others. *Personal Relationships, 13,* 135–150.

Bowes, A., & Katz, A. (2011). When sarcasm stings. *Discourse Processes, 48,* 215–236.

Bowes, L., Wolke, D., Joinson, C., Lereya, S. T., & Lewis, G. (2014). Sibling bullying and risk of depression, anxiety, and self-harm: A prospective cohort study. *Pediatrics, 134,* 1032–1039.

Bowman, T. D. (2015). Differences in personal and professional tweets of scholars. *Aslib Journal of Information Management, 67,* 356–371.

Boyle, A. M., & O'Sullivan, L. F. (2016). Staying connected: Computer-mediated and face-to-face communication in college students' dating relationships. *Cyberpsychology, Behavior, and Social Networking, 19,* 299–307.

Bradberry, T. (2015, March 24). Are you emotionally intelligent? Here's how to know for sure. *Inc.*

Bradley, G. L., & Campbell, A. C. (2016). Managing difficult workplace conversations: Goals, strategies, and outcomes. *International Journal of Business Communication, 53,* 443–464.

Braithwaite, D. O., Baxter, L. A., & Harper, A. M. (1998). The role of rituals in the management of the dialectical tension of "old" and "new" in blended families. *Communication Studies, 49,* 101–120.

Brandau-Brown, F. E., & Ragsdale, J. D. (2008). Personal, moral, and structural commitment and the repair of marital relationships. *Southern Communication Journal, 73,* 68–83.

Brandt, A. (2013). *8 keys to eliminating passive-aggressiveness.* New York, NY: W. W. Norton.

Brantley, A., Knox, D., & Zusman, M. E. (2002). When and why gender differences in saying "I love you" among college students. *College Student Journal, 36,* 614–615.

Brennan, W. (2016, April). The man who invented Dothraki. *The Atlantic.*

Bridge, M. C., & Schrodt, P. (2013). Privacy orientations as a function of family communication patterns. *Communication Reports, 26*, 1–12.

Brightman, V., Segal, A., Werther, P., & Steiner, J. (1975). Ethological study of facial expression in response to taste stimuli. *Journal of Dental Research, 54*, 141.

Brody, L. R., & Hall, J. A. (2008). Gender and emotion in context. In M. Lewis, J. M. Haviland-Jones, & L. F. Barrett (Eds.), *Handbook of emotions* (3rd ed., pp. 395–408). New York, NY: Guilford.

Brody, N., & Vangelisti, A. L. (2016). Bystander intervention in cyberbullying. *Communication Monographs, 83*, 94–119.

Bromberg, J. B. (2012). Uses of conversational narrative: Exchanging personal experience in everyday life. *Narrative Inquiry, 22*, 165–172.

Brooks, A. W. (2013). Get excited: Reappraising pre-performance anxiety as excitement. *Journal of Experimental Psychology: General, 143*, 1144–1158.

Brown, B. B., Werner, C. M., & Altman, I. (2006). Relationships in home and community environments: A transactional and dialectic analysis. In A. L. Vangelisti & D. Perlman (Eds.), *The Cambridge handbook of personal relationships* (pp. 673–693). New York, NY: Cambridge University Press.

Brown, R. F., Bylund, C. L., Gueguen, J. A., Diamond, C., Eddington, J., & Kissane, D. (2010). Developing patient-centered communication skills training for oncologists: Describing the content and efficacy of training. *Communication Education, 59*, 235–248.

Brownell, J. (1990). Perceptions of effective listeners: A management study. *Journal of Business Communication, 27*, 401–415.

Brownell, J., & Wolvin, A. (2010). *What every student should know about listening.* Upper Saddle River, NJ: Pearson.

Bruce, S. M., Mann, A., Jones, C., & Gavin, M. (2007). Gestures expressed by children who are congenitally deaf-blind: Topography, rate, and function. *Journal of Visual Impairment & Blindness, 101*, 637–652.

Bryant, G. A., Fessler, D. M. T., Fusaroli, R., Clint, E., Aaroe, L., Apicella, C. L., . . . Zhou, Y. (2016). Detecting affiliation in colaughter across 24 societies. *PNAS, 113*, 4682–4687.

Buck, R., & VanLear, C. A. (2002). Verbal and nonverbal communication: Distinguishing symbolic, spontaneous and pseudo-spontaneous nonverbal behavior. *Journal of Communication, 52*, 522–541.

Bukowski, W., Newcomb, A., & Hartup, W. (1996). *The company they keep: Friendship in childhood and adolescence.* Cambridge, England: Cambridge University Press.

Bukowski, W. M., Motzoi, C. C., & Meyer, F. (2009). Friendship as process, function, and outcome. In K. H. Rubin, W. M. Bukowski, & B. Laursen (Eds.), *Handbook of peer interactions, relationships, and groups* (pp. 217–231). New York, NY: Guilford Press.

Buller, D. B., & Burgoon, J. K. (1994). Deception: Strategic and nonstrategic communication. In J. A. Daly & J. M. Wiemann (Eds.), *Strategic interpersonal communication* (pp. 191–223). Hillsdale, NJ: Erlbaum.

Bullock, B. E., & Toribio, A. J., (2012). *The Cambridge handbook of linguistic code-switching.* Cambridge, UK: Cambridge University Press.

Burgoon, J., Schuetzler, R., & Wilson, D. (2015). Kinesic patterning in deceptive and truthful interactions. *Journal of Nonverbal Behavior, 39*, 1–24.

Burgoon, J. K., Berger, C. R., & Waldron, V. R. (2000). Mindfulness and interpersonal communication. *Journal of Social Issues, 56*, 105–127.

Burgoon, J. K., Birk, T., & Pfau, M. (1990). Nonverbal behaviors, persuasion, and credibility. *Human Communication Research, 17*, 140–169.

Burgoon, J. K., & Le Poire, B. A. (1999). Nonverbal cues and interpersonal judgments: Participant and observer perceptions of intimacy, dominance, and composure. *Communication Monographs, 66*, 105–124.

Burgoon, J. K., & Levine, T. R. (2010). Advances in deception detection. In S. W. Smith & S. R. Wilson (Eds.), *New directions in interpersonal communication research* (pp. 201–220). Thousand Oaks, CA: Sage.

Burk, W. J., Denissen, J., Van Doorn, M. D., Branje, S. J. T., & Laursen, B. (2009). The vicissitudes of conflict measurement: Stability and reliability in the frequency of disagreements. *European Psychologist, 14*, 153–159.

Burleson, B. R. (1984). Comforting communication. In H. Sypher & J. Applegate (Eds.), *Communication by children and adults: Social cognitive and strategic processes* (pp. 63–104). Beverly Hills, CA: Sage.

Burleson, B. R. (2003). Emotional support skill. In J. O. Greene & B. R. Burleson (Eds.), *Handbook of communication and social interaction skills* (pp. 551–594). Mahwah, NJ: Erlbaum.

Burleson, B. R. (2007). Constructivism: A general theory of communication skill. In B. B. Whaley & W. Samter (Eds.), *Explaining communication: Contemporary theories and exemplars* (pp. 105–128). Mahwah, NJ: Erlbaum.

Burleson, B. R. (2008). What counts as effective emotional support? In M. T. Motley (Ed.), *Studies in applied interpersonal communication* (pp. 207–227). Thousand Oaks, CA: Sage.

Burleson, B. R. (2011). A constructivist approach to listening. *International Journal of Listening, 25,* 27–46.

Burleson, B. R., Hanasono, L., Bodie, G., Holmstrom, A., McCullough, J., Rack, J., & Rosier, J. (2011). Are gender differences in responses to supportive communication a matter of ability, motivation, or both? Reading patterns of situation effects through the lens of a dual-process theory. *Communication Quarterly, 59,* 37–60.

Burleson, B. R., Hanasono, L., Bodie, G., Holmstrom, A., Rack, J., Rosier, J., & McCullough, J. (2009). Explaining gender differences in responses to supportive messages: Two tests of a dual-process approach. *Sex Roles, 61,* 265–280.

Burleson, B. R., Holmstrom, A. J., & Gilstrap, C. M. (2005). "Guys can't say that to guys": Four experiments assessing the normative motivation account for deficiencies in the emotional support provided by men. *Communication Monographs, 72,* 468–501.

Burleson, B. R., & Samter, W. (1985). Individual differences in the perception of comforting messages: An exploratory investigation. *Central States Speech Journal, 36,* 39–50.

Burleson, B. R., & Samter, W. (1994). A social skills approach to relationship maintenance. In D. J. Canary & L. Stafford (Eds.), *Communication and relationship maintenance: How individual differences in communication skills affect the achievement of relationship functions* (pp. 61–90). San Diego, CA: Academic Press.

Burnard, P. (2003). Ordinary chat and therapeutic conversation: Phatic communication and mental health nursing. *Journal of Psychiatric and Mental Health Nursing, 10,* 678–682.

Burton, C. M., & King, L. A. (2008). Effects of (very) brief writing on health: The two-minute miracle. *British Journal of Health Psychology, 13,* 9–14.

Bushman, B. J. (1988). The effects of apparel on compliance: A field experiment with a female authority figure. *Personality and Social Psychology Bulletin, 14,* 459–467.

Bushman, B. J., Baumeister, R. F., & Stack, A. D. (1999). Catharsis, aggression, and persuasive influence: Self-fulfilling or self-defeating prophecies? *Journal of Personality and Social Psychology, 76,* 367–376.

Butler, J. A., & Modaff, D. P. (2012). The communicative management of emotional display expectations by in-home daycare providers. *Qualitative Communication Research, 1,* 461–490.

Butler, J. A., & Modaff, D. P. (2016). Motivations to disclose chronic illness in the workplace. *Qualitative Research Reports in Communication, 17,* 77–84.

Buunk, A. P. (2005). How do people respond to others with high commitment or autonomy in their relationships? *Journal of Social and Personal Relationships, 22,* 653–672.

Buzzanell, P. M. (1999). Tensions and burdens in employment interviewing processes: Perspectives of non-dominant group members. *Journal of Business Communication, 36,* 143–162.

Byers, E. S. (2011). Beyond the birds and the bees and was it good for you?: Thirty years of research on sexual communication. *Canadian Psychology, 52,* 20–28.

Cacioppo, J. T., Cacioppo, S., Gonzaga, G. C., Ogburn, E. L., & VanderWeele, T. J. (2013). Marital satisfaction and break-ups differ across on-line and off-line meeting venues. *PNAS, 110,* 10135–10140.

Cai, D. A., & Fink, E. L. (2002). Conflict style differences between individualists and collectivists. *Communication Monographs, 69,* 67–87.

Callas, J. (2015, July 31). 1 in 5 American adults live with a disability. *USA Today.*

Canary, D. (2003). Managing interpersonal conflict: A model of events related to strategic choices. In J. O. Greene & B. R. Burleson (Eds.), *Handbook of communication and social interaction skills* (pp. 515–549). Mahwah, NJ: Erlbaum.

Caplan, S. E. (2010). Theory and measurement of generalized problematic internet use: A two-step approach. *Computers in Human Behavior, 26,* 1089–1097.

Cargile, A., & Bolkan, S. (2013). Mitigating inter- and intra-group ethnocentrism: Comparing the effects of culture knowledge, exposure, and uncertainty intolerance. *International Journal of Intercultural Relations, 37,* 345–353.

Carmeli, A., Yitzhak-Halevy, M., Weisberg, J. (2009). The relationship between emotional intelligence and psychological wellbeing. *Journal of Managerial Psychology, 24,* 66–78.

Carney, D. R., Cuddy, A. J., & Yap, A. J. (2010). Power posing: Brief nonverbal displays affect neuroendocrine levels and risk tolerance. *Psychological Science, 21,* 1363–1368.

Carofiglio, V., de Rosis, F., & Grassano, R. (2008). Dynamic models of multiple emotion activation. In L. Cañamero & R. Aylett (Eds.), *Animating expressive characters for social interaction* (pp. 123–141). Amsterdam, Netherlands: John Benjamins.

Caron, A. H., Hwang, J. M., & Brummans, B. (2013). Business writing on the go: How executives manage impressions through e-mail communication in everyday work life. *Corporate Communications: An International Journal, 18,* 8–25.

Carpenter, C. J. (2013). A meta-analysis of the effectiveness of the "but you are free" compliance-gaining technique. *Communication Studies, 64*, 6–17.

Carr, C. T., & Stefaniak, C. (2012). Sent from my iPhone: The medium and message as cues of sender professionalism in mobile telephony. *Journal of Applied Communication Research, 40*, 403–424.

Carré, A., Stefaniak, N., D'Ambrosio, F., Bensalah, L., & Besche-Richard, C. (2013). The Basic Empathy Scale in Adults (BES-A): Factor structure of a revised form. *Psychological Assessment, 25*, 679–691.

Carrell, L. J., & Willmington, S. C. (1996). A comparison of self-report and performance data in assessing speaking and listening competence. *Communication Reports, 9*, 185–191.

Carrier, L. M., Rosen, L. D., Cheever, N. A., & Lim, A. F. (2015). Causes, effects, and practicalities of everyday multitasking. *Developmental Review, 35*, 64–78.

Carroll, A. E. (2015, June 1). To be sued less, doctors should consider talking to patients more. *The New York Times*.

Carroll, S., Hill, E., Yorgason, J. B., Larson, J. H., & Sandberg, J. G. (2013). Couple communication as a mediator between work–family conflict and marital satisfaction. *Contemporary Family Therapy: An International Journal, 35*, 530–545.

Carvalho, J., Francisco, R., & Relvas, A. P. (2015). Family functioning and information and communication technologies: How do they relate? A literature review. *Computers in Human Behavior, 45*, 99–108.

Casale, S., Fiovaranti, G., & Caplan, S. (2015). Online disinhibition: Precursors and outcomes. *Journal of Media Psychology, 27*, 170–177.

Casey, J. E. (2012). A model to guide the conceptualization, assessment, and diagnosis of nonverbal learning disorder. *Canadian Journal of School Psychology, 27*, 35–57.

Cassels, T. G., Chan, S., Chung, W., & Birch, S. J. (2010). The role of culture in affective empathy: Cultural and bicultural differences. *Journal of Cognition and Culture, 10*, 309–326.

Cassidy, W., Faucher, C., & Jackson, M. (2013). Cyberbullying among youth: A comprehensive review of current international research and its implications and application to policy and practice. *School Psychology International, 34*, 575–612.

Castro, D. R., Cohen, A., Tohar, G., & Kluger, A. N. (2013). The role of active listening in teacher-parent relations and the moderating role of attachment style. *International Journal of Listening, 27*, 136–145.

Caughlin, J. P., & Arr, T. D. (2004). When is topic avoidance unsatisfying? Examining moderators of the association between avoidance and dissatisfaction. *Human Communication Research, 30*, 479–513.

Caughlin, J. P., & Huston, T. L. (2002). A contextual analysis of the association between demand/withdraw and marital satisfaction. *Personal Relationships, 9*, 95–119.

Caughlin, J. P., & Petronio, S. (2004). Privacy in families. In A. L. Vangelisti (Ed.), *Handbook of family communication* (pp. 379–412). Mahwah, NJ: Erlbaum.

Caughlin, J. P., & Vangelisti, A. L. (2006). Conflict in dating and marital relationships. In J. G. Oetzel & S. Ting-Toomey (Eds.), *The Sage handbook of conflict communication* (pp. 129–158). Thousand Oaks, CA: Sage.

Caughron, J. J., Antes, A. L., Stenmark, C. K., Thiel, C. E., Wang, X., & Mumford, M. D. (2013). Competition and sensemaking in ethical situations. *Journal of Applied Social Psychology, 43*, 1491–1507.

Cavalcante, A. (2016). "I did it all online": Transgender identity and the management of everyday life. *Critical Studies in Media Communication*, 109–122.

Cesario, J., & Higgins, E. T. (2008). Making message recipients "feel right": How nonverbal cues can increase persuasion. *Psychological Science, 19*, 415–420.

Chan, M. (2015), Multimodal connectedness and quality of life: Examining the influences of technology adoption and interpersonal communication on well-being across the life span. *Journal of Computer-Mediated Communication, 20*, 3–18.

Chang, C., Chang, C., Zheng, J., & Chung, P. (2013). Physiological emotion analysis using support vector regression. *Neurocomputing: An International Journal, 122*, 79–87.

Chang, L. C.-N. (2011). My culture shock experience. *ETC: A Review of General Semantics, 68*, 403–405.

Chapman, G. (2010). *The 5 love languages*. Chicago, IL: Northfield.

Chávez, K. R., & Griffin, C. L. (Eds.). (2012). *Standing in the intersection: Feminist voices, feminist practices in communication studies*. Albany: State University of New York Press.

Chen, Y., Mark, G., & Ali, S. (2016). Promoting positive affect through smartphone photography. *Psychology of Well-Being, 6*, 8.

Cheng, J. T., Tracy, J. L., Ho, S., & Henrich, J. (2016). Listen, follow me: Dynamic vocal signals of dominance predict emergent social rank in humans. *Journal of Experimental Psychology, 145*, 536–547.

Cheng, Y., & Grühn, D. (2016). Perceived similarity in emotional reaction profiles between the self and a close other as a predictor of emotional well-being. *Journal of Social and Personal Relationships, 33*, 711–732.

Chervonsky, E., & Hunt, C. (2017). Suppression and expression of emotion in social and interpersonal outcomes: A meta-analysis. *Emotion, 17*, 669–683.

Child, J. T., & Westermann, D. A. (2013). Let's be Facebook friends: Exploring parental Facebook friend requests from a Communication Privacy Management (CPM) perspective. *Journal of Family Communication, 13*, 46–59.

Cho, A., & Lee, J. (2013). Body dissatisfaction levels and gender differences in attentional biases toward idealized bodies. *Body Image, 10*, 95–102.

Choi, M. H. K. (2016, September). Like. Flirt. Ghost.: A journey into the social media lives of teens. *Wired.*

Choi, N., Fuqua, D. R., & Newman, J. L. (2009). Exploratory and confirmatory studies of the structure of the Bem Sex Role Inventory short form with two divergent samples. *Educational and Psychological Measurement, 69*, 696–705.

Chou, H. G., & Edge, N. (2012). "They are happier and having better lives than I am": The impact of using Facebook on perceptions of others' lives. *Cyberpsychology, Behavior, & Social Networking, 15*, 117–121.

Chovil, N. (1991). Social determinants of facial displays. *Journal of Nonverbal Behavior, 15*, 141–154.

Christenfeld, N., & Larsen, B. (2008). The name game. *The Psychologist, 21*, 210–213.

Christian, A. (2005). Contesting the myth of the "wicked stepmother": Narrative analysis of an online step-family support group. *Western Journal of Communication, 69*, 27–48.

Christofides, E., Muise, A., & Desmarais, S. (2012). Hey mom, what's on your Facebook? Comparing Facebook disclosure and privacy in adolescents and adults. *Social Psychological and Personality Sciences, 3*, 48–54.

Chung, A., & Rimal, R. N. (2016). Social norms: A review. *Review of Communication Research, 4*, 1–29.

Chung, J. E. (2013). Social interaction in online support groups: Preference for online social interaction over offline social interaction. *Computers in Human Behavior, 29*, 1408–1414.

Church, A., Alvarez, J. M., Katigbak, M. S., Mastor, K. A., Cabrera, H. F., Tanaka-Matsumi, J., . . . Buchanan, A. L. (2012). Self-concept consistency and short-term stability in eight cultures. *Journal of Research in Personality, 46*, 556–570.

Cionea, I. A., Johnson, A. T., Bruscella, J. S., & Van Gilder, B. (2015). Taking conflict personally and the use of the demand/withdraw pattern in intraethnic serial arguments. *Argumentation & Advocacy, 52*, 32–43.

Cissna, K. N., & Sieburg, E. (2006). Patterns of interactional confirmation and disconfirmation. In J. Stewart (Ed.), *Bridges not walls* (9th ed., pp. 429–439). Boston, MA: McGraw-Hill.

Clark, R. A., & Delia, J. G. (1997). Individuals' preferences for friends' approaches to providing support in distressing situations. *Communication Reports, 10*, 115–121.

Clements, K., Holtzworth-Munroe, A., Schweinle, W., & Ickes, W. (2007). Empathic accuracy of intimate partners in violent versus nonviolent relationships. *Personal Relationships, 14*, 369–388.

Coates, J. (1986). *Women, men and language.* London, England: Longman.

Coffelt, T. A., Baker, M. J., & Corey, R. C. (2016). Business communication practices from employers' perspectives. *Business and Professional Communication Quarterly, 79*, 300–316.

Cohen, A. (2007). One nation, many cultures: A cross-cultural study of the relationship between personal cultural values and commitment in the workplace to in-role performance and organizational citizenship behavior. *Cross-Cultural Research: The Journal of Comparative Social Science, 41*, 273–300.

Cohen, E. D. (2007). *The new rational therapy: Thinking your way to serenity, success, and profound happiness.* Lanham, MD: Rowman & Littlefield.

Cohen, E. L. (2010). Expectancy violations in relationships with friends and media figures. *Communication Research Reports, 27*, 97–111.

Cohen, M., & Avanzino, S. (2010). We are people first: Framing organizational assimilation experiences of the physically disabled using co-cultural theory. *Communication Studies, 61*, 272–303.

Cole, D. A., Nick, E. A., Zelkowitz, R. L., Roeder, K. M., & Spinelli, T. (2017). Online social support for young people: Does it recapitulate in-person social support; can it help? *Computers in Human Behavior, 68*, 456–464.

Cole, S., Trope, Y., & Balcetis, E. (2016). In the eye of the betrothed: Perceptual downgrading of attractive alternative romantic partners. *Personality and Social Psychology Bulletin, 42*, 879–892.

Collier, M. J. (1991). Conflict competence within African, Mexican, and Anglo American friendships. In S. Ting-Toomey & F. Korzenny (Eds.), *Cross-cultural interpersonal communication* (pp. 132–154). Newbury Park, CA: Sage.

Conlan, S. K. (2008). Romantic relationship termination. *Dissertation Abstracts International: Section B. The Sciences and Engineering, 68*(7-B), 4884.

Connell, C. (2012). Dangerous disclosures. *Sexuality Research & Social Policy: A Journal of the NSRC, 9*, 168–177.

Cook, V., & Bassetti, B. (Eds.). (2011). *Language and bilingual cognition*. New York, NY: Psychology Press.

Coon, D. (2009). *Psychology: A modular approach to mind and behavior* (11th ed.). Boston, MA: Cengage.

Cotten, S. R., Anderson, W. A., & McCullough, B. M. (2013). Impact of internet use on loneliness and contact with others among older adults: Cross-sectional analysis. *Journal of Medical Internet Research, 15*, e39.

Cotton, J. L., O'Neill, B. S., & Griffin, A. (2008). The "name game": Affective and hiring reactions to first names. *Journal of Managerial Psychology, 23*, 18–39.

Coviello, L., Sohn, Y., Kramer, A. D. I., Marlow, C., Franceschetti, M., Christakis, N. A., & Fowler, J. H. (2014). Detecting emotional contagion in massive social networks. *PLOS ONE, 9*, e90315.

Cowan, N., & AuBuchon, A. M. (2008). Short-term memory loss over time without retroactive stimulus interference. *Psychonomic Bulletin & Review, 15*, 230–235.

Coyne, S. M., Padilla-Walker, L. M., Day, R. D., Harper, J., & Stockdale, L. (2014). A friend request from dear old dad: Associations between parent-child social networking and adolescent outcomes. *Cyberpsychology, Behavior, and Social Networking, 17*, 8–13.

Cozby, P. C. (1973). Self-disclosure: A literature review. *Psychological Bulletin, 79*, 73–91.

Craig, E., & Wright, B. (2012). Computer-mediated relational development and maintenance in Facebook. *Communication Research Reports, 29*, 119–129.

Craig, R. T. (2005). How we talk about how we talk: Communication theory in the public interest. *Journal of Communication, 55*, 659–667.

Cramer, E. M., Song, H., & Drent, A. M. (2016). Social comparison on Facebook: Motivation, affective consequences, self-esteem, and Facebook fatigue. *Computers in Human Behavior, 64*, 739–746.

Crane, D. R. (1987). Diagnosing relationships with spatial distance: An empirical test of a clinical principle. *Journal of Marital and Family Therapy, 13*, 307–310.

Cravens, J. D., Leckie, K. R., & Whiting, J. B. (2013). Facebook infidelity: When poking becomes problematic. *Contemporary Family Therapy, 35*, 74–90.

Croom, C., Gross, B., Rosen, L. D., & Rosen, B. (2016). What's her Face(book)? How many of their Facebook "friends" can college students actually identify? *Computers in Human Behavior, 56*, 135–141.

Crosley, S. (2015, June 23). Why women apologize and should stop. *The New York Times.*

Crosswhite, J. M., Rice, D., & Asay, S. M. (2014). Texting among United States young adults: An exploratory study on texting and its use within families. *Social Science Journal, 51*, 70–78.

Croucher, S. (2013). The difference in verbal aggressiveness between the United States and Thailand. *Communication Research Reports, 30*, 264–269.

Croucher, S. M., Bruno, A., McGrath, P., Adams, C., McGahan, C., Suits, A., & Huckins, A. (2012). Conflict styles and high-low cultures: A cross-cultural extension. *Communication Research Reports, 29*, 64–73.

Croy, I., Bojanowski, V., & Hummel, T. (2013). Men without a sense of smell exhibit a strongly reduced number of sexual relationships, women exhibit reduced partnership security—A reanalysis of previously published data. *Biological Psychology, 92*, 292–294.

Cuddy, A. J. C., Wilmuth, C., Yap, A. J., & Carney, D. R. (2015). Preparatory power posing affects nonverbal presence and job interview performance. *Journal of Applied Psychology, 100*, 1286–1295.

Cumberland, D. M., & Alagaraja, M. (2016). No place like the frontline: A qualitative study on what participant CEOs learned from *Undercover Boss. Human Resource Development Quarterly, 27*, 271–296.

Cunningham, M. R., Shamblen, S. R., Barbee, A. P., & Ault, L. K. (2005). Social allergies in romantic relationships: Behavioral repetition, emotional sensitization, and dissatisfaction in dating couples. *Personal Relationships, 12*, 273–295.

Cvencek, D., Greenwald, A. G., & Meltzoff, A. N. (2016). Implicit measures for preschool children confirm self-esteem's role in maintaining a balanced identity. *Journal of Experimental Social Psychology, 62*, 50–57.

Czech, K., & Forward, G. L. (2010). Leader communication: Faculty perceptions of the department chair. *Communication Quarterly, 58*, 431–457.

Dai, X., & Chen, G. (2015). On interculturality and intercultural communication competence. *China Media Research, 11*, 100–113.

Dailey, R. M. (2006). Confirmation in parent–adolescent relationships and adolescent openness: Toward extending confirmation theory. *Communication Monographs, 73*, 434–458.

Dailey, R. M. (2008). Assessing the contribution of nonverbal behaviors in displays of confirmation during parent-adolescent interactions: An actor-partner interdependence model. *Journal of Family Communication, 8*, 62–91.

Dailey, R. M. (2009). Confirmation from family members: Parent and sibling contributions to adolescent psychosocial adjustment. *Western Journal of Communication, 73*, 273–299.

Dailey, R. M. (2010). Testing components of confirmation: How acceptance and challenge from mothers, fathers, and siblings are related to adolescent self-concept. *Communication Monographs, 77,* 592–617.

Dailey, R. M., Giles, H., & Jansma, L. L. (2005). Language attitudes in an Anglo-Hispanic context: The role of the linguistic landscape. *Language & Communication, 25,* 27–38.

Dailey, R. M., McCracken, A. A., Jin, B., Rossetto, K. R., & Green, E. W. (2013). Negotiating breakups and renewals: Types of on-again/off-again dating relationships. *Western Journal of Communication, 77,* 382–410.

Daimler, M. (2016, May 25). Listening is an overlooked leadership tool. *Harvard Business Review.*

Dainton, M. (2013). Relationship maintenance on Facebook: Development of a measure, relationship to general maintenance, and relationship satisfaction. *College Student Journal, 47,* 112–121.

Dainton, M., & Aylor, B. (2002). Routine and strategic maintenance efforts: Behavioral patterns, variations associated with relational length, and the prediction of relational characteristics. *Communication Monographs, 69,* 52–66.

Dainton, M., & Stokes, A. (2015). College students' romantic relationships on Facebook: Linking the gratification for maintenance to Facebook maintenance activity and the experience of jealousy. *Communication Quarterly, 63,* 365–383.

Danielson, C. M., & Emmers-Sommer, T. M. (2016). "It was my fault": Bullied students' causal and controllable attributions in bullying blogs. *Journal of Health Communication, 21,* 408–414.

Darling, A. L., & Dannels, D. P. (2003). Practicing engineers talk about the importance of talk: A report on the role of oral communication in the workplace. *Communication Education, 52,* 1–16.

Dasborough, M. T., Ashkanasy, N. M., Tee, E. Y. J., & Tse, H. H. M. (2009). What goes around comes around: How meso-level negative emotional contagion can ultimately determine organizational attitudes toward leaders. *The Leadership Quarterly, 20,* 571–585.

David, P., Kim, J., Brickman, J. S., Ran, W., & Curtis, C. M. (2015). Mobile phone distraction while studying. *New Media & Society, 17,* 1661–1679.

David, S. (2016). *Emotional agility.* New York, NY: Avery.

David-Barrett, T., Rotkirch, A., Carney, J., Izquierdo I. B., Krems J. A., Townley, D., . . . Dunbar, R. I. M. (2015). Women favour dyadic relationships, but men prefer clubs: Cross-cultural evidence from social networking. *PLOS ONE, 10,* e0118329.

Davidowitz, M., & Myrick, R. (1984). Responding to the bereaved: An analysis of "helping" styles. *Death Education, 8,* 1–10.

Davis, K. L., & Haynes, M. T. (2012). With or without you: The absence of fathers and affection received from mothers as predictors of men's affection with their romantic partners. *Florida Communication Journal, 40,* 29–45.

Davis, M., Markus, K. A., & Walters, S. B. (2006). Judging the credibility of criminal suspect statements: Does mode of presentation matter? *Journal of Nonverbal Behavior, 30,* 181–198.

Day, A., Casey, S., & Gerace, A. (2010). Interventions to improve empathy awareness in sexual and violent offenders: Conceptual, empirical, and clinical issues. *Aggression and Violent Behavior, 15,* 201–208.

Day, D. V., Schleicher, D. J., Unckless, A. L., & Hiller, N. J. (2002). Self-monitoring personality at work: A meta-analytic investigation of construct validity. *Journal of Applied Psychology, 87,* 390–401.

DeAndrea, D. C., Tong, S. T., & Walther, J. B. (2010). Dark sides of computer-mediated communication. In W. R. Cupach & B. H. Spitzberg (Eds.), *The dark side of close relationships II* (pp. 95–118). New York, NY: Routledge.

DeAngelis, T. (1992, October). The "who am I" question wears a cloak of culture. *APA Monitor, 24,* 22–23.

Debatin, B., Lovejoy, J. P., Horn, A., & Hughes, B. N. (2009). Facebook and online privacy: Attitudes, behaviors, and unintended consequences. *Journal of Computer-Mediated Communication, 15,* 83–108.

Defour, T. (2008). The speaker's voice: A diachronic study on the use of well and now as pragmatic markers. *English Text Construction, 1,* 62–82.

Dehart, T., Pelham, B., Fiedorowicz, L., Carvallo, M., & Gabriel, S. (2011). Including others in the implicit self: Implicit evaluation of significant others. *Self and Identity, 10,* 127–135.

DeMaris, A. (2007). The role of relationship inequity in marital disruption. *Journal of Social and Personal Relationships, 24,* 177–195.

DeMarree, K. G., Morrison, K., Wheeler, S., & Petty, R. E. (2011). Self-ambivalence and resistance to subtle self-change attempts. *Personality and Social Psychology Bulletin, 37,* 674–686.

DeMarree, K. G., Petty, R. E., & Strunk, D. R. (2010). Self-esteem accessibility as attitude strength: On the durability and impactfulness of accessible self-esteem. *Personality and Social Psychology Bulletin, 36,* 628–641.

Demir, M. D., Simsek, O., & Procsal, A. (2013). I am so happy 'cause my best friend makes me feel unique: Friendship, personal sense of uniqueness and happiness. *Journal of Happiness Studies, 14,* 1201–1224.

Denes, A. (2012). Pillow talk: Exploring disclosures after sexual activity. *Western Journal of Communication, 76,* 91–108.

Denson, T., Grisham, J., & Moulds, M. (2011). Cognitive reappraisal increases heart rate variability in response to an anger provocation. *Motivation & Emotion, 35,* 14–22.

DePaulo, B. (2006). *Singled out: How singles are stereotyped, stigmatized, and ignored, and still live happily ever after.* New York, NY: St. Martin's.

DePaulo, B. (2016, August). *What no one ever told you about people who are single.* Paper presented at the annual meeting of the American Psychological Association, Denver, CO.

DePaulo, B. M. (1992). Nonverbal behavior and self-presentation. *Psychological Bulletin, 3,* 203–243.

DePaulo, B. M., Morris, W. L., & Sternglanz, R. W. (2009). When the truth hurts: Deception in the name of kindness. In A. L. Vangelisti (Ed.), *Feeling hurt in close relationships* (pp. 167–190). New York, NY: Cambridge University Press.

Derks, D., Bos, A. E. R., & von Grumbkow, J. (2007). Emoticons and social interaction on the internet: The importance of social context. *Computers in Human Behavior, 23,* 842–849.

Derks, D., Fischer, A. H., & Bos, A. E. R. (2008). The role of emotion in computer-mediated communication: A review. *Computers in Human Behavior, 24,* 766–785.

Derlega, V. J., Anderson, S., Winstead, B. A., & Greene, K. (2011). Positive disclosure among college students: What do they talk about, to whom, and why? *The Journal of Positive Psychology, 6,* 119–130.

Derlega, V. J., Barbee, A. P., & Winstead, B. A. (1994). Friendship, gender, and social support: Laboratory studies of supportive interactions. In B. R. Burleson, T. L. Albrecht, & I. G. Sarson (Eds.), *Communication of social support: Message, interactions, relationships, and community* (pp. 136–151). Newbury Park, CA: Sage.

Derlega, V. J., Winstead, B. A., & Folk-Barron, L. (2000). Reasons for and against disclosing HIV-seropositive test results to an intimate partner: A functional perspective. In S. Petronio (Ed.), *Balancing the secrets of private disclosures* (pp. 71–82). Mahwah, NJ: Erlbaum.

Deutscher, G. (2010). *Through the language glass: Why the world looks different in other languages.* New York, NY: Metropolitan Books.

Devos, T. (2014). Stereotypes and intergroup attitudes. In F. L. Leong, L. Comas-Díaz, G. C. Nagayama Hall, V. C. McLoyd, & J. E. Trimble (Eds.), *APA handbook of multicultural psychology, Vol. 1: Theory and research* (pp. 341–360). Washington, DC: American Psychological Association.

Dexter, V. J. (2013). Research synthesis with meta-analysis of empathy training studies in helping professions. *Dissertation Abstracts International Section A, 73,* 10A(E).

Diamond, L. M. (2013). Sexuality in relationships. In J. A. Simpson & L. Campbell (Eds.), *The Oxford handbook of close relationships* (pp. 589–614). New York, NY: Oxford University Press.

Diamond, L. M., & Hicks, A. M. (2012). "It's the economy, honey!": Couples' blame attributions during the 2007–2009 economic crisis. *Personal Relationships, 19,* 586–600.

Dijkstra, P., Barelds, D. P., & Groothof, H. A. (2013). Jealousy in response to online and offline infidelity: The role of sex and sexual orientation. *Scandinavian Journal of Psychology, 54,* 328–336.

Dillard, J. P. (2014). Language, style, and persuasion. In T. M. Holtgraves (Ed.), *The Oxford handbook of language and social psychology* (pp. 177–187). New York, NY: Oxford University Press.

Dindia, K. (2000a). Self-disclosure research: Advances through meta-analysis. In M. A. Allen, R. W. Preiss, B. M. Gayle, & N. Burrell (Eds.), *Interpersonal communication research: Advances through meta-analysis* (pp. 169–186). Mahwah, NJ: Erlbaum.

Dindia, K. (2000b). Sex differences in self-disclosure, reciprocity of self-disclosure, and self-disclosure and liking: Three meta-analyses reviewed. In S. Petronio (Ed.), *Balancing the secrets of private disclosures* (pp. 21–35). Mahwah, NJ: Erlbaum.

Dindia, K. (2002). Self-disclosure research: Knowledge through meta-analysis. In M. Allen & R. W. Preiss (Eds.), *Interpersonal communication research: Advances through meta-analysis* (pp. 169–185). Mahwah, NJ: Erlbaum.

Dindia, K. (2006). Men are from North Dakota, women are from South Dakota. In K. Dindia & D. J. Canary (Eds.), *Sex differences and similarities in communication* (2nd ed., pp. 3–18). Mahwah, NJ: Erlbaum.

Dindia, K., Fitzpatrick, M. A., & Kenny, D. A. (1997). Self-disclosure in spouse and stranger dyads: A social relations analysis. *Human Communication Research, 23,* 388–412.

Dinwiddie-Boyd, E. (1994). *Proud heritage: 11,001 names for your African-American baby.* New York, NY: Harper Collins.

DiPaola, B. M., Roloff, M. E., & Peters, K. M. (2010). College students' expectations of conflict intensity: A self-fulfilling prophecy. *Communication Quarterly, 58*, 59–76.

Dixon, J. (2013). Uneasy recreation: Workplace social events as problematic sites for communicating sexual orientation. *Florida Communication Journal, 41*, 63–71.

Docan-Morgan, T., & Docan, C. A. (2007). Internet infidelity: Double standards and the differing views of women and men. *Communication Quarterly, 55*, 317–342.

Doherty, E. F., & MacGeorge, E. L. (2013). Perceptions of supportive behavior by young adults with bipolar disorder. *Qualitative Health Research, 23*, 361–374.

Donovan, E. E., Thompson, C. M., LeFebvre, L., & Tollison, A. C. (2017). Emerging adult confidants' judgments of parental openness: Disclosure quality and post-disclosure relational closeness. *Communication Monographs, 84*, 179–199.

Doster, L. (2013). Millennial teens design and redesign themselves in online social networks. *Journal of Consumer Behaviour, 12*, 267–279.

Dougherty, D. S. (2001). Sexual harassment as [dys]functional process: A feminist standpoint analysis. *Journal of Applied Communication Research, 29*, 372–402.

Dougherty, D. S., Kramer, M. W., Klatzke, S. R., & Rogers, T. K. K. (2009). Language convergence and meaning divergence: A meaning centered communication theory. *Communication Monographs, 76*, 20–46.

Douglas, K. M., & Sutton, R. M. (2010). By their words ye shall know them: Language abstraction and the likeability of describers. *European Journal of Social Psychology, 40*, 366–374.

Douglas, K. M., & Sutton, R. M. (2014). "A giant leap for mankind" but what about women? The role of system-justifying ideologies in predicting attitudes toward sexist language. *Journal of Language and Social Psychology, 33*, 667–680.

Dragojevic, M., Gasiorek , J., & Giles, H. (2016). Accommodative strategies as core of CAT. In H. Giles (Ed.), *Communication accommodation theory: Negotiating personal and social identities across contexts* (pp. 13–35). Cambridge, UK: Cambridge University Press.

Draper, P. (2005). Patronizing speech to older patients: A literature review. *Reviews in Clinical Gerontology, 15*, 273–279.

Driscoll, M. S., Newman, D. L., & Seal, J. M. (1988). The effect of touch on the perception of counselors. *Counselor Education and Supervision, 27*, 344–354.

Drouin, M., Miller, D., Wehle, S. M. J., & Hernandez, E. (2016). Why do people lie online? "Because everyone lies on the internet." *Computers in Human Behavior, 64*, 134–142.

Dunbar, N. E., Gangi, K., Coveleski, S., Adams, A., Bernhold, Q., & Giles, H. (2016). When is it acceptable to lie? Interpersonal and intergroup perspectives on deception. *Communication Studies, 67*, 129–146.

Dunbar, N. E., & Segrin, C. (2012). Clothing and teacher credibility: An application of Expectancy Violations Theory. *ISRN Education, 2012*, Article ID 140517.

Dunbar, R. I. M. (2014). The social brain: Psychological underpinnings and implications for the structure of organizations. *Current Directions in Psychological Science, 23*, 109–114.

Dunleavy, K. N., & Booth-Butterfield, M. (2009). Idiomatic communication in the stages of coming together and falling apart. *Communication Quarterly, 57*, 416–432.

Dunleavy, K. N., Chory, R. M., & Goodboy, A. K. (2010). Responses to deception in the workplace: Perceptions of credibility, power, and trustworthiness. *Communication Studies, 61*, 239–255.

Dunleavy, K. N., & Martin, M. M. (2010). Instructors' and students' perspectives of student nagging: Frequency, appropriateness, and effectiveness. *Communication Research Reports, 27*, 310–319.

Dunn, C. D. (2013). Speaking politely, kindly, and beautifully: Ideologies of politeness in Japanese business etiquette training. *Multilingua, 32*, 225–245.

Dunsmore, J., Her, P., Halberstadt, A., & Perez-Rivera, M. (2009). Parents' beliefs about emotions and children's recognition of parents' emotions. *Journal of Nonverbal Behavior, 33*, 121–140.

Duprez, C., Christophe, V., Rime, B., Congard, A., & Antoine, P. (2015). Motives for the social sharing of an emotional experience. *Journal of Social and Personal Relationships, 32*, 757–787.

Duran, R. L., Kelly, L., & Rotaru, T. (2011). Mobile phones in romantic relationships and the dialectic of autonomy versus connection. *Communication Quarterly, 59*, 19–36.

Durik, A. M., Hyde, J. S., Marks, A. C., Roy, A. L., Anaya, D., & Schultz, G. (2006). Ethnicity and gender stereotypes of emotion. *Sex Roles, 54*, 429–445.

Dworkin, G. (2016, December 14). How you justified 10 lies (or didn't). *The New York Times.*

Dwyer, K. K. (2000). The multidimensional model: Teaching students to self-manage high communication apprehension by self-selecting treatments. *Communication Education, 49*, 72–81.

Eaton, J., & Struthers, C. W. (2006). The reduction of psychological aggression across varied interpersonal contexts through repentance and forgiveness. *Aggressive Behavior, 32*, 195–206.

Ebeling-Witte, S., Frank, M. L., & Lester, D. (2007). Shyness, internet use, and personality. *Cyberpsychology & Behavior, 10*, 713–716.

Ebersole, D. S., & Hernandez, R. A. (2016). "Taking good care of our health": Parent-adolescent perceptions of boundary management about health information. *Communication Quarterly, 64*, 573–595.

Eden, J., & Veksler, A. E. (2016). Relational maintenance in the digital age: Implicit rules and multiple modalities. *Communication Quarterly, 64*, 119–144.

Edwards, A., & Edwards, C. (2013). Computer-mediated word-of-mouth communication: The influence of mixed reviews on student perceptions of instructors and courses. *Communication Education, 62*, 412–424.

Edwards, C., Edwards, A., Qingmei Q., & Wahl, S. T. (2007). The influence of computer-mediated word-of-mouth communication on student perceptions of instructors and attitudes toward learning course content. *Communication Education, 56*, 255–277.

Egbert, N., & Polk, D. (2006). Speaking the language of relational maintenance: A validity test of Chapman's (1992) five love languages. *Communication Research Reports, 23*, 19–26.

Egland, K. I., Stelzner, M. A., Andersen, P. A., & Spitzberg, B. S. (1997). Perceived understanding, nonverbal communication, and relational satisfaction. In J. E. Aitken & L. J. Shedletsky (Eds.), *Intrapersonal communication processes* (pp. 386–396). Annandale, VA: Speech Communication Association.

Eisenberg, E. M., & Witten, M. G. (1987). Reconsidering openness in organizational communication. *Academy of Management Review, 12*, 418–426.

Ekman, P. (2003). *Emotions revealed: Recognizing faces and feelings to improve communication and emotional life.* New York, NY: Holt.

Ekman, P. (2009). *Telling lies: Clues to deceit in the marketplace, politics, and marriage* (4th ed.). New York, NY: W. W. Norton.

Ekman, P. (2016). What scientists who study emotion agree about. *Perspectives on Psychological Science, 11*, 31–34.

El-Alayli, A., Myers, C. J., Petersen, T. L., & Lystad, A. L. (2008). "I don't mean to sound arrogant, but . . ." The effects of using disclaimers on person perception. *Personality and Social Psychology Bulletin, 34*, 130–143.

Ellis, A., & Ellis, D. (2014). Rational emotive behavior therapy. In G. R. VandenBos, E. Meidenbauer, & J. Frank-McNeil (Eds.), *Psychotherapy theories and techniques: A reader* (pp. 289–298). Washington, DC: American Psychological Association.

Ellis, K. (2002). Perceived parental confirmation: Development and validation of an instrument. *Southern Communication Journal, 67*, 319–334.

Ellison, N., Heino, R., & Gibbs, J. (2006). Managing impressions online: Self-presentation processes in the online dating environment. *Journal of Computer-Mediated Communication, 11*, 415–441.

Elphinston, R. A., Feeney, J. A., Noller, P., Connor, J. P., & Fitzgerald, J. (2013). Romantic jealousy and relationship satisfaction: The costs of rumination. *Western Journal of Communication, 77*, 293–304.

Emanuel, R., Adams, J., Baker, K., Daufin, E. K., Ellington, C., Fitts, E., . . . Okeowo, D. (2008). How college students spend their time communicating. *International Journal of Listening, 22*, 13–28.

English, T., John, O. P., & Gross, J. J. (2013). Emotion regulation in close relationships. In J. A. Simpson & L. Campbell (Eds.), *The Oxford handbook of close relationships* (pp. 500–513). New York, NY: Oxford University Press.

Ennis, E., Vrij, A., & Chance, C. (2008). Individual differences and lying in everyday life. *Journal of Social and Personal Relationships, 25*, 105–118.

Enosh, G., & Ben-Ari, A. (2013). Perceiving the other: Hostile and danger attributions among Jewish and Arab social work students in Israel. *European Journal of Social Work, 16*, 427–442.

Epstein, R. (2010, January/February). How science can help you fall in love. *Scientific American Mind*, 26–33.

Epstein, R., Pandit, M., & Thakar, M. (2013). How love emerges in arranged marriage: Two cross-cultural studies. *Journal of Comparative Family Studies, 43*, 341–360.

Epstein, R., Warfel, R., Johnson, J., Smith, R., & McKinney, P. (2013). Which relationship skills count most? *Journal of Couple & Relationship Therapy, 12*, 297–313.

Erbert, L. A. (2000). Conflict and dialectics: Perceptions of dialectical contradictions in marital conflict. *Journal of Social and Personal Relationships, 17*, 638–659.

Erwin, P. G., & Pressler, S. J. (2011). Love styles, shyness, and patterns of emotional self-disclosure. *Psychological Reports, 108*, 737–742.

Eschenfedler, B. (2012). Exploring the nature of nonprofit work through emotional labor. *Management Communication Quarterly, 26*, 173–178.

Evans, G. W., & Wener, R. E. (2007). Crowding and personal space invasion on the train: Please don't make me sit in the middle. *Journal of Environmental Psychology, 27*, 90–94.

Everett, C. (2013). *Linguistic relativity: Evidence across languages and cognitive domains*. Boston, MA: Walter de Gruyter.

Executive Office of the President, Council of Economic Advisors. (2009, July). Preparing the workers of today for the jobs of tomorrow. *White House*.

Exline, J. J., Baumeister, R. F., & Zell, L. (2008). Not so innocent: Does seeing one's own capability for wrongdoing predict forgiveness? *Journal of Personality and Social Psychology, 94*, 495–515.

Exline, J. J., Deshea, L., & Holeman, V. T. (2007). Is apology worth the risk? Predictors, outcomes, and ways to avoid regret. *Journal of Social & Clinical Psychology, 26*, 479–504.

Fadiman, A. (1997). *The spirit catches you and you fall down*. New York, NY: Farrar, Straus & Giroux.

Fahs, B., & Munger, A. (2015). Friends with benefits? Gendered performances in women's casual sexual relationships. *Personal Relationships, 22*, 188–203.

Fandrich, A. M., & Beck, S. J. (2012). Powerless language in health media: The influence of biological sex and magazine type on health language. *Communication Studies, 63*, 36–53.

Farber, J. (2016, October 4). The rise of the "bromosexual" friendship. *The New York Times*.

Farr, R. H., & Patterson, C. J. (2013). Coparenting among lesbian, gay, and heterosexual couples: Associations with adopted children's outcomes. *Child Development, 84*, 1226–1240.

Farrell, L. C., DiTunnariello, N., & Pearson, J. C. (2014). Exploring relational cultures: Rituals, privacy disclosure, and relational satisfaction. *Communication Studies, 65*, 314–329.

Faul, S. (2008). *Xenophobe's guide to the Americans*. London: Oval Books.

Faulkner, S. L., Baldwin, J. R., Lindsley, S. L., & Hecht, M. L. (2006). Layers of meaning: An analysis of definitions of culture. In J. R. Baldwin, S. L. Faulkner, M. L. Hecht, & S. L. Lindsley (Eds.), *Redefining culture: Perspectives across the disciplines* (pp. 27–52). Mahwah, NJ: Erlbaum.

Feaster, J. C. (2010). Expanding the impression management model of communication channels: An information control scale. *Journal of Computer-Mediated Communication, 16*, 115–138.

Federal Bureau of Investigation. (2012, December 10). *Hate crimes accounting: Annual report released*.

Feeney, J. A. (1999). Issues of closeness and distance in dating relationships: Effects of sex and attachment style. *Journal of Social and Personal Relationships, 16*, 571–590.

Fehr, B. (1996). *Friendship processes*. Thousand Oaks, CA: Sage.

Fehr, B. (2000). Adult friendship. In S. Hendrick & C. Hendrick (Eds.), *Close relationships: A sourcebook* (pp. 71–82). Thousand Oaks, CA: Sage.

Fehr, B. (2013). The social psychology of love. In J. A. Simpson & L. Campbell (Eds.), *The Oxford handbook of close relationships* (pp. 201–233). New York, NY: Oxford University Press.

Feldman, R., Rosenthal, Z., & Eidelman, A. I. (2014). Maternal-preterm skin-to-skin contact enhances child physiologic organization and cognitive control across the first 10 years of life. *Biological Psychiatry, 75*, 56–64.

Feldman, R., Singer, M., & Zagoory, O. (2010). Touch attenuates infants' physiological reactivity to stress. *Developmental Science, 13*, 271–278.

Felps, D., Bortfeld, H., & Gutierrez-Osuna, R. (2009). Foreign accent conversion in computer assisted pronunciation training. *Speech Communication, 51*, 920–932.

Feltman, R. (2015, December 8). Study confirms that ending your texts with a period is terrible. *The Washington Post*.

Feng, B., & Lee, K. J. (2010). The influence of thinking styles on responses to supportive messages. *Communication Studies, 61*, 224–238.

Feng, B., & Magen, E. (2016). Relationship closeness predicts unsolicited advice giving in supportive interactions. *Journal of Social and Personal Relationships, 33*, 751–767.

Fenigstein, A. (2009). Private and public self-consciousness. In M. R. Leary & R. H. Hoyle (Eds.), *Handbook of individual differences in social behavior* (pp. 495–511). New York, NY: Guilford Press.

Ferguson, G. M., & Cramer, P. (2007). Self-esteem among Jamaican children: Exploring the impact of skin color and rural/urban residence. *Journal of Applied Developmental Psychology, 28*, 345–359.

Fernyhough, C. (2016). *The voices within: The history and science of how we talk to ourselves*. New York, NY: Basic Books.

Ferrara, E., & Yang, Z. (2015). Measuring emotional contagion in social media. *PLOS ONE, 10*, e0142390.

Ferraro, G., & Andreatta, S. (2012). *Cultural anthropology: An applied perspective* (9th ed.). Independence, KY: Cengage.

Fetterman, A. K., & Robinson, M. D. (2013). Do you use your head or follow your heart? Self-location predicts personality, emotion, decision making, and performance. *Journal of Personality and Social Psychology, 105*, 316–334.

Field, T. (2007). *The amazing infant: Touch research institute at the University of Miami School of Medicine*. Oxford, England: Blackwell.

Fife, E. M., Leigh Nelson, C. C., & Messersmith, A. S. (2014). The influence of family communication patterns on religious orientation among college students. *Journal of Family Communication, 14*, 72–84.

Filley, A. C. (1975). *Interpersonal conflict resolution.* Glenview, IL: Scott, Foresman.

Fincham, F. D., & Beach, S. R. H. (2013). Gratitude and forgiveness in relationships. In J. A. Simpson & L. Campbell (Eds.), *The Oxford handbook of close relationships* (pp. 638–633). New York, NY: Oxford University Press.

Finkel, E. J., & Baumeister, R. F. (2010). Attraction and rejection. In R. F. Baumeister & E. J. Finkel (Eds.), *Advanced social psychology: The state of the science* (pp. 419–459). New York, NY: Oxford University Press.

Finkel, E. J., Slotter, E. B., Luchies, L. B., Walton, G. M., & Gross, J. J. (2013). A brief intervention to promote conflict-reappraisal preserves marital quality over time. *Psychological Science, 24*, 1595–1601.

Fisher, H. (2007, May–June). The laws of chemistry. *Psychology Today, 40*, 76–81.

Fiske, S. T., Cuddy, A. J. C., & Glick, P. (2007). Universal dimensions of social cognition: Warmth and competence. *Trends in Cognitive Sciences, 11*, 77–83.

Fitch, V. (1985). The psychological tasks of old age. *Naropa Institute Journal of Psychology, 3*, 90–106.

Fitzsimons, G., & Kay, A. C. (2004). Language and interpersonal cognition: Causal effects of variations in pronoun usage on perceptions of closeness. *Personality and Social Psychology Bulletin, 30*, 547–557.

5.2 million young Americans may have hearing problems. (2001, July 4). *The New York Times.*

Flaskerud, J. H. (2013). Western cultural notions of time and stress. *Issues in Mental Health Nursing, 34*, 558–561.

Fletcher, G. J. O., Fincham, F. D., Cramer, L., & Heron, N. (1987). The role of attributions in the development of dating relationships. *Journal of Personality and Social Psychology, 53*, 481–489.

Flora, J., & Segrin, C. (2000). Relationship development in dating couples: Implications for relational satisfaction and loneliness. *Journal of Social and Personal Relationships, 17*, 811–825.

Florio, G. M. (2016, October 2). Why we need to stop calling women "girls." *Bustle.*

Floyd, K. (2014). Empathic listening as an expression of affection. *International Journal of Listening, 28*, 1–12.

Floyd, K., Boren, J. P., Hannawa, A. F., Hesse, C., McEwan, B., & Veksler, A. E. (2009). Kissing in marital and cohabiting relationships: Effects on blood lipids, stress, and relationship satisfaction. *Western Journal of Communication, 73*, 113–133.

Floyd, K., & Riforgiate, S. (2008). Affectionate communication received from spouses predicts stress hormone levels in healthy adults. *Communication Monographs, 75*, 351–368.

Flynn, J., Valikoski, T., & Grau, J. (2008). Listening in the business context: Reviewing the state of research. *International Journal of Listening, 22*, 141–151.

Forest, A. L., & Wood, J. V. (2012). When social networking is not working: Individuals with low self-esteem recognize but do not reap the benefits of self-disclosure on Facebook. *Psychological Science, 23*, 295–302.

Fortney, S. D., Johnson, D. I., & Long, K. M. (2001). The impact of compulsive communicators on the self-perceived competence of classroom peers: An investigation and test of instructional strategies. *Communication Education, 50*, 357–373.

Forward, G. L., Czech, K., & Lee, C. M. (2011). Assessing Gibb's supportive and defensive communication climate: An examination of measurement and construct validity. *Communication Research Reports, 28*, 1–15.

Foss, S. K., & Griffin, C. L. (1995). Beyond persuasion: A proposal for an invitational rhetoric. *Communication Monographs, 62*, 2–18.

Foster, E. (2008). Commitment, communication, and contending with heteronormativity: An invitation to greater reflexivity in interpersonal research. *Southern Communication Journal, 73*, 84–101.

Foulk, T., Woolum, A., & Erez, A. (2016). Catching rudeness is like catching a cold: The contagion effects of low-intensity negative behaviors. *Journal of Applied Psychology, 101*, 50–67.

Fowler, C., & Dillow, M. R. (2011). Attachment dimensions and the Four Horsemen of the Apocalypse. *Communication Research Reports, 28*, 16–26.

Fox, J., & Warber, K. M. (2013). Romantic relationship development in the age of Facebook: An exploratory study of emerging adults' perceptions, motives, and behaviors. *Cyberpsychology, Behavior, and Social Networking, 16*, 3–7.

Fox, J., & Warber, K. M. (2015). Queer identity management and political self-expression on social networking sites: A co-cultural approach to the spiral of silence. *Journal of Communication, 65*, 79–100.

Fox, J., Warber, K. M., & Makstaller, D. C. (2013). The role of Facebook in romantic relationship development: An exploration of Knapp's relational stage model. *Journal of Social and Personal Relationships, 30*, 771–794.

Fox, S. (2011, February 28). Peer-to-peer healthcare. *Pew Internet & American Life Project.*

Francis, L. E. (2003). Feeling good, feeling well: Identity, emotion, and health. In T. J. Owens & P. J. Burke (Eds.), *Advances in identity theory and research* (pp. 123–134). New York, NY: Kluwer Academic/Plenum Publishers.

Fredrickson, B. L. (2009). *Positivity*. New York, NY: Three Rivers.

Freeman, J. B., & Ambady, N. (2011). A dynamic interactive theory of person construal. *Psychological Review, 118*, 247–279.

Frevert, T. K., & Walker, L. S. (2014). Physical attractiveness and social status. *Sociology Compass, 8*, 313–323.

Friedrichs, E. (2016, February 8). What to say to homophobic slurs like "That's so gay." *Gay Teens*.

Frijters, P., & Beatoon, T. (2012). The mystery of the U-shaped relationship between happiness and age. *Journal of Economic Behavior & Organization, 82*, 525–542.

Frisby, B. N., & Sidelinger, R. J. (2013). Violating student expectations: Student disclosures and student reactions in the college classroom. *Communication Studies, 64*, 241–258.

Frisby, B. N., Sidelinger, R. J., & Booth-Butterfield, M. (2015). No harm, no foul: A social exchange perspective on individual and relational outcomes associated with relational baggage. *Western Journal of Communication, 79*, 555–572.

Frith, H., & Gleeson, K. (2008). Dressing the body: The role of clothing in sustaining body pride and managing body distress. *Qualitative Research in Psychology, 5*, 249–264.

Frost, D. M. (2013). The narrative construction of intimacy and affect in relationship stories: Implications for relationship quality, stability, and mental health. *Journal of Social and Personal Relationships, 30*, 247–269.

Frost, D. M., & Forrester, C. (2013). Closeness discrepancies in romantic relationships: Implications for relational well-being, stability, and mental health. *Personality and Social Psychology Bulletin, 39*, 456–469.

Frost, D. M., Rubin, J. D., & Darcangelo, N. (2016). Making meaning of significant events in past relationships: Implications for depression among newly single individuals. *Journal of Social and Personal Relationships, 33*, 938–960.

Furley, P., & Schweizer, G. (2014). The expression of victory and loss: Estimating who's leading or trailing from nonverbal cues in sports. *Journal of Nonverbal Behavior, 38*, 13–29.

Galanxhi, H., & Nah, F. F.-H. (2007). Deception in cyberspace: A comparison of text-only vs. avatar-supported medium. *International Journal of Human–Computer Studies, 65*, 770–783.

Gallo, C. (2012, July 26). How one brand builds customer loyalty in 10 feet and 10 seconds. *Forbes*.

Galovan, A. M., Holmes, E. K., Schramm, D. G., & Lee, T. R. (2013, March 8). Father involvement, father-child relationship quality, and satisfaction with family work: Actor and partner influences on marital quality. *Journal of Family Issues*.

Galupo, M. P., & Gonzalez, K. A. (2013). Friendship values and cross-category friendships: Understanding adult friendship patterns across gender, sexual orientation, and race. *Sex Roles, 68*, 779–790.

Galvin, K. M. (2015). The family communication tree: Deep roots, strong branches. In L. H. Turner & R. L. West (Eds.), *The SAGE handbook of family communication* (pp. 1–8). Thousand Oaks, CA: Sage.

Galvin, K. M., Bylund, C. L., & Brommel, B. J. (2007). *Family communication: Cohesion and change* (7th ed.). Boston: Allyn & Bacon.

Gann, R. (2004). Language, conflict and community: Linguistic accommodation in the urban US. *Changing English: Studies in Reading & Culture, 11*, 105–114.

Gareis, E., & Wilkins, R. (2011). Communicating love: A sociocultural perspective. In C. T. Salmon (Ed.), *Communication Yearbook* (Vol. 35, pp. 199–239). New York, NY: Routledge.

Garfield, R. (2015). *Breaking the male code: Unlocking the power of friendship*. New York, NY: Gotham.

Garner, M. (2014). Language rules and language ecology. *Language Sciences, 41*(Part A), 111–121.

Gasiorek, J., & Fowler, C. (2016). Profiling younger adults' communication about aging. *Communication Studies, 67*, 163–182.

Gasiorek, J., & Vincze, L. (2016). Modeling motives for bilingual accommodation by minority and majority language speakers. *Journal of Language & Social Psychology, 35*, 305–316.

Gawande, A. (2009, March 30). Hellhole. *The New Yorker*.

Gayle, B. M., Preiss, R. W., & Allen, M. A. (2002). A meta-analytic interpretation of intimate and nonintimate interpersonal conflict. In M. Allen, R. W. Preiss, B. M. Gayle, & N. Burrell (Eds.), *Interpersonal communication research: Advances through meta-analysis* (pp. 345–368). Mahwah, NJ: Erlbaum.

Gearhart, C. C., Denham, J. P., & Bodie, G. D. (2014). Listening as a goal-directed activity. *Western Journal of Communication, 78*, 668–684.

Gearhart, C. G., & Bodie, G. D. (2011). Active-empathic listening as a general social skill: Evidence from bivariate and canonical correlations. *Communication Reports, 24,* 86–98.

Gebauer, J. E., Leary, M. R., & Neberich, W. (2012). Unfortunate first names: Effects of name-based relational devaluation and interpersonal neglect. *Social Psychological and Personality Science, 3,* 590–596.

Geddes, D. (1992). Sex-roles in management: The impact of varying power of speech style on union members' perception of satisfaction and effectiveness. *Journal of Psychology, 126,* 589–607.

Geist, R. A. (2013). How the empathic process heals: A microprocess perspective. *International Journal of Psychoanalytic Self Psychology, 8,* 265–281.

Genov, A. B. (2001). Autonomic and situational determinants of the subjective experience of emotion: An individual differences approach. *Dissertation Abstracts International: Section B. The Sciences and Engineering, 61*(9-B), 5043.

Gent, S. E., & Shannon, M. (2011). Bias and effectiveness of third-party conflict management mechanisms. *Conflict Management and Peace Science, 28,* 124–144.

Gentsch, K., Grandjean, D., & Scherer, K. R. (2014). Coherence explored between emotion components: Evidence from event-related potentials and facial electromyography. *Biological Psychology, 98,* 70–81.

George, J. F., & Robb, A. (2008). Deception and computer-mediated communication in daily life. *Communication Reports, 21,* 92–103.

Gergen, K. J. (1991). *The saturated self: Dilemmas of identity in contemporary life.* New York, NY: Basic Books.

Gergen, K. J., & Gergen, M. (2010). Positive aging: Resilience and reconstruction. In P. S. Fry & C. M. Keyes (Eds.), *New frontiers in resilient aging: Life-strengths and well-being in late life* (pp. 340–356). New York, NY: Cambridge University Press.

Gerholm, T. (2011). Children's development of facework practices—an emotional endeavor. *Journal of Pragmatics, 43,* 3099–3110.

Giang, V. (2013, October 7). 7 email etiquette rules every professional should know. *Business Insider.*

Gibb, J. R. (1961). Defensive communication. *Journal of Communication, 11*(3), 141–148.

Gibb, J. R. (2008). Defensive communication. In C. D. Mortensen (Ed.), *Communication theory* (2nd ed., pp. 201–208). Piscataway, NJ: Transaction Publishers.

Gibbs, J. L., Ellison, N. B., & Lai, C.-H. (2011). First comes love, then comes Google: An investigation of uncertainty reduction strategies and self-disclosure in online dating. *Communication Research, 38,* 70–100.

Gifford, R. (2011). The role of nonverbal communication in interpersonal relations. In L. M. Horowitz & S. Strack (Eds.), *Handbook of interpersonal psychology: Theory, research, assessment, and therapeutic interventions* (pp. 171–190). Hoboken, NJ: John Wiley & Sons.

Giles, H. (Ed.). (2016). *Communication accommodation theory: Negotiating personal and social identities in context.* Cambridge, UK: Cambridge University Press.

Giles, H., & Gasiorek, J. (2011). Intergenerational communication practices. In K. Schaie & S. L. Willis (Eds.), *Handbook of the psychology of aging* (7th ed., pp. 233–247). San Diego, CA: Elsevier Academic Press.

Giles, H., & Rakic, T. (2014). Language attitudes: Social determinants and consequences of language variation. In T. M. Holtgraves (Ed.), *The Oxford handbook of language and social psychology* (pp. 11–26). New York, NY: Oxford University Press.

Gillespie, B. J., Frederick, D., Harari, L., & Grov, C. (2015). Homophily, close friendship, and life satisfaction among gay, lesbian, heterosexual, and bisexual men and women. *PLOS ONE, 10,* e0128900.

Gillespie, B. J., Lever, J., Frederick, D., & Royce, T. (2015). Close adult friendships, gender, and the life cycle. *Journal of Social and Personal Relationships, 32,* 709–736.

Gino, F. (2016, October 5). There's a word for using truthful facts to deceive: Paltering. *Harvard Business Review.*

Gladwell, M. (2004). *Blink: The power of thinking without thinking.* Boston, MA: Little, Brown.

Glanz, B. A. (2007). *What can I do? Ideas to help those who have experienced loss.* Minneapolis, MN: Augsburg Fortress.

Gleason, J. B., & Greif, E. B. (1983). Men's speech to young children. In B. Thorne, C. Kramarae, & N. Henley (Eds.), *Language, gender, and society* (pp. 140–150). Rowley, MA: Newbury House.

Goff, P. A., Jackson, M. C., DiLeone, B. A. L., Culotta, C. M., & DiTomasso, N. A. (2014). The essence of innocence: Consequences of dehumanizing black children. *Journal of Personality and Social Psychology, 106,* 526–545.

Goffman, E. (1959). *The presentation of self in everyday life.* Garden City, NY: Doubleday.

Goffman, E. (1983). The interaction order. *American Sociological Review, 48*, 1–17.

Golash-Boza, T., & Darity, W. (2008). Latino racial choices: The effects of skin colour and discrimination on Latinos' and Latinas' racial self-identifications. *Ethnic & Racial Studies, 31*, 899–934.

Gold, S. N., & Castillo, Y. (2010). Dealing with defenses and defensiveness in interviews. In D. L. Segal & M. Hersen (Eds.), *Diagnostic interviewing* (pp. 89–102). New York, NY: Springer.

Goldschmidt, W. (1990). *The human career.* Cambridge, MA: Basil Blackman.

Goldsmith, D. J., & Domann-Scholz, K. (2013). The meanings of "open communication" among couples coping with a cardiac event. *Journal of Communication, 63*, 266–286.

Goldsmith, D. J., & Fitch, K. (1997). The normative context of advice as social support. *Human Communication Research, 23*, 454–476.

Goldsmith, D. J., & Miller, G. A. (2015). Should I tell you how I feel? A mixed method analysis of couples' talk about cancer. *Journal of Applied Communication Research, 43*, 273–293.

Goldstein, S. (2008). Current literature in ADHD. *Journal of Attention Disorders, 11*, 614–616.

Goleman, D. (1995). *Emotional intelligence: Why it can matter more than I.Q.* New York, NY: Bantam.

Goleman, D. (2013, October 6). Rich people just care less. *New York Times*, p. SR12.

Golen, S. (1990). A factor analysis of barriers to effective listening. *Journal of Business Communication, 27*, 25–36.

Golish, T. D. (2000). Is openness always better? Exploring the role of topic avoidance, satisfaction, and parenting styles of stepparents. *Communication Quarterly, 48*, 137–158.

Golish, T. D., & Caughlin, J. P. (2002). "I'd rather not talk about it": Adolescents' and young adults' use of topic avoidance in stepfamilies. *Journal of Applied Communication Research, 30*, 78–106.

Gonzaga, G. G., Haselton, M. G., Smurda J., Davies, M., & Poore, J. C. (2008). Love, desire, and the suppression of thoughts of romantic alternatives. *Evolution and Human Behavior, 29*, 119–126.

Goo, S. K. (2015, February 19). The skills Americans say kids need to succeed in life. *Pew Research Center.*

Goodboy, A. K., Martin, M. M., & Goldman, Z. W. (2016). Students' experiences of bullying in high school and their adjustment and motivation during the first semester of college. *Western Journal of Communication, 80*, 60–78.

Goodman, C. K. (2014, February 19). Social media can help strengthen workplace friendships. *The Miami Herald.*

Goodman, G., & Esterly, G. (1990). Questions—The most popular piece of language. In J. Stewart (Ed.), *Bridges not walls* (5th ed., pp. 69–77). New York, NY: McGraw-Hill.

Goodman, K. L., & Southam-Gerow, M. A. (2010). The regulating role of negative emotions in children's coping with peer rejection. *Child Psychiatry & Human Development, 41*, 515–534.

Goodman-Deane, J., Mieczakowski, A., Johnson, D., Goldhaber, T., & Clarkson, P. J. (2016). The impact of communication technologies on life and relationship satisfaction. *Computers in Human Behavior, 57*, 219–229.

Gordon, A. M., & Chen, S. (2014). The role of sleep in interpersonal conflict: Do sleepless nights mean worse fights? *Social Psychological and Personality Science, 5*, 168–175.

Gordon, A. M., & Chen, S. (2016) Do you get where I'm coming from? Perceived understanding buffers against the negative impact of conflict on relationship satisfaction. *Journal of Personality and Social Psychology, 110*, 239–260.

Gordon, R., Crosnoe, R., & Wang, X. (2013). Physical attractiveness and the accumulation of social and human capital in adolescence and young adulthood. *Monographs of the Society for Research in Child Development, 78*, 1–137.

Gordon, T. (1970). *P.E.T.: Parent effectiveness training.* New York, NY: Wyden.

Gottman, J. (1994). *Why marriages succeed or fail and how you can make yours last.* New York, NY: Simon & Schuster.

Gottman, J. (2000, September). Welcome to the love lab. *Psychology Today.*

Gottman, J. (2003). Why marriages fail. In K. M. Galvin & P. J. Cooper (Eds.), *Making connections: Readings in relational communication* (pp. 258–266). Los Angeles, CA: Roxbury.

Gottman, J. M., Katz, L. F., & Hooven, C. (1997). *Meta-emotion: How families communicate emotionally.* Mahwah, NJ: Erlbaum.

Gottman, J. M., Levenson, R. W., Gross, J., Frederickson, B. L., McCoy, K., Rosenthal, L., Ruef, A., & Yoshimoto, D. (2003). Correlates of gay and lesbian couples' relationship satisfaction and relationship dissolution. *Journal of Homosexuality, 45*, 23–43.

Gottman, J. M., & Silver, N. (1999). *The seven principles for making marriages work.* New York, NY: Three Rivers Press.

Grant, C. H., III, Cissna, K. N., & Rosenfeld, L. B. (2000). Patients' perceptions of physicians' communication and outcomes of the accrual to trial process. *Health Communication, 12*(1), 23–39.

Gray, J. (1992). *Men are from Mars, women are from Venus: A practical guide for improving communication and getting what you want in your relationship.* New York, NY: HarperCollins.

Graziano, W. G., & Bruce, J. (2008). Attraction and the initiation of relationships: A review of the empirical literature. In S. Sprecher, A. Wenzel, & J. Harvey (Eds.), *Handbook of relationship initiation* (pp. 269–295). New York, NY: Psychology Press.

Grebelsky-Lichtman, T. (2014). Parental patterns of cooperation in parent-child interactions: The relationship between nonverbal and verbal communication. *Human Communication Research, 40,* 1–29.

Grebelsky-Lichtman, T. (2015). Parental response to child's incongruence: Verbal versus nonverbal primacy in parent-child interactions. *Communication Monographs, 82,* 484–509.

Green, K. J., & Morman, M. T. (2011). The perceived benefits of the friends with benefits relationship. *Human Communication, 14,* 327–346.

Greene, K., Derlega, V. J., & Mathews, A. (2006). Self-disclosure in personal relationships. In A. Vangelisti & D. Perlman (Eds.), *The Cambridge handbook of personal relationships* (pp. 409–428). New York, NY: Cambridge University Press.

Greenwood, D. N., & Long, C. R. (2011). Attachment, belongingness needs, and relationship status predict imagined intimacy with media figures. *Communication Research, 38,* 278–297.

Greif, G. L. (2009). *Buddy system: Understanding male friendships.* New York, NY: Oxford University Press.

Grieve, R., Indian, M., Witteveen, K., Tolan, G., & Marrington, J. (2013). Face-to-face or Facebook: Can social connectedness be derived online? *Computers in Human Behavior, 29,* 604–609.

Griffin, E. A. (2006). *A first look at communication theory with conversations with communication theorists* (6th ed.). New York, NY: McGraw-Hill.

Gross, M. A., & Guerrero, L. K. (2000). Managing conflict appropriately and effectively: An application of the competence model to Rahim's organizational conflict styles. *International Journal of Conflict Management, 11,* 200–226.

Gross, M. A., Guerrero, L. K., & Alberts, J. K. (2004). Perceptions of conflict strategies and communication competence in task-oriented dyads. *Journal of Applied Communication Research, 32,* 249–270.

Gross, T. (2016, May 18). Kenya Barris on "black-ish" and what kids lose when they grow up with more. *National Public Radio.*

Guadagno, R. E., Okdie, B. M., & Kruse, S. A. (2012). Dating deception: Gender, online dating, and exaggerated self-presentation. *Computers in Human Behavior, 28,* 642–647.

Gudykunst, W. B. (1993). Toward a theory of effective interpersonal and intergroup communication: An anxiety/uncertainty management (AUM) perspective. In J. Koester & R. L. Wiseman (Eds.), *Intercultural communication competence* (pp. 33–71). Thousand Oaks, CA: Sage.

Gudykunst, W. B. (2005). *Theorizing about intercultural communication.* Thousand Oaks, CA: Sage.

Guéguen, N. (2013). Effects of a tattoo on men's behavior and attitudes towards women: An experimental field study. *Archives of Sexual Behavior, 42,* 1517–1524.

Guéguen, N., & Jacob, C. (2005). The effect of touch on tipping: An evaluation in a French bar. *International Journal of Hospitality Management, 24,* 295–299.

Guéguen, N., Jacob, C., & Boulbry, G. (2007). The effect of touch on compliance with a restaurant's employee suggestion. *International Journal of Hospitality Management, 26,* 1019–1023.

Guéguen, N., Meineri, S., & Charles-Sire, V. (2010). Improving medication adherence by using practitioner nonverbal techniques: A field experiment on the effect of touch. *Journal of Behavioral Medicine, 33,* 466–473.

Guéguen, N., Meineri, S., & Fischer-Lokou, J. (2013). Men's music ability and attractiveness to women in a real-life courtship context. *Psychology of Music.*

Guéguen, N., & Vion, M. (2009). The effect of a practitioner's touch on a patient's medication compliance. *Psychology, Health & Medicine, 14,* 689–694.

Guerin, B. (2003). Combating prejudice and racism: New interventions from a functional analysis of racist language. *Journal of Community and Applied Social Psychology, 13,* 29–45.

Guerrero, L. K., Andersen, P. A., & Afifi, W. A. (2014). *Close encounters: Communication in relationships* (4th ed.). Thousand Oaks, CA: Sage.

Guerrero, L. K., & Bachman, G. (2008). Communication following relational transgressions in dating relationships: An investment-model explanation. *Southern Communication Journal, 73,* 4–23.

Guerrero, L. K., & Bachman, G. F. (2010). Forgiveness and forgiving communication in dating relationships: An expectancy-investment explanation. *Journal of Social and Personal Relationships, 27,* 801–823.

Guerrero, L. K., & Chavez, A. (2005). Relational maintenance in cross-sex friendships characterized by different types of romantic intent: An exploratory study. *Western Journal of Communication, 69,* 339–358.

Guerrero, L. K., & Floyd, K. (2006). *Nonverbal communication in close relationships.* Mahwah, NJ: Erlbaum.

Guillory, J. E., Hancock, J. T., Woodruff, C., & Keilman, J. (2015). Text messaging reduces analgesic requirements during surgery. *Pain Medicine, 16,* 667–672.

Gunraj, D. N., Drumm-Hewitt, A. M., Dashow, E. M., Upadhyay, S. S. N., & Kline, C. M. (2016). Texting insincerely: The role of the period in text messages. *Computers in Human Behavior, 55,* 1067–1075.

Guo, M., & Hu, W. (2013). Teaching nonverbal differences in English class: Cross-cultural communicative approach. *Studies in Literature & Language, 7,* 60–64.

Haase, C. M., Holley, S., Bloch, L., Verstaen, A., & Levenson, R. W. (2016). Interpersonal emotional behaviors and physical health: A 20-year longitudinal study of long-term married couples. *Emotion, 16,* 965–977.

Hackman, M., & Walker, K. (1990). Instructional communication in the televised classroom: The effects of system design and teacher immediacy. *Communication Education, 39,* 196–206.

Haga, S., Kraft, P., & Corby, E. (2009). Emotion regulation: Antecedents and well-being outcomes of cognitive reappraisal and expressive suppression in cross-cultural samples. *Journal of Happiness Studies, 10,* 271–291.

Hahlweg, K., & Richter, D. (2010). Prevention of marital instability and distress. Results of an 11-year longitudinal follow-up study. *Behaviour Research and Therapy, 48,* 377–383.

Halatsis, P., & Christakis, N. (2009). The challenge of sexual attraction within heterosexuals' cross-sex friendship. *Journal of Social and Personal Relationships, 26,* 919–937.

Halberstadt, A. G., & Lozada, F. T. (2011). Emotion development in infancy through the lens of culture. *Emotion Review, 3,* 158–168.

Hale, J. L., Tighe, M. R., & Mongeau, P. A. (1997). Effects of event type and sex on comforting messages. *Communication Research Reports, 14,* 214–220.

Half, R. (2016, March 29). *Job interview tips: 8 ways an interview is like dating.* Robert Half.

Hall, E., Travis, M., Anderson, S., & Henley, A. (2013). Complaining and Knapp's relationship stages: Gender differences in instrumental complaints. *Florida Communication Journal, 41,* 49–61.

Hall, E. T. (1959). *Beyond culture.* New York, NY: Doubleday.

Hall, E. T. (1969). *The hidden dimension.* Garden City, NY: Anchor.

Hall, J. A. (2006a). How big are nonverbal sex differences? The case of smiling and nonverbal sensitivity. In K. Dindia & D. J. Canary (Eds.), *Sex differences and similarities in communication* (2nd ed., pp. 55–81). Mahwah, NJ: Erlbaum.

Hall, J. A. (2006b). Women and men's nonverbal communication: Similarities, differences, stereotypes, and origins. In V. Manusov & M. L. Patterson (Eds.), *The Sage handbook of nonverbal communication* (pp. 201–218). Thousand Oaks, CA: Sage.

Hall, J. A. (2011). Sex differences in friendship expectations: A meta-analysis. *Journal of Social and Personal Relationships, 28,* 723–747.

Hall, J. A. (2012). Friendship standards: The dimensions of ideal expectations. *Journal of Social and Personal Relationships, 29,* 884–907.

Hall, J. A., & Andrzejewski, S. A. (2017). Who draws accurate first impressions? Personal correlates of sensitivity to nonverbal cues. In S. M. Yoshimura (Ed.), *Nonverbal communication research* (pp. 52–68). San Diego, CA: Cognella.

Hall, J. A., & Baym, N. K. (2012). Calling and texting (too much): Mobile maintenance expectations, (over)dependence, entrapment, and friendship satisfaction. *New Media & Society, 14,* 316–331.

Hall, J. A., & LaFrance, B. H. (2012). "That's gay": Sexual prejudice, gender identity, norms, and homophobic communication. *Communication Quarterly, 60,* 35–58.

Hall, J. A., & LaFrance, B. H. (2013). How context matters: Predicting men's homophobic slang use. *Journal of Language and Social Psychology, 32,* 162–180.

Hall, J. A., Larson, K. A., & Watts, A. (2011). Satisfying friendship maintenance expectations: The role of friendship standards and biological sex. *Human Communication Research, 37,* 529–552.

Hall, J. A., & Matsumoto, D. (2004). Gender differences in judgments of multiple emotions from facial expressions. *Emotion, 4,* 201–206.

Hall, J. A., Pennington, N., & Lueders, A. (2014). Impression management and formation on Facebook: A lens model approach. *New Media & Society, 16,* 958–982.

Halliwell, D. (2016). "I know you, but I don't know who you are": Siblings' discursive struggles surrounding experiences of transition. *Western Journal of Communication, 80,* 327–347.

Halone, K. K., & Pecchioni, L. L. (2001). Relational listening: A grounded theoretical model. *Communication Reports, 14*, 59–65.

Halpern, D. F. (2000). *Sex differences in cognitive abilities* (3rd ed.). Mahwah, NJ: Lawrence Erlbaum.

Hample, D. (2011). Anti-comforting messages. In K. M. Galvin (Ed.), *Making connections: Readings in relational communication* (5th ed., pp. 248–254). New York, NY: Oxford University Press.

Hample, D., Richards, A. S., & Skubisz, C. (2013). Blurting. *Communication Monographs, 80*, 503–532.

Hample, D., Warner, B., & Norton, H. (2007, November). *The effects of arguing expectations and predispositions on perceptions of argument quality and playfulness.* Paper presented at the annual meeting of the International Communication Association, San Francisco, CA.

Hampson, E., van Anders, S. M., & Mullin, L. I. (2006). A female advantage in the recognition of emotional facial expressions: Test of an evolutionary hypothesis. *Evolution and Human Behavior, 27*, 401–416.

Hancock, A. B., Stutts, H. W., & Bass, A. (2015). Perceptions of gender and femininity based on language: Implications for transgender communication therapy. *Language & Speech, 58*, 315–333.

Hand, L., & Furman, W. (2009). Rewards and costs in adolescent other-sex friendships: Comparisons to same-sex friendships and romantic relationships. *Social Development, 18*, 270–287.

Hannon, P. A., Finkel, E. J., Kumashiro, M., & Rusbult, C. E. (2012). The soothing effects of forgiveness on victims' and perpetrators' blood pressure. *Personal Relationships, 19*, 279–289.

Hansen, F. C. B., Resnick, H., & Galea, J. (2002). Better listening: Paraphrasing and perception checking— A study of the effectiveness of a multimedia skills training program. *Journal of Technology in Human Services, 20*, 317–331.

Hansen, J. (2007). *24/7: How cell phones and the internet change the way we live, work, and play.* New York, NY: Praeger.

Hanzal, A., & Segrin, C. (2009). The role of conflict resolution styles in mediating the relationship between enduring vulnerabilities and marital quality. *Journal of Family Communication, 9*, 150–169.

Harasymchuk, C., & Fehr, B. (2013). A prototype analysis of relational boredom. *Journal of Social and Personal Relationships, 30*, 627–646.

Harding, J. R. (2007). Evaluative stance and counterfactuals in language and literature. *Language & Literature, 16*, 263–280.

Harper, M. S., & Welsh, D. P. (2007). Keeping quiet: Self-silencing and its association with relational and individual functioning among adolescent romantic couples. *Journal of Social & Personal Relationships, 24*, 99–116.

Hartnell, C. A., Ou, A., & Kinicki, A. (2011). Organizational culture and organizational effectiveness: A meta-analytic investigation of the competing values framework's theoretical suppositions. *Journal of Applied Psychology, 96*, 677–694.

Harwood, J. (2005). Social identity. In G. J. Shepherd, J. St. John, & T. Striphas (Eds.), *Communication as . . .: Perspectives on theory* (pp. 84–90). Thousand Oaks, CA: Sage.

Harwood, J. (2007). *Understanding communication and aging: Developing knowledge and awareness.* Newbury Park, CA: Sage.

Harwood, J., Bouchard, E., Giles, H., & Tyoski, S. (1997). Evaluations of patronizing speech and three response styles in a non-service-providing context. *Journal of Applied Communication Research, 25*, 170–195.

Haselton, M. G., & Galperin, A. (2013). Error management in relationships. In J. A. Simpson & L. Campbell (Eds.), *The Oxford handbook of close relationships* (pp. 234–254). New York, NY: Oxford University Press.

Hasler, B. S., & Friedman, D. A. (2012). Sociocultural conventions in avatar-mediated nonverbal communication: A cross-cultural analysis of virtual proxemics. *Journal of Intercultural Communication Research, 41*, 238–259.

Hasler, B. S., Salomon, O., Tuchman, P., Lev-Tov, A., & Friedman, D. (2017). Real-time gesture translation in intercultural communication. *AI & Society, 32*, 25–35.

Hawken, L., Duran, R. L., & Kelly, L. (1991). The relationship of interpersonal communication variables to academic success and persistence in college. *Communication Quarterly, 39*, 297–308.

Hayes, R. A., Carr, C. T., & Wohn, D. Y. (2016). One click, many meanings: Interpreting paralinguistic affordances in social media. *Journal of Broadcasting & Electronic Media, 60*, 171–187.

Heard, H. E. (2007). The family structure trajectory and adolescent school performance: Differential effects by race and ethnicity. *Journal of Family Issues, 28*, 319–354.

Heck, P. R., & Krueger, J. I. (2016). Social perception of self-enhancement bias and error. *Social Psychology, 47*, 327–339.

Henline, B. H., Lamke, L. K., & Howard, M. D. (2007). Exploring perceptions of online infidelity. *Personal Relationships, 14*, 113–128.

Hess, A. (2016, March 29). Who's "they"? *The New York Times.*

Hess, J. A., Fannin, A. D., & Pollom, L. H. (2007). Creating closeness: Discerning and measuring strategies for fostering closer relationships. *Personal Relationships, 14*, 25–44.

Hess, N. H., & Hagen, E. H. (2006). Sex differences in indirect aggression: Psychological evidence from young adults. *Evolution and Human Behavior, 27*, 231–245.

Hesse, C., & Mikkelson, A. C. (2017). Affection deprivation in romantic relationships. *Communication Quarterly, 65*, 20–38.

Hesse, C., Pauley, P. M., & Frye-Cox, N. E. (2015). Alexithymia and marital quality: The mediating role of relationship maintenance behaviors. *Western Journal of Communication, 79*, 45–72.

Hesse, C., Rauscher, E. A., & Wenzel, K. A. (2012). Alexithymia and uncertainty management. *Communication Research Reports, 29*, 343–352.

Hicks, A. M., & Diamond, L. M. (2011). Don't go to bed angry: Attachment, conflict, and affective and physiological reactivity. *Personal Relationships, 18*, 266–284.

Hidalgo, M. C., & Hernandez, B. (2001). Place attachment: Conceptual and empirical questions. *Journal of Environmental Psychology, 21*, 273–281.

High, A. C., & Solomon, D. H. (2016). Explaining the durable effects of verbal person-centered supportive communication: Indirect effects or invisible support. *Human Communication Research, 42*, 200–220.

Hill, C., Memon, A., & McGeorge, P. (2008). The role of confirmation bias in suspect interviews: A systematic evaluation. *Legal and Criminological Psychology, 13*, 357–371.

Hinde, R. A., Finkenauer, C., & Auhagen, A. E. (2001). Relationships and the self-concept. *Personal Relationships, 8*, 187–204.

Hmielowski, J. D., Hutchens, M. J., & Cicchirillo, V. J. (2014). Living in an age of online incivility: Examining the conditional indirect effects of online discussion on political flaming. *Information, Communication & Society, 17*, 1196–1211.

Hofstede, G. (1984). *Culture's consequences: International differences in work-related values.* Newbury Park, CA: Sage.

Hofstede, G. (2011). Dimensionalizing cultures: The Hofstede model in context. *Online Readings in Psychology and Culture, 2*(1).

Hofstede, G. (2016). Masculinity at the national cultural level. In Y. J. Wong & S. R. Wester (Eds.), *APA handbook of men and masculinities* (pp. 173–186). Washington, DC: American Psychological Association.

Hogenboom, M. (2013, November 27). Can virtual reality be used to tackle racism? *BBC News.*

Høgh-Olesen, H. (2008). Human spatial behaviour: The spacing of people, objects, and animals in six cross-cultural samples. *Journal of Cognition and Culture, 8*, 245–280.

Holfeld, B., & Grabe, M. (2012). An examination of the history, prevalence, characteristics, and reporting of cyberbullying in the United States. In Q. Li, D. Cross, & P. K. Smith (Eds.), *Cyberbullying in the global playground: Research from international perspectives* (pp. 117–142). San Francisco, CA: Wiley-Blackwell.

Hollenbaugh, E. E., & Everett, M. K. (2013). The effects of anonymity on self-disclosure in blogs: An application of the online disinhibition effect. *Journal of Computer-Mediated Communication, 18*, 283–302.

Holmstrom, A. J. (2009). Sex and gender similarities and differences in communication values in same-sex and cross-sex friendships. *Communication Quarterly, 57*, 224–238.

Holmstrom, A. J., Burleson, B., and Jones, S. (2005). Some consequences for helpers who deliver "cold comfort": Why it's worse for women than men to be inept when providing emotional support. *Sex Roles, 53*, 153–172.

Holoien, D. S., & Fiske, S. T. (2013). Compensation between warmth and competence in impression management. *Journal of Experimental Social Psychology, 49*, 33–41.

Holt-Lunstad, J., Smith T. B., & Layton, J. B. (2010). Social relationships and mortality risk: A meta-analytic review. *PLoS Med, 7*(7), e1000316.

Homburg, C., & Fürst, A. (2007). See no evil, hear no evil, speak no evil: A study of defensive organizational behavior towards customer complaints. *Journal of the Academy of Marketing Science, 35*, 523–536.

Hoorens, V., Pandelaere, M., Oldersma, F., & Sedikides, C. (2012). The hubris hypothesis: You can self-enhance, but you'd better not show it. *Journal of Personality, 80*, 1237–1274.

Hopcke, R. H., & Rafaty, L. (2001). *Straight women, gay men: Absolutely fabulous friendships.* Berkeley, CA: Wildcat Canyon Press.

Horan, S. M. (2012). Affection exchange theory and perceptions of relational transgressions. *Western Journal of Communication, 76*, 109–126.

Horan, S. M. (2016). Further understanding sexual communication: Honesty, deception, safety, and risk. *Journal of Social and Personal Relationships, 33,* 449–468.

Horan, S. M., & Booth-Butterfield, M. (2010). Investing in affection: An investigation of affection exchange theory and relational qualities. *Communication Quarterly, 58,* 394–413.

Horan, S. M., & Booth-Butterfield, M. (2013). Understanding the routine expression of deceptive affection in romantic relationships. *Communication Quarterly, 61,* 195–216.

Horan, S. M., Guinn, T. D., & Banghart, S. (2015). Understanding relationships among the dark triad personality profile and romantic partners' conflict communication. *Communication Quarterly, 63,* 156–170.

Hosman, L. A., & Siltanen, S. A. (2006). Powerful and powerless language forms: Their consequences for impression formation, attributions of control of self and control of others, cognitive responses, and message memory. *Journal of Language & Social Psychology, 25,* 33–46.

Hosseini, M., & Tammimy, Z. (2016). Recognizing users gender in social media using linguistic features. *Computers in Human Behavior, 56,* 192–197.

Houser, M. L., Fleuriet, C., & Estrada, D. (2012). The cyber factor: An analysis of relational maintenance through the use of computer-mediated communication. *Communication Research Reports, 29,* 34–43.

Howe, D. (2013). *Empathy: What it is and why it matters.* New York, NY: Palgrave Macmillan.

Howlett, N., Pine, K., Orakçıoğlu, I., & Fletcher, B. (2013). The influence of clothing on first impressions: Rapid and positive responses to minor changes in male attire. *Journal of Fashion Marketing and Management, 17,* 38–48.

Hsu, C., & Huang, I. (2017). Are international students quiet in class? The influence of teacher confirmation on classroom apprehension and willingness to talk in class. *Journal of International Students, 7,* 38–52.

Hsu, C.-F. (2010). Acculturation and communication traits: A study of cross-cultural adaptation among Chinese in America. *Communication Monographs, 77,* 414–425.

Huang, Y.-Y., & Chou, C. (2010). An analysis of multiple factors of cyberbullying among junior high school students in Taiwan. *Computers in Human Behavior, 26,* 1581–1590.

Huestis, V. D. (2010). *Little white lies: Lies and deception in the virtual world of online dating.* Ann Arbor, MI: ProQuest LLC.

Huffman, A., Culbertson, S. S., Henning, J. B., & Goh, A. (2013). Work-family conflict across the lifespan. *Journal of Managerial Psychology, 28,* 761–780.

Hui, C. M., Molden, D. C., & Finkel, E. J. (2013). Loving freedom: Concerns with promotion or prevention and the role of autonomy in relationship well-being. *Journal of Personality and Social Psychology, 105,* 61–85.

Hullman, G. A. (2015). Studying interpersonal communication competence. In G. A. Hullman (Ed.), *Thought, experience, sense: Cognitive approaches to enhanced communication competence* (pp. 1–12). San Diego, CA: Cognella Academic Publishing.

Hullman, G. A., Planisek, A., McNally, J. S., & Rubin, R. B. (2010). Competence, personality, and self-efficacy: Relationships in an undergraduate interpersonal course. *Atlantic Journal of Communication, 18,* 36–49.

Human, L. J., & Biesanz, J. C. (2011). Through the looking glass clearly: Accuracy and assumed similarity in well-adjusted individuals' first impressions. *Journal of Personality and Social Psychology, 100,* 349–364.

Hummert, M. L. (2011). Age stereotypes and aging. In K. W. Schaie & S. L. Willis (Eds.), *Handbook of the psychology of aging* (7th ed., pp. 249–262). San Diego, CA: Elsevier Academic Press.

Hyde, R. B. (1993). Council: Using a talking stick to teach listening. *Communication Teacher, 7,* 1–2.

Hyman, I. (2014, January 26). Cell phones are changing social interaction. *Psychology Today.*

Hynes, G. E. (2012). Improving employees' interpersonal communication competencies: A qualitative study. *Business Communication Quarterly, 75,* 466–475.

Iannone, N. E., McCarty, M. K., & Kelly, J. R. (2016, July 26). With a little help from your friend: Transactive memory in best friendships. *Journal of Social and Personal Relationships.*

Ickes, W., & Hodges, S. D. (2013). Empathic accuracy in close relationships. In J. A. Simpson & L. Campbell (Eds.), *The Oxford handbook of close relationships* (pp. 348–373). New York, NY: Oxford University Press.

Iliescu, D., Ilie, A., Ispas, D., & Ion, A. (2012). Emotional intelligence in personnel selection: Applicant reactions, criterion, and incremental validity. *International Journal of Selection and Assessment, 20,* 347–358.

Imhof, M. (2003). The social construction of the listener: Listening behavior across situations, perceived listening status, and cultures. *Communication Research Reports, 20,* 357–366.

Iosub, D., Laniado, D., Castillo, C., Morell, M. F., & Kaltenbrunner, A. (2014). Emotions under discussion: Gender, status and communication in online collaboration. *PLOS ONE, 9*, e104880.

Ireland, M. E., Slatcher, R. B., Eastwick, P. W., Scissors, L. E., Finkel, E. J., & Pennebaker, J. W. (2011). Language style matching predicts relationship initiation and stability. *Psychological Science, 22*, 39–44.

Iyer, P. (1990). *The lady and the monk: Four seasons in Kyoto.* New York, NY: Vintage.

Jackl, J. A. (2016). "Love doesn't just happen . . .": Parent-child communication about marriage. *Communication Quarterly, 64*, 193–209.

Janas, M. (2001). Getting a clear view. *Journal of Staff Development, 22*, 32–34.

Jandt, F. E. (2017). *Conflict and communication.* Thousand Oaks, CA: Sage.

Jankowski, K. S. (2013). Morning types are less sensitive to pain than evening types all day long. *European Journal of Pain, 17*, 1068–1073.

Jaschinski, C., & Kommers, P. (2012). Does beauty matter? The role of friends' attractiveness and gender on social attractiveness ratings of individuals on Facebook. *International Journal of Web Based Communities, 8*, 389–401.

Jensen, J. F., & Rauer, A. (2014). Turning inward versus outward: Relationship work in young adults and romantic functioning. *Personal Relationships, 21*, 451–467.

Jensen, J. F., & Rauer, A. (2016). Young adult females' relationship work and its links to romantic functioning and stability over time. *Journal of Social and Personal Relationships, 33*, 687–708.

Jerome, E. M., & Liss, M. (2005). Relationships between sensory processing style, adult attachment, and coping. *Personality and Individual Differences, 38*, 1341–1352.

Jiang, L. C., Bazarova, N. N., & Hancock, J. T. (2011). The disclosure-intimacy link in computer-mediated communication: An attributional extension of the hyperpersonal model. *Human Communication Research, 37*, 58–77.

Jiang, L. C., Bazarova, N. N., & Hancock, J. T. (2013). From perception to behavior: Disclosure reciprocity and the intensification of intimacy in computer-mediated communication. *Communication Research, 40*, 125–143.

Jiang, L. C., & Hancock, J. T. (2013). Absence makes the communication grow fonder: Geographic separation, interpersonal media, and intimacy in dating relationships. *Journal of Communication, 63*, 556–577.

Jiangang, D., Xiucheng, F., & Tianjun, F. (2011). Multiple emotional contagions in service encounters. *Journal of the Academy of Marketing Science, 39*, 449–466.

Jin, B. (2013). Hurtful texting in friendships: Satisfaction buffers the distancing effects of intention. *Communication Research Reports, 30*, 148–156.

Johnson, A. J., Becker, A. H., Craig, E. A., Gilchrist, E. S., & Haigh, M. M. (2009). Changes in friendship commitment: Comparing geographically close and long-distance young-adult friendships. *Communication Quarterly, 57*, 395–415.

Johnson, A. J., & Cionea, I. A. (2017). Serial arguments in interpersonal relationships: Relational dynamics and interdependence. In J. A. Samp (Ed.), *Communicating interpersonal conflict in close relationships: Contexts, challenges and opportunities* (pp. 111–127). New York, NY: Routledge.

Johnson, A. J., Haigh, M. M., Becker, J. A. H., Craig, E. A., & Wigley, S. (2008). College students' use of relational management strategies in email in long-distance and geographically close relationships. *Journal of Computer-Mediated Communication, 13*, 381–404.

Johnson, A. J., Haigh, M. M., Craig, E. A., & Becker, J. A. H. (2009). Relational closeness: Comparing undergraduate college students' geographically close and long-distance friendships. *Personal Relationships, 16*, 631–646.

Johnson, A. J., Hample, D., & Cionea, I. A. (2014). Understanding argumentation in interpersonal communication. *Communication Yearbook, 38*, 145–173.

Johnson, A. J., Wittenberg, E., Haigh, M., Wigley, S., Becker, J., Brown, K., & Craig, E. (2004). The process of relationship development and deterioration: Turning points in friendships that have terminated. *Communication Quarterly, 52*, 54–67.

Johnson, D. I. (2012). Swearing by peers in the work setting: Expectancy violation valence, perceptions of message, and perceptions of speaker. *Communication Studies, 63*, 136–151.

Johnson, D. I., & Lewis, N. (2010). Perceptions of swearing in the work setting: An expectancy violations theory perspective. *Communication Reports, 23*, 106–118.

Johnson, K. R., & Holmes, B. M. (2009). Contradictory messages: A content analysis of Hollywood-produced romantic comedy feature films. *Communication Quarterly, 57*, 352–373.

Johnson, S. (1987). *Going out of our minds: The metaphysics of liberation.* Freedom, CA: Crossing.

Johnson, Z. D., & LaBelle, S. (2016). Student-to-student confirmation in the college classroom: An initial investigation of the dimensions and outcomes of students' confirming messages. *Communication Education, 65*, 44–63.

Joireman, J. (2004). Relationships between attributional complexity and empathy. *Individual Differences Research, 2*, 197–202.

Jonason, P. K. (2013). Four functions for four relationships: Consensus definitions of university students. *Archives of Sexual Behavior, 42*, 1407–1414.

Jones, J. T., Pelham, B. W., & Carvallo, M. (2004). How do I love thee? Let me count the Js: Implicit egotism and interpersonal attraction. *Journal of Personality and Social Psychology, 87*, 665–683.

Jones, S. M., Bodie, G. D., & Koerner, A. F. (2017). Connections between family communication patterns, person-centered message evaluations, and emotion regulation strategies. *Human Communication Research, 43*, 237–255.

Jones, S. M., & Burleson, B. R. (2003). Effects of helper and recipient sex on the experience and outcomes of comforting messages: An experimental investigation. *Sex Roles, 48*, 1–19.

Jonsson, P. (2013, January 18). Manti Te'o girlfriend hoax: What deceit lurks in internet's depths. *Christian Science Monitor*.

Jundi, S. V., Mann, A., Hope, S., Hillman, L., Warmelink, J., & Lara Gahr, E. (2013). Who should I look at? Eye contact during collective interviewing as a cue to deceit. *Psychology, Crime & Law, 19*, 661–671.

Jung, E. H., & Sundar, S. S. (2016). Senior citizens on Facebook: How do they interact and why? *Computers in Human Behavior, 61*, 27–35.

Kagan, J. (2007). *What is emotion? History, measures, and meanings*. New Haven, CT: Yale University Press.

Kahneman, D., Krueger, A. B., Schkade, D. A., Schwarz, N., & Stone, A. A. (2004). A daily measure. *Science, 306*, 1645.

Kalman, Y. M., Scissors, L. E., Gill, A. J., & Gergle, D. (2013). Online chronemics convey social information. *Computers in Human Behavior, 29*, 1260–1269.

Kanaga, K. R., & Flynn, M. (1981). The relationship between invasion of personal space and stress. *Human Relations, 34*, 239–248.

Kapidzic, S., & Herring, S. C. (2011). Gender, communication, and self-presentation in teen chatrooms revisited: Have patterns changed? *Journal of Computer-Mediated Communication, 17*, 39–59.

Kassing, J. W. (1997). Development of the Intercultural Willingness to Communicate Scale. *Communication Research Reports, 14*, 399–407.

Katt, J. A., & Collins, S. J. (2013). The power of provisional/immediate language revisited: Adding student personality traits to the mix. *Communication Research Reports, 30*, 85–95.

Katz-Wise, S. L., & Hyde, J. S. (2014). Sexuality and gender: The interplay. In D. L. Tolman, L. M. Diamond, J. A. Bauermeister, W. H. George, J. G. Pfaus, & L. Ward (Eds.), *APA handbook of sexuality and psychology: Vol. 1. Person-based approaches* (pp. 29–62). Washington, DC: American Psychological Association.

Katzer, C., Fetchenhauer, D., & Belschak, F. (2009). Cyberbullying: Who are the victims?: A comparison of victimization in internet chatrooms and victimization in school. *Journal of Media Psychology: Theories, Methods, and Applications, 21*, 25–36.

Katzir, M., & Eyal, T. (2013). When stepping outside the self is not enough: A self-distanced perspective reduces the experience of basic but not of self-conscious emotions. *Journal of Experimental Social Psychology, 49*, 1089–1092.

Kaufman, P. (2003). Learning to not labor: How working-class individuals construct middle-class identities. *Sociological Quarterly, 44*, 481–504.

Kaya, N., & Burgess, B. (2007). Territoriality: Seat preferences in different types of classroom arrangements. *Environment and Behavior, 39*, 859–876.

Keating, D. M. (2016). Conversation orientation and conformity orientation are inversely related: A meta-analysis. *Communication Research Reports, 33*, 195–206.

Keaton, S. A., Bodie, G. D., & Keteyian, R. V. (2015). Relational listening goals influence how people report talking about problems. *Communication Quarterly, 63*, 480–494.

Kees, N. L., Aberle, J. T., & Fruhauf, C. A. (2007). Aging parents and end-of-life decisions: Helping families negotiate difficult conversations. In D. Linville & K. M. Hertlein (Eds.), *The therapist's notebook for family health care: Homework, handouts, and activities for individuals, couples, and families coping with illness, loss, and disability* (pp. 211–216). New York, NY: Haworth Press.

Kellas, J. K. (2005). Family ties: Communicating identity through jointly told family stories. *Communication Monographs, 72*, 365–389.

Kellas, J. K. (2010). Transmitting relational worldviews: The relationship between mother-daughter memorable messages and adult daughters' romantic relational schemata. *Communication Quarterly, 58*, 458–479.

Kellas, J. K., & Horstman, H. K. (2015). Communicated narrative sense-making: Understanding family narratives, storytelling, and the construction of meaning through a communicative lens. In

L. H. Turner & R. L. West (Eds.), *The SAGE handbook of family communication* (pp. 76–90). Thousand Oaks, CA: Sage.

Kellas, J. K., Horstman, H. K., Willer, E. K., & Carr, K. (2015). The benefits and risks of telling and listening to stories of difficulty over time: Experimentally testing the expressive writing paradigm in the context of interpersonal communication between friends. *Health Communication, 30*, 843–858.

Kellas, J. K., Willer, E. K., & Trees, A. R. (2013). Communicated perspective-taking during stories of marital stress: Spouses' perceptions of one another's perspective-taking behaviors. *Southern Communication Journal, 78*, 326–351.

Kemp, S. (2016, February 2). Are young people really leaving Facebook? *LinkedIn.*

Kerem, E., Fishman, N., & Josselson, R. (2001). The experience of empathy in everyday relationships: Cognitive and affective elements. *Journal of Social and Personal Relationships, 18*, 709–729.

Keyton, J., Caputo, J., Ford, E., Fu, R., Leibowitz, S. A., Liu, T., . . . Wu, C. (2013). Investigating verbal workplace communication behaviors. *Journal of Business Communication, 50*, 152–169.

Kille, D. R., Eibach, R. P., Wood, J. V., & Holmes, J. G. (2017). Who can't take a compliment? The role of construal level and self-esteem in accepting positive feedback from close others. *Journal of Experimental Social Psychology, 68*, 40–49.

Kim, E. J., & Buschmann, M. T. (1999). The effect of expressive physical touch on patients with dementia. *International Journal of Nursing Studies, 36*, 235–243.

Kim, H., Edwards, A. B., Sweeney, K. A., & Wetchler, J. L. (2012a). The effects of differentiation and attachment on satisfaction and acculturation in Asian-White American international couple relationships: Assessment with Chinese, South Korean, and Japanese partners in relationships with white American partners in the United States. *American Journal of Family Therapy, 40*, 320–335.

Kim, H., Prouty, A. M., & Roberson, P. N. E. (2012b). Narrative therapy with intercultural couples: A case study. *Journal of Family Psychotherapy, 23*, 273–286.

Kim, H. S. (2002). We talk, therefore we think? A cultural analysis of the effect of talking on thinking. *Journal of Personality and Social Psychology, 83*, 828–842.

Kim, J., LaRose, R., & Peng, W. (2009). Loneliness as the cause and effect of problematic internet use: The relationship between internet use and psychological well-being. *Cyberpsychology & Behavior, 12*, 451–455.

Kim, Y. K., & Sax, L. J. (2009). Student–faculty interaction in research universities: Differences by student gender, race, social class, and first-generation status. *Research in Higher Education, 50*, 437–459.

Kim, Y. Y. (2005). Adapting to a new culture: An integrative communication theory. In W. B. Gudykunst (Ed.), *Theorizing about intercultural communication* (pp. 375–400). Thousand Oaks, CA: Sage.

Kim, Y. Y. (2008). Intercultural personhood: Globalization and a way of being. *International Journal of Intercultural Relations, 32*, 359–368.

Kimmel, M. S. (2008). *The gendered society* (3rd ed.). New York, NY: Oxford University Press.

Kinefuchi, E., & Orbe, M. P. (2008). Situating oneself in a racialized world: Understanding student reactions to *Crash* through standpoint theory and context-positionality frames. *Journal of International & Intercultural Communication, 1*, 70–90.

King, P. M., Perez, R. J., & Shim, W. (2013). How college students experience intercultural learning: Key features and approaches. *Journal of Diversity in Higher Education, 6*, 69–83.

Kingsbury, M., & Coplan, R. J. (2016). RU mad @ me? Social anxiety and interpretation of ambiguous text messages. *Computers in Human Behavior, 54*, 368–379.

Kinzler, K. D., Shutts, K., Dejesus, J., & Spelke, E. S. (2009). Accent trumps race in guiding children's social preferences. *Social Cognition, 27*, 623–634.

Kirkland, R. A., Peterson, E., Baker, C. A., Miller, S., & Pulos, S. (2013). Meta-analysis reveals adult female superiority in "Reading the Mind in the Eyes" Test. *North American Journal of Psychology, 15*, 121–146.

Kirkman, B., Taras, V., & Steel, P. (2016, May 18). Research: The biggest culture gaps are within countries, not between them. *Harvard Business Review.*

Kiser, L. J., Baumgardner, B., & Dorado, J. (2010). Who are we, but for the stories we tell: Family stories and healing. *Psychological Trauma: Theory, Research, Practice, and Policy, 2*, 243–249.

Kleman, E. E. (2008). "May I interest you in today's special?": A pilot study of restaurant servers' compliance-gaining strategies. *Rocky Mountain Communication Review, 5*, 32–42.

Klohnen, E. C., & Luo, S. (2003). Interpersonal attraction and personality: What is attractive—self similarity, ideal similarity, complementarity or attachment security? *Journal of Personality and Social Psychology, 85*, 709–722.

Kluemper, D. H., Rosen, P. A., & Mossholder, K. W. (2012). Social networking websites, personality ratings, and the organizational context: More than meets the eye? *Journal of Applied Social Psychology, 42*, 1143–1172.

Kluger, J., & Wilson, C. (2013, October 22). America's mood map: An interactive guide to the United States of attitude. *Time.*

Knapp, M. L., & Hall, J. A. (2006). *Nonverbal communication in human interaction* (6th ed.). Belmont, CA: Wadsworth.

Knapp, M. L., & Hall, J. A. (2010). *Nonverbal communication in human interaction* (7th ed.). Boston: Cengage.

Knapp, M. L., Vangelisti, A. L., & Caughlin, J. P. (2014). *Interpersonal communication in human relationships* (7th ed.). Boston, MA: Pearson Education.

Knobloch, L. K., & Metts, S. (2013). Emotion in relationships. In J. A. Simpson & L. Campbell (Eds.), *The Oxford handbook of close relationships* (pp. 514–534). New York, NY: Oxford University Press.

Knobloch, L. K., Miller, L. E., Bond, B. J., & Mannone, S. E. (2007). Relational uncertainty and message processing in marriage. *Communication Monographs, 74*, 154–180.

Knobloch, L. K., & Solomon, D. H. (2003). Manifestations of relationship conception in conversation. *Human Communication Research, 29*, 482–515.

Knöfler, T., & Imhof, M. (2007). Does sexual orientation have an impact on nonverbal behavior in interpersonal communication? *Journal of Nonverbal Behavior, 31*, 189–204.

Koenig, M. A., & Jaswal, V. K. (2011). Characterizing children's expectations about expertise and incompetence: Halo or pitchfork effects? *Child Development, 82*, 1634–1647.

Koerner, A. F., & Fitzpatrick, M. A. (2006). Family communications patterns theory: A social cognitive approach. In D. O. Braithwaite & L. A. Baxter (Eds.), *Engaging theories in family communication: Multiple perspectives* (pp. 50–65). Thousand Oaks, CA: Sage.

Koerner, A. F., & Schrodt, P. (2014). An introduction to the special issue on family communication patterns. *Journal of Family Communication, 14*, 1–15.

Koesten, J. (2004). Family communication patterns, sex of subject, and communication competence. *Communication Monographs, 71*, 226–244.

Kolb, R. (2016, September 28). The deaf body in public space. *The New York Times.*

Korn, C. J., Morreale, S. R., & Boileau, D. M. (2000). Defining the field: Revisiting the ACA 1995 definition of Communication Studies. *Journal of the Association for Communication Administration, 29*, 40–52.

Koroshnia, M. M., & Latifian, M. M. (2008). An investigation on validity and reliability of revised family communication patterns instrument. *Journal of Family Research, 3*, 855–875.

Kotani, M. (2016). Two codes for remedying problematic situations: Japanese and English speakers' views of explanations and apologies in the United States. *Journal of Intercultural Communication Research, 45*, 126–144.

Kotchemidova, C. (2010). Emotion culture and cognitive constructions of reality. *Communication Quarterly, 58*, 207–234.

Koukkari, W. L., & Sothern, R. B. (2006). *Introducing biological rhythms: A primer on the temporal organization of life, with implications for health, society, reproduction and the natural environment.* New York, NY: Springer.

Kouzakova, M., van Baaren, R., & van Knippenberg, A. (2010). Lack of behavioral imitation in human interactions enhances salivary cortisol levels. *Hormones and Behavior, 57*, 421–426.

Kowalski, R. M., & Limber, S. P. (2013). Psychological, physical, and academic correlates of cyberbullying and traditional bullying. *Journal of Adolescent Health, 53*, S13–S20.

Kranstuber, H., & Kellas, J. K. (2011). "Instead of growing under her heart, I grew in it": The relationship between adoption entrance narratives and adoptees' self-concept. *Communication Quarterly, 59*, 179–199.

Kraus, M. W., Huang, C., & Keltner, D. (2010). Tactile communication, cooperation, and performance: An ethological study of the NBA. *Emotion, 10*, 745–749.

Krause, R. (2010). An update on primary identification, introjection, and empathy. *International Forum of Psychoanalysis, 19*, 138–143.

Krcmar, M., Giles, S., & Helme, D. (2008). Understanding the process: How mediated and peer norms affect young women's body esteem. *Communication Quarterly, 56*, 111–130.

Kreager, D. A., Felson, R. B., Warner, C., & Wenger, M. R. (2013). Women's education, marital violence, and divorce: A social exchange perspective. *Journal of Marriage and Family, 75*, 565–581.

Kross, E., & Ayduk, O. (2011). Making meaning out of negative experiences by self-distancing. *Current Directions in Psychological Science, 20*, 187–191.

Krumhuber, E., Manstead, A. S. R., Cosker, D., Marshall, D., & Rosin, P. L. (2009). Effects of dynamic attributes of smiles in human and synthetic faces: A simulated job interview setting. *Journal of Nonverbal Behavior, 33*, 1–15.

Kujath, C. L. (2011). Facebook and MySpace: Complement or substitute for face-to-face interaction? *Cyberpsychology, Behavior, and Social Networking, 14,* 75–78.

Kurtz, L., & Algoe, S. (2017). When sharing a laugh means sharing more: Testing the role of shared laughter on short-term interpersonal consequences. *Journal of Nonverbal Behavior, 41,* 45–65.

Kurzban, R., & Weeden, J. (2005). HurryDate: Mate preferences in action. *Evolution and Human Behavior, 26,* 227–244.

Kuss, D. J., Rooij, A. J., Shorter, G. W., Griffiths, M. D., & van de Mheen, D. (2013). Internet addiction in adolescents: Prevalence and risk factors. *Computers in Human Behavior, 29,* 1987–1996.

Kuznekoff, J. H., Munz, S., & Titsworth, S. (2015). Mobile phones in the classroom: Examining the effects of texting, Twitter, and message content on student learning. *Communication Education, 64,* 344–365.

La France, B. H. (2010). What verbal and nonverbal communication cues lead to sex?: An analysis of the traditional sexual script. *Communication Quarterly, 58,* 297–318.

LaBelle, S., & Martin, M. M. (2014). Attribution theory in the college classroom: Examining the relationships of student attributions and instructional dissent. *Communication Research Reports, 31,* 110–116.

LaBelle, S., & Myers, S. A. (2016). The use of relational maintenance behaviors in sustained adult friendships. *Communication Research Reports, 33,* 310–316.

Lakey, B. (2013). Social support processes in relationships. In J. A. Simpson & L. Campbell (Eds.), *The Oxford handbook of close relationships* (pp. 711–730). New York, NY: Oxford University Press.

Laliker, M. K., & Lannutti, P. J. (2014). Remapping the topography of couples' daily interactions. *Communication Research Reports, 31,* 262–271.

Lambert, N. M., Gwinn, A. M., Baumeister, R. F., Strachman, A., Washburn, I. J., Gable, S. L., & Fincham, F. D. (2013). A boost of positive affect: The perks of sharing positive experiences. *Journal of Social and Personal Relationships, 30,* 24–43.

Landecker, H. (2016, September 18). Discrimination's "back door": Tackling language bias on campus. *Chronicle of Higher Education.*

Landry, M., Domeiles, A. C., Hayek, G., & Deichmann, R. E. (2013). Patient preferences for doctor attire: The white coat's place in the medical profession. *The Ochsner Journal, 13,* 334–342.

Lane, B. L., Piercy, C. W., & Carr, C. T. (2016). Making it Facebook official: The warranting value of online relationship status disclosures on relational characteristics. *Computers in Human Behavior, 56,* 1–8.

Langellier, K. M., & Peterson, E. E. (2006). Narrative performance theory: Telling stories, doing family. In D. O. Braithwaite, & L. A. Baxter (Eds.), *Engaging theories in family communication: Multiple perspectives* (pp. 99–114). Thousand Oaks, CA: Sage.

Langer, E. (1990). *Mindfulness.* Reading, MA: Addison-Wesley.

Lannin, D. G., Bittner, K. E., & Lorenz, F. O. (2013). Longitudinal effect of defensive denial on relationship instability. *Journal of Family Psychology, 27,* 968–977.

Lapakko, D. (1997). Three cheers for language: A closer examination of a widely cited study of nonverbal communication. *Communication Education, 46,* 63–67.

Latz, J. (2010, May 28). 4 steps to speak better in interviews. *The Ladders.*

Laurenceau, J.-P., Barrett, L. F., & Rovine, M. J. (2005). The Interpersonal Process Model of intimacy in marriage: A daily-diary and multilevel modeling approach. *Journal of Family Psychology, 19,* 314–323.

Laursen, B., & Pursell, G. (2009). Conflict in peer relationships. In K. H. Rubin, W. M. Bukowski, & B. Laursen (Eds.), *Handbook of peer interactions, relationships, and groups* (pp. 267–286). New York, NY: Guilford Press.

Leaper, C., & Ayres, M. M. (2007). A meta-analytic review of gender variations in adults' language use: Talkativeness, affiliative speech, and assertive speech. *Personality and Social Psychology Review, 11,* 328–363.

Leaper, C., & Robnett, R. D. (2011). Women are more likely than men to use tentative language, aren't they? A meta-analysis testing for gender differences and moderators. *Psychology of Women Quarterly, 35,* 129–142.

Lebuda, I., & Karwowski, M. (2013). Tell me your name and I'll tell you how creative your work is: Author's name and gender as factors influencing assessment of products' creativity in four different domains. *Creativity Research Journal, 25,* 137–142.

Lebula, C., & Lucas, C. (1945). The effects of attitudes on descriptions of pictures. *Journal of Experimental Psychology, 35,* 517–524.

Ledbetter, A. M. (2008). Chronemic cues and sex differences in relational e-mail: Perceiving immediacy and supportive message quality. *Social Science Computer Review, 26,* 466–482.

Ledbetter, A. M. (2014). The past and future of technology in interpersonal communication theory and research. *Communication Studies, 65,* 456–459.

Ledbetter, A. M., & Keating, A. T. (2015). Maintaining Facebook friendships: Everyday talk as a mediator of threats to closeness. *Western Journal of Communication, 79*, 197–217.

Ledbetter, A. M., Mazer, J. P., DeGroot, J. M., & Meyer, K. R. (2011). Attitudes toward online social connection and self-disclosure as predictors of Facebook communication and relational closeness. *Communication Research, 38*, 27–53.

Ledbetter, A. M., & Schrodt, P. (2008). Family communication patterns and cognitive processing: Conversation and conformity orientations as predictors of informational reception apprehension. *Communication Studies, 59*, 388–401.

Ledbetter, A. M., & Vik, T. A. (2012). Parental invasive behaviors and emerging adults' privacy defenses: Instrument development and validation. *Journal of Family Communication, 12*, 227–247.

Lee, E., & Jang, J. (2013). Not so imaginary interpersonal contact with public figures on social network sites: How affiliative tendency moderates its effects. *Communication Research, 40*, 27–51.

Lee, J. J., & Pinker, S. (2010). Rationales for indirect speech: The theory of the strategic speaker. *Psychological Review, 117*, 785–807.

Lee, K., Noh, M., & Koo, D. (2013). Lonely people are no longer lonely on social networking sites: The mediating role of self-disclosure and social support. *Cyberpsychology, Behavior, and Social Networking, 16*, 413–418.

Lee, S. W., Min, S., & Mamerow, G. P. (2015). Pygmalion in the classroom and the home: Expectation's role in the pipeline to STEMM. *Teachers College Record, 117*, 1–40.

LeFebvre, L., Blackburn, K., & Brody, N. (2015). Navigating romantic relationships on Facebook: Extending the relational dissolution model to account for social networking environments. *Journal of Social and Personal Relationships, 32*, 78–98.

Lehmiller, J. J., VanderDrift, L. E., & Kelly, J. R. (2011). Sex differences in approaching friends with benefits relationships. *Journal of Sex Research, 48*, 275–284.

Lehmiller, J. J., VanderDrift, L. E., & Kelly, J. R. (2014). Sexual communication, satisfaction, and condom use behavior in friends with benefits and romantic partners. *Journal of Sex Research, 51*, 74–85.

Lei, X. (2006). Sexism in language. *Journal of Language and Linguistics, 5*(1), 87–94.

Lemay, E. P., & Dudley, K. L. (2009). Implications of reflected appraisals of interpersonal insecurity for suspicion and power. *Personality and Social Psychology Bulletin, 35*, 1672–1686.

Lenhart, A., & Duggan, M. (2014, February 11). Couples, the internet, and social media. *Pew Research Internet Project.*

Lenhart, A., Rainie, L., & Lewis, O. (2001). Teenage life online. *Pew Internet and American Life Project.*

Lerner, H. (2005). *The dance of anger: A woman's guide to changing the patterns of intimate relationships.* New York, NY: Perennial Currents.

Lerner, R. M., Rothbaum, F., Boulos, S., & Castellino, D. R. (2002). Developmental systems perspective on parenting. In M. Bornstein (Ed.), *Handbook of parenting: Vol. 2. Biology and ecology of parenting* (2nd ed., pp. 315–344). Mahwah, NJ: Erlbaum.

Leung, C., & Lewkowicz, J. (2013). Language communication and communicative competence: A view from contemporary classrooms. *Language & Education: An International Journal, 27*, 398–414.

Leung, S. (2014, February 12). You never call anymore: The case for sales phone calls over email. *Sales Force.*

Levine, L. E., Waite, B. M., & Bowman, L. L. (2012). Mobile media use, multitasking, and distractibility. *International Journal of Cyber Behavior, 2*, 15–29.

Levine, R. V. (1988). The pace of life across cultures. In J. E. McGrath (Ed.), *The social psychology of time* (pp. 39–60). Newbury Park, CA: Sage.

Levine, T. R., Aune, K., & Park, H. (2006). Love styles and communication in relationships: Partner preferences, initiation, and intensification. *Communication Quarterly, 54*, 465–486.

Levon, E. (2015). Integrating intersectionality in language, gender, and sexuality research. *Language and Linguistics Compass, 9*, 295–308.

Lewallen, A. C., Owen, J. E., Bantum, E. O., & Stanton, A. L. (2014). How language affects peer responsiveness in an online cancer support group: Implications for treatment design and facilitation. *Psycho-Oncology, 23*, 766–772.

Lewandowski, G. W., Aron, A., & Gee, J. (2007). Personality goes a long way: The malleability of opposite-sex physical attractiveness. *Personal Relationships, 14*, 571–585.

Lewicki, R. J., Polin, B., & Lount, R. B. (2016). An exploration of the structure of effective apologies. *Negotiation and Conflict Management Research, 9*, 177–196.

Lewis, M. P., Simons, G. F., & Fennig, C. D. (Eds.). (2013). *Ethnologue: Languages of the world* (17th ed.). Dallas, TX: SIL International.

Lieberman, M. D., Eisenberger, N. I., Crockett, M. J., Tom, S., Pfeifer, J. H., & Way, B. M. (2007). Putting feelings into words: Affect labeling disrupts amygdala activity to affective stimuli. *Psychological Science, 18*, 421–428.

Lieberson, S. (2000). *A matter of taste: How names, fashions, and culture change*. New Haven, CT: Yale University Press.

Lierow, D. (2011). *Dani's story: A journey from neglect to love*. Hoboken, NJ: John Wiley & Sons.

Lillian, D. L. (2007). A thorn by any other name: Sexist discourse as hate speech. *Discourse & Society, 18*, 719–740.

Lim, L. L. (2009). The influences of harmony motives and implicit beliefs on conflict styles of the collectivist. *International Journal of Psychology, 44*, 401–409.

Limon, M. S., & LaFrance, B. H. (2005). Communication traits and leadership emergence: Examining the impact of argumentativeness, communication apprehension, and verbal aggressiveness in work groups. *Southern Communication Journal, 70*, 123–133.

Lin, L. Y., Sidani, J. E., Shensa, A., Radovic, A., Miller, E., Colditz, J. B., & . . . Primack, B. A. (2016). Association between social media use and depression among U.S. young adults. *Depression and Anxiety, 33*, 323–331.

Lin, M., Hummert, M., & Harwood, J. (2004). Representation of age identities in online discourse. *Journal of Aging Studies, 18*, 261–274.

Linneman, T. J. (2013). Gender in Jeopardy! Intonation variation on a television game show. *Gender & Society, 27*, 82–105.

Lippincott, J. A., & German, N. (2007). From blue collar to ivory tower: Counseling first-generation, working-class students. In J. A. Lippincott & R. B. Lippincott (Eds.), *Special populations in college counseling: A handbook for mental health professionals* (pp. 89–98). Alexandria, VA: American Counseling Association.

Littlejohn, S. W. (2008). *Theories of human communication* (9th ed.). Boston, MA: Cengage.

Litwin, A. H., & Hallstein, L. O. (2007). Shadows and silences: How women's positioning and unspoken friendship rules in organizational settings cultivate difficulties among some women at work. *Women's Studies in Communication, 30*, 111–142.

Liu, D., & Yang, C.-C. (2016). Media niche of electronic communication channels in friendship: A meta-analysis. *Journal of Computer-Mediated Communication, 21*, 451–466.

Liu, E., & Roloff, M. E. (2015). Stress in serial arguments: Implications of seeking mutual resolution, listening, and hostility. *Argumentation & Advocacy, 52*, 61–47.

Liu, E., & Roloff, M. E. (2016). Regret for complaint withholding. *Communication Quarterly, 64*, 72–92.

Liu, J., Hu, J., & Furutan, O. (2013). The influence of student perceived professors' "hotness" on expertise, motivation, learning outcomes, and course satisfaction. *Journal of Education for Business, 88*, 94–100.

Lo, S. (2008). The nonverbal communication functions of emoticons in computer-mediated communication. *CyberPsychology & Behavior, 11*, 595–597.

Lock, C. (2004, July 31). Deception detection: Psychologists try to learn how to spot a liar. *Science News, 16*, 72.

Lorenzo, G. L., Biesanz, J. C., & Human, L. J. (2010). What is beautiful is good and more accurately understood: Physical attractiveness and accuracy in first impressions of personality. *Psychological Science, 21*, 1777–1782.

Lount, R., Jr. (2010). The impact of positive mood on trust in interpersonal and intergroup interactions. *Journal of Personality and Social Psychology, 98*, 420–433.

Loving, T. J., & Slatcher, R. B. (2013). Romantic relationships and health. In J. A. Simpson & L. Campbell (Eds.), *The Oxford handbook of close relationships* (pp. 617–637). New York, NY: Oxford University Press.

Loyd, D. L., Phillips, K. W., Whitson, J., & Thomas-Hunt, M. C. (2010). Expertise in your midst: How congruence between status and speech style affects reactions to unique knowledge. *Group Processes & Intergroup Relations, 13*, 379–395.

Lublin, J. S. (2017, January 10). The telltale sign a new hire isn't fitting in. *The Wall Street Journal*.

Lubrano, A. (2004). *Limbo: Blue-collar roots, white-collar dreams*. Hoboken, NJ: John Wiley and Sons.

Lucas, K. (2011). The working class promise: A communicative account of mobility-based ambivalences. *Communication Monographs, 78*, 347–369.

Lucas, R. E., Le, K., & Dyrenforth, P. S. (2008). Explaining the extraversion/positive affect relation: Sociability cannot account for extraverts' greater happiness. *Journal of Personality, 76*, 385–414.

Luft, J. (1969). *Of human interaction*. Palo Alto, CA: National Press Books.

Lukacs, V., & Quan-Haase, A. (2015). Romantic breakups on Facebook: New scales for studying post-breakup behaviors, digital distress, and surveillance. *Information, Communication & Society, 18*, 492–508.

Luo, S., & Zhang, G. (2009). What leads to romantic attraction: Similarity, reciprocity, security, or beauty? Evidence from a speed-dating study. *Journal of Personality, 77*, 933–964.

Luo, S., Zhang, G., Watson, D., & Snider, A. G. (2010). Using cross-sectional couple data to disentangle the causality between positive partner perceptions and marital satisfaction. *Journal of Research in Personality, 44,* 665–668.

Lup, K., Trub, L., & Rosenthal, L. (2015). Instagram #instasad?: Exploring associations among Instagram use, depressive symptoms, negative social comparison, and strangers followed. *Cyberpsychology, Behavior, and Social Networking, 18,* 247–252.

Lutgen-Sandvik, P., Riforgiate, S., & Fletcher, C. (2011). Work as a source of positive emotional experiences and the discourses informing positive assessment. *Western Journal of Communication, 75,* 2–27.

Lydon, J. E., & Quinn, S. K. (2013). Relationship maintenance processes. In J. A. Simpson & L. Campbell (Eds.), *The Oxford handbook of close relationships* (pp. 573–588). New York, NY: Oxford University Press.

Ma, R., & Chuang, R. (2001). Persuasion strategies of Chinese college students in interpersonal contexts. *Southern Communication Journal, 66,* 267–278.

Ma, Z., & Jaeger, A. M. (2010). A comparative study of the influence of assertiveness on negotiation outcomes in Canada and China. *Cross Cultural Management, 17,* 333–346.

MacGeorge, E. L., Feng, B., & Burleson, B. R. (2011). Supportive communication. In M. L. Knapp & J. A. Daly (Eds.), *The Sage handbook of interpersonal communication* (4th ed., pp. 317–354). Thousand Oaks, CA: Sage.

MacGeorge, E. L., Feng, B., & Thompson, E. R. (2008). "Good" and "bad" advice: How to advise more effectively. In M. T. Motley (Ed.), *Studies in applied interpersonal communication* (pp. 145–164). Thousand Oaks, CA: Sage.

MacGeorge, E. L., Guntzviller, L. M., Brisini, K. S., Bailey, L. C., Salmon, S. K., Severen, K., & . . . Cummings, R. D. (2017). The influence of emotional support quality on advice evaluation and outcomes. *Communication Quarterly, 65,* 80–96.

MacGeorge, E. L., Samter, W., Feng, B., Gillihan, S. J., & Graves, A. R. (2004). Stress, social support, and health among college students after September 11, 2001. *Journal of College Student Development, 45,* 655–670.

MacGeorge, E. L., & Wilkum, K. (2012). Predicting comforting quality in the context of miscarriage. *Communication Reports, 25,* 62–74.

MacNeil, S., & Byers, E. S. (2009). Role of sexual self-disclosure in the sexual satisfaction of long-term heterosexual couples. *Journal of Sex Research, 46,* 3–14.

Macrae, C. N., & Bodenhausen, G. V. (2001). Social cognition: Categorical person perception. *British Journal of Psychology, 92,* 239–256.

Madden, M., & Smith, A. (2010, May 26). Reputation management and social media. *Pew Research Internet Project.*

Madlock, P. E. (2012). The influence of power distance and communication on Mexican workers. *Journal of Business Communication, 49,* 169–184.

Mafela, M. J. (2013). Cultural diversity and the element of negation. *Intercultural Communication Studies, 22,* 124–133.

Maisel, N. C., Gable, S. L., & Strachman, A. (2008). Responsive behaviors in good times and bad. *Personal Relationships, 15,* 317–338.

Maiz-Arevalo, C. (2015). Jocular mockery in computer-mediate communication: A contrastive study of a Spanish and English Facebook community. *Journal of Politeness Research, 11,* 289–327.

Mak, B., & Chui, H. (2013). A cultural approach to small talk: A double-edged sword of sociocultural reality during socialization into the workplace. *Journal of Multicultural Discourses, 8,* 118–133.

Ma-Kellams, C., Wang, M. C., & Cardiel, H. (2017). Attractiveness and relationship longevity: Beauty is not what it is cracked up to be. *Personal Relationships, 24,* 146–161.

Makin, V. S. (2004). Face management and the role of interpersonal politeness variables in euphemism production and comprehension. *Dissertation Abstracts International: Section B. The Sciences and Engineering, 64*(8-B), 4077.

Malachowski, C. C., & Dillow, M. R. (2011). An examination of relational uncertainty, romantic intent, and attraction on communicative and relational outcomes in cross-sex friendships. *Communication Research Reports, 28,* 356–368.

Mallalieu, S. D., Hanton, S., & Jones, G. (2003). Emotional labeling and competitive anxiety in preparation and competition. *The Sport Psychologist, 17,* 157–174.

Mann, S., Ewens, S., Shaw, D., Vrij, A., Leal, S., & Hillman, J. (2013). Lying eyes: Why liars seek deliberate eye contact. *Psychiatry, Psychology and Law, 20,* 452–461.

Manning, J. (2015). Positive and negative communicative behaviors in coming-out conversations. *Journal of Homosexuality, 62,* 67–97.

Manohar, U., & Appiah, O. (2016). Perspective taking to improve attitudes towards international teaching assistants: The role of national identification and prior attitudes. *Communication Education, 65,* 149–163.

Marder, B., Joinson, A., Shanker, A., & Thirlaway, K. (2016). Strength matters: Self-presentation to the strongest audience rather than lowest common denominator when faced with multiple audiences in social network sites. *Computers in Human Behavior, 61*, 56–62.

Marek, C. I., Wanzer, M. B., & Knapp, J. L. (2004). An exploratory investigation of the relationship between roommates' first impressions and subsequent communication patterns. *Communication Research Reports, 21*, 210–220.

Maricchiolo, F., Gnisci, A., Bonaiuto, M., & Ficca, G. (2009). Effects of different types of hand gestures in persuasive speech on receivers' evaluations. *Language and Cognitive Processes, 24*, 239–266.

Marsh, A. A., Elfenbein, H. A., & Ambady, N. (2003). Nonverbal "accents": Cultural differences in facial expressions of emotion. *Psychological Science, 14*, 373–376.

Marshall, T. C. (2008). Cultural differences in intimacy: The influence of gender-role ideology and individualism-collectivism. *Journal of Social and Personal Relationships, 25*, 143–168.

Martin, A., Jacob, C., & Gueguen, N. (2013). Similarity facilitates relationships on social networks: A field experiment on Facebook. *Psychological Reports, 113*, 217–220.

Martin, M. M., Goodboy, A. K., & Johnson, Z. D. (2015). When professors bully graduate students: Effects on student interest, instructional dissent, and intentions to leave graduate education. *Communication Education, 64*, 438–454.

Martin, R. C., Coyier, K. R., VanSistine, L. M., & Schroeder, K. L. (2013). Anger on the internet: The perceived value of rant-sites. *Cyberpsychology, Behavior, and Social Networking, 16*, 119–122.

Martinez-Prather, K., & Vandiver, D. M. (2014). Sexting among teenagers in the United States: A retrospective analysis of identifying motivating factors, potential targets, and the role of a capable guardian. *International Journal of Cyber Criminology, 8*, 21–35.

Martz, J. M., Verette, J., Arriaga, X. B., Slovik, L. F., Cox, C. L., & Rusbult, C. E. (1998). Positive illusion in close relationships. *Personal Relationships, 5*, 159–181.

Maslow, A. H. (1968). *Toward a psychology of being*. New York, NY: Van Nostrand Reinhold.

Mathews, L. (2016, October 24). *The Walking Dead*'s brutal Season 7 premiere left fans traumatized. *TV Guide*.

Matsumoto, D. (2006). Culture and nonverbal behavior. In V. Manusov & M. L. Patterson (Eds.), *The Sage handbook of nonverbal communication* (pp. 219–235). Thousand Oaks, CA: Sage.

Matsumoto, D., & Hwang, H. C. (2013). Cultural similarities and differences in emblematic gestures. *Journal of Nonverbal Behavior, 37*, 1–27.

Matthews, N. C. (2016). The influence of biological sex on perceived aggressive communication in debater-judge conflicts in parliamentary debate. *Western Journal of Communication, 80*, 38–59.

Matveev, A. V. (2004). Describing intercultural communication competence: In-depth interviews with American and Russian managers. *Qualitative Research Reports in Communication, 5*, 55–62.

McBride, M. C., & Bergen, K. M. (2015). Work spouses: Defining and understanding a "new" relationship. *Communication Studies, 66*, 487–508.

McCain, J. (1999). *Faith of my fathers*. New York, NY: Random House.

McCallum, N. L., & McGlone, M. S. (2011). Death be not profane: Mortality salience and euphemism use. *Western Journal of Communication, 75*, 565–584.

McClure, J., Meyer, L. H., Garisch, J., Fischer, R., Weir, K. F., & Walkey, F. H. (2011). Students' attributions for their best and worst marks: Do they relate to achievement? *Contemporary Educational Psychology, 36*, 71–81.

McCroskey, J. C., & Richmond, V. P. (1996). *Fundamentals of human communication: An interpersonal perspective*. Prospect Heights, IL: Waveland.

McCroskey, J. C., Richmond, V. P., Heisel, A. D., & Hayhurst, J. L. (2004). Eysenck's Big Three and communication traits: Communication traits as manifestations of temperament. *Communication Research Reports, 21*, 404–410.

McCroskey, J. C., & Wheeless, L. (1976). *Introduction to human communication*. Boston, MA: Allyn & Bacon.

McDaniel, B. T., Drouin, M., & Cravens, J. D. (2017). Do you have anything to hide? Infidelity-related behaviors on social media sites and marital satisfaction. *Computers in Human Behavior, 66*, 88–95.

McEwan, B., & Guerrero, L. K. (2010). Freshman engagement through communication: Predicting friendship formation strategies and perceived availability of network resources from communication skills. *Communication Studies, 61*, 445–463.

McEwan, B., & Horn, D. (2016). ILY & can U pick up some milk: Effects of relational maintenance via text messaging on relational satisfaction and closeness in dating partners. *Southern Communication Journal, 81*, 168–181.

McEwan, B., & Zanolla, D. (2013). When online meets offline: A field investigation of modality switching. *Computers in Human Behavior, 29,* 1565–1571.

McGinn, M. M., McFarland, P. T., & Christensen, A. (2009). Antecedents and consequences of demand/withdraw. *Journal of Family Psychology, 23,* 749–757.

McGlone, M. S., Beck, G., & Pfiester, A. (2006). Contamination and camouflage in euphemisms. *Communication Monographs, 73,* 261–282.

McGoldrick, M., & Watson, M. (2016). Siblings and the life cycle. In M. McGoldrick, N. A. Garcia Preto, & B. Carter (Eds.), *The expanding family life cycle: Individual, family, and social perspectives* (5th ed.). New York, NY: Pearson Education.

McGregor, J. (2017, January 22). When telling the truth is really dishonest. *Los Angeles Times.*

McGuire, K. C., & Kinnery, T. A. (2010). When distance is problematic: Communication, coping, and relational satisfaction in female college students' long-distance dating relationships. *Journal of Applied Communication Research, 38,* 27–46.

McLuhan, M. (1962). *The Gutenberg galaxy.* Toronto, Ontario: University of Toronto Press.

McPherson, M., Smith-Lovin, L., & Brashears, M. E. (2006). Social isolation in America: Changes in core discussion networks over two decades. *American Sociological Review, 71,* 353–375.

McPherson, M. B., & Young, S. L. (2004). What students think when teachers get upset: Fundamental attribution error and student-generated reasons for teacher anger. *Communication Quarterly, 52,* 357–369.

Mehl, M. R., Vazire, S., Holleran, S. E., & Clark, C. S. (2010). Eavesdropping on happiness: Well-being is related to having less small talk and more substantive conversations. *Psychological Science, 21,* 539–541.

Mehrabian, A. (1972). *Nonverbal communication.* Chicago. IL: Aldine-Atherton.

Mehrabian, A. (2001). Characteristics attributed to individuals on the basis of their first names. *Genetic, Social, and General Psychology Monographs, 127,* 59–88.

Mehrabian, A. (2008). Communication without words. In C. D. Mortensen (Ed.), *Communication theory* (2nd ed., pp. 193–200). Piscataway, NJ: Transaction Publishers.

Meir, I., Sandler, W., Padden, C., & Aronoff, M. (2010). Emerging sign languages. In M. Marshark & P. E. Spencer (Eds.), *The Oxford handbook of deaf studies, language, and education* (Vol. 2, pp. 267–280). New York, NY: Oxford University Press.

Merkin, R. S. (2012). Sexual harassment indicators: The socio-cultural and cultural impact of marital status, age, education, race, and sex in Latin America. *Intercultural Communication Studies, 21,* 154–172.

Merolla, A. J. (2008). Communicating forgiveness in friendships and dating relationships. *Communication Studies, 59,* 114–131.

Merolla, A. J. (2010). Relational maintenance and noncopresence reconsidered: Conceptualizing geographic separation in close relationships. *Communication Theory, 20,* 169–193.

Merolla, A. J., Weber, K. D., Myers, S. A., & Booth-Butterfield, M. (2004). The impact of past dating relationship solidarity on commitment, satisfaction, and investment in current relationships. *Communication Quarterly, 52,* 251–264.

Messman, S. J., & Mikesell, R. L. (2000). Competition and interpersonal conflict in dating relationships. *Communication Reports, 13,* 21–34.

Metts, S., & Cupach, W. R. (1990). The influence of relationship beliefs and problem-solving relationships on satisfaction in romantic relationships. *Human Communication Research, 17,* 170–185.

Metts, S., & Grohskopf, E. (2003). Impression management: Goals, strategies, and skills. In B. Burleson & J. O. Greene (Eds.), *Handbook of communication and social interaction skills* (pp. 357–399). Mahwah, NJ: Erlbaum.

Miao, C., Humphrey, R. H., & Qian, S. (2017). Are the emotionally intelligent good citizens or counterproductive? A meta-analysis of emotional intelligence and its relationships with organizational citizenship behavior and counterproductive work behavior. *Personality and Individual Differences, 116,* 144–156.

Michalak, J., Mischnat, J., & Teismann, T. (2014). Sitting posture makes a difference: Embodiment effects on depressive memory bias. *Clinical Psychology & Psychotherapy, 21,* 519–524.

Michalak, J., Rohde, K., & Troje, N. F. (2015). How we walk affects what we remember: Gait modifications through biofeedback change negative affective memory bias. *Journal of Behavior Therapy and Experimental Psychiatry, 46,* 121–125.

Miczo, N., & Burgoon, J. K. (2008). Facework and nonverbal behavior in social support interactions within romantic dyads. In M. T. Motley (Ed.), *Studies in applied interpersonal communication* (pp. 245–266). Thousand Oaks, CA: Sage.

Mikkelson, A. C., Hesse, C., & Pauley, P. M. (2016). The attributes of relational maximizers. *Communication Studies, 67,* 567–587.

Miller, B., & Mundey, P. (2015). Follow the rules and no one will get hurt: Performing boundary work to avoid negative interactions when using social networking sites. *Information, Communication & Society, 18*, 1–15.

Miller, C. W., & Roloff, M. E., (2014). Argumentativeness and hurtful message type: Their relationship with confrontation and pressure to end conflicts. *Communication Research Reports, 31*, 1–13.

Miller, J. K., Westerman, D. L., & Lloyd, M. E. (2004). Are first impressions lasting impressions? An exploration of the generality of the primacy effect in memory for repetitions. *Memory & Cognition, 32*, 1305–1315.

Miller, K. I., & Koesten, J. (2008). Financial feeling: An investigation of emotion and communication in the workplace. *Journal of Applied Communication Research, 36*, 8–32.

Miller, L. C., Cooke, L. L., Tsang, J., & Morgan, F. (1992). Should I brag? Nature and impact of positive and boastful disclosures for women and men. *Human Communication Research, 18*, 364–399.

Miller, M. S. (2010). Epistemology and people who are Deaf: Deaf worldviews, views of the Deaf world, or my parents are hearing. *American Annals of the Deaf, 15*, 479–485.

Miller, P., Niehuis, S., & Huston, T. L. (2006). Positive illusions in marital relationships: A 13-year longitudinal study. *Personality and Social Psychology Bulletin, 32*, 1579–1594.

Miller, R. W. (2016, February 12). Here's what it actually means to have a work wife. *BuzzFeed.*

Miller-Ott, A., & Kelly, L. (2015). The presence of cell phones in romantic partner face-to-face interactions: An expectancy violation theory approach. *Southern Communication Journal, 80*, 253–270.

Miller-Ott, A. E., & Kelly, L. (2013). Communication of female relational aggression in the college environment. *Qualitative Research Reports in Communication, 14*, 19–27.

Miller-Ott, A. E., & Kelly, L. (2016). Competing discourses and meaning making about romantic partners' cell-phone contact with non-present others. *Communication Studies, 67*, 58–76.

Miller-Ott, A. E., Kelly, L., & Duran, R. L. (2012). The effects of cell phone usage rules on satisfaction in romantic relationships. *Communication Quarterly, 60*, 17–34.

Miller-Ott, A. E., & Linder, A. (2013). Romantic partners' use of facework and humor to communicate about sex. *Qualitative Research Reports in Communication, 14*, 69–78.

Miró, E., Cano, M. C., Espinoza-Fernández, L., & Beula-Casal, G. (2003). Time estimation during prolonged sleep deprivation and its relation to activation measures. *Human Factors, 45*, 148–159.

Miwa, Y., & Hanyu, K. (2006). The effects of interior design on communication and impressions of a counselor in a counseling room. *Environment and Behavior, 38*, 484–502.

Modesti, S. (2012). Invitation accepted: Integrating invitational rhetoric in educational contexts. *Current Issues in Education, 15*, 1–12.

Moeller, S. K., Robinson, M. D., Wilkowski, B. M., & Hanson, D. M. (2012). The big chill: Interpersonal coldness and emotion-labeling skills. *Journal of Personality, 80*, 703–724.

Mongeau, P. A., & Henningsen, M. L. M. (2008). Stage theories of relationship development. In L. A. Baxter & D. O. Braithwaite (Eds.), *Engaging theories in interpersonal communication: Multiple perspectives* (pp. 363–375). Thousand Oaks, CA: Sage.

Mongeau, P. A., Knight, K., Williams, J., Eden, J., & Shaw, C. (2013). Identifying and explicating variation among friends with benefits relationships. *Journal of Sex Research, 50*, 37–47.

Montgomery, B. M. (1993). Relationship maintenance versus relationship change: A dialectical dilemma. *Journal of Social and Personal Relationships, 10*, 205–223.

Montoya, R., & Horton, R. S. (2013). A meta-analytic investigation of the processes underlying the similarity-attraction effect. *Journal of Social and Personal Relationships, 30*, 64–94.

Morin, R. (2015, August 19). Exploring racial bias among biracial and single-race adults: The IAT. *Pew Research Center.*

Morreale, S., Staley, C., Stavrositu, C., & Krakowiak, M. (2015). First-year college students' attitudes toward communication technologies and their perceptions of communication competence in the 21st century. *Communication Education, 64*, 107–131.

Morrison, S., & Schrodt, P. (2017). The perceived threat and resolvability of serial arguments as correlates of relational uncertainty in romantic relationships. *Communication Studies, 68*, 56–71.

Moss, S. (2016, June 7). Why some bosses bully their best employees. *Harvard Business Review.*

Motley, M. T. (1990). On whether one can(not) communicate: An examination via traditional communication postulates. *Western Journal of Speech Communication, 54*, 1–20.

Motley, M. T. (1992). Mindfulness in solving communicators' dilemmas. *Communication Monographs, 59*, 306–314.

Muir, K., Joinson, A., Cotterill, R., & Dewdney, N. (2016). Characterizing the linguistic chameleon: Personal and social correlates of linguistic style accommodation. *Human Communication Research, 42,* 462–484.

Muise, A., Christofides, E., & Desmarais, S. (2014). "Creeping" or just information seeking? Gender differences in partner monitoring in response to jealousy on Facebook. *Personal Relationships, 21,* 35–50.

Mulac, A. (2006). The gender-linked language effect: Do language differences really make a difference? In K. Dindia & D. J. Canary (Eds.), *Sex differences and similarities in communication* (2nd ed., pp. 211–231). Mahwah, NJ: Erlbaum.

Mulac, A., Giles, H., Bradac, J. J., & Palomares, N. A. (2013). The gender-linked language effect: An empirical test of a general process model. *Language Sciences, 38,* 22–31.

Murdock, G. P. (1965). *Social structure.* New York, NY: Free Press.

Murphy, N. A. (2007). Appearing smart: The impression management of intelligence, person perception accuracy, and behavior in social interaction. *Personality and Social Psychology Bulletin, 33,* 325–339.

Murthy, D., Bowman, S., Gross, A. J., & McGarry, M. (2015). Do we tweet differently from our mobile devices? A study of language differences on mobile and web-based Twitter platforms. *Journal of Communication, 65,* 816–837.

Mychalcewycz, P. (2009, February 12). Breaking up via text message becoming commonplace, poll finds. *Switched.*

Myers, D. (1980, May). The inflated self. *Psychology Today, 14,* 16.

Myers, K. K., & Sadaghiani, K. (2010). Millennials in the workplace: A communication perspective on millennials' organizational relationships and performance. *Journal of Business and Psychology, 25,* 225–238.

Myers, S., & Brann, M. (2009). College students' perceptions of how instructors establish and enhance credibility through self-disclosure. *Qualitative Research Reports in Communication, 10,* 9–16.

Myers, S. A. (2003). Sibling use of relational maintenance behaviors. In K. M. Galvin & P. J. Cooper (Eds.), *Making connections: Readings in relational communication* (pp. 300–308). Los Angeles, CA: Roxbury.

Myers, S. A., Byrnes, K. A., Frisby, B. N., & Mansson, D. H. (2011). Adult siblings' use of affectionate communication as a strategic and routine relational maintenance behavior. *Communication Research Reports, 28,* 151–158.

Nagel, F., Maurer, M., & Reinemann, C. (2012). Is there a visual dominance in political communication? How verbal, visual, and vocal communication shape viewers' impressions of political candidates. *Journal of Communication, 62,* 833–850.

Nair, S., Sagar, M., Sollers, J., III, Consedine, N., & Broadbent, E. (2015). Do slumped and upright postures affect stress responses? A randomized trial. *Health Psychology, 34,* 632–641.

Nardone, G., & Watzlawick, P. (2005). *Brief strategic therapy: Philosophy, techniques, and research.* Lanham, MD: Jason Aronson.

Nasar, J. L., & Devlin, A. S. (2011). Impressions of psychotherapists' offices. *Journal of Counseling Psychology, 58,* 310–320.

National Communication Association. (1999). How Americans communicate. *NCA.*

National Crime Prevention Council. (2007, February 28). Teens and cyberbullying. *NCPC.*

National Institute of Mental Health. (2013). The numbers count: Mental disorders in America. *NIMH.*

Nellermoe, D. A., Weirich, T. R., & Reinstein, A. (1999). Using practitioners' viewpoints to improve accounting students' communications skills. *Business Communication Quarterly, 62,* 41–60.

Nelson, B. W., Laurent, S. M., Bernstein, R., & Laurent, H. K. (2017). Perspective-taking influences autonomic attunement between partners during discussion of conflict. *Journal of Social and Personal Relationships, 34,* 139–165.

Newton, M. (2002). *Savage girls and wild boys.* New York, NY: Picador.

Ng, S. H., & Bradac, J. J. (1993). *Power in language: Verbal communication and social influence.* Newbury Park, CA: Sage.

Ngcongo, M. (2016). The dialectics of mobile communication in South African romantic relationships. *Journal of African Media Studies, 8,* 75–90.

Nguyen, H.-H. D., Le, H., & Boles, T. (2010). Individualism-collectivism and co-operation: A cross-society and cross-level examination. *Negotiation and Conflict Management Research, 3,* 179–204.

Nichols, M. P. (2009). *The lost art of listening: How learning to listen can improve relationships* (2nd ed.). New York, NY: Guilford Press.

Nichols, W. L., (2012). Deception versus privacy management in discussions of sexual history. *Atlantic Journal of Communication, 20,* 101–115.

Nie, N. H., & Erbring, L. (2000, February 17). *Internet and society: A preliminary report.* Stanford, CA: Stanford Institute for the Quantitative Study of Society.

Noller, P. (1995). Parent-adolescent relationships. In M. A. Fitzpatrick & A. L. Vangelisti (Eds.), *Explaining family interactions* (pp. 77–111). Thousand Oaks, CA: Sage.

Nummenmaa, L., Glerean, E., Hari, R., & Hietanen, J. K. (2014). Bodily maps of emotions. *PNAS, 111*, 646–651.

Oatley, K. (2010). Two movements in emotions: Communication and reflection. *Emotion Review, 2*, 29–35.

Ocana, A., & Hindman, D. (2004, May). *Unacquainted roommates, conflict style, and relational outcomes.* Paper presented at the meeting of the International Communication Association, New Orleans, LA.

O'Connor, S. S., Whitehill, J. M., King, K. M., Kernic, M. A., Boyle, L., Bresnahan, B. W., . . . Ebel, B. E. (2013). Compulsive cell phone use and history of motor vehicle crash. *Journal of Adolescent Health, 53*, 512–519.

O'Dea, C. J., Miller, S. S., Andres, E. B., Ray, M. H., Till, D. F., & Saucier, D. A. (2015). Out of bounds: Factors affecting the perceived offensiveness of racial slurs. *Language Sciences, 52*, 155–164.

Oduro-Frimpong, J. (2007). Semiotic silence: Its use as a conflict-management strategy in intimate relationships. *Semiotica, 167*, 283–308.

Oetzel, J. G. (1998). The effects of self-construals and ethnicity on self-reported conflict styles. *Communication Reports, 11*, 133–144.

Officer, S. A., & Rosenfeld, L. B. (1985). Self-disclosure to male and female coaches by high school female athletes. *Journal of Sport Psychology, 7*, 360–370.

Ogden, C. K., & Richards, I. A. (1923). *The meaning of meaning.* New York, NY: Harcourt Brace.

Ogolsky, B. G., & Bowers, J. R. (2013). A meta-analytic review of relationship maintenance and its correlates. *Journal of Social and Personal Relationships, 30*, 343–367.

Ohbuchi, K., & Atsumi, E. (2010). Avoidance brings Japanese employees what they care about in conflict management: Its functionality and "good member" image. *Negotiation and Conflict Management Research, 3*, 117–129.

Olson, L. N. (2002). "As ugly and painful as it was, it was effective." Individuals' unique assessment of communication competence during aggressive conflict episodes. *Communication Studies, 53*, 171–188.

Olson, L. N., & Braithwaite, D. O. (2004). "If you hit me again, I'll hit you back": Conflict management strategies of individuals experiencing aggression during conflicts. *Communication Studies, 55*, 271–285.

100 ways to say "I" in Japanese. (2013, July 12). *Japanese Level Up.*

Oosterwijk, S., Rotteveel, M., Fischer, A. H., & Hess, U. (2009). Embodied emotion concepts: How generating words about pride and disappointment influences posture. *European Journal of Social Psychology, 39*, 457–466.

Orbe, M. P., & Groscurth, C. R. (2004). A co-cultural theoretical analysis of communicating on campus and at home: Exploring the negotiation strategies of first generation college (FGC) students. *Qualitative Research Reports in Communication, 5*, 41–47.

Orbe, M. P., & Spellers, R. E. (2005). From the margins to the center: Utilizing co-cultural theory in diverse contexts. In W. B. Gudykunst (Ed.), *Theorizing about intercultural communication* (pp. 173–192). Thousand Oaks, CA: Sage.

Orcutt, H. K. (2006). The prospective relationship of interpersonal forgiveness and psychological distress symptoms among college women. *Journal of Counseling Psychology, 53*, 350–361.

O'Reilly, J., Robinson, S. L., Berdahl, J. L., & Banki, S. (2015). Is negative attention better than no attention? The comparative effects of ostracism and harassment at work. *Organization Science, 26*, 774–793.

Osterman, K. (2001). Students' need for belonging in the school community. *Review of Educational Research, 70*, 323–367.

O'Sullivan, P. B. (2000). What you don't know won't hurt me: Impression management functions of communication channels in relationships. *Human Communication Research, 26*, 403–431.

O'Sullivan, P. B., & Carr, C. T. (2017). Masspersonal communication: A model bridging the mass-interpersonal divide. *New Media & Society, 19*, 1–19.

O'Sullivan, P. B., & Flanagin, A. J. (2003). Reconceptualizing "flaming" and other problematic messages. *New Media and Society, 5*, 69–94.

Otondo, R. F., Van Scotter, J. R., Allen, D. G., & Palvia, P. (2008). The complexity of richness: Media, message, and communication outcomes. *Information & Management, 45*, 21–30.

Overall, N. C., & Sibley, C. G. (2008). Attachment and attraction toward romantic partners versus relevant alternatives within daily interactions. *Personality and Individual Differences, 44*, 1126–1137.

Owen, J., & Fincham, F. D. (2012). Friends with benefits relationships as a start to exclusive romantic relationships. *Journal of Social and Personal Relationships, 29*, 982–996.

Ozkul, D., & Humphreys, L. (2015). Record and remember: Memory and meaning-making practices through mobile media. *Mobile Media & Communication, 3,* 351–365.

Pachankis, J. E. (2007). The psychological implications of concealing a stigma: A cognitive-affective-behavioral model. *Psychological Bulletin, 133,* 328–345.

Palomares, N. A. (2008). Explaining gender-based language use: Effects of gender identity salience on references to emotion and tentative language in intra- and intergroup contexts. *Human Communication Research, 34,* 263–286.

Palomares, N. A., & Lee, E. (2010). Virtual gender identity: The linguistic assimilation to gendered avatars in computer-mediated communication. *Journal of Language and Social Psychology, 29,* 5–23.

Papp, L. M., Danielewicz, J., Cayemberg, C. (2012). Are we Facebook official? Implications of dating partners' Facebook use and profiles for intimate relationship satisfaction. *CyberPsychology, Behavior & Social Networking, 15,* 85–90.

Park, J., Baek, Y. M., & Cha, M. (2014). Cross-cultural comparison of nonverbal cues in emoticons on Twitter: Evidence from big data analysis. *Journal of Communication, 64,* 333–354.

Parker, J. A., Keefer, K. V., & Wood, L. M. (2011). Toward a brief multidimensional assessment of emotional intelligence: Psychometric properties of the Emotional Quotient Inventory–Short Form. *Psychological Assessment, 23,* 762–777.

Parker-Pope, T. (2010). *For better: The science of a good marriage.* New York, NY: Dutton.

Parks, J. B., & Roberton, M. A. (2000). Development and validation of an instrument to measure attitudes toward sexist/nonsexist language. *Sex Roles, 42,* 415–438.

Parks, J. B., & Roberton, M. A. (2008). Generation gaps in attitudes toward sexist/nonsexist language. *Journal of Language & Social Psychology, 27,* 276–283.

Parramore, L. S. (2014, June 2). The social death penalty: Why being ostracized hurts even more than bullying. *AlterNet.*

Parton, S., Siltanen, S. A., Hosman, L. A., & Langenderfer, J. (2002). Employment interviews outcomes and speech style effects. *Journal of Language and Social Psychology, 21,* 144–161.

Patrick, V. M., & Hagtvedt, H. (2012). "I don't" versus "I can't": When empowered refusal motivates goal-directed behavior. *Journal of Consumer Research, 39,* 371–381.

Pausch, R. (2008). *The last lecture.* New York, NY: Hyperion.

Pearson, J. C. (2000). Positive distortion: "The most beautiful woman in the world." In K. M. Galvin &

P. J. Cooper (Eds.), *Making connections: Readings in relational communication* (2nd ed., pp. 184–190). Los Angeles, CA: Roxbury.

Peña, J., & Blackburn, K. (2013). The priming effects of virtual environments on interpersonal perceptions and behaviors. *Journal of Communication, 63,* 703–720.

Pence, M. E., & Vickery, A. J. (2012). The roles of personality and trait emotional intelligence in the active-empathic listening process: Evidence from correlational and regression analyses. *International Journal of Listening, 26,* 159–174.

Pennebaker, J. (2004). *Writing to heal: A guided journal for recovering from trauma and emotional upheaval.* Oakland, CA: New Harbinger.

Pennebaker, J. W. (1997). *Opening up: The healing power of expressing emotions* (Rev. ed.). New York, NY: Guilford Press.

Pennebaker, J. W. (2011). *The secret lives of pronouns: What our words say about us.* New York, NY: Bloomsbury.

Penning, K. (2016, January 19). Should we be friends? Friending coworkers on social media. *AG Careers.*

Peper, M. (2000). Awareness of emotions: A neuropsychological perspective. In R. D. Ellis & N. Newton (Eds.), *The caldron of consciousness: Motivation, affect and self-organization—An anthology* (pp. 243–269). Philadelphia, PA: John Benjamins.

Perry, A., Rubinsten, O., Peled, L., & Shamay-Tsoory, S. G. (2013). Don't stand so close to me: A behavioral and ERP study of preferred interpersonal distance. *Neuroimage, 83,* 761–769.

Peterson, C. (2006). *A primer in positive psychology.* New York, NY: Oxford University Press.

Peterson, L. (2016, June 16). Finding family: What film can teach about why families are "worth fighting for." *Deseret News.*

Petronio, S. (2000). The boundaries of privacy: Praxis of everyday life. In S. Petronio (Ed.), *Balancing the secrets of private disclosures* (pp. 37–49). Mahwah, NJ: Erlbaum.

Petronio, S. (2007). Translational research endeavors and the practices of communication privacy management. *Journal of Applied Communication Research, 35,* 218–222.

Petronio, S. (2013). Brief status report on communication privacy management theory. *Journal of Family Communication, 13,* 6–14.

Peyton, A., & Goei, R. (2013). The effectiveness of explicit demand and emotional expression apology cues in predicting victim readiness to accept an apology. *Communication Studies, 64,* 411–430.

Pflug, J. (2011). Contextuality and computer-mediated communication: A cross cultural comparison. *Computers in Human Behavior, 27,* 131–137.

Phillips, L., & Slessor, G. (2011). Moving beyond basic emotions in aging research. *Journal of Nonverbal Behavior, 35,* 279–286.

Piccalo, G. (2016, May 18). "Black-ish" looks to get the tough issues out in the open. *Los Angeles Times.*

Piercey, M. (2000). Sexism in the English language. *TESL Canada Journal/La revue TESL du Canada, 17*(2), 110–115.

Pilgeram, R. (2007). "Ass-kicking" women: Doing and undoing gender in a US livestock auction. *Gender, Work and Organization, 14,* 572–595.

Pillet-Shore, D. (2011). Doing introductions: The work involved in meeting someone new. *Communication Monographs, 78,* 73–95.

Pinker, S. (2014). *The village effect: How face-to-face contact can make us happier and healthier.* New York, NY: Spiegel & Grau.

Piwek, L., & Joinson, A. (2016). "What do they Snapchat about?" Patterns of use in time-limited instant messaging service. *Computers in Human Behavior, 54,* 358–367.

Planalp, S., Fitness, J., & Fehr, B. (2006). Emotion in theories of close relationships. In A. L. Vangelisti & D. Perlman (Eds.), *The Cambridge handbook of personal relationships* (pp. 369–384). New York, NY: Cambridge University Press.

Plander, K. L. (2013). Checking accounts: Communication privacy management in familial financial caregiving. *Journal of Family Communication, 13,* 17–31.

Pollack, W. S. (2006). The "war" for boys: Hearing "real boys'" voices, healing their pain. *Professional Psychology, 37,* 190–195.

Poon, L. (2015, August 19). Why won't you be my neighbor? *CityLab.*

Porter, S., Brinke, L., & Wallace, B. (2012). Secrets and lies: Involuntary leakage in deceptive facial expressions as a function of emotional intensity. *Journal of Nonverbal Behavior, 36,* 23–37.

Powell, J. (1969). *Why am I afraid to tell you who I am?* Niles, IL: Argus Communications.

Powell, M. B., Hughes-Scholes, C. H., & Sharman, S. J. (2012). Skill in interviewing reduces confirmation bias. *Journal of Investigative Psychology and Offender Profiling, 9,* 126–134.

Powers, W. G., & Witt, P. L. (2008). Expanding the theoretical framework of communication fidelity. *Communication Quarterly, 56,* 247–267.

Prager, K. J., & Buhrmester, D. (1998). Intimacy and need fulfillment in couple relationships. *Journal of Social and Personal Relationships, 15,* 435–469.

Prentice, C. (2009). Relational dialectics among in-laws. *Journal of Family Communication, 9,* 67–89.

Prentice, C. M., & Kramer, M. W. (2006). Dialectical tensions in the classroom: Managing tensions through communication. *Southern Communication Journal, 71,* 339–361.

Prentice, W. E. (2005). *Therapeutic modalities in rehabilitation.* New York, NY: McGraw-Hill.

Proctor, R. F. (1989). Responsibility or egocentrism? The paradox of owned messages. *Speech Association of Minnesota Journal, 26,* 57–69.

Proctor, R. F., & Wilcox, J. R. (1993). An exploratory analysis of responses to owned messages in interpersonal communication. *ETC: A Review of General Semantics, 50,* 201–220.

Proscal, A. D., Demir, M., Dogan, A., Ozen, A., & Sumer, N. (2015). Cross-sex friendship and happiness. In M. Demir (Ed.), *Friendship and happiness: Across the life-span and cultures* (pp. 171–185). New York, NY: Springer.

Przybylski, A. K., & Weinstein, N. (2013). Can you connect with me now? How the presence of mobile communication technology influences face-to-face conversation quality. *Journal of Social and Personal Relationships, 30,* 237–246.

Putnam, R. D. (2000). *Bowling alone.* New York, NY: Touchstone.

Quartana, P. J., & Burns, J. W. (2010). Emotion suppression affects cardiovascular responses to initial and subsequent laboratory stressors. *British Journal of Health Psychology, 15,* 511–528.

Quinto-Pozos, D. (2008). Sign language contact and interference: ASL and LSM. *Language in Society, 37,* 161–189.

Ragins, B. R., & Singh, R. (2007). Making the invisible visible: Fear and disclosure of sexual orientation at work. *Journal of Applied Psychology, 92,* 1103–1118.

Raider, E., Coleman, S., & Gerson, J. (2006). Teaching conflict resolution skills in a workshop. In M. Deutsch, P. T. Coleman, & E. C. Marcus (Eds.), *The handbook of conflict resolution: Theory and practice* (2nd ed., pp. 695–725). Hoboken, NJ: Wiley.

Rains, S. A. (2016). Language style matching as a predictor of perceived social support in computer-mediated interaction among individuals coping with illness. *Communication Research, 43,* 694–712.

Rains, S. A., Peterson, E. B., & Wright, K. B. (2015). Communicating social support in computer-mediated contexts: A meta-analytic review of content analyses examining support messages shared online among individuals coping with illness. *Communication Monographs, 82,* 403–430.

Rains, S. A., & Tsetsi, E. (2017). Social support and digital inequality: Does internet use magnify or mitigate traditional inequities in support availability? *Communication Monographs, 84,* 54–74.

Rakow, L. F. (1992). Don't hate me because I'm beautiful. *Southern Communication Journal, 57,* 132–142.

Ralph, B. C. W., Thomson, D. R., Cheyne, J., & Smilek, D. (2013). Media multitasking and failures of attention in everyday life. *Psychological Research.*

Ramirez, A., Sumner, E. M., Fleuriet, C., & Cole, M. (2015). When online dating partners meet offline: The effect of modality switching on relational communication between online daters. *Journal of Computer-Mediated Communication, 20,* 99–114.

Rancer, A. S., & Avtgis, T. A. (2014). *Argumentative and aggressive communication* (2nd ed.). New York, NY: Peter Lang.

Randall, A. K., Post, J. H., Reed, R. G., & Butler, E. (2013). Cooperating with your romantic partner: Associations with interpersonal emotion coordination. *Journal of Social and Personal Relationships, 30,* 1072–1095.

Ranpura, A. (2013, March 12). How we remember, and why we forget. *Brain Connection.*

Rawlins, W. K. (1992). *Friendship matters: Communication, dialectics, and the life course.* New York, NY: Aldine De Gruyter.

Reed, K., Goolsby, J. R., & Johnston, M. K. (2016). Extracting meaning and relevance from work: The potential connection between the listening environment and employee's organizational identification and commitment. *International Journal of Business Communication, 53,* 326–342.

Rehman, U. S., Ebel-Lam, A., Mortimer, A., & Mark, K. (2009). Self-confirmation strivings in depression: An extension to the affective domain using an experimental design. *European Journal of Social Psychology, 39,* 900–908.

Rehman, U. S., & Holtzworth-Munroe, A. (2007). A cross-cultural examination of the relation of marital communication behavior to marital satisfaction. *Journal of Family Psychology, 21,* 759–763.

Reich, S. M., Subrahmanyam, K., & Espinoza, G. (2012). Friending, IMing, and hanging out face-to-face: Overlap in adolescents' online and offline social networks. *Developmental Psychology, 48,* 356–368.

Reid, S. A., & Ng, S. H. (1999). Language, power, and inter-group relations. *Journal of Social Issues, 55,* 119–139.

Reiner, A. (2016, April 4). Teaching men to be emotionally honest. *The New York Times.*

Reis, H. T., & Clark, M. S. (2013). Responsiveness. In J. A. Simpson & L. Campbell (Eds.), *The Oxford handbook of close relationships* (pp. 400–426). New York, NY: Oxford University Press.

Reis, H. T., Smith, S. M., Carmichael, C. L., Caprariello, P. A., Tsai, F., Rodrigues, A., & Maniaci, M. R. (2010). Are you happy for me? How sharing positive events with others provides personal and interpersonal benefits. *Journal of Personality and Social Psychology, 99,* 311–329.

Rennels, J. L., & Cummings, A. J. (2013). Sex differences in facial scanning: Similarities and dissimilarities between infants and adults. *International Journal of Behavioral Development: Special Issue on Development of Face Processing, 37,* 111–117.

Rentfrow, P. J. (2014). Geographical differences in personality. In P. J. Rentfrow (Ed.), *Geographical psychology: Exploring the interaction of environment and behavior* (pp. 115–137). Washington, DC: American Psychological Association.

Rentscher, K. E., Rohrbaugh, M. J., Shoham, V., & Mehl, M. R. (2013). Asymmetric partner pronoun use and demand-withdraw interaction in couples coping with health problems. *Journal of Family Psychology, 27,* 691–701.

Reyes, A. (2005). Appropriation of African American slang by Asian American youth. *Journal of Sociolinguistics, 9,* 509–532.

Reznik, R. M., Miller, C. W., Roloff, M. E., & Gaze, C. M. (2015). The impact of demand/withdraw patterns on health in emerging adults' serial arguments with parents. *Communication Research Reports, 32,* 35–44.

Reznik, R. M., & Roloff, M. E. (2011). Getting off to a bad start: The relationship between communication during an initial episode of a serial argument and argument frequency. *Communication Studies, 62,* 291–306.

Rhode, D. L. (2010). *The beauty bias: The injustice of appearance in law and life.* New York, NY: Oxford University Press.

Rice, C. (2013, October 14). How blind auditions help orchestras to eliminate gender bias. *The Guardian.*

Richman, J. (2002, September 16). The news journal of the life scientist. *The Scientist, 16,* 42.

Richmond, V. P., McCroskey, J. C., & Johnson, A. D. (2003). Development of the Nonverbal Immediacy Scale (NIS): Measures of self- and other-perceived nonverbal immediacy. *Communication Quarterly, 51,* 504–517.

Rick, S. I., Small, D. A., & Finkel, E. J. (2011). Fatal (fiscal) attraction: Spendthrifts and tightwads in marriage. *Journal of Marketing Research, 48,* 228–237.

Ridley, C. A., Wilhelm, M. S., & Surra, C. A. (2001). Married couples' conflict responses and marital quality. *Journal of Social and Personal Relationships, 18*, 517–534.

Riggio, R. E. (2006). Nonverbal skills and abilities. In V. Manusov & M. L. Patterson (Eds.), *The Sage handbook of nonverbal communication* (pp. 79–95). Thousand Oaks, CA: Sage.

Rill, L., Baiocchi, E., Hopper, M., Denker, K., & Olson, L. N. (2009). Exploration of the relationship between self-esteem, commitment, and verbal aggressiveness in romantic dating relationships. *Communication Reports, 22*, 102–113.

Riordan, M. A., Markman, K., M., & Stewart, C. O. (2013). Communication accommodation in instant messaging: An examination of temporal convergence. *Journal of Language & Social Psychology, 32*, 84–95.

Rittenour, C. E., & Kellas, J. K. (2015). Making sense of hurtful mother-in-law messages: Applying attribution theory to the in-law triad. *Communication Quarterly, 63*, 62–80.

Rittenour, C. E., Myers, S. A., & Brann, M. (2007). Commitment and emotional closeness in the sibling relationship. *Southern Communication Journal, 72*, 169–183.

Rius-Ottenheim, N., Mast, R., Zitman, F. G., & Giltay, E. J. (2013). The role of dispositional optimism in physical and mental well-being. In A. Efklides & D. Moraitou (Eds.), *A positive psychology perspective on quality of life* (pp. 149–173). New York, NY: Springer.

Robbins, A. (2015, April 29). Doctors throwing fits. *Slate.*

Robbins, N. K., Low, K. G., & Query, A. N. (2016). A qualitative exploration of the "coming out" process for asexual individuals. *Archives of Sexual Behavior, 45*, 751–760.

Robbins, S. A., & Merrill, A. F. (2014). Understanding posttransgressional relationship closeness: The roles of perceived severity, rumination, and communication competence. *Communication Research Reports, 31*, 23–32.

Roberto, A. J., Eden, J., Savage, M. W., Ramos-Salazar, L., & Deiss, D. M. (2014). Prevalence and predictors of cyberbullying perpetration by high school seniors. *Communication Quarterly, 62*, 97–114.

Roberts, J. A., & David, M. E. (2016). My life has become a major distraction from my cell phone: Partner phubbing and relationship satisfaction among romantic partners. *Computers in Human Behavior, 54*, 134–141.

Robins, R. W., Mendelsohn, G. A., Connell, J. B., & Kwan, V. S. Y. (2004). Do people agree about the causes of behavior? A social relations analysis of behavior ratings and causal attributions. *Journal of Personality and Social Psychology, 86*, 334–344.

Robinshaw, H. (2007). Acquisition of hearing, listening and speech skills by and during key stage 1. *Early Child Development and Care, 177*, 661–678.

Robinson, W. P., Shepherd, A., & Heywood, J. (1998). Truth, equivocation/concealment, and lies in job applications and doctor-patient communication. *Journal of Language and Social Psychology, 17*, 149–164.

Rochat, P. (2001). Origins of self-concept. In G. Bremner & A. Fogel (Eds.), *Blackwell handbook of infant development* (pp. 191–212). Malden, MA: Blackwell.

Rockwell, P. (2007a). The effects of cognitive complexity and communication apprehension on the expression and recognition of sarcasm. In A. M. Columbus (Ed.), *Advances in psychology research* (Vol. 49, pp. 185–196). Hauppauge, NY: Nova Science Publishers.

Rockwell, P. (2007b). Vocal features of conversational sarcasm: A comparison of methods. *Journal of Psycholinguistic Research, 36*, 361–369.

Rodriguez, L. M., Øverup, C. S., Wickham, R. E., Knee, C. R., & Amspoker, A. B. (2016). Communication with former romantic partners and current relationship outcomes among college students. *Personal Relationships, 23*, 409–424.

Rodway, P., Schepman, A., & Lambert, J. (2013). The influence of position and context on facial attractiveness. *Acta Psychologica, 144*, 522–529.

Rogers, C. (2003). *Client-centered therapy: Its current practice, implications, and theory.* London, UK: Constable.

Rogers, L. E. (2001). Relational communication in the context of family. *Journal of Family Communication, 1*, 25–35.

Rogers, T., Zeckhauser, R., Gino, F., Norton, M. I., Schweitzer, M. E. (2017) Artful paltering: The risks and rewards of using truthful statements to mislead others. *Journal of Personality and Social Psychology, 112*, 456–473.

Rohn, U. (2014). Social networking sites across cultures and countries: Proximity and network effects. *Qualitative Research Reports in Communication, 14*, 28–34.

Rohrbaugh, M. J., Shoham, V., Skoyen, J. A., Jensen, M., & Mehl, M. R. (2012). We-talk, communal coping, and cessation success in a couple-focused intervention for health-compromised smokers. *Family Process, 51*, 107–121.

Roloff, M. E., Reznik, R. M., Miller, C. W., & Johnson, K. L. (2015). "I thought we settled this?!" Antecedents and consequences of resolution of an initial episode in a serial argument. *Argumentation and Advocacy, 15,* 8–31.

Romaine, S. (1999). *Communicating gender.* Mahwah, NJ: Erlbaum.

Roper, R. R., Johnson, A. J., & Bostwick, E. N. (2017). A target's perspective: Verbal aggressiveness, coping strategies, and relational harm. *Communication Research Reports, 34,* 21–28.

Rosaen, S. F., & Dibble, J. L. (2016). Clarifying the role of attachment and social compensation on parasocial relationships with television characters. *Communication Studies, 67,* 147–162.

Rosen, C. C., Koopman, J., Gabriel, A. S., & Johnson, R. E. (2016). Who strikes back? A daily investigation of when and why incivility begets incivility. *Journal of Applied Psychology, 101,* 1620–1634.

Rosenfeld, L. B. (2000). Overview of the ways privacy, secrecy, and disclosure are balanced in today's society. In S. Petronio (Ed.), *Balancing the secrets of private disclosures* (pp. 3–17). Mahwah, NJ: Erlbaum.

Rosenthal, R., & Jacobson, L. (1968). *Pygmalion in the classroom.* New York, NY: Holt, Rinehart & Winston.

Ross, D. (1996). In their own words: Mixed-heritage children in the United States. *Dissertation Abstracts International: Section A. Humanities and Social Sciences, 56*(11-A), 4329.

Ross, J. B., & McLaughlin, M. M. (Eds.). (1949). *A portable medieval reader.* New York, NY: Viking.

Rossetto, K. R. (2015). Evaluations of supportive and unsupportive responses during spousal deployment. *Communication Monographs, 82,* 291–314.

Rossetto, K. R., Manning, J., & Green, E. W. (2017). Perceptions of paternal support after transitioning to college: Interpretations based on the generative fathering framework. *Western Journal of Communication, 81,* 405–425.

Rowe, I. (2015). Civility 2.0: A comparative analysis of incivility in online political discussion. *Information, Communication & Society, 18,* 121–138.

Ruben, B. D. (1989). The study of cross-cultural competence: Traditions and contemporary issues. *International Journal of Intercultural Relationships, 13,* 229–240.

Ruben, M. A., & Hall, J. A. (2016). Healthcare providers' nonverbal behavior can lead patients to show their pain more accurately: An analogue study. *Journal of Nonverbal Behavior, 40,* 221–234.

Rubin, L. B. (1985). *Just friends: The role of friendship in our lives.* New York, NY: Harper & Row.

Rubin, R. B., & Graham, E. E. (1988). Communication correlates of college success: An exploratory investigation. *Communication Education, 37,* 14–27.

Rubin, R. B., Perse, E. M., & Barbato, C. A. (1988). Conceptualization and measurement of interpersonal communication motives. *Human Communication Research, 14,* 602–628.

Rui, J., & Stefanone, M. A. (2013). Strategic self-presentation online: A cross-cultural study. *Computers in Human Behavior, 29,* 110–118.

Russell, E. M., DelPriore, D. J., Butterfield, M. E., & Hill, S. E. (2013). Friends with benefits, but without the sex: Straight women and gay men exchange trustworthy mating advice. *Evolutionary Psychology, 11,* 132–147.

Safronova, V. (2015, June 26). Exes explain ghosting, the ultimate silent treatment. *The New York Times.*

Sager, K. L. (2008). An exploratory study of the relationships between Theory X/Y assumptions and superior communicator style. *Management Communication Quarterly, 22,* 288–312.

Sahlstein, E., & Dun, T. (2008). "I wanted time to myself and he wanted to be together all the time": Constructing breakups as managing autonomy-connection. *Qualitative Research Reports in Communication, 9,* 37–45.

Saltz, R. (2012, March 23). An encounter with Simone Weil. *New York Times.*

Samar, S. M., Walton, K. E., & McDermut, W. (2013). Personality traits predict irrational beliefs. *Journal of Rational-Emotive & Cognitive-Behavior Therapy, 31,* 231–242.

Samovar, L. A., Porter R. E., & McDaniel, E. R. (2007). *Communication between cultures* (6th ed.). Belmont, CA: Wadsworth.

Samovar, L. A., Porter, R. E., & McDaniel, E. R. (2013). *Communication between cultures* (8th ed.). Boston, MA: Wadsworth.

Samter, W., & Burleson, B. R. (2005). The role of communication in same-sex friendships: A comparison among African Americans, Asian Americans, and European Americans. *Communication Quarterly, 53,* 265–283.

Samter, W., & Cupach, W. R. (1998). Friendly fire: Topical variations in conflict among same- and cross-sex friends. *Communication Studies, 49,* 121–138.

Sandel, T. L. (2004). Narrated relationships: Mothers-in-law and daughters-in-law justifying conflicts in Taiwan's Chhan-chng. *Research on Language and Social Interaction, 37,* 265–299.

Sanders, A. (2013). Performing positive emotion for prospective students: Emotional labor and customer service in an undergraduate admissions department. *Ohio Communication Journal, 51*, 78–102.

Sandler, W. (2013). Vive la différence: Sign language and spoken language in language evolution. *Language & Cognition, 5*, 189–203.

Sanford, A. A. (2010). "I can air my feelings instead of eating them": Blogging as social support for the morbidly obese. *Communication Studies, 61*, 567–584.

Santilli, V., & Miller, A. N. (2011). The effects of gender and power distance on nonverbal immediacy in symmetrical and asymmetrical power conditions: A cross-cultural study of classrooms and friendships. *Journal of International & Intercultural Communication, 4*, 3–22.

Sapadin, L. A. (1988). Friendship and gender: Perspectives of professional men and women. *Journal of Social and Personal Relationships, 5*, 387–403.

Sarkis, S. (2017, January 22). Gaslighting: Know it and identify it to protect yourself. *Psychology Today.*

Sarkisian, N., & Gerstel, N. (2016). Does singlehood isolate or integrate? Examining the link between marital status and ties to kin, friends, and neighbors. *Journal of Social and Personal Relationships, 33*, 361–384.

Saslow, L. R., Muise, A., Impett, E. A., & Dubin, M. (2013). Can you see how happy we are? Facebook images and relationship satisfaction. *Social Psychological and Personality Science, 4*, 411–418.

Saulny, S. (2011, October 12). In strangers' glances at family, tensions linger. *The New York Times.*

Schachter, S. (1959). *The psychology of affiliation.* Stanford, CA: Stanford University Press.

Schandorf, M. (2013). Mediated gesture: Paralinguistic communication and phatic text. *Convergence: The Journal of Research into New Media Technologies, 19*, 319–344.

Schilpzand, P., De Pater, I. E., & Erez, A. (2016). Workplace incivility: A review of the literature and agenda for future research. *Journal of Organizational Behavior, 37*, 57–88.

Schneider, J. P., Weiss, R., & Samenow, C. (2012). Is it really cheating? Understanding the emotional reactions and clinical treatment of spouses and partners affected by cybersex infidelity. *Sexual Addiction & Compulsivity, 19*, 123–139.

Schotter, E. R., Berry, R. W., McKenzie, C. R. M., & Rayner, K. (2010). Gaze bias: Selective encoding and liking effects. *Visual Cognition, 18*, 1113–1132.

Schrodt, P., & Shimkowski, J. R. (2017). Family communication patterns and perceptions of coparental communication. *Communication Reports, 30*, 39–50.

Schrodt, P., Witt, P. L., & Shimkowski, J. R. (2014). A meta-analytical review of the demand/withdraw pattern of interaction and its associations with individual, relational, and communicative outcomes. *Communication Monographs, 81*, 28–58.

Schroeder, J., & Epley, N. (2015). The sound of intellect: Speech reveals a thoughtful mind, increasing a job candidate's appeal. *Psychological Science, 26*, 877–891.

Schroeder, J. A. (2010). Sex and gender in sensation and perception. In J. C. Chrisler & D. R. McCreary (Eds.), *Handbook of gender research in psychology* (Vol. 1, pp. 235–257). New York, NY: Springer.

Schubert, T. W., & Koole, S. L. (2009). The embodied self: Making a fist enhances men's power-related self-conceptions. *Journal of Experimental Social Psychology, 45*, 828–834.

Schumann, K., & Ross, M. (2010). Why women apologize more than men: Gender differences in thresholds for perceiving offensive behavior. *Psychological Science, 21*, 1649–1655.

Schumann, K., Zaki, J., & Dweck, C. S. (2014). Addressing the empathy deficit: Beliefs about the malleability of empathy predict effortful responses when empathy is challenging. *Journal of Personality and Social Psychology, 107*, 475.

Schwartz, H. A., Eichstaedt, J. C., Kern, M. L., Dziurzynski, L., Ramones, S. M., Agrawal, M., . . . Ungar, L. H. (2013). Personality, gender, and age in the language of social media: The open-vocabulary approach. *PLoS ONE, 8*, e73791.

Scott, C., & Myers, K. K. (2005). The socialization of emotion: Learning emotion management at the fire station. *Journal of Applied Communication Research, 33*, 67–92.

Scott, G. G. (2010). *Playing the lying game: Detecting and dealing with lies and liars, from occasional fibbers to frequent fabricators.* Santa Barbara, CA: Praeger.

Scudder, J. N., & Andrews, P. H. (1995). A comparison of two alternative models of powerful speech: The impact of power and gender upon the use of threats. *Communication Research Reports, 12*, 25–33.

Seabrook, J. (1994, June 6). My first flame. *New Yorker, 71*, 70–79.

Sebastian, R., & Bristow, D. (2008). Formal or informal? The impact of style of dress and forms of address on business students' perceptions of professors. *Journal of Education for Business, 83*, 196–201.

Segrin, C. (1993). The effects of nonverbal behavior on outcomes of compliance gaining attempts. *Communication Studies, 44*, 169–187.

Segrin, C., & Flora, J. (2017). Family conflict is detrimental to physical and mental health. In J. A. Samp

(Ed.), *Communicating interpersonal conflict in close relationships: Contexts, challenges and opportunities* (pp. 207–224). New York, NY: Routledge.

Segrin, C., Hanzal, A., & Domschke, T. J. (2009). Accuracy and bias in newlywed couples' perceptions of conflict styles and the association with marital satisfaction. *Communication Monographs, 76,* 207–233.

Seider, B. H., Hirschberger, G., Nelson, K. L., & Levenson, R. W. (2009). We can work it out: Age differences in relational pronouns, physiology, and behavior in marital conflict. *Psychology and Aging, 24,* 604–613.

Seidman, B. (June 25, 2011). Do not operate this marriage while drowsy. *PBS.*

Self, W. R. (2009). Intercultural and nonverbal communication insights for international commercial arbitration. *Human Communication, 12,* 231–237.

Seligman, M. E. P. (2006). *Learned optimism.* New York, NY: Vintage.

Semlak, J. L., & Pearson, J. C. (2011). Big Macs/peanut butter and jelly: An exploration of dialectical contradictions experienced by the sandwich generation. *Communication Research Reports, 28,* 296–307.

Semmer, N. K., Elfering, A., Jacobshagen, N., Perrot, T., Beehr, T. A., & Boos, N. (2008). The emotional meaning of instrumental social support. *International Journal of Stress Management, 15,* 235–251.

Semnani, N. (2016, September 23). A Harvard psychologist explains why forcing positive thinking won't make you happy. *Washington Post.*

Sendén, M. G., Lindholm, T., & Sikström, S. (2014). Selection bias in choice of words: Evaluations of "I" and "we" differ between contexts, but "they" are always worse. *Journal of Language & Social Psychology, 33,* 49–67.

Seppala, E. (2015, May 7). Why compassion is a better managerial tactic than toughness. *Harvard Business Review.*

Shafir, T., Taylor, S. F., Atkinson, A. P., Langenecker, S. A., & Zubieta, J. (2013). Emotion regulation through execution, observation, and imagery of emotional movements. *Brain and Cognition, 82,* 219–227.

Shamay, S. G., Tomer, R., & Aharon-Peretz, J. (2002). Deficit in understanding sarcasm in patients with pre-frontal lesion is related to impaired empathic ability. *Brain and Cognition, 48,* 558–563.

Shargorodsky, J., Curhan, S. G., Curhan, G. C., & Eavey, R. (2010). Change in prevalence of hearing loss in US adolescents. *Journal of the American Medical Association, 304,* 772–778.

Shattuck, R. (1980). *The forbidden experiment: The story of the Wild Boy of Aveyron.* New York, NY: Farrar, Straus & Giroux.

Shaw, C., & Hepburn, A. (2013). Managing the moral implications of advice in informal interaction. *Research on Language & Social Interaction, 46,* 344–362.

Shellenbarger, S. (2013, May 28). Just look me in the eye already. *Wall Street Journal.*

Shepperd, J., Malone, W., & Sweeny, K. (2008). Exploring causes of the self-serving bias. *Social and Personality Psychology Compass, 2,* 895–908.

Shimanoff, S. B. (1985). Rules governing the verbal expression of emotions between married couples. *Western Journal of Speech Communication, 49,* 149–165.

Shimkowski, J. R. (2016). Consuming to cope: Investigating college students' expressive suppression as an indirect effect of family communication and drinking context. *Communication Studies, 67,* 419–437.

Shiota, M. N., & Levenson, R. W. (2007). Birds of a feather don't always fly farthest: Similarity in big five personality predicts more negative marital satisfaction trajectories in long-term marriages. *Psychology and Aging, 22,* 666–675.

Shirley, J. A., Powers, W. G., & Sawyer, C. R. (2007). Psychologically abusive relationships and self-disclosure orientations. *Human Communication, 10,* 289–301.

Shonbeck, K. (2011). Communicating in a connected world. In K. M. Galvin (Ed.), *Making connections: Readings in relational communication* (5th ed., pp. 393–400). New York, NY: Oxford University Press.

Shuler, S., & Sypher, B. D. (2000). Seeking emotional labor: When managing the heart enhances the work experience. *Management Communication Quarterly, 14,* 51–89.

Siegman, A. W., & Snow, S. C. (1997). The outward expression of anger, the inward experience of anger and CVR: The role of vocal expression. *Journal of Behavioral Medicine, 1,* 29–45.

Sigler, K., Burnett, A., & Child, J. T. (2008). A regional analysis of assertiveness. *Journal of Intercultural Communication Research, 37,* 89–104.

Sillars, A., Holman, A. J., Richards, A., Jacobs, K. A., Koerner, A., & Reynolds-Dyk, A. (2014). Conversation and conformity orientations as predictors of observed conflict tactics in parent-adolescent discussions. *Journal of Family Communication, 14,* 16–31.

Sillars, A., Koerner, A., & Fitzpatrick, M. A. (2005). Communication and understanding in parent-adolescent relationships. *Human Communication Research, 31,* 102–128.

Sillence, E. (2013). Giving and receiving peer advice in an online breast cancer support group. *Cyberpsychology, Behavior, and Social Networking, 16,* 480–485.

Simko, J. (2013, November 23). Why co-workers don't make good Facebook friends. *Career Realism.*

Simmons, J., Lowery-Hart, R., Wahl, S. T., & McBride, M. C. (2013). Understanding the African-American student experience in higher education through a relational dialectics perspective. *Communication Education, 62,* 376–394.

Simmons, R. A., Gordon, P. C., & Chambless, D. L. (2005). Pronouns in marital interaction: What do "you" and "I" say about marital health? *Family Process, 47,* 405–419.

Simon, V. A., Kobielski, S. J., & Martin, S. (2008). Conflict beliefs, goals, and behavior in romantic relationships during late adolescence. *Journal of Youth and Adolescence, 37,* 324–335.

Simonsohn, U. (2011). Spurious? Name similarity effects (implicit egotism) in marriage, job, and moving decisions. *Journal of Personality and Social Psychology, 101,* 1–24.

Singh, R., Simons, J. J. P., Young, D. P. C. Y., Sim, B. S. X., Chai, X. T., Singh, S., & Chiou, S. (2009). Trust and respect as mediators of the other- and self-profitable trait effects on interpersonal attraction. *European Journal of Social Psychology, 39,* 1021–1038.

Skovholt, K., Gronning, A., & Kankaanranta, A. (2014). The communicative functions of emoticons in workplace e-mails. *Journal of Computer-Mediated Communication, 19,* 780–797.

Skowron, E., Stanley, K., & Shapiro, M. (2009). A longitudinal perspective on differentiation of self, interpersonal and psychological well-being in young adulthood. *Contemporary Family Therapy: An International Journal, 31,* 3–18.

Slatcher, R. B., Vazire, S., & Pennebaker, J. W. (2008). Am "I" more important than "we"? Couples' word use in instant messages. *Personal Relationships, 15,* 407–424.

Slotter, E. B., & Gardner, W. L. (2009). Where do you end and I begin? Evidence for anticipatory, motivated self–other integration between relationship partners. *Journal of Personality and Social Psychology, 96,* 1137–1151.

Smith, A. (2014, April 3). Older adults and technology use. *Pew Research Center.*

Smith, L., Heaven, P. C. L., & Ciarrochi, J. (2008). Trait emotional intelligence, conflict communication patterns, and relationship satisfaction. *Personality and Individual Differences, 44,* 1314–1325.

Smith, L. R., & Sanderson, J. (2015). I'm going to Instagram it! An analysis of athlete self-presentation on Instagram. *Journal of Broadcasting & Electronic Media, 59,* 342–358.

Smith, M. (2010). Hearing into being. *Women at Heart.*

Smith, P. B. (2011). Cross-cultural perspectives on identity. In S. J. Schwartz, K. Luyckx, & V. L. Vignoles (Eds.), *Handbook of identity theory and research* (Vols. 1 & 2, pp. 249–265). New York, NY: Springer.

Smith-McLallen, A., Johnson, B. T., Dovidio, J. F., & Pearson, A. R. (2006). Black and white: The role of color bias and implicit race bias. *Social Cognition, 24,* 46–73.

Social Security Administration. (2016). *Top 10 baby names of 2015.* Washington, DC: Author.

Solomon, A. (2012). *Far from the tree: Parents, children, and the search for identity.* New York, NY: Scribner.

Solomon, S., & Knafo, A. (2007). Value similarity in adolescent friendships. In T. C. Rhodes (Ed.), *Focus on adolescent behavior research* (pp. 133–155). Hauppauge, NY: Nova Science Publishers.

Sommer, R. (1969). *Personal space: The behavioral basis of design.* Englewood Cliffs, NJ: Prentice-Hall.

Sopow, E. (2008). The communication climate change at RCMP. *Strategic Communication Management, 12,* 20–23.

Sousa, L. A. (2002). The medium is the message: The costs and benefits of writing, talking aloud, and thinking about life's triumphs and defeats. *Dissertation Abstracts International: Section B. The Sciences and Engineering, 62*(7-B), 3397.

Spalek, K., Fastenrath, M., Ackermann, S., Auschra, B., Coynel, D., Frey, J., . . . Milnik, A. (2015). Sex-dependent dissociation between emotional appraisal and memory: A large-scale behavioral and fMRI study. *Journal of Neuroscience, 35,* 920–935.

Spears, R. (2001). The interaction between the individual and the collective self: Self-categorization in context. In C. Sedikides & M. B. Brewer (Eds.), *Individual self, relational self, collective self* (pp. 171–198). New York, NY: Psychology Press.

Spielmann, S. S., MacDonald, G., & Tackett, J. L. (2012). Social threat, social reward, and regulation of investment in romantic relationships. *Personal Relationships, 19,* 601–622.

Spitzberg, B. H. (1991). An examination of trait measures of interpersonal competence. *Communication Reports, 4,* 22–29.

Spitzberg, B. H. (1994). The dark side of (in)competence. In W. R. Cupach & B. H. Spitzberg (Eds.), *The dark side of interpersonal communication* (pp. 25–50). Hillsdale, NJ: Erlbaum.

Spitzberg, B. H. (2000). What is good communication? *Journal of the Association for Communication Administration, 29*, 103–119.

Sporer, S. L., & Schwandt, B. (2007). Moderators of nonverbal indicators of deception: A meta-analytic synthesis. *Psychology, Public Policy, and Law, 13*, 1–34.

Sprecher, S. (2014). Effects of actual (manipulated) and perceived similarity on liking in get-acquainted interactions: The role of communication. *Communication Monographs, 81*, 4–27.

Sprecher, S., Treger, S., & Wondra, J. D. (2013). Effects of self-disclosure role on liking, closeness, and other impressions in get-acquainted interactions. *Journal of Personal and Social Relationships, 30*, 497–514.

Sprecher, S., Wenzel, A., & Harvey, J. (Eds.). (2008). *Handbook of relationship initiation.* New York, NY: Psychology Press.

Spreng, R., McKinnon, M. C., Mar, R. A., & Levine, B. (2009). The Toronto Empathy Questionnaire: Scale development and initial validation of a factor-analytic solution to multiple empathy measures. *Journal of Personality Assessment, 91*, 62–71.

Stafford, L. (2008). Social exchange theories. In L. A. Baxter & D. O. Braithewaite (Eds.), *Engaging theories in interpersonal communication: Multiple perspectives* (pp. 377–389). Thousand Oaks, CA: Sage.

Steen, S., & Schwartz, P. (1995). Communication, gender, and power: Homosexual couples as a case study. In M. A. Fitzpatrick & A. L. Vangelisti (Eds.), *Explaining family interactions* (pp. 310–343). Thousand Oaks, CA: Sage.

Stein, J. (2017, March 13). Snapchat faces the public. *Time.*

Stephens, C., & Long, N. (2000). Communication with police supervisors and peers as a buffer of work-related traumatic stress. *Journal of Organizational Behavior, 21*, 407–424.

Stephens, K. K., Houser, M. L., & Cowan, R. L. (2009). R U able to meat me: The impact of students' overly casual email messages to instructors. *Communication Education, 58*, 303–326.

Stephenson-Abetz, J., & Holman, A. (2012). Home is where the heart is: Facebook and the negotiation of "old" and "new" during the transition to college. *Western Journal of Communication, 76*, 175–193.

Stern, M. J., & Messer, C. (2009). How family members stay in touch: A quantitative investigation of core family networks. *Marriage & Family Review, 45*, 654–676.

Stern, R. (2007). *The gaslight effect: How to spot and survive the hidden manipulations other people use to control your life.* New York, NY: Morgan Road.

Sternberg, R. J. (2004). A triangular theory of love. In H. T. Reis & C. E. Rusbult (Eds.), *Close relationships* (pp. 258–276). New York, NY: Psychology Press.

Stets, J. E., & Cast, A. D. (2007). Resources and identity verification from an identity theory perspective. *Sociological Perspectives, 50*, 517–543.

Stevens, B. (2005). What communication skills do employers want? Silicon Valley recruiters respond. *Journal of Employment Counseling, 42*, 2–9.

Steves, R. (n.d.). Culture shock and wiggle room. *Rick Steves' Europe.*

Stewart, G. L., Dustin, S. L., Barrick, M. R., & Darnold, T. C. (2008). Exploring the handshake in employment interviews. *Journal of Applied Psychology, 93*, 1139–1146.

Stiles, W. B., Walz, N. C., Schroeder, M. A. B., Williams, L. L., & Ickes, W. (1996). Attractiveness and disclosure in initial encounters of mixed-sex dyads. *Journal of Social and Personal Relationships, 13*, 303–312.

Strickhouser, J. E., & Zell, E. (2015). Self-evaluative effects of dimensional and social comparison. *Journal of Experimental Social Psychology, 59*, 60–66.

Sullivan, A. (2012, July 2). Anderson Cooper: "The fact is, I'm gay." *The Dish.*

Sullivan, P. (2004). Communication differences between male and female team sport athletes. *Communication Reports, 17*, 121–128.

Sumter, S. R., Valkenburg, P. M., & Peter, J. (2013). Perceptions of love across the lifespan: Differences in passion, intimacy, and commitment. *International Journal of Behavioral Development, 37*, 417–427.

Supiano, B. (2013, April 10). Employers want broadly educated new hires, survey finds. *Chronicle of Higher Education.*

Suter, E. A., Bergen, K. M., Daas, K. L., & Durham, W. T. (2006). Lesbian couples' management of public-private dialectical contradictions. *Journal of Social & Personal Relationships, 23*, 349–365.

Suter, E. A., Daas, K. L., & Bergen, K. (2008). Negotiating lesbian family identity via symbols and rituals. *Journal of Family Issues, 29*, 26–47.

Sutton, R. I. (2010, June 18). Is it sometimes useful to cuss when you are at work?: The strategic use of swear words. *Psychology Today.*

Swami, V., & Allum, L. (2012). Perceptions of the physical attractiveness of the self, current romantic partners, and former partners. *Scandinavian Journal of Psychology, 53*, 89–95.

Swami, V., & Furnham, A. (2008). *The psychology of physical attraction.* New York: Routledge/Taylor & Francis.

Tannen, D. (1986). *That's not what I meant! How conversational style makes or breaks your relations with others*. New York, NY: William Morrow.

Tannen, D. (1990). *You just don't understand: Women and men in conversation*. New York, NY: William Morrow.

Tannen, D. (1994). *Talking from 9 to 5: Women and men in the workplace: Language, sex and power*. New York, NY: William Morrow.

Tannen, D. (2001). But what do you mean? Women and men in conversation. In J. M. Henslin (Ed.), *Down to earth sociology: Introductory readings* (11th ed., pp. 168–173). New York, NY: Free Press.

Tannen, D. (2016, March 25). When friends are "like family." *The New York Times*.

Tashiro, T., & Frazier, P. (2003). "I'll never be in a relationship like that again": Personal growth following romantic relationship breakups. *Personal Relationships, 10*, 113–128.

Taylor, D. A., & Altman, I. (1987). Communication in interpersonal relationships: Social penetration processes. In M. E. Roloff & G. R. Miller (Eds.), *Interpersonal processes: New directions in communication research* (pp. 257–277). Newbury Park, CA: Sage.

Ten things everyone should know about race. (2003). *PBS*.

Teven, J. J. (2010). The effects of supervisor nonverbal immediacy and power use on employees' ratings of credibility and affect for the supervisor. *Human Communication, 13*, 69–85.

Teven, J. J., Richmond, V. P., McCroskey, J. C., & McCroskey, L. L (2010). Updating relationships between communication traits and communication competence. *Communication Research Reports, 27*, 263–270.

Theiss, J. A., & Solomon, D. H. (2007). Communication and the emotional, cognitive, and relational consequences of first sexual encounters between partners. *Communication Quarterly, 55*, 179–206.

Thibaut, J. W., & Kelley, H. H. (1959). *The social psychology of groups*. New York, NY: Wiley.

Thomas, K. W., & Kilmann, R. (1978). Comparison of four instruments measuring conflict behavior. *Psychological Report, 42*, 1139–1145.

Thomas, K. W., & Kilmann, R. H. (2007). *Thomas-Kilmann Conflict Mode Instrument*. Mountain View, CA: Xicom. (Original work published 1974)

Thompson, D., & Filik, R. (2016). Sarcasm in written communication: Emoticons are efficient markers of intention. *Journal of Computer-Mediated Communication, 21*, 105–120.

Thompson, M. (2013, April 13). Five reasons why people code-switch. *National Public Radio*.

Thompson, P. A., & Schrodt, P. (2015). Perceptions of joint family storytelling as mediators of family communication patterns and family strengths. *Communication Quarterly, 63*, 405–426.

Thornton, B., Faires, A., Robbins, M., & Rollins, E. (2014). The mere presence of a cell phone may be distracting: Implications for attention and task performance. *Social Psychology, 45*, 479–488.

Thorson, A. R., & Horstman, H. A. K. (2014). Buy now, pay later: Family communication patterns theory, parental financial support, and emerging adults' openness about credit card behaviors. *Journal of Family Communication, 14*, 53–71.

Tidwell, N. D., Eastwick, P. W., & Finkel, E. J. (2013). Perceived, not actual, similarity predicts initial attraction in a live romantic context: Evidence from the speed-dating paradigm. *Personal Relationships, 20*, 199–215.

Tili, T. R., & Barker, G. G. (2015). Communication in intercultural marriages: Managing cultural differences and conflicts. *Southern Communication Journal, 80*, 189–210.

Timmerman, L. M. (2002). Comparing the production of power in language on the basis of sex. In M. Allen, R. W. Preiss, B. M. Gayle, & N. Burrell (Eds.), *Interpersonal communication research: Advances through meta-analysis* (pp. 73–88). Mahwah, NJ: Erlbaum.

Ting-Toomey, S. (1999). *Communicating across cultures*. New York, NY: Guilford Press.

Ting-Toomey, S. (2017). Mindful intercultural nonverbal communication. In S. M. Yoshimura (Ed.), *Nonverbal communication research* (pp. 24–48). San Diego, CA: Cognella.

Ting-Toomey, S., & Chung, L. (2012). *Understanding intercultural communication* (2nd ed.). New York, NY: Oxford University Press.

Tjan, A. K. (2011, November 1). Don't send that email. Pick up the phone. *Harvard Business Review*.

Todorov, A., Chaiken, S., & Henderson, M. D. (2002). The heuristic-systematic model of social information processing. In J. P. Dillard & M. Pfau (Eds.), *The persuasion handbook: Developments in theory and practice* (pp. 195–211). Thousand Oaks, CA: Sage.

Tohidian, I. (2009). Examining linguistic relativity hypothesis as one of the main views on the relationship between language and thought. *Journal of Psycholinguistic Research, 38*, 65–74.

Toker, Y. (2016). Perception differences in ambiguous forms of workplace sexual harassment: A comparison between the United States and Turkey. *Journal of Psychology: Interdisciplinary and Applied, 150*, 625–643.

Tokunaga, R. S. (2016). An examination of functional difficulties from internet use: Media habit and displacement theory explanations. *Human Communication Research, 42,* 339–370.

Toller, P. (2011). Bereaved parents' experiences of supportive and unsupportive communication. *Southern Communication Journal, 76,* 17–34.

Tolman, E. (2011). Instructors' corner: Communication competence and cell phone use. *Communication Currents, 6,* 1–2.

Toma, C. L., & Carlson, C. L. (2015). How do Facebook users believe they come across in their profiles? A meta-perception approach to investigating Facebook self-presentation. *Communication Research Reports, 32,* 93–101.

Toma, C. L., & Choi, M. (2015). The couple who Facebooks together, stays together: Facebook self-presentation and relationship longevity among college-aged dating couples. *Cyberpsychology, Behavior, and Social Networking, 18,* 367–372.

Toma, C. L., Hancock, J. T., & Ellison, N. B. (2008). Separating fact from fiction: An examination of deceptive self-presentation in online dating profiles. *Personality and Social Psychology Bulletin, 34,* 1023–1036.

Tomlinson, E. C. (2013). The role of invention in digital date side profile composition. *Computers and Composition, 30,* 115–128.

Tong, S. (2013). Facebook use during relationship termination: Uncertainty reduction and surveillance. *Cyberpsychology, Behavior, and Social Networking, 16,* 788–793.

Tong, S. T., & Walther, J. B. (2011a). Just say "No thanks": The effects of romantic rejection across computer-mediated communication. *Journal of Personal and Social Relationships, 28,* 488–506.

Tong, S. T., & Walther, J. B. (2011b). Relational maintenance and computer-mediated communication. In K. B. Wright & L. M. Webb (Eds.), *Computer mediated communication and personal relationships* (pp. 98–118). New York: Peter Lang.

Tracy, J. L., & Randles, D. (2011). Four models of basic emotions: A review of Ekman and Cordaro, Izard, Levenson, and Panksepp and Watt. *Emotion Review, 3,* 397–405.

Tracy, L. (1991). *The secret between us: Competition among women.* Boston, MA: Little, Brown.

Tracy, S. J. (2002). When questioning turns to face threat: An interactional sensitivity in 911 call-taking. *Western Journal of Communication, 66,* 129–157.

Tracy, S. J. (2005). Locking up emotion: Moving beyond dissonance for understanding emotion labor discomfort. *Communication Monographs, 72,* 261–283.

Tracy, S. J., & Trethewey, A. (2005). Fracturing the real-self-fake-self dichotomy: Moving toward crystallized organizational identities. *Communication Theory, 15,* 168–195.

Trees, A. R., Kerssen-Griefp, J., & Hess, J. A. (2009). Earning influence by communicating respect: Facework's contributions to effective instructional feedback. *Communication Education, 58,* 397–416.

Tripp, G., Schaughency, E. A., Lanlands, R., & Mouat, K. (2007). Family interactions in children with and without ADHD. *Journal of Child and Family Studies, 16,* 385–400.

Trompenaars, F. (1994). *Riding the waves of culture.* New York: McGraw-Hill/Irwin.

Troy, A. S., Shallcross, A. J., & Mauss, I. B. (2013). A person-by-situation approach to emotion regulation: Cognitive reappraisal can either help or hurt, depending on the context. *Psychological Science, 24,* 2505–2514.

Tsai, J. L., Knutson, B., & Fung, H. H. (2006). Cultural variation in affect valuation. *Journal of Personality and Social Psychology, 90,* 288–307.

Tsang, J.-A. (2006). The effects of helper intention on gratitude and indebtedness. *Motivation and Emotion, 30,* 199–205.

Tuckett, A. G. (2005). The care encounter: Pondering caring, honest communication and control. *International Journal of Nursing Practice, 11*(2), 77–84.

Turkle, S. (2011). *Alone together: Why we expect more from technology and less from each other.* New York, NY: Basic Books.

Turkle, S. (2015). *Reclaiming conversation: The power of talk in a digital age.* New York: Penguin Press.

Turman, P. D. (2008). Coaches' immediacy behaviors as predictors of athletes' perceptions of satisfaction and team cohesion. *Western Journal of Communication, 72,* 162–179.

Twenge, J. M., Campbell, S. M., Hoffman, B. J., Lance, C. E. (2010). Generational differences in work values: Leisure and extrinsic values increasing, social and intrinsic values decreasing. *Journal of Management, 36,* 1117–1142.

Uhls, Y. T., Michikyan, M., Morris, J., Garcia, D., Small, G. W., Zgourou, E., & Greenfield, P. M. (2014). Five days at outdoor education camp without screens improves preteen skills with nonverbal emotion cues. *Computers in Human Behavior, 39,* 387–392.

Uncapher, M., Thieu, M., & Wagner, A. (2016). Media multitasking and memory: Differences in working memory and long-term memory. *Psychonomic Bulletin & Review, 23,* 483–490.

Underwood, M. K. (2003). *Social aggression among girls.* New York, NY: Guilford Press.

Usunier, J., & Roulin, N. (2010). The influence of high- and low-context communication styles on the design, content, and language of business-to-business Web sites. *Journal of Business Communication, 47,* 189–227.

Utz, S. (2007). Media use in long-distance friendships. *Information, Communication & Society, 10,* 694–713.

Utz, S., Muscanell, N., & Khalid, C. (2015). Snapchat elicits more jealousy than Facebook: A comparison of Snapchat and Facebook use. *Cyberpsychology, Behavior, and Social Networking, 18,* 141–146.

Valentine, C. A., & Saint Damian, B. (1988). Communicative power: Gender and culture as determinants of the ideal voice. In C. A. Valentine & N. Hoar (Eds.), *Women and communicative power: Theory, research, and practice* (pp. 42–68). Washington, DC: National Communication Association.

Valenzuela, S., Halpern, D., & Katz, J. E. (2014). Social network sites, marriage well-being and divorce: Survey and state-level evidence from the United States. *Computers in Human Behavior, 36,* 94–101.

Vallade, J. I., Dillow, M. R., & Myers, S. A. (2016). A qualitative exploration of romantic partners' motives for and content of communication with friends following negative relational events. *Communication Quarterly, 64,* 348–368.

Valles, S. A. (2014, June 17). Don't call them "kids." *Inside Higher Ed.*

Van De Gaer, E., Grisay, A., Schulz, W., & Gebhardt, E. (2012). The reference group effect: An explanation of the paradoxical relationship between academic achievement and self-confidence across countries. *Journal of Cross-Cultural Psychology, 43,* 1205–1228.

van den Bos, K., Brockner, J., Stein, J. H., Steiner, D. D., Van Yperen, N. W., & Dekker, D. M. (2010). The psychology of voice and performance capabilities in masculine and feminine cultures and contexts. *Journal of Personality and Social Psychology, 99,* 638–648.

Van Raalte, J. L., Vincent, A., & Brewer, B. W. (2016). Self-talk: Review and sport-specific model. *Psychology of Sport and Exercise, 22,* 139–148.

Van Swol, L. M. (2003). The effects of nonverbal mirroring on perceived persuasiveness, agreement with an imitator, and reciprocity in a small group discussion. *Communication Research, 30,* 461–480.

VanderDrift, L. E., Wilson, J. E., & Agnew, C. R. (2013). On the benefits of valuing being friends for nonmarital romantic partners. *Journal of Social and Personal Relationships, 30,* 115–131.

Vandergriff, I. (2013). Emotive communication online: A contextual analysis of computer-mediated communication cues. *Journal of Pragmatics, 51,* 1–12.

Vangelisti, A. (Ed.). (2004). *Handbook of family communication.* Mahwah, NJ: Erlbaum.

Vangelisti, A. L., Knapp, M. L., & Daly, J. A. (1990). Conversational narcissism. *Communication Monographs, 57,* 251–274.

Velotti, P., Balzarotti, S., Tagliabue, S., English, T., Zavattini, G. C., & Gross, J. J. (2016). Emotional suppression in early marriage: Actor, partner, and similarity effects on marital quality. *Journal of Social and Personal Relationships, 33,* 277–302.

Venetis, M. K., Greene, K., Magsamen-Conrad, K., Banerjee, S. C., Checton, M. G., & Bagdasarov, Z. (2012). "You can't tell anyone but . . .": Exploring the use of privacy rules and revealing behaviors. *Communication Monographs, 79,* 344–365.

Verduyn, P., & Lavrijsen, S. (2015). Which emotions last longest and why: The role of event importance and rumination. *Motivation and Emotion, 39,* 119–127.

Versfeld, N. J., & Dreschler, W. A. (2002). The relationship between the intelligibility of time-compressed speech and speech-in-noise in young and elderly listeners. *Journal of the Acoustical Society of America, 111*(1, Pt. 1), 401–408.

Vicaria, I. M., & Dickens, L. (2016). Meta-analyses of the intra- and interpersonal outcomes of interpersonal coordination. *Journal of Nonverbal Behavior, 40,* 335–361.

Vickery, A. J., Keaton, S. A., & Bodie, G. D. (2015). Intrapersonal communication and listening goals: An examination of attributes and functions of imagined interactions and active-empathic listening behaviors. *Southern Communication Journal, 80,* 20–38.

Vilhauer, J. (2015, November 27). Why ghosting hurts so much. *Psychology Today.*

Vilhauer, R. P. (2009). Perceived benefits of online support groups for women with metastatic breast cancer. *Women & Health, 49,* 381–404.

Villaume, W. A., & Bodie, G. D. (2007). Discovering the listener within us: The impact of trait-like personality variables and communicator styles on preferences for listening style. *International Journal of Listening, 21,* 102–123.

Vitak, J., Ellison, N., & Steinfield, C. (2011). The ties that bond: Re-examining the relationship between Facebook use and bonding social capital. In *Proceedings of the 44th Annual Hawaii International Conference on System Sciences* [CD-ROM]. Computer Society Press.

Von Briesen, P. D. (2007). Pragmatic language skills of adolescents with ADHD. *Dissertation Abstracts*

International: Section B, The Sciences and Engineering, 68(5-B), 3430.

Vrij, A. (2006). Nonverbal communication and deception. In V. Manusov & M. L. Patterson (Eds.), *The Sage handbook of nonverbal communication* (pp. 341–360). Thousand Oaks, CA: Sage.

Vrij, A., Edward, K., Roberts, K. P., & Bull, R. (2000). Detecting deceit via analysis of verbal and nonverbal behavior. *Journal of Nonverbal Behavior, 24*, 239–263.

Wakefield, J. C. (2013). When cultural scripts collide: Conflicting child-rearing values in a mixed-culture home. *Journal of Intercultural Communication Research, 42*, 376–392.

Wallace, H. M., & Tice, D. M. (2012). Reflected appraisal through a 21st-century looking glass. In M. R. Leary & J. P. Tangney (Eds.), *Handbook of self and identity* (2nd ed., pp. 124–140). New York, NY: Guilford.

Wallace, J. C., Edwards, B. D., Shull, A., & Finch, D. M. (2009). Examining the consequences in the tendency to suppress and reappraise emotions on task-related job performance. *Human Performance, 22*, 23–43.

Walters, R. (1984). Forgiving: An essential element in effective living. *Studies in Formative Spirituality, 5*, 365–374.

Walther, J. B. (2007). Selective self-presentation in computer-mediated communication: Hyperpersonal dimensions of technology, language, and cognition. *Computers in Human Behavior, 23*, 2538–2557.

Walther, J. B. (2009). Nonverbal dynamics in computer-mediated communication or :(and the net :('s with you, :) and you :) alone. In V. Manusov & M. L. Patterson (Eds.), *The Sage handbook of nonverbal communication* (pp. 461–479). Thousand Oaks, CA: Sage.

Walther, J. B., & Bazarova, N. N. (2007). Misattribution in virtual groups: The effects of member distribution on self-serving bias and partner blame. *Human Communication Research, 33*, 1–26.

Walther, J. B., & Ramirez, A., Jr. (2010). New technologies and new directions in online relating. In S. W. Smith & S. R. Wilson (Eds.), *New directions in interpersonal communication research* (pp. 264–284). Thousand Oaks, CA: Sage.

Wang, Q., Fink, E. L., & Cai, D. A. (2012). The effect of conflict goals on avoidance strategies: What does not communicating communicate? *Human Communication Research, 38*, 222–252.

Wang, X. (2016). To communicate or not to communicate: Factors predicting passengers' intentions to ask a driver to stop text messaging while driving. *Health Communication, 31*, 617–625.

Wänke, M., Samochowiec, J., & Landwehr, J. (2013). Facial politics: Political judgment based on looks. In J. P. Forgas, K. Fiedler, & C. Sedikides (Eds.), *Social thinking and interpersonal behavior* (pp. 143–160). New York, NY: Psychology Press.

Warren, K., Schoppelrey, S., & Moberg, D. (2005). A model of contagion through competition in the aggressive behaviors of elementary school students. *Journal of Abnormal Child Psychology, 33*, 283–292.

Watkins, L., & Johnston, L. (2000). Screening job applicants: The impact of physical attractiveness and application quality. *International Journal of Selection and Assessment, 8*, 76–84.

Watson, S. (2016, January). We've reached peak PDA. *The Telegraph.*

Watzlawick, P. (1984). *The invented reality: How do we know what we believe we know?* New York, NY: Norton.

Watzlawick, P. (1990). Reality adaptation or adapted "reality"? Constructivism and psychotherapy. In P. Watzlawick (Ed.), *Münchausen's pigtail: Or psychotherapy and "reality." Essays and lectures.* New York, NY: Norton.

Watzlawick, P. (2005). Self-fulfilling prophecies. In J. O'Brien & P. Kollock (Eds.), *The production of reality* (4th ed., pp. 382–394). Thousand Oaks, CA: Sage.

Watzlawick, P., Beavin, J., & Jackson, D. (1967). *Pragmatics of human communication: A study of interactional patterns, pathologies, and paradoxes.* New York, NY: Norton.

Wayne, T. (2014, June 13). At the tone, leave a what? Millennials shy away from voice mail. *The New York Times.*

Weaver, J. B., & Kirtley, M. D. (1995). Listening styles and empathy. *Southern Communication Journal, 60*, 131–140.

Weder, M. (2008). Form and function of metacommunication in CMC. In S. Kelsey & K. St. Amant (Eds.), *Handbook of research on computer mediated communication* (Vols. 1–2, pp. 570–586). Hershey, PA: Information Science Reference/IGI Global.

Weger, H. (2005). Disconfirming communication and self-verification in marriage: Associations among the demand/withdraw interaction pattern, feeling understood, and marital satisfaction. *Journal of Social & Personal Relationships, 22*, 19–31.

Weger, H., Bell, G. C., Minei, E. M., & Robinson, M. C. (2014). The relative effectiveness of active listening in initial interactions. *International Journal of Listening, 28*, 13–31.

Weger, H., & Emmett, M. C. (2009). Romantic intent, relationship uncertainty, and relationship maintenance in young adults' cross-sex friendships. *Journal of Personal and Social Relationships, 26,* 964–988.

Weger, H., Jr., Castle, G. R., & Emmett, M. C. (2010). Active listening in peer interviews: The influence of message paraphrasing on perceptions of listening skill. *International Journal of Listening, 24,* 34–49.

Weider-Hatfield, D. (1981). A unit in conflict management skills. *Communication Education, 30,* 265–273.

Weigel, D. J. (2008). Mutuality and the communication of commitment in romantic relationships. *Southern Communication Journal, 73,* 24–41.

Weigel, D. J., Brown, C., & O'Riordan, C. K. (2011). Every day expressions of commitment and relational uncertainty as predictors of relationship quality and stability over time. *Communication Reports, 24,* 38–50.

Weingart, L. R., Behfar, K. J., Bendersky, C., Todorova, G., & Jehn, K. A. (2015). The directness and oppositional intensity of conflict expression. *The Academy of Management Review, 40,* 235–262.

Weintraub, J. (2015, May 4). The voice of reason. *Psychology Today.*

Weisbuch, M., Ambady, N., Clarke, A. L., Achor, S., & Weele, J. V.-V. (2010). On being consistent: The role of verbal-nonverbal consistency in first impressions. *Basic and Applied Social Psychology, 32,* 261–268.

Weisskirch, R. S., & Delevi, R. (2013). Attachment style and conflict resolution skills predicting technology use in relationship dissolution. *Computers in Human Behavior, 29,* 2530–2534.

Wells, T. M., & Dennis, A. R. (2016). To email or not to email: The impact of media on psychophysiological responses and emotional content in utilitarian and romantic communication. *Computers in Human Behavior, 54,* 1–9.

Wesley, A. (2016, February 1). Dear guys who ghost women—screw you. *The Bolde.*

Wester, S. R., Vogel, D. L., Pressly, P. K., & Heesacker, M. (2002). Sex differences in emotion: A critical review of the literature and implications for counseling psychology. *Counseling Psychologist, 30,* 630–652.

Whited, M. C., Wheat, A. L., & Larkin, K. T. (2010). The influence of forgiveness and apology on cardiovascular reactivity and recovery in response to mental stress. *Journal of Behavioral Medicine, 33,* 293–304.

Whitteberry, K. (2016, February 19). Should you "friend" your coworkers on social media? *iOffice.*

Whitty, M. T. (2005). The realness of cybercheating: Men's and women's representations of unfaithful internet relationships. *Social Science Computer Review, 23,* 57–67.

Whitty, M. T. (2007). Manipulation of self in cyberspace. In B. H. Spitzberg & W. R. Cupach (Eds.), *The dark side of interpersonal communication* (2nd ed., pp. 93–120). London, England: Routledge.

Whorf, B. L. (1956). The relation of habitual thought and behavior to language. In J. B. Carroll (Ed.), *Language, thought, and reality: Selected writings of Benjamin Lee Whorf* (pp. 134–159). Cambridge, MA: MIT Press.

Wiemann, J. M., & Knapp, M. L. (2008). Turn-taking in conversations. In C. D. Mortensen (Ed.), *Communication theory* (2nd ed., pp. 226–245). Piscataway, NJ: Transaction Publishers.

Wilkerson, A., Carlson, N. E., Yen, I. H., & Michael, Y. L. (2012). Neighborhood physical features and relationships with neighbors: Does positive physical environment increase neighborliness? *Environment and Behavior, 44,* 595–615.

Williams, S. L., Laduke, S. L., Klik, K. A., & Hutsell, D. W. (2016). A paradox of support seeking and support response among gays and lesbians. *Personal Relationships, 23,* 296–310.

Williams-Baucom, K. J., Atkins, D. C., Sevier, M., Eldridge, K. A., & Christensen, A. (2010). "You" and "I" need to talk about "us": Linguistic patterns in marital interactions. *Personal Relationships, 17,* 41–56.

Williamson, H. C., Nguyen, T. P., Bradbury, T. N., & Karney, B. R. (2016). Are problems that contribute to divorce present at the start of marriage, or do they emerge over time? *Journal of Social and Personal Relationships, 33,* 1120–1134.

Wilmot, W. W., & Hocker, J. L. (2014). *Interpersonal conflict* (9th ed.). New York, NY: McGraw-Hill.

Wilson, T. D. (2011). *Redirect: The surprising new science of psychological change.* New York, NY: Little, Brown.

Winkelman, S. B., Smith, K. V., Brinkley, J., & Knox, D. (2014). Sexting on the college campus. *Electronic Journal of Human Sexuality, 17.*

Wire, J. (2010, October 9). 20 awesomely untranslatable words from around the world. *Matador Abroad.*

Wiseman, R. (2003). *Queen bees and wannabes: Helping your daughter survive cliques, gossip, boyfriends, and other realities of adolescence.* New York, NY: Three Rivers Press.

Witherspoon, D. J., Wooding, S., Rogers, A. R., Marchani, E. E., Watkins, W. S., Batzer, M. A., & Jorde, L. B. (2007). Genetic similarities within and between human populations. *Genetics, 176,* 351–359.

Wölfer, R., & Scheithauer, H. (2014). Social influence and bullying behavior: Intervention-based network dynamics of the fairplayer.manual bullying prevention program. *Aggressive Behavior, 40,* 309–319.

Wolfram, W., & Schilling-Estes, N. (2006). *American English: Dialects and variation* (2nd ed.). Malden, MA: Blackwell.

Wolk, L., Abdelli-Beruh, N .B., & Slavin, D. (2012). Habitual use of vocal fry in young adult female speakers. *Journal of Voice, 26,* 111–116.

Wood, J. T. (2005). Feminist standpoint theory and muted group theory: Commonalities and divergences. *Women and Language, 28*(2), 61–65.

Wood, J. T., & Fixmer-Oraiz, N. (2017). *Gendered lives: Communication, gender, & culture* (12th ed.). Boston, MA: Cengage.

Wood, J. V., Heimpel, S. A., Manwell, L. A., & Whittington, E. J. (2009). This mood is familiar and I don't deserve to feel better anyway: Mechanisms underlying self-esteem differences in motivation to repair sad moods. *Journal of Personality & Social Psychology, 96,* 363–380.

Woodford, M. R., Howell, M. L., Kulick, A., Silverschanz, P. (2013). "That's so gay": Heterosexual male undergraduates and the perpetuation of sexual orientation microaggressions on campus. *Journal of Interpersonal Violence, 28,* 416–435.

Woodin, E. M. (2011). A two-dimensional approach to relationship conflict: Meta-analytic findings. *Journal of Family Psychology, 25,* 325–335.

Woodward, M. S., Rosenfeld, L. B., & May, S. K. (1996). Sex differences in social support in sororities and fraternities. *Journal of Applied Communication Research, 24,* 260–272.

Worland, J. (2014, December 4). How your cell phone distracts you even when you're not using it. *Time.*

Wotipka, C. D., & High, A. C. (2016). An idealized self or the real me? Predicting attraction to online dating profiles using selective self-presentation and warranting. *Communication Monographs, 83,* 281–302.

Wright, C. N., & Roloff, M. E. (2009). Relational commitment and the silent treatment. *Communication Research Reports, 26,* 12–21.

Wright, C. N., & Roloff, M. E. (2015). You should *just know* why I'm upset: Expectancy violation theory and the influence of mind reading expectations (MRE) on responses to relational problems. *Communication Research Reports, 32,* 10–19.

Wu, J. (2017, January 23). Social media in the workplace: 5 reasons to not friend co-workers. *Maximize Social Business.*

Wu, S., & Keysar, B. (2007). Cultural effects on perspective taking. *Psychological Science, 18,* 600–606.

Xie, Y., Hample, D., & Wang, X. (2015). A cross-cultural analysis of argument predispositions in China: Argumentativeness, verbal aggressiveness, argument frames, and personalization of conflict. *Argumentation, 29,* 265–284.

Yan, W., Wu, Q., Liang, J., Chen, Y., & Fu, X. (2013). How fast are the leaked facial expressions: The duration of micro-expressions. *Journal of Nonverbal Behavior, 37,* 217–230.

Yang, C. Y., Boen, C., Gerken, K., Li, T., Schorpp, K., & Harris, K. (2016). Social relationships and physiological determinants of longevity across the human life span. *Proceedings of the National Academy of Sciences, 113,* 578–583.

Yang, H., & Lee, L. (2014). Instantaneously hotter: The dynamic revision of beauty assessment standards. In J. Cotte & S. Wood (Eds.), *Advances in Consumer Research* (Vol. 42, pp. 744–745). Duluth, MN: Association for Consumer Research.

Yang, P. (2015). Intercultural nonverbal communication competence: Meeting body language challenges in facilitating and working with students from culturally diverse backgrounds in the Australian higher education context. *Journal of Communications Research, 7,* 81–95.

Ybarra, O., Burnstein, E., Winkielman, P., Keller, M. C., Manis, M., Chan, E., & Rodriguez, J. (2008). Mental exercising through simple socializing: Social interaction promotes general cognitive functioning. *Personality and Social Psychology Bulletin, 34,* 248–259.

Yee, N., & Bailenson, J. N. (2006, August). Walk a mile in digital shoes: The impact of embodied perspective-taking on the reduction of negative stereotyping in immersive virtual environments. *Proceedings of PRESENCE 2006: The 8th Annual International Workshop on Presence.* Cleveland, OH.

Yen, J., Yen, C., Chen, C., Wang, P., Chang, Y., & Ko, C. (2012). Social anxiety in online and real-life interaction and their associated factors. *Cyberpsychology, Behavior, and Social Networking, 15,* 7–12.

Yingling, J. (1994). Constituting friendship in talk and metatalk. *Journal of Social and Personal Relationships, 11,* 411–426.

Yonghwan, K., Yuan, W., & Jeyoung, O. (2016). Digital media use and social engagement: How social media and smartphone use influence social activities of college students. *Cyberpsychology, Behavior, and Social Networking, 19,* 264–269.

Yopyk, D. J. A., & Prentice, D. A. (2005). Am I an athlete or a student? Identity salience and stereotype threat in student-athletes. *Basic and Applied Social Psychology, 27*, 329–336.

Young, J., & Schrodt, P. (2016). Family communication patterns, parental modeling, and confirmation in romantic relationships. *Communication Quarterly, 64*, 454–475.

Young, S. L. (2004). What the _____ is your problem?: Attribution theory and perceived reasons for profanity usage during conflict. *Communication Research Reports, 21*, 338–447.

Young, S. L. (2009). The function of parental communication patterns: Reflection-enhancing and reflection-discouraging approaches. *Communication Quarterly, 57*, 379–394.

Young, S. L., Bippus, A. M., & Dunbar, N. E. (2015). Comparing romantic partners' perceptions of hurtful communication during conflict conversations. *Southern Communication Journal, 80*, 39–54.

Yuasa, I. P. (2010). Creaky voice: A new feminine voice quality for young urban-oriented upwardly mobile American women? *American Speech, 85*, 315–337.

Yuki, M., Maddux, W. W., & Masuda, T. (2007). Are the windows to the soul the same in the East and West? Cultural differences in using the eyes and mouth as cues to recognize emotions in Japan and the United States. *Journal of Experimental Social Psychology, 43*, 303–311.

Yum, J. O. (2012). Communication competence: A Korean perspective. *China Media Report Overseas, 8*, 1–7.

Yurtsever, G., & de Rivera, J. (2010). Measuring the emotional climate of an organization. *Perceptual and Motor Skills, 110*, 501–516.

Zebrowitz, L. A., & Montepare, J. M. (2008). First impressions from facial appearance cues. In N. Ambady & J. J. Skowronski (Eds.), *First impressions* (pp. 171–204). New York, NY: Guilford.

Zeman, B. (2010). Beyond choice theory: Using language to take effective control of your life. *International Journal of Choice Theory and Reality Theory, 30*, 36–40.

Zerfass, A., Vercic, D., & Wiesenberg, M. (2016). Managing CEO communication and positioning. *Journal of Communication Management, 20*, 37–55.

Zhang, Q. (2015). A U.S.-China investigation of the effects of perceived partner conflict styles on outcome satisfaction: The mediating role of perceived partner conflict competence. *Communication Quarterly, 63*, 1–22.

Zhang, Q. (2016). The mitigating effects of intergroup contact on negative stereotypes, perceived threats, and harmful discriminatory behavior toward Asian Americans. *Communication Research Reports, 33*, 1–8.

Zhang, S. (2009). Sender-recipient perspectives of honest but hurtful evaluative messages in romantic relationships. *Communication Reports, 22*, 89–101.

Zhang, S., & Stafford, L. (2008). Perceived face threat of honest but hurtful evaluative messages in romantic relationships. *Western Journal of Communication, 72*, 19–39.

Zhang, S., & Stafford, L. (2009). Relational ramifications of honest but hurtful evaluative messages in close relationships. *Western Journal of Communication, 73*, 481–501.

Zhang, Y., Fang, Y., Wei, K., & Wang, Z. (2012). Promoting the intention of students to continue their participation in e-learning systems: The role of the communication environment. *Information Technology & People, 25*, 356–375.

Zhang, Y. B., Harwood, J., & Hummert, M. L. (2005). Perceptions of conflict management styles in Chinese intergenerational dyads. *Communication Monographs, 72*, 71–91.

Zhang, Z., Zhang, Y., & Wang, M. (2011). Harmony, illusory relationship costs, and conflict resolution in Chinese contexts. In A. Y. Leung, C. Chiu, & Y. Hong (Eds.), *Cultural processes: A social psychological perspective* (pp. 188–209). New York, NY: Cambridge University Press.

Zhong, J., Wang, A., Qian, M., Zhang, L., Gao, J., Yang, J., Li, B. & Chen, P. (2008). Shame, personality, and social anxiety symptoms in Chinese and American nonclinical samples: A cross-cultural study. *Depression and Anxiety, 25*, 449–460.

Zick, A., Granieri, M., & Makoul, G. (2007). First-year medical students' assessment of their own communication skills: A video-based, open-ended approach. *Patient Education and Counseling, 68*, 161–166.

Zimbardo, P. G. (1971). *The psychological power and pathology of imprisonment.* Statement prepared for the U.S. House of Representatives Committee on the Judiciary, Subcommittee No. 3, Robert Kastemeyer, Chairman. Unpublished manuscript, Stanford University, Stanford, CA.

Zimbardo, P. G. (1977). *Shyness: What it is, what to do about it.* Reading, MA: Addison-Wesley.

Zimbardo, P. G. (2007, March 30). Revisiting the Stanford prison experiment: A lesson in the power of situation. *Chronicle of Higher Education, 53*, B6.

Zimmermann, J., Wolf, M., Bock, A., Peham, D., & Benecke, C. (2013). The way we refer to ourselves reflects how we relate to others: Associations between first-person pronoun use and interpersonal problems. *Journal of Research in Personality, 47*, 218–225.